零距离普京

克里姆林宫特派记者看总统

(俄) 安德烈·科列斯尼科夫 著
徐庆国 崔寿智 等译
高增训 叶军 校

云南出版集团公司
云南人民出版社

↑领袖风采/中国图片网

↓重要演说/中国图片网

↓大国步伐/俄罗斯新闻社

↑与库奇马(左)沃罗宁(中)在一起/中国图片网

↑与克林顿亲切交流/中国图片网

←严正声明/中国图片网

→"马语者"/俄罗斯新闻社

↑与卡斯特罗在一起/中国图片网

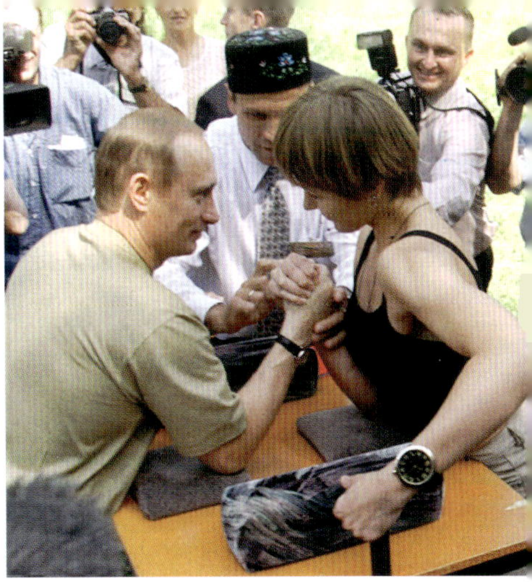

↑与美女比腕力/俄罗斯新闻社

↓英姿/中国图片网

↑餐馆小聚——与英国首相布莱尔及英驻俄大使罗德里克/中国图片网

↑“请你动动脑筋”/中国图片网

↑同庆农耕节/中国图片网

↓忙中偷闲/中国图片网

↓与俄罗斯国家足球队合影/中国图片网

出 版 说 明

普京，是俄罗斯人民爱戴的总统，是当今世界政坛上的风云人物。

对于大多数中国人来说，普京是神秘的，亦是极富个人魅力的。为此，我们引进了这部《零距离普京——克里姆林宫特派记者看总统》，它在俄罗斯国内的热销使我们相信，书中含有某种必然的吸引力，对于喜爱普京的人们来说。

原书在俄罗斯分为上下两册，分别为《我看见了普京》、《普京看见了我》，它们由俄罗斯《生意人》出版社和埃克西莫出版社联合出版。作者安德烈·科列斯尼科夫是俄罗斯《生意人》出版社高级政治评论员，“克里姆林宫记者联盟”特派记者，深得总统班子赏识，经常跟随普京外出并受到普京的接见。从书中不难看出，普京多次接见他并与他长谈。

作者以风趣幽默的笔触和大量新闻图片，对俄罗斯总统普京 2000 年 5 月 7 日至 2004 年 5 月 7 日（重点是 2002～2004 年）进行的二百多次重大内政和外交活动进行了追踪报道。从中可以了解普京近几年“公众生活的主线”；了解其性格特点、工作作风和领导艺术；了解俄罗斯官场的“众生相”，总统与官员、与普通老百姓的相互关系；了解活跃在当今世界上的一些首脑人物的性格嗜好、重大活动以及与普京在公众场合的交往和私交。

本书的可贵之处是作者不仅写了冠冕堂皇的官场活动，还介绍了一些重大事件鲜为人知的内幕和趣闻轶事，特别是将普京写得很鲜活，如实地记录了他的言谈举止、音容笑貌、喜怒哀乐、内心世界、治国方略和人格魅力，回答了广大读者关心和感兴趣的问题。

作者对中国国情及历史文化都有相当了解，从书中也可以看出他对中国人民怀着友好感情。同时作为一名有个性的新闻记者，他某些报道的视点同我们有一定差距，相信中国读者能够理解与把握。

2006 年是中国—俄罗斯文化年，相信这部译作的出版，能够更为加深中俄两国人民的友好交往。

谨在此向作者、译者、校订者和所有为本书中译本出版付出汗水的人们致谢！

译者附记

本书翻译工作的分工如下：

原书上册（即《我看见了普京》），由徐庆国、崔寿智、高增训、叶军、赵亚玲、任军、李尚珉、张廷文、高飞、卫欣担任翻译及校译各项工作。

原书下册（即《普京看见了我》），由秦岳、高凡、晁秀容、高增训、司德英、丁贵升、钟平和、叶军、任军、高飞担任翻译及校译工作。

原书由云南人民出版社合为一部出版，即《零距离普京——克里姆林宫特派记者看总统》。全书由高增训、叶军负责统审。

目录

目 录

目录

2003年

目录

目 录

2004 年

目录

安德烈·科列斯尼科夫其人

当安德烈·科列斯尼科夫被批准经常进出克里姆林宫时，我才知道什么叫“克里姆林宫记者联盟”的记者。除我之外，知道这一点的还有《生意人》报的读者和作者，恕我冒昧地说一句，甚至也包括俄罗斯总统新闻秘书阿列克谢·阿列克谢耶维奇·格罗莫夫。

先前人们对此一无所知，因为他们读的是叶莲娜·特列古鲍娃写的文章。根据她在克里姆林宫工作的结果，不少人总问我这位她所热爱的前领导一句话：听说这位“克里姆林宫淘金者”长得很漂亮，是吧？而且提问者不是傻瓜，是一些严肃的有影响的人士。

我能告诉他们什么呢？她的胸围，臀围？还是个子比我高？就这些。至于书的内容，那倒无人问津。关于科列斯尼科夫，就没有人问他的长相。相反倒是有人问怎么还不把他从斯帕斯基大门赶出来，而且提问者不是傻瓜，也是一些严肃的有影响的人士。我能向他们回答什么呢，只能说普京喜欢他。

至于特列古鲍娃，那儿谁也不喜欢她。据她说，甚至连俄罗斯总统办公厅主任亚历山大·斯塔里耶维奇·沃洛申也是如此。恕我直言，我甚至找到这位主任告格罗莫夫的状，但他不帮忙，甚至没有答应帮忙。

现在有人会问我，你为什么要保护特列古鲍娃？我保护她，是因为克里姆林宫办公厅无权强迫一位总编接受其意志，应该派谁去“克里姆林宫记者联盟”。这场战争持续了一年多，特列古鲍娃也取得了明显的成绩，甚至是胜利，她希望这样。有的记者在那儿搞了致沃洛申的公开信，抵制总统访问，也取得了某种胜利，但它们没有给我带来任何喜悦。接着姑娘被派往鞑靼斯坦报道总统活动，人们期待着她发回消息。但是，她时不时与联邦警卫局“干仗”，与“联盟”的同事胡闹，甚至向格罗莫夫本人撒野。最主要的是编辑部在等待她的报道时总怀着一种不祥之感：文章会不会突然出错？而且这种预感经常被证明是对的……

尽管这样，她仍然盛气凌人。典型的例子是她经常傲气十足地对我说：“这回完了，我又得罪了总统办公厅副主任苏尔科夫，我再也不同他说话了。”我告诉她：“姑娘，你吃的就是这碗饭，就是要你跟他谈话。但我并不坚持，你非得请他跳舞。”

总之，我累得像一条狗。我把姑娘请到咖啡馆，叫着她的小名说：“列娜，你说这像个什么记者，从总统办公厅副主任苏尔科夫的办公室跑到总统新闻秘书格罗莫夫的办公室，又从格罗莫夫的办公室跑到总统办公厅主任沃洛申的办公室，他们早就不告诉你什么了。你看看，外面的世界大得很，精彩得很……”简而言之，我把这个风风火火的人给“开销”了。

姑娘哭了一会儿，同意由编辑部出钱，休一个月假之后走人。

好戏终于开场了：我该派谁去换她？

我马上往下说：科列斯尼科夫就像看着魔鬼那样看着我。那时他在《生意人》编辑部干得正红火，写整版游记，大把捞钱，此前也去过克里姆林宫几次，是跟普京一起写有关普京的书。你说我能从他身上得到什么？

但我得到了。我同他谈起有关克里姆林宫的报道，谈到写这种文章的人必须有水平，我说，如果他不同意，我再也没有派到普京那儿合适的人选了，否则也是白花钱。他最后同意了，这不，一干就是三年。

当然，《生意人》出版社现任总编萨莎·斯图卡林会因我在人事问题上这一步棋而诅咒我。第一，科列斯尼科夫经常发稿晚，印刷厂晚上眼看就要下班了，可他还在不停地发；第二，他写得多，口授时说有270行，但一发就是370行，整个版面都排好了，印刷厂就要关门了，不知道把他的稿子往哪儿放；第三，要是删节了他的稿子，他就像婆娘一样跟你闹个不休；第四，他向我抱怨总统新闻秘书格罗莫夫……总而言之，我想大家都会理解的。

另一方面（我也劝说总编萨莎·斯图卡林），科列斯尼科夫是个工作狂，经常在不顾健康的条件下工作，例如，他在去机场的途中在膝盖上写稿子，他能从普京身边的人搞到别人搞不到的消息，将普京每次外出活动的背景资料都搞得十分清楚，而且事实准确。最主要的是（我也经常这样劝说萨莎·斯图卡林），科列斯尼科夫简直就是个魔鬼，文章写得漂亮，写普京的文章生动有趣，可读性强。

下面我要告诉《生意人》读者两个最重要的真理：

第一，现在大家已经绝对清楚，到底应该怎样写俄罗斯总统弗拉基米尔·普京。

第二，没有任何人会像科列斯尼科夫那样写出关于俄罗斯总统弗拉基米尔·普京的好文章。

《生意人》出版社总经理　安德烈·瓦西里耶夫

追踪普京

也许三年前派我去“克里姆林宫记者联盟”工作的那些人，现在至死都会说他们想得多好（见安德烈·瓦西里耶夫的前言）。并不需要为此辩解，谁需要、谁想听辩解呢？难道我们是幼儿园的孩子，那么容易轻信？可他们希望这样，他们成功了。

事实的确是这样。在我生命的某一时刻，有人建议我去“克里姆林宫记者联盟”工作。那时我的概念非常模糊。此外，我在写这句话时突然想起，那时对“联盟”根本没有任何概念，我只知道《生意人》报挑选的工作人员经常陪同总统去国内视察或者去国外访问，回来之后心满意足、精疲力竭，到编辑部说这下开了眼界，见了世面。

我当时尽量不想政治。为什么？顾不上。周围是真正的生活，辽阔无垠、生机盎然的生活。但我一般也知道世界上有政治，在日报工作时也经常被迫考虑或者写政治，但那是相关的政治，仅此而已。我对此也感到满意。

我是一个普通老百姓，对官场学问一窍不通。诚然，某些消息灵通的好心人可能会立即指出，此前我曾经与我的两位女朋友娜塔莎·格沃尔基扬与娜塔莎·季马科娃一起，写过一本名叫《弗拉基米尔·普京自述》的书。请大家相信我，那本书并没有打动我，甚至可以说，根本没有让我动心。谢天谢地，也没有在我内心留下什么深刻印象。对这本与未来俄罗斯总统的谈话集没有必要重新评价。我们的确是谈过话，而且谈得不少，总计有几个昼夜。我认为，就连我也不能与自己的一个朋友一连几天谈自己的生活，只是当工作特别需要时才这样。

我相信，那本书也没有在其主人公内心深处留下任何烙印。它对我们如同对他一样，也只是工作需要和迫不得已。当然我们有时也很陶醉，那是因为工作。有人会问，我读过那本书吗？我没有那个兴趣。正如主人公所言，他也从未读过。

为什么会出现这种事？也许有人知道，事实上，无论我们谈多少，弗拉基米尔·普京对我们始终是绝对封闭之人。当然，如果他愿意，也可以做出某种有深远意义的结论，但也可以不做，某些情况下甚至做出相反的结论。那是一本包罗万象的书，因此是客观的。如果说有什么的话，我就坚持这一点。

那本书出版之后我很快就把它遗忘了。我仍然跟从前一样写人们的生活，而不是政治家的生活，但偶尔也会突然遇到自己从前的主人公。“库尔斯克”号核潜艇失事之后，我来到维佳耶沃，与遇难潜艇官兵的家属一起在船上生活了两天。在那儿，我遇见了弗拉基米尔·普京，他是到维佳耶沃看望遇难潜艇官兵的亲属的。那儿没有“克里姆林宫记者联盟”的人，不许他们去，理由是那是一个敏感的话题。

事实也的确如此。我当时全神贯注地聆听总统讲话，几乎是一句也不放过。眼前发生的事令我感动。坐在礼堂主席台上我面前的那个人，与我在写书时见过的他判若两人。尽管当时我没有提一个问题，但就在那次见面之后我明白了许多事。

后来在犹太人光明节上又见到他，我又非常惊讶，觉得非常有趣。我看到了另一个普京。在鞑靼“犁节”上我见到了第三个普京。我甚至怀疑自己看见两个双胞胎。“这几个人”与我在半年前见过的并向我详细介绍自己生平的那个人大不一样。

我那时还没有在“克里姆林宫记者联盟”工作，实际上是偶然参加这些活动，但每次都不寂寞。每次我都诚实地将自己的见闻写下来。如果说有什么要说的话，我就坚持这一点。

当《生意人》报总编建议我去“克里姆林宫记者联盟”工作时，事实上我很快就同意了。我那时觉得，要不了多久，我就会把一切最终搞个水落石出。

光阴荏苒，一晃三年过去了。我几乎每天都要见到总统，但不是从电视上，一般而言，是在三十米开外的记者采访红绒线之外。我是否看到了别人看不见的什么，看到了，真的看到了，尽管也许从电视上看得更清楚一些。

从那时到现在，我明白了普京吗？是否获得了别人得不到的某种秘密？

看来似乎明白了些什么，但感觉是更加含糊不清。我觉得，几乎是在每天追踪此人的同时，我简直陷入了某种可怕的深渊。此时只要能跟上就意味着明白。我不时产生了这种感觉（这一点从书中也可以反映出来）：当我把该做的事情做完之后不再想它，内心就会感到寂寞，或者说有些失落。后来想到，那是我又一次失算了。是他摆脱了我的追踪，我只好又继续追踪下去。

我将向大家介绍我是怎样追踪他的。如果您不是懒汉，自己就可以做出结论。

我将自己最近三年发表在《生意人》报上的文章几乎没有做任何改动，就收入了这两本书。事实上它们可以毫无例外和任何限制地观察到弗拉基米尔·普京公众生活的主线。此外我还增加了尚未在报刊上发表的某些片断。

难免有人会问：为什么有些内容被删节了？这里没有任何人为的因素，其中包括总编或者其他什么人的为所欲为。由于报纸版面的限制，经常性的为文章篇幅而进行的繁重斗争有时会导致您的对手胜利的局面（见安德烈·瓦西里耶夫的前言），文章最终被删节，然而这样的事并不多见。当我不是在膝盖上，不是在关于汉特—曼西自治区地理位置特点的参考资料的背面上写稿，接着紧张地盯着自己身上穿的卡拉库尔羊皮背心，不是在电话里口述稿子（一般这样的文章还占不到书中的一半），而是轻松地看着事先写好的草稿，在寂静的办公室或者旅馆的房间里写稿（时间也很仓促），人们当然不会怀疑我到后来需要进行若干补充。

最终就出现篇幅多，一本书放不下的局面。这是正确的。从逻辑上讲，分上下两册是合适的。在这一特定的时期不仅主人公改变了，就连我和我对他的态度也改变了。何况我不能将一切一蹴而就。我一度也认为应该喘口气，将这些文章分成两部分，出续集比原先设想的更有意思。

对大家而言，研究这些往事所占用的时间会比我少。我要警告各位：大家同我一样，遇到的不是一位普通的竞技者。警惕啊，千万别人云亦云。暗礁太多，有时连主人公本人也得撞上，这我们能感觉到。他不喜欢直接冲突，但经常在冲突中前进。这一切不应该由我托盘说出，只有您自己去搞清发生在这个人身上的事才有意思，否则书中所写的一切毫无意义。

安德烈·科列斯尼科夫

我们怎样与安德列·科列斯尼科夫作斗争

我们开始想出版安德烈·科列斯尼科夫的一本书。我们一再说服他，但他总是反对，说什么他是记者，不是作家。我们后来说，谁也没有将他当成作家，记者就记者吧，但是我们请他尊重读者的愿望。我们认为，读者渴望读到安德烈·科列斯尼科夫写的有关弗拉基米尔·普京的一切，但这一愿望难以实现，某些人由于超自然原因最近几年没有订阅《生意人》报。看来这个理由对安德烈·科列斯尼科夫产生了一定作用，他开始整理自己的手稿。就是说，他重新整理自己的文章并决定是否适合在书中发表。据他说，他已经将许多内容删节，因为当时他本人对它们也似是而非。谢天谢地，他很快讨厌了这一工作。他将自己最近四年——即弗拉基米尔·普京首次到最近一次就职典礼期间所写的有关总统的一切全部交给我们。此外，正如经常发生的那样，食欲是在吃的过程中引起的。他不仅将被总编删节的内容（见《生意人》报总编安德烈·瓦西里耶夫的前言），还将自己删节的某些内容收入了本书（见安德烈·科列斯尼科夫的前言）。

最终出现了文章在一本书里放不下的局面，我们也不能将科列斯尼科夫先生的劳动缩减成一本书，我们的手举不起来呀！我们认为，将他的全部文章原封不动地奉献给读者更有意思。事实上，只有日复一日、年复一年地观察弗拉基米尔·普京才会知道：这些年在他身上发生了什么事，他本人是怎样变化的，包括作者在内的其他人怎样改变了对他的态度。

结果，我们奉献给读者的是由上下两部组成的一本书。其中第一部《我看见了普京!》写的是弗拉基米尔·普京任期的第一阶段，第二部《普京看见了我!》写的是第二阶段。我们认为，如果读者懒于观察本书主人公及其作者的演变过程，不仅可以读这两本书中的任何一本（中译本合为一书——译者注），也可以读它的任何标题。每篇文章都是一段完整的生动有趣的叙述，介绍了作为一国元首的弗拉基米尔·普京在关键或者休闲时刻的表现。全书就像是一部侦探小说，紧扣读者心弦，最后才了解普京及其身边人的某些情况。作者竭力分析总统的性格特点，确定他的魅力怎样影响达官贵人、政治、经济与文化活动家的言行，在其形象中寻找是什么因素促使他们“正确选择”管理决定和领导国家。

埃克西莫出版社敬启

2000年

当一切已经结束，将近午夜时分，弗拉基米尔·普京在事先没有通知任何人的情况下，出现在灯光暗淡的大克里姆林宫几个大厅里。四周一片寂静，他沿着第二天早晨自己应该走的那条红地毯路走了一遍，一切都很正确。

↑目击者称，总统现在的山地滑雪技术比四年前大有长进

↓贝卢斯科尼(右)为了不让普京委屈，准备出手相助

↑在奥尔洛夫州田野独自漫步

↓雅克·希拉克(右)喜欢在俄罗斯钓鱼

↑伏尔加格勒，马马耶夫岗

↑这活儿不好做

↑伊拉克战争爆发前，这种闲情逸致并不少见

↓仍然在努力培养胜者心态

←总统在会上将自己不同意的观点摘记

↓在普列谢茨克卫星发射场，什么也不能转移总统对航天的思考

↑即使在克里姆林宫叶卡捷琳娜大厅，也没有在家的感觉

↑爱犬科尼一刻也离不开总统的关照

↓贝卢斯科尼(右)早就不与普京争论任何问题了

↑在图拉接见老战士

→向无名烈士墓敬献花圈

↓有时也一反常态(接上图)

普京在午夜出现

2000年5月7日，在大克里姆林宫安德烈大厅举行了弗拉基米尔·普京就职典礼。

两周前，由俄罗斯首任总统亲信组成的倡议小组竭力说服有关人士，就职典礼不应该在国家克里姆林宫大会堂（它的另一个名字——苏共代表大会堂更有名），而应该在大克里姆林宫——沙皇举行加冕盛典的场所举行。将会场由国家克里姆林宫大会堂改在大克里姆林宫无疑更符合即将发生的事件的实质。

禁止让俄罗斯中央选举委员会主席亚历山大·维什尼亚科夫直接在安德烈大厅向弗拉基米尔·普京总统颁发证书。维什尼亚科夫先生在就职典礼前一天巧妙地做到了这一点，有人对此津津乐道。

对东正教全俄和莫斯科大牧首阿列克谢二世也做了工作。就职典礼前几天，他坚持要参加。理由是上一次，即4年前他就参加了叶利钦总统的就职典礼，现在也不会出事。有关人士最终直截了当地告诉大牧首，要是这样那就得邀请其他宗教界人士，如伊斯兰教高级僧侣等。他立即同意了，认为自己的要求有些过分。因此这个问题也得到解决。

就职典礼前夕，整个克里姆林宫警卫团放假3天。据说战士们很长时间还不相信会放假。他们认为，将让自己在练兵场上操练到最后一刻，但这已经是最后一刻了。他们的假期直到5月7日早晨才结束。

其他人节假日不休息，照常排练。最后一次排练在就职典礼即将举行之前举行。除了鲍里斯·叶利钦和弗拉基米尔·普京之外，所有主要人物都参加了。从莫斯科郊区调来的一个特种兵团成为这个规模为1500人的大典的试验者。

老实说，该团这次的主要任务就是一个：大克里姆林宫的三个大厅到底能容纳多少人，弗拉基米尔·普京经过的红地毯路两侧1.5米宽的地方能容纳多少人。

试验表明，如果不是摩肩接踵，拥挤不堪，1500人完全可以在不到5分钟的时间里舒服地向俄罗斯总统表示自己的敬意。纪律严明的特种团战士笔直地站在道路两侧，证明了格奥尔格（乔治）、亚历山大、安德烈大厅的绝对容量。这里没有任何人穿便装，也许这是首次也是最后一次冒险。其他方面仪式都安排得周密细致，万无一失。

总排练搞得很好。只是宪法法院院长马拉特·巴格莱出了点小问题。他长长的讲话令仪式的组织者始料不及。组织者建议他想想，如何在不丧失原意的情况下将讲稿缩短。为了可靠，还给他拿来了秒表，在这一仪式中它的重要性不亚于俄罗斯联邦宪法。

没有参加排练的中央选举委员会主席维什尼亚科夫也吸取了马拉特·巴格莱的教训。他的讲话由别人代读，也被限制在寥寥数语之内，删去了有关新总统弗拉基米尔·普京上台执政是历史的必然等字眼。人们向维什尼亚科夫表示感谢，特别感谢他在讲话中没有讲选举时使用的数字，因此总排练被认为是成功的。

当一切已经结束，将近午夜时分，弗拉基米尔·普京在事先没有通知任何人的情况下，出现在灯光暗淡的大克里姆林宫几个大厅里。四周一片寂静，他沿着第二天早晨自己应该走的那条红地毯路走了一遍，一切都很正确。

目击者称，鲍里斯·叶利钦5月7日早晨比平时提前一个小时，5时许就起床了。他女儿塔季扬娜·季亚琴科告诉记者，他非常激动，对自己感到惊讶。他独自一人呆在办公室里，把仪式的安排仔细读了几遍，早餐后跟女儿好长时间挑选领带和西服。先是选中了一套黑色，过了一会儿又换成深蓝色，嫌黑色压抑。首任俄罗斯总统准备提前15分钟出发，把大家忙得不亦乐乎。

他的激动也影响到其他人。对那些说没有什么值得激动的人，鲍里斯·叶利钦立即加以制止，说："怎么能说这种话呢?"叶利钦全家人，其中有夫人奈娜·约瑟福夫娜，女儿，外孙格列布和万尼亚一直将他送到大门口……

就职典礼用了30分钟。

组织者最可怕的担心被证明是多余的。被邀请参加就职典礼的人，其表现不亚于军人，何况在被邀请的人中间，文职官员并不多。将军肩章上的将星就像在胜利日闪闪发光。叶卡捷林堡新当选的国家杜马代表尼古拉·奥夫奇尼科夫身穿上校制服，在如此背景下看上去令人不解。

弗拉基米尔·普京在预定时间准时走进格奥尔格大厅。稍微了解他的人知道这对他意味着什么。

他笔直地行走在通往格奥尔格大厅的小路上，不时挥动着左手，并不看出席仪式的代表。许多人认为此举表明他特别激动。弗拉基米尔·普京严格按照原定计划行动，不向任何人投送目光。

看来他清楚地知道，只要看谁一眼，那就必须打招呼，至少是点头致意……要是这样就得重复1500次。不，他从列队身旁走过，不去看任何人。这里有1500人。他们是政治家、军人、演员、音乐家和记者——他们斜着身子，不断向隔离着他们与他的红绒线方向鼓掌。

离大厅不远的墙角有一位来宾——前国家安全委员会主席弗拉基米尔·克留奇科夫。这位年迈苍苍、矮个子老人步履艰难，也许在乐队奏俄罗斯国歌时只起立过一次。看得出，他做这个动作十分吃力，但还是坚持站到国歌奏完。后来他几次欠起身朝大监视器看发生了什么事，由于被别人后背挡着，什么也看不见。

此时最隆重的部分已经在安德烈大厅开始了。马拉特·巴尔盖表现不错。他的发言就像是一个在生前为自己恢复名誉的政治宣言，言简意赅。

但是，中央选举委员会主席亚历山大·维什尼亚科夫还是出现了一点意外。与总排练时相反，他在讲话中决定对中央选举委员会的工作进行说明。他没有表情地长时间列举了自己部门对弗拉基米尔·普京在选举中获胜建立的汗马功劳，令人怀疑言过其实。

俄罗斯首任总统鲍里斯·叶利钦事实上以即席讲话开始自己的演讲，因为供演讲者使用的两个电子自动提词机出现故障，由于对比度太强烈而出现了雪白的斑点，根本看不见屏幕上写的是什么。

事先并没有准备背诵自己发言稿的鲍里斯·叶利钦，无疑陷入了困境，但他很快摆脱了。两分钟即席讲话之后他移过了几行，很快找到了自己下面要讲的内容在电子自动提词机上的位置。

不知他自己是否将这个问题悄悄告诉了自己的继任者，只见后者不慌不忙从容面对。

然而，普京从安德烈大厅回到格奥尔格大厅的路上，还是出现了一个小小的意外。事情发生在保镖身上。事先已经向他交代过，总统宣读誓词之后他应该寸步不离地跟随他。

保镖决定不向首长提任何问题，认为自己能把一切搞清楚。当总统结束权力接收程序，沿着两侧全是人的走廊向外走的时候他才开始警卫他，幸好此时没有任何人阻碍他履行公务，否则将不知该怎样收场。为此应该批评他吗？

他们就这样在俄罗斯上层人物的掌声中走过了三个大厅，保镖一直可靠地保护着总统。

也许应该补充一句，无论在就职典礼之前还是之后，弗拉基米尔·普京看上去不是特别愉快，哪怕是高兴一些。看来他已经明白出了什么事。

克里姆林宫警卫团移交给普京指挥的仪式结束之后，鲍里斯·尼古拉耶维奇（叶利钦——译者注）与弗拉基米尔·弗拉基米罗维奇（普京——译者注）及其夫人开始在克里姆林宫用茶。据说叶利钦讲了普京的许多好话，要点是他鲍里斯·尼古拉耶维奇在挑选接班人方面没有犯错误。

晚上，弗拉基米尔·普京在大克里姆林宫举行盛大宴会，庆贺就职典礼。笔者在人群中并没有立即认出苏联首任也是最后一任总统米哈依尔·戈尔巴乔夫。他也在被邀请者之列，出席并站在与自己关系密切的克里姆林宫代表大会堂的前厅。

宽大的前厅与俄罗斯的现在和未来联系密切。他一个人站着，不同任何人讲话，身边也没有人。笔者本想走到他跟前问些什么，但最后还是改变了主意。

能说什么呢？一切再也清楚不过了！

弗拉基米尔·普京飓风式的访问

上周五，弗拉基米尔·普京晚间飞抵鞑靼斯坦，以便在第二天参加鞑靼民族的节日——犁节。在那儿，他向鞑靼人民赠送了几件意外的礼物，留下了一个传说。

弗拉基米尔·普京一到喀山，立即驱车前往鞑靼克里姆林宫参加消除飓风后果会议。6月19日，当地遭受了飓风袭击。

一般而言，飓风不算大，鞑靼人也不大明白为什么要召开这个会议。他们认为自己完全对付得了，何况国内其他地区也受到飓风损失。

听说会议是在紧急状态部部长谢尔盖·绍依古的坚持下举行的。也许他是想向总统表功。他如愿以偿，达到了目的。

除普京和鞑靼斯坦总统明基米尔·沙依米耶夫之外，参加会议的还有巴什基里亚总统穆尔塔扎·拉希莫夫，总统驻伏尔加河沿岸联邦区全权代表谢尔盖·基里延科。主席团也由这些人组成，台下坐的是鞑靼斯坦政府的官员。

鞑靼斯坦总统同平日一样，讲话之前总要认真考虑。

“当然，飓风给我们造成了损失，”最后他说，“但6月中旬罕见的雨终究过去了。”

紧急状态部符拉索夫将军报告了形势后请求放映有关飓风的纪录片。影片中有一句关键的话：“救援人员能够突破任何人所突不破的地区。”细心的观众此时可以发现，为此他们需要锯断树木。

下一个镜头是共和国一位女公民将劈柴背回家。如果鞑靼斯坦总统提前看过这部影片，他可能说，尽管飓风吹倒了不少树木和电线杆，但还是保障了许多人过冬的柴火。

符拉索夫补充说，飓风第一日就成为一名50岁的妇女的末日。总共造成的损失约为2.447亿卢布。他接着说，已经发放了2000张石棉瓦和2050公斤钉子。

“您说损失是2.447亿卢布，这个数字是怎样算出来的?”弗拉基米尔·普京问他。

“初步预计的，总统同志。”将军有把握地回答说。

“是您的估计还是根据其他地区的材料?”普京先生问。

“根据其他地区的……”将军不知为何低下头。

“真的?”

“1820万卢布已经花在临时计划上……”将军低声回答说。

鞑靼共和国农业部长在将军之后报告说：

“早在冬季，商品生产者的困难就开始了。由于下雪，农业出现了难以预料的事件。”

据他说，现在形势非常严重。

“已经发现大量蝗虫，需要处理12.5万公顷土地。尽管拨出了某些物资，但远远不够。”

他看了总统一眼。

“蝗虫是否算自然灾害?”总统问。

“迄今不算。”部长遗憾地同意了。

谢尔盖·绍依古在能源部长之后发言：

“鞑靼斯坦共和国已经走在联邦紧急状态法前面了。”

“走在前面了?”明基米尔·沙依米耶夫打断他的话，“那好吧，我们就摆正位置，往后退一退。”

谢尔盖·绍依古还想说什么，但总统不让。

“谢尔盖·瓦季莫维奇，”总统对基里延科说，“您瞧，竟然出现了这样的事，某些方面需要整顿一下，使其符合联邦法律，而对某些事的做法与此相反。应该区别不同情况。”

“当然，应该成立一个调查小组……”明基米尔·沙依米耶夫热烈支持总统。

“允许我结束自己的发言吗?”谢尔盖·绍依古问道。

笔者感到，他的语调中有威胁成分。

“基里延科在飞机上对我说，”普京先生继续说，“此事由他处理并提出相应建议。”

大家默不作声。

“我是真心实意!”总统激动地说。

“我马上讲完了……”谢尔盖·绍依古再次插话说。

“反应快，损失就小。”总统坚持说。

“我也是这个意思。”绍依古终于结束了自己的话。

已经是深夜时分了。大家都去休息。第二天是非同寻常的一天。喀山的全民节日——犁节已经来临。众所周知，叶利钦在犁节上打碎了一个瓦盆。

普京应该在苏维埃区过节。那儿有一片白桦林，所有活动将在那儿举行。

前往集会的主要场所——过节的地方，得沿着一条不太宽的柏油马路走过，两侧有700米长的灌木林。

这是一条弯曲的道路，灌木林里不时可以看见纸制的熊和兔子靶。桦树中间挂着用俄语写的鞑靼谚语：“懒汉系腰带，勤汉干完活!”路边是游击队的驻地，标牌上写的是“鲍罗金营地”，但他本人并不在里面。

集会场所是一大片林中空地，已经做好了狂欢的准备。系着宽腰带的勇士们已经热过身。他们将举行古典式摔跤比赛，用草袋互相抽打，沿着根部埋在土里的木桩爬行，在酸奶里洗澡。

会场摆放了大约供150人坐的长椅子。万里无云，有些炎热。一对并不年轻的夫妇开始在旁边聊天。女人看来是俄罗斯人，男人胸前挂满了奖章和勋章，是功勋鞑靼人。

“你知道吗，卡西莫夫的鞑靼人与沃洛戈达的鞑靼人区别大，与雅罗斯拉夫尔的鞑靼人不像。”他对她说。

“是优点吗？”她信任地反问了一句，“那么跟梁赞的鞑靼人呢？”

“跟梁赞鞑靼人差别不大，也是指优点。”

“您大概是卡西莫夫的鞑靼人吧？”笔者忍不住问他。

“对，”他说，“您是俄罗斯人吧？”

笔者没有同他争论。

“你们的芭蕾舞比我们的好，”他突然说，“一个月前都买不到票。”

“演出场次不均匀。”为了缓和尴尬气氛，她赶紧说，“难免有人发牢骚。也许你们那里均匀一些？”

“您听过我们的音乐会吗？”她丈夫再次问笔者，“而且是一流的。”

“但是，”笔者回答说，“我们的叶利钦参加你们的犁节，将瓦盆打碎了。”

他们再不争论了。

“是的，打碎了。很少有人打碎。怎么打碎的？谁也不知道。也许有人悄悄提醒过他，也许他盖的头巾透光，也许是他自己打碎的。他把棍子往瓦盆上放的时候动作很慢。”

“但这就更难了。”笔者说。

“他劲大，打网球。”他不无道理地告诉笔者。

“一般而言，”这位鞑靼人不知为何补充说，“鞑靼人没有民族主义。”

“怎么没有？”笔者惊讶地问。

“有，当然有，”他轻松地回答说，“但主要是卡马河畔切尔内的鞑靼人。”

此时扩音器里传来了急促的声音：“零级准备！”几百人立即鸦雀无声。一分钟之后普京来到现场。

他身穿驼色汗衫，浅色短裤。

“我们为您高兴，弗拉基米尔·弗拉基米罗维奇！”还是那个宣布进入零级准备的人通过扩音器说，“我们的人民就要狂欢了！”

活动本当开始，但苏维埃区的行政长官阿尔贝尔特·科瓦列耶夫突然讲话。他宣称，共和国的科研机构一直致力于缩短将最新科研成果向应用转化之路。

“因此，”他激动地补充说，“效果明显。我们整个社会将走上一切为了鞑靼人振兴的道路。”

沙伊米耶夫发表了简短讲话。笔者本不认识他。昨天在飓风问题会议上，此人用一口流利的俄语巧妙地阐述了自己非普通的思想。此时，在自己的人民面前他似乎将它忘得一干二净。

“您一行来到我们人民中间，”他模仿着上一个讲话者的语调说，“它反映了您所致力于改善人民生活条件的良好愿望。”

他讲此话时考虑了片刻。

弗拉基米尔·普京也简单讲了几句。

“我从不怀疑，这是一个盛大的节日。”

也许他把它跟“谢肉节”混淆了。

“尊敬的愿意参加掰手腕的女人和男人们!”扩音器宣布说……

不出所料，普京在集会场所边上的遮阳伞底下站的时间不长。他在掰手腕的台子前，轻而易举毫不留情地战胜了一名初级女运动员尤利娅·杰加诺娃。站在一边的世界和欧洲掰手腕冠军马林娜·帕夫洛娃只能耸耸肩。

后来，普京与明季米尔·沙依米耶夫一直长时间坐在地毯上观看古典式摔跤。笔者觉得他想冲上去较量一番，但还是忍住了，看来是办公厅的负责官员再三请求他，为了防止意外请他别这样，或者他们担心他会输掉比赛?

他还是忍不住，站在了一个装有卡特克酸乳酪——鞑靼斯坦酸奶的深盆子旁。这一民族游戏的关键是找到盆子里的硬币，找到的是赢家。有人会问，为什么这样?您就别问了，民族游戏就是这个规矩。

我们总统穿一件足球衫，毫不畏惧地光着身子，人们将白长衫穿在他身上，他连人带头钻进装着卡特克酸奶的盆子。

好大一阵不见他的头，时间长得连笔者都有点害怕。过了一会儿他咬着硬币抬起头来。现在出了这等事：叶利钦打碎了盆子，普京在卡特克酸奶里找到了硬币。对此仁者见仁，智者见智，说什么的都有。几分钟之后笔者听一位鞑靼人说，事先早就有人将那枚硬币塞给普京，他一直将它藏在面颊后……但也有人同他争论起来，说什么普京不是那样的人，如果有必要，他可以在盆子里呆五分钟，因为世界上没有任何一位总统有他那样的肺。

普京长时间观看跳跃，并向在“高傲的焦”走马上跳跃的优胜者颁发了“奥卡”奖章，接着用午餐。餐后他抱起一个吓得要死的鞑靼小男孩，问他热不热。小男孩眼睛里挂满泪水，不知道该向这位大人物回答什么。后来普京长时间走在摔跤比赛的人群里。由于他的到来而洋溢着幸福感的人群，差点将他挤坏，最后好不容易才脱身。

笔者有一个问题百思不解，最后终于问他：

“弗拉基米尔·弗拉基米罗维奇，那枚硬币……”

“什么?”

“找不着，您就不会从牛奶里钻出来吗?”

“找不着就不出来，”他思考了片刻，“怎么也不出来。”

“如果一直找不到呢?”

他漫不经心地笑了。

“瞎操心。我哪能被淹死!”

世界上关于弗拉基米尔·普京的优秀出版物

2000年7月18日，最新一期的《敬爱的总统》报在莫斯科出版。据报纸的出版者和惟一的作者弗拉基米尔·涅斯捷罗夫称，它已经出版近两年了，总共出了8期，最后一期是完全写普京的。

这份用A4纸型出版的报纸共4版，配有少量插图，文章完全是诗歌，全部是有关普京总统的。前几行，作者对自己的诗歌爱好毫不怀疑:“我相信普京，相信俄罗斯，相信我通过他们认识世界，上帝在这儿鼓舞着我。”据作者亲自供认，往下他以空前的力量发展了这一思想。

“就职典礼隆重举行，弗拉基米尔·普京向我们发出召唤，他是最优秀、最光辉的天才!”弗拉基米尔·涅斯捷罗夫押韵地写道。最近发生的事件一点也没有避开他的视线，“您在自己的国情咨文里把一切都告诉了我们，光荣和荣誉属于您，我们强大的祖国为您感到骄傲!……”

诗人强烈感受到权力机构最尖锐的问题:“联邦委员会是听取总统委员会意见的时候了。弗拉基米尔·普京是全民的天才，他掌握着所有的权利和权力，今天全世界都向普京看齐!”然而，弗拉基米尔·涅斯捷罗夫并非只关注普京一人:“我们今天为卡西亚诺夫感到高兴，他是经过人民议会批准的总理，经济将随他一起稳定增长。”

报纸的第四版，诗人创造了特别的语言气氛。它不仅成了时代喜怒哀乐的见证，也成为他带着自己的主人公，自己的诗歌空间，尖锐的心理等罕见的诗歌体裁创作的见证:“我们赞美弗拉基米尔·鲍里索维奇·鲁沙伊洛……队列隆重地前进，弗拉基米尔·鲍里索维奇在接受采访:‘我们一定胜利’。”

当然，“绍依古和鲁沙伊洛，他们忠于总统，带领我们走向胜利。”少了这些，生活的画面肯定不完整。

弗拉基米尔·涅斯捷罗夫表现了自己对创作的独特观点，将它视为迷信和宗教行为，在其语言艺术中对音乐—印象派的诗歌特别关注：“我，当代俄罗斯的普希金，要把自己光辉的天才献给普京……他将用我们的火把点燃所有的圣火。”

诗人固有的尖锐的内心感受和积极的公民立场使其不能对国内生活中最悲惨的事件袖手旁观：“恐怖吓不倒我们，俄罗斯不怕恐怖，就让恐怖分子在梦中看到自己的恐怖吧。”

公正地说，无论诗人有无无休止的韵律，它们也会经常将他带到远方。正如他所写的那样：“现在生活在俄罗斯是巨大的幸福……”

本期报纸惟一不押韵和没有出自弗拉基米尔·涅斯捷罗夫笔下的文章是阿布哈兹作家兼诗人法齐尔·伊斯坎德罗夫写的。他详细分析了前者的创作并指出，他“多次读过弗拉基米尔·涅斯捷罗夫的诗歌”，“他的爱国主义天才和强烈的爱国主义值得高度关注，阿布哈兹作家也要注意这一点”。

弗拉基米尔·涅斯捷罗夫个人的情况怎么样？笔者向诗人在莫斯科的寓所打了电话，他同意进行简短采访：

“我在莫斯科国民经济成就展览会的国际书展上散发自己的报纸已经两年了，我不是向所有人，而是向最负责的代表赠报。”

弗拉基米尔·涅斯捷罗夫写诗已经五年了。他的第一首诗是这样开始的：“苹果和梨不是一天长成的……”他将这首诗寄给了《小猫咪》编辑部，几天之后收到了退稿通知单。令他吃惊的是这首诗没有被杂志采用。看来，那时在他幼小的心灵里已经产生了一个想法：如果他在新闻出版部注册自己的刊物，就可以随心所欲地发表作品，还可以向别人发退稿通知单。因此，他稍许长大之后就这样做了。《敬爱的总统》在新闻出版部的登记号是 A－1235，通信地址是：莫斯科阿纳德尔大街第 41 号楼 66 房间，报纸在梅希辛跨地区印刷厂印刷，发行量 2000 份。

弗拉基米尔·涅斯捷罗夫的报纸的结尾是这样：“您是我们最主要的思想，您的威望与日俱增！”然而，报纸的前几期是写普京的前任鲍里斯·叶利钦的，在广大读者中没有留下深刻印象。弗拉基米尔·涅斯捷罗夫希望从这期起再不要发生这种事，因为诗人已经亲自将它寄给在库塔菲塔住的普京，以及在库连科瓦住的卡西亚诺夫。此外，绍依古、鲁沙伊洛、格雷兹洛夫、列辛和米哈依洛夫也应该收到报纸。

“写有关总统的诗歌容易吗？”

“同阿赫马托娃与曼德尔施塔姆的诗一样，我的计划与他们完全一致。”

“什么意思？”

“根据上帝先生的意愿，”涅斯捷罗夫信心十足地说，“您去读我的诗吧。我向您保证，这是世界上有关弗拉基米尔·普京的最好诗歌。”

而眼下，总统与诗人并不特别走运。

普京怎样"征服"维佳耶沃

普京8月24日的维佳耶沃之行留下的问题要比答案多。那儿怎么迎接他？由谁陪同？他在那儿自我感觉如何？为什么电视上几乎什么也没有报道？艇员家属实际得到了什么？最后，为什么那里取消了追悼会？

数名军人和地方官员在摩尔曼斯克机场迎接飞机。机上人员分乘三辆大轿车前往维佳耶沃。尽管笔者知道这一航班的蹊跷，但仍然感到惊讶：飞机舷梯旁边竟无一台摄像机。然而，一走出机场大门，笔者就看见了数十台摄像机，大概有近百名记者。正如最近几天所见，哪儿都不许他们去。维佳耶沃机场入口检查站两次检查证件，机上乘客的详细名单早就写好了。军人真正感兴趣的是大轿车里是否有记者。

大轿车停在驻地军官之家前面的广场上，这是维佳耶沃镇的生活中心。大家都在这儿集合并等待着。约200名遇难官兵的家属也来到维佳耶沃。车上的人员纷纷走出车厢，许多人是多年来首次相见。

所有人员都得登记。在维佳耶沃没有住处的潜艇遇难官兵的亲属被运往浮动医院"斯维里"号船上和潜艇基地。当时已经是深夜，只允许在船尾和直升机停机坪上吸烟。晚饭之后那儿聚集了十几个人。旁边就是"唐波夫"号潜艇，舱室上画着狼牙图画，晚间显得格外漂亮。它那均匀的野兽外形给人以美好的感受。

直升机停机坪上，遇难官兵亲属心事重重。"斯维里"号船长与他们讨论"库尔斯克"号上发生的事。

"出了什么事？"他反问一句，"大概是爆炸，威力太大……艇内任何鱼雷也不能爆炸艇体。请相信昔日的艇员的说法吧，它可能是与什么相撞了，接着才发生了爆炸。"

"我甚至听说，附近还找到了其他物体的一部分。"此时走来的一位中校补充说。

"什么物体？"艇员的一位亲属带着难以理解的心情反问道。

"谁也不知道。"

"艇员全都牺牲了，没有一个活下来。"一名妇女大声说。

她非常想让别人反驳她。

"也许有人活着，"船长勉强说，"大概挪威人会打捞，他们有潜水员。"

"莫非要打捞整个潜艇？"一位妇女问。

“不，不会的，”船长肯定地说，“舰队没有这笔资金。”

“克列巴诺夫副总理已经说过了……”

“那是说大话。听说工厂很快就要得到订单。”

“天哪，”不知是谁在黑暗中惊叫了一声，“他们为什么要折磨我们！你们是否知道，尸体要不要打捞？”

“您怎么这样说话！”一位年纪约20岁的姑娘喊了一声，“我不知道您家的人怎么样，可我哥哥还活着。”

“我们呆在这儿干嘛？”不知谁又说了一句，“他们把我们接来，给点吃的，安顿下来就没有事了……为什么？”

“问得奇怪。”船长委屈地反驳了一句走开了。

他的副手被派来，他命令道：

“现在我交给你们一个任务：好好睡觉。”

“在这儿哪能睡好觉？”有人反驳他，“我们已经几夜没合眼了。”

“没错！”笔者觉得大副似乎高兴了，“如果有人想要安眠药，请告诉我。”

“我担心没有人帮助我们。”

“没有人帮？有人！”

大副也走了。又派来一名中校替换他。每人向家属做工作10分钟，似乎连手表都对过了。

“从第一舱到第四舱，是否还有人活着？为什么没有人检查？”

“不，不是这样，”中校赶紧补充说，“今天，国防部长，舰队司令波波夫都讲话了。”

“说什么来着？”人们冲着他问。

“我没有听，”中校窘迫地说，“我没有听到，也无权传达，我不知道……但确实讲过话了。”

“我知道，”一位姑娘疲倦地说，“波波夫又在胡说，什么潜艇上已经没有活人了。”

早晨从“灯塔”电台播送歌曲《您瞧，世界多美好》开始。这是船上惟一的消息来源。笔者向周围看了一眼。人们表情郁闷，心事重重。天气阴冷。想得出那些勉强入睡的人是怎样睡着的。几个人又在停机坪抽烟。

“我内弟谢尔盖在那儿有两个朋友。他们刚刚度完蜜月。一个名叫季姆卡·科列斯尼科夫，是尼日尼的，一个名叫拉希德，不知家在哪里。两人都20岁开外，演习前结婚，将近两个星期没有见妻子。”

“他们还算走运，并非所有人都来得及结婚。现在他们的遗孀可以领抚恤金了。”

笔者觉得，住在“斯维里”号上遇难潜艇官兵的亲属大体上可以分为相等的两部分：一部分认为“库尔斯克”号的艇员早就牺牲了，另一部分坚信他们的孩子、丈夫、兄弟现在还活着，等着打捞。

早晨，潜艇总队指挥官库兹佐夫少将出现在“斯维里”号上。他说，所有有意者都可以参观“沃罗涅日”号，并提醒大家，上了年纪的人不要上小艇陡峭的舷梯，已经命令为这次参观配备医疗小组。

笔者问道：依他看来，潜艇到底发生了什么事。少将告诉笔者，他已经五天五夜没有合眼了。他还补充说，潜艇当然是与什么相撞了。

“我有百分之百的把握。但与什么相撞了？我不知道。为什么美国人在挪威为自己的潜艇预订码头？为什么英国人来我们这里，在海底搜集的不是他们的残骸？但我担心的不是这个，”少将补充说，“而是对现在到这儿来的人该怎么办？”

“什么？”笔者惊讶地问。

“莫非他们要住在这里？我看没有必要。我们把他们带到海里，将他们灌醉，送回家完事。可他们会去吗？”

少将仍然对此表示怀疑。

“回去以后还会来的。我怎样向他们解释，艇上已经没有活人了，我们不能将死者打捞上来？我本人在那儿也有朋友，可这已经是过去的事了……”他想了片刻补充说，“请原谅，海军总司令就要来了，我应该去迎接他。”

同往常一样，当天早晨在军官之家附近围了许多人。他们在明确牺牲者的名单，编报物质补助的人员名单以及来维佳耶沃的路费补助表。亲属们还在致俄罗斯总统的信上征集签名。信中要求立即打捞潜艇，将其继续保留在总队的编制里，总队继续驻扎在维佳耶沃，将总队更名为罗西总队，将“家具”商店交教会管理，将国防部长谢尔盖耶夫元帅、海军总司令库罗耶多夫、北方舰队司令波波夫、舰队参谋长莫查克等撤职。同时还提出了很多小问题。但大部分人来到军官之家，是因为没有地方呆。

总队负责教育工作的副指挥官伊万·伊万内奇·尼济耶夫跑遍了三楼。组织处正在召开工作会议。

“家属工作暂时全放下，明白吗？”他下命令说。

“放不下呀……”

“放下。让你们干什么就干什么。”

他开始做指示了。

“‘减轻心理负担中心’的标牌在哪儿？没有？赶快用透明胶纸粘好，我已经不想再重复了。赶快打扫卫生，快去！已经打扫干净了？再打扫一次！”

人们不知所措地听着他的话。

与此同时，俄罗斯海军总司令库罗耶多夫已经走到跟前。跟他一起来的还有摩尔曼斯克州长叶夫多基莫夫和副总理克列巴诺夫。人们立即将他们挡在路上。

“我们一定要把所有人打捞上来，”克列巴诺夫重复说，打算从人群中走过去，“不，谁也不会离开那儿，潜水员正在工作，我们要把所有人打捞上来。”

他们最终还是从人群中走出去并登上了三楼。但不知是谁抓住州长的手：

“州长同志，事情是这样……还有 6 名潜艇兵没有登记……甚至其中有几名还没有与前妻离婚，可她们现在成了寡妇，还有孩子……”

州长机械地点头示意，可以看出他非常不愿意开会迟到，也许是没有这样的习惯。

国家杜马代表韦拉·列卡列娃站在保密会议室附近。她是半小时以前来的，企图控制形势。她是一位真正的名副其实的人民代表。她将遇难艇员的几名家属带到礼堂，告诉他们，她一生处理过许多家庭问题，这一次一定能把问题解决好。

“难道我们解决不了你们的问题？”她意味深长地反问了一句，“听说来了大首长，我亲自去找他们，所有问题一定解决。好吧，我这就去。”

但是，担任警卫的海军战士不让她进去。她与两名助手站在一边，向一位上了年纪的海军上尉问道：

“为什么这样？我是人民代表呀！你连神甫都放进去了，我已经看见了。我哪点不如他？”

“人民代表哪一点不如神甫？你们好好想想吧。”

列卡列娃回来了，向当时聚集在那儿的近 80 名遇难官兵的家属宣布：

“别急。我们能为孩子们找到活命钱。”

“可现在得救命呀！”人们向她喊叫着。

“我要说的也是这个。”列卡列娃有些不好意思了。

“有人要将他们淹死！”

“没关系。我要写议员质询。我带着空白表。”

一位自称是《方向》杂志总编的西多罗夫上校从她手里抢过麦克风，说自己昨天刚从“彼得大帝”号巡洋舰上回来：

“你们想听一位目击者的话吗？”他问道，“那就听我说吧。失事地点是在没有结冰的大海里。我奉劝大家还是不要去。有人告诉我，你们想搭乘‘斯维里’号船去那儿。那是一艘航速很慢的船，时速 12 海里……几米高的浪……不值得。”

他信心十足地看了大厅一眼。

“你们在议论北方舰队司令波波夫，似乎他有什么过错……情况是这样。昨天英国海军代表上了‘彼得大帝’号。他们谈了很长时间，该怎么办。后来英国代表走了。还与挪威人接触过。他们说爱莫能助。”

大厅里哭成一片。

“但事情至此并没有结束。这次谈话之后波波夫将所有人赶走，站在船尾，扯下领带，掏出香烟，哭了好长时间。我早就认识波波夫，现在才深刻认识到他是一位最值得尊敬的人。”

“他的眼泪帮不了我们。”一位上了年纪的女人说。

“我还要往下说。那儿工作很困难。我们的水兵从快艇来到艇上，很快就给拖上来了。挪威潜水员下潜一次要花一万美元，对此也不能忘记。”

“他在吓唬我们！”不知谁愤怒地叫了一声。

“‘彼得大帝’号的军官们已经精疲力竭了。他们累得倒头就睡。我们两名军官在打捞器里奇迹般地活了下来。姑娘们，这多么不容易呀！4天之前我去过车臣……”

“两者不能比较！我们已经不是强国，而是殡仪馆！”

“我也难受，也同情，我的发言是自发的。但应该理解波波夫……”

西多罗夫上校最终还是将麦克风交给了列卡列娃。人们向她抱怨说维佳耶沃住的是半饥饿的人，房间里没有热水，没有抽水马桶……

“我还跟邻居吵了一架！”一名妇女绝望地补充说。

“没关系，我们会解决的，”列卡列娃有些高兴，“我认为，早就应该提出关于保护军人权利的联邦法律的问题。”

这时波波夫、库罗耶多夫和耶夫多基莫夫走进大厅。波波夫立即言归正传。

“昨天，”他说，“我们打开了9号舱。什么也看不见。大概油槽坏了。电视摄像机什么也看不到。我们正考虑派人去。”

“人能看见吗？”人们困惑地望着他。

“我们希望沉淀物堆积起来。”库罗耶多夫坚定地说。

“为什么不把舱里的水抽出来？”

“这个问题问得好，”他有些活跃了，“我们已经查明，已经是连续6天抽水了。正如常言所说，是把水从海里向海里抽。后来才找到漏水的裂缝。”

“您怎么把事故抢险系统搞成这个样子？1983年就是这样。”一个小伙子的父亲离开座位站起身说。

他已经不是第一次在不同的场合这样讲。老实说，人们并没有把他讲的当成一回事。大家对这个1983感到难堪：太遥远了。

“您提到1983年，而我在3年前就任时已经承认舰队的情况已经超临界了，”库罗耶多夫说，“还是说潜艇吧，新研制的潜艇应该在11月初交付。”

“11月初？”大厅里又开始呻吟起来，“风暴就要开始了……你们都在干什么？当我们的孩子还活着的时候，怎么能在全国举行哀悼日呢？”

“我们谈另一个问题。我听说有人建议到失事地点去。如果你们证实这一点，我就给船。我们明天举行艇员追悼会，之后就走。”

大厅里哭声一片。

“您干嘛总是离不开埋葬他们！”有人喊道，“他们会活下来的。”

“哪怕先搞到一具尸体也行！”

“搞到？问题提得好。”库罗耶多夫精神又为之一振。

“将潜艇锯成两半，把孩子们拖出来！”

“不行！”笔者身后的一位姑娘哭起来，“水泡……他们活着，活着……”

“是谁做出的决定，说人都死了？”

“你们连北方舰队司令都不相信了？”库罗耶多夫突然厉声问。

“当然不是。那就回答问题。”

“我就向大家解释技术问题。打开舱门肉眼看不见什么，摄像机也看不见什么。沉淀物堆积之后……”

“油不沉淀！轻于水！”

“确实这样，它只能浮在水上！”

给人造成的印象是他简直是在愚弄坐在大厅里的人。但笔者坚信，如果将这一点告诉他，他会感到委屈。他想向大家解释清楚，实际上做到这一切是多么不容易。听众越听越糊涂，甚至要将他绳之以法。他还忘记了油轻于水这一基本概念。

“您相信孩子们还活着？”有人问他。

大家知道他是怎么回答的？

“问题提得好。我的回答直截了当：直到现在我仍然相信，1991 年逝世的我爸爸，仍然活着。”

于是又有人问他，也可能是一个好问题：

“您为什么没有立即向外国提出援助？”

“看得出，你们经常看第四频道，而不是看第二频道的电视节目。”

“您什么时候向上级报告资金缺乏？”

“三年前。”他并不生气地回答说。

笔者想可能有人会打他嘴巴。然而正好相反，人们的声音低下来并逐步对这次谈话失去兴趣，不愿搭理他。

他也不想搭理他们。他把麦克风交给克列巴诺夫。人们感兴趣的问题只有一个：

“你们什么时候将孩子们救出来？”

“也许是几个月，也许是一年之后。确切日期我也说不清。”

他是以冷漠的态度说这句话的。人们由于这个人带给他们的肉体痛苦而大声喊叫起来，但似乎还有些力量。一位个子不高，身穿安卡拉毛上衣，长裙拖到脚后跟的女人走到他面前，抓住他的胸口，不断摇晃起来：

“你这个畜生，你去那儿救孩子们！”

几名上校立即扑过去将她拉开。但做到这一点也不容易，她紧紧抓住克列巴诺夫的衣领大声喊道：

“你们是败类，全是败类……”

克列巴诺夫花很长时间拉平自己的领带。他脸色铁青，给人的印象是他被人欺侮了。他已经不再回答问题，最后突然冒出了一句：

“你们将得到自己的孩子！”

人们立即原谅了他。

“什么时候？”大家齐声问。

“抢救作业将继续进行。”

此后他好像悄悄溜走了。5 分钟之后库罗耶多夫也消失了。

心理援助小组的一名积极分子说，她打算征集签名，要求将潜艇截成几部分，因为已经没有活人了。她说，她也是为人之母，这一决定对她不容易，但还是做出了。“把他们像人那样埋了也行。”她说这句话时声音里流露出迫不得已的语气。她把这个建议向大厅里的人提了出来。当然，如同对待克列巴诺夫、西多罗夫上校、波波夫、库罗耶多夫那样，有人也对她说，孩子们还活着，潜水员能找到，能把他们救上来。

在二楼军官之家的谈话室，笔者遇见一对来自布良斯克的夫妇。他们正往家里打电话，说即将回去。这次会见之后他们的决心更加坚定。他们是首批愿意回家者。

“是否再住几天？”笔者问，“明天有船。如果不骗人，将把你们送到这个地方。”

“可能吗？”他们问道。

“完全可能。”笔者回答说，此时想起了自己与海军少将库兹涅佐夫的谈话。

“不了，”他们平静地说，“我们最好还是回去。”

他们走了。笔者注意到身边两位上校正在认真磋商，应该把总统“关于永远纪念核潜艇‘库尔斯克’号乘员命令”的草稿交给谁看。

两小时之后两名水兵在军官之家的后门用新木板为弗拉基米尔·普京搭建了一个不高的主席台。他们说，总统一定会在礼堂讲话，应该做好应对任何事件的准备。这是明智之举。

人们从下午 5 时起开始等待总统。他是 9 时来的，但谁也不生气，因为这并不是主要的，因为他总算来了。现在他们打算把一切都告诉他。

“又是一个杀人犯，”站在军官之家台阶上的一位上了年纪的妇女为之一惊，“他总算来了，我们马上就会把他撕成碎块。”

普京身着黑衬衫黑西服走进大厅。约 1500 人占满了所有座位和惟一的通道。海军将军们声音不大，要求将记者们从大厅清理出去，事实上里面并没有记者。笔者也没有见到在总统到来一小时前赶到的俄罗斯电视公司摄像小组。外人谁也不能妨碍总统与自己的人民对话。

“我们原先打算在北方舰队司令部见面。”总统首先讲道。

“听不清。”不知是谁说了一句。

“我就大声些，”总统回答说，“同情、原谅之类的话……”

“立即取消悼念活动!”大厅一端传来愤怒的声音。

不出所料，开始形势不妙。

“悼念活动?”普京反问了一句，“我同你们一样，一直希望最后出现奇迹。然而，已经有了确凿的事实：人已经死了。”

“闭嘴!”人们朝他喊道。

“我指的是确实已经死亡的人。这样的人在潜艇上确实有。这个追悼会就是为他们举行的。就这些。”

有人还想反驳，但他不让。

“你们还是听我说，先听我讲。海里的悲剧是经常发生的，甚至是在公认的我们这个很顺利的国家。海里的悲剧总会发生。但我没有料到我们会遇上这种情况。”

他讲道，国家和军队现在应该依据现有条件生活，应该有较少的军队和潜艇。

“您甭瞎说了，”有人说，“您是否知道，‘库尔斯克’号这次航行的乘员是由两个潜艇的乘员组成的?我们现在根本没有什么舰队了。”

“为了不发生悲剧，不是由两个，而是由十个乘员组成也行。”

“您是否认为这场悲剧的过失在乘员?”坐在头排的一位妇女问他。

“不，”总统说。他当然不这样认为。那么是谁的过失呢?经验丰富的政治家建议立即惩罚几位高级军事领导人，将其交付法庭审判。但可能他想，首先应该将问题搞清楚。

普京平静地讲着，有时声音还很低，语调中流露出请求原谅的口气，后来突然发动进攻。然而，这种战术的改变很少帮他的忙。

“为什么7号8号舱的工作停止了?”

“每隔三四小时我都问一次。我问军人：‘你们是否可以证明，那儿的一切都结束了?你们得证明!’他们告诉我：‘我们和外国专家都说，就是这样。’我同自己的老同志，院士斯帕斯基也谈过话。他已经70多岁了，是潜艇总设计师。我认识他多年。我问他，难道真的一切都完了。他说，为了证实这一点，就得将潜艇锯成几截。我问他，如果有气泡……”

他又被人们打断了。尽管笔者发现，大厅里有人松了一口气。

“我们为什么没有立即向外国求援?”一位姑娘问。

她哥哥在潜艇上，普京长时间向她解释。他说，潜艇和救生设备，是在上世纪70年代设计的，归北方舰队使用。他回忆说，国防部长谢尔盖耶夫是8月13日早晨7时给他打的电话，此前他一无所知。谢尔盖耶夫说，已经开展了救生作业。普京马上问他，是否需要他本人、国家和外国做些什么。

“答复是，”普京说，“清楚的。他们认为自己有救生设备。”

据他说，8月15日，外国开始正式提出给予帮助。俄罗斯方面立即接受了。第六天进入9号舱。

“如果我们是8月13日向外国求援，那么到8月19日他们的潜水员就可以进入9号舱，可能会改变些什么。”

“怎么，我们连这样的潜水员都没有？”有人绝望地问。

“一个贫穷的国家确实没有。”总统生气地说。

他补充说，挪威政府也没有。救助“库尔斯克”号乘员的合同是与一家专门从事海洋石油钻井工程的商业公司签署的。现在这些潜水员认为，已经没有活人可以抢救了。这就意味着应该签署一份新合同，将遇难乘员的尸体打捞上来。与此同时，这家公司还没有从事这一工程的执照。普京已经指示外交部与挪威政府谈判，要求尽快向该公司颁发执照，政府似乎已经同意了。此外，该公司还提出了两个条件：更换潜水员和设备。这些问题不解决，工作就难以进行下去。

人们全神贯注神情紧张地听总统讲话。谁也不打断他。最终在这么多天以来，人们听到了能听进去不让自己愤怒的话。

“我能从儿子身上得到多少抚恤金？”一名妇女没有恶意地问。她确实想知道这一点。

“我理解大家，”普京回答说，“回去不行，留在这儿也不行。”

“带的钱都花光了。”她怒气冲冲地说。

“那我就谈经济问题。”

“别谈钱的事！”大厅里立即有几个人说。

“我理解大家。如果可以，我也早就到那儿去救人了！”

接下来一小时普京讲钱的事。他抱怨说，我们有许多混乱的法律，使任何问题难以解决。但他决心绕过它们解决问题。

“一位妇女，‘库尔斯克’号机械师的妻子走到我跟前，说她需要工作10年才能挣到儿子的学费。现在丈夫死了。为了养活孩子，她是否能拿到丈夫今后10年的工资。我认为，这个要求是正当的。牺牲者的每名家属都能得到军官10年的平均工资。”

大厅一片肃静。人们开始动嘴，算算有多少钱。后来又开始争论，这个平均工资是多少。普京先是说每月3000，后来又看了自己的笔记本道歉说：是6000。大厅的人本想争论，告诉总统被人欺骗了，军官的工资没有这么多。但是，普京向他们解释，如果大家同意他提出的数字，他也不反对各家多得一些。

谈话的语气已经完全改变了。一位来自达吉斯坦的妇女站起身询问。她儿子是文职专家，而总统提出的钱只给乘员。她还提醒普京，说他讲过，车臣人侵之后他对达吉斯坦人有好感。“当然，”普京说，“您儿子享受与‘库尔斯克’号乘员同等待遇。”另一名要求在彼得堡为自己和父母亲提供住房。普京给了她，但没有给其他人。他长时间解释说，不能因为这场悲剧就把整个北莫尔斯克搬迁。但又说在国内的中央部分为每个家庭保证提供住房，而且与抚恤金不挂钩。在回答中央部分指什么地方时普京说，他认为莫斯科和彼得堡都属这一地区。一名妇女身体突然出现不适，人们立即将她抬出礼堂。

下一个问题已经不是钱的问题，而是国内形势。普京回答说：“有关我执政百日以来的问题我准备回答，15 年来的问题我准备与大家一起坐在台下向别人提问。”

最后，那位身穿安卡拉毛上衣，几小时之前愤怒地扑向克列巴诺夫的妇女站起身来。笔者的神经立刻紧张起来，她的讲话意义重大。

“我们来自乌克兰，”她说，“您所许诺的那些钱，得缴一笔可怕的税。”

“我们在这儿付现金，”普京矜持地微笑着，“通过一个非国家性质的基金会。”

“马上?”

“我没有随身带呀。”

大家都笑了。

后来又提了许多问题。有人提议给维佳耶沃以非开放的行政地理市级地位。

“为什么?”普京问，“开放之后问题就多了，城市顶多出现几栋高楼，小偷也随之而来。我这样说，女士们会原谅吧?”

妇女原谅了他。总统完全控制了大厅的形势。大厅甚至接受了他对最沉重的一个问题的回答：他为什么来得这么晚?

“最初我也想马上来，”总统承认说，“后来又想，我要是来了，会出现什么情况?我得带多少人?我一来，别人就无法工作了。我来了，能给自己随便找个地方呆一会儿该多好！不行呀。我一下命令，都得照办，否则就得追究责任。”

最后有人问：

“今天有人告诉我们一句可怕的话：孩子们将在一年之后打捞上来。”

“不！不！不！不会！我向大家保证，几个星期之后就把孩子交给各位。”

会见持续了 2 小时 40 分钟。他以人民总统的身份离开，而在此前，人民却准备将他千刀万剐。第二天，所有家属都写了要求提供军官 10 年平均工资物质补助的申请书。应广大家属的请求，普京取消了库罗耶夫所提到的引起强烈愤慨的追悼会。和蔼可亲的军官在“斯维里”号船上走来走去，提出帮助家属们购买回家的车票。他们同意了。现在，小城维佳耶沃静悄悄。

弗拉基米尔·普京怎样向我们的犹太同胞祝贺光明节

12月22日，犹太社团的上层人士在社团中心欢度光明节。

人们等了一小时，才迎来弗拉基米尔·普京。他还没有到来之前来宾们已经没有信心地开始了娱乐活动，但有人将跳舞视为不妥，在众目睽睽之下停止了。

弗拉基米尔·普京与以色列前总理本·内塔尼亚胡会见的桌子摆在大厅中心左方。

光明节是总统当日日程表上的第十二项活动。第十一项活动，也是总统迟到的原因，是会见乌克兰总统库奇马。还在普京到来之前，聚集在犹太社团中心走廊的记者们回想起前不久在明斯克举行的峰会。听说在会上，俄罗斯总统向乌克兰总统叫喊，要用乌克兰财产换取俄罗斯天然气。他们也由此对普京出席光明节做出令人不快的预测。

他到底来了。主持人宣布说："俄罗斯联邦总统……"坐在桌子旁边的犹太人在黑暗中摸到自己放在椅子上的斗篷，从座位上起身开始鼓掌。光明节开始了。

"尊敬的同志们，"主持人说，"请允许我宣布为庆祝我们民族节日而举行的盛大招待会现在开始。首先请大家回忆一下我们为什么今天欢聚在这里。第一，这是我们的节日，它已经有两千多年的历史了……"

主持人向那些不知什么叫光明节的人简单介绍了它的来历、内容和意义，并请俄罗斯总统讲话。普京先生简单回忆了往事并提醒说，10年前并非所有社团都能自由地对其感兴趣的问题表明自己的立场。

普京问：10年前这些社团能够自由存在并有效地开展工作吗？犹太人使劲摇头。

普京说，从前苏联移居到以色列的犹太人是一个巨大的潜力。他7年前来到耶路撒冷时已经对此深信不疑。

"我对翻译讲了几句，而服务员却对我说：请用俄语讲吧。"

但并不是这令弗拉基米尔·普京感到惊讶。一位漂亮的姑娘在回答他提出的问题：她是否早就来到以色列时，她用没有任何重音的俄语回答说，她就出生在这儿，在耶路撒冷。

弗拉基米尔·普京突然结束了自己的讲话。

"我祝愿我们全体人民幸福，万事如意！"他说到这里，环视了聚集在大厅里的所有犹太人，他们对此感到惊讶和高兴。

主持人请俄罗斯犹太教总牧师贝尔·拉扎尔讲话。他说，弗拉基米尔·普京早就向他询问过怎样过光明节，但他说不清。总统今天终于光临现场了。

“犹太人集合在一起，”他说，“点燃蜡烛……大家还记得我们犹太孩子怎样向大人讨要光明节压岁钱吗？这样的情景大概永远不会忘记。”

主持人宣布，光明节的第一支蜡烛将由弗拉基米尔·普京和贝尔·拉扎尔点燃。贝尔·拉扎尔将手伸向蜡烛，我们总统的反应更好。他拿起蜡烛，点燃之后想离开桌子，人们立即唱起了光明节歌曲。他又回到麦克风前。当歌曲正在演奏之际，从来宾队伍中徐徐走出一位上了年纪的犹太女人。她与普京坐在一起，手里拿着一个重重的金塑像。塑像被送去检查，她又回到座位上。

人们向普京赠送了另一件经过联邦警卫局检查过的礼物——光明节七烛台。主持人受普京最后几句话的鼓舞，鼓足勇气说：

“对犹太人来说，耶路撒冷的七烛台意味着奇迹。敌人多次想得到它都没有得到。我们向自己敬爱的总统赠送什么礼物呢？就这个七烛台吧！它应该照亮耶路撒冷，应该照亮克里姆林宫！它不是靠武力掠夺，而是我们亲自送给应该送的人。”

弗拉基米尔·普京未加思索地（尽管也应该考虑一下）回答说：

“朋友们，我向你们保证，它所带来的光明和美好，将一定照亮克里姆林宫。”

“是照亮还是神化（俄语的照亮与神化只差一个字母——译者注）？”一个着常礼服和斗篷的犹太人关切地问笔者，并拼命将普京的话记录下来。

本雅明·内塔尼亚胡开始讲话。

“本——本——本！”（对内塔尼亚胡的爱称——译者注）整个大厅开始有节奏地叫喊起来，人们已经提前听到了在未来的总理选举中，非常有希望获胜的候选人的竞选讲话。

“谢谢，亲爱的朋友。”他用英语说。

此后内塔尼亚胡先生抱歉地说，他不会讲俄语，只能用英语了。

内塔尼亚胡会讲俄语的助理本尼·布里斯金走到笔者跟前，问笔者普京先生是否会英语。

“哪儿来的这个翻译？”助理紧张而关切地小声问，“内塔尼亚胡说，俄罗斯与以色列相似的地方在于彼此都受到恐怖分子的威胁。恐怖分子对以色列而言，是在250米之外，对俄罗斯而言是在2500公里之外，翻译将2500公里错译成25公里，人们对内塔尼亚胡的讲话感到不解，一时不知所措。”

要改正已经很困难。内塔尼亚胡将结束自己的讲话：

“大家看看，发生了什么事：俄罗斯总统将点燃光明节蜡烛！难道这不说明俄罗斯是在向好的方向转变吗？”

讲话最终结束了，来宾们分桌就座。普京与内塔尼亚胡开始热烈交谈起来，当然还是通过那位翻译。笔者同一位来自莫斯科的生意人攀谈起来。

“我非常担心普京不喜欢内塔尼亚胡的讲话，”他激动地说，“非常不喜欢。内塔尼亚胡是从刀山火海中走出来的。现在完全有可能的是阿拉伯人不仅焚烧美国国旗，还将焚烧俄罗斯国旗。俄罗斯对此应该做好准备。”

“即使没有内塔尼亚胡的讲话，今天他们已经有很多理由焚烧俄罗斯国旗。”他旁边桌子上的一位客人补充说。

“我还是担心普京不喜欢。”这位生意人忐忑不安地说。

此时已经开始唱歌，客人们相互祝酒，然而谁也没有打算跳舞。被誉为“美国、俄罗斯和保加利亚金小提琴演奏家”的萨莎·费尔德曼演奏起小提琴来。她的表演令人眼花缭乱，目不暇接。她一会将小提琴放在背上，一会放在头上，最后放在两腿夹缝，用胯骨紧紧地夹住。普京中断了与内塔尼亚胡的谈话，目不转睛地看着她，随后又走到麦克风跟前：

“至于你们与巴勒斯坦人的冲突……有些情况……我今天身为一个国家元首，不便讲，”他马上停下来，“这一切只能在……讲。”

大厅里马上平静下来，鸦雀无声。

“但我同情！我同情……”

大厅里响起了欢呼声和喊叫声。

“我错了，”站在笔者身边的那位生意人说，“普京全都喜欢。”

普京接着说，俄罗斯今天在世界上占有特殊的地位，最近以来俄罗斯变化很大，外界对此暂时不理解，但最终还是会理解的。随后他走出大厅。内塔尼亚胡也在他身后消失了。听说他们后来又单独谈了一个半小时。

“朋友们！”他们离去之后主持人在大厅里宣布，“光明节开始了！”

2001年

弗拉基米尔·普京以似乎提高了在座人员一倍工资的语调说，"大家想想，这样做得冒多大风险！如果任何欧洲政府能进行如此类型的两三项改革，那就被认为是巨大的成就了。可我们已经搞了近十项改革！"

↑独联体成员国总统有从下向上看的东西

↓莫斯科电影制片厂的会见令所有参加者笑逐颜开

↑爱犬科尼忠于弗拉基米尔·普京

↓与夫人在中国餐馆

↑与夫人在芬兰林中漫步

↑鼓励下属们工作

↑与同道者在一起

↓与塔吉克斯坦总统埃莫马利·拉赫莫诺夫(左)

←做出准备妥协的样子

↓与白俄罗斯总统亚历山大·卢卡申科(右)

↑与女儿玛莎和卡佳在远东，距朝鲜边境只有7公里

↑每逢会见记者，就像过节一样

↓在远东

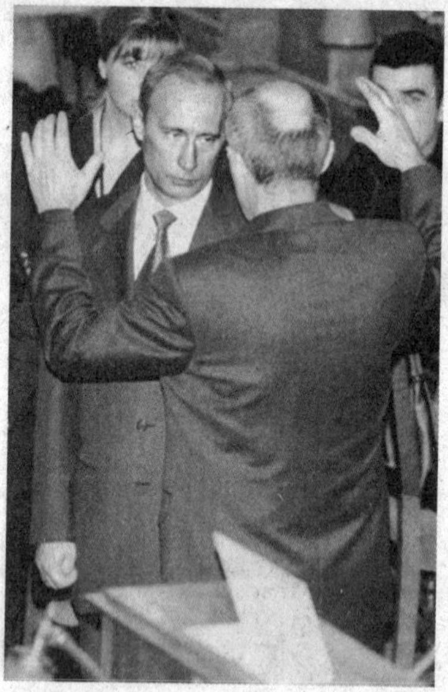

↑总是积极向州长们做工作

→向作曲家尼基塔·博戈斯洛夫斯基授予国家奖

↓向马里共和国大使授国书

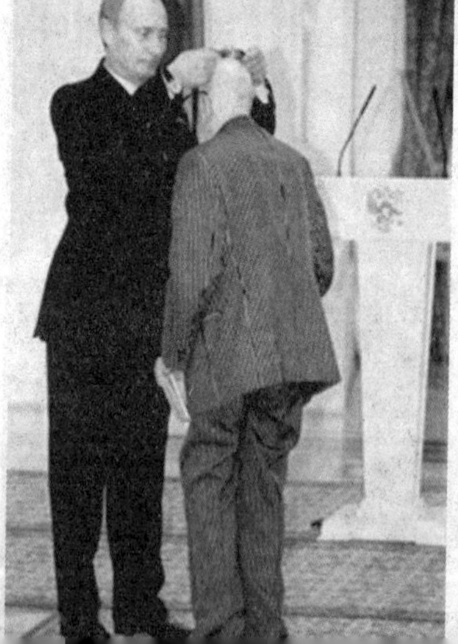

总统护航机险些起飞

9月26日在德国泰戈尔机场，总统的一架护航飞机险些失事，俄罗斯代表团某些成员将此事视为企图谋害俄罗斯国家元首。

总统一大早就会见了意大利总理西尔维奥·贝卢斯科尼。意大利政府首脑原定与联邦德国政府总理格哈特·施罗德在第二天举行会晤。但是，当贝卢斯科尼先生得知普京先生将到达柏林的消息，他就提前来到与普京共进早餐，讨论当前世界形势。

讨论被推迟了。弗拉基米尔·普京因会见德国出版界代表而迟到。这次会见持续了两小时，但当日最重要的事件不是发生在那儿，而是发生在泰戈尔机场军事区。俄罗斯总统的专机和“先遣”飞机从那儿准备飞往杜塞尔多夫机场。“先遣”飞机一般坐的是弗拉基米尔·普京的私人警卫，德国翻译，经济发展部部长格尔曼·格列夫及其助手，还有包括笔者在内的数名记者。我们在总统专机起飞前40分钟起飞。

可这架飞机出了事。它已经滑出了跑道，得到起飞批准并开始加速。当它准备加速离开地面时，笔者从舷梯门看见另一架飞机正向同一个跑道着陆，其大小与我们的图—134飞机相似。它似乎已经赶上了我们，机翼上涂的是德国国旗。令人惊讶的是我们还打算与它错车。就在这一瞬间，我们的飞行员们似乎使出了九牛二虎之力拉闸。他们呻吟着惊叫着，以每小时300公里的速度开始进入紧急制动状态。原则上讲这是一个非常简单的情况。在这样的形势下什么都不能做，只能坐等紧急拉闸过后发出巨响，但没有。

飞机减速停下，几秒钟之后回到原始位置，停在总统专机伊尔—96旁边。空姐安慰我们说没有什么可怕，只是调度犯了一个小错误，几分钟之后我们将继续飞行，消防车赶来是为了冷却我们飞机的制动闸。它们也开始进行冷却作业，轮子已经喷气。乘员反复说一切将会很好。

几分钟之后我们真的再次滑行。飞行员在途中试试闸，显然有问题：飞行员一拉闸，飞机就摇晃。这是刹车块被磨掉时经常出现的现象。问题已经很清楚，如果飞机带这样的闸起飞，势必要摔。

我们的飞机最终又被送到总统专机旁边，后来宣布说推迟起飞，需要换轮子，几个轮子尽管能承受拉闸，但怎么也不合适。幸好在机场还找到了所需的轮子。

据精神紧张的飞行员介绍，事故原因在德国调度。至于他怎样犯下如此重大错误，谁也不知道。然而，格列夫部长的一位分析人员立即称，飞行员的错误完全不在他决定将德国的飞机降落在我们的飞机上，而在于他把“先遣”飞机当成了主机——总统专机。这一说法立即被间接证实了：来自莫斯科的同行们称，塔利班烧毁了美国驻喀布尔大使馆。我们机上的许多人开始意识到弗拉基米尔·普京昨天在德国国会的演说。他说，应该从道义上、物质上和思想上摧毁恐怖主义分子。今天“先遣”飞机上发生的事故与爆炸美国驻喀布尔大使馆如出一辙。

在总统专机问题上失误的调度也引起了与我们同坐一架飞机的德国人的强烈不满。两名德国妇女对笔者说，她们以德国的名义请求原谅出现的事故。

与此同时，已经会见完德国报纸总编的俄罗斯总统已经来到机场，焦急地等待着事故处理完毕，但并没有人催促他迅速登机。形势非常清楚，第一，应该加强本来已经空前严密的保安措施；第二，应该搞清楚怎么安排警卫、翻译、格列夫和我们。

安排国事访问的德国有关部门不知所措，一时竟不知如何是好。一名德国翻译脸色苍白，坐在椅子上使劲掐指头，与折磨他的歇斯底里病作斗争。

后来一切似乎安排停当。联邦德国国防军的直升机直接飞到飞机舷梯前，将坐在机舱里的所有人（记者除外）接走，飞向杜塞尔多夫。过了不久，俄罗斯总统也飞走了。

我们留下来等待修理飞机。这样的事不能着急。乘员不让任何人换轮子。尽管与我们同乘一架飞机的第二乘员组，即备用乘员组，也参加了修理，我们还是等了4小时之后才起飞。还应该提一下：为了在现场调查事故，德国人要了我们的“黑匣子”，不知因何故长时间不归还。直到俄罗斯高官出面干预，最后才还了。

总统体会到比利时冷淡的接待

与10月3日弗拉基米尔·普京受到德国人热情洋溢的接待相比，欧盟首都布鲁塞尔对我们总统的接待非常冷淡。初看上去，我们与比利时关系很好。2000年双边贸易达到25亿美元，俄罗斯顺差6000万美元。因此，我们应该怎样对待比利时呢？

与此同时，在俄罗斯—欧盟首脑会晤开始之前，连一个共同文件也没有协商好。说客气一点，以这种态度对待如此级别的活动令人意外。难道问题的症结在于弗拉基米尔·普京不会法语，没有在比利时当过间谍？

现在已经获悉，例如，声明非常容易达成共识的反对恐怖主义也出了问题。俄方提议首先就此取得一致意见。正如俄罗斯代表团一位成员所说，这样做是为了有一个良好的开端，但比利时人对此不置可否，尽管有许多提法，但认为其中有许多不妥。比利时方面的主要想法是从各种迹象判断，从2001年9月11日开始的恐怖主义即将结束。俄方不同意这一观点，提到了车臣反恐行动。

谈判的目击者称，俄罗斯人直截了当地问比利时人：难道事实上不是这样。莫非你们想与我们谈车臣，谈俄罗斯联邦这一主体侵犯人权？比利时人非常想谈车臣，但提不出一个具体问题。难道检察机关对侵犯人权的事实起诉的案件太少，也没有向他们通报？比利时人回答说，是不多。那么我们现在就把检察官找来与你们一起问问，这种无法无天的行为根源何在。俄罗斯人正是这样向比利时人提议的。比利时人回答说这样做太好了，但后来就没有兴趣了。

关于打击恐怖主义的文本因此也没有协商好。比利时人建议将其写入访问结果的共同政治宣言中，这与全世界等待着向阿富汗塔利班报复，准备对其进行打击的形势不相吻合。

就反倾销检查，加入世贸，欧盟扩大，改用欧元结算等等的讨论也出现了同样的问题。既然没有提出不惜任何代价也要签署联合宣言的任务，那协商不好也没有关系。今天在布鲁塞尔将举行欧盟—俄罗斯会晤。弗拉基米尔·普京将参加这次会晤，但迄今尚不知道将讨论什么问题，只知道欧盟将强化对莫斯科的经济立场。然而，我们代表团的成员也没有丧失乐观情绪，他们说，这一切无疑将与俄罗斯经济形势好转有关。

昨天早晨，当俄罗斯总统参观布鲁塞尔市政府、市议会，与比利时国王艾伯特二世和王后保拉共进早餐时，在当地一家饭店举行了名为“去俄罗斯投资吧！”的记者招待会。招待会的组织者是欧洲工商俱乐部和俄罗斯国际文传电讯社，参加人员有欧盟高级官员和俄罗斯代表团数名成员。这样一来，日前告诉记者不许公开发表的某些内容，就可以当面听到了。

弗拉基米尔·普京今天除了会见比利时国王和王后之外，还会见了该国工商界人士。笔者觉得，他们的心情与出席记者招待会的人士的心情大同小异。

例如，会议主席沃克列乌拉在开幕词中明确而无耻地表达了比利时对俄罗斯的兴趣：

“比利时工商界代表高度评价贵国丰富的自然资源、劳动力和巨大的市场。”

这些话看来使我们总统痛心。为了使自己平静下来，他事实上逐字逐句重复了格列夫在早晨的记者招待会上所讲的关于俄罗斯经济最新成就的内容，后来又讲了有关问题：

“有人要求我们在加入世贸组织之前按照该组织的规则修改自己的法律。如果政策向我们提出了难以逾越的障碍，这倒是一个非常好的方法（不让俄罗斯加入——作者注)。这样的要求在任何时候，任何地方和任何人都不能接受。需知我们还没有加入呀。如果修改了自己的法律，但由于某些原因还没有加入呢？难道我们还得将它们改回来？”

弗拉基米尔·普京把比利时工商界人士的每一个问题都当成答复欧盟官员对俄罗斯的行动。

“继续反倾销调查，不承认俄罗斯是市场经济，为什么？”总统问比利时人。

比利时人委婉地表示沉默。

“波罗的海沿岸国家的经济在90年代已经被承认为市场经济，难道我们比它们差！一点也不。然而，这又是为什么？”他再次提出这个问题。

会场再次沉默。

“请大家看看，我们都做了哪些工作！”总统大声说，“我们制定了劳动法，你们是否知道，什么叫……土地法？引入了土地私有制，这是划时代事件……我们还将进行退休制度改革，司法改革，军事改革已经开始……”

我们总统的全部神情似乎在说：“你们还要什么?!”比利时工商界的精英们坐在大圆桌旁低头不语。他们应该明白，尽管俄罗斯已经为他们做了许多，但他们对它的要求太苛求了。

“我们已经成倍提高了预算内人员的工资！”弗拉基米尔·普京以似乎提高了在座人员一倍工资的语调说，“大家想想，这样做得冒多大风险！如果任何欧洲政府能进行如此类型的二三项改革，那就被认为是巨大的成就了。可我们已经搞了近十项改革！”

他没有听到感激之声，听到的是什么呢？

“我祝贺你们在如此短的时间里在稳定方面取得的成就，”国际啤酒公司的总经理彼埃尔·爱韦拉尔特说，顺便提一下，该公司生产“光混汉”和“克林斯科耶”啤酒。当他意识到自己失言之后立即纠正说：“我们已经向俄罗斯投资3500万。”

另一位不愿意透露姓名的企业家提了令所有出席会议的人士关心的一个问题：

“我个人对我们的人的安全深感担忧……当我们派人去俄罗斯的时候，我们希望他们能活着回来。他们千万别让人抢了，杀害了……”

问题原来在这儿，天哪，他总算一语道破天机。

“工商界人士应该相信我，”弗拉基米尔·普京说，“自从人所共知的车臣悲剧事件之后，我们的犯罪率已经大大下降，这是显而易见的事实。”

会见到此结束。俄罗斯总统离开了，但工商界精英们长时间还没有离去。他们还在希尔顿酒店27层楼的电梯间窃窃私语。笔者相信，他们不会说俄罗斯什么好话。

亲爱的弗拉基米尔·弗拉基米罗维奇向他们走去

11月15日，我们总统在俄罗斯驻美国大使馆会见了美国上层人士和居住与生活在美国的俄罗斯精英。弗拉基米尔·普京在讲话一开始就指出，会见是在我们大使馆值得骄傲的大厅里举行。这是俄罗斯驻美国大使告诉他的。

“除此之外，华盛顿再也没有这样的大厅了。”俄罗斯总统说。

这句话无疑是正确的。但如果弗拉基米尔·普京在讲这句话之前有时间向四面张望一下他就不会这样讲。糟糕的是大厅尽管宽敞，但高高的天花板用大量壁画装饰，似乎是从奥斯塔普·宾杰里的名画上走下来的播种者和炼钢工人的形象引人注目，但在炼钢工人衬托下的播种者却显得黯然失色。此外，天花板上还画着上世纪70年代苏联黄金旅游圈所属城市的城徽。

遗憾的是黄金旅游圈题材还继续反映在墙上，这里主要表现了祖拉布·采列杰利在金属上创作的壁画的复杂工艺。如果不算他在壁画中央经过修饰的工人和农庄庄员的复制品，那么从数米长的壁画上可以看到作者想象中的俄罗斯许多城市的广场和纪念碑。一个墙角悬挂着巨幅圣母神像，据说是尤里·沃龙佐夫当大使时挂上的。

弗拉基米尔·普京在讲话中谈到俄美关系的性质和未来。他说：

“美国独立初期，俄罗斯就与它站在一起。当时俄罗斯女皇叶卡捷琳娜二世彬彬有礼但又非常果断地亲自拒绝了英国乔治三世国王的关于请求派俄罗斯士兵参加镇压美洲殖民地起义的请求。亚历山大二世皇帝与亚伯拉罕·林肯总统几乎是同时废除了农奴制度，”弗拉基米尔·普京强调说，“后来两人都死了，而且都死于恐怖分子之手。具有象征意义的是俄罗斯在建造纽约自由女神塑像中提供过资金，做出了贡献。自由女神如今已经成为全世界自由的象征。”

从专门资料可以看出，当自由女神的设计师、法国人巴托尔迪需要大笔经费时，俄国皇帝亚历山大三世确实提供过。除了俄国人之外，任何人也没有为此掏过一文钱。女神像就是这样建成的。

俄罗斯总统讲话结束之后开始接见来宾。活动在隔壁大厅进行并用了1小时。来宾中既有美国工商界人士，也有美国和俄罗斯犹太人组织的领袖，生活在美国的俄罗斯文化和科学界人士以及运动员。他们排成长队。站在最前边的是犹太人领袖。他们与总统的会见持续了40分钟。从紧闭着的大门里走出来的犹太人个个兴高采烈。

“你们这么长时间都谈了些什么？”笔者问俄罗斯犹太教总牧师贝尔·拉扎尔。

“谈了伊朗、伊拉克、近东和欧洲。谈到全世界！美国的犹太人领袖算是大开眼界！他们不相信，俄罗斯如今有了这样一个人物——弗拉基米尔·普京。他们甚至没有料到出现这样的人物是可能的。我说的更多，俄罗斯对待犹太人从来没有像现在这样好。”

“从来没有？”

“几乎是从来，”贝尔·拉扎尔似乎感觉到他有些说过头，“确实是这样。约瑟夫·斯大林在1948年支持成立犹太国……”

“您是专门从莫斯科赶来参加这次会见的吧？”

“不是。老实说，我是几天前赶来会见美国参议员和众议员的，打算说服他们废除杰克逊—范尼克修正案。”（该提案要求根据俄罗斯犹太人的形势，在美国与俄罗斯贸易中限制实行最惠国待遇——作者注。）

“结果怎么样？”

“我们的努力已经有了成果。由于他们的努力，美国人已经开始认真考虑取消修正案了。”

“为什么要取消修正案？”

“美国人也问这个。我向他们解释说，犹太人非常关心俄罗斯经济的发展，这对他们是最好的礼物。”

“您不怕一旦修正案取消，犹太人再次受到迫害？那时您将怎么办？”

“弗拉基米尔·普京永远不允许这样。”

“要是别人呢？”

“我告诉您一个非常重要的东西。总统对犹太人的观点不只是他个人的，也是全国的。我们知道，像俄罗斯这样的国家，做那样的事几乎是不可能的，可他做到了。因此我们现在不怕什么！”

这样一来，弗拉基米尔·普京又解决了一个问题——犹太人问题。贝尔·拉扎尔最后说，犹太人认为弗拉基米尔·普京此次访问美国是成功的。就在访问期间拉扎尔生了一个女儿。这是他家的第十个孩子，叫萨拉。如果生的是男孩，看来得叫沃瓦。

与此同时，正在排队的国内其他名人就要排到了。其中有作家瓦西里·阿克肖诺夫。他站在旁边。

“大概我今天见不着总统了，”他面有难色地说，“这么拥挤……”

瓦西里·阿克肖诺夫非常喜欢总统。

“他成长得很快。我记得一年前他会见过北朝鲜（原书如此，即朝鲜民主主义人民共和国，下同——译者注）的金正日……后来又去过利比亚……”

“没有去过……”

“反正都一样，他大概想去……对外政策已经大大改变了。瞧现在，他明白了许多事。”

“您认为明白什么了?”

“除了美国之外别无选择。与美国接近呀!”

“接近到什么程度?”

“最大限度。”

“莫非是联合起来?”

“不排除，很可能是。”

“一般而论，您喜欢我们总统吗?”

“喜欢。我不掩饰这一点。要知道，我本来可以收拾……”

“收拾谁?”

“所有人。”

“新泽西魔鬼”俱乐部和俄罗斯奥林匹克冰球队的教练维亚切斯拉夫·费季索夫与他的兄弟布列一起如愿以偿。尽管没有任何人要求，他还是评论了弗拉基米尔·普京的讲话。

“令人振奋！好极了！印象太深！那是什么讲话呀！我坐着听了！思想丰富！特别是大家应该团结起来……我们的总统成长很快！我今天本来有比赛。但我说了声，今天我应该去华盛顿，我们队长就说，是去会见普京？去吧！他还把自己的飞机给了我。”

此后维亚切斯拉夫·费季索夫谈到俄罗斯代表队在盐湖城冬奥会上的计划。他简单地说，由转会的热爱自己祖国的运动员组成的代表队不会给总统丢脸。这时他身后的门稍微打开了，请他进去。

“请原谅，总统召见我!”这位冰球运动员与自己的兄弟一起消失在关上的大门里。

著名科学家罗阿利德·萨格杰耶夫坦率地谈起自己对总统的热爱之情。他与美国前总统艾森豪威尔的孙女结婚，早就住在美国，在马里兰州立大学任教，几分钟前受到弗拉基米尔·普京接见。

“当我们总统讲到共同的敌人时，我想起一次重要的讲话。我想起，时任美国总统罗纳德·里根说过，如果我们与苏联有一个共同的敌人，例如是火星人，那该有多好呀！这时我们就与俄国人团结起来了……”

然而，罗阿利德·萨格杰耶夫最终还是不相信，里根什么时候讲过这句话，因此请美国前驻苏联大使约翰·麦特洛克证实。他也在等待普京接见。

“是的，里根喜欢这样说。”麦特洛克先生非常高兴地证实说。

当弗拉基米尔·普京走到罗阿利德·萨格杰耶夫面前时，这位科学家说，由于发生了恐怖行动，罗纳德·里根的理想实现了。我们和美国人团结起来反对共同的敌人。

“总统是怎样回答您的？”我问道。

“他回答说，‘遗憾的是这样’。”

末了，萨格杰耶夫院士向我们问好并相信，俄罗斯的一切都会好转，其中也包括科学。

“您愿意回国吗？”我问。

“是的，我经常回去。”院士小心翼翼地说。

“定居吗？”

“似乎……我妻子在美国工作……每当我想到这个问题时考虑总很多。”

当然，无可争议的是祖国是萨格杰耶夫经常思考的一个问题。

与弗拉基米尔·普京当天畅谈过的恩斯特·涅伊兹韦斯特内以自己的讲话对当日的事态高兴地作了总结：

“我非常喜欢他，非常！”

“据我所知，您不喜欢他曾经工作过的克格勃。”

“他不是将萨哈罗夫投进监狱，迫害我的那些人。他是我所喜欢的人。”

“今天大家都喜欢他。”

“还在大家没有喜欢上之前，我就喜欢上了！”

弗拉基米尔·普京来到希腊

12月6日，俄罗斯总统弗拉基米尔·普京来到希腊访问。

总统到达前一天，大批俄罗斯记者分乘几架飞机在希腊“登陆”。其中一架运有26名记者的航班，在萨洛尼卡机场紧急迫降。

俄罗斯记者说，希腊人从一开始就对他们蛮横无理。希腊人不喜欢独立电视公司记者携带过多的设备。机上女工作人员以粗暴的方式向记者提出意见，记者们针锋相对。

希腊人则是另外一种说法。他们说，我们的小伙子喝醉了。当飞机刚刚飞上天，他们就开始挖苦乘客和机上女工作人员，其中一位身上还被拧了一把。记者们还摇晃飞机。机长估计了乘客们面临的危险之后，请求在萨洛尼卡机场迫降。

飞机在雅典机场奇迹般地降落之后，独立电视公司的一名记者立即被捕，被关进监狱。深夜使馆人员获悉，记者已经办理了不出境待审判手续。

第二天早晨开庭审判，处罚相当严厉。电视台这位摄像师被判处15个月徒刑

(缓刑)。据说，由于威胁乘客生命，至少被判处5年徒刑。同时决定，在俄罗斯总统抵达的当日，不许将这一丑闻公开出去。

然而，丑闻还是被宣扬出去。第二天一大早，希腊电视台在新闻节目里报道了此事的片断。航班里的紧张形势经电脑模拟，电视观众看到记者们如何摇晃飞机。

需知在总统访问之前，已经准备好了关于空中交通的国际协议。

记者的律师指出，机上发生的一切是一次蓄意挑衅。机上女工作人员早就与机长勾结。如果从记者身上得到罚金，他们可以提成。

俄罗斯总统在雅典机场出现并非没有引起关注。

但是，记者们还是以极大的兴趣注意到自己的同行、独立电视公司那位摄像师的不幸命运。有关此事的大量细节也被人们所知。例如，应希腊机上女工作人员的要求，拘留记录上写的是记者在完全清醒的状态下要流氓（据说根据希腊法律，对这种情况处罚很严厉，而不是像俄罗斯那样）。与此同时，俄方指出，这是彻头彻尾的谎言。

摄像师在法庭上感到难受。他事实上已经不记得让他签字的判决书是什么内容，而且它是用希腊文写的。接下来查明，对摄像师的判决是过渡性的，半年之后还将进行一次。许多人劝记者溜回俄罗斯，然后销声匿迹。他由于被取消报道总统访问资格而惊惶失措，只能不住地点头。看来已经不能溜之大吉了。

2002 年

谈到条约本身，乔治·布什轻描淡写，但对弗拉基米尔·普京却赞不绝口。首先夸他的才干。说他作为民族领袖，结束了两大国的对抗时期，其次夸他作为一国元首，促进了经济发展，最后说他是一个好小伙子。

↑别斟满

↓经常在国内视察

↑与前车臣总统艾哈迈德·卡德罗夫

↓对待将军要特别警惕

↑鱼儿上钩啦

↑在新奥加廖沃几乎每天早晨都要练习骑马

↑普京雕像，著名雕塑家祖拉布·采列捷利作

↓观看军事演习

←出击之前

↓小泉纯一郎在讨论领土争端时总这样

↑独自一人在普斯科夫州水面

↑向英国首相解释，为什么不应该发动伊拉克战争

↓与宗教界人士

↑与护法人员谈了四个多小时

→伦敦热烈欢迎普京

↓与艺术指导加琳娜·沃尔切克(左)、柳德米拉·普京娜(右)交谈

条约游戏

2002年2月15日，这天以加拿大与俄罗斯工商界上层人士在莫斯科卢日尼克体育馆一个比赛大厅里举行会晤而开始。大厅里除了留下几架紧紧靠在墙上的木梯之外，将与体育比赛有关的一切都搬走了。大厅也被装饰成黑色。

加拿大总理让·克雷蒂安与俄罗斯总理米哈依尔·卡西亚诺夫来到工商界人士中间，向大家讲了几句客气话。随后工商界人士赶紧与自己的总理照相。

与加拿大总理照相得付出一定的代价。加拿大企业家要想让一位虚胖的加拿大女人——克雷蒂安总理的私人摄影师与自己的总理合影，事先就必须与俄罗斯企业家签一份合同。当然有的企业家要滑头，只发表了相互达成意向的声明。公正地说，这样的人并不多。

除了与自己的总理照相之外，还邀请了加拿大军队的两名士兵。他们身穿红色无袖男上衣，脚穿锃亮的棕色皮鞋，毫无表情地站在照相小姐旁边，只对她的手势作出反应。她要求他们时而离自己近一些，时而离开镜头。

她对自己的总理也严格要求。应该说，克雷蒂安先生非常认真，甚至比士兵更加认真地准备服从这位姑娘，并不时疑问地望着她，问自己是否做得正确。整个照相期间，她曾三次向他竖起大拇指。看上去总理每次都很幸福。而我们的总理卡西亚诺夫对与他的目光相遇的人总是报以他那著名的好莱坞式微笑，一次也没有责备女摄影师。

仪式进行了一小时。毫不夸张地说，这一时间内宣布的协议几乎涉及俄罗斯和加拿大生活的各个方面。包括记者在内的所有人照相之后来到卢日尼克体育馆的下一层——冰球场池座区落座，共进有俄罗斯总统参加的早餐。大厅里悬挂着俄罗斯和加拿大国旗，放着由早餐的赞助商、加拿大“炮手”公司提供的4台投影仪。除了工商界上层人士之外，出席早餐会的还有参加1972年与苏联冰球队比赛的数名加拿大队员。30年前这些加拿大职业运动员来到莫斯科，参加了苏联历史上首次举办的一系列比赛，费尽九牛二虎之力才打赢。

今日大厅的氛围与30年前相似，从各种迹象判断，甚至连场馆的木椅子也没有换。克雷蒂安先生有权将这个场地称为世界各国有史以来最引人入胜的比赛之家并多次强调，2002年的加拿大队仍然保持了那个队的传统。

俄罗斯总统说，我们向加拿大学习了很多东西，还具体讲到学习了什么。例如，有谁想到我们在车臣打仗时会仿效加拿大的联邦主义。与此同时，弗拉基米尔·普京指出，应该研究加拿大原料出口的经验（原料出口大大减少）。

然而，弗拉基米尔·普京不喜欢加拿大的某些经验，不赞赏加拿大阻止俄罗斯向其出口钢材。

俄罗斯总统与加拿大总理交换了号码为2号的汗衫。有了它，就可以随时召唤警察，之后两人共进早餐。据此可以认为，这次俄罗斯和加拿大队交手的结果是友谊取得胜利，或者说胜负并不重要，重要的是参与。正如早餐时4个投影电视屏幕上所播放的电视广告片所说：我们俄罗斯人“无论任何时候获胜或者失败，总是冠军”。

这个谬论中包含着我们未来胜利的保证。

总统来到报社

5月23日是《消息报》成立85周年，俄罗斯总统弗拉基米尔·普京于当日来到报社。

据弗拉基米尔·普京亲口说，他来过报社，似乎报社任何领导都不知道。大家很惊讶，甚至有人问总统是什么时候来的。他说大概是5年前。只有总编米哈依尔·科若金记得，过去阿纳托利·索布恰克喜欢到这儿来。

弗拉基米尔·普京从观看《消息报》记者在不同年代拍摄的照片展览开始参观。总统喜欢1954年开采石油的那张照片（摄影维克托·阿尔霍莫夫对它做了详细介绍），以及戴安娜王妃坐在汽车里的照片。

“她太漂亮了！”总统说。

他在一张80多年前拍摄并首次展出的照片前伫立了许久。照片里是苏联国家领导人。其中某些人被苏联新闻检察机关划破了或者刮掉了（例如跟斯大林走在一起的布留赫尔元帅）。因此照片的历史价值特别珍贵。

报纸编委在总编办公室等待总统。会见一开始，米哈依尔·科若金就介绍了一个雄心勃勃的计划，说俄罗斯应该有一家赢利的严肃大报。

看来，他知道自己所说的大报是什么，弗拉基米尔·普京也知道。他向报纸的读者和记者们祝贺节日并指出，在目前的条件下任何报刊只要能生存下去就不错了。

“为此首先得看紧钱包，这样才能生存下去。”总统建议说。

随后科若金先生汇报说，报纸的钱快要花光了。但星期五出版的《科学》副刊形势不错。发行量不断增加。

“您刚来报社时发行量怎么样?”总统问。

“总的形势比现在好。”米哈依尔·科若金承认说。

“发行量减少了多少?”总统问。

“20%~30%吧。大家的发行量都减少了。编辑部的分裂也影响到发行，但现在一切正在改变，来了一名青年人，也在这儿就座，”总编指指责任秘书谢苗·诺沃普鲁茨基，“我们忙了4年，才把他的乌兹别克斯坦国籍换成俄罗斯国籍。”

“当然，办这事不能急。”总统赞许地点点头。

弗拉基米尔·普京知道怎样发展资本化

5月23日晚上，俄罗斯总统弗拉基米尔·普京会见了俄罗斯工业和企业家联合会代表。

与往常一样，会见在克里姆林宫叶卡捷琳娜大厅举行。工业家和企业家首先围绕大圆桌坐下。接着总统办公厅主任亚历山大·沃洛申进入大厅并与大家打招呼，跟在他身后的是总统办公厅副主任德米特里·梅德韦杰夫。寡头们将椅子挪得嘎吱作响，欢迎沃洛申先生。他停下步子，与俄罗斯天然气工业公司总经理米勒先生热烈交谈起来。德米特里·梅德韦杰夫也不甘落后，他也来到他们中间，以不同的礼节问候他们：对有的人拍拍肩膀，同有的人跟同米勒一样接吻。

与此同时，俄罗斯政府总理米哈依尔·卡西亚诺夫带着他那著名的微笑迎面走来，最终不可避免地与梅德韦杰夫相撞。

总统出现之后其他人停止走动。开始他先同大家打招呼，握手致意。总统告诉企业家，他与他们的会面是经常性的，谈的内容几乎涉及国内现存的所有问题。总统认为，他们已经讨论过的问题现在已经有进展。例如仲裁法庭已经考虑到了，但没有解释到底怎么办。此外，普京先生不知从何处打听到企业家们准备在这次会见中打算提出的问题：破产和税收。看来总统已经有所准备。他预先声明说：

“我们有些人将破产程序歪曲了。”

总统向寡头们详细介绍了俄美关系。俄罗斯主要希望美国承认它的市场经济地位。但美国人不着急。总统说，美国参议院通过了一项奇怪的决议，推迟取消杰克逊—范尼克修正案!

俄罗斯工业和企业家联合会主席阿尔卡季·沃尔斯基向总统报告说，最近，他根据总统的指示与同事们一起积极开展了俄美对话，当然不是就所有问题达成了共识。阿尔卡季·沃尔斯基气愤地说，最近几天，由于美国纽约无理指责坐在他身边的俄罗斯工业和企业家联合会副主席伊戈尔·尤尔根斯企图非法越境并且拘留他，因此对话中断了。

“谈到签证和身份证，我就无能为力了。”沃尔斯基先生失望地说。

他还补充说，如果他见到布什，那就告诉他，俄罗斯与欧盟发展经济合作更有成效。例如，欧盟接待了以阿纳托利·丘拜斯为首的俄罗斯工业和企业家代表团。但此事对总统没有留下任何印象。他说，看来由于坐在大厅里的人都不搞农业，所以对欧盟活动持如此乐观评价。“欧盟关于谷物的最新决定是怎样做出的：对谷物出口实行禁止性关税！随后将采取什么措施，我们得仔细观察……”普京让寡头们冷静下来。

阿尔卡季·沃尔斯基请弗拉基米尔·波塔宁发言。波塔宁先生谈到最近俄罗斯总统非常看重的经济增长速度。看来他想明显利用这一点，警告说如果不做几件事，速度怎么也上不去。首先应该做的是放开外汇立法。私人资本也应该参加退休制度改革。尽管在前几次会见中也谈过这些问题。

“但又落实了什么？”波塔宁怒气冲冲地问，“如果得到您的批准，米哈依尔·米哈雷奇就可以把此事调查清楚。”

波塔宁先生接着说，应该减轻中小企业和新企业的税收负担。还有目前国家对什么都保密。“我们连石油天然气的储藏量都保密，如果我们储藏量大，就应该自豪！”

此外寡头们还对提高企业的动员能力提出意见。他们认为应该根据健康思维对此加以整顿。

总统逐条进行了答复。他说，企业的动员能力是必要的。税收负担正在下降。对保密制度，总统的回答挺有意思：

“企业由于某些原因，将此前某些保密信息公开，这有可能导致它的资本化迅速提高。国家大笔一挥也可以提高资本化！国家如果提供这种服务，那就得有人付费！”总统说，“你们与政府一起考虑这个问题吧。”

但总统指的并不是向官员行贿。

弗拉基米尔·普京不喜欢装上弹药的武器

5月24日，美国总统乔治·布什在莫斯科作客。

早晨他先与俄罗斯总统会谈。会谈先在小范围，后在大范围举行。从出席在克里姆林宫安德烈大厅签署削减进攻性战略武器条约的布什先生的表情看他对一切都喜欢。也可以说，普京总统看来也很满意，但就此能够观察到他的内心深处吗？

大克里姆林宫天花板用几百张看上去还活着的白鼬皮做成的天盖形帷幔罩着。从设计者的构想看，帷幔底下应该摆放当年沙皇的宝座，但没有。要么它被罩上了(看来是这样)，要么被搬走了，以便不引起记者们的联想。但是，美俄两国国旗引人注目。美国人对自己国旗的热爱众所周知，但我们发现他们如此坦率却是首次。

两位总统在条约上签字之后来到话筒前。乔治·布什首先讲话，讲话的要点是美国的好事也是俄罗斯的好事，反过来也是这样。谈到条约本身，乔治·布什轻描淡写，但对弗拉基米尔·普京却赞不绝口。首先夸他的才干。说他作为民族领袖，结束了两大国的对抗时期，其次夸他作为一国元首，促进了经济发展，最后说他是一个好小伙子。

弗拉基米尔·普京致答词时没有公开夸奖布什先生，而是列举了签署的一切，再次赞赏了俄罗斯与北约 20 + 1 形式这一想法。他还指出，美国国会迄今仍然没有废除杰克逊—范尼克修正案。

当美国记者问，为什么不是销毁所有导弹，而是将其封存起来时，两位总统都活跃了。

"在非常短的时间里我们将 6000 枚弹头减少到 1200 枚，"乔治·布什耸耸肩，"武器已经不再互相瞄准。谁知道 10 年后会出什么事，两国新领导人将做出什么决定?"

"我们认为销毁弹头更合适，"弗拉基米尔·普京说，"与此同时，我请大家注意一个情况。任何手拿武器，哪怕是猎枪的人都知道，让它退出弹药，远离人群，而不是装上弹药，用手指压着扳机更安全。"

午餐之后两位总统在大教堂广场散了一会儿步就分手了。弗拉基米尔·普京去了何处，笔者不知道。但乔治·布什来到美国大使斯帕索·豪斯的官邸，按照美国人的说法，去会见俄罗斯社会各界代表。

这儿大概聚集了 80 人。一架大钢琴已经从斯帕索·豪斯官邸的音乐厅里搬走(如同从安德烈大厅里搬走沙皇宝座)。出席者有俄罗斯中央选举委员会主席亚历山大·维什尼亚科夫，持不同政见者格莱布·雅库宁，被当局拒绝移民的谢尔盖·格里戈良茨，国家杜马代表伊琳娜·夸田，格里戈里·亚夫林斯基，叶莲娜·穆祖琳娜，弗拉基米尔·雷日科夫，保卫公开性基金会会长阿列克谢·西蒙诺夫和《莫斯科新闻》总编维克托·洛沙克，宗教界代表也很多。但没有一个克里姆林宫工作人员。笔者甚至问了一句，为什么这样，美国大使馆新闻参赞安娜·切尔马克回答说：

"签署条约之后他们来不及赶到。"

这笔者就不知道了，但自己来得及。

会见开始前，从耳机里可以听到两位美国翻译的谈话。

使馆翻译向前来准备翻译布什讲话的翻译说：

“安排好了吗？总统将在10分钟之后进来。”

“俄国人提问题吗？”

“您说什么，他们不提任何问题。”

“为什么？”

“就是这么决定的。只有布什讲话。”

“讲多长时间？”

“40分钟左右。”

“噢，40分钟！我听说他之后要接见俄国人？我们是否翻译他对他们的讲话？”

“您只陪同，不必翻译他讲的每句话，尤其是不要翻译他们对他讲的话。具体情况自己掌握。”

首先出场的是布什夫人，随后是赖斯女士和鲍威尔先生，最后是美国总统。他并不看放在他面前的讲稿，讲了大约20分钟。

他说，他并不是与自己的妻子，当时还是图书管理员的她一见钟情的。姑娘当时非常不喜欢政界人士。但他既然看上她，那就穷追不舍。他还说，他的政府班子不错，并夸奖了斯帕索·豪斯大使是自由的守护者。

“我有幸评论这儿的什么，”乔治·布什说（已经熟悉的一位翻译是这样翻译的），“就在这栋大楼里，第二次世界大战之后举行过盟国会晤，为被拒绝移民的人士举行过热情的招待会……良好的合作建立在共同目标和共同利益的基础上。我们相信独立宣言，相信所有人拥有万能的上帝赋予他们的无可争议的权利。”

话虽然普通，但却说到大家心坎上。或许是他的语调特别而让大家喜欢。他就是以这样的语调赢得了总统选举。

“我欣赏你们的爱国主义，”总统继续说，“自由的俄罗斯需要强有力的公民。俄罗斯正在迈向民主之路，必须使它接受民主的一部分——价值观。”

按原计划，总统开始来到客人中间。先是在伊斯兰教高级僧侣，后来在俄罗斯犹太教总牧师贝尔·拉扎尔身边站了片刻，接着又走到天主教牧师塔代乌什·康德乌谢维奇跟前，并与叶夫根尼·基谢廖夫、格里戈里·亚夫林斯基握手，向维克托·洛沙克问好。听得出他几乎是向每个人提出惟一的相同的问题：

“我能认识您吗？”美国总统彬彬有礼地问。

答复几乎是无条件的肯定。但并非人人都走运。总统从鲍里斯·涅姆佐夫、塔季扬娜·米特科娃、谢尔盖·科瓦廖夫身边匆匆走过。像对待老朋友那样拉了格列布·帕夫洛夫斯基的手，没有对他讲什么。之后前往新奥加廖沃会见普京总统。

剩下的客人感到欢欣鼓舞，也不急于离开。他们高兴地回答了此时仍然在外面等待的记者的提问：

“两位总统看来不打算为一个半小时的迟到道歉，”阿列克谢·西蒙诺夫生气地说，“是呀，我问他是否知道帕斯科这个名字，他说什么了？他说知道。”

“我告诉美国总统什么了？”俄联邦委员会国际事务委员会主任米哈依尔·马尔格洛夫反问了一句，“我们谈得很好。我们回忆了他就职典礼的细节，那时他邀请我去华盛顿。”

奇怪的是马尔格洛夫先生不说他与布什在音乐厅里谈了什么。如果不是亲眼所见，布什先生从马尔格洛夫先生身边走过，笔者当然会像站在外面的记者一样无条件相信他。

“你们是否觉得，布什批评了车臣反恐行动？”笔者问伊琳娜·夸田。

“不，我没有这种感觉。可能是相反。”

有人就同一个问题问参加会见的女记者安娜·波利特科夫斯卡娅。

“是的，当然有这种感觉，”她回答说，“我们大家什么都明白。”

聪明的犹太人贝尔·拉扎尔，当笔者问他同美国总统都说了些什么时（他确实同总统说过话），他耸耸肩回答说：

“您瞧，太阳就要落山，星期六即将开始。我得开始新的工作。”

大概有人知道，回答问题是一项严肃的工作。

弗拉基米尔·普京只相信乔治·布什

5月24日和25日，美国总统与俄罗斯总统在圣彼得堡度过。他们在莫斯科分别时违反礼仪，热烈拥抱。去圣彼得堡之前美国总统在俄罗斯总统莫斯科郊区新奥加廖沃官邸做客。他们半夜之后分手，第二天一大早飞往圣彼得堡。

圣彼得堡今天是三喜临门。第一，市日；第二，最后的铃声；第三，白夜开始了。但在首脑会谈的背景下它们却显得暗淡无光。

开始时一切平静，两位总统首先参观皮斯卡廖夫公墓，向祖国母亲纪念碑献花圈。值得注意的是这一活动让布什总统产生了深刻的印象，已经习惯于美国阿灵顿墓地的禁欲主义的他，似乎被这一宏伟的建筑所征服。尽管他因不大懂礼仪而出错，但显得非常虔诚。他毕竟不同于当过演员的里根总统，一切装得很像。

布什和普京先生从墓地来到埃尔米塔日博物馆，馆长米哈依尔·彼奥特罗夫斯基陪同他们参观。

根据日程表，两位总统应该从主楼梯——埃尔米塔日博物馆捷列别涅夫斯卡娅梯上楼。从前，参观博物馆的贵宾从另一部一般认为不大舒服的苏维埃楼梯上楼。据管理员介绍，英国女王差点跌倒在楼梯上。

新楼梯是弗拉基米尔·普京修建的。在他担任圣彼得堡领导期间，捷列别涅夫斯卡娅获得新生。管理员认为，早在索布恰克任市长，甚至在更早一些时间普京就注意到这部楼梯。由他带领的客人就走这部楼梯。楼梯很宽，有69个台阶，每个台阶上都铺了红地毯，禁止一般观众行走，以免留下痕迹。博物馆一位女管理员说，布什夫人已经走过这部楼梯。此事发生在两年前，那时她丈夫还是参议员。

“劳拉夫人甚至在我们这儿买了几本书。”她高兴地朝布什夫妇应该出现的方向说。

听说美国保安的主要要求是当天不许任何外人参观，但被我们拒绝了。埃尔米塔日博物馆下午三点闭馆。博物馆不允许自己如此奢侈，那么长的时间不接待游客，维持和由荷兰建筑队维修它的费用靠游客。

前不久，埃尔米塔日博物馆开辟了所谓的金库和金刚石基金会，暂时只让专业人员参观。

“我们从那儿来，到现在眼睛仍然被炫得睁不开，”女管理员说，“现在劳拉与柳德米拉·亚历山德罗夫娜已经去那儿了。”

事实上她们已经从那儿出来，在楼梯上走动。俄罗斯总统的汽车朝博物馆入口处驶去。弗拉基米尔·普京走进大厅，同馆长皮奥特罗夫斯基打过招呼，开始等待美国总统。他也是从皮斯卡廖夫墓地返回，但不知为什么迟到了。弗拉基米尔·普京站着，不时换换脚，对身边的工作人员厉声说些什么，显然不喜欢等待。美国总统终于出现了，他们互致问候之后开始进去。在前面的红地毯路上，赖斯和鲍威尔简直是跑过去的，甚至连路都顾不上看。两位总统偕夫人走得很快。美国总统夫妇手挽手走着，我们总统夫妇各自走上去。皮奥特罗夫斯基院士开始向他们介绍展品。

他们在新老埃尔米塔日博物馆大厅里呆了很久，后来来到叶卡捷琳娜二世加冕的镀金轿式马车跟前。此时发生了没有列入日程表的一件事。美国记者非常想向自己的总统提问题，看来问题还不少。他们选择这一时机是合适的：被博物馆气氛搞得筋疲力尽的总统们明显不会拒绝。但日程表禁止在此时此地提问。

总统们似乎故意停在记者旁边。布什饶有兴致地观看长达7米的镀金轿式马车，它是埃尔米塔日博物馆特别骄傲的展品。美国记者喊道：“总统先生！总统先生！”喊声有点吓人。此时在场的俄罗斯记者只有国际文传电讯社的鲍里斯·格里先科。后来才知道，此时他简直以一当十。他只是会意地叫了一声：“弗拉基米尔·弗拉基米罗维奇！”这一声就将两位总统叫到自己跟前。在角落站着的美国记者们，身边却没有任何人。他们的电视“钓鱼竿”没有“钓”到新闻人物。这不仅是整个俄罗斯，也是欧洲新闻界对美国新闻界的巨大胜利。大家一致认为，在这三天的时间里，无论在莫斯科还是在圣彼得堡，美国记者们表现得盛气凌人不可一世，但在俄罗斯埃尔米塔日博物馆冬宫的元帅大厅里他们无疑蒙受了奇耻大辱。

国际文传电讯社的这位记者问了什么已经无关紧要，但毕竟得提一下。

“我听说布什先生早就想与普京夫妇在他们的家里共度良宵。这个愿望最终实现了。您的印象如何?”

“我真的早就想在这个家庭度过一个美好的夜晚，”布什说，“我从中受益匪浅。我感受到俄罗斯总统及其夫人的价值观。他们要教育两个如花似玉的女儿，让她们长得聪明，受到良好的教育。我的身心得到完全放松，这是我在莫斯科会谈之后非常期望的一件事。”

弗拉基米尔·普京补充说，他认为美国总统是一位有教养、品行端正的人。他讲的每句话此时都意味深长。因为自从“9·11”事件之后并非所有的美国人都持这一观点，特别是当他们听说布什事先已经获悉正在准备中的恐怖行动之后。

弗拉基米尔·普京用一个新鲜的例子说明了这一思想。他用俄罗斯鱼子款待美国总统，而且事先声明，这鱼子是新鲜的。做法是先切开鱼肚，取出黑鱼子将鱼重新放回伏尔加河。

“我介绍时大家都在笑。鲍威尔在笑，赖斯在笑，”弗拉基米尔·普京一一数道，“两位总统夫人也在笑。只有一个人一点也不笑，此人就是美国总统。”

弗拉基米尔·普京指指美国总统，此时他也开怀大笑。

“我得说一句，总统是关心生态。确实是这样，鱼儿照样活着！千真万确!”

当然，这样的故事在我们圣彼得堡渔人俱乐部、电视节目《投机俱乐部》经常听到。在这样的游戏中，胜者经常是说“信”或者“不信”。而现在，胜者是猜对的人，而不是“信”的人。布什信了也赢了。尽管他们在这儿谈笑风生，高谈阔论，但事情却是千真万确的。大家最好回忆一下，前不久普京几乎在阿斯特拉罕呆了三天，人们向他介绍了从鲟鱼身上提取鱼子的新方法。此事也有负面意思，原来只有一人相信我们总统，此人竟然是美国总统。

这天，两位总统除了参观埃尔米塔日博物馆之外还参观大学（电视台已经直播)，去剧院观看芭蕾舞，乘坐快艇（没有证人)。普京还出席了柔道俱乐部开幕式，俄罗斯人与德国人在开幕式上举行比赛，俄罗斯人获胜。

第二天早晨，弗拉基米尔·普京与乔治·布什在俄罗斯博物馆会晤。与我们总统不同的是美国总统此前已经参观了喀山教堂和圣歌犹太教堂。据布什总统说，关于他第二天将参观一事，头天晚上已经诚实地向普京打过招呼。我们总统不陪同，但也不表示反对。因为他们自己说过，相互之间是信任的。

犹太教堂刚刚维修过。门上的石牌上用英文写着“埃德蒙特·萨福拉犹太教堂”。教堂维修的费用是萨福拉先生掏的。

问题已经很清楚，美国记者决心利用这一机会为昨天在埃尔米塔日博物馆蒙受的羞耻报仇。普京没有参加这次活动，美国人认为这完全是他们自己的事。除笔者之外，在教堂入口处几乎没有外人。布什先生在教堂呆的时间大大超过原定计划。后来才知道，这是他有生以来首次进入犹太教堂。最先在出口出现的是他的妻子，她不断微笑着，后来是总统本人。布什先生不等记者喊叫就朝他们走去，但他们仍然在喊叫，而且是此起彼伏。布什皱起眉头，请他们一个接一个说，但没有人听他的。于是美国总统决定说自己认为有必要说的。他说，据他观察，包括犹太人在内的俄罗斯人，现在已经有了宗教自由。他对俄罗斯孩子正在学习犹太教感到满意。他能找到办法，废除杰克逊—范尼克修正案。讲完之后他期待地看着记者们。一位又高又瘦的记者“居高临下”，提出印度和巴基斯坦再次试验导弹。可以看出，布什从犹太教堂出来之后不大乐意回答此类问题，大概他高兴的是再次回忆念犹太摩西五经的好处。但还是回答了关于冲突的问题，与昨天和前天讲的差不多。他回答得干巴巴，不生动，甚至连那位又高又瘦的记者也没有听完，就打断了自己总统的话并提出近东问题。布什感到惊讶，他们竟然不许他讲完，但还是谈了近东问题。他说，亚西尔·阿拉法特乃至整个巴勒斯坦，在与以色列谈判时缺乏民主。那位记者又想打断自己总统和另一位开始向总统提问题的女记者。布什有些生气，开始为自己和那位可怜的女记者辩护。他对这个小伙子吼叫起来。笔者要是他，就会换一个比较和平的职业。

站在犹太教堂台阶上的犹太人以热烈的鼓掌送别总统，以便最后一次引起他对他们的注意。总统非常有礼貌地向他们挥手，因为他们没有提任何关于巴基斯坦的问题。

俄罗斯犹太教主教贝尔·拉扎尔说：“美国总统一进我们的教堂就不想离开了。”

“为什么?”

“他喜欢！您想想，一个人平生首次来到犹太教堂！您还年轻，不知道这些。我们竟有这样的教堂！我能理解他。当我把修缮后教堂的照片给普京看时他竟然不相信这就是他童年看到的那个教堂。”

“您对美国总统都讲了些什么?”

“我以俄罗斯数百万犹太人的名义欢迎他。今天简直无法估价最近两年俄罗斯对待犹太人所做的一切。我们已经感受到俄罗斯总统对我们的巨大支持。我还说，尽管美国以前在这个问题上经常批评苏联，但美国现在应该显示它重视俄罗斯发生的变化。”

“这就是说，应该废除杰克逊—范尼克修正案。”

“当然，”贝尔·拉扎尔似乎疲倦地说，他是主张取消杰克逊—范尼克修正案始终不渝的战士之一，“布什答应与国会议员汤姆·兰托斯谈谈，他是他们在此问题上的主角之一。我补充说：‘请以犹太人贝尔·拉扎尔的名义转告犹太人汤姆·兰托斯。我们俄罗斯再也不存在犹太人问题！’”

此外，乔治·布什在犹太教堂私下生气地说，如果不是俄罗斯卫生检疫部门禁止进口美国鸡腿，那么一切问题早就解决了。“在我与国会议员之间又夹进一个鸡腿问题！”美国总统向俄罗斯犹太人抱怨说。“这没有任何问题。我知道该怎么办！”

拉扎尔喊了一声，“你们向俄罗斯出口的是犹太教不禁止的鸡肉。全部问题在于卫生检疫部门的标准不同。犹太教不禁止的鸡肉是世界上最干净的鸡肉。”

据说布什差点笑得跌倒。犹太人认为，这位一般不说假话的总统给他们留下了深刻的印象。布什向教堂主人说。令他感到奇怪的是尽管欧洲搞过对犹太人的大屠杀，但那儿的反犹太主义正在抬头，而从前将反犹太主义当作家常便饭的俄罗斯，如今这一现象却在减少。美国总统对近东问题的立场颇有意思。他告诉俄罗斯犹太人，以色列总理阿里埃勒·沙龙是他真正的朋友，一位好将军。他怎么想就怎么说，怎么说就怎么想。以色列的主要问题是民主太多（与巴勒斯坦比较）。他们请他在以色列这样讲，看来不会。当然，布什对圣彼得堡犹太教牧师给他念犹太经感到亲切。

“我们看到犹太经是怎样进入他的心坎的！”贝尔·拉扎尔说。

“现在怎么办？”

“别担心，没有什么。现在别人将跟随他进入犹太人教堂。因为他会告诉他们，这里的一切多么美好。”

这天早晨，在许多印象之间感到稳定平衡的布什先生从犹太人教堂出来之后，在离开俄罗斯之前还参观了俄罗斯博物馆，目不转睛地观看了那儿的俄罗斯圣像，尽量将它们记下。也许他已经明白，在俄罗斯访问期间，圣彼得堡圣歌犹太教堂让他印象最深，这就对了。

弗拉基米尔·普京不允许自己多接吻

5月28日，在意大利首都罗马附近的普拉蒂卡—迪马里小城建立了一个新的机构——俄罗斯—北约委员会。包括俄罗斯总统弗拉基米尔·普京在内的20个国家领导人飞往意大利马里奥—德—伯拉迪空军基地。

一个人数不多的代表团与普京一起到达。代表团成员除外交官之外还有俄军总参谋长阿纳托利·克瓦什宁，俄罗斯联邦委员会国际委员会主任米哈依尔·马尔格洛夫和俄罗斯国家杜马副主席柳博夫·斯利斯卡。随后马尔格洛夫先生解释说，观察家在私下场合认为俄罗斯代表团级别高，俄罗斯正在有系统的对待加入北约—俄罗斯委员会。与此同时，马尔格洛夫先生明显为自己辩护，声称斯利斯卡女士出席首脑会议是自己努力的结果。

领导人花了好长时间来到谈判大楼。后来才知道，意大利总理贝卢斯科尼对它感到特别骄傲。6000名意大利建设者花了两周时间在空军基地建起一个完整的小城：拱形凯旋门，半露天剧院，甚至还有阿茨蒂克人的金字塔，真大理石雕像以及贝卢斯科尼先生从那不勒斯考古博物馆借来的全身人像。

德国总理格哈特·施罗德首先来到，汽车速度不算快。他彬彬有礼地向记者招手致意。英国首相托尼·布莱尔从谁也没有料到的地方出现，汽车从记者身边高速驶过，他甚至都没有看电视摄像机一眼。美国总统乔治·布什的车队延伸了150米，由坐在敞篷汽车里的特种兵陪同。车队在记者面前徐徐停下，布什先生端详了一会儿，满足了好奇心之后继续前进，拥抱了正在与其他来访者接吻的贝卢斯科尼。只有俄罗斯总统避开了接吻。此外，他的汽车罩着黑窗帘，以此向意大利人显示他与北约所有成员国保持着相等的距离。

北约秘书长乔治·罗伯逊宣布北约庆祝新的俄罗斯—北约委员会成立大会开幕。尽管他情绪很好，但仍然想方设法显示这一点。罗伯逊先生对俄罗斯及其总统说了许多好话，但有些言过其实。

意大利总理贝卢斯科尼接着讲话。他对自己所做的大量工作感到满意。他谈到建设者们先是为了建设这个小城，坚持三班工作，而明天还将以同样的干劲将其拆除。他宣称，马里奥—德—伯拉迪空军基地是民主的摇篮。为了不使任何人怀疑，他还说，古罗马英雄埃涅阿斯在消灭特洛伊木马之后在这个地方建立了拉维尼乌姆小城，后来罗摩洛斯和雷姆又积极采取一系列行动发展民主。笔者对贝卢斯科尼先生讲话的理解丝毫并不比参加首脑会议的其他人员差。

贝卢斯科尼先生的讲话给与会者留下了深刻印象，大部分贵宾都笑了。但弗拉基米尔·普京的脸上没有一丝笑容。随后他开始讲话。他说，他知道，今天与会者所见到一切，是建设者们在短期内付出大量劳动的结果。贝卢斯科尼先生的介绍加深了这一印象，俄罗斯总统在讲话中竭力将两件事：美国的“9·11”与俄罗斯5月9日里海城事件联系在一起。

“在战胜法西斯伟大胜利的日子里，恐怖分子既不放过老人，也不放过妇女和儿童。他们向纪念给世人带来和平和希望的人们发起了挑衅。”

据弗拉基米尔·普京说，大家现在都应该对这些新挑衅的严重性和非对称性举行一次考试。布什总统紧张地听俄罗斯总统讲话。如果说普京讲话开始时他还象征性地嚼口香糖，那么现在他不知道将它藏在什么地方。贝卢斯科尼先生微笑着向什么人挥手，显然还因自己刚才的讲话而难以平静。西班牙首相阿塞·玛丽亚·阿斯纳尔矜持地微笑着，今天的首脑会晤结束之后他还要与弗拉基米尔·普京一起飞往莫斯科，参加另一个会晤——俄罗斯—欧盟首脑会晤。波兰总统亚历山大·克瓦希涅夫斯基飞快地环顾着周围。

“没有良好的愿望，不理解现在正在发生的事情的重要性，就不会有今天的会晤。”弗拉基米尔·普京说。

突然，乔治·布什以勉强能够看到，但又非常明显地向普京使了个眼色。

"我向大家保证，俄罗斯完全理解自己肩负的重大责任。"普京抬高了声调，结束了自己的讲话。

"非常感谢！"北约秘书长罗伯逊用俄语感激地说。

布什先生开始发表讲话，对俄罗斯加入北约非常宽容。

"我们的组织里又多了一个成员，"他说，"但一切得一步一步来，不要心急。有些人头脑发热，想一蹴而就。"

捷克总统用十分蹩脚的英语发言。美国总统皱起眉头，竭力想听明白点什么，为此甚至戴上了眼镜。

哈韦尔先生看来不能不提到俄罗斯和苏联为他的祖国所做的一切。他感谢所有与会者，在他们的帮助下由斯大林开始的冷战终于结束了。

当讲到斯大林时布什惊讶地抬起头。波兰总统克瓦希涅夫斯基支持捷克总统。捷克总统说，俄国人从前镇压过他们国家的民主萌芽。谢天谢地，这个时期结束了。

20 个国家元首发了言。后来谁也没有谈到斯大林和苏联。总结宣言开始签字。此前弗拉基米尔·普京向 19 国领导人宣布，现在他要开玩笑了。

"今后俄罗斯—北约委员会将在布鲁塞尔开会。我建议将会议大楼改名为苏维埃大楼。"

有人笑了。罗伯逊先生说他也宣布这是玩笑。这时大家才平静下来。

诸如签署宣言这样的历史性事件，进行得十分顺利。也许应该指出，西尔维奥·贝卢斯科尼在宣言上签字时用的时间之长，简直可以在里面补写上几段文字。接着领导人开始照相。途中，每人都想与弗拉基米尔·普京说上两句，然而他一直与布什总统讲话。但是，当大家都已经站好队时我们总统发现他与法国总统在一起。原来是希拉克先生将他拉到自己身边，一个劲用手势比划着，想向他解释什么。我们总统仔细听他讲（看来他们是用英语对话的），不时点点头，后来又想反对什么，甚至想抓住希拉克的手，以便引起对方的注意，最终还是放弃了这一企图，再次点头。这一过程持续了 7 分钟，直到照相开始。

随后共进工作早餐。这是本次会议惟一没有记者参加的领导人可以自由交谈的活动。领导人用早餐时记者们在工作。俄罗斯外长伊戈尔·伊万诺夫为俄罗斯记者举行招待会。会上拉脱维亚一位电视记者提到几个令人神经紧张的问题。他对这些问题一时也难以归纳，但又觉得委屈。伊万诺夫外长告诉他，如果拉脱维亚能够按照国际标准制定法律，讲俄语的居民能够像在立陶宛那样得到相等的权利，问题就容易解决了。这样的答复无疑让记者满意。

一个半小时之后，乔治·罗伯逊、西尔维奥·贝卢斯科尼和弗拉基米尔·普京联合举行记者招待会。贝卢斯科尼先生在会上再次谈到自己。

"当弗拉基米尔·普京先生向我谈到由于北约东扩到巴尔干，俄罗斯联邦可能遇到的问题实质时我才明白，此前应该签署像今天这样的条约。"

问题已经很清楚，我们今天得到的“幸福”应该归功于谁。贝卢斯科尼先生对西方伙伴太谦恭了，他说自己除此之外别无选择。

随后他再次评论了弗拉基米尔·普京，说他是有西方思维方式的自由民主人士。罗伯逊先生在谈到印巴危机时说，下周普京先生将会见这两国领导人，还说俄罗斯总统将带着整个“20国”的良好愿望。也就是说他们想分享我们还没有得到的成就。

有趣的是我们能分享他们的什么好处？

阿拉木图的一顿饭没有吃成

6月3日深夜，亚洲元首会议的所有代表飞抵阿拉木图。俄罗斯总统弗拉基米尔·普京是最后到达的元首之一。

参加这次元首会议的有15个国家：阿塞拜疆、阿富汗、埃及、印度、伊朗、以色列、哈萨克斯坦、中国、吉尔吉斯、蒙古、巴基斯坦、俄罗斯、塔吉克斯坦、土耳其以及巴勒斯坦民族自治政府。哈萨克斯坦新闻局满意地指出，参加会议国家的总面积达3.9亿平方公里，人口28亿，占世界人口的一半。

中华人民共和国主席江泽民是首先到达阿拉木图的元首之一。普京总统的工作日程表上还增加了会晤阿富汗领导人哈米德·卡尔扎依。

人们对印度和巴基斯坦是否到会怀有疑虑，但两国领导人都来了。前天本应在阿拉木图的哈萨克斯坦饭店举行印巴两国准备小组及记者的联合晚餐。服务员准备了150人的饭菜，其中有100名巴基斯坦人和50名印度人。人们不免为服务员担心：了解内情的人要她们不必太认真，但她们并不知内情，只回答说得搞好服务。晚餐应在深夜举行。第二天早晨，当感兴趣的某些代表团成员问服务员一切是否顺利时，得到的回答是，是这样，原因是巴基斯坦人没有来。50名印度人按时到达，并且打赢了这场小小的战争。他们说，尽管饭没有吃成，许多菜没有上，一个人还是吃了三个人的饭。

普京总统保证出席，但主要目的没有达到

6月4日，亚洲相互协作与信任措施（亚信）参加国首脑会议在阿拉木图举

行。弗拉基米尔·普京与会的主要目的没有达到。老实说，这个本来在世界上一般很少引人注目的活动正是由于这一点，才引起人们的关注。印度和巴基斯坦的总统没有对话。

众所周知，这次峰会的组织者是哈萨克斯坦总统努尔苏丹·纳扎尔巴耶夫。他的功劳在于让这么多的亚洲国家领导人来到阿拉木图。纳扎尔巴耶夫先生在安卡拉宾馆门口迎接每一位国家元首。

可以看出，当吉尔吉斯总统阿斯卡尔·阿卡耶夫在等待别人暗示他应该走下汽车时心情是何等紧张。然而，车门打开之后他满面笑容，与东道主热烈拥抱。直到会议开始之前，他还是这种笑容。塔吉克斯坦总统埃莫马利·拉赫莫诺夫看上去心事重重，一筹莫展。中华人民共和国主席江泽民下车显得吃力。纳扎尔巴耶夫总统赶紧迎上去搀扶他，直到坐到谈判桌前才松手。阿富汗临时政府主席哈米德·卡尔扎依是首先到达的领导人之一，几位姑娘总在他身边转。巴基斯坦总统佩尔韦森·穆沙拉夫的座位前冷冷清清。俄罗斯总统是最后来到的一位。

原则上说，开始一切都很清楚。阿拉木图条约的文本已经协商好。关于根除恐怖主义和发展各种文明对话宣言的文本也没有引起任何异议（巴基斯坦后来对该文件的第八条写上了特别意见。原文是：峰会的参加国认为经济全球化是对当代的挑战）。大家都等待着印度和巴基斯坦领导人讲话。当然这是此次会议主要的也可能是惟一的“看点”。

哈萨克斯坦总统像过去主持党的会议一样，信心百倍地主持峰会。

“我们按照原计划工作。现在先批准会议日程。如果有人反对，请举手。没有人反对，那就一致通过。”

纳扎尔巴耶夫先生在其发言中特别强调，10 年前联合国代表大会的参加者以理解和赞同的态度对待关于召开这次会议的建议。10 年已经过去，峰会终于举行。

中华人民共和国主席江泽民也注意到“10”这个数字。他说：

“10 年前，当哈萨克斯坦共和国刚刚成立之时……”

纳扎尔巴耶夫先生看了江泽民一眼，想想他为什么也提到“10”。但是江泽民已经将话题转到印巴冲突上，谈到如何用和平的方法解决有争议的问题。

“我们真诚地希望介入局部冲突的双方能够尽快地用和平方式解决问题，手挽手地建设共同的家园。”

随后江泽民开始集中谈自己面临的问题：

“所谓的东土耳其斯坦分离主义势力是百分之百的恐怖势力。他们不仅在中国，还在其他国家挑起了流血事件。同这一邪恶势力进行斗争，是国际反对恐怖主义斗争一个不可分割的组成部分。”

俄罗斯总统弗拉基米尔·普京接着发言：

“国际恐怖主义没有民族和国界之分。”巴基斯坦总统这时贪婪地喝了一口冷水。

弗拉基米尔·普京接着说，老实说，恐怖主义的根源到底在哪儿？在于贫困和落后，在于发展中国家和发达国家的差距不断扩大。大家对他所指感到痛心，他可能指的是俄罗斯与车臣（俄罗斯国家一部分的车臣）。考虑到在此次首脑会议上谈的恐怖主义主要与印度和巴基斯坦有关，那么在这儿大概总要谈点什么。

穆沙拉夫先生的发言从思考他的国家与印度冲突的根源谈起：

“突然破坏现状，这难道不是恐怖主义的一种表现形式？”

穆沙拉夫先生几乎不看讲稿，因此引起了一阵忙乱。

“世人遭受苦难的原因比我们的想象深刻得多。我们不能忍受某些国家占领他国领土并剥夺人们的自由。这些国家的扩张主义野心应该停止。”

印度总理瓦杰帕依听取穆沙拉夫讲话时非常平静，毫不感兴趣。

“不是别的，而是侮辱，才是恐怖主义的根源。”

巴基斯坦总统终于将俄罗斯总统关于贫穷的观点用到自己的讲话上。

“国家恐怖主义给被它占领的领土上的人民带来了巨大的灾难。我们应该消灭这一不公正的基础。”

他指的是印度。他们已经在谈论核战争了。

“我们不想首先挑起战争。如果有人将它强加给我们，我们将坚决和奋不顾身地自卫。”

谈到武器时巴基斯坦总统倒很平静。

“我们想组织对话。但有人不给我们机会，这很不好。在信息世纪我们应该同甘苦共患难，继续文明国家之间的对话非常重要。”

他这番讲话后来被解释为准备无条件与印度谈判。

“谢谢您这一精彩的讲话。”会议主席纳扎尔巴耶夫说。

此前他从未评论过任何讲演者的讲话，甚至出于以如此论坛主席的礼貌。看来会议主席纳扎尔巴耶夫真的喜欢巴基斯坦总统的讲话。穆沙拉夫的讲话到底好在哪儿？是指责印度对他的国家大搞国家恐怖主义？还是对核战争做好了一级战备？

印度总理仍然一如既往，非常平静。他显然选择了另一种策略。在自己的长篇讲话中他主要评论论坛上提出的经济合作前景，谈相互协作和相互理解，最后谈起了诗歌。他回忆了哈萨克诗人阿巴依，甚至朗诵了他的四行诗。大意是一个人在讲什么时首先应该想想它意味着什么，将引起什么后果。最后他耸耸肩，结束了自己的发言：

“我知道，我们将面临一场严重的斗争，但我充满胜利的希望！正义必将战胜邪恶。”

总之，他讲的一切都很清楚。接着是其他国家的领导人讲话，主要讲各自的问题。阿塞拜疆总理指责亚美尼亚，“顽固地不愿意从自己占领的土地上撤退，尽管谁是侵略者，谁不是，已经十分清楚。”阿富汗总统卡尔扎依谈到喀布尔，他想以此“展示战争的全部罪恶”。以色列政府部长纳坦·夏兰斯基谈到每天在电车、商店和市场都在死人。巴勒斯坦代表谈到“将建立首都设在耶路撒冷的巴勒斯坦独立国家”。

这些讲话结束之后弗拉基米尔·普京要求发言。他说，他听到印度和巴基斯坦领导人的讲话后感到欣慰。他喜欢穆沙拉夫先生向大家保证，在巴基斯坦的领土上将不再有恐怖分子，也喜欢瓦杰帕依先生提到必须通过一项关于首先不使用核武器的决议。

打算让这两个国家和解的想法可以理解，但是愿望代替不了现实。

已经准备签署决议书和宣言了，以色列的夏兰斯基先生却提出一个问题。他对巴勒斯坦代表的发言感到不安，激动得将几分钟之前还使用的俄语改成了英语。这种语言也富于表达力，他把它们全部用上了。他说，埃及总统还在一年半之前就提出让巴勒斯坦人建立独立国家，首都设在耶路撒冷，但没有得到他们的任何答复。他补充说，以色列人是为生存而斗争，而巴勒斯坦人妨碍他们。他同情巴勒斯坦人民，对身在军营，学习杀人的巴勒斯坦人表示惋惜。

“我们已经就自己关心的许多问题达成了共识，”努尔苏丹·纳扎尔巴耶夫总结说，“那么我们就在文件上签字吧。”

弗拉基米尔·普京不许解散独联体

6月7日，在圣彼得堡举行了上海合作组织成员国会议。与会人员日前到达圣彼得堡。中华人民共和国主席江泽民在市内度过了一整天，不时用俄语朗读普希金的诗歌，其余代表傍晚到达。圣彼得堡市长弗拉基米尔·雅科夫列夫前去欢迎，仪式占用了数小时。

圣彼得堡市民昨天深感交通堵塞之苦。老实说，如果在莫斯科人们对几条道路封闭可能不大介意，那么在圣彼得堡，汽车司机就将这种生活当成真正的噩梦。为了防备万一，莫斯科的交通警察可以在任何冠冕堂皇的借口下封闭整个城市的交通。

早晨下起雨来。六国领导人在彼得宫见面。会谈之前先握手。首先来到的是俄罗斯和哈萨克斯坦总统。他们在小声交谈着什么，因为他们知道，扩音器在工作，记者们有可能听到多余的话。吉尔吉斯总统阿斯卡尔·阿卡耶夫左右脚交替站着，恭敬地向纳扎尔巴耶夫和普京微笑，但他们似乎并没有注意到他，阿卡耶夫先生的微笑显得更加茫然，一时不知所措。中华人民共和国主席也加入到这群人中间。他向大家问好。吉尔吉斯总统似乎一下发现了他的神色。

“睡得怎么样?”他问中国主席，“路上还好吧?”

江泽民点点头。

“是的，我们当然应该在圣彼得堡开会。这个想法太好了。”阿卡耶夫说。

（他无疑知道，这个想法是中国人提出的，普京一直坚持。他似乎想证明，在即将到来的这一周，整个俄罗斯乃至国际政治的中心将迁移到这个城市。）

中华人民共和国主席江泽民再次点头。但可以看出，他更感兴趣的是普京与纳扎尔巴耶夫在谈什么。他甚至仔细听了一会儿。

“下次我们另选一个地方!”阿卡耶夫先生忍不住幻想般的补充说。

看来他指的是比什凯克。

六国领导人握手之后步行到彼得戈夫喷泉并合影。雨下得更大了。弗拉基米尔·普京看来对伞不感兴趣。努尔苏丹·纳扎尔巴耶夫不想淋湿，允许陪同人员给他打伞。中华人民共和国主席头上是一顶最小的伞，不管陪同人员怎么努力，江泽民身上仍然湿透了。然而，阿斯卡尔·阿卡耶夫还是藏身于一把大伞底下，开始想将伞张开，后来合影时看见伞挡住其他国家元首，就将它收起来了。

领导人合影之后先在小范围举行了简短会谈，然后乘一辆面包车前往码头，从那儿换乘“俄罗斯”号内燃机船游览并在大范围继续会谈。会晤的组织者后来解释说，他们之所以决定采用这种形式，是为了最大限度地减少公路堵车。

在建筑师里纳尔迪设计的原本用于球赛的圣彼得堡大理石宫白色大厅里，领导人交谈了一会儿，后来来到记者面前，宣读了对新闻界的声明。总统们认为，已经通过的决议（上海合作组织宪章，宣言及关于“成立地区反恐机构的决议”）只是一个基础。他们指出，没有不能与上海合作组织合作的国家。纳扎尔巴耶夫先生宣布，这些会晤的意义不能低估。为此，他列举了并非上海合作组织，而是上周在阿拉木图举行的元首会议的例子。

“印度与巴基斯坦，以色列与巴勒斯坦领导人坐在一起。他们都说自己不要战争，将用和平的方式解决所有问题!这些国家签署了关于打击恐怖主义的声明!”纳扎尔巴耶夫先生感叹地说。

当然，几天之后阿拉伯恐怖分子炸毁以色列公共汽车，以色列军队再次进入杰宁和扫射阿拉法特拉马拉官邸，他对这些只字未提。

中华人民共和国主席江泽民高度概括了这些事件的意义。他说：

“尊敬的新闻界朋友!为了让各位对我们的会晤有一个形象的了解，我想请大家注意三点。”

江泽民所讲的三点如下：第一，上海合作组织成立迄今已经一年。第二，可以进行初步的总结。第三，确定发展的主要方向。

应该承认，伊斯拉姆·卡里莫夫的讲话颇有意思。他不像其他人那样照本宣科，而是即席讲话，言词激烈：

“上海合作组织只有考虑到‘9·11’事件之后世界发生的变化，才能成为国际政治中一个实质性事实。”

他忍不住斜视了江泽民一眼。后者很可能不喜欢他的讲话，但仍保持着平静。乌兹别克斯坦总统早就发表过自己的特殊意见。例如他曾经提议不要急于在比什凯克成立反恐中心，在北京成立上海合作组织秘书处，现在他竟然公开宣布，不与美国协商，什么行动也不要采取。俄罗斯总统此时观望着大理石大厅天花板的花边，哈萨克斯坦总统拼命在放在他面前的笔记本上记录，可以料到他甚至准备答复。但是，当一切结束之后他却将笔记本留在桌子上，记者们抢过去一看（这次招待会并非首次针对哈萨克斯坦总统），原来他在给来到大厅里的人画像。其中之一写着“记者”。也许他想画一名记者，结果却有点像普希金，或者是托尔斯泰。

最后，弗拉基米尔·普京感谢记者对元首会议的客观报道。

一个半小时之后，哈萨克斯坦与俄罗斯总统再次来到记者面前。招待会在塔夫里达厅举行。记者们听了两位总统宣读签署政府在经济领域里的协议。两人都将这些协议称为革命性、轰动性的，声称两国在这两个月内走过了比过去十年还要重要的道路。正在建立天然气合资企业。俄罗斯保证哈萨克斯坦出口的石油过境。里海问题最终解决。俄罗斯与哈萨克斯坦将联合勘探三个油田，各占50%的股份，中线将在两国海岸的同等距离上通过。哈萨克斯坦总统宣布，即将签署关于埃基巴斯图兹第二国营地区火力发电厂和铁路运输协议。

经济领域谈完之后，一位西班牙女记者提了一个带有挑衅性、也是大家感兴趣的问题。她问：总统们是否觉得，美国是今天上海合作组织会议一个看不见的出席者（看来记者们利用了伊斯拉姆·卡里莫夫的讲话）？

两位总统不同意这一观点。俄罗斯总统说，他没有发现美国有参加上海合作组织的任何愿望。纳扎尔巴耶夫接着说，上海合作组织章程有一条，内容是该组织的参加国可以开除一个不系统执行六国决议的成员国。

后来再也没有谈到上海合作组织，话题转到独联体上。

“我对独联体持批评态度，也许因为我对它寄予太多的希望而总是失望，”纳扎尔巴耶夫先生说，“总而言之，幸好有个独联体，总统们还能经常会晤，发表意见。大家想想南斯拉夫吧！苏联的事情变化更快。”

记者招待会快要结束时，俄罗斯总统向记者们表示感谢，他想祝贺莫斯科大学新闻系成立50周年，问在座的有没有该系的毕业生。大家沉默不语，笔者回答说有。作为鼓励，弗拉基米尔·普京允许笔者补充向他提一个问题。看来这不是一个好兆头。笔者问，不知自己是否理解得对：努尔苏丹·纳扎尔巴耶夫今天当着我们大家的面，想解散独联体。

“怎么是这样？不是！”哈萨克斯坦总统赶紧说。

“可您亲口说，幸好有个独联体。”

“您不喜欢独联体？”哈萨克斯坦总统立即问。

“我不喜欢？”

“总统们经常会晤，在一起交流，发表意见，最后搞点什么。”总之，笔者最坏的担心没有被证实，普京补充说：

“似乎左琴科说过，讲过的话不是麻雀，飞了就抓不住了。记者们整天在追我们，抓我们，找我们的把柄。今天你们就把哈萨克斯坦总统的把柄抓住了。但我并不认为，独联体已经结束了，我不能像他那样讲。”

那好吧，笔者也不这样认为了。

俄罗斯日民族“分裂”了

6月12日，为了庆祝俄罗斯日，同往年一样，民族精英们在克里姆林宫集会。

这一天，民族精英们分成两半。知识界在克里姆林宫叶卡捷琳娜大厅颁奖，政界被邀请到大克里姆林宫参加招待会。

大克里姆林宫的活动安排得有条不紊。被邀请的联邦会议成员、州长们挤满了安德烈和格奥尔格大厅，桌上摆的是自助冷餐。由于众所周知的原因，注意力全都集中到鲍里斯·叶利钦和弗拉基米尔·普京身上。俄罗斯首任总统是惟一偕夫人出席的嘉宾。很快在两位总统身边排起了两列长队，很难说哪一队更长。两位总统熟人多，大家都想跟他们打招呼并且碰杯。鲍里斯·叶利钦是一个半小时之后才来的，弗拉基米尔·普京两小时之后前往克里姆林宫叶卡捷琳娜大厅，向知识界颁发2001年度国家奖。

并非所有知识分子都被邀请到叶卡捷琳娜大厅。据俄罗斯总统说，被邀请的仅是一些能够恢复永恒理想的人，能够看到美好事物、区别真伪的天才以及经受了市场考验和能够以较小的代价，避免重大失误的人。

笔者本想一一列举这160位的名字。但因人数太多而难以做到。首先得到鲜花和奖金的是诗人康斯坦丁·万申金。据他说，凡是有幸获奖者，都表现出良好的理解水平。从掌声判断，所有坐在大厅的人都同意这一观点。康斯坦丁·万申金朗读了诗歌（他是诗人）。诗中谈到最终发现期待太久的创伤。

从总统手中接过奖金和鲜花、一言不发回到座位上的获奖者很多，颁奖仪式进行得很快，原因是首先对文物修复师、建筑师、工艺品艺术设计师颁奖。他们能够说什么呢？这些人都是默默不语工作的。

创作“农村系列”和“我的20世纪系列”风景画的艺术家同样是默默不语地领奖。笔者怀着一定的担心等待着电影艺术家。亚历山大·米茨科依没有到麦克风前致答词，而是在总统耳边说了些什么。然而，导演亚历山大·索库罗夫还是讲了几句。他感谢国家对他的关心，含着泪水说他感到自豪（莫非他在最近一届戛纳电影节上一无所得?），他环顾大厅，遗憾地说天才人物太少了。从另一方面讲，难道这样的人物会很多？他说，他感到痛心的是人们没有祝贺演员莫兹戈沃依（影片《金木星座的人》主角）。他认为自己对不起他，甚至带着几分怀疑看了看总统发给他的奖品盒和证书，似乎打算将它们送给莫兹戈沃依。最终他改变了主意，重新回到自己的座位上。

女演员玛丽亚·阿罗诺娃什么也没有讲，但发自内心地吻了总统的面颊（此前没有任何获奖者敢于冒这个险）。还有一位因在乌里扬诺夫斯克话剧院演出话剧而获奖的女演员克拉里娜·沙季科，尽管没有吻总统，但却给坐在第一排的文化部长米哈依尔·什维德科依一个飞吻。毫不奇怪，部长大概是莫斯科惟一观看过乌里扬诺夫斯克话剧院演出的观众。

瓦格里乌斯出版社总编阿列克谢·科斯塔尼扬（发展俄罗斯电影优秀传统艺术奖得主）走到麦克风前说：这一奖项意味着国家将瓦格里乌斯视为自己的助手，因此出版社认为自己是干国家的事。也就是说，他们希望从国家预算中得到经费。

大家希望言词激烈的米哈依尔·日瓦涅茨基讲话。他的发言貌似尖锐，列举如下：

“过去读书比生活有意思，现在生活比读书有意思。因此我们现在生活的同时，应该像过去一样读书。”

弗拉基米尔·普京也致了答词。他故意与获奖者保持距离，说他不仅热爱他们，还热爱1.45亿俄罗斯人。他们在这么短的时间里成了他的亲人。他引用了索库罗夫的话，天才人物不多，但又纠正说天才人物很多，只是今天没有全部到会，这是政府的一个失误。

也就是说，明年的名单将会更长。

弗拉基米尔·普京的记者招待会比去年更多

两周之前，弗拉基米尔·普京来到圣彼得堡国际新闻中心，与哈萨克斯坦总统努尔苏丹·纳扎尔巴耶夫联合举行记者招待会。一位外国女记者问俄罗斯总统，他是否打算像去年一样与记者对话（当时约有1500名记者来到克里姆林宫）。弗拉基米尔·普京环视大厅，关切地问现在这儿有多少记者，有人告诉他是300名。

“我们这不是为你们举行记者招待会吗？莫非人数有些少？现在请大家提问题！”

看来这位女记者不喜欢这个答复，因为她的问题已经问过了。弗拉基米尔·普京停顿了一下，补充说；

“如果有必要，我们当然举行。”

然而，克里姆林宫里记者招待会准备工作此时已经结束。计划邀请的记者多一些，约700人。招待会计划进行一小时（一年前的招待会原准备进行一小时，结果一个半小时才勉强结束）。俄罗斯总统新闻局第一副局长纳塔利娅·季马科娃称，本年度的记者招待会将把注意力首先集中在让地方记者参加并提出问题。从她那简短有力的声明判断，首先是这些记者将向总统提问题，也有很多机会发言。据克里姆林宫的专家说，这些人将提出边远地区关心的问题：退休金，工资，医疗卫生和教育。美国女记者特鲁迪·鲁宾这次没有问总统：普京先生何许人也？（她已经不是第一年，而是一遇机会就提这个问题。）似乎连她现在也在一定程度上清楚了。

当然，也有人会提出几个国际问题。因为“八国集团”会议即将在加拿大举行。一共提了30个问题（去年总统回答了22个问题）。应广大劳动者的要求，俄罗斯公共电视公司将对这一活动进行现场直播。与去年相比，只有记者招待会的大厅的色彩有所变化：今年不再是悲剧性的深褐色，而是欢快的天蓝色。此外大厅里出现了两个屏幕，参加记者招待会的人可以直接看到自己。还有10条互联网线路，可以看到总统对他们提出问题的答复。

无论总统还是记者，都在为招待会进行准备。总统在研究文件，来自边远地区的记者们则在下榻的“俄罗斯”饭店背诵自己将向总统提出的问题。说不定他们突然有幸当着全国的面向弗拉基米尔·普京提出什么重要问题。例如：俄罗斯何时将再次成为一个强国？谁最后将担任我们足球队主教练？

第二天，弗拉基米尔·普京在克里姆林宫举行了记者招待会，他最近一次大型记者招待会是半年前，也是在克里姆林宫举行的。当时普京通过互联网与自己的人民交流，现在是通过记者了。

然而，并不是全部向克里姆林宫提出申请的记者都出席了招待会。一共有740人递交了申请（全部满足了），但与会的记者不到500名。这未必说明两周以来对总统的兴趣下降。另一方面，也可能是下雨影响了出席率。

“广告少。”克里姆林宫新闻局的一位工作人员耸耸肩说。

尽管这样，每位出席的记者带的问题都不少。记者们来到新闻秘书前，将自己最宝贵的东西——名片交给他。

“我们可以提问题吗？”他们问道。

大家都知道，没有准备什么也搞不好。

“当然!”新闻秘书回答说，“可以。”

“我们的机会怎么样?”

“很大。”

一位来自加里宁格勒的记者说，他一定要以自己人民的名义提问题。

“是大家都知道的?”阿列克谢·格罗莫夫问。

“是的。关于加入世贸组织。”

“您知道我们何时加入世贸?也许提这个问题有些早?”

“是的，”记者点点头，“我知道我们何时加入。已经快了。但今天就应该考虑。”

最后大家勉强说服他，提加里宁格勒州居民在俄罗斯本土上自由出入境的问题。

“我要以塔季扬娜·米特科娃的名义提一个问题。”独立电视公司一位记者说。

“关于哪方面的?”新闻秘书这次忍不住问道。

“我提了您就知道了。”这位自信的首都记者说。

他还是提了。

记者招待会开始前半小时停止入场。总统准时到会。招待会进行了直播，没有引起任何轰动。总统直到最后，当他可以挑选向自己提问题的记者时才活跃起来。此时他显然在大厅里寻找新面孔。

招待会结束之后长时间不许记者们离开大厅。有人甚至抱怨搞幽禁恐怖，尽管克里姆林宫的工作人员多次提醒，最近一次“八国集团”首脑会议将于2002年6月27日在加拿大举行，但没有一个人提有关它的问题。

这是为什么?事实上谁对它都不感兴趣。

灰熊为政治而“献身”

6月27日，是在加拿大举行的“八国集团”首脑会议的第一天，元首们整整忙了一天，决定帮助俄罗斯摆脱苏联遗留下来的武器，答应提供200亿美元作为资金。

人们所期待的声明迟迟没有起草好，倒是帽子事件一开始就引人注目。会议东道主、加拿大卡尔加里市市长向与会的每位元首赠送了一顶白色西部牛仔帽。事先已经说过，应该将帽子戴上并向加拿大西部的牛仔们说些好话。

日本首相小泉纯一郎走下飞机，拿到帽子，将它在手里转了一下，戴上之后松了一口气。美国总统干得漂亮，将帽子戴在头上摆出姿势让记者拍照。法国总统仔细端详了帽子之后转过身。德国总理将它戴在卡尔加里市市长头上。弗拉基米尔·普京拿起帽子，戴上后心不在焉地点点头，就将它交给助手。

卡纳纳斯基斯国际新闻中心设在100公里左右的卡尔加里。那儿几乎没有记者，他们是被分批送到卡市的。笔者昨天在这个小城度过了一整天。

通往卡纳纳斯基斯山区疗养胜地的道路戒备森严。它不同于加拿大其他道路，完全由国家负责警戒。加拿大有5万军队，其中有2万用来警卫卡纳纳斯基斯附近的道路，还临时从波斯尼亚和阿富汗调来了加拿大的维和部队。首脑会议的组织者认为他们的战斗经验在这儿不可替代。道路两边停放着装甲运兵车，高速火炮。直升机昼夜不停地在空中巡逻。每米“绿色”地带几乎都在控制之下。还设了12个封闭哨所。每个都可以打退基地组织的恐怖进攻并给予相应的还击。

但在事实上，军人却吓唬不了生活在这儿的灰熊。这里是它们的家。人们通常用哨子对付灰熊，向每位游客发放哨子并且告诉他们，一旦看到或者听到灰熊靠近，马上吹哨子，游客们也是这么做的。因此卡纳纳斯基斯附近的森林里几乎全是灰熊的大便：灰熊害怕哨声。

一只灰熊来“看望”参加“八国集团”会议的首脑，碰上了意大利总理贝卢斯科尼。同意大利总理的“会面”要了它的命，它被人打死了。美国记者拍下了这一过程，笔者也见过照片，这只完全不避人的可怜的动物遭到无情射击。后来人们从它身上取下项圈。项圈在首脑会议之前套在灰熊脖子上，以便了解它真实的意图。贝卢斯科尼总理在电视上就此事发表讲话。根据他的说法，灰熊进入了由反经济全球化人士控制的区域，警卫打算给它打安眠药，让它处于昏睡状态，但打针时针头不慎扎进了心脏，可怜的动物当场死亡。

笔者对这样的解释绝对不信。事实是有人想杀死它并且残忍地达到了目的。它的死亡到底是谁的罪过，与会的八国领导人自有公论。

尽管出了灰熊事件，但领导人仍然异口同声地说他们在卡纳纳斯基斯感觉良好。弗拉基米尔·普京在一个工作日结束之后宣布说，他的所有会谈者都是好人，但没有提到这儿的自然环境。如此环境在俄罗斯的北奥塞梯才有。

领导人生活和工作的宾馆由三处不高的建筑物组成。他们在一处办公，在另一处居住，第三处是代表团成员工作和生活的地方。三处建筑物中间有一个不大的水池，里面没有鱼。

会议第一天之后领导人本应该通过反恐声明。已经知道声明有七点。人们对声明特别关注，因为这是“9·11”事件之后举行的首次“八国集团”首脑会议。声明已经起草好，正在对一些细节进行润色。

笔者看到会议是怎样开幕的。八国领导人会晤的房间位于“红—红”保护区，在整个加拿大，如此级别的自然保护区仅此一家。本来不许任何人进入，更何况记者了，只允许总统们和当地的舍尔帕人进出。领导人合影用了半分钟。即使这样，也有许多东西值得一看。弗拉基米尔·普京一坐到桌前就戴上耳机，他想工作。美国总统故意引人注目地在椅子上转过身，似乎是想让人知道，一切很好，不必着急。领导人从两面靠近乔治·布什。弗拉基米尔·普京发现这一点之后摘下耳机。他的助手安德烈·伊拉里奥诺夫走过来，在他身边低声说了些什么。我们总统皱着眉头看着坐在桌前的自己的同行，明显做好严肃谈话的准备，但没有人响应，这使他困惑不解。

会谈之后加拿大总理本应会见记者，宣读反恐声明。但此事没有发生，总理也没有出现。然而却传来另一个消息：2006 年的“八国集团”首脑会议将在莫斯科举行。这无疑令人感到突然，一时还有些难以理解，详情还得调查。但它此时是首脑会议的最轰动性的事件。据说普京先生一直坚持，2003 年的首脑会议应该由俄罗斯举办，但法国拒不让步。已经接受承办 2004 年会议的美国总统乔治·布什也不妥协。似乎是德国做出牺牲，才让俄罗斯举办 2006 年的会议。

后来出现了关于运输安全的声明和“八国集团”关于全世界在 2015 年实现义务教育的口号。给人的感觉是出现这些文件是为了弥补反恐声明迟迟不能出台。尽管工作会议已经结束，但声明仍然没有出来。

领导人双边会晤开始。弗拉基米尔·普京早晨会见了英国首相托尼·布莱尔，回忆了两人去年在伦敦郊外官邸愉快的会晤。随后，弗拉基米尔·普京会晤了法国总统雅克·希拉克。记者们此时坐在水池旁边的阳伞下。天气热到 30°C 以上。为了让我们见到两位总统，工作人员带领我们穿过厨房，来到隔壁的谈话间。每位厨师的衣袋里都有一个白围裙式的电台。我们只能在锅碗瓢盆中间耐心等待，最终见到了普京和希拉克先生。

“谢谢您的邀请，”法国总统说，“我非常喜欢莫斯科。但还没有去过索契。这次我一定去。”

“我们等着。”普京关切地看着我们说。

似乎这些话不是说给外人听的，但希拉克没有发现这一尴尬局面。

“您说什么？那儿的一切已经就绪，都组织好了？”

“组织好了。”普京安慰他说。

希拉克也发现，详细情况最好两人单独讨论。僵局持续了片刻。记者们无处可去，希拉克无助地四下张望，寻找自己的新闻秘书。普京的新闻秘书最终将外人支走。后来通知说，俄法总统将于 7 月在索契会晤。

往下是会见加拿大总理让·克雷蒂安。我们再次通过厨房来到会晤地点。

“这个地方好极了！”普京对克雷蒂安说。

会见进行了 40 分钟。记者们一直等待着难产的声明问世。它是当天最重要的文件。尽管已经是晚上，但山区不知为什么还不凉爽。

弗拉基米尔·普京终于走到外面同我们见面了，看来这一天他累了。谈话在他住的房间的台阶上进行。我们总统说，他已经不知道现在是白天还是晚上，还说他们工作得不错。他感谢2006年“八国集团”首脑会议将在莫斯科举行。他已经告知这些国家的领导人，将在莫斯科举行一次记者招待会，提前通报当时的气候变化情况。关于反恐声明只字未提，只说尽管有不同意见，但能找到共同的决定。记者招待会非常简短。普京离开记者时关切地对自己的助理说：

“您上我这儿来一下，我们再看看。”

一个小时后与会领导人共进工作夜宵。看来他们再次讨论了声明，可能有些问题还没有谈妥。

普京又去工作。尽管夜色已晚，我们还是难以离开卡纳纳斯基斯，因为美国总统的车队以每小时20公里的速度缓慢地行驶在山路上。乔治·布什欣赏着山区美景，似乎只有弗拉基米尔·普京为反恐问题寝食不安，不断思考着。

那就让布什先生以后内疚吧！

“八国集团”将为俄罗斯海关“掏钱”

6月28日，在加拿大小城卡纳纳斯基斯举行的“八国集团”首脑会议结束了。许多非洲领导人将它称为历史性的，因为答应给他们很多钱。然而，俄罗斯得到的钱更多。

弗拉基米尔·普京这天是在7时45分与乔治·布什开始会见的。据他说，昨晚他又收到一封美国人的来信（看来他经常收到这样的信），提出了一个紧迫问题。他们一早就讨论了它。

俄罗斯总统不想说这封信的内容。但根据有关方面提供的情况，信中谈到阿拉法特主席的命运。普京总统坚持只同布什先生讨论近东问题。此外，弗拉基米尔·普京还说，乔治·布什从未讲过，应该将亚西尔·阿拉法特赶出政治舞台，尽管美国政府对巴勒斯坦自治政府最近在和平进程上持批评态度。

俄罗斯总统承认，与美国总统的谈话是困难的。这一点从他们刚开始会见记者时就可以看出来。弗拉基米尔·普京面带倦容，乔治·布什也显得疲惫。已经知道他们只回答记者的两个问题。乔治·布什让一个名叫阿列克斯的美国记者提问。他问自己的总统如何看待世界通信公司丑闻。美国总统回答之后就想转入第二个问题，但俄罗斯总统此时却想讲话。无法掩盖惊讶之情的乔治·布什让他讲话，并请将他关于前一个问题的答复告诉美国记者。弗拉基米尔·普京说，这一丑闻也有正面意义：足见美国证券市场的巨大透明性。

美国总统开始恭维俄罗斯总统，说他们之间没有也不可能有任何分歧。因为俄罗斯总统深感恐怖主义的威胁。令他乔治·布什感到愉快的是，在打击恐怖主义的斗争中有这样的人跟他站在一起，还能谈到什么分歧呢！

与此同时，加拿大总理让·克雷蒂安在自己的记者招待会上说，到最后一刻还没有任何信心，全球化伙伴宣言能否签字：弗拉基米尔·普京与“八国集团”其他首脑分歧太大。“现在俄国人将根据我们的指导方针行动，而这些方针是你们的条约规定的。”他暗示这话是布什先生说的。

然而，美国总统却想结束自己的记者招待会并宣布了这一点。大厅里的灯立即熄灭了。弗拉基米尔·普京说他想补充几句。灯再次亮了，我们总统开始恭维乔治·布什。他认为，美国总统可以消灭这个名叫恐怖主义的邪恶。

尼日利亚总统在其长篇讲话中（超过原计划一倍）对“八国集团”的善举表示衷心感谢。他说的比唱的还好听（当然还加上他的表情），说什么这一切给人的印象就是一个有电子乐器伴奏，有一流歌星演唱的绝妙组合。往下该加拿大总理讲话。看来他已经没有力气了，只是用手势让大家明白他一句话也不能讲。尼日利亚领导人似乎对此感到委屈。

此后参加会议的领导人开始离开。确切地说，几乎所有人都是乘直升飞机从卡纳纳斯基斯飞往卡尔加里，只有非洲一些领导人乘汽车离开这个疗养胜地。他们轻车简从，国旗也收起来放到护罩里。

“全球伙伴关系”原来是一个具体的文件，其中规定了监督核武器、放射性武器和生物武器的机制，以及“对由上述武器保护的目标，其中包括纵深防御在内的人工防护措施”。

顺便提一下，关于销毁化学武器一条引起了极大争议。“八国集团”打算在宣言中写入销毁的不是化学武器，而是生物武器。据法国总统说，弗拉基米尔·普京最后坚持了自己的立场。关于生物武器只提了一句，必须削减。

会议决定：“对那些缺乏足够的手段和保障措施保护自己设施的国家提供援助。为了发现、不允许和禁止上述武器的非法贸易，必须制定和实施有效的边境检查措施，监督护法和国际合作活动。监督方法有：安装监视系统，培训海关和护法机构官员，发展国际合作。在发现、不允许和禁止这些武器的非法贸易方面，必须向那些没有足够经验或者手段的国家提供援助，增强它们的潜力。”

当然，俄罗斯可能遇到麻烦。可以设想，怎样向手段和经验不足的舍列梅杰沃机场的海关人员提供援助。

不管怎样，“全球伙伴关系”还是超出许多人预料。今后怎么办很难说。例如，俄罗斯总统助理安德烈·伊拉里奥诺夫在回答怎么看待自己也参与起草的“全球伙伴关系”这一文件时说“为什么自豪？我参加了。今后怎么办，难讲。我只是参与了，就这样，先生们。”

弗拉基米尔·普京与雅克·希拉克商议解决加里宁格勒问题

7月19日，俄罗斯总统弗拉基米尔·普京在索契博恰罗夫小溪官邸会见了法国总统雅克·希拉克。

为什么这次会见在索契，而不在莫斯科或者圣彼得堡举行？俄罗斯总统办公厅坚持，这是法国总统要求的。他们早就定下来了。在加拿大卡纳纳斯基斯时雅克·希拉克就告诉弗拉基米尔·普京，他们很快将在索契会晤。

“我去过莫斯科，”法国总统若有所思地说，明显想在俄罗斯别的地方会晤，“其他地方我去的不多，就在索契吧。”

也许是在索契提出承办冬季奥运会，今年5月意大利总理西尔维奥·贝卢斯科尼对其进行访问之后法国总统才有了参观这一疗养胜地的想法。

然而，此时是索契的旅游旺季。气温29°C，水温26°C，气压正常。饭店和宾馆已经住满了人。关于希拉克即将到达的消息未必会产生影响，也许它更加激起了人们的情绪。但也有人担心索契的警察会对这次访问过分重视，使本来就已经人满为患的大街无法通行。这些担心还是被证实了。昨天不仅不许上街，还不许到海里游泳。海上布满了军舰和快艇。据说加强戒备是法国人提出的，在攻打巴士底狱纪念日，法国有人企图行刺自己的总统。

无论多么奇怪，人们在滨海浴场也在讨论这次访问。例如，在达戈梅斯疗养院浴场，笔者就遇见了一对父子和他们的朋友。5岁的儿子科斯季扬丢了拖鞋，父亲很生气。他告诉儿子，在附近休息的普京从来就没有丢过拖鞋。

“希拉克呢？”他的朋友问，“希拉克有可能丢过拖鞋。”

从黝黑的面孔判断，他们早就到这儿疗养了，其他话题都谈完了。

“希拉克千万别将自己的拖鞋丢了。”科斯季扬的父亲回答说。

与此同时，男孩找到了拖鞋。笔者本想走到这几个可爱的人身边，问他们对希拉克这次访问抱什么期望，后来想想，还是改变了主意。

法国总统来到官邸之后，20分钟之内换了一套深蓝色西服，来到海边与弗拉基米尔·普京散步。已经快5点了，那儿还热得要命。弗拉基米尔·普京身穿一套浅色西服，就这也没有救他的命，后来他甚至告诉法国总统天气太热了，但后者说此时巴黎更热。记者们给普京和希拉克拍照用了几分钟，他们身上都湿透了，空调看来也无济于事。当普京对希拉克说，俄罗斯人关注行刺法国总统事件，这再次证明极左或者极右集团（然而，法国这样的集团都断然否认行刺总统的年轻人与自己有关）的危险时，法国总统却热得要死，汗水从他的脖子上直往下流。但希拉克还是找到力气回答说，他认为，俄罗斯以很快的速度恢复了自己在世界上的地位，并且进一步说，这是一个伟大民族的地位。

顺便说一句，令法国记者感到惊讶的是他们总统当选后出国访问的第一站选择了索契。几十年来已经形成了一个传统，法国总统当选之后立即前往德国访问。他们打算甚至在记者招待会上问，为什么雅克·希拉克破坏了这一传统，但法国总统的新闻秘书劝他们别这样。自由的法国记者们以惊人的速度响应了新闻秘书的呼吁，但俄罗斯记者却提出了同一问题。此后一位法国女记者还说了一件把握不大的事。她说，行刺事件发生后不久，在图鲁兹举行的记者招待会上有人说不要提此事，它对希拉克的刺激太强烈，但记者们没有这样做。笔者请这位法国女记者评论此事。她说，决不会出现类似的事。如果有人请法国记者不要这样，那他当时就会连续提出五个问题。行刺希拉克，无异于蚍蜉撼树，谈何容易。

记者们走出谈判室，弗拉基米尔·普京拿出手帕用了一下，后来又出于好意，送给希拉克一块。希拉克婉言谢绝，说自己有。

记者招待会延迟举行。法国记者提的第一个问题是车臣问题。其中一名记者说，据俄罗斯总统驻车臣特派代表说，那儿现在清洗的形势比贝利亚时期还严重。

这位女记者提问时，俄罗斯总统不住点头并且回答了十分钟。现在该法国记者点头了。普京说，这位特派代表是他前不久才任命的，而且是车臣人，并且暗示他一点也不愿意这样。“任何形式的暴力都会引起平民伤亡，阿富汗的行动就是一个例子。”他显然指美国。普京补充说，清洗行动到年底，车臣强力部门巩固之后结束。

俄方提出的下一个问题本该是双边关系的持续发展。既然游戏规则已经打破，俄罗斯记者还是以非常痛心的形式问希拉克，为什么在民主的法国竟然发生了行刺自己总统的事件。希拉克说，由于众所周知的原因，他将不回答这个问题。

总之，记者招待会气氛紧张，在加里宁格勒问题上才取得完全相同的观点。双方宣布，这个问题应该得到解决。

我们总统后来还补充说：

“我并不认为在欧洲重建新墙是最好的办法。我的出发点是，如同没有必要重新考虑战争结果，任何人不应有分割俄罗斯主权的想法。如果有，那我们就讨论吧。为什么偏要俄罗斯承受这一苦果?”

记者招待会持续了一个半小时，与隔壁一家宾馆播放的迪斯科“礼炮”音乐同时结束。在这一个半小时，这些音乐一直伴随着总统的全部讲话。

宾馆的客人都去休息了，普京与希拉克此时才去用晚餐。

弗拉基米尔·普京将雅克·希拉克送到宾馆

上周星期六，即7月20日，俄罗斯总统弗拉基米尔·普京与法国总统雅克·希拉克在博恰罗夫小溪官邸共进早餐之后，法国总统离开索契飞往日内瓦，会见阿联酋总统扎耶德·本·苏丹·阿勒纳哈扬殿下。前一天晚上，雅克·希拉克与弗拉基米尔·普京难舍难分。尽管弗拉基米尔·普京建议法国总统在博恰罗夫小溪的一栋小楼住下，但后者仍然决定住在雷季斯·拉祖尔纳娅宾馆。昨天两位总统在官邸共进晚餐，边吃边谈，直到半夜才结束。法国总统在进晚餐时兴致勃勃地欣赏俄罗斯室内音乐。他对俄罗斯的一切都喜欢，甚至懂俄语（尽管没有表现出来），但不会讲。

与雅克·希拉克告别时，弗拉基米尔·普京突然宣布，他想将法国总统送到拉祖尔纳娅宾馆。希拉克先生先是不让，后来当他看到普京总统非坚持到底方才同意了。他们同乘一辆汽车来到拉祖尔纳娅宾馆。当然那儿有人在等待着他们。俄罗斯姑娘向希拉克总统献花，没有向弗拉基米尔·普京献花（我国的礼宾有这样的规定。大家知道，俄罗斯总统只在迫不得已时，即在国事和正式访问时才接受俄罗斯姑娘献花）。

俄罗斯总统本想到此结束，但法国总统坚持继续喝酒。他们顺便来到宾馆内的咖啡店，偶然遇见了一些顾客。不能将已经坐下的客人赶出去，但再也不放人进去。然而，几分钟之后门口还是出现了数名法国记者，他们装着早就在这儿订了坐。俄罗斯总统警卫部门不许他们进去，但总统新闻秘书表现出了宽宏大量。此时又有三名法国记者要求进去，但已经没有这个机会了。即使是进去的记者，能看见的也很少。何况他们最好不要看见总统酒桌上发生的事。

雅克·希拉克坚决不喝服务员立即给他送来的法国啤酒，而坚持要喝俄罗斯伏特加（这家咖啡店是法国人开的，厨师长是法国人）。后来还喝了一些墨西哥王冠啤酒。没有人让他多喝伏特加，少喝啤酒。我们总统支持法国总统。他们一起坐了40分钟。克里姆林宫高级官员将这一切称为俄法总统第四轮会谈。

众所周知，天下没有不散的宴席，索契这一天结束了。雅克·希拉克没有陪同我们总统返回博恰罗夫小溪官邸。

第二天一大早，他们又在博恰罗夫小溪官邸相遇并共进早餐。也许后来又有人将这称为第五轮会谈。会谈是轻松的，小桌上摆着西红柿、黄瓜和两种奶酪。希拉克先生用早餐时有点着急，他害怕赶不及到日内瓦，误了与阿联酋总统索扎耶德·

本·苏丹·阿勒纳哈扬殿下的会谈。

弗拉基米尔·普京不怕迟到。早餐之后他乘一艘不大的船，由两艘快艇护航在黑海玩了一会儿。由于船的速度慢，冒的黑烟多，在岸上休假的人恐惧地看着这一过程，担心出了什么意外，甚至是爆炸。然而，并没有发生什么可怕的事。这是俄罗斯总统在考虑与法国总统雅克·希拉克五轮会谈的结果。

国家奖金获得者的真面目

8月6日，俄罗斯总统弗拉基米尔·普京签署了“关于授予2001年俄罗斯联邦国家科技奖金”的命令。当天下午，授予科技奖国家委员会对弗拉基米尔·普京批准的名单还是一无所知。委员会科学秘书弗拉基米尔·茹拉夫廖夫向笔者打听名单上共有多少个项目，原来有29项。“这就是说，一切正常，”茹拉夫廖夫松了一口气，“是否有4位年轻科学家?”

笔者游览了互联网上的名单：

“有。”

“谢天谢地，就该这样。”

人类各种知识的代表得了奖。绘制《世界冰雪资源图》的一个科学家小组成为获奖者。诺贝尔奖获得者若列斯·阿尔费罗夫现在也有自豪的东西了：他与另外7名合作者也成为获奖者。他们的课题是“量子点异质结构的形成过程和特性的基础研究以及在此基础上制造激光”。中央空气流体动力研究所格奥尔格·比施根斯及其另外7人由于在新一代干线飞机的空气动力、稳定性和控制性方面的综合研究而获奖（尽管这些飞机将是稳定的可以控制的）。外科医生雷纳特·阿库奇林、电视主持人雅科夫·布兰德以及广大电视观众不大熟悉的另外6名科学家由于“外科治疗心血管病、肿瘤”而获奖……

“这一切很严肃，”弗拉基米尔·茹拉夫廖夫强调指出，“授予国家奖是一个复杂的过程。”

科学研究工作量大，需要所有参加者全身心投入，甚至献出毕生的精力。评比分三个阶段进行：第一阶段是学科小组工作（共有10个小组——农业、数学、建筑、医学等），他们向国家委员会主席团提出候选项目报告。茹拉夫廖夫先生认为，参加主席团的是国内出类拔萃的人物，他们批准进入第二阶段的优胜者名单。尽管他们是名人，但也受到许多非议。

“如果将某个候选人从名单中删去，他们就会以预想不到的任何方式行动。”茹拉夫廖夫先生抱怨说。

“什么方式?”

“甚至向法院控告!”

“这有什么大惊小怪的?”

“怎么不?您想想,一个不会拉小提琴的人怎么能成为柴科夫斯基音乐比赛的获奖者?我们每一步都会遇到自信是理所当然的获奖者。他们接二连三地申报,而且想留在名单里……正如我所言,主席团和国家委员会总是表现出自己果断的性格。”科学秘书满意地强调说。

第二阶段是对留下来的候选人名单或者项目进行广泛的社会讨论。项目简介公布在《俄罗斯报》上。每个人(其中包括自己的项目在第一阶段被淘汰者)都可以发表自己的意见。授奖委员会什么信件没有收到过!尽管这样,这些讨论还是没有任何意义,因为第三阶段的评选是委员会以秘密投票的方式进行的。只有获得委员会委员三分之二以上的赞成票才能进入第三轮。因此经常出现缺额。呈报给总统的名单有限制,不许超过30项。

“今年没有超过,”弗拉基米尔·茹拉夫廖夫说,“第二轮之后剩下29个项目。这个结果不坏,有时还更少。”

然而,由于总统审查,名单有可能减少。

“将某人删去也是可能的。”科学秘书说。

“真有这类事?难道总统办公厅的专家比你们更优秀?或者他们更挑剔?”

“那儿并不是因为学术问题,”科学秘书不大愿意透露这方面的详情,“例如一位军人在私生活方面不大检点……军方也在看干部……这样就删掉了。我们不可能什么都了解。”

甚至是获奖候选人过着无愧于俄罗斯联邦国家奖获得者的生活方式,俄罗斯总统已经批准名单之后,委员会也不能保证不遇到麻烦。

“米丘林斯克就有这样一位获奖者,给他与另外三名合作者发了奖。他们的项目不错——用野生苹果树苗嫁接优质矮小品种苹果……发奖时他与另外一名米丘林斯克的获奖者已经逝世。我已经告诉过您,这是一个长期的、复杂的工作,需要付出毕生的精力……领奖的是他妻子和三个孩子,他们得到奖金之后开始使用它……然而他的长子开始到处写信,说其中一名获奖者,即研究所所长不应该获奖。同他父亲在一个小组工作的人,只有所长是惟一的幸存者,问题的关键就在这儿……儿子本人住在宿舍里,不交房租,也不能让他搬出去,因为他老是向总统和其他人控告……他已经写了200封信,现在还在写。这个人可能不大正常,但看来不是傻子。”

科学秘书不大乐意介绍奖励的物质方面。但笔者还是查明,每个奖项的奖金是3000份最低工资,大概是9000美元(最低工资根据2001年年底的统计数字)。考虑到每个奖项一般有8名以上的获奖者（绝对不能超过这个数字），每人所得就是1000美元左右。年轻科学家得到700份最低工资的奖金，但他们的合作者也少。此外，前不久，根据莫斯科政府的决定，生活在莫斯科的退休获奖者享受与苏联英雄相同的待遇：退休金增加一倍。

“总之，”委员会科学秘书最后说，“尽管我们不是列宁—斯大林奖金的法律继承者，但我们将逐步逐年将奖金的各项指标达到他们的水平，因此现在大可不必惭愧。”

白俄罗斯总统卢卡申科“改行”

8月14日，白俄罗斯总统亚历山大·卢卡申科对俄罗斯进行了短暂访问。现在，他大概对没有取消此行感到惋惜。

亚历山大·卢卡申科进入克里姆林宫迟到了10分钟，因为他在机场举行了记者招待会。他在会上表示，政治应该更多地考虑普通的具体人物，应该考虑给他们带来更多的好处。因为这个原因而迟到，应该说情有可原。

俄罗斯总统在克里姆林宫说，他看过电视，听到了亚历山大·卢卡申科这些话。

两位领导人一直微笑着。尽管他们面临许多几乎难以克服的分歧，但仍然装作长时间分别之后相互见面是多么美好。他们坐下来开始交谈，“炒作”结束了。亚历山大·卢卡申科习惯地笑着，说他与弗拉基米尔·普京根本不可能吵架，因为他们都是重任在身的人物。

“尽管有人在制造不信任的气氛，直至倒退。”他补充说。

“我们出现这样紧张的过程不足为奇，”普京先生安慰他说，“我们是用任何人从前没有制造过的材料建立联盟。”

原定会谈进行一小时或者多一些，但两位总统谈了三小时。当他们出来会见记者时最有趣的事情发生了，其中也包括对他们本人。

先是弗拉基米尔·普京宣读声明，不时离开讲稿。他说，会谈的第一部分已经结束，首先讨论了与建立联盟国家相关的经济合作和过程。正如俄罗斯总统所言，还讨论了一些必须执行的问题。他很可能指俄罗斯单方面已经实行的统一铁路收费。他对此感到惋惜，因为尽管有协议，但白俄罗斯并没有实行。

“尊敬的同志们！”亚历山大·卢卡申科说，“我不想多补充。无论我们多么不想介入具体的经济问题，但我们还是就它谈了40分钟。至于政治问题，最近几年已经首次清楚，可能有三四种模式，不，可能有三种，对此我们就不说了……”

他富有表情地看了弗拉基米尔·普京一眼，后者没有反应过来。

"建立联盟国家采用哪种模式……我想强调指出，白俄罗斯对俄罗斯国家一直执行着一条正大光明的路线。"白俄罗斯总统结束了自己的讲话。

他似乎在说服自己的俄罗斯同行也执行正大光明的路线。此时此刻，它意味着不谈任何模式。但是，普京先生显然决定反其道而行之。他说，最近为建立联盟国家做了大量工作，可以转入具体问题了。

"时机已经成熟，"普京先生解释说，"我们两国人民想这样，上层也明白。"

这就是说，上上下下都不想按照老方式生活，过去将这个时机称为革命性的。几分钟之前普京先生将记者招待会无拘无束、非常平静的气氛也称为革命性的。

他说，他个人认为在建立统一国家方面已经出现了重大突破。明年5月将就这个问题在两国举行全民公决，12月选举统一的议会，2004年5月选举统一国家的元首。

因此，俄罗斯总统的所作所为正是他的白俄罗斯同行所要求的。他开始滔滔不绝地解释他们前三小时讨论的联盟国家的模式。此外，普京先生还提出了自己认为应该提交全民公决讨论的问题。

"我同亚历山大·卢卡申科讨论了，决定将它提出来……"

根据弗拉基米尔·普京的说法，一个问题之下有三个小问题：公民们是否同意，俄罗斯与白俄罗斯在保障权利和自由平等的基础上，地区平等的基础上，以俄罗斯宪法为基础的建立统一的权力机关的基础上实现联合。普京先生解释说，他对白俄罗斯宪法没有任何意见，只是俄罗斯宪法更好一些。

"这是第一方案，具体而清楚。"普京先生补充说，他个人喜欢这个方案。他还解释了另一个方案：似乎是欧盟的联合过程。

他没有介绍第三个方案。

"我同意亚历山大·卢卡申科的意见，我们应该积极推进今天的过程。"他打算使白俄罗斯同行活跃起来，而后者无疑感到措手不及。俄罗斯总统还说，他决定将两国实行统一的卢布结算从2005年1月1日提前到2004年1月1日。

亚历山大·卢卡申科的新闻秘书请白俄罗斯女记者发言。她提了一个问题。

"您说什么?"白俄罗斯总统甚至没有解释，"怎么？国际部分……"

他并不想谈与北约或者欧盟合作的问题。给人的印象是他完全沉浸在他的俄罗斯同行的讲话气氛之中。卢卡申科先生的计划中完全没有列入告诉两国公民，在并不简单的建立统一国家的事业中，俄方决定从根本上剥夺他的主动权。

显而易见，这是克里姆林宫这一计划的作者们的希望。他们似乎对他说："他（卢卡申科——译者注）想要统一的国家，那就给他吧!"甚至连期限都规定了。俄罗斯总统后来所讲的一些情况，需要白俄罗斯同行们付出极大的努力。

记者招待会上看来没有任何即席讲话，只有白俄罗斯总统对普京的讲话感到意外。出现这样的情况是谁造成的？人们觉得亚历山大·卢卡申科也可以坚持到底。统一国家总统的选举将成为他的末日。白俄罗斯选举人比俄罗斯少，选举的结果显而易见。这就是说，白俄罗斯总统怎么也不会同意俄罗斯同行的一揽子建议。这样一来，倒是他个人反对建立联盟国家。

当然，不能从理论上排除他同意这个方案并且参加选举，为了两国的统一大业牺牲自己，最终出现这一结局难道有什么不好？

弗拉基米尔·普京“驾驶”苏霍伊试验设计局新式飞机

8 月 16 日，俄罗斯总统弗拉基米尔·普京参观了苏霍伊试验设计局，甚至试驾了一架最新式飞机，但不知道飞机的型号，它为什么飞得那么慢。

访问是为空军节安排的。总统计划参观试验工厂，主持行业领导人会议。由于总统在新奥加廖沃会谈而迟到了 40 分钟，因此参观车间时非常仓促。

笔者在总统到达前一小时，沿着他走的路线走了一遍。工人们在一张桌子上卷线。笔者问他们为什么这样做。

“这是将装备连接起来，”工人瓦连京·梅德韦杰夫热情地解释说，“我们车间是对现代飞机的武器火力系统作最后组装。”

除了瓦连京·梅德韦杰夫之外，还有三名妇女坐在这张大桌子（放存间）旁边。她们跟他一样卷线，将苏－27 歼击机的武器火力系统最后装配好。

另一个车间组装苏－30 歼击机的机上无线电电子设备。车间里挂着一台先锋牌等离子板，起着计算机监视器的作用。

“你们早就有这些技术设备了吗？”笔者问工厂一位领导。

他与自己的同行们交换了眼色，立刻回答说：

“早就有了，已经许多年了……”

在装配车间可以驾驶歼击机，在数米大的屏幕上模拟飞行。驾驶室就像真的一样。俄罗斯英雄叶夫根尼·弗罗洛夫坐在驾驶室里。他让飞机从航空母舰上起飞，在丘陵地区盘旋。

“我们在哪儿飞行？”笔者问科长德米特里·列文。

“南部，”他含糊其词地回答说，“是西班牙南部，直布罗陀海峡吧。图像是假的，没有必要寻根问底。例如，实际上这个机场就不存在。

飞行员开始着陆了。

"跟电脑游戏差不多。"笔者对德米特里·列文说。

"是电脑游戏跟我们差不多,"他不满地回答说,"我们的一切都是真实的。"

"飞机摔坏之后会爆炸吗?"

"不会。谁对此都不感兴趣。"

试飞员弗罗洛夫从驾驶室走出来。

"手动闸不太好,"他对德米特里·列文说,"其他设备也有问题。记下我的手机号码。肉眼也可以发现……"

叶夫根尼·弗罗洛夫是首次坐在这个驾驶室里。组装车间是为去年在茹科夫斯基举办航空航天沙龙研制的。由于造价不菲,因此决定将它放在苏霍伊试验设计局。据笔者所知,它不大受欢迎。

"今天为什么是您坐在驾驶室?"笔者问飞行员,"是您中标了吗?"

"不是,"他回答说,"老实说,我们飞行员不多,其中俄罗斯英雄就更少了。其他俄罗斯英雄飞行员出差了,就留下我一个人。"

叶夫根尼·弗罗洛夫是一位谦虚的人。大家都说他是优秀飞行员。甚至有一个专门的"弗罗洛夫法轮"特技飞行动作。据叶夫根尼·弗罗洛夫介绍,世界上只有两名飞行员能完成这个动作,也只有在苏－37飞机上可以完成,因为它有可变索引矢量。详情笔者说不清,因为不是内行。

"您是因为'法轮'才得到俄罗斯英雄称号的吗?"

"不是,是飞行试验得的。我飞过的所有飞机都返回地面,全都完好无损,"飞行员回答说,"顺便说一句,这算什么飞机?"他朝驾驶室点点头,冲着电脑管理人员说。

"准确的原因我也说不清。"其中一位含糊其词地说。

几分钟之后普京总统走进装配车间。跟在他身后还有几个人,其中之一是苏霍伊系统总经理米哈依尔·波戈相。他开始介绍这个车间。

"我们现在是否起飞?"叶夫根尼·弗罗洛夫赶紧问波戈相和总统。

他想飞向蓝天。

"现在您看到的是飞机怎样打击垂直目标和地面目标。"事先已经了解到苏霍伊飞机武器系统巨大威力的波戈相向总统解释说。

"我们起飞,飞行,目标……砰,击中了,"波戈相先生津津有味地解释说,"又一个目标……砰!……"

"您喜欢吗?"弗拉基米尔·普京问叶夫根尼·弗罗洛夫。

"当然喜欢!"飞行员回答说。

"谢谢。"总统握着飞行员的手打算离开。

但飞行员并不急于与总统告别,也没有松开他的手。

"您不想试试?"他问弗拉基米尔·普京。

所有这一切，几台摄像机都在同时记录着。总统已经无法拒绝。给人的印象是他不是特别想试。他走进驾驶室，叶夫根尼·弗罗洛夫将身子侧向他，将自己的手放在总统手上。

“我们松闸，别动速度把柄……加速……”

“向右，向右……”波戈相小声说。

然而，为时已晚。飞机来不及加速，就从航空母舰的甲板上飞起掉到海里。

“再来一次！”弗罗洛夫鼓舞总统说，“飞直，飞直……起飞了……”

总统的飞机已经在空中飞行。

“收起落架……高度太低……”飞行员弗罗洛夫似乎不喜欢什么，“试试升高……飞过地平线……加大速度，侧滚翻……无法加速……好吧……”

总统坐在驾驶室里，照着叶夫根尼·弗罗洛夫的吩咐驾驶，没有表现出任何独立性。

“把手向右！”弗罗洛夫将自己的手放在总统手上，“侧滚翻！”

这一天是弗罗洛夫的。

“速度太低……”他有些失望，“无法加速……现在我们翻跟头……靠紧……”

“我们要着陆吗？”总统问他。

已经很清楚，总统有些讨厌了。

“我们试试，”弗罗洛夫有气无力地回答说，“速度还是不行，将影像放到地平线上……我们直接通过……离自己近一些……”

降落到地面之后弗拉基米尔·普京迅速与叶夫根尼·弗罗洛夫告别去参加会议。会上长时间与行业领导人讨论了研制第五代歼击机时我们如何赶超美国和欧洲。

“飞机怎么啦？”总统刚刚离开，飞行员弗罗洛夫愤怒地责问坐在计算机旁边的装配车间工作人员，“为什么速度总是上不去？”

“是您和总统将降落伞打开了！”一位回答说。

“真的？”

“我们也感到惊讶。怎么一下子就起飞了。这段时间你们一直是带降落伞飞行！它限制了飞机的速度。那儿的一个灯都烧坏了！”

“可我怎么没有注意到呢，”叶夫根尼·弗罗洛夫困惑不解地回答说，“不是我坐在驾驶室里……”

他长时间缓不过劲来。他平生驾驶过许多飞机，一架也没有摔坏过，为此还获得了俄罗斯英雄称号。但他在自己一生中最重要的一次飞行中，竟然与总统一起带着制动降落伞缓慢飞过直布罗陀海峡上空。

在遥远的东方

8月23日，俄罗斯总统弗拉基米尔·普京与朝鲜民主主义人民共和国国防委员会委员长金正日在符拉迪沃斯托克度过了繁忙的一天。他们到天黑才相遇，因此记者只能选择跟其中的哪一位。

弗拉基米尔·普京飞到符拉迪沃斯托克时迟到了两小时。幸好此前联邦机构的工作人员将大街上的标语清理完毕。标语上写的是："跟着弗拉基米尔·普京奔向未来!""弗拉基米尔·普京是我们的总统!"它们是根据滨海边疆区行政长官谢尔盖·达尔金的倡议出现在符拉迪沃斯托克街头的。

北朝鲜领导人金正日是从相反方向来到符拉迪沃斯托克的。他首先想了解生活在这个边疆区的俄罗斯人的风俗习惯。然而，这样的人在符拉迪沃斯托克并不多。10年来，这个原有1000万人口的边疆区人口减少了100万，中国人弥补了这个损失，符拉迪沃斯托克的宾馆、商店和街道上几乎全是中国人。但是，金正日并不知道这个情况。在市政府和他所参观的面包房，遇到的几乎全是俄罗斯人。陪同俄罗斯政府总理米哈依尔·卡西亚诺夫访问上海的一大批俄罗斯政府部长也来到符拉迪沃斯托克。俄罗斯交通部长根纳季·法杰耶夫说，金正日并没有妨碍任何人。但是公路交通几乎全部陷入瘫痪状态，北朝鲜领导人长长的车队在符拉迪沃斯托克的大街上疾驰。

弗拉基米尔·普京则谦虚一些。昨天一天都呆在郊区的谈判大楼。它是当年为苏共总书记勃列日涅夫与美国总统福特举行会谈而建造的。弗拉基米尔·普京的这一天是从主持滨海边疆区社会经济问题会议开始的。参加会议的有列入该边疆区的11个联邦主体的首脑，政府部长和副部长，国家渔业委员会主任阿纳托利·纳兹德拉坚科，俄罗斯统一电力公司董事长阿纳托利·丘拜斯，国家杜马代表斯韦特兰娜·戈里亚切娃。日前她在接受《生意人》报独家采访时说，她是在自己前不久遇到车祸之后首次来看望母亲的。总之，参加会议的人很多。

观看会议的人更多。这是类似的会议向整个远东地区首次直播。直播得付出一定的劳动。电视信号先从符拉迪沃斯托克传送到莫斯科，再从那儿传送到远东地区。因此，以俄罗斯电视公司几个主要经理为首的一个大工作组在符拉迪沃斯托克连续工作了几天。但在转播之初，仍然没有伴音。

会议开始之前，弗拉基米尔·普京用了几分钟会见谢尔盖·达尔金州长。会见情况对记者保密，但俄罗斯总统新闻秘书阿列克谢·格罗莫夫立即坦率地告诉记者：

“他们指出，最近以来，解决地区许多问题出现好转势头。”

弗拉基米尔·普京在会上致了简短的开幕词。他宣布（他没有使用助手们为他准备的讲稿，而是亲自动手写的）：联邦权力机关“应该向生活在这个地区的人们展示未来”。显而易见，总统也清楚地知道这是一个并不轻松的任务，但又强调指出：“尽管我们大大减少了许多联邦纲要，但仍然保留了远东发展纲要。”

总统谈到，是对边疆区发展作出战略决定的时候了。他列举了几个战略决定，建议与会人员决定哪些是战略性质的。加快住房建设速度？港口现代化？减少对外来能源的依赖？谈判大楼对到过远东的他的所有前任（包括勃列日涅夫）关于加大滨海地区铁路车辆运行的密度的设想记忆犹新。

俄罗斯政府副总理维克托·赫里斯坚科宣布，应该在高效率的地方工作，在舒适的地方生活。他还暗示，符拉迪沃斯托克多年以来一直藐视这个原则，即在命令他们的地方工作，在工作的地方生活。赫里斯坚科顺便提到放弃胜利综合征和计划缺乏重点，由此给会议定下戏剧性基调。弗拉基米尔·普京认为应该对此进行修改，宣布说为谁服务，应该由他这位最高统帅亲自决定。

总统同时注意到，为了发展边疆区，专门为此成立的政府委员会做了大量工作。总统讲话之后哈巴罗夫斯克州长维克托·伊沙耶夫说，他完全同意总统的观点。“委员会的确做了大量工作，但近几年已经不工作了。”

他小心翼翼地谈到，应该改进国家对地区纲要的政策。总统反应过来了：

“这方面的确有问题。遗憾的是这是一个口号引起的恶果。它就是‘能抓多少主权就抓多少’（叶利钦语——译者注）。这样一来，某些共和国不向联邦预算上缴税收，它们实质上也不是联邦主体。说得严重一些，我们已经不是一个统一的国家了。一年半之前，我们悄悄将它们纳入法制轨道。”

弗拉基米尔·普京因此找到理由，在会上议论自己的直接前任。大家当然注意到了这一点。但是，堪察加州州长米哈依尔·马什科夫采夫却咒骂现今联邦当局，批准大量捕捞红大马哈鱼。据这位州长说，如果不是他接到总统关于加大捕捞红大马哈鱼的指示，他就不会下令。否则，今年捕捞的数量之多，就像1983年那样，将鱼儿压死。

弗拉基米尔·普京没有为自己辩护，甚至说州长确实接到了这个指示，那是因为“我来符拉迪沃斯托克之前，要求政府所有部门检查是否执行了我与远东地区各州长达成的各种协议”。如果不是这样，那么马什科夫采夫的独断专行也只能是独断专行。但最主要的是抢救了红大马哈鱼，在捕捞的同时没有让它们压死。

总统最终还是谈到自己认为的边疆区的战略决定。他说，必须恢复横贯朝鲜大铁路运行，将它与横贯西伯利亚大铁路连接起来。他表示担心由于采取了这一步骤，附近的远东港口可能瘫痪，但又警告说，如果我们不这样做，那么“我们的好邻国中华人民共和国必定会这样做。他们会与横贯朝鲜的大铁路连结，只是在另外的地方。不过，这与俄罗斯就没有任何关系了”。关于与中国的关系，总统讲了许多趣事：

“中国人想用每千立方米30美元的价格进口我们的天然气。当然这是我们的同行和朋友的咨询价格。我们只是用这样的价格向白俄罗斯共和国出口天然气。中国目前还谈不上与我们建立联盟国家……（“过去是这个价格，现在不是了。”看来过去与卢卡申科先生在莫斯科举行的著名联合记者招待会上的讲话有关。）

因此，除了与会人员之外，各人都从总统那儿得到了自己想要的东西。

北朝鲜与俄罗斯领导人最终见面了。身穿灰夹克衫，脚穿哥萨克皮鞋的金正日与弗拉基米尔·普京拥抱三次，说他不仅对最近几天在俄罗斯的所见所闻满意，而且是千分之千的满意。两位领导人举行了一个半小时的会谈，后来又用了相同的时间共进晚餐。弗拉基米尔·普京通报了他们会谈的内容（金正日没有与媒体见面，只是象征性地在远距离与俄罗斯同行肩并肩散步，两次在电视上露面），会谈的重点仍然是横贯西伯利亚大铁路与横贯朝鲜大铁路连结的问题。弗拉基米尔·普京提醒说。他与金正日详细讨论了这一计划的所有细节，看来这个问题实际上已经解决，结束时他谈到南北朝鲜对话：

“对话意义重大，但缺乏实质性进展。”

此后两位领导人前去休息。弗拉基米尔·普京留在官邸，金正日回到火车站。他那防弹专列停在备用铁轨上。

总统与老百姓

8月24日，俄罗斯总统弗拉基米尔·普京令人意外地接见了一位海员头头。海员们为了抗议自己企业破产，在通往符拉迪沃斯托克机场的道路上安营扎寨。

下午笔者见到他们的头头，查清了组织与俄罗斯总统突然接见的有关情况。

40个没有刮胡子的男人的黄金时刻

这次接见令他们喜出望外。不错，日前，在关于该地区社会和经济问题的会议上，其中一位与会者提到这些帐篷，甚至说，抗议海员的头头想见总统。弗拉基米尔·普京点点头，原来是表示同意。

关于接见的情况没有消息。只知道弗拉基米尔·普京开始想与一个由五六人组成的小组谈话，但他们似乎不同意。只有一个人表示同意，弗拉基米尔·普京也不拒绝。提供消息的人士绝对可靠。

他们谈了20分钟。一小时之后帐篷开始拆除，而且速度惊人。笔者急忙赶到现场。营地只剩下一块蓝色塑料棚布和挂过俄罗斯三色国旗的旗杆。

雨下了几天几夜，通往营地的道路一片泥泞。营地设在高地上，还是干燥的。一些上了年纪的男人在棚布下踱步，玩跳棋，切午餐面包，他们很久没有刮胡子了，大概有40人。他们看上去很满意，有些人甚至觉得幸福。此前他们做了包括他们自己在内谁也不相信的事。他们的头头刚刚受到总统接见，同总统谈了话。会见进行了22分34秒。总统在他们写给他的公开信上签名，甚至写下了日期：2002年8月24日。

"今天是我们的节日。"坐在棚布下的几位老人对笔者说。

老人身穿民用海员制服，很合身。

"今天是矿工节。"笔者开玩笑说。

"不，今天是我们的节日。您可以相信我们。"

怎么能不相信这些可爱的人？笔者同他们谈了话。当然，他们至今仍然对发生的事感到激动。他们的头头阿达姆·米哈依洛维奇暂时不在，马上就回来。趁他不在时他们向笔者讲述了自己的遭遇。他们是十天前在这儿安营扎寨的。他们认为，自己是为了抗议原先工作的企业——东方运输船队的人为破产。他们打算步行到莫斯科，沿途向人们讲述自己的不幸，但数次被推迟，找各种借口留下，主要是最近雨一直下个不停。实际上谁也不想走那么远的路。接下来，老天似乎成心与人作对，雨停了。这时他们知道，总统要到他们城市来。这是一个好信号。他们向符拉迪沃斯托克政府要求解决纠察队问题。市长科佩洛夫对这个要求不大满意，州长达尔金的热情就更低，最终纠察队员巧妙地在符拉迪沃斯托克与阿尔乔姆交界的公路旁架起帐篷。当局在考虑怎么对付这些人。

为了不给人以把柄，他们做了许多工作。他们纪律严明，每天都做早操，早饭后进行政治学习，由俄罗斯共产党五一区委第一书记给他们讲课。尚不大清楚为何此人加入了他们的队伍，他对眼前发生的一切并不喜欢。他首先不喜欢在营地上空飘扬的俄罗斯国旗。他认为，反抗的旗帜应该是红旗。他在政治课上坚持自己党的立场，无情地批判弗拉基米尔·普京，因此在他讲话之后阿达姆·伊马达耶夫立即发言，为俄罗斯总统辩护。

"聪明误"和带补充照明设备的棺材

每天造访的客人络绎不绝。如同他们所说，有一位来自附近森林的巫婆，自称能占卜未来，说什么纠察队头头阿达姆·伊马达耶夫前程远大。为此他们还款待了她一顿午餐。酒足饭饱之后她又回到森林。

总统来前州长谢尔盖·达尔金来过。他看了营地之后问他们有什么要求。"要求总统接见！"他们回答说。达尔金先生点头离去，但是随同他一起来的戴肩章的人留下了。他们坚持要求纠察队员立即拆除帐篷，离开现场。

“一位上校走到我面前，”大学教师、前海员亚历山大·舒马科夫说，“上校说：你们怎么能相信阿达姆这样的坏蛋？他欺骗了你们！”上校不像知识分子，东瞧瞧西望望，还说：“你们这是什么？野战伙房？1941年的，怎么炊事员没有围裙？既然是伙房，那就应该有。没有围裙就得将伙房拆除！”——“为什么非要围裙不可？”——“我这是关心你们的身体，你们简直是怪人！要这些帐篷干什么？”我说：“这是俄罗斯一个好习惯，在篱笆门外迎接客人。”他掩饰不住了：“敌人近在咫尺，哪能谈什么帐篷和习惯！”我们当然对他的言论感到奇怪：“您指什么？”——“我?！边界就在眼前，那边驻扎着中国很多师团，会对这些帐篷警惕。你们想想，如果他们神经紧张，会出什么事？”我立即对他说：“上校，您最好还是闭嘴。”

上校当然闭上嘴，但时隔15分钟之后又一次开口了。他问，是谁跟他这样讲话。纠察队员不止一次不无骄傲地告诉他，是一位大学教师。据教师介绍，上校又发起了新的进攻：“大学教师？你读过格里鲍耶陀夫写的《聪明误》吗？他都说了些什么？他说，为了消灭所有邪恶，应该将所有教师全都烧死。”——“这不是他的话，而是多愁善感的主人公斯卡洛祖布的话。”教师反驳说，“斯卡洛祖布是格里鲍耶陀夫表现的一个反面人物。——“您对文学一窍不通！”上校缄口不语，悄然离去。

几小时之后又一批人来了，直到弗拉基米尔·普京来到之前。纠察队员知道总统飞机到达的大概时间。他们成立了指挥部，它最主要的直接任务是要求总统接见，最主要的间接任务是当总统的车队从机场驶往城市的途中，引起对他们的注意。但是，当他们获悉总统车队将在深夜通过之后完成任务的难度增加了。计划连细节都考虑好了。笔者看见严格保密的采取行动之前营地的交通配置图。在决定性的关头，它应该发挥重要作用。还看见了在最后一刻，如果警方强行后撤营地时纠察队员烧毁帐篷的计划。

然而，警方并没有后撤营地，也不想搞得满城风雨，只是在营地与道路中间安排了几个岗哨，保障总统车队安全通过。天下起雨来。纠察队员点燃篝火，警察也不反对，因为从路上几乎什么也看不见，更看不见标语和几口大棺材。海员在上面写的是以一美元的价格被强行破产、拍卖的船名。它们曾经是俄罗斯冷藏船队的骄傲：“瓦西里·波利修克”号、“安东·古里”号、“希望之岸”号和“理想之岸”号……

飞机晚点了，晚点1小时、2小时……营地认为它可能不来了。3点20分飞机降落。几分钟之后侦察员用手机向指挥部报告，车队从机场开出。下一个侦察哨安排在距营地3公里处。很快接到那儿的报告，车队刚刚高速离去。

指挥部决定两分钟之后行动。两分钟之后，8辆公共汽车的前灯全部打开。每辆汽车似乎是杂乱无章地放置在营地的各个角落，事实上指挥部对每辆汽车的位置都做了精心安排。应该让它们照亮每个帐篷、每条标语和每口棺材。

营地灯火通明，从路上不发现是不可能的。警察惊惶失措，这些补充照明几乎也照到他们身上。他们当然没有想到这一点，一名警察甚至到暗处去躲避，但马上又回来，因为谁也没有批准他擅自离开。几分钟之后车队出现了。车队可能看到了路边的突发事件，但不大清楚到底出了什么事。总统安全局的工作人员意识到这不是原子弹爆炸之后才擦了擦额头上的汗水。车队甚至在营地旁边停留了片刻，看来总统在读标语，看棺材。

这样一来，一半工作算做了，但主要目的还没有达到。指挥部应该受到总统接见。第二天早晨他们得知，计划中的另一个环节发生了作用。总统接到报告，他们昨晚路过的纠察队员要求他接见。对昨晚发生的事件饶有兴趣的总统立即表示同意。在远东社会和经济问题会议上，一位州长又提到安营扎寨之事，总统再次表示自己同意接见。

上校们再次来到营地，但已经是别的部门的了。他们研究了派谁去参加接见。弗拉基米尔·普京表示，五个人最好。双方讨论了这个数字。总统办公厅的工作人员坚持，另一营垒的人，即让企业破产的人，也应该参加，纠察队员对此不满。他们说，这样一来，同总统谈不了任何问题，多年争吵的双方又将面临一场争执。指挥部明白，优势暂时在他们一方，他们可以让别人接受自己的条件，总统办公厅的人员也知道这一点，因此商定，总统只接见纠察队员。

指挥部又得作出一个不轻松的决定：参加接见的人员名单。问题并不在于大家都想去，营地有钢铁的纪律，任何人都得服从最高领导领导。指挥部现在最担心的是如果几个人参加接见，那么他们的头目阿达姆·伊马达耶夫最后一刻说不定会在什么借口下被孤立，暂时靠边站，小组将失去领导人，只有阿达姆·伊马达耶夫能够向总统解释清楚到底发生了什么事。

“总统是合二而一”

总统接见后两小时，阿达姆·伊马达耶夫向笔者作了详细介绍。东方运输船队是世界上最大的俄罗斯冷藏船队，共有 120 艘船只。几年前船队开始破产。当时出生在符拉迪沃斯托克的车臣人阿达姆·伊马达耶夫（又名科瓦廖夫）竞选车臣总统。此前他担任过七天的滨海边疆区州长顾问（这是叶夫根尼·纳兹德拉坚科任命的。据伊马达耶夫说，当他明白自己这七天一直与什么样的小偷打交道之后主动辞职。），接下来他强占了东方运输船队办公室（从此他自称是这个企业的总经理。据说强占之后还是叶夫根尼·纳兹德拉坚科庇护他，但只承认他是副总经理。）。伊马达耶夫接下来到车臣寻找和解救俄罗斯军人，期间当然失去了总经理职务。当他返回符拉迪沃斯托克之后，开始为被仲裁法院的决定而没收的船只而斗争。阿达姆·

伊马达耶夫认为，船只迟早能讨回来，因为真理在他们一方。据他说，在道路旁边安营扎寨并不是绝望的表示，而是斗争计划的一个阶段。

实际上，搞清真理在哪一方非常困难。此外还知道，总统及其办公厅经常说，原则上他们并不介入经济主体的纠纷。弗拉基米尔·普京接见阿达姆·伊马达耶夫就令人更加奇怪了。看来，布置纠察队，同时打开在道路旁边8辆公共汽车的前灯，没有白干。

阿达姆·伊马达耶夫40岁出头，目光犀利，坐在笔者面前，由20多名上了年纪的纠察队员包围着。他在他们赞许的喊叫声中谈了自己对总统接见的印象。

“令我感到惊讶的是总统知道我们要谈什么！”他赞许地说，“我告诉他，此案的原告与被告是同一个人之后他就明白了！这一点，就连向专门从事仲裁审判的人也得解释半天！这就是说，我们的总统是合二而一！”

“什么意思？”

“他不仅聪明，而且英明！他在公开信上签个字就行了。”

阿达姆·伊马达耶夫将那张纸拿出来。是一份致总统的公开信，上面有普京的签字。

“这有什么，”笔者问，“签字又能怎样？”

“您这是怎么啦?!”伊马达耶夫有些发呆，就像是受了委屈的孩子，“您明白自己说了些什么。您现在是既不理解我也不理解总统……您现在再把这些话告诉大家……您自己明白吗?!”

“他又没有写‘调查’或者‘解决问题’，签了名说明他知道了。”

我们身边的老人生气地吵闹着。

“这就是高明之处！”伊马达耶夫并没有将他犀利的，甚至是有些凶狠的目光从笔者身上移开，“总统在这张纸上签了字，这就是一个保证书，说明他已经知道边疆区无法无天的事。”

“说得对，您真是好汉！”周围的人喊叫起来。

“过去、现在和未来，边疆区没有一家企业不是这样破产的。先是以低价购买，一两年之后又按真实的市场价出售，”他大声向笔者解释说，“办法有的是，黑手党有的是。总统被孤立了。特工部门，”他停顿片刻，选择合适的字眼，“是消极因素……因此我们人民挺身而出！”

总统有什么承诺

我身边的人在欢庆胜利，老人们向阿达姆·伊马达耶夫鼓掌。笔者认为，是他教他们这样做。笔者明白，他做他们的工作比做笔者的工作多。任务艰巨。他应该让他们保持紧张状态，因此他们在这儿出操，让俄罗斯国旗在营地上空飘扬。正如伊马达耶夫对自己的老哥们所说，他们集合在此是为了保护自己的总统，不受黑手党欺骗。同时帮助伊马达耶夫收回冷藏船队。

“总统对您有什么承诺?”

“派一个调查委员会……走着瞧。如果不派，我就到农村去。我在那儿有亲戚。”

“他走,”一位老人在背后小声说,“有可能，走了国家就丧失了一个人才。”

“在这22分34秒里，总统跟我谈了许多问题!”伊马达耶夫活跃起来,“也谈了车臣，不过开始他不愿意谈。我告诉他，只有我能整顿那儿的秩序。那儿需要造反：从内部，从居民中间，一切将以自然方式发生。”

伊马达耶夫滔滔不绝地讲起来，老人们不安地窃窃私语。看来他们知道他们的头头有这个才能，可能越说越来劲。

“列队!”伊马达耶夫喊道,“准备降旗!”

他将自己的队伍从幕布下带出来，在国旗下站好队。悼念在车臣直升机上牺牲的人员，伊马达耶夫吩咐降半旗。

“我说两句!”他喊道,“同志们！今天俄罗斯谁也不怀疑，我们有自己的总统！他聪明，英明……”

“还漂亮!”队列中一位老头喊道。

“不是合二而一，而是合三为一!”阿达姆·伊马达耶夫接过话题，“这位总统……我们大家……”

他想讲话，但激动得讲不出来。

“降旗!”他命令,“我们请尼古拉·伊万诺维奇当降旗手!”

一位老人出列并迅速降下国旗。然而，伊马达耶夫看来仍然无法控制自己。

“大家听我说，我们总统被孤立了，完全被孤立了。但总统与我们在一起！我们不能让他失望!”

“阿达姆·伊马达耶夫，请您代表远东所有集体继续您与俄罗斯总统弗拉基米尔·弗拉基米罗维奇·普京的事业!”尼古拉·伊万诺维奇喊道。

“我们骄傲的‘瓦良格’号是不会向敌人投降的!”队列里的老人们怀着深厚的感情唱起来。

“大家一起唱!”伊马达耶夫突然平静地下令说。

俄罗斯总统在太平洋舰队多次换乘舰船

8月26日，俄罗斯总统弗拉基米尔·普京同前两天一样，在水上度过，不时从一艘舰船换乘到另一艘舰船。

连续三天，俄罗斯总统沿滨海海岸旅行，期间多次在岸上停留。他先从快艇换乘到“希望”号帆船，又换乘到另一艘帆船，接下来又出现在大型游船“罗西”号上，歌舞团已经在船上等了几天。团员们这几天看来将斯列德尼亚湾的鱿鱼钓完了，摄取了大量蛋白质。

根据过去的海员们（其中包括军人）的劝告和总统自己的考虑，弗拉基米尔·普京的注意力集中在某些海湾的海洋生物保护区上。总统必须参观的一个项目是海神科研生产联合体（开放性股份公司）。该联合体距北朝鲜边界7公里，养殖海扇、海参和海带。联合体一年前处于亏损状态时经理从中国进口了1万个养殖箱。现在企业充满信心，决定向总统展示自己的产品。这次参观给总统留下了深刻的印象。

总统此行对任何人很少提要求。他接见罢工工人代表，接受居民和记者的信件，主持远东地区领导人会议。会议情况已经向远东大片地区进行了直播……所有这一切使人有理由说，总统已经开始了自己的竞选运动。然而他在直播时强调，预计近期不会发生任何政治事件（众所周知，他指总统选举两年以后才进行），因此他在这儿只是加深这一印象。总统此行不在大街上与公民握手，甚至是避开他们，不在陆上而在海上漫游，也被解释为并非为了竞选。从这一观点出发，总统参观大型反潜舰“沙波什尼科夫元帅”号值得注意。太平洋舰队是普京总统没有到过的惟一的舰队。他只来过一次符拉迪沃斯托克，那还是以总理的身份。

仪仗队在等待总统时排练了他抵达后的仪式。乐队奏起欢迎曲。指挥室决定对观察舰只周围情况的潜水员怎么处理。

“他们想浮到水面。我们怎么办?”

“还早。总统在舰上时就让他们在水下吧。”

“能保证他们随后上船?”

“有信心。”

“那就给他们放下舷梯。怎么没有？应该解决人……”

打算在直升机坪上向总统赠送礼物。当回答赠送什么时，一位军官含糊不清地说：

“传统的海军礼品。”

“短剑?”

“不是，是水兵之魂。”

“到底是什么?”

“水兵衬衫。我们将向他赠送水兵衬衫。”

当在直升机坪上又一次排练欢迎总统的仪式时，弗拉基米尔·普京的快艇开始向“沙波什尼科夫元帅”号停靠。快艇是非俄罗斯名字，叫Zipangu。透过餐厅的玻璃可以看见一顶草帽和刚刚采摘的一束向日葵花。快艇在风浪里剧烈摇晃，水兵用了很长时间才将它固定。当他们的工作做完时，其中一位将缆绳末端放到水中，一切又重新开始：乐队奏起欢迎曲，“沙波什尼科夫元帅”号上的水兵抓住缆绳，快艇上的水兵向他们频频喊道：“傻瓜，从半米远的地方接，不要太远了……”后来又长时间商量，应该在什么高度上从反潜舰上放下舷梯，才能不损坏快艇。舰上的某些军官怀疑，总统上舷梯时腿能不能抬那么高。

这个折磨人的过程最终结束了，总统登上了大型反潜舰（抬腿很轻松）。总统向水兵问候之后开始参观军舰。“沙波什尼科夫”号内藏着两架直升机，其中一架为了使大家高兴，长时间放在上层甲板上，后来才让它返回原地，总之，能让总统高兴的东西很多。

弗拉基米尔·普京察看了舰只之后来到军官餐厅，水兵们已经在那儿等待他。等待总统时，他们每人喝了几杯汽水，汽水是军官们用大托盘端来的。水兵并不习惯这样。总统来前两分钟，在他们每人面前放了一杯苹果汁，他们都没有看一眼。行动的组织者要的就是这个效果。在对话的半小时里，装苹果汁的杯子没有任何人动过。我们的水兵都是些什么人？难道连苹果汁都没有见过？

总统向水兵们讲述了太平洋舰队对他们自己和国家的重要性。他告诉他们，国家已经通过了海洋学说。他建议水兵们提问题。水兵们在练习提问题上花的时间显然比他们练习演奏欢迎曲的时间多。鱼雷支队长问总统，太平洋舰队的军舰能否远航，回答说可以。该文书提问题了。他抱怨水兵在规定的服役时间里难以掌握海军的全部知识和技能。为了掌握好，能否延长他们的服役期限。总统忍不住问了一句，这个问题是不是军官授意的。文书认为没有必要对这一挑衅作出反应。于是总统说，现在谈的很可能是缩短服役期限，因此文书不要抱任何期望。

还有人问，水兵帽上的飘带能否不写太平洋舰队，而写自己军舰的舰名，普京对此不持异议。事先已经准备好的问题看来已经问完了，但总统不打算与水兵们告别。一位水兵主动建议总统参观他的故乡喀山的克里姆林宫，还说他就出生和成长在那儿，总统一定会不虚此行。普京说谢谢，已经去过了。

当然也有水兵问，当总统难不难，回答是在舰队服役也不容易。接下来水兵们对合同制兵役感兴趣。总统说，这个问题不那么简单。

“大家知道，矛盾到处都存在。旧的矛盾解决了，新的矛盾又会出现……合同制兵役也是这样。合同制士兵的住房要解决，但需要物质资源……”

他详细介绍了这些资源。

向总统提问至此结束。参加座谈会的人员松了一口气。总统走了，水兵们将苹果汁立即喝得一干二净。看来没有白给他们端来。

在上层甲板上，向总统赠送了水兵衫。总统接着登上大型游轮“罗西”号。此前它一直充当开往日本的定期班轮。一段时间之后它将把俄罗斯公民从有问题的加里宁格勒运送到圣彼得堡。

“躲开!”海军上校、“罗西”号舰长伊万·祖耶夫叫喊着,“总统向我们走过来了!”

总统一上船,船上就升起了总统旗。有人告诉总统,这艘船的注册将发生变化。普京问,滨海区居民是否因此而蒙受损失。他们向他保证说,另外一艘“米哈依尔·肖洛霍夫”号将留下。

“确实如此?”

“千真万确。”

总统不知为何对这艘船只开往日本需要多长时间感兴趣。回答是19个小时。船员们疑问地望着总统,等待他提出下一个问题。指挥部已作好了事情朝任何方向发展的准备。去日本就去日本吧,但总统不去,他停留在“罗西”号。深夜此间举行了宴会。海军总部领导、俄罗斯运输部长弗兰克等先生应邀参加。歌舞团此刻才如梦初醒,为什么几天前就让他们全班人马在这儿待命?

总统贴近大自然

8月28日前夕,俄罗斯总统弗拉基米尔·普京向海洋生态学院士们介绍了自己的生态学说,他们也向他介绍了自己的生态学说,斯帕谢尼耶湾护林队检查员向《生意人》报特派记者安德烈·科列斯尼科夫介绍了自己的学说。

有关方面建议弗拉基米尔·普京,以拉韦罗夫院士为首的生态学家会议直接在斯列德尼亚湾里的远东海洋生态保护区举行。总统过夜的游轮“罗西”号已经在那儿停留了三天。

从陆上和海上都可以到达斯列德尼亚湾。海路比陆路用的时间短,也舒服。如果从符拉迪沃斯托克出发,乘速度不太快的快艇,只需要个把小时。从陆上到海湾困难一些,得七八个小时,就这还没有保障是否能按时到达,因为最后几个小时几乎无路可走,吉普车也无能为力。

然而,笔者还是选择了汽车而不是快艇,因为海上已被封锁。笔者经历了千难万险之后最终到达了斯列德尼亚湾。从邻近的斯帕谢尼耶湾,可以看到美丽的“罗西”号、“希望”号帆船和几艘军舰停泊在斯列德尼亚湾。笔者当时还在斯帕谢尼耶湾,十分清楚在一小时之内自力更生地到达斯列德尼亚湾已经无望,而会议就在一小时之后开始。

从斯帕谢尼耶湾返回也不行。天下起雨来,原本难以行走的道路突然全是泥泞。几小时之前没有下雨时我们的面包车已经深深地陷在泥潭里。

笔者所在的斯帕谢尼耶湾，是国家海洋自然保护区的一部分。这儿同斯列德尼亚湾一样，有护林队和检查员。他们保护保护区不受偷猎者的侵袭。据他们介绍，偷猎者经常在这儿戴着水中呼吸器采集海参，看见检查员之后仍然从容不迫地干自己的营生，然后不慌不忙地驾驶自己200马力的小船离去。迄今为止，检查员仍然没有这样的小船。

所长安德烈·格纳季耶维奇不大高兴地迎接笔者。他要求出示证件，发现笔者没有时十分惊讶：怎么能不经过批准，从所有边防和其他哨所的鼻子底下通过，擅自参观自然保护区？笔者向他解释说，我们并不是有意为之，因为从理论上讲，我们大家都没有通行证，而且在有意寻找哨所。

“那位就是被拘留的。”所长不满地看着笔者，指着一位身穿紫色经绒线衫和长裙子的青年女子说。只见她在海岸走着，不知为何神秘地、平静地，甚至是意味深长地微笑着。原来她已经被捕。

她叫柳芭，毕业于无线电电子学院，最近6年跟妈妈生活在圣彼得堡。据她说，两个月前她非常怀念故乡符拉迪沃斯托克。她父亲是那儿的人。从前，她来到滨海地区时总要到斯列德尼亚湾来，而且很顺利。海湾的山崖里，有一个山洞，她把衣服和书籍藏在里面，最近6年一直没有动过。她知道自己一定会回来。

此行她决定将那些书籍处理了。由于这是有关瑜伽功的书籍，她决定将其销毁。

“一年前，我向神甫忏悔说洗礼前曾经练过瑜伽功，现在信奉东正教。我向神甫讲了在岩洞里藏书的事，他什么也没有说，但我看出他不喜欢。从此这些书一直使我不得安宁，不能让我诚实地生活。我应该去一趟斯列德尼亚湾，将书销毁!”她解释说，同时狠狠咬了一口面包。那是在护林所工作的海洋生物研究所的一位女科研人员送给她的。

柳芭已经连续几天只吃鲜蘑、浆果和野蔷薇果了。

“仅吃野蔷薇果我就得掉脑袋。”护林队长听到这句话后批评她。

柳芭点头微笑着，前天她吃蘑菇中毒，现在似乎已经没事了。柳芭一直在笑，她感觉很好。一小时前她刚刚在小丘上的十字架前做了祷告。十字架是小教堂被烧毁后留下的。检查员对宗教的态度一般。他们先想将十字架锯掉，后来决定挖个坑，将它埋半截。这样做比较容易。

她跟我们一样，轻而易举地通过所有哨所。因为总统到来，海湾已经封闭。她经过扎鲁比诺村时，村民确实告诉她，斯列德尼亚湾有专门活动，不许通行。她来到海湾之后找到了自己藏书的地方，将它们烧毁了。联邦警卫局的工作人员显然看到了火焰，因此将柳芭拘留。她随身没有带任何证件，什么也说不清。

这一切发生在深夜。内燃机船“罗西”号上正在举行盛大鸡尾酒会。总统和保安部门的所有船长都参加了，因此没有人理睬她。

当人们问她此行的主要目的时，她立即回答说："欢迎总统!"。说句老实话，她是来销毁有关瑜伽功的书籍的。她后来告诉笔者，当她从扎鲁比诺前往斯列德尼亚湾，在一所桥下过夜，吃了蘑菇，架起睡袋后才想起，应该面见总统，向他解释些什么。她认为，他对自己应该知道的许多东西知之甚少，首先是东正教方面的。有些隐秘的东西，只有烧了瑜伽功书籍的人才能看到。特工拘留了她，他们认为应该这样。

联邦警卫局办完此事之后松了一口气。他们将被拘留者送到斯帕谢尼耶湾护林所（乘快艇只需要7分钟），吩咐所长夜间不许合眼，死死盯住她，无论如何得坚持到第二天早晨总统召集的生物学家会议结束，总统离开斯列德尼亚湾之后。以后对柳芭怎么办，他们没有兴趣，只命令护林所长安德烈·格纳季耶维奇将这个女人交到扎鲁比诺警察局。然而，安德烈·格纳季耶维奇一开始就明白，这是完全不可能的事，因为多年以来警察从来没有上他这儿来过，来了什么也干不成……

尽管安德烈·格纳季耶维奇是海上自然保护区的全权代表，但在陆上却没有任何权力，其中包括不能拘留任何人，没有赋予自然保护区检查员这个权力。据他说，自己在海上有这些权力也就足够了。昨天他在自己负责的区段里发现一艘偷猎者的小船，当偷猎者发现检查员开着小艇过来之后，同平时一样并不急于逃向符拉迪沃斯托克方向。他们怎么也没有料到，200马力的小艇连同检查员已经挡住了去路（小艇是邻近的护林所刚刚配发的，安德烈事先已经同他们联系好）。

前天，当笔者乘"罗西"号上的快艇前往符拉迪沃斯托克时，偶然成为这次追逐的见证人。当时尚不知道为什么两艘小艇在我们面前高速驶过。我们甚至也不明白，其中一艘艇是偷猎者的，还以为这是保护区的工作人员在兜风。在距符拉迪沃斯托克不远的地方偷猎者被拘留。

检查员们不理解，为什么大量边防舰艇竟然对偷猎者无能为力，他们的使命就是控制斯列德尼亚湾及其附近海湾、日本海及至太平洋的这一海域。

安德烈·格纳季耶维奇不太清楚对柳芭该怎么处置，也许他对她究竟对总统构成什么危险估计不足，打算过一段时间将她释放。他公正地认为，就是她再次来到斯列德尼亚湾，也得步行三个半小时，到时候她根本见不着总统。但他最终仍然拿不定主意，只能将柳芭牢牢地控制起来。

雨越来越大，从斯帕谢尼耶湾来的路完全是泥泞一片。护林所为数不多的检查员决定生火，其中两名妇女深夜从斯列德尼亚湾回来。她们是海洋生物研究所的工作人员，任务是在斯列德尼亚湾准备一间不大的木屋，作为总统召开海洋生态学家会议的会议室。还有一位名叫格纳季·伊万诺维奇的检查员向她们讲了一个有趣的故事。说是一个懒汉不愿意用木材生火炉，将一件女人的棉背心扔在火炉里。尽管背心燃烧了几天，但总是冒烟却不见温度升高。

女人们高兴地听着这个故事。她们承认，这几天在斯列德尼亚湾紧张的身心在斯帕谢尼耶湾得到放松。她们认为，小屋刚刚收拾干净，达到接待总统的标准，联邦警卫局、防疫站或者食品检查委员会就来检查。检查组将地板搞脏了，女人们只好从头做起。她们将窗帘拉平，油漆了踢脚板和地板，但被拒绝了，理由是在俄罗斯惟一的海上自然保护区，总统不能闻到人工气味。她们带了一些草药，放在灭蚊器里，免得总统被蚊子叮咬。这个想法得到批准。总之，女人们感到受拘束，精神紧张，于是找到借口，在会议召开前夜来到斯帕谢尼耶湾护林队。她们说，如果继续留在斯列德尼亚湾的小屋里，为数众多的警卫局工作人员只能睡在大街上。

总统乘坐快艇巡视保护区，兴致极高。后来开会时他甚至不否认：有一次记者问他不当总统会干什么，回答说当生态学家。

四位院士陪同总统，三位院士在斯列德尼亚湾的小屋里等着他。为了开会，日前已经运来高级红木椭圆桌子和黑皮沙发。答应会议之后将这些家具留给护林队。到底是谁以后享用呢？总统最终出现在小木屋，非常高兴（笔者也按时赶到斯列德尼亚湾会场，是来自“罗西”号的一艘快艇送的）。看来七位院士兴致极佳。原定会见进行一小时，结果却延长到两个半小时。总统喝着绿茶，满意地听取海洋学家的汇报。他们说总统一到自然保护区，边防快艇就大量出现，偷猎者瞬间消失。总统支持这个话题，说一定得向联邦边防局长康斯坦丁·托茨基交待，加强边防军与检查员本来就很密切的协同行动。

总统建议讨论一些更重要的问题。他说石油工人打算在保护区铺设石油管道，并为此搞一些基础设施。他想跟院士们商量在哪儿施工更合适（至于要不要搞这个工程，根本没有提出讨论）。

但是，院士们却打算向总统谈自己的问题，他们抱怨国内版权秩序混乱，他们只好将自己的论文寄给西方杂志。然而那儿却不急于发表，先是将它们寄给自己的专家。西方专家利用了俄罗斯科学家论文的成果，赶在他们前面发表自己的论文。

“只有若列斯能够将这一切组织好，”拉韦罗夫院士说，“其他获得过诺贝尔奖的人不行。”

院士们向总统介绍了他还没有亲手摸过的在保护区生活的生物（三天以来，这样的生物已经不多了）。海洋生物研究所所长弗拉基米尔·卡西亚诺夫向弗拉基米尔·普京介绍了北极霞水母，惊讶地说它长得多漂亮。

“当然，它有时也与人接触，对人也不会造成致命的伤害。”卡西亚诺夫先生说。

“您说什么？”总统反问了一句。

“保护区的人越多，情况越坏，”海洋生物研究所所长说，“越少越好。”

“因此他才说，不会造成致命伤害……”普京对其他院士说。

“弗拉基米尔·弗拉基米罗维奇，您见过北欧海豹吗？”卡西亚诺夫院士打算避开这个刺激性的话题，“您瞧，照片上的这只海豹多漂亮！”

"见过，是前天！"总统回答说。

"我们也有这种海豹，而且越来越多，最近已经在符拉迪沃斯托克附近繁殖了，"弗拉基米尔·卡西亚诺夫院士高兴地说，"这是海洋生物种植场的照片。我们已经得到了洋菜，生产武器和化妆品都需要它。"

"对呀，"总统为之一振，"我知道用它可以生产细条布。"

"不仅要培育生物资源，还得培养人，"卡西亚诺夫继续说，"就说培养干部吧……我们把他们招来，在研究所培养，让他们留下工作……"

格拉姆·奥西波夫院士加入了谈话。他谈到深水无人器，最大下潜深度达到五六千米。

"我们已经投放了一个，但被压破了……"

"鲸鱼下潜多深？"总统怀着巨大的兴趣问。

看来，他在斯列德尼亚湾呆三天太短。

"它可能不能下潜那么深……"格拉姆·奥西波夫没有把握地说。

"我知道，"总统挥挥手说，"到底是多少？"

"可能是一千米……"

普京满意地点点头。两个半小时不知不觉过去了。

"如果大家不反对，我建议一起吃顿便饭，"总统提议说，"我还想看看你们展台上的书籍和画册。我是否可以带几本走？"

他先是拿了一本，接着又拿了另一本，最后索性将书架上的15本书统统带走。石油管道根本没有谈。当笔者问起此事时总统回答说：

"吃饭时再说吧。"

吃饭时是否谈过，笔者没有把握。也许他们只顾品味小虾，将管道忘得一干二净。

真正的总统就该这样承诺

8月28日，俄罗斯总统弗拉基米尔·普京从符拉迪沃斯托克来到赤塔，从生态问题转入军事问题。

在赤塔，总统首先来到西伯利亚军区教练靶场。修葺一新的坦克和特种兵已经在那儿等待他。坦克火炮沉默不语，特种兵叽叽喳喳。记者问他们对合同制兵役有什么看法，其中一位回答说，那是胡闹。听到这样的话令人奇怪，因为西伯利亚军区一向以坚决执行总统指示而出名。笔者请他说得详细一点，他说合同制士兵根本不干义务兵干的工作。此时指挥员松了一口气，他对军事改革的理解比战士深刻得多。他说，士兵应该加强学习，提高水平。士兵只好沮丧地沉默不语。

总统车队出现前半分钟，一枚绿色信号弹升空，靶场进入战斗状态。大炮轰鸣，地雷爆炸，自动枪扫射不停。一个摩托化步兵连分乘几辆步兵战车投入战斗，去消灭非法武装，解救人质，消灭劫持假总统的恐怖分子。应该让到靶场的弗拉基米尔·普京产生这样的印象：演习进行多日，部队疲惫不堪，需要短期修整。这时老天似乎故意与人作对，摩托化步兵连的进攻受挫。后来才知道，战士们走下步兵战车的时间太长，有的甚至为此而打起来。

假总统乘坐的汽车坏在地上，从地下突然冒出来的特种兵消灭了恐怖分子。十分钟以前他们埋伏在泥泞之中，不能动弹，有人还担心他们的努力有些过分，听说在演习排练过程中，假总统强调自己的地位，抽着香烟，拿着长大衣。

此后装载人质的汽车得以成功解救。总统开始与战士交谈。他们全都在车臣打过仗。他们问总统，格鲁吉亚人能否解决潘基西峡谷问题。

“未必。”总统回答说。

士兵们又问，为什么电视上的军事节目不多。总统给他们解释说，电视节目要考虑到大多数观众的需求，这叫收视率。只有天才做节目，收视率才能提高。制作节目要花钱。如果收视率低，上哪儿搞钱去?

战士们听到这个解释之后有些失望。他们没有料到会得到这个回答。他们想听总统说，关于军队的优秀节目会更多。现在一切都混淆了，没有办法了。

当然，到处都向总统打听优惠，人人都想得到优惠：军人、生态学家，想当生态学家的军人和想建立家庭，生两个或者两个以上子女的生态学家。弗拉基米尔·普京对任何人没有做任何承诺。一位战士说，车臣老兵享受不到阿富汗老兵的优惠。

“这是公正的，”总统回答说，“应该考虑一下。”

“这就是说，将可以享受?”这位好寻根问底的战士反问了一句。

“我说过，这是公正的，”普京生气地说，“当然，应该……”“当然应该!”

“应该想想。”

总统由国防部长陪同，从靶场来到西伯利亚军区司令部参加会议。总统致简短的开幕词之后表扬了西伯利亚军区。此时一位上校站起身来，不知为何提了一个关于格鲁吉亚的问题。在这样庄严的会议上，目的性不强当然不好，但总统想就这个问题向自己的人民说几句话。他说，自己担心的不是边界的形势，而是格鲁吉亚同行不理解。

“他们多次向我们保证，潘基西峡谷没有恐怖分子，后来又说有，再后来又说尽管有，但都是好人，受过高等教育。接下来查明，这些受过高等教育的人绑架平民，贩卖毒品，击落联合国直升机，破坏阿布哈兹形势稳定，企图窜犯我国边境。

我们当然对付得了他们，决定……”

后来总统将话题转到别的方面。他说，塔利班也属于基地组织。现在对他们该怎么办？

“对我们俄罗斯而言，什么更好？他们向我们领土发动进攻？谁也不能将车臣恐怖分子与国际恐怖分子分开！国际社会在不明白应该一起打击这些恐怖分子之前，什么事情也搞不好。”

与国防部长简短会见之后，弗拉基米尔·普京出来同群众见面，他们在露天已经等了几小时。“他在干什么！”一位站在笔者身边的西伯利亚军区新闻局的工作人员说，“赤塔已经没有清醒的人了。”

然而，总统并没有同赤塔市民交谈，也许是在他出现后一名妇女的尖叫声让他感到害怕。民警将他与市民隔开。他沿着民警队列走过，望着市民们深情的目光，似乎想起了什么。他握了几位市民的手，微笑着同大家挥手告别。

总统在露天煤矿

8月29日，弗拉基米尔·普京来到梅日杜列钦斯克的拉斯帕茨基矿务局，事先人们含糊其词地告诉他，那是全国最优秀的煤矿。总统在厂部办公楼接见了矿工并主持了国务委员会主席团会议，花了四个小时讨论煤炭行业的问题。

与矿工面对面

在一间不大的房子里，聚集着优秀的矿工代表。最近他们大幅度提高了生产率，最近几天已经将似乎是永垂不朽的阿列克谢·斯达汉诺夫记录远远抛在后面。等待总统时他们在桌子上放了一块煤，用白字写着“200万吨”。这是谢尔巴科夫作业队从年初以来超过斯达汉诺夫的记录数。那块煤周围的花瓶上放着大块巧克力。所有这一切，创造了一种自满和盲目乐观的气氛，这对任何事业而言都是危险的，更不用说矿工了。

弗拉基米尔·普京首先说，他很想下井，但不能去，因为他被带到露天煤矿。即使这样他也很喜欢。

“这个场面太壮观，令人惊讶！然而，令人更惊讶的是，”他继续讨好工人，“你们怎么把生产率提得那么高！”

矿工们自信地笑着。十分清楚，这对他们还不是极限。总统停止惊讶之后问矿工，他们有什么话对他说。技术员库拉金提了一个问题：为什么银行不给矿工贷款？在德国，凡是想贷款的人都能贷。

“反正到后来会把贷款还给银行的！”技术员委屈地说。

“您说得完全对！”弗拉基米尔·普京高兴地说。

“那又有什么用！”

“那是一个经济稳定、税收透明的国家。银行可以准确地计算任何人可以在什么时候还贷，有没有能力。”

技术员瞬间心灰意冷。

“我相信，我们的银行也会这样做。”总统最后说，矿工们沮丧地点点头。

“我想问，我是否该生孩子？”矿工涅费多夫关切地问，他是代表青年矿工提问的。

“生吧！”弗拉基米尔·普京点点头。

“遗憾的是为此应该设立某些机制。”矿工抱怨说。

“我知道您要说什么。建立退休保障积累制度，对吧？”

总统认为，矿工们的工作经常与死神打交道。“死去原知万事空，什么也没有给后人留下”，如果积累系统建立了，就可以将钱留给后人。

“您可以生孩子，生吧！”

矿工顺从地点点头。

“年轻人的事好办，还在工作的老年矿工该怎么办，弗拉基米尔·弗拉基米罗维奇？”一位还在上班的老年矿工问，“退休金很少。”

“就这前不久还发不下来，”总统说，“我觉得惊讶，人们怎样生活！您已经退休了？应该享受，不用说。”

矿工幸福地涨红了脸。

“我个人很荣幸，在拉斯帕茨基矿务局工作，”另一位矿工说，“但我的两个儿子在别的矿务局工作，就不那么顺利了，他们的企业倒闭了该怎么办？”

弗拉基米尔·普京不知为何这次没有立即回答，往下才说，那些没有任何前途的企业，“为什么一定要折磨人？应该对人员进行再培训或者调到其他矿井工作。”

“对，完全正确！我们要给矿主讲清楚。”克麦罗沃州州长阿曼格尔德·图列耶夫对总统的思想做了解释。

工会主席伊万·莫赫纳丘克参战。他认为退休基金很少关心矿工。但是他的表达能力不强，说什么矿工们的行动有时也不正确。

“我发现，您可能与矿主勾结在一起。”总统打断他。

“没有！”工会主席喊道，“只是与扎鲁巴夫很难达成协议。”

“应该达成。”总统说。

“我想提一个间谍问题。”技术员库拉金说。

“看来我们是同行，不过是过去。”总统轻松地说。

“我们听说，您来我们这儿不全是为了游山玩水，您还想把我们的图列耶夫州长带走。”

这是第一个令总统措手不及的问题。

“当然应该带什么人走。”总统说。

“但不能把他带走！”技术员强硬地说，“您瞧瞧，他为克麦罗沃州做了多少工作！我们的日子过得多好！”

“他在那儿也可以帮助你们。”总统说。

“您就是让他人走了，也难收住他的心。”

图列耶夫州长将目光从普京总统身上移到技术员身上，又从技术员身上移到总统身上。

“我考虑一下。”总统打断技术员的话。

从各种迹象判断，他事先并没有将图列耶夫带到莫斯科的想法。

分别时向总统赠送了矿灯，让他带到莫斯科去吧，露天煤矿要矿灯干什么？

国务委员会的权力

国务委员会主席团关于煤炭行业的会议已经进行了两小时，主要谈成绩。几乎所有人都谈到，最近这个行业正在复苏。不少人认为这个功劳应该归于正在进行的私有化。例如，阿曼·图列耶夫就说，私有化应该在明年结束。政府副总理维克托·赫里斯坚科支持这个想法。当科米共和国总统托尔洛波夫打算将煤矿的私有化再拖一年时，普京先生对此反应强烈：

“你们认为怎么合适就怎么干，但是，到时别让矿工们用头盔敲莫斯科联邦政府的大门，让他们敲你们办公楼的大门。”

阿纳托利·丘拜斯也发了言。当他讲到煤矿对他而言并非别的行业时，总统使了眼色：

“什么意思？”

“直截了当。”

他说，煤矿的死亡率下降了一倍，说明矿工与电力工人的关系不错。丘拜斯先生继续说：

“我们应该将最近几年的成绩归功于结构重组计划。从前，就说一年前吧，每次在克麦罗沃召开部门联席会议时，都有上万名工人集会，指责我们根据国际货币基金组织的旨意行事。老实说，正是根据它的旨意行事，这个行业的形势才好转了！”

弗拉基米尔·普京听丘拜斯的讲话，听着听着就听不下去了：

“我知道，最近我们做了许多工作。”

丘拜斯沉默不语。

坐在笔者身边的俄罗斯统一能源公司的一位工作人员痛苦地说，丘拜斯昨天没有睡好觉，今天精神不好。

几乎所有人在发言中都把矛头对准阿纳托利·丘拜斯，只有交通部长法杰耶夫表扬了俄罗斯统一能源公司的董事长，说他答应在自己的炉子里烧 3000 万吨煤炭。然而丘拜斯说的是每年白白烧掉 300 亿吨天然气。也就是说，法杰耶夫先生将煤炭与天然气混淆了。与会者暗自发笑，阿纳托利·丘拜斯笑出了声，只有法杰耶夫先生一点也不生气：

“我们将实行季节差价。这必须执行，因为最高领导已经发话了。”

弗拉基米尔·普京有些忍不住：

“这是在开会。我是这样讲过，但大家应该发表自己的意见——不能我说什么就是什么。”

“我们一定执行，年度收费水平不变。我们马上开始行动！现在提高，夏季降低。完全正常。”

几乎所有州长在会上都发了言，几乎全都抱怨自己与联邦部委的关系。一位州长甚至说，各部没完没了地调拨他们的物资。“如果调拨一些酒类，对消费者不会有太大影响。如果将一个地区的物资调拨光，这就不合适。”总统同意他们的看法。

看来这次会议已经无法结束，只能暂时休会。弗拉基米尔·普京做到了。他说，任何会议开了一个半到两个小时，再继续下去就毫无意义，而他们已经开了四个小时了。

弗拉基米尔·普京单枪匹马，打赢了库利科沃大会战

8 月 30 日，俄罗斯总统抵达鞑靼之后，一整天都与该共和国人民接触。笔者认为，总统做得甚至有些过分。在他到来之前，第三届全世界鞑靼人大会已经在喀山举行。在这个为期两天的会议上，鞑靼人义愤填膺，甚至连组织与弗拉基米尔·普京会见的人士都感到忐忑不安。鞑靼人对正在举行的俄罗斯人口普查尤为不满。前不久在共和国举行了一次调查：共和国居民不仅应该在调查表上填写自己是鞑靼人，还要填写自己是信奉基督教（接受过洗礼）或者是信奉瑜伽功，甚至是西伯利亚的鞑靼人。

信奉基督教或者是瑜伽功的鞑靼人对此做了正面回答，其他鞑靼人表示不满，认为这是企图对鞑靼人分化瓦解。大会呼吁共和国的每位鞑靼人，只承认自己是伟大的统一的不可分割的鞑靼人民的儿女，在调查表中只填写自己是男鞑靼人或者女

鞑靼人。此外，代表们对联邦主义的前途和国内民主表示关注。

弗拉基米尔·普京走进大厅，那儿准备以最严肃的方式向他表示自己的关注，况且鞑靼总统宣布："我们一寸主权都不给。"他相信，俄罗斯总统觊觎鞑靼主权，哪怕是一寸也要。

弗拉基米尔·普京在简短的开幕词中宣布，他欢迎任何"与我们观点和信仰相同的人"，他还说，俄罗斯是吸引所有文化的中心，俄罗斯的力量就在于此。仅这几句话就引起了大厅的一片不满。大会执委会新任主席利纳特·扎基罗夫走上主席台。他在讲话中指出，最近以来，俄罗斯联邦机构出现了权力过分集中的现象。他还对"9·11"事件之后，经常将伊斯兰视为敌人表示担忧。接着利纳特·扎基罗夫谈到了主要问题：

"没有任何理由将鞑靼人民分成不同的种族！"

普京先生惊讶地望着沙伊米耶夫。

沙依米耶夫先生开始解释，扎基罗夫指的是什么。他甚至非常认真地在日记本上给总统画像。弗拉基米尔·普京需要时间，深入思考。他考虑成熟之后满意地点点头，意思是说，他倒要看鞑靼种族的命运将如何变化。

扎基罗夫先生讲完之后总统讲话。总统指出，关于与联邦中央的相互关系，他在联邦区的代表仅仅是收回了一时被中央抛弃的权力。他还说，鞑靼已经成立了一个专门小组，协调中央与这个联邦主体的关系，任何愿意者都可以参加小组的工作。总统还谈到人口普查：

"不能将宗教信仰与民族混为一谈！"

"这就是说，按字母顺序排列的民族表将与1989年的相同，并不因为鞑靼人的不同种族而扩大？"鞑靼总统问。

弗拉基米尔·普京还没有来得及回答，坐在他身后的巴什基里亚总统穆尔塔扎·拉希莫夫和俄罗斯联邦民族事务部部长弗拉基米尔·佐林抢先说：

"根本就没有什么民族表！"他大声说，"您是从哪儿得到的？人口普查表以同一个民族为基础。也没有任何名单……"

"我们不反对名单，"明基梅尔·沙伊米耶夫突然说，"一个人通过表达意愿的自由填写自己想填写的内容，然后按字母顺序排列，最后进行总结。"

瞬间一切都乱了。已经完全不清楚，这些人到底想要总统干什么。

"应该仔细看看并做出决定……"弗拉基米尔·普京打算做出努力，制止正在发生的混乱。

"我们的人民是一个非常冷静和理智的人民，"没等他讲完扎基罗夫先生就说，"这个问题引起如此激烈的争论，难道是偶然的？"

"问题是这样，"弗拉基米尔·普京再次讲话，"如果一位俄罗斯人认为自己是穆斯林，他就不会写自己是鞑靼人。"

仔细分析一下，就不难发现这个回答与问题的实质没有任何关系。总统就这样与大家一起陷入谬论的深渊。来自阿斯特拉罕的一位鞑靼人又补充说，还有一个问题——鞑靼人的信息保障。如果中央频道开辟一个鞑靼语节目，那也不是坏事。

坐在主席团的弗拉基米尔·普京此时一直在紧张地考虑着什么。他似乎在寻找出路。应该说服鞑靼人，他们的一切将是美好的，否则他来这儿干什么?

他最终重新开腔了。

“我们不是按照民族提拔领导干部，”他不知为何这样说，“我们是按照德才表现!”

大厅里的鞑靼人异常高兴。笔者发现，鞑靼共和国区市级的领导干部尤其高兴，不时在本子上记着些什么。

“如果我们遵循这些原则，”报告人继续说，“担任领导职务的鞑靼人将会更多，因为鞑靼人民是天才的人民!”

大厅响起了震耳欲聋的掌声。

“等等……我刚从远东来，那儿最得力的两位州长格尼阿林和法尔胡特季诺夫就是鞑靼人（掌声）。我们国家的所有财产也是一位鞑靼人掌管着（暴风雨般的掌声）。至于那些父母是鞑靼人的领导干部，我就不说了（掌声）。还要细说吗（震耳欲聋的掌声）！他们现在在哪儿？我看见一位就坐在大厅里，据我所知，另一位在南方休假。”

俄罗斯总统击中了要害，无论什么都不能像这个名单使鞑靼人相信现实。

“其他鞑靼人名气虽然不那么大，但重任在肩，”总统继续说，“前不久任命的内务部第一副部长，领导着全国的刑事警察。大家想想，这意味着什么?”总统故意问。

此时掌声已经无法控制了。

“还有一点，我完全同意，鞑靼语应该是共和国最重要的语言之一。”

鞑靼人再次鼓掌。他们已经顾不得考虑总统对他们讲了些什么。过了一刻，他们反应过来了。一位多子女的父亲努尔穆汗默德·侯赛因诺夫承认，他现在只为自己的孩子们活着，别的什么也不为。

“为此我被称为极端分子。我坚持，孩子们应该知道自己的文化。有人借口人口普查欺骗了我们，取消了民族语一项。孩子们问我，这一项哪儿去了？我该怎样回答他们？这对谁有利?”

弗拉基米尔·普京迅速记录着。看来他对这些人感兴趣。远东当然好，也漂亮，但在这儿，他多日以来首次闻到了火药味。

“我住在巴什基里亚，鞑靼人在巴什基里亚生活不容易。”侯赛因诺夫继续说。

此时，巴什基里亚总统穆尔塔扎·拉希莫夫顿时脸色苍白。

“芬兰的鞑靼人占全体人口的6%。据我所知，鞑靼语是官方语言之一，巴什基里亚就不是。也许应该对在座的三位总统发起智力攻击？应该使用行政资源。至于到底怎么做，我就不说了。”

“大家是否知道，我喜欢今天的什么？”弗拉基米尔·普京回答说，“是大家畅所欲言，讲话坦率明确。它说明我们社会正在改变，最尖锐的言词莫过于鞑靼人在巴什基里亚生活不容易。俄罗斯人在鞑靼容易吗？车臣人在莫斯科容易吗？莫尔多瓦人在……”他停顿片刻，“在俄罗斯联邦其他地区容易吗？白俄罗斯人在莫斯科容易吗？乌克兰人呢？大家都应该感到在自己家里！”

穆尔塔扎·拉希莫夫坐不住了，他最不喜欢听鞑靼人在巴什基里亚生活不容易这句话：

“我竭力主张孩子们学习本民族语，但他们的父母不愿意！”他意味深长地看了坐在偏僻角落里的穷人侯赛因诺夫一眼，“他们不愿意让自己的孩子学习挤牛奶的母亲的语言。”

往下普京显然没有兴趣了，鞑靼人已经停止反抗了。一位来自远东的鞑靼女人说，最近几天她才明白，联邦中央应该支持鞑靼。她建议成立一个移民局，将远东的鞑靼人向俄罗斯欧洲部分迁移。普京对此回答说：

“在这方面不要采取任何措施。”

乌杜姆尔特代表谈到头巾问题。鞑靼女人想戴头巾在身份证上照相。

“政府不许！她们可以戴头巾照相吗？”

弗拉基米尔·普京也不允许。他说，这方面国家有规定。如果戴头巾已经不时髦，婆婆们想出国该怎么办：

“国外不许婆婆们去，瞧，尤里节（旧俄历11月26日纪念圣徒格奥尔吉的教堂节日——译者注）马上到了！”

如果这个问题在会议一开始就提出来，也许弗拉基米尔·普京就得长时间解释，为什么妇女们不应该戴头巾照相，现在，在全世界鞑靼人大会上已经获胜，就没有必要拘泥于礼节了。会见纪念喀山1000年组委会委员之后两小时，总统在非常小的范围里说，他确实感到会见鞑靼人代表大会代表有意思。这些人无论讲什么，他都不会惊讶，而且会从容应对。

似乎是为了报复这一自信心，上述事件过去后几小时，在喀山中心体育场庆祝共和国日大会上，总统热情洋溢致词之后，刚刚奏起的俄罗斯国歌突然不再响起。人们数次给国歌作词，但都不成功。大家站在体育场，沉默不语。后来国歌又从别的偏僻地方响起。弗拉基米尔·普京对喀山的访问至此结束，甚至可以说是有些不光彩。

弗拉基米尔·普京为自己保留了最后一句话

10月6日，俄罗斯和乌克兰总统庆祝了第聂伯河水电站建成70周年，决定了国际天然气协议的命运。

弗拉基米尔·普京是在前往基什尼奥夫参加独联体元首会议途中来到扎波罗热的。第聂伯河水电站总经理尼古拉·杜博韦茨说，他在两月之前就知道俄罗斯总统将来到扎波罗热：

“乌克兰总统库奇马一宣布第聂伯河水电站建成70周年为国家节日，我们就接到通知，说普京想参加这个活动。看来真是这样。”

扎波罗热许多市民在总统车队经过的道路两侧列队等候，说明乌克兰总统高度重视这次会晤，因为乌克兰街道上很久没有市民高举旗帜和标语，夹道欢迎贵宾。只在一个地方，乌克兰“苹果”组织的积极分子头上举着标语：“普京，别跟库奇马握手!”

第聂伯河水电站是活动的场所之一，看上去充满信心。电站总经理杜博韦次告诉记者，第聂伯河水电站的原理与其他水电站不同。他认为，布拉茨克水电站和俄罗斯其他水电站使人感到压抑，甚至受到侮辱。

“大家可以想想，混凝土大坝和峡谷，怎么能不使人的神经紧张？第聂伯河水电站却使人感到高大！它的结构就是这样！它的美丽居世界第二位，”他补充说，“当然，这是联合国科教文组织的观点。”

“第一是哪个?”

“连这都不知道?”他有些惊讶，“是埃及金字塔。您以为是什么？第聂伯河水电站是苏联建筑协会第一书记米哈依尔·奥尔洛夫设计的!”

众所周知，后来在伟大的卫国战争中，为了不将水电站留给敌人，将它炸毁了。后来是怎样重建的，在无名士兵墓前等待俄罗斯和乌克兰总统的水电站最老的工作人员之一的泰西亚·伊利尼奇娜告诉记者：

“同往常一样，人们从全国各地来到扎波罗热。开始应该给我们发衣服和鞋子，但后来只给每人发了一条床单和棉裤。我们将床单披在身上，穿上棉裤，就去修复水电站。”

据泰西亚·伊利尼奇娜说，她同大家一样，很多天都没有脱棉裤，因为没有什么换洗的，但却完成了党和政府交给的任务。第聂伯河水电站的恢复创下了记录！

现在，泰西亚·伊利尼奇娜身穿白连衣裙站在纪念碑前等待弗拉基米尔·普京。

她有话告诉俄罗斯总统。他来了，向无名士兵墓献了花圈，几乎就要靠近她了。她是被当作电站的老战士介绍给总统的。泰西亚·伊利尼奇娜突然示意要当面告诉弗拉基米尔·普京要事。弗拉基米尔·普京将身子靠向老太婆，她低声说了几句。“好，我一定照办！”普京点点头。总统身边的人对他如此爽快地答复泰西亚·伊利尼奇娜感到惊讶。后来这位幸福的老人承认，她请求普京以她——泰西亚·伊利尼奇娜的名义，向他的私人神甫致敬！

这是弗拉基米尔·普京当天在扎波罗热作出的惟一承诺。当天的主要活动在第聂伯河特种钢厂文化宫举行。两位总统来这儿，是为了聆听纪念第聂伯河水电站建成70周年而举行的音乐会，向最近几年的优秀工作者颁奖。后来发生了什么事？开始，先在文化宫小礼堂举行庆祝大会和音乐会（对记者转播）。此时乌克兰总统新闻局一位姑娘跑进来，激动地喊道，原定将于今天在扎波罗热签字的国际天然气合作协议看来不行了！

“全是切尔诺梅尔金搞的！我说得对吗？”姑娘问站在自己身后的另外一名姑娘——乌克兰总统新闻秘书奥列娜·格罗姆尼茨卡娅。

“对。”奥列娜点点头。

“实际上，过去和现在什么字也不签……”

“是今天。”奥列娜明确说。

“明天将在基什尼奥夫签字？”

“如果不发生什么意外。”奥列娜再次用不大的声音说。

大家立即紧张起来。关于国际天然气协议早就在谈判，乌克兰总统至今仍然坚持，他的国家要在这个项目里控股，他至死也要坚持。而俄罗斯总统坚持乌克兰与俄罗斯各占一半的股份。签字意味着一位总统将做出让步。

此时，乌克兰总统列昂尼德·库奇马在文化宫大礼堂正在讲话，他对自己的俄罗斯同行讲了许多好话，说俄罗斯永远是乌克兰的主要伙伴。他还补充说，两国关系也不是万里无云。

“俄罗斯与乌克兰经常在国际市场上单独行动，有时还互相拆台。”

俄罗斯总统在深入考虑这些话。他的发言是这样开头的：

“尊敬的俄罗斯联邦总统！”

他立即停止了，窘迫地微笑着，说他企图使形势改观：

“这样讲很好，是吗？”

弗拉基米尔·普京对国际天然气协议只字未提，只说前往基什尼奥夫时他将与列昂尼德·库奇马同乘一架飞机，到时他们还将商量。

几分钟之后会见记者。当有人问协议到底何时签字时，俄罗斯总统回答说，对有些东西不能迷信，而应该看看要害在哪儿。

这句话似是而非，耐人寻味。从各种迹象判断，弗拉基米尔·普京将俄罗斯在这个项目中的控股视为原则。

“昨天12时我从印度回国，”列昂尼德·库奇马继续说，“用了两小时研究明天将在基什尼奥夫签字的文件……”

他显然想结束这个敏感的问题，示意乌克兰记者提下一个问题，但弗拉基米尔·普京为自己保留了最后一句话：

“如果俄罗斯参加这个项目，我们当然得让管道装满石油，全力以赴保障它的工作。如果我们不参加，那将建设别的管道。当然到时候我们不会不考虑乌克兰的利益。”

代表团成员窃窃私语，谁也没有料到他会如此尖锐地提出问题。列昂尼德·库奇马停顿片刻，耸耸肩，看来在这种形势下意味着“随您的便！”而普京所言意味着如果到明天，库奇马还要坚持控股，乌克兰总统刚刚所说的文件，将不会在基什尼奥夫签字。

在霍尔季察岛（曾经是扎波罗热谢契之都）用过午餐之后，总统们飞往基什尼奥夫。今天是弗拉基米尔·普京的生日。据说他个人对五十岁生日并不特别介意。无论在基什尼奥夫还是他今天晚些时候返回莫斯科之后都不打算祝寿。今天在基什尼奥夫，他将与同行们共进午餐。在莫斯科，还将与为数不多的亲朋好友聚餐。

俄罗斯总统将生日当成了工作日

10月7日，是弗拉基米尔·普京五十岁生日。同参加独联体首脑会议的其他元首们一样，他这天也是在工作中度过的，但无法避免人们的祝贺。如果不算俄罗斯电视公司及其总经理康斯坦丁·恩斯特的摄像机，弗拉基米尔·普京的生日午宴几乎对记者保密。但笔者还是记下了祝寿的某些活动。

弗拉基米尔·普京昨天就收到第一份贺电，那是塔吉克斯坦总统埃莫马利·拉赫莫诺夫发来的。这份贺电并非一般。原来10月5日也是拉赫莫诺夫先生的五十岁生日。

“我给您打过电话，”普京先生告诉他，“表示祝贺。遗憾的是您不在，好像参加什么会议。”

“是的，”埃莫马利·拉赫莫诺夫叹口气，似乎回想起某种不愉快的事，“他们告诉我了……顺便说一句，我后来给您回电话，您也不在……”

“我在会见智利总统……”普京想起来，“会见挺不错。”

“我后来又打过一次电话。”塔吉克斯坦总统低声说。

“是吗？什么时候？这时我又在会见芬兰总统。没有想到竟然这样……”

“那好，我现在向您祝寿。”拉赫莫诺夫先生说。

“谢谢。可是时间不多了。”

“那就祝您这几个小时幸福。”塔吉克斯坦总统进一步明确说。

俄罗斯总统的生日早晨是以摩尔达维亚总统瓦罗宁带着礼物来到他下榻的宾馆开始的。大家感到惊讶，因为他是不速之客，甚至动身之前也没有来过电话。原来瓦罗宁打算比别人更早一些向弗拉基米尔·普京祝寿。弗拉基米尔·瓦罗宁向弗拉基米尔·普京赠送了一个水晶鳄鱼。听说瓦罗宁先生直到最后一刻还怀疑，是否应该将水晶鳄鱼当成弗拉基米尔·普京的生日礼物。希望摩尔达维亚总统一帆风顺的人建议他送一块地毯。瓦罗宁先生认真思考了一会儿，到底是送地毯还是鳄鱼，最终决定还是送鳄鱼。因为土库曼斯坦总统已经向弗拉基米尔·普京送过地毯。还得说一句，瓦罗宁是惟一的亲自向普京先生送礼的总统，其他总统都是通过礼宾司。

甚至连与受礼者同坐一架飞机来到基什尼奥夫的列昂尼德·库奇马，也将自己的礼物，似乎是个小人像，通过礼宾司赠送。独联体领导人集体赠送的礼物也交给了礼宾司。

往下是一个紧张的工作日。会议结束之后元首们下楼梯来到外面（只有盖达尔·阿利耶夫乘坐电梯来到一楼），然后乘车前往俄罗斯大使馆，参加普京总统举行的午宴，但是他们却冷不防掉进了好客的弗拉基米尔·瓦罗宁设下的陷阱，在门口被共和国舞蹈团堵住。演员们开始跳舞。总统们在楼梯上采取守势，没有参加舞会（后来才知道，原先打算让他们一起参加），从远处看着跳舞的姑娘，只有俄罗斯总统斜眼向她们微笑着。

舞蹈团表演结束之后总统们终于获得自由。除了午宴之外，瓦罗宁先生款待客人的克里科夫窖酒也在等待着他们。从这时起，只有俄罗斯电视公司及其总经理康斯坦丁·恩斯特的镜头伴随着弗拉基米尔·普京。总经理先生看来想给大家树立个榜样，怎样拍摄关于俄罗斯总统的电视片。

总统在克里姆林宫的住所派上了用场

弗拉基米尔·普京当然是首先知道恐怖分子在莫斯科“东北风”剧院抢劫人质的人员之一。他刚刚结束了当日的最后一个活动——接见联邦委员会主席谢尔盖·米罗诺夫。从那时起，弗拉基米尔·普京就没有离开过克里姆林宫。

期间大概有 40 分钟的时间总统下落不明。似乎此时有必要立即宣布，形势由总统亲自控制着。然而，电视上播的是恐怖分子在干什么，而在天平的另一端此时什么消息也没有。在这信息完全混乱的最初时刻，关于国家总统下落的消息十分重要。

总统一整夜都在工作。强力部门不断向他报告形势，会议不间断进行。在这千钧一发的时刻，哪怕是有点简短的报道也行，而各电视频道没有报道关于总统的任何消息。人们等待着总统的声明。然而，无论在当天深夜还是第二天早晨都没有。对此有各种解释，说是包括总统在内的人已经惊惶失措，对自己的人民无话可说。毫无疑问，人民正在等待着他可靠的讲话，他说过，应该把恐怖分子赶到茅坑里。但是，据当天夜里与总统在一起工作的人解释说，之所以发生上述情况，完全是因为总统在这样的形势下，任何讲话有百害而无一利。强硬的声明有可能引起对方报复，更加残酷。温和的提法可能让恐怖分子因一时的胜利而冲昏头脑，做出难以预测的反应。

结果，下午二时发表的声明避免了这些极端。总统在声明中明智地谴责劫持人质的恐怖分子，首先是在国外策划和实施这一行动的国际恐怖分子，他们应该对正在发生的事件负责，同时否认了我们的强力部门对此负有责任。

总统在讲话开始时谈到，他已经取消了原定的几小时后动身访问德国和葡萄牙的计划，而且不再参加在墨西哥举行的亚太经合组织首脑非正式会晤。他对这次会晤高度重视，并决定在会议期间会见美国总统乔治·布什。昨天早晨才清楚，会晤不是被取消，而是被推迟，因为总统还想去墨西哥，会晤的准备工作消耗了大量精力，他对它期待很高。然而，问题已经清楚，只有在人质事件结束之后弗拉基米尔·普京才可以成行。也许他希望解决它，解决的方法只有一个：强攻戏剧中心。

显而易见，昨天白天已经放弃了迅速解决的方案。总统声明发表之后一小时这一点更加清楚。不是总统亲自而是由米哈依尔·卡西亚诺夫总理代替他出席亚太经合组织领导人首脑非正式会晤。由此声明中还可以得出另一个结论：总统已经不打算迅速解决问题。

众所周知，总统在克里姆林宫有一套设备齐全的住所，现在它比任何时候都派上了用场。

关于已经开始的猛攻立即报告了总统。据克里姆林宫高级官方人士提供的消息，国家总统并没有下达开始猛攻的命令，决定由行动指挥部指挥官普罗尼切夫将军做出。提供消息的人士暗示，这样一来，总统既不必为67名已经死亡的，也不必为750名获救的人质负责。因为当天所有官方都强调，开始猛攻是迫不得已的事。

猛攻结束之后总统立即主持了原定的有内务部长鲍里斯·格雷兹洛夫和联邦安全局长尼古拉·帕特鲁舍夫参加的会议。他们向总统汇报了猛攻剧院的经过。联邦安全局长称，根据他得到的情报，行动过程中恐怖分子无一生还，后来其他的新闻人物否定了这一消息。

内务部长向总统汇报了更加确切的情况：50名帮助恐怖分子的人被拘留。他告诉记者，人质留在剧院的物品受到可靠保护，将返还给本人。

总统接着接见了国家总检察长弗拉基米尔·乌斯季诺夫。他向总统汇报说，一旦时机成熟将依法严惩肇事者。

随后召开了强力部门领导人扩大会议。除了格雷兹洛夫和帕特鲁舍夫之外，对外情报局长谢尔盖·列别杰夫，国防部长谢尔盖·伊万诺夫也参加了会议。会议情况对外保密。

总统听取“高层”汇报之后来到斯克利索夫斯基急救所，看望“下层”——人质。主治大夫在门口迎接总统。总统在一间病房里看望了两个人，其中一名已经入睡，另一名在打盹，看见总统就醒了。总统问他自我感觉如何，他回答说没有感到什么地方不舒服，实际情况比预想的要好。他不大愿意说话，看来是太累了。

在另一间病房，弗拉基米尔·普京又看望了两个人，他们看上去比前两个人好。其中一人是救人者，帮助将人质从建筑物中撤出。总统问第二个人他是全家还是独自一人去剧院。后者高兴地回答说是自己一个。

总统显然听从了医生的劝告，不同病人长谈，于是来到下一个病房。剧团的青年演员尼基塔躺在那儿。他是第一个病号，非常愿意跟总统讲话。尼基塔说，他在人质中有许多朋友，他对他们的命运非常关心。他感到可怕。站在身边的护士抱怨说这个青年人很想出院。总统告诉他，在这儿休息更好。他神采奕奕地说，他早就休息好了。总统问他有什么要求。尼基塔回答说，他想洗澡刷牙。

另一个闷闷不乐的病人也在关注着这场谈话。“您是观众?”“是的。”这位病人坚定地回答说，“我是从单位直接到剧院看戏的。”“可怕吗?”“不怕，我相信恐怖分子没有前途。”这个人表现不错，知道怎样向总统回答。

下一个是女病房，她们是人质。总统来到病房时一位没有睡醒，另一位已经醒来，甚至欠起身。总统向病房医生询问了正在入睡的那位病人的情况。医生告诉总统，她吃睡很好。“那好，你们把伙食搞好!”总统最后说，“好极了!”另一床的一位乐队女队员说，支持总统的意见。

总统与主治大夫交谈了一会儿，离开急救所返回克里姆林宫。除了当天总统见过的人员之外，记者对他的活动一无所知。

弗拉基米尔·普京将政治问题与恐怖分子区别对待

11月10日，弗拉基米尔·普京总统在克里姆林宫接见了车臣人民代表，以便最终解决早就成熟的车臣问题。车臣人与总统告别时信心十足，他们的问题最终得到解决。

克里姆林宫办公厅高度重视这一活动。他们邀请了许多记者，其中包括外国记者参加，全世界应该看见弗拉基米尔·普京与车臣人谈话。

这次活动并非一时心血来潮。三天前，20名主要生活在莫斯科的车臣人向自己的人民发出呼吁。他们为什么突然这样做？参加接见的人员之一艾哈迈德·卡德罗夫说："向您，弗拉基米尔·普京……呼吁，确切地说，是向车臣人民呼吁……"实际上，卡德罗夫没有说错。他们正是向总统呼吁（确切说，是根据总统办公厅的倡议。），因此才收到接见的邀请。

坐在桌子旁边等待弗拉基米尔·普京接见的车臣人忧心忡忡，给人的印象是他们已经做好了最坏的准备。他们只高兴过一次，那是俄罗斯总统驻车臣共和国保障公民自由和人权特别代表阿布杜尔·哈基姆·苏尔蒂戈夫被叫到门外，几分钟回来后坐到总统座位上。大家的笑声持续了几秒钟，此前闷闷不乐的艾哈迈德·卡德罗夫笑得喘不过气来，看来他认为苏尔蒂诺夫先生坐在那儿有合法的依据。

开始他们完全用车臣语交谈，也许只有总统助理谢尔盖·亚斯特任布斯基感到不自在，总统进来后车臣人换成了俄语。弗拉基米尔·普京感谢与会者及时主动提出了进行全民公决，制止恐怖、暗杀、盗窃、咒骂、侮辱车臣居民尊严的行为。他说："前不久我还考虑是否值得举行全民公决，是否有些仓促，要不要再等等……如果大家认为时机已经成熟，我也同意。"

俄罗斯总统认为，车臣目前正在发生一系列重大事件。"多年之后孩子们能够重新上学……高等学校的招生数量正在增加，今年的收成创了历史记录，超过苏联和新俄罗斯的所有年代。"总统认为，他昨天签署的关于建立车臣共和国内务部的命令是这一过程符合逻辑的继续。

破坏这一重大过程的因素有：在共和国广场光天化日之下杀人，搞恐怖行动，在莫斯科市中心抢劫人质……"干这些勾当的歹徒是给车臣人脸上抹黑。"弗拉基米尔·普京由此谈到了阿斯兰·马斯哈多夫的人格。他指出，"此人是在实际承认车臣独立的条件下执政的。他都干了哪些勾当？"请看：

"他造成车臣经济和思想混乱，将俄罗斯和车臣，主要是车臣拖入战争！"

如果笔者没有错，这是俄罗斯总统首次提到联邦军队在车臣的行动是反恐行动。弗拉基米尔·普京承认，尽管俄罗斯领导人此前一直与马斯哈多夫的代表接触，但"马斯哈多夫一会儿让我们消灭恐怖分子，一会儿又将其任命为自己的副职。"总统在这儿显然指的是沙米尔·巴萨耶夫。不客气地说，马斯哈多夫是两面派。

"选择马斯哈多夫就是选择战争！"俄罗斯总统宣布说。

弗拉基米尔·普京不打算无条件的和平，这从他以下讲话可以明显看出："不会有第二个哈萨维尤尔特！"弗拉基米尔·普京问建议与马斯哈多夫谈判的人，为什么不与本·拉登或者阿富汗的奥马尔谈判？尽管俄罗斯总统说过，他不反对用政治手段解决有争议的问题，“但应该将恐怖主义与政治问题区别对待。”

总统要求与会者畅所欲言，而他们也利用这个机会知无不言，言无不尽。艾哈迈德·卡德罗夫气愤地谈到他的人为恢复和平做了许多工作。“已经成立了起草宪法专门委员会，起草了五六个文本……这当然是通往和平的方法之一。至于马斯哈多夫本人，正如您所说，他是车臣人民的叛徒……”尽管总统并没有这样讲过，他还是点点头。

“首要问题是尊重人权，”艾哈迈德·卡德罗夫说，“有了这一点，其他事就好办了……成立内务部是好事，但今后怎么办？难道我们前一天找到一个人，将他任命，第二天就开始批评他，内务部控制不了形势……”

总统不喜欢这个建议：全民公决之前首先应该学会尊重人权。他对以下主张也反应强烈：车臣人没有他人的帮助，自力更生地消灭共和国领土上的匪徒之后再成立内务部。

“军队应该回到军营。”总统友好地总结说。

车臣穆斯林宗教局局长艾哈迈德·沙马耶夫支持艾哈迈德·卡德罗夫，而不是弗拉基米尔·普京。

“最令人痛心的是，”他诚恳地说，“我本人是宪法程序的代表之一，而且还是委员会副主任……但是，主要问题不在这儿，而在车臣的昼夜分为白天和夜晚。白天一切正常，晚上他们就来了，抓人抢人……如果有人失踪，我们知道下落也行，但他们就是不告诉。我在总参谋部也这样讲过，一周内我们有 44 个人下落不明。就是将我移民，也比看到这些和说假话好……”

由于目前不对任何人移民（亦非权宜之计），那么艾哈迈德·沙马耶夫就只能向自己的同胞讲假话了。

与车臣人谈话进行了大约两小时，他们走时颇为乐观。

“我认为，我们多灾多难的共和国终于迎来了和平。”艾哈迈德·沙马耶夫在总结这次接见时评论说。

“联盟”集团主席穆萨·巴扎耶夫指出，总统主张在车臣共和国整顿秩序，这是他得到的印象。参加接见的人带着这一共同的印象道别。

只有艾哈迈德·卡德罗夫根据他的观点，解释了哪些人可以参加随后进行的全民公决和选举，哪些人不行。

“反对派可以参加？”他反问一名记者，“什么叫反对派？是恐怖分子？他们不会参加选举的。”

从加里宁格勒开始，从车臣结束

11 月 11 日，俄罗斯总统弗拉基米尔·普京在布鲁塞尔出席了俄罗斯—欧盟首脑会议。这一天给人的印象是开始好，结束糟。弗拉基米尔·普京得罪了一名法国记者。

谈判场地——欧盟总部用铁丝网严严实实地包围着。这样做值得。峰会开始之前半小时，一大批车臣人征得了布鲁塞尔当局的许可，在附近小公园聚会。

“您在这儿住吗?”笔者问其中一位。

“我们是车臣难民，爬过了两个国家的边界。”

“是非法移民?”

“打算合法。已经发给我们生活费了。顺便说一句，您也可以去领，我们可以告诉您怎么去。不会不给的，我们认真研究过。”

“您来自印古什难民营?”笔者问他。

“没有必要我就不从萨马什卡来了。”这位年长的车臣人感到委屈，“那儿有我的家，我在那儿做生意。我还记得，我跟艾哈迈德·卡德罗夫在巴基斯坦搞过长途贩运。”

另一名车臣人在卖《车臣时报》。莫斯科人质事件之后报纸立即改在象牙举行首发式。

“那时我在象牙，”他说，“首发式地点改变了。还带了一个车臣儿童歌舞团。干什么呢? 我们向当局呼吁，他们说，你们先到另一栋楼里去。我们就去了。首发式持续了一个早晨，这就叫双重标准。”

“报纸是您出版的吧?”

“不是，是我的朋友。这儿的人马上就认识我并叫我卢森堡，实际上我叫拉扎姆别克·谢里波夫。”

大家真的向拉扎姆别克问好。小公园里已经有 150 人，主要用俄语讨论新闻，最新的新闻是莫斯科发生了人质事件。

“莫斯科发生的事件既是恐怖事件，也是一场斗争。他们不想将任何人打死。”一位上了年纪的车臣人说。

与此同时，站在笔者身边的拉扎姆别克·谢里波夫去接电话。他在电话里回答说，欧盟总部进不去，有警卫把守。但是“我们有用的人全部在里面”。

“您指谁?”笔者问，“你们在里面有什么人? 准备什么?”

“普京什么时候到?”他关切地问。

“不知道。”笔者立即回答说。

“我们知道，是12时30分。他已经迟到一刻钟了。请原谅，我们该活动了。”

车臣人立即打出了用英语写的标语：“给扎卡耶夫自由!”两名妇女当着笔者面又写了一张，将PUTIN（普京）写成了PUTEN。她们是在布鲁塞尔听说俄罗斯总统要来的。

来自俄罗斯“亚博卢”议员团的弗拉基米尔·卢金此时正从铁丝网另一头走来。几个车臣人认出了他并朝他走去。笔者赶上卢金先生，说有人等他。

“急什么，”他毫不在乎地说，“这儿的大门在哪儿？您知道吗？应该迎接总统。”

几分钟后他真的迎接了弗拉基米尔·普京。俄罗斯总统从车臣示威者看不见的另一个方向走进欧盟总部。除了卢金先生和代表团其他成员之外，欧盟委员会主席罗马诺·普罗迪，高级政治专员哈维尔·索拉纳，欧盟轮值主席，丹麦首相安诺斯·福格·拉斯姆森迎接了俄罗斯总统。

丹麦首相首先迎上去握住弗拉基米尔·普京的手。由于近期在哥本哈根举行车臣人代表大会，俄罗斯总统拒绝去那儿。后来当俄罗斯总统向其他人问好时他又拥抱了总统并与之会谈。俄方参加会谈的有政府副总理维克托·赫里斯坚科，外交部长伊戈尔·伊万诺夫，克里姆林宫办公厅副主任德米特里·梅德韦杰夫和谢尔盖·普里霍季科，加里宁格勒州长弗拉基米尔·叶戈罗夫。州长对这次会谈寄予厚望。会谈保密地进行了三小时。此前有人说，加里宁格勒州问题大体上已经解决，但大家担心，事先谈成的协议可能被推翻，因此焦急地等待着俄罗斯与欧盟首脑举行记者招待会。

与此同时，当谈判正在进行时，在布鲁塞尔市中心，来自加里宁格勒的一群俄罗斯人聚集在一个正在写字的男孩旁。“一起前进”党团州分部组织部分参加过第二次世界大战的老兵，在布鲁塞尔市中心庆祝第一次世界大战结束。大家都很清楚，这只是形式上的借口。

在欧盟总部进行的会谈持续了很长时间。外交官不时出来向对自己有用的人低声透露某些细节。例如，哈维尔·索拉纳机构的一位名叫克列斯季娜的工作人员告诉自己的几名记者，无论多么令人奇怪，会谈的主要内容不是加里宁格勒州问题，而是反恐声明。加里宁格勒问题基本上已经清楚：俄罗斯总统同意欧盟的建议，使用某种替代文件代替签证制度。他现在想得到的只有一点，文件对加里宁格勒的居民免费。俄罗斯总统想得到的东西很可能得到。此外她还说，尚不清楚这些新文件何时开始实施。

外国记者对反恐文件的兴趣更大。克列斯季娜说，欧盟领导人就莫斯科杜布罗夫卡文化宫事件向弗拉基米尔·普京和俄罗斯人表示同情。当有人问是否谈到阿斯兰·马斯哈多夫并与他谈判时，她说，俄罗斯领导人已经坚定地表示，能与谁谈判，不能与谁谈判。欧盟官员先前并不这样认为。笔者认为，聚集在欧盟总部小公园附近的车臣人听到这个消息之后可能不高兴。

关于加里宁格勒问题在记者招待会上谈得很少。克列斯季娜的消息是可靠的。主持招待会的拉斯姆森评论首脑会谈时突然谈到车臣问题。这已经超出了原定计划。拉斯姆森先生说，车臣问题不能当作纯粹的反恐问题，应该政治解决，应该尊重人权。他强调说，应该向车臣立即提供人道主义援助。

弗拉基米尔·普京可能不喜欢这一切。他通报了俄方怎么看待已经达成的协议。他说，加里宁格勒问题只剩下经济问题（迄今仍然没有决定该州居民是否为过境文件付费）。俄罗斯总统说，"这是我们可以接受的结果。"

然后丹麦首相长时间为自己辩护。有记者问，他为什么允许车臣人代表大会在哥本哈根举行？为什么会议还得到一个政府组织的资助？为什么在如此短的时间里向参加会议的人员发给签证？丹麦首相支吾其词地回答说，丹麦宪法规定保障言论和集会自由。他讲话没有把握，不时斜眼看着普京先生。也许俄罗斯总统已经感受到这位丹麦人的软弱和缺乏信心。这时一位法国记者提出一个问题：为什么俄罗斯军队在车臣使用反步兵地雷？普京先生是否认为他在车臣根除恐怖主义的同时也在消灭车臣人民？笔者认为，车臣人大街上的举动与此人在大厅里的讲话完全是同一个腔调。

俄罗斯总统讲得很远，他说谁也不能责怪俄罗斯压制自由。1996 年在哈萨维尤尔特事实上承认车臣独立。1999 年俄罗斯因此付出了沉重代价，车臣武装分子进攻了达吉斯坦，打算先在俄罗斯，后在全世界建立哈里发政权。俄罗斯总统亲自向这位记者解释了他面临的威胁：如果他是基督教徒，他将面临威胁，因为宗教极端分子迫害基督教徒；如果他是无神论者也危险，因为宗教极端分子不喜欢无神论者。

"您是穆斯林，也不会躲过劫难。来我们国家吧，我们是一个多宗教国家，高明的医生将为您做'割礼'手术……"弗拉基米尔·普京慢下来，寻找合适的字眼，"要是您做了，以后什么也不长！"

丹麦首相想说什么，要么是改了主意，要么是开不了口。大厅里的人，既包括他自己，也有哈维尔·索拉纳，还有罗马诺·普罗迪，都装作若无其事。事实上，后来才清楚他们对普京先生讲的完全不明白，因为翻译根本就没有将这些话翻译出来。

后来克里姆林宫高级官员私下说，法国记者根本就不应该提这个问题，谁也没有料到会出现这个场面，有关这一切已经事先商量好，哪想会冒出一个车臣问题！只得上千次重新向他们解释，什么是哈萨维尤尔特，武装分子怎样入侵达吉斯坦……他们跟过去一样，什么也不明白。

当弗拉基米尔·普京回答下一个问题时，俄罗斯总统向其提出建议的那位法国记者突然站起身跑出大厅。他到哪儿去了？正如俄罗斯总统所言，无论他走到哪儿，谁也救不了他！

车臣困扰着总统

11月12日，俄罗斯总统弗拉基米尔·普京从布鲁塞尔飞往奥斯陆，解决加里宁格勒问题并回答了关于车臣的挑衅性问题。对挪威的工作访问也离不开这些令人不愉快的问题。

"东北风"剧院人质问题之前，总统计划对挪威和荷兰进行正式访问。后来俄方建议荷兰人和挪威人缩短访问的仪式部分，将访问改成工作性的。荷兰人考虑了很长时间最终决定不接受弗拉基米尔·普京（访问不定期推迟），挪威人倒是立即表示同意，但向俄罗斯总统提出了他们感兴趣的许多内政外交问题。

当天，弗拉基米尔·普京不是先会见挪威人而是德国人。联邦德国总理日前开始对奥斯陆进行工作访问，还停留在那儿。俄德领导人本应在10月底进行会晤（弗拉基米尔·普京打算在去里斯本和墨西哥途中顺便访问德国，众所周知，还是由于同一原因，这些访问都推迟了），据说德国总理对德国军队经过俄罗斯运到阿富汗感兴趣。现在德国军队是通过空运，而施罗德先生想讨论如果一切都顺利，可否通过铁路运送。此外，施罗德先生还对弗拉基米尔·普京提出的想法——无论恐怖分子位于何处，可以对其实行先发制人的打击感兴趣。众所周知，这一想法是莫斯科剧院人质事件之后提出的。

由于众所周知的原因，两位领导人在记者招待会上没有谈到这些问题，似乎对此也没有任何兴趣。西方记者以特有的固执关心车臣。还在与弗拉基米尔·普京会见之前，德国总理由于一时感到不适出去片刻，德国记者就利用这个机会紧张地问他是否与俄罗斯总统谈车臣问题，从哪个角度谈。也许德国总理感到难受，只好跟着自己的感觉走，建议记者们在他与弗拉基米尔·普京会谈之后提出车臣问题。

实际上，对车臣问题的超级兴趣不足为怪。莫斯科市中心人质事件之后联合的欧洲说法盛行。俄罗斯为此奔走，德国总理施罗德、意大利总理贝卢斯科尼、英国首相布莱尔为之呼吁，普通欧洲人也感兴趣。对他们而言，得到了俄罗斯，也就得到了车臣，他们为此激动。他们希望俄罗斯不要打仗，最好用和平方式解决车臣问题。

施罗德先生走到记者跟前说，他与俄罗斯总统在反恐问题上立场一致：

“过去、现在和将来，我一直以巨大的兴趣注视着有关车臣政治过程的消息。这是一个好开端，应该千方百计支持。”

他指的是弗拉基米尔·普京三天前在克里姆林宫接见20名车臣人一事。施罗德所言与丹麦首相的日前的立场截然不同。后者抱歉地笑着，非常遗憾地表示，丹麦政府不能满足俄罗斯政府的要求，取消在哥本哈根举行的车臣人代表大会。

记者对德国总理再也没有提有关车臣的问题。“过去、现在和将来”的含义十分清楚，一切要是这么回答就行了。然而，一名德国记者还是向弗拉基米尔·普京提出了车臣问题：他寄希望于什么？还是日前在布鲁塞尔的答复吗？两名记者都没有如愿以偿。

公正地说，弗拉基米尔·普京开始谈到，“这个问题有历史因素，也有现状”，最后说车臣问题完全是俄罗斯内政。

“我不想说我们藐视您的意见，无视舆论。不，我们愿意听取友好的……建议。”

记者招待会之后弗拉基米尔·普京与外长前往韦斯特里·格拉布留德公墓，那里埋葬着第二次世界大战期间牺牲的大量挪威人和347名苏联士兵，在那儿谁也没有提任何问题。路上遇见两名俄罗斯姑娘，推着儿童车，她们私下承认，孩子不是她们的。姑娘们来挪威打工，给富人当保姆。她们来到公墓，是为了看活着的俄罗斯总统。

俄罗斯天然气工业公司总经理阿列克谢·米勒和参加最近几天在挪威首都举行的石油论坛的代表，与俄罗斯总统一起会见了俄罗斯和挪威工商界人士。阿列克谢·米勒在等待总统时与霍多尔科夫斯基、什韦德勒和库克斯先生热烈地讨论着什么。杰里帕斯卡和纳兹德拉坚科先生单独站着。克里姆林宫办公厅副主任德米特里·梅德韦杰夫与电信部长列昂尼德·雷曼在几米开外讨论着什么。挪威企业家中引人注目的是与比尔·盖茨长得很像的一个人。弗拉基米尔·普京向挪威企业家介绍了俄罗斯经济取得的成就和参加会见的俄罗斯工商界人士：

“这位是阿列克谢·米勒，天然气工业公司总经理。这位是奥列格·杰里帕斯卡，在……”总统一时语塞，“铝工业领域工作，正在向汽车工业投资，这位是阿尔汗格尔斯克州长，这位是摩尔曼斯克州长……最右边的是金融机构的代表，阿尔法银行……您的集团怎么称呼？诺里尔斯克镍公司，好……”

工商界人士贪婪地倾听着总统的每句话。后来总统谁也不介绍了，众所周知，总统是一语千金，有时一句话比签字还珍贵。这天，总统会见了挪威首相邦德维克先生并同他签署了几个协议：体育方面的相互谅解和双边合作协议，邮电通信及信息技术领域合作协议，税收和其他经济领域里合作打击犯罪的协议，关于边境合作的协议……会谈进行了两小时，出来会见记者时宣读了文件。挪威首相介绍了在北方勘探、开发碳水化合物，环保和成立俄罗斯—挪威经济论坛的决定。他谈到捕鱼问题时特别强调，应该避免过度捕捞，甚至不应该有这方面的企图。一时竟让笔者感到，挪威人对车臣似乎没有兴趣，但这是错觉。

“我与普京先生也讨论了车臣冲突！”挪威首相有些激动，“挪威方面指出，冲突应该通过政治方法解决。”

他特别自豪地指出，他呼吁自己的俄罗斯同行为此创造条件，并单独讨论了这一地区的人权状况，他还谈到自己反对恐怖主义观点。

弗拉基米尔·普京主要介绍巴伦支海划分。2003年该地区经济活动临时规定期满，现在应该做点什么。这个问题早就存在。俄罗斯总统早就希望在他和他的挪威同行还没有退休之前解决。

挪威记者没有让俄罗斯总统闲着，当然也问到车臣。普京先生耐心地解释说，恐怖主义带有全球性质，谈到全世界的哈里法极端主义分子：

“所有这些机构是按照网络形式建立的。这儿没有战线之分，小股力量可以造成巨大的损失。美国纽约‘9·11’事件就是如此。”

记者招待会在挪威政府的玻璃办公大楼里举行。笔者注意到在政府大楼的入口处，几名车臣人举着用俄语写的标语“停止在车臣捕杀!”

尽管车臣反对派力量不大，但他们的代表从未这样接近过俄罗斯总统。

“慢速反应军团”

俄罗斯总统对法国《世界报》记者提出的问题严厉答复之后，在其他记者中引起了一阵慌乱，然而最慌乱的莫过于俄罗斯记者。他们频频交换印象，一致认为俄罗斯总统三年来从未如此严厉过。

外国记者沉默不语。后来自认为俄语不错的一位德国记者问笔者，他是否正确理解了总统的答复。笔者重复了一句，为的是让他明白。这位记者非常高兴，立即将这一消息告诉了编辑部，后来知道像他这样的记者为数不少。

原来同声翻译将俄罗斯总统这句话：“请到莫斯科来，我们是多宗教国家，高明的医生将为您做‘割礼’手术……要是您做了，以后什么也不长!”翻译成：“请到莫斯科来……我们将高兴地接待你们!”因此许多外国记者没有听到主要内容。

当大家搞清究竟是怎么一回事之后又开始活跃了。某些人想悄悄地将向普京先生提这个问题的功劳归于自己。原来是这样问的：“您是否认为您在消灭恐怖分子的同时也在消灭整个车臣人民?”第二天，至少有两人坚持，他们是这个问题的作者。其中一人将自己关在布鲁塞尔分社的办公室里，对所有电话都回答说，是的，是他向普京问车臣问题的，但不想接受任何人的采访。人们感到惊讶，就另一个问题向他打电话时他也不打算接受任何人采访。然而过后却说问题是自己提的。

第二天在奥斯陆，不少外国记者问“克里姆林宫记者同盟”的记者，普京总统为什么会做出如此严厉的答复，我们无言以对。于是有些外国人谈出了自己的看法：过失在俄方。原定在此次记者招待会上不提车臣问题，不破坏由于俄罗斯与欧盟最终就加里宁格勒达成协议而出现的良好气氛。当俄罗斯记者破坏原定计划，向丹麦首相提出车臣问题之后，接下来的一切就开始了。

这种说法似乎是正确的。然而，这里还有一个细节：丹麦首相不应该主持记者招待会。这份荣誉可以属于任何人——坐在记者招待会桌子旁边的哈维尔·索拉纳或者罗马诺·普罗迪。关于不让丹麦人主持记者招待会也是谈好的，尽管不知出于什么原因，没有就这一点做出坚定的承诺。当领导人前来参加记者招待会，丹麦首相请弗拉基米尔·普京讲话时才清楚，这一承诺没有兑现，由此才引起了以后的事件。俄方接连向丹麦首相提了由几部分组成的一个问题，最没有错的一个是：阿斯兰·马斯哈多夫与本·拉登有什么区别？（问题的第一部分是向弗拉基米尔·普京提的：请评论一下首脑会议。连俄罗斯总统都承认，第一部分他听得出神，完全忘记了问他什么。）

看来备用方案出了问题，欧盟成员国、法国《世界报》记者站起身向弗拉基米尔·普京提出了关于消灭车臣人民的问题。我们总统没有欺骗任何人，回答记者的一句话是打算代替他那句名言：“将恐怖分子赶到茅坑里。”

“间谍”普京祝贺“间谍”梁赞诺夫和乌里扬诺夫“将军”

11月20日，弗拉基米尔·普京在其新奥加廖沃官邸接见了俄罗斯电影奖获得者埃利达尔·梁赞诺夫和米哈依尔·乌里扬诺夫。

俄罗斯总统准备这次接见，就像是记者准备采访头号电影明星。他了解他们的一切，这一点从他每一句谈话中不难发现。

开始，弗拉基米尔·普京向每位获奖者赠送了一块手表。他说，这是军官纪念手表，保修期25年。

“这就好。”埃利达尔·梁赞诺夫激动地感谢总统。

“保修期25年。”总统重复说。

“我明白您的暗示。”电影导演神采奕奕地点点头。众所周知，他已经75岁了。

总统与客人坐在一张小圆桌旁，桌上摆着少量的小吃：几片熟薰香肠，几块奶酪，几片鱼肠，面包片和一些糖果。根据规定，这些接见一般不摆酒类，哪怕是香槟酒。

总统会见演员以拉家常开始。总统问，梁赞诺夫这个姓是否来自波斯语。

“父母都在德黑兰工作过，”埃利达尔证实了总统的猜测，“父亲当间谍，”他漫不经心地继续说，“后来他们紧急离开那儿……”

给人的印象是埃利达尔本人留下了。

“原来是这样，”总统总结说，“当间谍。看来这儿全是自己人……”

梁赞诺夫先生说，他为自己名叫埃利达尔而深感幸运：

“在艺术方面，这很容易让人记住。只要叫一声‘埃利达尔’，大家就不会忘记……但是，如果作曲家叫安德烈·彼得罗夫……怎么让人记得住呢？”

“但是，安德烈·彼得罗夫却是名人。”总统纠正他。

埃利达尔·梁赞诺夫无奈点点头。

“您无论叫什么，”总统补充说，“甚至叫瓦西里，大家都知道。”

往下再谈梁赞诺夫的名字已经没有意思。两位交谈者已经走进死胡同。这种局面继续下去，对另一位获奖者也不礼貌。

“您呢？”总统彬彬有礼地问米哈依尔·乌里扬诺夫。

“我的名字原意是‘蜂房’，”米哈依尔·乌里扬诺夫微笑着，“它意味着某种联合……”

“您这么好的名字，怎么扮演起一个白匪将军来了？而且演得那么好！”

总统指的是乌里扬诺夫在影片《逃跑》中扮演的切尔诺塔将军。后者耸耸肩，他已经习惯于别人的恭维。

“演员就要演得像，”埃利达尔·梁赞诺夫告诉总统，“据我所知，有些演员演戏非常投入。”

看来这个话题讨论完了。但突然发现，总统才开始谈切尔诺塔将军。

“您演切尔诺塔将军，真的是玩纸牌吗？”总统问。

他立即感到窘迫，说自己一般也玩牌，然而，电影也可以“欺骗”观众。他似乎一下子又变成了名人，接受记者采访。他认为切尔诺塔将军是俄罗斯历史上的一个悲剧人物，演好人比演坏人好……

“是的，”埃利达尔·梁赞诺夫首先反应过来，“我的一位朋友说过。演好人比演坏人容易……没关系，反正伏尔加河流入波罗的海……”

还可以问电影明星什么呢？弗拉基米尔·普京问起了他们今后的创作计划。他这并无恶意的想法倒使他们尴尬起来。埃利达尔·梁赞诺夫窘迫地望着总统，显得有些疲惫。

“我刚刚拍完一部新喜剧片，名叫《浴室的钥匙》，是这样……”他一时找不出合适的字眼，对自己的新作进行归类，“属于轻喜剧。许多青年演员参加了拍摄：别兹鲁科娃、福缅科……”

“如果是轻喜剧，那就少不了福缅科。”总统随声附和。

“主演……您想问……顺便提一下，故事就发生在我们城市里！”导演高兴了。

弗拉基米尔·普京感激地点点头。谈话再次陷入僵局。也许总统等待着他们向他要钱。人人都向他要钱，但获奖者却不慌不忙，或许他们在记者面前感到不好意思。总统不习惯任何人的羞怯，亲自问他们拍电影的资金从哪儿来。

“今天谈这事有点不妥……”埃利达尔·梁赞诺夫皱起眉头。

“回答一半也行。”总统鼓励他。

“主要是国家出钱，”导演立即说，“我找过许多大款，向他们要……找了许多人，也找了不少部长……”

“他们给我倒杯咖啡，事情就此结束。里亚布申斯基、马蒙托夫……他们的名气吸引不住我们的大款。看来他们不明白，只有这样做才能永垂不朽！”埃利达尔·梁赞诺夫生气地说，“他们把钱也带不到另一个世界上去。”

“当然，”总统支持他这一观点，“阴间没有钱袋子。”

“而且衣服也不重要。”梁赞诺夫结束了自己的讲话。

他们怎么把另一个世界的事了解得那么清楚？无论如何，他们谈的是生死存亡的问题。

“150岁的两个人坐在您面前。”埃利达尔·梁赞诺夫开玩笑说。

“加上我是200岁。”总统补充说。

“多么好的组合……”顺便说一句，“我是活到老，工作到老。”埃利达尔·梁赞诺夫不想使交谈沉默。

“您有什么想法？”总统问他。

“想法当然有，而且是总的设想。其中之一是关于一个幸福的倒霉者安徒生的童话。他到临死时还是个童男……这是一个大故事，得花很多钱。一想到这就犯愁……”埃利达尔·梁赞诺夫沉默不语，似乎是在驱散不美好的回忆，“第二个想法比较简单，想拍《大师与玛加丽塔》！我重复一句，许多人都不愿意为这两部电影投资。今天妻子对我说，‘千万别给总统要钱’，我就不要了。”

梁赞诺夫期待地看着总统，总统此时保持沉默。过了一会儿，梁赞诺夫说：

“我的自我分析感觉很发达。当然也许有些迟钝……不，没有……我要是迟钝了，就会主动退休。退休之后打算读书，我家的书都快堆积如山了……但是现在不行，没有时间，工作很多……”

“没有关系，您就读吧！”总统不假思索地安慰他。

“来不及了，”梁赞诺夫感到惋惜，“忙惯了。”

弗拉基米尔·普京最终向一直沉默的米哈依尔·乌里扬诺夫询问瓦赫丹戈夫剧院

的情况。

“现在还过得去，”这位现任剧院艺术指导，前文化部长回答说，“问题是没法换血。我们尽量不让人退休，因为退休金微不足道……我们破坏了规定。谢天谢地，上级还批准……除了国家之外，的确有公司赞助，如苏尔古特石油天然气公司……”

“总还有人给钱嘛!”总统高兴了。

“可那是一个大剧院呀……”埃利达尔·梁赞诺夫叹口气欲言又止，看来是想起了妻子的叮嘱。

“可惜赞助者只有一个，”弗拉基米尔·普京同情地说，“好吗，传媒的同仁可以离开了，我们要就这个问题详细讨论。”

看来总统不只给一块军官纪念表，一定会给钱的。

否决传媒法修正案

11 月 25 日，俄罗斯总统弗拉基米尔·普京接见了传媒领导人，与他们讨论了面临的问题。被接见的主要是联名上书总统，要求否决传媒法修正案的传媒的领导人，但并不是全部签名者。电视方面，只有第一频道和俄罗斯电视公司的领导参加，其他电视频道不在其列。报道这次接见的没有独立电视的记者，在那些日子里一般认为他们比其他人更对不起自己的人民——播出的不是人民想看到的镜头。尽管他们也来到接见大厅，但没有带摄像机。大厅里只有三台摄像机在工作，而且全是第一频道的。

众所周知，梅利尼科夫大街文化宫人质事件期间，首先是电视记者玷污了自己的声誉，新的要求和修正案主要是针对他们的。然而，在给总统的信上主要是平面传媒领导人签名，他们大部分在场。

总统在接见一开始就指出，解决传媒法修正案时机已经成熟。他直截了当地说，他对传媒的领导人写给他的信非常不满，接着列举了信中的以下内容：“某些记者的行为不正确，但这只是错误，而不是自觉的行为。”

“我不同意这个观点，”弗拉基米尔·普京尖锐地指出，“我不想讨好大家。”

总统指出，有一个电视频道（当然指独立电视公司）在强攻发起前几分钟大量播放特种兵调动的镜头。他认为这些画面有可能导致极大的悲剧。弗拉基米尔·普京说，他不认为这不仅仅是错误，“而是故意藐视与新闻出版部、与行动指挥部领导人达成的协议。指挥部的行动完全符合打击恐怖主义法。”

往下讲得更严厉：

“为什么要这样?”总统问道，“为了提高收视率，为了资本化，最终为了多赚钱，而且不惜代价！这是用我们公民的鲜血提高收视率!”

对电视频道的指责立即使气氛变得紧张。独立电视公司的行动带有更加深刻的和道德败坏的性质，但问题到此并没有结束。

“当然，也有人干这些勾当时认为恐怖分子是自己人。”总统补充说。

众所周知，总统还没有说，独立电视公司的鲍里斯·约尔丹是美国公民，但业内人士对此很清楚。

随后总统认为有必要表扬一下传媒，说它们“表现出公民立场”。总统认为，传媒的职能就是为了防止自命为一贯正确的国家犯错误。

第一频道总经理康斯坦丁·恩斯特致答词。笔者的印象是他简直没有听到弗拉基米尔·普京的话。恩斯特先生说，传媒在人质被劫持期间犯过许多错误，但并非有意。

“传媒当然逃脱不了自己的责任。”他纠正说。

这就是说，如果第一频道的领导人听到弗拉基米尔·普京的讲话（他就坐在总统身边），那就应该认为他在为独立电视公司开脱。总统说，某些传媒的领导人对收视率有着不正确的认识。他们认为收视率高就可以多拉广告，广告多了钱就多。如果包括独立电视公司记者在内的记者们知道这种收视率是用人的鲜血提高的，就不会那样做了。

往下康斯坦丁·恩斯特先生批评了议会两院通过的大众传媒法修正案。他说，该修正案模棱两可，含糊不清，为法律调查提供了依据，但在具体的危机形势下却没有任何好处。他说，记者们自己正在起草一个新的大众传媒法。当它最终形成时请总统“行使自己的权利，将其提交立法会议……我们请求总统动用否决权，取消对现行的大众传媒法的修正案和打击恐怖主义法。

总统插话说：

“您别说服我对修正案行使否决权。我已经否决了。我已经致函议会两院，成立协商委员会……”

此事令人感到奇怪。身为第一频道的领导人，竟然不知总统已经否决了修正案，哪怕是猜测到也行。也许他没有听到总统的最新讲话，对修正案做出决定的时机已经成熟，或者他想装作似乎什么决定也没有做出。即使这样，他脸上还是表现出轻松的表情。

但他是白轻松了。总统无论谁和什么事也没有忘记，也没有忘记恩斯特先生开始讲的话。弗拉基米尔·普京再次谈到独立电视公司。现在才清楚，它如何令总统伤心。新闻同事一开始就认为，对传媒工作的这些要求是深思熟虑的。独立电视公司令总统非常失望，这才是问题的实质。

“传媒某些代表违反了规定，”总统在谈到电视频道与行动指挥部达成的协议时说，“即使从同行观点来说也是不允许的。这些违规在竞争中得到了结果。一般而言，大家应该明白我们国家每个部门的职能，”总统开始进行严肃的总结，“特工部门救人，传媒提供信息。每个部门都要各负其责。如果特工部门提供信息，传媒救人，会是什么样子？布琼诺夫斯克人质事件就是这样，但那是怎样结束的？”

往下总统简单介绍了政党代表在人质事件中的表现，他们中的某些人也干了不该干的事，显而易见，对此还应该补充一点。这三天，总统的态度一直非常克制，没有发表没有经过周密考虑的意见，对人质的生命造成威胁。如果某些传媒和政治家对此高度注意，他们在不久的将来可以避免犯大错误。

总统插话之后一般记者离开大厅，传媒领导人与总统继续交谈了一小时。他们详细讨论了记者在恐怖事件中的行为准则。据参加接见的某些领导介绍，关于禁止播出恐怖分子讲话的禁令已经被冲破，并说总统甚至同意这一点。

《莫斯科回声》电台总编阿列克谢·韦涅季克多夫，国际文传电讯社总经理米哈依尔·科米萨尔，俄罗斯电视公司总经理奥列格·多鲍罗杰耶夫，保卫公开性基金会主席阿列克谢·西蒙诺夫先后发言。西蒙诺夫先生在发言中将传媒与特工部门的关系比作女婿与不喜欢的丈母娘的关系。双方都不知道如何消磨时间，但为了不进地狱，只能协商。奥列格·莫罗佐夫代表国家杜马讲话，说它服从总统的意志（看来不大满意），瓦列里·戈列格利亚德代表联邦委员会发言，以通过对传媒修正案的满意态度服从总统的新决定。

出席会议的人员最后决定，记者协会应该制定一个宪章，规定记者的行为准则。阿列克谢·韦涅季克多夫称，该宪章将取代传媒法修正案。

看来参预此事的所有人都保全了自己的面子。

弗拉基米尔·普京向亚历山大·卢卡申科承诺，什么都给

11月27日，在莫斯科国家综合设施沃伦斯科耶，俄罗斯总统弗拉基米尔·普京会见了白俄罗斯总统亚历山大·卢卡申科。几小时前两位领导人互相保持着戒心，以图达到自己的私利，最后到底谁胜谁输？

沃伦斯科耶综合设施位于莫斯科市中心库图佐夫大道与明斯克大街中间，很少用于高级首脑会晤，但特别舒服。在一定程度上可以说这儿的自然环境尚未开发，里面有松鼠，甚至还有兔子。如果不堵车，开车5分钟就可以到达克里姆林宫。

莫非因为它位于明斯克大街，才被选为这次会晤的地点？亚历山大·卢卡申科一定喜欢这个想法。显而易见，俄方这次准备好好接待白俄罗斯总统，让他感到来到我们国家就像是在自己家里，尽可能舒服。还能有什么比得上接受弗拉基米尔·普京的邀请，住在莫斯科市中心的明斯克大街，透过窗外望着斯大林的别墅（它也位于沃伦斯科耶地区，）就俄罗斯与白俄罗斯联盟国家的命运进行不轻松的会谈！卢卡申科先生一定会感到温馨的。

白俄罗斯总统对离开明斯克明显感到高兴，他能出去的地方不多。俄罗斯总统在会见一开始举行的记者招待会上强调指出，亚历山大·卢卡申科是应他的邀请来到莫斯科的，并当众感谢他应邀。现在是对一体化"对表"，做出真正决定的时候了。亚历山大·卢卡申科尽量装作客气的样子。他与弗拉基米尔·普京性格不同，遇事不总是深思熟虑。

"媒体说，白俄罗斯似乎改变了与俄罗斯接近的方针和政策，"卢卡申科在会见前说，"因此我想强调，白俄罗斯与俄罗斯建立关系，并不依赖我与你（弗拉基米尔·普京）的愿望。"

亚历山大·卢卡申科认为："媒体对俄罗斯在西方的压力下，向白俄罗斯投降这一口号的宣传有些过分。现在苏联已经不复存在，我们在一定程度上削弱了，政治需要妥协和谈判。但我们清楚地知道，俄罗斯与白俄罗斯都有一个难以越过的底线……我们无处可退，身后就是莫斯科……"

亚历山大·卢卡申科补充说，他平静地对待敌人的这一宣传攻势："他们尽量在我们正在发展的领域挑起争吵，制造纷争。但我们都是负有重大责任之人。无论别人愿意不愿意，我们将竭尽全力，实现既定方针。"

给人的印象是白俄罗斯总统此刻在与某个呆在房间的无形的第三者说话。换句话说，他根本没有想到弗拉基米尔·普京在场，他在向第三者介绍情况。

但俄罗斯总统意识到这一点：

"最近十年俄罗斯一再退让，能给的都给……"普京微笑着，突然想起了一个笑话，"我们现在一切都给！"

这个笑话有些过分，弗拉基米尔·普京立即纠正，说白俄罗斯将在条约和国际协议的框架内拿走自己需要的东西。

也许这一切可以当作笑话（白俄罗斯总统也不怪罪，也不问这一切意味着什么）。要么是俄罗斯将整个白俄罗斯当作自己的一部分。两国联盟计划其中之一就是这样考虑的。（它也是普京今年8月14日提出的两个方案之一）；要么将白俄罗斯的一部分拿走，即俄罗斯对白俄罗斯在一定程度上感兴趣的企业控股。

两国领导人会谈时讨论了这两个方案。会谈进行了两个半小时。随后两人来到记者面前说，政治问题讨论占了会谈20%的时间，主要谈经济问题。

"我并不认为，白俄罗斯存在能源和天然气问题。"白俄罗斯领导人根据会谈结果说。

给人的印象是亚历山大·卢卡申科如愿以偿，俄罗斯将向白俄罗斯供应能源和天然气。但弗拉基米尔·普京纠正说，俄罗斯了解白俄罗斯在这方面的需求，也将尽量予以满足。俄罗斯可以根据自己的愿望决定需求的规模，何况“到底给多少，按什么价格，这些都是商业问题，我们没有讨论”。

尽管主要谈经济问题，但还是发表了一个政治声明。弗拉基米尔·普京说，他不认为白俄罗斯人是外国人。这指业已通过并于今年11月1日起生效的《外国公民在俄罗斯的法律地位》法。卢卡申科先生说，弗拉基米尔·普京向他保证，此法不包括白俄罗斯。

“我证实。”弗拉基米尔·普京说。

这一承认是否意味着弗拉基米尔·普京已经认为俄罗斯与白俄罗斯公民是同一个国家的公民？那还有什么可说！我们两国人民已经统一，公民们可以高高兴兴地回家了。

两位总统关于对外政策的观点令人奇怪。亚历山大·卢卡申科宣布，白俄罗斯在欧洲问题上千方百计支持俄罗斯联邦。当他看到弗拉基米尔·普京对这一声明没有特别兴趣时，就小心翼翼充满希望地说：

“您是否觉得，我们在对外政策方面应该联合起来？”

问题很清楚，亚历山大·卢卡申科早就没有底气了。

梁赞迎来了弗拉基米尔·普京

11月29日俄罗斯总统弗拉基米尔·普京在梁赞度过了一天，看到了许多新东西。总统此行推迟了半年。为了精心准备此次视察，梁赞人放弃了许多活动，一直等到严寒时节。弗拉基米尔·普京最终飞来了，莫斯科距梁赞160公里，他飞了30分钟。

弗拉基米尔·普京从参观梁赞州康斯坦丁诺沃村开始视察。总统没有戴帽子，走进俄罗斯伟大诗人谢尔盖·叶塞宁出生的旧居，向院子里诗人的半身塑像献了花，走进诗人曾经上过学的学校。

专门用汽车运到学校的孩子们告诉自己的教师，他们心目中的总统是什么样子。

“漂亮。”一位男孩说。

“聪明，管理着整个国家。”

“想告诉他什么?”

“您好!”一位男孩不假思索地说。

“想握他的手。”另一位男孩补充说。

“希望他身体健康!”

我们的孩子真善良。

“如果让你们管理国家,你们怎么办?”大人考他们。

“不许打架,不许贪婪。”

“我将竭尽全力。”一位小姑娘竭力说,她已饱含热泪。

此时总统走进来。他清醒地认识到自己是在伟大诗人的故乡,因此立即问:

“你们写诗吗?”

孩子们慌了神。他们没有写过。(“您呢?”他们想以问代答)。

“他们朗读诗。”一位女教师替孩子们回答。

“那就朗读吧!”总统请求说。

一位坐在第一排的小姑娘读了诗。一时有些沉默。

在另一间没有孩子们的教室,谢尔盖·叶塞宁博物馆的管理员利季娅·阿尔希波娃向总统展示了小木条编织。它是库兹明斯科耶村的手艺。为欢迎总统而被专门接到康斯坦丁诺沃村的孩子们也是那儿人。

阿尔希波娃女士说,现在孩子们也喜欢编织,一位男孩子特别喜欢,甚至戴着自己编织的花边领。据管理员介绍,他就像上流社会的国王。接下来孩子们怀疑他不是什么好东西,大家笑起来,他把那个东西扔了。

总统同往常一样,表现出惊人的洞察力。手工编织给他留下了深刻印象。他高兴地对大家说,编织非常有益于发展手指头,过去就有人建议柔道运动员和教练练习编织。

梁赞空降兵学院等候总统的时间比当地小学长得多。在零下15°C的严寒里,学员们从11点一直焦急地站到16点。总统到来之后检阅了他们。

检阅后总统参观了空降兵武器展。一位中校向弗拉基米尔·普京介绍了展品。当他讲到侦察员多用途刀时突然醒悟过来:

“我这是怎么啦……给谁讲解?!”

弗拉基米尔·普京在休息室接见了几名学员,他立即问他们,为什么将军校改成了学院。

“从未这样过!”总统惊讶地说,“为什么?”

“我们正好想问您呢,”一位学员高兴地说,“可不可以再改回去?”

“我认为,这可能没有问题。”总统耸耸肩。

看来真的不会有问题了。

“这样一来,我们毕业以后就不知道今后干什么。”

“瞎操心，考军校之前你们就应该知道今后干什么。”

总统告诉学员，包括武装力量在内的全国，正在经历着一场大变革，军队的合同制士兵将会更多。

“但我们并不着急，”总统往下详细介绍说，“义务兵同样需要，总得有人警卫弹药库……”

总统说，义务兵的数量不仅要减少，服役年限也要缩短。已经通过了一个军队重新装备纲要。

“我们不打算同任何人打仗，正是为了这一点，我们需要一支精良的军队。”

学员们不大理解这句话。因为总统在前几个星期将车臣正在发生的事情称为战争。几分钟之后总统介绍车臣情况。他说，战争并非开始于武装分子入侵达吉斯坦，如同他从前所言，开始于苏联解体，开始于继承了它的遗产的俄罗斯联邦。分离主义迅速演变成国际恐怖主义。

“欧洲国家也有恐怖中心，”总统请学员们注意新问题，“谁也没有想到将他们称为为自由而斗争的战士，他们只能称作恐怖分子。”

学员们向总统提了有趣的问题，例如，一位学员说，空降兵司令什帕克快60岁了。

“是的。”总统不知为什么做出了不好的反应。

“前不久他到我们学院来过，在双杠上做了示范动作……”这位学员继续说，“能让他继续留任吗？”

“在双杠上？”普京反问了一遍，“那么我们就派他到体校工作。他身体不错，不是坏事。您提这个问题不好。我希望您提自己关心的问题。”

这位学员甚至找不到点头答复的力气。

“武装力量高级军官继续还是停止服役，应该根据国防部长的提议。”总统结束了答复。

这位学员委屈地感谢总统详细的解释。空降兵学院的领导为自己的上司帮倒忙。

接见学员用了40分钟，总统回答了许多问题。例如，学员们问，总统为什么否决传媒法修正案。总统只好向他们解释。

“没有言论自由，你们就不知道‘热点地区’出了什么事，你们的亲朋好友不知道你们怎么样，官员们也就认为他们一贯正确……”普京先生说。

也就是说，总统知道第四权力的作用。从这些话判断，它掌握在牢靠的人手里。

总统从学员手中接过礼品：海魂衫、桦树皮和一位学员以天空为题作的画之后说，他也跳过几次伞。赠送礼品的学员打断了总统的话，因为他所背诵的那些问候和感激的话还没有讲完，总统听完之后回过身来说：

“我在接受专门训练时也跳过伞。但第一次不能说是跳……考官给我选了一块软地方，否则我下不了决心……因此我非常尊重你们的职业。”

弗拉基米尔·普京为俄罗斯科学加油

俄罗斯总统弗拉基米尔·普京出席了俄罗斯高等院校校长委员会会议。他在主席团几乎坐了两小时，并提了许多有趣的问题。据他亲口承认，这样做是为了“活跃气氛，鼓劲加油”。笔者认为，他在一定程度上达到了目的。昨天夜里，总统深夜三时才结束了亚洲之行。校长委员会会议于今日中午在国立莫斯科大学礼堂开幕。总统迟到了一刻钟。838名校长使劲向他鼓掌，他们对这次会议抱有特殊的希望，他们的理想几乎全部实现了。

总统心情很好。国立莫斯科大学校长维克托·萨多夫尼奇依非常爱护总统，看来已经注意到他远道归来。他说：“弗拉基米尔·弗拉基米罗维奇，如果可以，请您上主席台……谢谢……”

总统在一口气读完报告后突然承认，“高水平的教育是使我们留在世界主要国家为数不多的因素之一”；“提起俄罗斯，人们经常说它是一个能源和原料出口国……在一定程度上可以说是这样……然而，俄罗斯还是一个农业国，法国也是。没关系，法国人还为自己是农业国感到自豪。不必为此感到羞愧。”

为什么要知道这一切？“为了了解我们所处的历史地位。我们的基础建立在欧洲文化上。我们还在亚洲！不能忘记，那儿是世界上发展最快的地区。”总统在介绍自己亚洲之行的印象。

关于高等学校，总统谈得不多。他只觉得，统一的高考不能解决学校面临的所有问题。此外还应该特别注意培养国家急需的某些专门人才。“俄罗斯私人公司迄今仍然从国外引进所需的干部，”总统对校长们说，“这个市场是你们的！”

不知为何，校长们对总统的这一呼吁热情不高。总统对军人呼吁：

“不能忘记军事教育的经验。我看到大厅有许多军人，他们明白我的话。”

遗憾的是笔者不明白，似乎军人也对总统失望，因为他说“世界战争已经成为往事”。但他又安慰军人，说恐怖主义已经处于首位：

“恐怖分子仔细观察目标，并对其进行打击。混进国家权力机关的恐怖分子危险最大。”

因此可以认为总统的报告是折衷主义的。考虑到他不打算到别的地方去，预料好戏在后面。

“再过25年，美国将孤立无援”

当总统全神贯注地聆听（至少给人的感觉是这样）国立莫斯科大学校长维克托·萨多夫尼奇依的报告时，笔者从中受益匪浅。原来科学正处于令人难以置信的新发现和新事物的前夕。例如，物理学家在世界的某些实验室发现了物质的新状态，正在研制新的超级计算机，很快将通过量子通信传输信息，信息既不能被截获，也不能被复制。(此时总统抬起头，兴趣盎然地看着国立莫斯科大学校长。看来科学发展速度之快，甚至来不及将重大成就向他报告了。)

与此同时，这位校长将话题转到高校实践上：

“我们培养的经理比程序设计人员多！”他委屈地大声疾呼，并且无视总统的批评——“俄罗斯公司由于国内人才缺乏而从国外引进人才。”

总统在本子上记录着。

“下面我讲美国的教育。再过20~25年，美国将重新陷入孤立无援的境地，”校长关切地说，“他们的教育差。不错，国会在一个有趣的提法下拨出了50亿美元：‘联邦政府不应该为制度，而应该为孩子们服务’……”

我们的一切不是没有希望。以亚辛教授为首的工作组起草了一个关于高等学校现代化的建议。据国立莫斯科大学校长介绍，建议的实质是大大减少国家对教育的投入。“仅其中的三条就可以减少250~280亿卢布。”萨多夫尼奇依忧心忡忡地说。

国立莫斯科大学校长呼吁帮助基础科学，并列举了法拉第的例子。当这位科学家与官员争论时，他们问他，那些毫无意义的研究能带来什么效益？他说：“你们将从我的研究中得到大量税收。”校长说，法拉第说对了，但他自己死于贫困。

“现在有一个流行语‘教育疯狂’，”校长接着说，“例如，有人说，五年之后代数几何方面的专业人才将极端缺乏，这样的冒险不可理解……”

校长还谈到买卖文凭、人才流失等问题，几乎所有秘密都公开了。

萨多夫尼奇依先生也离不开反恐（只是尝试）：

“与恐怖主义作斗争是最重要的任务。我相信高等院校将光荣地完成它。”最后他简单谈了未来……1812年，皇帝召见了库图佐夫……

243%是一个漂亮的数字

维克托·萨多夫尼奇依讲话之后主持人本该让下一个人讲话，但被总统打断了：

“我只说两句，活跃气氛！”

他非常喜欢校长的讲话，因为“它引起了话题”。不出所料，谈到亚辛工作组的工作。总统对工作组的工作表示满意，提出的教育现代化举措也不是没有希望。但他认为，将高等学校的改革当作减少财政负担就不正确了。

“没有这样的目的！”总统在大厅一片掌声中宣布说。不等掌声平息，总统结束了自己的讲话："莫斯科医学院的毕业生，工作后有50%专业不对口，农业高校的毕业生，60%不去上班……"

然而，普京先生对亚辛工作组的工作也没有全部肯定。

"我们高等院校绝对的优先任务是为外国培养专家!"弗拉基米尔·普京突然宣布。

这话是在关于智力流失的所有议论之后。对总统而言，问题在于怎样解决它，是"依靠预算还是在商业基础上"。看来他注意的是俄罗斯的高等院校应该为独联体国家，而不是为美国培养专业人才。

总统在暴风雨般的掌声中同意巩固高等学校的科研地位。谈到基础科学时他说，说它会赢利那是胡说八道。

"应该像对待艺术一样向基础科学投资，"总统宣布说，但避开了另一个问题："法拉第死于贫困，与我们没有关系。"

若列斯·阿尔费罗夫开始发言。在没有讲到下面一句话时他对自己关于教育问题的观点信心百倍：

"我在1800……看过自己的报告。"

"尊敬的若列斯先生，您当然是诺贝尔奖的获得者，但您离罗蒙诺索夫先生还差得很远，"普京总统反驳他，"尽管我们也看到，您想尽可能离他近一些……"

"错了100年，"阿尔费罗夫抱歉地回答说，"总之，我就像在人民代表大会上发言……"

他的全部自信心顷刻化为乌有，立即成为一个正常的人，甚至请求给中小学教师加工资。

"去年已经加过了，"弗拉基米尔·普京回答说，"坦率地说，我担心不能按时发放，政府已经做了工作。"（如同法拉第问题一样，这儿没有他的责任。）

弗拉基米尔·普京同校长们的告别讲话，简直精彩极了：

"下一年，高等学校的设备投资将增加68%，图书馆投资将增加243%……我知道，可能是从零开始。但我们已经把这个口号叫响了！我也不能总停留在这个数字上！基建投资将增加一倍，"总统恰到好处地停顿了一下，"助学金将增加二倍，虽然微不足道，但很好!"

就这样，弗拉基米尔·普京花了一个上午解决了高等学校的许多问题。有人说，仔细品味连一个问题也没有解决，但这就不是总统的问题了。

列昂尼德·库奇马选择了俄罗斯

俄罗斯总统弗拉基米尔·普京与乌克兰总统列昂尼德·库奇马在改建的莫斯科大剧院结束了2002年——在俄罗斯举办的乌克兰年。

笔者认为，并非每一位俄罗斯人或者乌克兰人都会意识到，过去的一年不仅是他们生命中一年，而且是在俄罗斯举办的乌克兰年，他们能够幸福生活到现在与这一活动有关。

乌克兰总统新闻秘书阿列娜·格罗姆尼茨卡娅此时正在大剧院休息室与乌克兰最高苏维埃代表安德烈·捷尔卡奇踱步。笔者问道，这非常有趣的一年都有哪些具体事件时，她毫不迟疑地说：

"一开始，我们总统视察了西乌克兰。"

"还有？"

"夏季两国总统办公厅主任沃洛申和梅德韦丘克在基辅会晤。"

"还有呢？"

"难道不知道，一周前沃洛申访问了我国。"

"目的是什么？"

"为了对在俄罗斯举办乌克兰年进行总结！"格罗姆尼茨卡娅女士至少是羞怯地看着我。

捷尔卡奇先生介绍了许多重要细节：

"问题的实质是很少有人了解已经成立的部委联席委员会。总之，只有切尔诺梅尔金清楚地知道，解决我们之间的问题应该只争朝夕。应该让我们的人民也了解这一思想。但我知道，当我到莫斯科去找你们，部里的人却不冷不热地冒出一句：我们正在忙石油，您来这儿干什么？"

问到乌克兰与俄罗斯总统会谈进行得怎么样，乌克兰总统新闻秘书回答说，进展顺利。

"会谈以不寻常的3+3形式举行，即有两国的总统、总理和总统办公厅主任参加，这样的形式效率很高！"

"弗拉基米尔·普京喜欢列昂尼德·库奇马的接班人吗？"

"当然喜欢！"她甚至是带着几分困惑惊讶地说，"这样的人怎么能让人不喜欢？"

此时，被邀请的人正在大剧院新建的休息室等待音乐会开始。当然，他们主要是俄罗斯与乌克兰的官方人士。此时不知是从何方突然冒出了一群俄罗斯和乌克兰小学生，走到俄罗斯政府副总理瓦连京娜·马特维延科面前（他们在正在发生的事情中的关键作用将在后面提到），要求她签名留念。已经有人荣幸地得到了俄罗斯总统办公厅主任亚历山大·沃洛申的签名。

大人看着他们，不免有几分担心。两名俄罗斯官员当着笔者的面讨论，如何得到弗拉基米尔·普京的签名。

“我已经将一切办好了，音乐会上有人会告诉他。您瞧，我写的是什么：尊敬的B·B·，为庆祝在俄罗斯举办的乌克兰年，请您给我签名留念……”

“不是B·B·，而是弗拉基米尔·弗拉基米罗维奇。”

“瞧您说的，B·B·比较简单，读起来方便。他不会拒绝的，我的理由很充足。”

乌克兰政府的一位官员走到马特维延科女士跟前，问她的座位在哪儿。

“难道我们没有在一块儿？”

“这不，”瓦连京娜·马特维延科拿出自己的票，“我在第三排第2～5号，您呢？”

“我是第8号。”这位乌克兰官员失望地说。

第三遍铃声响了。它意味着总统们就要出场。几分钟之后他们登上大剧院的舞台（笔者不能不说，天花板和楼座由祖拉布·采列捷利创作的画装饰）。

乌克兰总统发表了重要声明。他说，过去的一年对乌克兰而言，是乌克兰人认识到自己的道路并且选择应该与俄罗斯联系在一起。此前没有这种意识，现在认识到了。

乌克兰总统并没有像自己的新闻秘书那样列举了当年发生的重大事件，而是老实地承认，在俄罗斯举办的乌克兰年首先是一个良好的象征和美好的比喻，如果再努力一下，当然还可以提到在莫斯科举办的乌克兰书法展（人们并非能立即回忆起，我们在乌克兰举办的书法展更好一些）和在两国首都举行的妇女问题研讨会……乌克兰总统在讲话结束时引用了俄罗斯梁赞州一位名叫阿拉·普罗霍连科的小姑娘的来信。这位乌克兰名字的俄罗斯姑娘认为自己有责任告诉他最近出现了一个计算机游戏，编造了俄罗斯与乌克兰打仗的故事。“我们的祖先能够想到这样的事吗？”这位姑娘问道。

好像故意似的，此时又一名小姑娘给乌克兰总统写信。这位写信人是俄罗斯名字，来自乌克兰第聂伯罗彼得罗夫斯克。她在信中建议总统们“签署文件，将我们两国人民友谊永远固定下来”。

“让我们听听孩子们的声音！”乌克兰总统激动地说。

这样的文件正在准备。因此，孩子们在大剧院休息室的作用已经显现。至少有两位小姑娘从一群少年儿童中间走出，扑到瓦连京娜·马特维延科身边，她们有可能在我们两国人民的生活中扮演决定性的角色。乌克兰礼宾司的官员后来告诉笔者，她们及其同班同学被邀请参加了音乐会。

弗拉基米尔·普京的讲话言简意赅（最近他一般讲话不长）。他祝贺建设者们为大剧院新广场的建设作出了贡献，将这一事件称为我国生活中的重大的事件（尽管他强调了两国人民已经认识和感受到两国联合的潜力）。

但是，主要事件还在后面，未来的一年将是不平凡的一年，是在乌克兰举办的俄罗斯年。人们对此并不感到惊讶。

埃拉·帕姆菲洛娃向弗拉基米尔·普京提供中介服务

俄罗斯总统弗拉基米尔·普京在人权日接见了俄罗斯总统人权委员会成员。笔者已经很久没有在克里姆林宫叶卡捷琳娜大厅看见过这些名人。

由于众所周知的原因，俄罗斯总统人权委员会的成员代表着我们民族的良知。不是别人而正是他们，是捍卫我们人权的主要希望。总统接见有意安排在他们的节日——国际人权日之前。

接见前一小时，委员会成员已经集合在克里姆林宫斯帕斯基大门前，天气寒冷，刮着风。委员会成员相互竭力交谈。有人说，他们将被带到克里姆林宫一号楼，那儿有个地下室。地下室有自助餐厅，餐厅里的勺子独特，勺子把上有缝隙，想必是为了不让人盗走（有谁需要有缝隙的勺子呢?）。

有人问散布这一消息的人，是否在这个餐厅吃过饭。他承认，自己未在那儿吃过，但他的熟人在那儿吃过，甚至不止一次。也有人说，不完全排除这一可能，因为沃罗比约夫山上的莫斯科大学餐厅也有这样的勺子。

俄罗斯总统告诉圆桌前的与会人员，来年将是俄罗斯宪法十周年。总统认为，宪法将人权写入直接行动准则。但是，不出所料，理论与实践之间尚有差距。

存在差距的原因何在？无论多么令人感到奇怪，总统认为对人权计划拨款不足是原因之一。笔者个人认为，如此提法有些牵强附会，然而，从各种迹象看来，真正的原因确实如此。

例如，资金缺乏就不能安排与公民的接触。尽管总统言必信，行必果，但对2003年在人权方面的拨款将增加只字未提。即使在经费紧张的形势下他仍然请求委员会的专家们对几个法律草案进行社会调查，而且建议委员会的成员超前工作(尽管是白费力)。

弗拉基米尔·普京对住房和公用事业改革特别关心。他与许多公民一样，担心这项改革除了导致居民住房消费涨价之外别的作用一无所有。在如此形势下，人权委员会的调查是绝对必须的（只有保护消费者协会主席奥赞先生一人严肃地点头）。

总统还特别提到保护儿童权益的问题。在这方面，委员会成员的作用难以估价（谁也没有点头）。

“当然，任何组织都在选择自己的优先领域，什么也不能强加于它，什么也不能！”总统激动地强调说，“考虑到你们的经验……”

此时几乎所有人都点头表示同意。

“此外，我们不能回避当局显然不喜欢的问题！”俄罗斯总统弗拉基米尔·普京严厉地说，“也就是说，不能回避政治问题……需知我们活动的意义在于让我国每个人生活幸福。”

弗拉基米尔·普京建议委员会成员发言。他们每人面前都放着讲稿，有的是手写，有的保存在电脑上。坐在总统左侧的人权委员会主席埃拉·帕姆菲洛娃首先发言。她以委员会全体成员的名义感谢“总统办公厅给予经常性的关心和帮助”。她诚实地说，在保护人权方面，并非所有问题都依赖他们——人权委员会成员。当然这种说法也可以被看作对国内发生的事态逃避责任，总统在讲话中竭力将这个责任放在他们身上。然而，帕姆菲洛娃女士很快消除了这种疑虑，当众表示将挑起这副重担。

“我们希望成为您——弗拉基米尔·普京与公民协会的中介！”她说，“应该考虑所有与会人员的共同愿望。”

埃拉·帕姆菲洛娃在其发言中特别提到建立公众接待网，因为弗拉基米尔·普京认为解决这个问题是保护人权事业中需要优先考虑的问题之一。

此外她还有一个特别的想法，除了总统谁都没有告诉。

“建议对遵守人权状况进行经常性的监督，弗拉基米尔·弗拉基罗维奇！”埃拉·帕姆菲洛娃女士说。

往下回顾了已经取得的成绩。据埃拉·帕姆菲洛娃女士介绍，委员会在“保障难民权利方面做了大量工作”。接见时她还想讨论媒体和军人权益。也就是说，帕姆菲洛娃女士的野心不可低估。

“但这并不意味着，”她补充说，“我们对保护少数民族权利漠不关心，什么事都得关心……”

“您刚才还说，你们的作用有限，”弗拉基米尔·普京开始说，“事实并不是这样！就说司法改革吧，特别是停止苏联的未经司法调查就剥夺自由的程序。大家讨论时并没有取得共识，事实上推给了俄罗斯总统……”

弗拉基米尔·普京想说，是他亲自决定，在法律草案中加上了只有经过法院才能逮捕人这一条。

“检察院忧心忡忡。由于做出了这个决定，关于搜捕的命令减少了几倍。为什么？因为停止了自己签发逮捕证自己逮捕人的程序，工作质量就得提高。”

看来这是大好事。只是绝对不明白，这与人权委员会委员有何相干？总统不是说过，这是他自己的决定嘛，因为集体难以取得一致意见。看来，只有弗拉基米尔·普京明白，应该怎样督促委员会。

“为什么最终发生了所有这些变化？”似乎他在问自己，“由于有了公民协会的协助！”

他非常满意地结束了自己的讲话，请求新闻界和委员会创始人留下。

如果加以总结，那么大概可以看到这一流程：公民协会影响委员会，委员会影响总统。从技术上说这是可以实现的，因为委员会受总统领导。随后总统将委员会委员从公民协会收集的意见转交有关部门处理，最终是不干或者干不好的“下岗”，干得好的提升。改革正在进行，预算得到批准，国家正在复兴。

遗憾的是在准备司法改革时，人权委员会被置之度外，总统直接向公民协会求助。希望以后别犯这样的错误。

弗拉基米尔·普京告诫自己的顾问，关注垂死的少年体校教练职业

12月15日，俄罗斯总统弗拉基米尔·普京接见了体育运动委员会委员。他们向总统汇报了我国体育史上鲜为人知的悲剧性篇章。

俄罗斯国家体育运动委员会主任维亚切斯拉夫·费季索夫承认，成立俄罗斯总统体育运动委员会比组建苏联国家奥运冰球队难。只有费季索夫先生明白，他是在跟什么比较。

当笔者看到体委名单时才清楚他指的是什么。必须将以下人员列入名单：莫斯科市长尤里·卢日科夫，莫斯科州长鲍里斯·格罗莫夫，车里雅宾斯克州长彼得·苏米，莫尔多维亚共和国总统尼古拉·梅尔库什金，总统驻国家杜马代表亚历山大·科坚科夫，审计院主席谢尔盖·斯捷帕申，工贸委员会主席叶夫根尼·普里马科夫，国家杜马副主席弗拉基米尔·卢金。随后笔者在名单中惊讶地发现了几名运动员：叶夫根尼·卡费利尼科夫，亚历山大·波波夫，弗拉基米尔·萨利尼科夫，伊琳娜·罗德尼娜。还轻松地发现了几位体育官员：维亚切斯拉夫·科洛斯科夫，列昂尼德·佳加乔夫，沙米尔·塔尔皮谢夫，似乎还有人在这一工作中对俄罗斯总统及其人民负责。

会议以总统环视坐在克里姆林宫叶卡捷琳娜大厅圆桌会议前的体委全体成员而开始。他首先同亚历山大·科坚科夫打招呼，一分钟之后又与弗拉基米尔·卢金握

手，圈子立即缩小了。只剩下审计院主席谢尔盖·斯捷帕申，他一直等待轮到自己，但是白等了。甚至总统已经向斯捷帕申先生伸出手，后者也准备伸出手时，总统紧接着说了声“请坐!”因此斯捷帕申先生已经伸出去的手只得缩回去。是的，这是一个信号（当然，如果不是估计到即将发生的难以置信的事，总统是不会忘记与谢尔盖·斯捷帕申握手的）。

总统在简短的发言中说，体委的主要任务是制定我国体育方面明确、有效和透明的政策（看来这句话与参加圆桌会议的审计院主席谢尔盖·斯捷帕申有关）。

会上对俄罗斯体育的现状没有说多少好话。不错，总统的确说过，“某些东西是可以纠正的”，“来年的预算将增加一倍”，但他马上又补充说，据他了解，许多国家的商业机构认为向体育投资是一项有利可图的事业，在俄罗斯的条件下，体育也可以成为中小企业活动的场所（叶夫根尼·普里马科夫是俄罗斯商会主席，他参加会议的目的就在于此），但目前形势不妙。“青少年体育活动无人问津，”总统说，“请原谅，少年体校的教练都快要灭亡了。”

其他报告人，尤其是国家体委主任维亚切斯拉夫·费季索夫在讲话中详细介绍了这方面的情况。他说，国家最终应该建立一个有效的管理体育的机构。从体委主任口中说出这句话简直是语惊四座，有时说出此话之后在首长桌前将摆上一张自愿辞职申请。

然而，一纸申请并不能解决问题。维亚切斯拉夫·费季索夫又说，改革决定应该涉及我国体育运动和所有领域。他离开了自己的讲稿，进一步向普京先生解释说：

“前不久我到过法国并参观了运动员训练中心，我们没有!”

弗拉基米尔·普京点点头，看来他也参观过。

然而，办法还是有的：

“弗拉基米尔·弗拉基米罗维奇，遵照您的指示，应该吸收非预算资金。我们打算在2003年发行体育彩票。”

费季索夫先生深情地回忆起苏联时代。那时儿童体育事业完全是另一个样子，体育彩票让大家的生活变得轻松，而且一切都不错。那时的体育保健系统多好呀!这位国家体委主任还特别详细地提到它。简而言之，应该恢复了。

然而，苏联时代没有现在的联邦体育频道。维亚切斯拉夫·费季索夫先生讲了一个戏剧性故事。他有一位司机，所在单元只有一户安装了“独立电视公司+”的卫星天线，也只有它独家播放米哈依尔·尤日诺依与俄罗斯对手（后来成为朋友）波尔·安里·马奇耶的网球决赛！自然全单元的住户都到这一家观看比赛。俄罗斯人盲目迷信自己代表队，自信一定会胜利，将全部希望寄托在“独立电视公司+”的卫星天线上。至于房主如何诅咒自己决定买下这副卫星天线，除了基本月租之外他还向两个体育频道付费之事，这位体委主任只字未提。

“大家汇集在一起看比赛，也就是说，一切都跟过去美好的时代一样！”维亚切斯拉夫·费季索夫在发言结束时再次有意提到往事。

总统想起费季索夫先生讲到的组建体委的难处之后决定对其补充，指出体委成员中没有一名伤残运动员。

“只有弗拉基米尔·彼得罗维奇·卢金是我国奥运外围组织主席，”总统说，我请求大家关注此事。请弗拉基米尔·彼得罗维奇和维亚切斯拉夫·费季索夫考虑一下。”

一名与会者突然被认为合适。

总统请著名女花样滑冰运动员伊琳娜·罗德尼娜发言，她本应介绍少年体育的命运，对花样滑冰只字不提。看来做到这一点不容易！

可以看出，她竭力对此保持沉默。她首先回顾了世界形势，请大家看看俄罗斯学校使用的体育器材。它们都是“战前生产的”。中小学主要运动项目是篮球，它比足球和排球容易普及。

伊琳娜·罗德尼娜强压着内心的悲痛介绍这一切，笔者几次觉得她马上要哭出声来，但谁也没有为此而责怪她。谈到球类时她首次想哭，谈到难以找到人们身上穿着自己心爱的俱乐部标志的背心时她第二次想哭。谈到联邦体育频道的命运时她第三次想哭。

“它一度是我们的！”她激动地说，“但这个‘按钮’让天然气公司从我们手里夺走……”

看来她指的是第六频道的频率之争，结果与天然气公司没有任何关系的联合媒体获胜。

笔者以为，伊琳娜·罗德尼娜的泪水将无法控制。但这位著名运动员还是控制住自己（众所周知，她只有一次没有控制住自己，那是在第三届冬奥会上她获胜之后，为她奏俄罗斯新国歌）。

伊琳娜·罗德尼娜讲完这一切之后才谈到花样滑冰。此时有谁能开口批评她呢？

往下还知道一些非常不愉快的事。我国过去浇冰场的工人很多，现在却没有了。世界上已经出现了新式花样滑冰，运动员需要露天运动场（莫非运动员要飞?）。我国也没有。

“改建一个体育馆花的钱，”她意味深长地看着莫斯科市长，“同修复克里姆林宫花的钱不相上下！简直不可理解。西方不是这样……我们的劳动力毕竟便宜呀！”

两个多小时的会议期间，谁也没有对伊琳娜·罗德尼娜做出任何实质性答复。因为问题越是幼稚，回答起来越难。

会议仍然决定，俄罗斯全联邦体育频道将继续存在，我国的一切将得到改善。

总统与自己的人民交流

12月19日，俄罗斯总统与自己的人民交流，电视进行了直播。无论是总统还是全国对此都进行了精心准备。

比美国好

总统确实对这次直播进行了长时间准备，但仍然差点迟到。活动开始时间甚至推迟了几分钟。当弗拉基米尔·普京来到克里姆林宫一楼新闻中心时，斯帕斯基塔上的时钟已经指向了12时3分。中心是弗拉基米尔·普京从其前任鲍里斯·叶利钦手中接过来的。他进来之后立即要喝茶。

鲍里斯·叶利钦事实上并没有使用过它。中心里面摆放着几台大屏幕电视，技术性能优越，现在可以说，使用频繁，至少一年一次。总统通过这个中心与“和平”号轨道站上的航天员联系过。

昨天，与其说是电视向全国播放节目，倒不如说在表现它自己。克里姆林宫一位高级官员说，美国人一年前知道俄罗斯能够组织这样的直播之后感到惊讶。他们说，仅就投资而言，连美国都不敢这样大方（价值一百多万美元）。第二，技术方面也不如俄罗斯。美国主要是电缆电视网，每个州都有自己的法律……

谢天谢地，我们在法律面前人人平等，电视也从一个地方指挥，因此没有发生任何技术问题。

姑娘没有下决心与总统讲话

正如直播所显示的那样，还是出了一些问题。直播前所有问题都经过协商，这也不是什么秘密，但工作人员不是与总统而是与人民协商，当然总统也做好了准备：据克里姆林宫办公厅工作人员介绍，他们每天将从互联网上下载的或者新闻中心搜集的大量问题送给总统，然后甚至问他研究了多少问题，但是，谁也难以做出准确的回答。总之很多，有一千多个。

为了不出现意外，电视台领导做了大量工作，有时也有意义。据直播组织者介绍，例如，有的是来自国外——白俄罗斯、乌克兰，甚至是以色列的粗话（来自以色列的问题主要从互联网下载，因为免费电话线仅适用于俄罗斯国内和独联体某些国家，但某些犹太人也用这些线路打电话）。

由于同一个原因，人们还竭力避免意外。让人民讲话，他们可能由于着急而讲不出来。例如，昨天直播时总统请几位符拉迪沃斯托克的姑娘提问，而她们竟然当众拒绝。当然，是她们害羞，或者是这个建议令她们措手不及。总统还替一位小伙子摆脱了困境。小伙子开始连自己的姓名都想不起来了，后来总算提出了一个关于国家青年政策和奥塞梯—阿拉尼亚共和国在制定这一政策中的作用。谁也不认为这是琐事。

社会正在成熟

当然，组织直播是一件重要的繁琐的令人担心的事。电视工作者找到了一个成功的地址——克拉斯诺达尔边疆区的奥夫相卡村，它是俄罗斯伟大作家维克托·阿斯塔费耶夫的诞生地。开始一切正常。村民们对自己被选上感到满意，知道自己将向总统提问题后更满意。他们的问题是应该在村里建立作家博物馆。

后来发生了一件可怕的事——边疆区电视记者知道了这个想法（这是首都记者的过错，他们没有对这个地址保密，但对其他地址保密）。一个电视台（听说是由阿纳托利·贝科夫控制的，但尚无把握说这个消息对它有多重要）的工作人员来到村子告诉村民，有人想愚弄他们。村民明白了，决定采取行动。电视摄像机前出现了尼基弗罗夫·费奥多尔·尼基弗罗维奇，尽管他情绪激动，仍然做了自己应该做的事。他问总统：

“这一切都是谁干的，他们究竟要干什么？”

他告诉弗拉基米尔·普京，奥夫相卡村民不知道对这些问题怎样答复，因此“焦急万分”，“丘拜斯会不会把我们给卖了？”他直截了当地结束了自己的提问。

普京叹口气：“哎呀……”他长时间回答说，核能一般不私有化。

媒体也是首先被提到的问题之一。这里主要指电视上播放的残酷和暴力镜头（总统还补充说，经常有色情或者类似的内容，从他脸上的表情很难判断这是好是坏）。组织者认为，关于媒体问题提得太早了。

尽管这样，总统还是答复出色。他说，他本人对我们记者毫无办法，“这个任务与社会的成熟有关”。笔者也是一名记者，对这样的答复当然感到满意，因为社会在最近未必会成熟。

国家高级领导人不能开空头支票

会见的组织者觉得直播可能要延长，不能像去年那样搞两个半小时，因为这对任何人都是个考验。但给人的印象是总统喜欢这样回答问题，一点也不着急。这次直播甚至比去年还要长。

这一次，总统没有开任何空头支票。一年前他曾经向一个男孩承诺建房，向马列瓦内村的居民承诺实现天然气化。这些想法实际上落空了。尽管天然气已经送到村头，但几乎每户都不同意出 4000 卢布的管道入村费，现在还是没有用上天然气。

总统要求沃尔科夫州长在市中心广场不要摆放人造新年枞树（他已经这样做了），而摆放真正的新年枞树。这个承诺执行得慢了一些。然而并不知道这个意见是否传达错了，因为女电视主持人叶卡捷琳娜·安德烈耶娃将州长称为沃尔科夫·文尼科夫。

电视直播结束之后总统立即来到二楼，会见了几家报纸的记者。他说：

“我并不认为，国家高级领导人在这种场合可以任意开空头支票。好人容易当……”但马上又纠正说，“在某些非公开场合，我可以对某些有根据的要求做出反应，遇上某些事非常想给予帮助。”

众所周知，他对有些要求已经做出了反应，甚至是在直播前接到的。这样一来，下次直播前向总统提出的问题会更多。

最后笔者问总统，他如何评价赦免委员会的工作。起因是在一年前，还是在这间房子里，这样的直播之后总统说过，他已经考虑很长时间了，直播时是否讲他已经决定将赦免委员会的权力合法化。此前这个权力是他自己的，现在要下放给联邦主体。一年前这项改革进行了，他亲自赦免的事少了。

“是的，”总统证实说，“我认为这个决定是正确的。过去发生的事——减少赦免不是我指示的结果。赦免问题应该由受人尊敬的人去研究，他们了解当地情况，可以感受到自己对决定的责任。应该考虑和记住，赦免是一个纯粹的行动，原谅的行动。”

弗拉基米尔·普京就这样将去年直播的全部遗留问题处理完毕，轻松地开始了新的一年。

国家优秀人物正确评价自己的总统

12月26日这天，俄罗斯总统弗拉基米尔·普京向国家优秀人物颁奖。笔者理解总统在大多数情况下做出的选择。

“今后就不这样了。”总统在颁奖之前说。

以后会怎样？

“为了俄罗斯，造福俄罗斯。”总统解释说。

看来，向达吉斯坦妇联主席、《达吉斯坦妇女》杂志总编法祖·阿利耶娃颁发安德烈·佩尔沃兹万内依圣徒勋章时总统就是这样想的，并且以此为宗旨。在她之前获得过这一崇高奖赏的还有法国总统希拉克和哈萨克斯坦总统纳扎尔巴耶夫。总统对那些不了解法祖·阿利耶娃的人说，她是一位聪明的忘我的人。不仅达吉斯坦共和国知道她讲话的巨大威力，别的地方也能感觉到。法祖·阿利耶娃接过勋章时说，这不仅是对她的奖赏。

“这是对所有俄罗斯妇女的崇高奖赏！”谁也不怀疑，这位《达吉斯坦妇女》杂志的总编竟然激动得将俄文“奖赏”一词的语法关系搞错了，但这不会影响到刊物的质量。她还说，俄罗斯妇女聪明漂亮、身材匀称，值得自豪。

给人的印象是这一奖励并不仅仅是给俄罗斯妇女的。大度的法祖·阿利耶娃说，它还是对“感受到自己对俄罗斯负有重要责任的全体作家的奖励”。这种说法并不能成立。需知两年前，作家亚历山大·索尔仁尼琴曾经拒绝领取安德烈·佩尔沃兹万内依圣徒勋章。

事情至此还不算完。法祖·阿利耶娃又说，这个奖赏是给全体达吉斯坦人民的。他们“表现出自己是俄罗斯大家庭当之无愧的民族之一”。因此，几乎所有人都沾了安德烈·佩尔沃兹万内依圣徒勋章的光。选择法祖·阿利耶娃为这一勋章形式上的得主不能不说是一个成功之举。

其余获奖者表现比较谦虚，致答词时并没有感谢全国，而仅仅感谢一人。一时人们竟觉得，是总统一人今天给了那么多的奖章和勋章。

“今天发生的事要追根到过去，”阿尔卡季·希普诺夫院士说，“我可以证明，今天授勋的主要责任是总统。今后我们还将依据他设计的蓝图工作：总统管决策，我们管干！”

尤里·巴什梅特从总统手中接过“对祖国有功三级勋章”时也同意按照这个有趣的蓝图工作。他向总统讲了许多热情洋溢的话：

“在国外巡回演出期间，我们首次成为受人尊敬的人，是您重新唤起了我们的民族尊严感情！”

总统也以这种尊严之情点头。

穆斯利姆·马戈马耶夫承认，向他颁发的荣誉勋章是他自己的第一枚俄罗斯勋章。

“弗拉基米尔·普京，谢谢您为我颁奖！”

俄罗斯联邦功勋律师瓦列里·德拉加诺夫告诉总统：

“是您给了我巨大的荣誉，您还向我的妈妈——法西斯囚徒赠送了礼物，我向您保证，我们现在就去用午餐。”

给我的印象是，德拉加诺夫先生在没有成为功勋律师之前没有和妈妈吃过饭。事实并不是这样。

只有冯·法利茨·费因男爵对谁都不表示感谢。他既不感谢自己是列士敦登公民，也不感谢总统。他以轻快的步伐走到弗拉基米尔·普京跟前，等着总统将荣誉勋章别在自己西服翻领上。随后简短地说：

“我高兴活到了今日。我快90岁了。我只说一句，我得到这枚勋章是当之无愧的！”

关于普京他没有说一句，笔者甚至感到震惊。人们不是常说，谦虚使人进步！

2003 年

其实，弗拉基米尔·普京已经多次明确地告诉商人们，他期待着商人们从 1 月份开始降价。这样的话，在 3 月前，也就是在总统选举前，俄罗斯国民将有足够的时间意识到，他们因为降价而得到的幸福实际上应当感谢谁。

↑众所周知,普京的一切都藏在背后

↓莫斯科市长尤里·卢日科夫获得“军功”勋章

↑与俄罗斯国防部长谢尔盖·伊万诺夫公布俄罗斯新军事学说

↓他在潜艇里也找不着北

↑在伦敦举行的欢迎仪式，让人把心都提起来了

↑俄罗斯总统只有在特殊情况下才戴帽子，但与寒冷无关

↑与企业家米哈依尔·霍多尔科夫斯基争论起来

↓在索契会见老布什，他们的夫人也谈笑风生

←与会人员向总统发难，反对划分权力改革

↓视察莫斯科电影集团公司，向工作人员解释如何挣钱

↑忙里偷闲

↑总统一年一度的记者招待会，数百名俄罗斯和国外记者参加

↓英国首相托尼·布莱尔是弗拉基米尔·普京的亲密朋友

↑了解新投票箱结构

→每隔半年在叶卡捷琳娜大厅授予国家奖

↓在苏兹达利迎接圣诞节

俄日签署行动计划

1 月 10 日，俄罗斯总统弗拉基米尔·普京与日本首相小泉纯一郎在克里姆林宫举行了三小时会谈和一小时记者招待会。

小泉纯一郎先生在莫斯科已经呆了两天，显得疲倦，心不在焉，俄罗斯总统完全不是这样，新年休假对他的身体大有裨益。

一开始就十分清楚，两位领导人将当着记者的面签署文件，而且在访问之前已经完全协商好。笔者看见过长达 25 页的俄日行动计划草案的最后文本。为了更好一些，最后一刻还将进行重大修改。例如，草案提到日本与俄罗斯对平壤“打算”退出不扩散核武器条约表示遗憾，“重申朝鲜民主主义人民共和国必须尽快放弃这一打算”。与此同时，北朝鲜最近多次显示自己是迅速发展的国家，昨天早晨宣布退出不扩散条约。

一般而论，记者招待会前两排坐的不是记者，而是官方代表团成员。领导人刚刚签完字，俄罗斯外长伊戈尔·伊万诺夫立即站起来鼓掌（莫非直到最后一刻他还怀疑文件不会签字？当然应该认真阅读）。俄罗斯代表团其他成员也起身鼓掌。日本人看着他们，带着某些困惑站起身来。笔者看见，某些记者心情立即变得紧张——他们没有信心地从座位上站起来。还发现，有的日本人甚至没有力气站起身来，一直坐在那儿。

然而，笔者在仔细读过文件之后也害怕站起身鼓掌。里面没有什么新内容。某些专家认为，它与著名的叶利钦—桥本龙太郎计划区别不大。然而，俄罗斯总统与俄罗斯代表团成员坚持这个文件必须一揽子解决和平条约和岛屿问题，解决能源合作和建设石油管道问题。也就是说，不能离开这个解决那个。俄方对一揽子计划更感兴趣。

当然，两位领导人打算回答记者们关于朝鲜民主主义人民共和国退出不扩散核武器条约问题。它是日本记者首先提出来的。弗拉基米尔·普京回答说，众所周知，俄罗斯主张朝鲜半岛的无核地位，这个原则性立场不会改变。然而，弗拉基米尔·普京又补充说，只要仔细研究文件，就不难发现谈判的大门是敞开着的。

为此甚至不必仔细研究声明。众所周知，朝鲜民主主义人民共和国不是首次威胁要退出不扩散核武器条约，此事经常发生，特别是 1994 年美国停止供应重油之后。朝鲜民主主义人民共和国那时已经将大门打开，没有关上。

第二个问题——俄日计划到底有什么新内容？弗拉基米尔·普京回答了很长时

间，显得很满意。他说自己长时间没有进行过这么好的谈判，甚至将行动计划与某个导游图相提并论。这一提法是他的日本同行几小时前在谈判厅使用的。参加小范围会谈的人们经常出现这种奇思妙想。

与此同时，无论是日本首相、代表团成员，还是日本记者，对这一切并不理解。俄罗斯翻译根本就没有将弗拉基米尔·普京的答复翻译。也许他的比喻不大成功。笔者认为，在如此级别的会谈中不会发生任何类似的事件。怎么会呢？一个人在千方百计回答问题，而翻译竟然认为没有必要翻译？如果俄罗斯总统在此时补充说，日本人将永远见不到几个岛屿，小泉纯一郎先生还会恭敬地点头并且漫不经心地微笑吗？回国之后他会因为这个漫不经心地微笑而辞职。

岛屿问题没有人提。如果说日本首相在谈到这个问题时极其谨慎，那么与此相反，日本记者就不管那一套，并且想尽快将岛屿归还。为了证实自己的话，他可以借口说这是全体日本国民的意见。

当然，也大可不必这样。弗拉基米尔·普京告诉他，当政治和知识精英们想推进某一政治决定时，也可以借口这是人民利益（他可以以车臣全民公决为例），而且可以不费吹灰之力解释，什么是人民利益。俄罗斯总统含糊地告诉日本记者，不仅是俄罗斯人民，还有日本人民的真利益而不是假利益在哪儿？在所有领域，其中包括特别敏感领域内的合作之中。

弗拉基米尔·普京与罗伯特·科恰良在亲切友好气氛中举行会谈

1月17日，俄罗斯总统弗拉基米尔·普京与亚美尼亚总统罗伯特·科恰良在克里姆林宫举行会谈。两位领导人无论单独还是在大范围内会谈中都感觉良好。

会谈进行了近三小时。结束之后，从参加者脸上的笑容和神情不难看出会谈的氛围非常融洽。俄罗斯国防部长谢尔盖·伊万诺夫难以掩饰自己的喜悦，他不仅在签署军事技术合作条约时，而且在签署条约之后长时间微笑着。也许只有外交部长伊戈尔·伊万诺夫控制住自己。即使这样，他在俄罗斯中央银行与亚美尼亚中央银行签署信贷组织监督方面的合作协议时也情不自禁地开始鼓掌。全体亚美尼亚代表甜蜜地微笑着。

看来人人都笑得自然，发自内心，连笔者的情绪也很高涨。

弗拉基米尔·普京向记者介绍纳戈尔诺—卡拉巴赫问题时严肃起来。他认为，应该在亚美尼亚与阿塞拜疆相互都能接受的基础上解决问题。当他讲到这儿时，罗伯特·科恰良总统脸上的笑容消失了，他不大喜欢这种提法。

当弗拉基米尔·普京讲到，两位领导人的会晤是在亚美尼亚非常重要的政治事件，即总统选举之前进行时，科恰良脸上的笑容立即恢复了。老实说，亚美尼亚总统的笑容是由于俄罗斯总统讲到亚美尼亚总统专程来到莫斯科。俄罗斯总统没有骗人。他说，正是在罗伯特·科恰良的领导下两国关系才达到了新水平。这就是说，不是在他弗拉基米尔·普京领导之下。它意味着俄罗斯总统准备在与亚美尼亚的关系中牺牲自己的领导地位，因为不是他，而是罗伯特·科恰良面临着总统选举。老实说，这样的牺牲不算大。

亚美尼亚总统讲话时一刻也没有停止微笑。他说，他不记得最近与弗拉基米尔·普京在什么问题上争执过。俄罗斯与亚美尼亚的关系健康发展，没有任何矛盾。

然而，这一微笑并没有妨碍罗伯特·科恰良讲：俄罗斯在卡拉巴赫问题谈判中充当调停者角色，亚美尼亚“损失了什么”。

如果可以这样讲的话，这是今天会晤中最富有戏剧性的一刻。亚美尼亚总统在谈到损失时似乎没有考虑他需要时间，解释他所说的“损失”是什么，这样才不伤害普京总统。

“俄罗斯作为调停者，当然应该坚持中立立场。但是考虑到双边关系……我们还是损失了什么。但是总的很好！”

俄罗斯总统在回答亚美尼亚记者的问题时使用了“我们非常满意”这样的字眼。在回答下一个问题时出现了一个短暂的停顿。这个问题是一位亚美尼亚族俄罗斯女记者提的。她没有自我介绍，而亚美尼亚总统委婉地要求她这样做。“马加丽塔，俄罗斯电视公司记者。”女记者回答说。

“再次听到亚美尼亚名字，难道不高兴？”弗拉基米尔·普京问亚美尼亚总统。

罗伯特·科恰良满意地点点头，结果，包括女记者在内的所有人皆大欢喜。关于亚美尼亚加入欧亚经济合作组织也取得共识。亚美尼亚正式得到观察员地位。俄罗斯、塔吉克斯坦、白俄罗斯和哈萨克斯坦是这个组织的成员国。两位领导人认为，亚美尼亚成为欧亚经济合作组织成员国，一点也不影响它成为世贸组织成员国。天哪，这有多好！

当俄罗斯总统找到理由，再次感谢亚美尼亚发展迅速时，记者招待会已经接近尾声。去年，亚美尼亚共和国的国民生产总值增加 12%，物价上涨指数 3%。

“这是一个值得学习的榜样，”弗拉基米尔·普京说，“俄罗斯更愿意与经济发展健康的国家合作。”

总之，很难想起别的令人回味的谈判，只有俄罗斯与阿塞拜疆的谈判有过。

弗拉基米尔·普京与亚历山大·卢卡申科怎样达成妥协

1月20日，俄罗斯总统弗拉基米尔·普京在明斯克参加了俄罗斯—白俄罗斯联盟国家最高委员会会议。白俄罗斯高度重视这次访问。从人的感情上讲容易理解：外国领导人越来越少地访问这个国家。当地电视台的新闻分析节目准备了一个长篇节目，介绍访问准备情况。节目主持人正在竞争列昂尼德·帕尔费诺夫奖桂冠。他说，就物质消耗而言，准备这次访问与准备美国总统布什访问相同（这样的比喻实际无意义，因为布什从未到过明斯克）。

看来物质和精神上的消耗更大。据主持人介绍，白俄罗斯特工部门得经常考虑车臣恐怖分子暗杀俄罗斯总统的危险。恐怖分子宣布，拿下普京的首级悬赏2000万美元。然而，普通白俄罗斯公民可能认为，对一个受到如此欢迎的人，这个数目不算多。考虑到白俄罗斯的人均收入，如此数字令任何健康思维之人瞠目结舌，迫使他们更加尊敬俄罗斯总统。

由于恐怖分子的打击可能伤害白俄罗斯任何无辜，所以人们更加担心（给人的印象是弗拉基米尔·普京的过失已经得到证明）。白俄罗斯特工部门更加警惕。俄罗斯首任总统鲍里斯·叶利钦的警卫局长亚历山大·科尔扎科夫对向他突然产生的兴趣感到高兴，说在叶利钦时代，白俄罗斯在特工方面花费的人力物力比任何国家都少，因为它被视为相对安全。

节目主持人指出，俄罗斯总统到达之前紧张形势日益增加。当它达到顶点时明斯克居民伊丽莎白·卢基扬诺娃竟然用钥匙锁上了自己窗户面向广场的房间。领导人一般到广场献花圈。伊丽莎白·卢基扬诺娃在接受记者采访时说，她得到这套房子起初感到高兴，但这种高兴并不长。贵宾访问明斯克前经常有陌生人敲她家的门。他们盛气凌人、千方百计警告她，不得走到窗户跟前，周围全是狙击手。这次他们也告诉她，狙击手保卫两位领导人会见，而且俄罗斯、白俄罗斯方面都有。他们还部署在广场周围的房顶上。不错，也有人突然说，弗拉基米尔·普京将不到广场来，因为他是工作访问，没有那么多时间。

节目最后谈到弗拉基米尔·普京在明斯克逗留期间的生活条件。他们指出，弗拉基米尔·普京是一个随和的人，怎么安排都行。

然而事实并非如此。据笔者所知，白俄罗斯方面从一开始建议弗拉基米尔·普京与卢卡申科举行1+1单独会谈，甚至对此进行了广泛宣传。弗拉基米尔·普京回绝了这一要求。于是白俄罗斯人出面交涉。在俄罗斯总统到达前一天，这个要求已经绝望。晚上，俄罗斯总统到达明斯克后，这个问题迎刃而解，白俄罗斯总统请他到自己的“鸫鸟”官邸。两位总统在那儿共进晚餐并举行了会谈。亚历山大·卢卡申科后来以不同的借口几次回想起这个愉快的插曲，强调说会谈时间长，几乎到半夜。然而，俄方证实谈话没有超过一小时。看来双方都对，只是各取所需罢了。

第二天早晨，举行了短暂的1+1正式会谈。后来召开了联盟国家最高委员会会议。日程上有十个议题，其中有联盟国家2003年预算（报告人帕威尔·鲍罗金），联盟国家宪法草案起草过程，安全问题委员会停止活动（报告人俄罗斯联邦安全局局长尼古拉·帕特鲁舍夫），俄罗斯与白俄罗斯本土武装部队的职能（报告人俄罗斯国防部长谢尔盖·伊万诺夫），联盟国家社会发展纲要（报告人俄罗斯劳动部长亚历山大·波奇诺克），最后是联盟国家国务秘书帕威尔·鲍罗金的工资和奖金（报告人亚历山大·波奇诺克）。

最后一点单独列入最高委员会工作日程并做出了专门决议。俄罗斯代表团提供消息的人士称，白俄罗斯方面想大幅度增加帕威尔·鲍罗金的工资，认为无论怎么增加，与他对联盟国家所作的贡献相比都不过分。而俄罗斯方面却十分平静，似乎在袖手旁观，说鲍罗金该拿多少就拿多少。最后他的工资提高了一倍，相当于俄罗斯政府副总理。据初算，他将得到3.5万至4万卢布。这也不错。

两位领导人在记者招待会上对委员会的工作结果表示基本满意。

“我非常满意，”亚历山大·卢卡申科说，后来还是忍不住补充说，“至少我们就所有问题达成共识。”

他再次提到会谈之前曾与弗拉基米尔·普京谈到夜间11点半。

这一次，俄罗斯总统事实上对一切都喜欢。正如人们所指，从2005年1月1日起，如果双方就统一的发行中心取得一致意见，俄罗斯与白俄罗斯将有统一的货币——俄罗斯卢布。昨天卢卡申科已经承认，最后只能有一个中心。

有关统一的天然气输送和分配系统也有进展。正如俄罗斯总统所言，已经决定建立这一领域的合资企业。决定应该得到执行。

“昨晚我们谈了很长时间，”他再次提醒说，“我们坐在一起考虑，我们对联盟国家什么还没有做？还要做什么？”

据笔者所知，这些痛苦的思考最终以所有工作已经完成而宣告结束。两位领导人再也没有要做的事情了。

与此同时，白俄罗斯总统在回答给弗拉基米尔·普京提的问题——白俄罗斯公民进入俄罗斯境内是否需要持外来居民卡时（弗拉基米尔·普京不止一次讲过，没有必要）说：“俄罗斯人是我们自己人。”

他明显呼吁俄罗斯采取同样友好的回应。

“他们是自己人，”他补充说，“无论来自何方，是雅库特甚至是车臣。”

他回想起，打算前往波兰而后来被拒绝入境的车臣非法难民是怎样涌进自己的国家。白俄罗斯最终还是与波兰谈好，波兰接收了这些人，没有留在自己国家。

弗拉基米尔·普京祝贺最高法院成立80周年

1月24日，俄罗斯总统弗拉基米尔·普京来到工会圆柱大厦，祝贺俄罗斯最高法院成立80周年。笔者目睹了最高法院的法官们如何对总统报以史无前例的欢呼声。

法官们不仅以暴风雨般的掌声欢迎总统，还高呼“好!”“乌拉!”“请入席!”等，有人甚至吹起了口哨。显而易见，法官们在大厅里已经坐了一阵。

“马拉特·耶菲莫维奇现在问我：难道我们在1923年之前没有最高法院?”总统援引了宪法法院院长马拉特·巴格莱的问话，“确实没有，历史就是这样写的。”

弗拉基米尔·普京对俄罗斯司法诉讼过程更加乐观。他告诉法官们，由于实行了新的刑事诉讼法典，被捕人员的数量已经锐减。现在要逮捕人，需要得到法院，而不是像从前那样得到检察院批准。从人的感情出发，不难发现总统为什么注意到这个问题。前不久他亲自承认，这一条是他写进刑事诉讼法典的。因为除他之外，任何人负不起这个责任。

“谢天谢地，什么大事情也没有发生。”总统补充说。

据他说，从总体上说，国内的无罪判决增加了二倍，什么大事也没有发生（有趣的是什么才算出了大事?）。自从总统在一年前将赦免权事实上交给联邦主体之后，赦免数量增加了几倍，也不是没有出什么大事吗？此外，看来除了被赦免者本人之外，谁也没有发现什么。

只有宪法法院院长马拉特·巴格莱给这种乐观情绪泼了一盆凉水。看来有些方面尚不尽如人意，需要改进。首先需要纠正我国人民的某些观念。据马拉特·巴格莱说，他们尚未克服法律虚无主义，不像他那样相信俄罗斯司法系统。也许他有自己的理由。

第二，应该解决电视上存在的问题。

“倒霉的律师经常是我们电视屏幕的主人公。他们大声疾呼，输了官司，要向最高法院申诉，”马拉特·巴格莱说，“尽管有这些不好的事实，我们的航船还是在前进。”

巴格莱先生到底想说什么？他是否指的是昨天法院对杜布罗夫卡人质案件的诉讼和特鲁诺夫律师对此案的评论？也许不是。

然而，大法官巴格莱还是表扬了全会给他发来的经常性的解释。他说，这些解释很有意思，甚至给人产生了这种印象，宪法法院院长的情绪在好转。但这一印象是错误的。马拉特·巴格莱立即暗示，如果根据俄罗斯宪法检查，这些解释意味着什么。在座的人们明白他的暗示。大厅响起了稀疏的掌声。意思是说，不用解释，这个情况我们知道。

尽管这样，还是可以看出，马拉特·巴格莱先生言犹未尽。他对我们执行权力机关讲了几句，而且很严肃，说远未达到理想程度。

“总之，我希望有朝一日可以说，俄罗斯的法官比裁判多。”

然而，笔者并不喜欢这种说法。

会议休息时最高法院院长维亚切斯拉夫·列别杰夫说，最高法院在重大纪念日庆祝自己的节日，而检察院每年都[illegible]知道，为什么最高法院的节日少，昨天的庆祝之后还打算搞什么活[illegible]准备。所有发言者认为自己的职责是向法官们解释他们的主要使命是[illegible]

阿列克谢二世的贺信由东正[illegible]索尔涅奇诺戈尔斯克·谢尔格宣读。信中说，无论是最高法院，还是宪[illegible]都是为了恢复人们高尚的精神和道德价值观（经过磨难）。俄罗斯国[illegible]博菲·斯利斯卡说，俄罗斯忒弥斯神不应该闭上眼睛。当笔者正在[illegible]弥斯神闭上眼睛时，她突然解释说：

“俄罗斯忒弥斯神应该有晶莹的心[illegible]们已经有了……”

笔者认为，她指的是加强有陪审员的审判。

弗拉基米尔·普京打算对所有这些讲话进行总结。然而一开始，似乎他请求发言者原谅他。“大家讲得很诚恳，发自内心，”他说，“包括马拉特·巴格莱在内，讲得很全面。既讲到法律虚无主义的残余，也讲到大众媒体和执行权力机关。”

沉浸在这个美好节日气氛中的与会人员，以真诚的掌声回报讲话，然而不免有些仓促。

“从掌声判断，你们认为这是正确的。”普京补充说。

大厅的人没有估计到这位宪法担保人竟会来这一手，因此显得慌乱，后来又没有把握地笑了。觉得您怎么这样不理解我们！又着急起来。

“我同意你们的观点。”总统结束了讲话。

大厅一片寂静。这时会议宣布休息，与会人员比任何时候都需要它。休息时，陪同弗拉基米尔·普京的最高法院院长维亚切斯拉夫·列别杰夫一直努力在自己周围营造节日气氛。他告诉记者：

“我们的理想终于实现了：去年公民向最高法院的来信剧增！”

维亚切斯拉夫·列别杰夫认为，这说明办案质量正在提高。

弗拉基米尔·普京回答了一个乌克兰问题，提了一个俄罗斯问题

1月28日，俄罗斯总统弗拉基米尔·普京与乌克兰总统列昂尼德·库奇马在基辅几乎一整天都没有分离。他们先在小范围，后又在大范围举行会谈。接着签署了几个条约、议定书和协议，向乌克兰数名活动家（主要是俄罗斯姓名的）颁发了勋章和奖章，最后来到基辅大学，会见师生代表，向他们颁发勋章和奖章。

他们是怎样摆脱琐事纠缠的

一开始，弗拉基米尔·普京与列昂尼德·库奇马签署了《俄罗斯与乌克兰国界条约》。这个条约讨论了四年，两国陆地边界已经在去年秋季解决。正如俄罗斯总统后来所说，事先也存在问题。但在一个美好的瞬间，参加谈判的人员突然明白，他们原来在一些小事上争吵不休，事实上毫无意义！

“他们就这样摆脱了琐事纠缠！”

他们所说的琐事，原来是一些有争议的居民点、山脉、高原、森林、小树林。经过专家们鸟瞰，意义甚小，而在谈判之初，误认为事关重大。他们为什么后来能高瞻远瞩？关于黑海划分问题讨论了十年，至今仍然悬而未决。

“欧盟树立了一个良好榜样，”普京解释说，“只要回忆一下凡尔登就足够了。”

过去在凡尔登，德国人与法国之间举行过一场大会战，人员大量伤亡。

“60万法国人……不，60万德国人……35万法国人，”普京继续说，“最近两国领导人宣布说，他们的目标是在将来建立统一的国家。因为这样对他们有好处。我们呢？”

弗拉基米尔·普京主动提出这个例子，因此难以停止：

“我们呢？为什么我们不能这样做？因为我们办事拖拉，政治上无知。列昂尼德·库奇马又提出什么护照问题……”

不协调的音符怎样停止弹拨？

两国就这样拖拖拉拉，终于在昨天签署了几个协议，其中包括“预报由免疫缺陷病菌引起的疾病传播领域内合作协议”。在如此情况下，俄罗斯与乌克兰国际天然气合作协议仍然悬而未决。两位总统都说，这个问题已经有了眉目，两国政府事实上已经就所有问题谈妥。

“一旦实际工作开始，”普京说，“不协调的音符就应该立即停止。乌克兰专家

一度在这个问题上不能自拔，后来又是他们主动督促我们。”

看来应该这样理解弗拉基米尔·普京的话：天然气国际合作协议最终还得依照俄罗斯提出的条件解决。正如他先前多次坚定地表示，俄罗斯在这个问题上不会做出任何让步。从各种迹象判断，尽管在这方面没有让步，但在其他原则性不太强的问题仍然让了步：

“基辅总部的法人将是乌克兰人。”俄罗斯总统说。

如果不是一个情况，那么可以说这是一个小小的让步。但税收进入基辅，已经不是小事了。一小时之后人们清楚，弗拉基米尔·普京并不打算将俄罗斯企业上缴的俄罗斯石油、天然气和电力税收交给列昂尼德·库奇马。他在会见基辅大学学生时谈到这一点。而这个问题似乎与这个话题没有任何关系。

“你们大学生具有健康的思维。我希望大家理解我。乌克兰是我们能源最大的消费者。主要障碍是现在应该直接解决向到达国征收间接税问题。”俄罗斯总统说。

也就是说，俄罗斯企业在向乌克兰出口电力、原油、石油产品、天然气和冷凝气时向本国缴纳增值税，这倒成了出口障碍。如果不克服这个障碍，基辅也不会多交，即使多交，莫斯科每年将少收入 7 亿美元。弗拉基米尔·普京将此称为俄罗斯预算的直接损失并当着乌克兰总统的面说，这个问题与独联体各国均已解决，只有与乌克兰没有解决，列昂尼德·库奇马彬彬有礼地保持沉默。

怎样不犯错误

俄罗斯总统会见大学生相当坦率。例如，大家都希望他在大范围内会谈后在记者招待会上介绍伊拉克形势，但他却愿意在基辅大学礼堂讲。

“俄罗斯现在和将来被迫与朝鲜民主主义人民共和国、伊朗保持睦邻友好关系。邻国是不能选择的。我们已经相处了数千年，还将相处下去，这也涉及伊拉克。我们与他们也有某些共同点！”弗拉基米尔·普京冷不防冒出一句。

这不就是大规模杀伤武器吗?

“是的，大规模杀伤武器可以构成威胁，”他说，“我们在联合国安理会上已经商定，向伊拉克派遣军事检查员。直到今天，他们没有向我们报告工作中发现了问题。我们信任他们。他们在星期一还将报告，我们正在等待。”

也许总统没有注意到，星期一已经来临，他们什么也没有发现，也许他已经注意到了。“无论发生了什么，最主要的就是应该在国际法基础上解决有争议的问题。这是一个关键问题，甚至比伊拉克问题更重要。北约和华约解散之后……不，北约没有解散，但是……怎么讲呢……它发生了结构性改变……”

相反，这一次我们的总统超越了事件，显然将希望当成了现实。他自我纠正之后又说，无论如何，新的世界结构仍然是一个悬而未决的问题。

“如果我们允许像美国这样的国家抛开国际法采取行动，我们就要……”总统考虑了片刻，“犯错误。”

乌克兰大学生报以暴风雨般的掌声，美国白宫却是一片哗然。

他是谁派来的?

总统对其他问题回答得简单明了。他说，大学时代自己印象最深的事件是托尔斯泰教授给他的罗马法律课得了三分。看来教授做得有点过火了。

总之，普京几乎对任何问题都作了自己认为必要的回答。此前面对自己的听众，他并非完全这样。他在回答关于电子商务市场的发展前景时说：

“大家可以想想，苏联解体了，俄罗斯仍然是世界最大的国家之一!”

后来人们说，当普京讲这句话时不能不发现，坐在他身边的乌克兰总统的痛苦表情扭曲了自己的脸。但笔者不知道也没有发现，只看着普京。当时，他的脸色没有任何改变。

一位大学生问弗拉基米尔·普京，根据他的观点，俄罗斯与乌克兰在不远的将来，青年政策在哪些方面应该发展。此时总统的脸上出现了痛苦不堪的表情。

“是谁派您来的?”他直截了当地问大学生。

闪电般速度的反问给人的印象是在弗拉基米尔·普京一生中，不是一两次有人这样问他。但大学生并不承认，他咬咬嘴唇，坐到位置上。

“昨天，瓦连京娜·马特维延科告诉我：我们将与乌克兰签署青年政策协议。我问她：俄罗斯有无青年政策?她说有。我说，那好，我们就签吧。”普京先生耸耸肩。

他认为俄罗斯不像苏联，没有明确的青年政策。苏联还有少先队和共青团。

“尽管当时的一切已经官僚化，”弗拉基米尔·普京承认说，“但人们毕竟可以聚会和讨论问题。”

尽管这些建议初看上去非常重要，但它一点也不妨碍签署“乌克兰与俄罗斯青年政策合作协议”。当瓦连京娜·马特维延科在这个文件上签字时，弗拉基米尔·普京将阿列克谢·米勒叫到自己跟前，当众与他讨论什么要事。

“在您看来，我们这些未来的外交官怎样才能不犯大错误?”又一名乌克兰大学生问。回答又是闪电般的迅速。

“最主要的就是永远不要忘记：乌克兰的战略选择应该与自己的民族利益一致——与俄罗斯友好!”

整整一个半小时在基辅大学一言不发的乌克兰总统，已经不是首次点头。

弗拉基米尔·普京提议列昂尼德·库奇马为自己的接班人

1月29日早晨，独联体元首委员会会议在基辅举行。按照传统，对记者保密。

众所周知，独联体11个国家，只有四位元首没有出席。尽管原因各种各样，但没有一个有说服力。吉尔吉斯的阿斯卡尔·阿卡耶夫如果能离开自己的人民，不关注全民公决前四天的情况——公决将决定他个人命运，他就能来。如果国家新宪法获得通过，那么阿卡耶夫就可以被提名为候选人，老宪法规定的两个任期将被自动取消。

哈萨克斯坦总统努尔苏丹·纳扎尔巴耶夫昨天早晨甚至向弗拉基米尔·普京送来亲笔信，请求原谅自己不能来，因为今天的日程事先已经按每分钟排得满满的，但补充说，来的希望很大。

伊斯拉姆·卡里莫夫（去了西班牙）、萨帕尔穆拉特·尼亚佐夫（在国内）也没有来。然而，七位勇士已经从基辅回国，从表面上看情绪饱满。他们没有通过任何决议，只是交换了意见。按照惯例会议对记者保密，但笔者还从一个未经批准的音频渠道听到塔吉克斯坦总统埃莫马利·拉赫莫诺夫在会上的发言。他发自内心的呼唤并非讲给外人，但笔者不能熟视无睹。拉赫莫诺夫先生讲话声音大，充满委屈，非常激动，希望大家理解他。

“我听到指责中亚国家非法移民！”拉赫莫诺夫先生大声疾呼，（他指的是去年年底发生的丑闻，莫斯科驱逐了数十名没有在首都登记的塔吉克人——作者注）“这是为什么？因为苏联鼓励塔吉克妇女生育！塔吉克斯坦每年向苏联军队提供约12万兵源。我就在舰队服役过三年！”

这位塔吉克斯坦人民的儿子口若悬河，谁也不去打断他。直到最后，坐在圆桌会议前的人都是一个姿态。塔吉克斯坦总统上哪儿去找这么好的听众呢？

“塔吉克斯坦生产棉花。欧洲不生产棉花！我们为谁生产？我们每个国家都为美国人、为欧洲人建立市场?！请大家原谅我，现在这一苦果轮到塔吉克斯坦吃了！塔吉克斯坦有什么办法？我们努力加入世贸。还有什么？常言说得好，想活下去就得想法子！我们是走投无路呀！去阿富汗？那儿正在打仗，不知道何时结束。我们只剩下穷山恶水，石头。”

每个人听到这些都会感到痛心，但必须听下去。然而，塔吉克斯坦总统接下来谈到独联体国家相继建立的新联盟。

“我们已经建立了古阿姆（格鲁吉亚、乌克兰、乌兹别克斯坦、阿塞拜疆、摩尔多瓦五国经济联盟——译者注）、中亚合作组织……为什么需要它们？计算过开支吗？因为在独联体范围内解决不了问题?！让我们向塔吉克斯坦人民，而不是向它的总统拉赫莫诺夫说声谢谢，因为它在抵抗着空前的坏蛋——塔利班！可有谁说声谢谢呢?!”

谁也没有说声谢谢，因为谁也不打算打断塔吉克斯坦总统的讲话，他没有讲完。他还说，他无论走到哪儿，都在为保卫独联体，首先是为保卫俄罗斯而战：

“我在白宫……刚一离开布什走出白宫就说，俄罗斯永远是我们的战略伙伴!”

此时，乌克兰记者同行最终注意到，谈判间泄漏秘密信息已经持续了一刻钟。他们认为自己有责任向有关部门报告。乌克兰安全部门立即采取了措施：泄漏领导人讲话的线路马上被掐断。与会其他人员发言看来也是带着这个感情，否则会议不会拖长三个半小时。

俄罗斯和乌克兰总统出席了总结性记者招待会。据他们说，会场的气氛不是义愤填膺，群情激昂。弗拉基米尔·普京提醒说，会议主要讨论了经济问题（确实如此），反恐问题（这是最近几个月的政治热点）。惟一的新闻是列昂尼德·库奇马将代替俄罗斯总统，一致当选为独联体元首委员会主席。弗拉基米尔·普京特别强调，是全票当选。这的确是一个重大新闻，因为前不久在基什尼奥夫举行的独联体元首委员会会议上，亚历山大·卢卡申科强烈反对弗拉基米尔·普京这一建议。

几分钟之后，当弗拉基米尔·普京在另一个房间会见俄罗斯记者时笔者问，为什么惟有库奇马能够享受如此殊荣?

“乌克兰是独联体继俄罗斯之后领土面积最大的国家，人口5000万，经济总量仅次于俄罗斯，居第二位。它在独联体的分量和意义重大，我觉得这是惟一的选择。至于主席轮换，独联体章程已经有明文记载，但从未得到执行。我认为，这是俄罗斯的错误。如果我们希望各国能够感受到自己与独联体关系密切，相信这个组织，那么公民就应该看到他们能够直接影响到它的政策。”

“但是，半年前在基什尼奥夫举行的独联体元首委员会会议并不完全同意将这个职务交给库奇马?”

“那次会议上并非所有人都同意这个想法。”弗拉基米尔·普京证实说。

“现在都同意了?”

“都同意。当时许多人感到突然。应该承认，我当初提出这个建议时事先没有与他们协商过。现在大家协商了，伙伴们认为这样做比较合适。不少人也真的担心此举会削弱独联体。他们认为，既然俄罗斯是独联体最大的国家，那么它无论如何得领导这个组织。然而，我却持另外一种观点。最终，其他领导人表示了相同意见。”

与此同时，当列昂尼德·库奇马与弗拉基米尔·普京在联合记者招待会上向记者们发表了简短声明，打算离开大厅之际，一位来自“弗尔图娜”电台的格鲁吉亚女记者赶紧向我们总统提了一个问题：

“为什么俄罗斯对阿布哈兹人实行非法的身份证化政策?”

还有几个人提出这个问题，但俄罗斯总统只是对她做出了反应。他转过身来，几乎是紧靠着这个可怜的姑娘。他不能不接受这个挑战，精神饱满地答复了两分钟。他说，没有实行任何身份证化，对所有提出申请，愿意成为俄罗斯公民的人，我们都批准了。

“最近几年，几百万格鲁吉亚人来到俄罗斯，其中65万人已经得到俄罗斯国籍!”总统责怪格鲁吉亚女记者不了解情况。

与俄罗斯记者单独呆在一起时他又补充说，现在可以坦诚地讲话了。于是介绍了有关倒霉的苏呼米—阿德列尔电气火车的情况（它已经在阿布哈兹与莫斯科之间开行了一个多星期)：“这确实是商业组织的决定。对我们而言，它在一定意义上不亚于一个反腐措施。如果到索契的市场上转转，就会发现主要是来自阿布哈兹的难民在卖什么。他们在那儿卖的完全不依赖于有没有这趟电气火车。这些货物是他们用车拉，用手提来的，或者向纠察队员行贿，或者没有机会行贿也不想行贿就采取迂回办法走小路。那儿没有边界！既没有灯光照射区，也没有训练有素的警犬。”

俄罗斯总统随后说：“建立某些‘飞地’、特区或者企图从经济上扼杀谁，都是‘没有意思的事’。目前谁也做不到这些。我认为，这样对待阿布哈兹也不行。”讲了这些话之后总统确实开始讨好格鲁吉亚领导人，说不考虑他们的意见是不正确的。可以预先向他们打招呼。普京先生就此讲得很多。格鲁吉亚对他的国家而言不是别的国家，否则他就不会想得这么多，讲得这么多。总统坦言，俄罗斯并不打算不惜代价，在格鲁吉亚驻扎维和部队。

“如果在最近两周内，格鲁吉亚不提出延长维和部队期限的要求，我们将撤出自己的维和部队。”

发出这样的声明犹如威胁：格鲁吉亚早就要求撤出独联体维和部队，而这支部队主要是俄罗斯军人。俄罗斯费了很大的气力延长维和部队的期限。大家对此已经习惯了。然而，当普京先生说道“我们将撤出，谁也不要对此存有幻想”时，只有爱德华·谢瓦尔德纳泽完全不想这样。此外，他在基辅被迫公开宣布：“随着维和部队的撤离，天晓得会发生什么事。”就连格鲁吉亚记者后来也承认，当他们从他口中听到这句话时，简直不相信自己的耳朵。

实际上大家都知道会发生什么事。与阿布哈兹一场新的战争将会开始，格鲁吉亚的机会不会更多。

弗拉基米尔·普京还宣布，“只有独联体作为一个组织，做出这样的决定时”，俄罗斯将保留自己的维和部队。维和部队任期已满，最近两星期独联体领导人也不打算会晤。也就是说，部队将会撤出。或者是格鲁吉亚总统将想出什么特别的办法，慷慨地牺牲自己的民族利益留下他们。问题在于这些利益几乎已经所剩无几，甚至没有什么可以牺牲了。

弗拉基米尔·普京与斯大林格勒大会战

2月2日，俄罗斯总统弗拉基米尔·普京来到斯大林格勒，纪念在斯大林格勒城下消灭德国法西斯60周年。老战士向他表示衷心的感谢。

弗拉基米尔·普京来的前一天，伏尔加格勒下了雨。两天前大风还将一架运载着幸存老战士的雅克－42飞机从跑道上吹走，但没有出事。晚上总统来到之前一时雷鸣电闪。

一夜平静。第二天早晨非常寒冷，马马耶夫高地冷得结了冰，不少人因此倒了霉。俄罗斯电视公司的一名摄影记者给总统拍摄时滑了一下，从高地掉下来。据初步诊断，他的手骨折。当地居民受伤情况无人统计。笔者亲眼看见，一位身穿迷彩服的老战士怎样跌倒在光荣林阴道上，躺在那儿。几位身穿绒线衫，上面印着“一起前进”字样的青少年将他扶起，一起往前走。老人神志已经不大清醒，但听得懂人们向他讲话。

几分钟之后总统出现在光荣林阴道，引起一片欢呼声。刻在石墙上的士兵和水兵们似乎也复活了。到处响起了自动枪的枪声和地雷的爆炸声。

与此同时，弗拉基米尔·普京并不急于走上林阴道。几位老战士向他欢呼。他向他们走去，他们高兴地向他表示感谢。老战士们明显没有感到自己会这样讲话，他们准备干其他事，然后不好意思地相互看着。纪念馆馆长来到一群人面前，等他们向总统自我介绍之后赶紧说：“弗拉基米尔·弗拉基米罗维奇，这位是‘转子’足球队队长戈留诺夫。”

手里拿着一大束丁香花的“转子”足球队队长从老战士身后走过来，将花献给总统，但后者却恭敬地躲到一边。戈留诺夫先生没有完全失算，又朝瓦连京娜·马特维延科副总理走去。结果不错。马特维延科女士感激地收下花。

“现在合影留念!”馆长建议说。

总统并不反对。老战士们灵活地站在弗拉基米尔·普京身边，紧靠总统的地方已经让“转子”足球队队长牢牢地占据。这张历史性照片已经拍完，从现在起它将在伏尔加格勒州足球发展中发挥自己的作用。

弗拉基米尔·普京从光荣林阴道登上光荣公墓。他经过的台阶上站着不少人。一位老爷爷手上拿着标语牌：“普京，请调查改革前在储蓄银行的存款，他们骗了您！”总统没有停步研究这个标语牌，只是点点头。老人确信自己的目的已经达到后向联邦警卫局的工作人员塞了什么文件，他们有礼貌地避开了。

“他已经点头了。”老人有所责备地向他们喊道。

总之，人们非常热情地欢迎自己的总统。

“瞧他那么活跃！”一位青年对另一位说，“我已经告诉过你了。”

另一位老人此时也打算走到总统跟前，但不小心跌倒了。尽管总统已经走得很远，但发现之后还是请将老人领到他跟前。他被架着，几乎是被抬着上了三个台阶。

“别这样！”礼宾司一位工作人员说，“最好让他自己来，他能走！”

“您看到坟墓了吗？这是我们师长热卢杰夫的，他救了我的命，”最终跟上总统的这位老人指着台阶旁边的大理石墓碑低声说，“他叫热卢杰夫，是师长。”

“您呢？”总统问道。

“我是通信员……”老人赶紧说，“就是通信兵……”

此后他恢复了镇静，开始感谢总统。

“谢谢！谢谢您为我们所做的一切！谢谢，别忘记我们……”

“我们将永远记住你们。”总统回答说。

他们一起照了相（没有“转子”足球队队长）。弗拉基米尔·普京来到公墓之后在仪仗队士兵抬来的花圈旁边站了片刻。他将掉下来的白丁香花和绿叶放在花圈上。瓦连京娜·马特维延科考虑片刻，跟着总统献上一束丁香花，看来是“转子”足球队队长送的。

原计划总统在公墓要坐在桌子边在留言簿上留言。在他到来之前桌子几次从一个地方挪到另一个地方，位置都不合适，最后干脆不摆了。因此，弗拉基米尔·普京在公墓没有留言。但是，他在斯大林格勒战役全景博物馆的留言簿上却写了不少。

总统走出公墓之后继续向马马耶夫高地前进。人们向他表示欢迎，不断高呼：“普京您好！”此时突然一架直升机从总统头上飞过。几分钟内飞机的轰鸣声压过了欢呼声。

“这是什么？不可能！直升机是从哪儿来的?!”总统警卫喊道。

然而，直升机并没有伤害任何人继续飞行。现在联邦警卫局将亲自处理批准直升机飞行的人。直升机没有识别标志，竟然在总统头上直接飞过。当地联邦安全局发誓，这不是他们的直升机，从各种迹象判断，它是一架没有主人的飞机。

此时，总统正站在一位姑娘身旁，她大声要求他签名，但她的钢笔坏了。“写不成。”总统说。

“我知道。”姑娘叹了口气。

普京拿出自己的钢笔问姑娘叫什么名字。

“柳达……就是列娜。”姑娘小声说。

“祝列娜幸福!”总统在本子上写道。

“第二页也要写。”姑娘胆子大了（她们一般都这样）。

“什么?”总统反问了一句。

“就写：阿吉拉。”

总统写完之后将自己的不冻的钢笔送给列娜留念。

在欢迎总统大会上，弗拉基米尔·普京高度评价了斯大林格勒人的功劳。他说，现在他们的经验特别珍贵。

“迄今仍然保留着侵略者本性的人，特别应该记住这个教训。”

弗拉基米尔·普京接着引用了德国总理施罗德的讲话（原来德国也在大规模纪念在斯大林格勒城下消灭大批德寇）。德国总理将发生的事件称为可怕的战争教训，弗拉基米尔·普京完全支持他。

伏尔加格勒州长尼古拉·马克修塔简短讲话之后瓦连京·瓦连尼科夫将军开始讲话。当年他在斯大林格勒城下的迫击炮排作战。他与另外两名老战士在从莫斯科到伏尔加格勒途中就搭上了总统的飞机，从此就没有离开。总统也经常援引将军的话：

“瓦连京·伊万诺维奇说，60年前他登上这个高地时，觉得挺容易，”总统在斯大林格勒战役全景博物馆接见老战士时说，“我看见今天来的年轻人不少，让他们记住这一点吧。”“最好永远记住。”老战士们感叹地说。

瓦连尼科夫将军在大会上发言时引用了不少施罗德和斯大林的话。

“德寇在斯大林格勒城下遇到了我们领导人不屈不挠的意志……”他慢了下来，最后突然脱口而出，“特别是斯大林个人……”

大厅爆发出一片掌声，总统也鼓了掌。

然而，瓦连尼科夫将军也证实自己这天一直呆在总统身旁：

“总统同志，我们老战士永远支持您为我国人民提出的倡议。”

他请求总统，像1943年那样，将2003年变成我们人民生活根本转折之年。

结束时总统观看了节日音乐会，真是不虚此行。在震耳欲聋的掌声中为他演唱了一支流行歌曲：《俄罗斯跟着普京强大》。

俄意领导人在严寒中热烈交谈

2月3日，弗拉基米尔·普京从自己莫斯科郊区的官邸来到特韦尔官邸，意大利总理西尔维奥·贝卢斯科尼从弗努科沃飞往扎韦多沃。根据事先安排，他们的会谈将进行半小时，接着举行记者招待会，最后当着记者的面，在冬季的俄罗斯散步。

但一切并没有按照原计划进行。会谈不是进行了半小时，而是不到两小时。尽管散了步，但由于天黑和严寒被大大缩短了（弗拉基米尔·普京甚至改变了生活习惯，在笔者观察期间，散步结束前首次戴上帽子）。

会谈开始时就莫斯科的寒冷进行了几番对话。

“我想，我们可别把您冻坏了。毕竟是零下 21℃。”俄罗斯总统说。

“对一个来自地中海的人，零下 21℃ 并不可怕。”贝卢斯科尼先生奇怪地说。

“我还没有说完呢，”普京补充说，“我们还将在露天共进午餐。”

“好极了！”意大利总理满不在乎地说。

“那好吧，”俄罗斯总统满意地说，“您未来之前我们还担心把您冻感冒了。我主动承担了责任，说不会的，因为您身体结实。”

在总结记者招待会上，两位领导人开始介绍两国最近的双边关系。普京先生将自己的手放在贵宾的手上说，他很感激意大利总理应邀来到俄罗斯。贝卢斯科尼马上回应说，他赞叹俄罗斯总统的明智和责任心。俄罗斯只有在他的领导下，才可能继续发展，并在不久的将来成为欧盟成员国。

意大利总理并不是首次对俄罗斯总统讲好话，但是，俄罗斯不久将加入欧盟倒成为新闻。人们似乎一度认为是翻译没有译准确。但是，贝卢斯科尼先生开始发挥这一思想：

“必须就欧盟的最终边界开始对话。”

贝卢斯科尼说，他很快将担任这个组织的轮值主席，将设法加快俄罗斯加入欧盟的进程。但是，笔者认为，他随后又玷污了自己的想法，说什么不排除像以色列这样的国家也可以加入统一的欧洲行列。

与此同时，意大利记者对这个新闻似乎并不感动，他们想的全是伊拉克。第一个问题也是关于它的。

“我感谢，”俄罗斯总统说，“贝卢斯科尼先生向我通报了关于伊拉克问题在华盛顿会谈的情况。他在电话上向我介绍过，但电话上许多事说不清。”

莫非有人窃听？

“我的朋友贝卢斯科尼将私下会晤的情况告诉我，这对我有一定意义。”俄罗斯总统继续说。

两位领导人在伊拉克问题上的立场跟从前一样。弗拉基米尔·普京也确实说过，这次也没有原则性区别。

“我们应该得到伊拉克没有大规模杀伤武器的确切情报。”他说。

也许是俄罗斯总统口误了。未必有人会想方设法得到关于伊拉克没有大规模杀伤武器的情报。如果出现有大规模杀伤武器的情报，那么该如何处理呢？

最近几星期，俄罗斯总统已经几次注意到，联合国军事检查员的立场有决定性意义，联合国安理会应该通过最终决议。贝卢斯科尼先生听到这句话后激动得用左手敲起来。然而，他还是用众所周知的理由作了回答：他问，伊拉克先前制造的6500发装有化学武器的炮弹哪儿去了。伊拉克人并没有告诉它们的下落，他们是否与本·拉登的恐怖分子有联系。如果有，恐怖分子有可能使用这些武器。他最后说，从原则上讲，对伊拉克使用武力没有任何意义。也就是说，方法上的区别还是存在的，而且很大。

他们想转入下一个问题，普京总统再次要求发言，并且热情洋溢地提到军事检查员，说他们是“大家都信得过的人”。关于安理会第1441号决议，他说，他想把这个问题从政治层面转移到技术层面。如果伊拉克有核武器，那就有战争。但必须拿到证据。

后来他又找到理由，再次详细重复了这些口号。

往下是贝卢斯科尼发言。他仍然以惊人的倔强不厌其烦地重复几分钟之前讲的话。至少人们开始清楚，这些会谈是怎样进行的，为什么拖了那么长时间。

最后贝卢斯科尼先生生气地补充说：

“第1441号决议要求什么？伊拉克应该拉着检查员的手，将他们领到有化学武器的地方。”专家们认为，决议中没有这些话。

弗拉基米尔·普京向德国开放俄罗斯

2月9日，俄罗斯总统弗拉基米尔·普京在柏林参加了在德国举办的俄罗斯年开幕式。开幕式并不单调，因为弗拉基米尔·普京对德语不陌生。

俄罗斯年在德国的开幕式在柏林音乐厅举行。由米哈依尔·普列特涅夫指挥的圣彼得堡交响乐团全班人马坐在舞台上，等待德国总统约翰内斯·劳和弗拉基米尔·普京出现。德国外长约什卡·费舍尔作为记者感兴趣的人首先出场。他刚刚从慕尼黑回来，在那儿对美国国防部长唐纳多·拉姆斯菲尔德发了一通火。约什卡·费舍尔不笑，但十分投入。但是，当他看见俄罗斯外交部长伊戈尔·伊万诺夫之后马上笑逐颜开。他非常希望看见他。现在费舍尔先生珍惜对自己态度友好的人。他的朋友已经不多了。

劳总统仓促走上讲台，甚至连讲稿都忘了放在椅子上，但并没有回身去拿。“尊敬的女士们先生们，我高兴地欢迎你们……”他说，并且在翻译他的讲话时轻轻示意将讲稿送给他。这些做法不可能不被大厅发现，大家都笑了。然而，劳先生并不介意：

“您瞧，”他感叹地说，“大家可以见证，我讲话可以不用讲稿。”

这句话没有翻译，但弗拉基米尔·普京情不自禁地显示了自己的德语水平（后来是故意显示），会意地笑了。

然而，劳先生并没有照本宣科，例如他曾经讲过，他记得1990年在这儿举行过晚会，庆祝德国统一十周年。然而，先生们立即纠正说，“可能是在2000周年?”——“我说什么来着？在1990年？十年自由怎么能保持沉默?”

劳先生还特别讲到斯大林格勒大会战。他注意到弗拉基米尔·普京最近在伏尔加格勒，向死在斯大林格勒大会战中的德国人表示哀悼。然而在伏尔加格勒，并非所有老战士都喜欢这个表示。现在才清楚，当时是为此行做准备。这个讲话被德国人听到了，得到了应有的评价。“我们一向高度重视我们之间的文化联系，”弗拉基米尔·普京在德国总统讲话之后说，“大家可以看到，我讲话的主席台上用德文写着：‘德俄文化会见，2003～2004年’，但在俄文翻译中却是另外的数字：2002～2004年。”

翻译没有料到会出现这样的即席插话，不太准确地翻译了弗拉基米尔·普京的讲话。他用德语进行了纠正，大厅一片欢呼。往下可以听交响乐了，两位总统在下一个小时就是这样做的。

音乐会结束之后弗拉基米尔·普京并不急于离开。他深入到文化人士中间，与他们一起度过了40分钟。交流非常亲切，给某些参加者留下了深刻的印象。笔者同他们其中之一交谈起来。哈尔姆特·尼基格是德国俄语教师和文学联合会主席，也是在德国为数不多的俄罗斯文化中心的发起者之一。据他说，外语在德国竞争激烈，法国人在这方面特别卖力气。尼基格先生最终决定采取类似行动。他给俄罗斯总统写信，并且收到了俄罗斯外国中心的回信。由于尼基格先生在信中以试探性口气请俄罗斯为该中心的开幕式出钱，而整个组织的经费由他自己负责，因此俄方立即回复他，现在和以后都不会有钱。

于是他等待普京夫人对马格德堡的非正式访问，并且将这个意思同她谈了。因为是要钱，她说现在没有钱。但他还是请她将这个意思转告自己的丈夫。尼基格先生怎么也不相信俄罗斯没有钱。

昨晚在音乐厅，尼基格先生又看见了普京夫妇。此时，柳德米拉·亚历山德罗夫娜正在与劳总统谈话。他向她介绍在柏林刚刚开展的新博物馆，建议她抽空去参观。尼基格先生问她，是否与丈夫谈过钱的事。尼基格先生承认，当谈到这些时劳先生轻轻地拉了普京娜女士的衣袖。俄罗斯总统夫人赶忙说她忘了。

“现在可以当面谈，”这位德国人坚持说，“否则我去找他。”

但是这个威胁也没有用。她也没有闲着。片刻之后他找到俄罗斯总统。

“用德语?”笔者问。

“没有,”尼基格先生有些生气,“我同俄国人用俄语交谈。”

“怎么样?”

“我担心他没有完全明白。”

“也就是说,没有答应给钱?”

“没有。”尼基格先生忧郁地结束了自己的讲述。

当然会这样。如果用德语交谈,可能理解更深。

俄法总统发起和平攻势

2月10日白天,弗拉基米尔·普京从柏林飞往巴黎,晚间与雅克·希拉克总统一起,向记者们宣布了关于伊拉克的轰动性声明。

在巴黎,等待着总统的是比柏林更热情的接待,尽管那儿的接待无可挑剔。然而,第一,巴黎的温度是5℃,而不像柏林是零下5℃;第二,当弗拉基米尔·普京快飞到法国首都时,他被告知,前往戴高乐机场欢迎他的不是法国总理,而是总统,这也可以说违反了原定计划。似乎法国从来没有像现在这样需要俄罗斯的支持。法国总统手里拿着一束红玫瑰,将它献给了柳德米拉·普京娜。

俄罗斯总统身穿西服走下飞机,在露天站了片刻等待为他举行的盛大欢迎式,后来穿上了风衣。他乘直升机来到巴黎“残疾人之家”,尽管这有些违反原定日程,但还是在计划之中。然而谁也没有乘直升机进行过国事访问。此外,应希拉克总统倡议,他们还乘直升机在巴黎上空飞了一圈。看来,希拉克先生也没有这样飞过巴黎上空,也想利用这个机会。此时又有谁能指责他呢?

在“残疾人之家”附近,两位总统分乘两辆汽车前往凯旋门。市中心已经实行了严格的交通管制。在凯旋门,弗拉基米尔·普京向无名士兵墓献花圈,与法国抵抗运动老战士谈话。他在自己下榻的饭店更衣之后前往爱丽舍宫,从近处和内部的装饰看,它就像我国“停滞”时代的爱丽舍宫商店,有镜子、楼梯,但没有任何商品……

法国总统在与弗拉基米尔·普京会谈之后会见记者感到惊讶:他没有料到会有这么多的记者。他说,法国与俄罗斯对伊拉克问题有着相同的立场。雅克·希拉克还宣读了法国与俄罗斯关于伊拉克形势的联合声明。声明本身没有任何轰动性内容:联合国检查员必须继续检查,执行第1441号决议,对伊拉克施加压力……但最主要的是俄罗斯、法国和德国明确了自己的态度。人们此时才最终明白,弗拉基米尔·普京与格哈特·施罗德昨天早晨在柏林干什么。当他们的工作安排上出现“盲点”时谁也不知道俄罗斯总统在干什么。

在记者招待会上，主要是黎巴嫩和伊朗记者提问，因为他们占据有利位置，站在两位总统身边。他们问，面对欧洲的分裂，两位领导人怎么评价世界心态。法国总统听到之后，皱起眉头拒绝，示意请弗拉基米尔·普京回答。

“当然，如果所有国家，毫无例外地持相同意见，岂不更好！过去苏联共产党经常意见一致，但结果并不好。正如大家所知，苏联……”俄罗斯总统并没有结束自己的讲话，“各种意见的文明斗争——这是国际权利。”

“时至今日，什么也不能表明战争正确，”法国总统忍不住说，“它对这个地区不会带来任何好处。”

下一个问题引起俄罗斯总统不满：如果伊拉克战争最终不经过联合国安理会批准而开始，那么俄罗斯、德国和法国将采取什么联合行动?

“你们将把我们拖入这样一场讨论：开战之后我们怎么办。这场讨论事实本身意味着战争已经开始。俄罗斯反对战争。现在我不想讨论这个问题。”俄罗斯总统尖锐地回答说。

他的法国同行最后说，他正在考虑在有联合国维和部队参与的德法联合行动计划。他耸耸肩说，第 1441 号决议没有这样的内容，这个计划事实上并不存在，也不必大惊小怪。现在已经有一个法国、德国和俄罗斯计划。

第二天，弗拉基米尔·普京会见了大批法国人和俄罗斯人，将俄法关系提高到崭新水平。昨天早晨，安排与巴黎市长贝特朗·德拉诺埃会晤。大家知道，市长是一位同性恋，看来因此他才当选。笔者想指出，这个情况也为会见留下了烙印，但不应该夸大。

市政府是巴黎最美丽的地方之一。总面积达数千平方米的这块地方有 134 个塑像和无数壁画……众所周知，但主要财产是人。法国政治和知识精英前往市政府参加招待会。会晤开始前半小时，音乐家向他们开了一个恶毒的玩笑。乐队演奏两国国歌时它对法国国歌熟悉，对俄罗斯国歌不熟悉，因此决定重复演奏。首次奏俄罗斯国歌时大厅里谁也没有起身。大家知道，弗拉基米尔·普京不会马上来，因此没有必要站起来。然而在此时，应邀在招待会之后参加弗拉基米尔·普京简短接见的首批俄罗斯侨民接二连三站起身来。对他们而言，这支曲子并不陌生，尽管不是马上，而是过了片刻听出来了。法国人不安地望着他们，不知道干什么。侨民向法国人作了答复。几秒钟之后整个大厅的人站起身来。后来才知道，听到乐队演奏俄罗斯国歌的法国人认为是弗拉基米尔·普京来了，没有想到是乐队在排练。组织者悄悄告诉他们，没有什么了不起，普京没有来，不等国歌演奏完大家又坐下了。要是一直坐着不起来多好。

后来，当普京真的来了之后又演奏了一次国歌。俄罗斯总统站在巴黎市长与另外一位与会人员中间，谁也不认识他是何人。法国人相互窃窃私语，问此人是谁。

市长对弗拉基米尔·普京和列夫·托尔斯泰说了许多好话，但突然将话题转到车臣。据他说，那儿正在进行着一场“空前的生存战”，应该用政治方法解决。他认为，衡量一个民族是否伟大，就看它能否用和平谈判解决问题。弗拉基米尔·普京对他的建议不屑一顾。只说，这个大厅引起他许多联想，但没有说是哪些。然而大家还是略知一二。大厅根本没有资格谈什么谈判。过去就是在这儿，将法国大革命时期的政治家罗伯斯庇尔关起来，逼得他差点自杀，后来在他人的帮助下才没有这样，但最终还是被杀害。现在却在这儿侈谈什么谈判……

弗拉基米尔·普京主要讲好话。他说自己见到了凯旋门、圣母大教堂，游览了巴黎的大街，这是世界上许多人梦寐以求的事（迄今他仍然没有实现这个理想，因为他只是乘直升机在巴黎上空飞了一圈，乘奔驰车在市区转了转）。

他还说，除了漂亮的宫殿和公园之外，他还亲眼看到市政府也面临许多问题。但是，聚集在大厅里的人似乎不是期待他讲这个。他讲完之后他们甚至交头接耳，说莫非这就算完了？也许他们等着他讲欧洲建设的新构想？

最后，弗拉基米尔·普京请求巴黎市民原谅他给他们造成的诸多不便，由于他的访问而使这个大城市实行交通管制。

“我们很快就要离开巴黎前往波尔多，我们在那儿还将产生这些问题。”总统说。

实际上不仅是公路被封闭，昨天地铁入口和出口也被封闭，例如位于市政府附近的地铁“别墅”车站就是这样。广播告知市民，给他们造成不便完全是由于普京到访。

会见后法国精英们到隔壁房间喝香槟酒，俄罗斯总统则与首批侨民交谈。乐队不成功的排练之后他们更为国歌所困扰，问为什么还是苏联的。几年前总统在俄罗斯多次解释过，后来不存在问题了。他说，尽管国歌的曲子是奉命而为，但它本身没有错误，新俄罗斯的象征是一个妥协。然而，如果是真正的妥协，那就应该只取老国歌的一半曲子，而另外一半曲子是新作的。但最后还是这样了。

另一位侨民说，他非常想经常去俄罗斯，但签证总是遇到问题。俄罗斯总统感到惊讶，就问站在身边的俄罗斯驻法国大使，为什么会这样。大使生气地说，大使馆在签发多次使用的签证方面没有任何问题。

“给予双重国籍多好！”弗拉基米尔·普京心想，“我们的《国籍法》比欧洲许多国家的更人性化，允许这样。”

实际上新的俄罗斯《国籍法》并不鼓励双重国籍，但这部法律有不少积极的例外。看来普京先生指的是这一点。

下午，俄罗斯总统采取了几个重大步骤。首先是他来到法国科学院会见法国院士。当笔者来到科学院大楼时只看见一名院士——祖拉布·采列捷利。他非常想进去，但没有接到邀请。哪个名单中也没有他。然而，祖拉布·采列捷利不仅想进去，还想发言。

“我在那儿集合大使，”他解释说，“我本身就是大使，是正义大使。”

事实上，祖拉布·采列捷利昨天已经开始在巴黎集合正义大使，并向他们讲述了面临的任务。最近以来这些大使的积极性降低，对人类将产生不可预测的后果，幸好由于昨天的工作会议才制止了这态势。

列入法国科学院五个研究所的院士们焦急地等待着俄罗斯总统。他们要说的话太多了：每个研究所的院士都为弗拉基米尔·普京准备了一个报告，他也真的为他们准备了报告。会议开始前几分钟，祖拉布·采列捷利已经出现在大厅。是好心的俄罗斯电视公司总经理奥列格·多布罗杰耶夫帮助他进来的。

院士们在自己的报告中主要回忆了当时匿名来到巴黎的彼得大帝。多少年过去了，但此事一直使他们不得安宁，引起他们不少联想。报告中还提到这些字眼：涡流理论，月球土壤，戴高乐将军，边沿生物学猜想，天然气提炼，勃列日涅夫，萨哈罗夫，法语词典，破译生物遗传密码等。

然而，院士们的报告只是初看上去没有棱角。例如，其中一位就生气地宣布，欧洲并不像某些人想象的那样老气横秋。从各种迹象判断，整个法国劳动者完全无条件支持希拉克总统对抗美国的立场。这有理由使人相信希拉克总统不会让步，要将这一斗争进行到底。也就是说，只要伊拉克战争不开始，这场斗争就将一直进行下去，也许进行到战争结束。

弗拉基米尔·普京登上不大的椭圆形大厅会场的主席台后说，他将人们对彼得大帝访问巴黎的回忆看成是对他个人——弗拉基米尔·普京的责备。

“改革派沙皇轻车简从，悄无声息地来到这儿办实事。而我们，要将朴素和效率结合在一起就不那么容易了……”

可以看出，俄罗斯总统是在聆听院士们的报告，还同其中一位进行了原则性的争论。这位院士说，如果法律与生活准则之间不协调，就会引起不良后果。俄罗斯总统不同意这个武断的结论。

“生活永远走在法律之前，”他说，“对此谁也没有办法。只能及时改变我们生活的准则。这样才能平安无事。”

天哪，莫非又要增加所得税？

前往波尔多之前，弗拉基米尔·普京来到几位俄罗斯记者中间，坦率地回答了关于伊拉克的许多问题。但他首先为“老欧洲”辩护，他不同意这个提法。

“我们都是同龄人。”他说。

在与记者交谈期间，他几乎全部宣传一天前发表的俄德法联合声明。他认为，已经发生了并非所有人都能重视的事件。

“这是在战后历史上首次发生的超越军事集团，解决国际冲突的尝试，也是建立多极世界的首次尝试。"

当然，大家感兴趣的是这个想法是谁提出来的，谁是奋不顾身的勇士。此人是法国人，确切地说是法国总统。弗拉基米尔·普京愉快地承认，他认为法国总统是奋不顾身，想方设法"掩护俄罗斯"的人。

"希拉克的功绩在于他感受到这一切并且做到了。我们做这些事是受他的影响。我对此感到非常突然，我们的外交部对此也没有准备……"

俄罗斯总统言犹未尽。

"除了法国之外，此事不可能在任何地方发生。如果它发生在俄罗斯，马上就会有人指责，说我们想在欧洲与美国之间制造不和。其他国家没有这个分量，法国是联合国安理会常任理事国。欧洲其他国家尚需意识到自己的伟大。"

除了法国和俄罗斯之外，还剩一个德国。它是否意识到自己的伟大？已经出现的联盟顷刻间也有可能破产。

似乎到现在为止，俄罗斯总统仍然沉浸在自己前天记者招待会的气氛之中。看来他仍然虔诚地认为战争有可能避免。

"你们可以看看，正在发生什么事。大家都在反战！现在巴西外长正在给我们外长打电话，他们在拉丁美洲也发表了类似的声明，还有！伊拉克的邻国前不久在土耳其开会，宣布伊拉克对它们没有威胁。那么它威胁谁了？没有威胁我们，没有威胁邻国，当然也不会威胁美国。它甚至连运载工具都没有。如果联合国军事检查员经常呆在那儿，那么它什么也不能生产，不能使用，甚至不能隐藏。这是事实！土耳其总理昨天往柏林给我打电话，也说他反对战争。说实话，谁也不要战争。然而今天谁也不敢公开表明自己的立场，也许只有我们能说服自己的美国伙伴。"总统的声音中流露出疑虑，结束了自己的讲话。

尽管总统这几天在法国讲了许多话，但他真诚地为伊拉克形势忧虑。这几天他什么没有讲呀！

"老实说，我已经忙得不亦乐乎了，"他最后坦率地说，"我甚至记不得到过哪儿，现在哪儿。"

他在布里斯托尼宾馆呆了片刻，几分钟之后已经与法国总统雅克·希拉克共进午餐。陪同总统访问的部长们自由活动，心情良好。工业和科学部长伊利亚·克列巴诺夫回答了我们的问题。文化部长米哈依尔·什维德科依也在大厅里。克列巴诺夫先生长时间解释此次访问期间他与法国同行谈妥了什么，拉了一个长长的清单，当然让人感到枯燥。克列巴诺夫先生还抱怨说，既然记者们已经为他贴上了汽车工业保护者的标签，那他就开始为它们辩护。

"别用 Label（英文"标签"之意），"文化部长生气地说，"这不是俄语词汇，ярлык 是俄语词汇。"

但他自己突然明白过来，ярлык 是突厥语词汇。

“这个词可以用。”米哈依尔·什维德科依不大有把握地结束了自己的讲话。

“为什么突厥语词汇可以使用，英语词汇就不可以?”我问。

“以后再说。”部长考虑了片刻之后回答说。

伊利亚·克列巴诺夫听到这一切，将仇恨埋藏在心底。等他自己的记者招待会结束之后并没有走出大厅，他想伺机报复。

俄罗斯文化部长说，法国文化部长是一个有水平的人，与之可以打交道，这就首次给人提供了口实。

“其他人就没有水平了?”立即有人问。

“什维德科依讲话不负责!”克列巴诺夫找到了机会，“绝对不负责！竟然这样评论自己的同行。”

下一个口实发生在几分钟之后。这位文化部长说，他害怕某些国家在俄罗斯举办文化年。“已经宣布，今年是哈恰图良的俄罗斯年。哈恰图良意味着亚美尼亚。2月9日，德国年在俄罗斯开幕。2月18日，在俄罗斯举办的哈萨克斯坦年开幕。日本也想在俄罗斯举办文化年。一年内俄罗斯的对外文化预算增加了9倍!”

“那就全部禁止文化日活动!”伊利亚·克列巴诺夫加入了谈话。

“没错!”米哈依尔·什维德科依毫无戒备地说，“我们的全部预算也比不上你们的一个机翼！你们财大气粗!”

克列巴诺夫先生一时语塞。然而，米哈依尔·什维德科依刚才将“小白桦”歌舞团当成对外文化联系的一个正面典型，他对此怀疑地摇摇头。

“难道您不喜欢‘小白桦’歌舞团?”什维德科依怀疑地问自己的同行。

“我不懂文化!”克列巴诺夫喊道。

几分钟之后同行们决定在文化部长的房间会面。俄罗斯代表团在巴黎的正式活动即将结束，第二天一大早将飞往波尔多。

适应外地的生活节奏分几步。俄罗斯总统先是从机场来到泰勒尔航空企业。它是欧洲最大的航空航天公司，俄罗斯公司打算与其成立合资公司。俄罗斯参加了A－380空中客车飞机的研制，而飞机主要是在泰勒尔公司的工厂里生产的。

企业位于机场附近。厂方向弗拉基米尔·普京表演了正在工作的飞机发动机，似乎对总统没有留下什么印象。后来又让他看了米格AT的机舱模型和头戴氧气罩、坐在舱里的一个人。他们面前放着一台开着的显示器，用它可以模拟飞行，头戴氧气罩的此人正好在这样做。弗拉基米尔·普京仔细研究了他。前不久，他在莫斯科苏霍依试验设计局见过这个场面，甚至飞行过。还得说一句，苏霍伊试验设计局的显示器更大。

俄罗斯总统又被带到另一间房子。里面的一个人戴着奇怪的头盔。他们建议弗拉基米尔·普京戴，但他坚决不，示意让站在他身边的米格公司总经理尼古拉·尼基京，说他非常想戴。尼基京先生不好意思与总统争辩，但头盔对他显得太小（头盔一开始就是为普京先生订制的)。这下可让俄罗斯总统伺机发表了重要声明：我们国防企业的所有经理都是大头。似乎为了反驳这句话，法国人将头盔戴在总经理头上。

然而，无论是参观工厂，还是与法国著名的政治家、希拉克总统多年的战友、波尔多市长阿伦·儒尔别举行会谈都不是此行的重点。弗拉基米尔·普京向市长说了许多好话。例如，总统在席间回忆起昨天与希拉克先生共进晚餐时，知道波尔多市长是法国首屈一指的政治家。弗拉基米尔·普京说他曾表示反对。首屈一指的政治家应该是法国总统。但是法国总统并没有与他争论。因此普京夸奖了他们俩人。

此行最主要目的地也许是距波尔多35公里的圣艾米利昂。当地有法国历史最悠久的葡萄园，早在公元前一世纪高卢—罗马时代就出现了，前不久被联合国科教文卫组织列入世界遗产名单。普京夫妇深深陶醉在勃朗骑士葡萄酒酿造厂的气氛之中。葡萄种植面积总共37公顷，但却生产解百纳干红葡萄酒、梅洛、马尔贝克等名酒……解百纳干红葡萄酒稳居法国十大名酒之列。会见法国地方报纸记者之前已经养精蓄锐的弗拉基米尔·普京，还想参观作家德鲁翁的城堡，最终如愿以偿。总统向德鲁翁先生的两头马和一头骡子各喂了一根胡萝卜，因此会见记者被推迟。但记者们并没有怨言，所有报纸的版面已经排满，来不及刊登这方面的消息。在这样的情况下，连车臣全民公决的消息也没有版面。

总统的炸药包

弗拉基米尔·普京完全彻底划分了立法者的权力。众所周知，俄罗斯联邦立法委员会是依据职务，由各地区议长组成。但是在昨天的会议上，各地区立法者向弗拉基米尔·普京发动了一场真正的战斗。他们对总统关于限制各级权力机构权力的一揽子法律草案进行了全面批评。作为报复，弗拉基米尔·普京将他们打得落花流水，溃不成军。

事先举行了立法委员会主席团会议。立法者原则上同意改革，但在具体问题上又不同意。然而，如果深入分析，这些具体问题恰恰是改革的实质。改革计划由总统办公厅副主任德米特里·科扎克根据弗拉基米尔·普京的委托提出。说得严重一些，主席团决定反对我们这样一个泱泱大国的总统。

弗拉基米尔·普京首先发言，态度诚恳。对划分权力改革的必要性讲了几句开场白："改革的意义何在?"总统问委员会委员，"就是为了使国家的政治制度更加稳定，更加可以预测。"

总统似乎向立法者提出了游戏规则：我不动你们，你们也别动科扎克。最后皆大欢喜，各回各家。

鞑靼斯坦国务委员会主席法里德·穆罕默德申首先发言。他说，不应该把问题看得太简单，似乎通过了这一系列法律草案之后现存的所有矛盾就会迎刃而解。穆罕默德申先生警告说，在他看来，临时收回联邦主体权力的程序与俄罗斯宪法矛盾。他警告得不错，因为一旦这项法律草案获得通过，那就会威胁到他法里德·穆罕默德申个人的福祉。

德米特里·科扎克已经多次评论过这一程序及其合法性，但穆罕默德申先生在总统在场的情况下仍然认为必须这样讲。这一次，穆罕默德申先生并没有到此打住，还说划分权力应该与一些“迫切的改革，如住房和公用事业、电力、交通等改革同步”。

“否则，我们无法向居民解释，改革得不到他们的支持。”

马里共和国议长爱尔·尤里·米纳科夫与其他人一样，看着讲稿发言。他在主席台上提的每条建议，都单独写在一张纸上，每念完一条，就将那张纸放下，接着是下一张。现在他念的是联邦中央看不到市政行政的所有细节。看了另一张后他念道：“我的话讲完了。”然而，此时另一张又出现在他面前。他重新念道：“这对联邦权力机构和地区十分重要，因为我们俄罗斯是统一的国家。”也许在他的纸上，统一的俄罗斯是用大写字母写在括号里。

加里宁格勒州议长维塔利·克利莫夫向总统发动了一场真正的战争。他也带着发言稿，但它明显妨碍了他表达思想。

“所有问题应该与其他问题同时解决，目前时机并不成熟，”他在解释立法者面临的形势，“应该等到时机成熟。”

显而易见，他这是暗示同步改革。

“应该如何感受和体会这些新权力呢？”克利莫夫问道。

看来他是在暗示，联邦预算首先应该将规定的资金划拨给主体，然后再划分权力。这样就可以感受到了。

克利莫夫先生往下不捉迷藏了。他说，科扎克小组提出的改革1996年“关于组织地方自治的共同原则”法律的潜力尚未用完。这句话讲完之后大厅响起了一阵掌声，向这位勇敢的舍得一身剐的人致意。

总统在自己发言稿背面迅速记着什么。听完摩尔曼斯克议长帕威尔·萨日诺夫关于成立地区议会时准备向混合原则过渡的发言之后（根据已经生效的“关于俄罗斯联邦公民选举权和参加全民公决权的基本障”法，从7月14日开始，约有一半以上的代表将根据党派原则选举），弗拉基米尔·普京走上主席台：

“您说，权力系统应该首先亲自分析现在正在发生的事件的实质。我们也是为了这个目的才开这个会的。”

他开始分析了。

“维塔利·克利莫夫说，我们将这一改革放在今后。我想说，绝对不能这样！绝对不能！如果这样，那么维塔利·克利莫夫就完全正确，但事实并非如此。如果我们将一切放到今后，那就是在玷污一切。同步过程应该与税收、预算领域并行不悖地进行。财政部已经在做这个工作。这不应该对新闻界保密。你们也将了解这一切！”

他只是没有补充：现在正是时候。

“还有人说，如此大规模的改革应该修改大量法律。当然了！2005年之前将修改200多部法律。”

总统往下越讲越生气。他很久没有在大庭广众面前发过这么大的火。

“主要我们不想根据苏联模式建设国家，特别是在市场条件下！你们还说，将无法实现的职能加在地区身上，可你们想过国家对居民承担的债务水平吗?!”

可以说，弗拉基米尔·普京已经无法控制自己了。“没有想过？为了与这些义务相适应，俄罗斯联邦的预算应该是什么样的。你们是否知道，最近需要多少？满足这些共需要6.5万亿卢布。你们知道我们的预算是多少?”

如果联邦委员会委员知道一些，那么在此时此刻，当然会将自己了解的这一切忘得一干二净。

“国家的联合预算是3.5万亿卢布，6.5万亿卢布减去3.5万亿卢布，剩下3万亿卢布，这是难以执行的债务。应该划分权力，不再欺骗居民！人们可以向我们提出任何要求，但有一点不行，那就是撒谎！我们可以直截了当地告诉他们，国家可以拆东墙补西墙，但就是不能说谎！”

这就是说，总统想显示，不仅仅是立法委员会在考虑人民的意见。幸好至此他再没有往下讲，否则立法委员会委员又要紧张了。弗拉基米尔·普京冷静下来之后补充说：

“你们说自己还要考虑一下？那好，那就考虑吧……但不要像冈察洛夫笔下消极懒散的阿勃洛莫夫，躺在沙发上考虑100年。”

委员们大概不需要这么长时间。这场鏖战之后立即宣布休息。其中一位委员休息时走下楼梯，对自己的同行小声说：

“现在得带着总统这些思想美美睡一觉……”

这就是说，只要一个晚上就够了。俄罗斯议会上院主席谢尔盖·米罗诺夫得出了最公正的结论：

“委员会只是总统的一个咨询机构。”

这个权力已经不小，不能再多了。

俄罗斯总统与哈萨克斯坦总统“过新年”

2月18日，俄罗斯总统弗拉基米尔·普京与哈萨克斯坦总统努尔苏丹·纳扎尔巴耶夫在大剧院宣布：在俄罗斯举办的哈萨克斯坦年开始。笔者觉得，在俄罗斯举办的哈萨克斯坦年的开幕式，要比三个月前在这个剧院里举办的乌克兰年闭幕式气氛冷清得多。

仪式开始前一分钟，大剧院一半多座位还空着。该到的客人已经到了。哈萨克斯坦航天员塔拉特·穆萨巴耶夫与俄罗斯航天员尤里·巴图林坐在一起。莫斯科市市长尤里·卢日科夫一般喜欢参加这些活动，显然不是出于礼仪。但可以猜测，他与众多的西方大使、石油大王瓦基特·阿列克佩罗夫心态不同。俄罗斯自由民主党领导人弗拉基米尔·日里诺夫斯基也不是出于礼仪上的考虑（显然他打算再次与记者会面）。吉尔吉斯斯坦作家兼外交官成吉斯·艾依马托夫在这儿完全可以称为自己人。独立电视公司新任总经理尼古拉·辛凯维奇带着自己的父亲来了，确切地说，是著名电视主持人尤里·辛凯维奇带着自己的儿子。综艺节目主持人巴里·阿里巴索夫没有带孩子。

当然，这天晚上的主要事件是有两位总统参加的开幕式。随后举行的音乐会，也将成为哈萨克斯坦年所有事件中的一个亮点。哈萨克斯坦著名演员都参加了这个音乐会。他们阵容强大，来到大剧院五分钟之后，人们完全相信，不仅自己身处阿拉木图市中心，而且生死都在这儿。哈萨克演员来到大剧院，感觉就像到了家。他们从哈萨克斯坦带来了必须的一切：西服、帽子和马肉香肠。在漂亮的小卖部将香肠切开，人们当着俄罗斯服务员的面，也顾不得自己的面子，津津有味地品尝起来。俄罗斯服务员好像有意似的，不切夹俄罗斯奶酪的面包。俄罗斯总统办公厅主任亚历山大·沃洛申和国防部长谢尔盖·伊万诺夫在仪式开始前步入大厅。俄罗斯总统弗拉基米尔·普京与哈萨克斯坦总统努尔苏丹·纳扎尔巴耶夫登上舞台，活动正式开始。

哈萨克斯坦总统努尔苏丹·纳扎尔巴耶夫在自己的长篇讲话中多次提到热爱俄罗斯之情。白天在与弗拉基米尔·普京会谈时他宣布，哈萨克人是俄罗斯“永远的在一切问题上的”朋友（顺便提一句，乌克兰总统列昂尼德·库奇马完全是另一种立场，声称乌克兰是俄罗斯“最最好的”朋友）。据哈萨克斯坦总统说，远在公元15世纪我们的先辈已经相互了解，18世纪已经开始贸易。后来又“在一个国家生活，先是在俄罗斯，后又在苏联”。当然，“对此不能做出相同的评价”，但哈萨克斯坦总统认为，“进步的总比分开的东西多”。

弗拉基米尔·普京致答词说，最近他开始相信自己的哈萨克朋友，白天会谈时建议他们提出一些新建议，而他将“不拘泥任何细节，决定同意”。

这个试验是勇敢的。

弗拉基米尔·普京尖锐答复寡头

2月19日，俄罗斯总统弗拉基米尔·普京会见了俄罗斯工业和企业家联合会成员，同他们讨论了行政改革细节。会上，他耳闻目睹了寡头们故意拆台、表白、忏悔，不感到寂寞。

弗拉基米尔·普京说，他想谈腐败，目的是消灭，但不是用惩罚措施。他想建立一套容易遵守的游戏规则，而不是回避它。还有，国家管理经济的机制不发挥作用……总统认为：“目前国家的法律要么是不执行，要么是执行中操作不便。”

因此，无论人们口头上怎么叫喊，改革仍将继续。

奉命主持会议的阿尔卡季·沃尔斯基随后致简短的欢迎词，强烈要求总统积极采取行动加快行政改革。然后他请北方钢铁开放性股份公司董事会主席阿列克谢·莫尔达绍夫先生发言。莫尔达绍夫先生明显感到激动。如果可以这样讲的话，这倒是符合他的性格。然而，他如果不激动，我们也许不知道俄罗斯企业和工业家联合会所有成员日前曾经开会，长时间讨论他们带着什么去面见总统，并且最终决定如下：

“国家及其机构的作用开始日益加大。”

一眼就可以看出，这样的思想已经显而易见。至少，莫尔达绍夫先生认为有必要解释：

“工商界需要一个强有力的国家，但在某些情况下国家职能过分扩大。自然，这将导致它的作用削弱。”

报告人用下面的例子加以说明。他的一位老朋友早就打算在莫斯科附近开商店，但时至今日仍然没有开成，原因是需要137位官员签字。上哪儿去找他们？阿列克谢·莫尔达绍夫找到了办法：

“不需要137位，10位或者12位就行了。”

阿列克谢·米勒先生坐在莫尔达绍夫先生身边。不知为什么，他总是以难以掩饰的不断增加的贪婪看着报告人，不时还将目光移到总统身上，并且从中惊讶地发现：“弗拉基米尔·弗拉基米罗维奇，您在听他讲话，看来我也得听！”他也听着。

然而，此时阿列克谢·莫尔达绍夫已经讲到外汇立法的改变并没有影响国家的外汇制度。

尽管他发言简短，但在总统的讲话中分量不轻：

“我完全同意您的观点。我们一言为定……只要 20 个人签字。”

后来他纠正说，20 是大概的数字。

“我们先做个例子。”

看来总统想给国家办实事。因此应该记住，今后无论什么文件，签字人不许超过 20 人。这是现在的游戏规则，正如开始时所言，大家比较容易遵守，而不是回避。阿尔卡季·沃尔斯基请下一位发言：

“霍多尔科夫斯基就不必介绍了。我直呼其姓。”

这就是说，只对莫尔达绍夫需要介绍。给人的印象是沃尔斯基先生决定与上一个发言者保持距离。这次会见没有偶然。

米哈依尔·霍多尔科夫斯基主要讲腐败，他向与会人员分发了一部漂亮的幻灯片，形象地介绍了俄罗斯腐败的规模。根据他个人掌握的情况，最近几年腐败增加了 25%（有趣的是从哪儿得到这么准确的数字，对情况了解得如此详细?）。他说，一个人要成为腐败分子，需要经历一个艰难的道路，还需要一定的性格和坚韧不拔的精神。

“大家看，古布金学院考生与招生数量之比是 2:1，学生毕业后的工资是 450～500 美元。税务学院的比例是 5:1，起点工资是 150 美元。”

米哈依尔·霍多尔科夫斯基认为，与腐败斗争不会有什么效果，它在全世界都存在，不必大惊小怪。但应该让人们懂得腐败可耻。下面讲的特别有意思。

尤克斯石油公司这位首席执行官似乎现在讲的与前面所讲的没有任何联系：

“我们以收购俄罗斯石油公司和北方石油公司为例，大家是否以为这笔生意有补充背景……俄罗斯石油公司的总裁也在这儿。我不知道他是否能证实这一点?”

波格丹奇科夫一动不动地坐着，他傻了，害怕证实或者否认。霍多尔科夫斯基先生继续点名。

“是的，国内的腐败正在漫延，大家可以说，这是从我们身上（坐在桌子旁边的这些人）开始的。那好……”

“什么时候开始，那就什么时候结束!”

总统在自己的本子上做了一个大记号。

为了缓和已经出现的紧张气氛，米哈依尔·霍多尔科夫斯基向与会者讲了一件有趣的事。两年前，燃料和动力部被认为是国内最腐败的一个部（当时在谁领导之下?），现在没有了。只需采取几个并不特别的行动就能做到这一点——首先是禁止任何官员任意改变税收标准。尤克斯公司首席执行官的报告非常简短，但内容要比上一个丰富得多。总统对他的评价相当生动。第一，他号召记住，我们高校应届毕业生从法律上讲是无罪推定。

“第二，俄罗斯石油公司及其与西伯利亚石油公司（看来这是总统的口误，他本想说是北方石油公司——作者注）的交易……它们是国营公司，想增加自己的储备。”

普京先生作为国家公务员，积极为国家石油公司辩护，但并不限于这些。

“某些公司，如尤克斯公司，也有自己的超级储备，它是如何搞到的?”

总统提醒可怜的米哈依尔·霍多尔科夫斯基（大概此时他的身价实际上已经降低了数百万美元），他可能存在纳税问题。

“您自己去解决吧，您知道它们是怎样出现的……”

叶卡捷琳娜大厅响起笑声。米哈依尔·霍多尔科夫斯基的同行们怀着孩子般的天真，对他人幸灾乐祸。

“莫非是因为这个原因，税务学院的招生竞争才那样激烈?”总统大声说，“也就是说，我将球踢给了你们。弗拉基米尔·奥列格维奇，您不想做什么补充吗?”他对坐在自己身边的波塔宁先生说。

“我?!”他惊讶地说，“我想……”

在后来的十分钟里，他尽量不说什么让国家元首注意、留下印象甚至引起评论的话。当然，这在一定程度上，为经验丰富的波塔宁带来了荣誉。

为了以防万一，弗拉基米尔·普京开始点名，似乎已经不大信任阿尔卡季·沃尔斯基的选择。他请卡哈·本都基泽讲话。

“本都基泽讲话有意思。但国内发生的事，将不追究他的责任。”

弗拉基米尔·普京停顿片刻之后（与会人员同情地看着总统，心想当然不用追究本都基泽）结束了自己的讲话：

“我们将追究卡西亚诺夫总理的责任。”

弗拉基米尔·普京向军人提出世界性任务

2月21日，弗拉基米尔·普京总统出席了全军会议，并在那儿呆了两小时。他在会上发表的有关国际政治问题的轰动性声明无疑是一个成果。

大厅里的将军不多，而且两名站在过道上的将军没有座位，有关人员请他们出去。

“我们来得不容易。”他们委屈地说。

“你们说怎么办?”衣服上戴着白袖标的警卫说。

“坚持一会儿。”

“那就站到走廊上去。”

由于主要与会人员来自基层部队，所以高级军官不多（主席台上坐着几位国防部副部长，他们显然是）。会议一开始就是这样考虑的。许多军官来自车臣。但有一点事先已经清楚，会议最后不会做任何组织结论和决定。也就是说，不会给军官加薪。

有人会问，为什么要召开这个会议？为了让军人看到一个活生生的总统，明白他跟他们在一起，他了解军队的问题。作为最高统帅，他的工资也比他们高不了多少。

会议邀请了同情军队的部委的代表，其中有俄罗斯内务部长鲍里斯·格雷兹洛夫和紧急状态部长弗拉基米尔·绍依古。他们准时来到，也就是会议开始后两小时才来。但不知他们在弗拉基米尔·普京来到前20分钟，为何在休息室踱步。他们在谈什么？大概是在谈党务。“统一俄罗斯”党两位领导人，在国家杜马选举前还能谈什么？当“统一俄罗斯”党的另一位领导人弗拉基米尔·别赫京加入到他们中间后，最后的猜想破灭了。他们三人一起踱步，后来又到走廊抽烟。为什么他们都抽烟？莫非是神经紧张？党的建设方面不大顺利？

总统中午时分来到国防部，向与会人员讲了许多趣事。例如，他说怎样区别好军人与不太好的军人。好军人不仅有专业知识，还应该视野宽广。绝大多数与会人员拼命记录总统的讲话要点。笔者不知道是否人人都能记录下来：“今天车臣共和国形势已经正常”，“正在恢复和平生活”。但这一句话显然可以记录下来：“因此，驻军的数量一定要减少。”

然而，总统立即说：

“必须讲，世界力量的平衡显然受到破坏，新的安全格局尚未建立。”

这句话以及后面的几句话，在他原来的讲稿中并没有。

“我们不能不指出，”总统再次提到，“世界某些有影响的国家野心不断增长。”

他指的是谁？显然很清楚。野心不断增长的世界上有影响的国家总共不过两个！

弗拉基米尔·普京首次将国际恐怖主义对国际社会安全的威胁放在第一位。问题很清楚，如果这些针对美国和英国的言论是早就计划好的，而不是即席讲话，那么他选择的地点是正确的。大厅里的听众都在聆听总统讲话。剩下的问题是讲话中所指的国家将做出什么反应。

总统讲话之后有三名年轻军人发言。他们不谈大政治，而是谈自己的生活。其中一名讲得很艰难。炮兵大尉称呼“最高统帅同志！”时情绪紧张，一个劲儿结巴，最后一个词怎么也讲不出来。据大尉后来介绍，他平生从未结巴过。然而，反过来想想，同总统见面不容易，也就不难理解他为什么出此洋相了！

大尉冲击这个单词四次，每次都不成功。坐在笔者身边的一位空军飞行员，为他羞愧得甚至用手蒙住了头，而且拼命地低声说："讲呀……讲呀！"总统明显同情地望着大尉。大尉最后终于突破这个单词，后来一点也不结巴，流利地夸奖自己周围的现实：

"我不能说我们一切一团糟，作为一个车臣战斗的参加者，我经常能感受到国家对我们经常的关怀。"

"我感受不到。"坐在笔者身边的飞行员大声说。

"我知道，并非给每人都分了房子……"大尉继续说，"大家希望有个正常的居住条件。"

工资不高，最终会怎么样？请看：

"有些女战友离开了自己的丈夫，回到父母身边，"大尉说，"这会产生什么后果，大家都知道。"

笔者不知道，考虑一天也不知道。大尉特别提请注意，国家不管身穿军服的盲流和女醉汉。简单说，这是对军官荣誉的侮辱。

另一位大尉是潜艇军官，他说前不久他的潜艇成功地在国外代表了国家。笔者不太清楚他指的是什么。看来是什么目标令潜艇惊讶？一艘潜艇，怎么能在国外成功地代表国家？

第三位发言者是摩托化步兵连连长。他向总统抱怨自己下属的四名现役军官(从地方大学入伍的)。他承认，他们也有"一定的优点"，但没有列举。

总统做了简短的回答。他为那位炮兵大尉辩护，不使他因为讲"最高统帅"时的结巴而难堪。

"不必为自己的错误而感到不好意思，"总统为他辩护，"您的讲话是正确的，国家应该注意。"

大厅里响起了暴风雨般的掌声。鼓舞炮兵大尉高尚的企图瞬间引起了国家对军人的关注。然而，千万别从快冻死的盲流身上脱下迷彩服。

此后宣布休息。总统想同几位年轻军官单独谈话。弗拉基米尔·普京一开始说，告诉那位大尉让他别灰心。似乎他真的也没有灰心。实际上又有什么了不起？他仅仅是结巴了一下。要是不结巴，就可以竞选代表了。

总统问大尉，他是否有榴弹炮。他说有。

"什么样的？"总统继续问。

这个问题不抽象。弗拉基米尔·普京说，他跟谢尔盖·伊万诺夫大学毕业之后参加军训时用的是1938年式的榴弹炮，因此现在值得回忆的事不少。

"我没有打过炮，我是法律工作者。"国防部长听着他们的谈话，委屈地说。

总统那是跟谁呢？

炮兵对自己的榴弹炮感到满意，它不是1938年式的。但他根本不喜欢《红星报》。他说，报纸没有什么可以读。不读不好，读没有意思。

总统同意大尉的观点（难道在这天能同他争辩吗?）。他说，他已经在考虑，如何将这份报纸办成适合青年人阅读……又不失其内容和政治基础，最终得到“不光完全适合青年人，也适合中年人阅读”的效果。

这次会见的气氛是轻松的。军官们畅所欲言，将自己的心里话都讲了。弗拉基米尔·普京了解到，特种兵执行战斗任务的背囊，还是他们的祖辈跟随亚历山大·苏沃罗夫去阿尔卑斯山远征时背的，不过现在的缝了两道缝。露天野营的防寒垫，军官和士兵要自己花钱买。战斗小组要扫雪，帮助伙房洗土豆。

国防部长津津有味地听着这一切。总统告诉他：“您为什么不做记录?赶快记下来!”此后谢尔盖·伊万诺夫开始记录。军官说，去年禁闭制度废除之后对士兵的处罚措施严重不足。“禁闭室也没有了?”弗拉基米尔·普京关切地问。

看来总统对它还怀着某种美好的回忆。

“也许……也许……”总统欲言又止，“关禁闭不是惟一的办法，应该进行预防性的爱国主义教育。”这下军官高兴了。

“是的!”一位军官激动地说，“学校还应该恢复初级军事训练课!”

“从三年级开始就让他们穿军服。”另一位军官发动了攻势。

“没有必要这样搞军事化。”总统给他泼冷水，“有其他方法。”

“军队应该恢复思想教育!”

“您多大年纪?”弗拉基米尔·普京问他。

“马上……28岁了。”

“这就是说，取消时您才18岁。”

“是的。”

“因此您不知道什么叫思想教育。”总统最后说。

从此军队才没有政治训练先进分子，但学校有。

俄罗斯总统与德国总理在住所会晤

俄罗斯总统弗拉基米尔·普京与联邦德国总理格哈特·施罗德纯粹关于伊拉克问题的会谈于昨天——2月26日晚上11时结束。

弗拉基米尔·普京告诉自己的德国同行，他的全班人马全都出差在外。最具代表性的人，即外长伊戈尔·伊万诺夫现在北京，最见多识广的人，即叶夫根尼·普里马科夫现在巴格达，最聪明的人，即亚历山大·沃洛申现在华盛顿。作为最高统帅的俄罗斯总统，在决定性的侦察时刻理应“留守”。因此，棋盘上最主要的棋子已经摆好，就等着开局了。

这一步棋已经在昨天开始。弗拉基米尔·普京不只是在克里姆林宫，而且在它的心脏——克里姆林宫的住所与格哈特·施罗德会晤。初看上去，这次会晤具有突然性，然而，这是一个假象。房间里点起了壁炉。柴火示威似的劈啪作响，压过了两位领导人的谈话声。但是会晤开始时他们没有谈任何分量重的话。值得注意的只有普京的承诺，允许德国运到阿富汗的军用物资从俄罗斯过境，通过地面运输。

弗拉基米尔·普京与德国总统一开始用德语，目的是不让身边的人听懂。这也是采取的最大防范措施，甚至连弗拉基米尔·普京最挑剔的老师也没有理由指责他的疏忽。

会见之后弗拉基米尔·普京立即出来会见记者，说了一些含糊不清的话。他说，俄罗斯对伊拉克问题的立场是一贯的，伊拉克应该执行自己对联合国承担的所有义务，使用现有的政治和外交手段非常重要。总之，“第1441号决议的潜力远没有用完。我们认为没有必要通过一个新的决议，批准自动使用武力……”

格哈特·施罗德简直打在自己心窝上：“根据我们共同的痛苦经验，我们知道什么叫战争。”

弗拉基米尔·普京非常有条理地宣读了自己的声明。其中每句话都经过推敲。否则，考虑到已经举行的真正的会谈，记者们将会对类似的声明发表各种评论。这回不行。总统显然使用了过去制定的文件。这就是说，会谈一开始就带有“礼节”性。最重要的是在安理会最后一次投票前表明，俄罗斯不会出卖自己的朋友。直到最后一刻也不告诉任何人，俄罗斯认为谁是自己真正的朋友。这才是秘密活动的主要用心。

从这个意义上讲，“我们的立场是一贯的”这句话看上去相当自负，但很难做出清楚的解释。显而易见，这是此刻外交的主要任务。

然后，弗拉基米尔·普京实现了自己晚上在记者招待会上提出的一个想法。给人的感觉是没有十分把握地说，“谈判真的是立场的接近吗?”他看看施罗德。后者考虑了片刻，作为同意的标志，犹豫不决地低下头，似乎不大明白该对普京说什么。要知道，普京先生可以随便讲，例如可以说：“您瞧，为了和平，我可以随时撤销俄罗斯在我们、法国和德国最后一份关于伊拉克通牒上的签名。总理先生，您是否同意我这样做?”但是，弗拉基米尔·普京不想让自己的德国同行生气，最后说：“我们同意谈判，但不准备打仗。”

尽管这样，普京先生还是留有回旋余地。它不是留给德国总理的，也不是留给美国总统的，首先是留给他自己的。他也考虑到布什，并决定给他一个像样退却的最后的台阶。俄罗斯总统不是首次宣布，只有在美国的压力下伊拉克总统才能做出空前的让步。实际上弗拉基米尔·普京相信，布什也不要战争。他最近的一切努力实际上也是维和行动，可能只有他本人没有最终意识到，因此应该帮助他。俄罗斯总统以真诚的，甚至可以说是友好的态度悄悄告诉布什在这一不简单的形势下理想的行为方式。他甚至想在联合国安理会投票前给布什打电话，帮助他认识自己。

俄保总统“怀念”社会主义阵营

星期六晚上，俄罗斯总统弗拉基米尔·普京对保加利亚进行了国事访问。他觉得不虚此行。一位总统只能对一个国家进行一次国事访问，而且后来回忆这种大政治应该让自己感到不痛苦、有意义和充实。总统任期内不应对保加利亚进行两次国事访问。有人正确地指出，对保加利亚访问一次都有些多。笔者认为这种说法不正确。因为保加利亚一如既往，仍然热爱和尊敬俄罗斯，将我们当作权利平等的伙伴。俄罗斯人最喜欢和最崇拜保加利亚人约瑟夫·科布佐——一位用保加利亚语演唱保加利亚歌曲的歌唱家。

弗拉基米尔·普京偕夫人一飞到保加利亚首都索非亚就观看了为庆祝俄罗斯—保加利亚友谊周开幕式举办的音乐会。仪式在类似莫斯科克里姆林宫代表大会堂的国家音乐厅举行。音乐厅有5000个座位（在惟一的小卖部排长队，等候参加俄保友谊盛大节日的普通保加利亚人不断对我们说，它是巴尔干地区最大的音乐厅!）。音乐厅自动升降梯的楼梯多，人们情绪高涨。当天这种情绪甚至洋溢在卫生间。管理员是一位上了年纪的保加利亚妇女，弗拉基米尔·普京彻头彻尾的追随者。她一般向每位参观者收取0.2列瓦的手纸钱，但冒着风险对俄罗斯代表团成员和持证的俄罗斯记者破例免费。

大厅前几排主要是官方人士。俄罗斯天然气工业公司总经理阿列克谢·米勒在大批官员的陪同下最先进场，被安排在第三排。俄罗斯文化基金会主席尼基塔·米哈尔科夫（带着女儿）坐在第一排中央，看来他的左手崴了。音乐会开幕前他一直是周围人关注的中心。尽管戴着一顶大黑帽的保加利亚著名歌唱家比谢尔·基罗夫一直坐在他身边，但谁也没有注意到他。莫斯科市市长尤里·卢日科夫尽管没有戴帽子，仍然将观众的注意力吸引了几分钟：他与尼基塔·米哈尔科夫一样，签了不少名。系统金融股份公司总裁弗拉基米尔·叶夫图申科，总统驻中央联邦区代表格奥尔格·波尔塔夫钦科，萨马拉州长康斯坦丁·季托夫没有引起任何人的注意，因此他们相互交谈着。

令人感到意外的是弗拉基米尔·普京在晚会开始前没有讲话。他与格奥尔基·珀尔瓦诺夫立即坐到自己的位置上——包厢的第一排（座位离舞台一百米，虽然看节目不舒服，但安全却无可挑剔，保加利亚官方的安排独具匠心）。也许总统的沉默有道理，访问的正式仪式安排在第二天早晨。也就是说，还没有举行。

两国文化部长代替总统讲话，如果说，保加利亚文化部长在一片寂静声中按照讲稿讲完话，那么我们的文化部长米哈依尔·什维特科依没有任何讲稿，开始是用保加利亚语，后来又轻而易举地转用俄语讲，我们与保加利亚有许多共同点，首先是圣像（位居前两位的是基里尔和梅福季）。我们与保加利亚都有斯拉夫式的不轻信，并由此想到保加利亚人拉德奇科夫写的一个话剧，内容是一些农民非常想感动一只狼，当然最终没有得到什么好结果。文化部长就像是以交通部长的身份，结束了自己的讲话：

“如果我们想一起飞过世界，那我们就比较容易征服空中空间。”

听众对文化部长的讲话不断报以热烈的掌声，只有一位，那就是尼基塔·米哈尔科夫出于众所周知的原因，掌声不是那么热烈。

音乐会上演的第一个节目是尤里·巴什梅特的，半小时内他是指挥兼演奏，后来是俄罗斯大剧院的芭蕾舞（并非马里因卡）。库班哥萨克的合唱别具特色，结尾时约瑟夫·科布佐参加了。他用没有重音的保加利亚语演唱了一支激动人心的歌曲《鞑靼人的眼睛瞄准火焰!》，接着又演唱了《我的祖国保加利亚!》，哥萨克合唱又立即接上去。

此时大厅的欢呼声简直无法抑制。片刻之后，整个大厅与两位总统、莫斯科市市长、总统驻中央联邦区代表一起激动地站起身来。俄罗斯天然气公司总经理迟疑片刻之后也站起身来（他将就俄罗斯天然气途经保加利亚输送到第三国进行谈判）。这支歌曲的原唱者比谢尔·基罗夫也脱帽致谢。

有了这样的开始，是否可以说这次访问一定会成功呢？往下是一浪高过一浪。欢迎仪式和向无名士兵墓献花圈在亚历山大·涅夫斯基广场举行，还进行了昨晚没有安排的简短散步、接近市民和瞻仰保加利亚解放者亚历山大二世纪念碑（它就竖立在广场上）。索非亚市民并没有要求俄罗斯总统给他们提高退休金或者教师工资，而是以无私的喜悦亲吻他的面颊。一位戴着轻佻白帽子的老妇人大喊“我爱您!”，看来她一点也不顾及对方的反应。

与人们的估计相反，接下来举行的小范围会谈充满了诚挚的感情。我们答应向保加利亚出口5000万美元的天然气（今后还给2.5亿美元的），保加利亚答应将天然气分配网私有化股票卖给我们。我们向他们提供游客，他们对我们实行24小时签证（现状是来自俄罗斯的旅游者，去年比前年减少了三分之一，我们得到保加利亚的签证比美国的还难）。我们向他们投资，他们给予保护。我们给他们建设核反应堆，他们向我们付外汇。我们在他们的企业里修理自己的军舰（费用由他们欠我们的债抵偿），他们购买我们用于修理俄罗斯生产的保加利亚米格－29飞机所需的许可证。我们用外汇偿还苏联时期拖欠保加利亚的债务，他们对此表示感谢。

笔者认为，自己在记者招待会上向保加利亚总统提的一个问题稍稍破坏了这次无疑是成功访问的一般印象。尽管保加利亚千方百计最大限度地与欧洲一体化，但在伊拉克问题上却与大部分欧洲发达国家，首先是德国和法国的立场根本不同（保加利亚人坚决支持美国）。而这两个国家正在与保加利亚开展经济合作。这样一来，保加利亚人的一体化是否会遇到问题？

这不是什么好问题，保加利亚总统显然也不会做出好的答复。他尖锐地说，是出现了一些问题，而且不能低估。

“我们主张萨达姆全部解除武装，”他说，“但是，联合国安理会的图章对国际社会的行动至关重要。”

然后他用了几分钟，详细解释了美国总统的立场，突然脱口而出，结束了自己的讲话：“谁将做出正确的选择，将从这一形势的结果得到证实。”

那好，我们走着瞧。众所周知，保加利亚将从自己对美国的支持中得到钱，对此也不必大惊小怪。保加利亚领导人一致认为，美国应该给他们17亿美元。保加利亚真的支持了美国，但还没有得到他们的钱（土耳其也正为此与美国人讨价还价）。正如保加利亚记者所说，美国的加油机已经开始驻扎在保加利亚沿海地区，等待伊拉克方向的战斗行动开始。他们甚至说，美国的飞机将使用俄罗斯卢克公司的煤油。这家公司在保加利亚的石油市场上如果不是起着主导，也是起着重要作用。这个观点也使人有理由宣布，俄罗斯因此也间接加入了反对伊拉克的行动。然而，俄罗斯代表团成员已经与他们谈过，坚决不同意这一立场。

他们做得对。

第二天，俄罗斯总统弗拉基米尔·普京与格奥尔基·珀尔瓦诺夫乘直升机飞往希普卡山口。保加利亚义勇军与俄国士兵一起，在这儿取得了本国历史上的重大胜利，最终将国家从土耳其奥斯曼帝国的奴役下解放出来。

这一天，希普卡山口阳光灿烂，在当地实属罕见。弗拉基米尔·普京与格奥尔基·珀尔瓦诺夫以一小时的间隔分乘两架飞机飞到山口。应该在飞机降落地点举行纪念3月3日——解放日盛大集会。平时这里非常寂静，保加利亚人已经习惯于在自己家里庆祝国庆节。就连身强力壮的人也觉得山口冷。昨天从斯塔拉扎戈拉市向山口运来数百人。他们一动不动地站在山口，就像是保加利亚义勇军当年面对土耳其的侵略。让他们向近处或者远处靠近一米都不容易，他们是义勇军真正的后代。

用木板搭成的主席台铺上了小块地毯。两位工人不慌不忙地清理着地毯上的积雪，也许他们是在开玩笑。希普卡山口位于著名的加布罗沃大区，这个玩笑开得不成功。

东正教神甫开始为山口保卫者做弥撒，一会儿用保加利亚语，一会儿用俄语，默哀之后乐队演奏了节日进行曲。

俄罗斯总统终于飞来了，群众大会开始。来自索非亚的演员用悲壮的音调朗读了伊万·瓦佐夫的诗歌。诗中写道，活下来的义勇军亲吻死者的额头，将他们的尸体扔向进攻的土耳其人的刺刀。

保加利亚总统尽管不能在演说中唱高调，但在诗歌朗诵声中将自己的讲话稿装进衣袋。他几乎是一字不差地将原文背得滚瓜烂熟。这再次表明，珀尔瓦诺夫先生为这次访问进行了精心准备。谈到节日时他说，3月3日的战斗是为独立而进行的斗争的高潮。女翻译不时俯首帖耳，给弗拉基米尔·普京翻译保加利亚总统的讲话，俄罗斯总统很快制止了她。看来他明白，也许是他轻松地意识到，保加利亚总统在讲话中一次也没有提到伊拉克。

与此同时，他亲自为自己的保加利亚同行准备了一份意外的惊喜。为了麻痹保加利亚人的警惕性，俄罗斯总统引用了保加利亚革命者赫里斯托·鲍杰夫关于胜利的意义不可估量的讲话，然后用半分钟解释。对两位总统而言，最主要的就是改善"普通保加利亚人和俄罗斯人的生活"。普京先生做了一番铺垫之后讲了最主要的内容：他相信，"俄罗斯与保加利亚的相互协作对发展统一的繁荣的独立的欧洲将做出重大贡献"。

毫无疑问，"独立的欧洲"是讲话的主旨。迄今为止，俄罗斯总统无论在与德国总理施罗德，还是与法国总统希拉克或者是与其他任何人会谈时都没有这样讲过。面对站在自己身边的保加利亚总统，他首次这样讲。珀尔瓦诺夫先生习惯性地点头微笑，对普京所讲的应该无愧地纪念自己的先辈表示赞同，但不知不觉他落入了他的圈套。因为保加利亚总统已经与美国人就所有问题谈好，现在却由于这次国事访问，主张统一的独立的欧洲。除了美国之外，他现在应该向何人显示自己的独立性？不，保加利亚最近几个世纪不走运。

斯塔拉扎戈拉市市民并没有发现这些戏剧性的事件。他们高兴地观看将俄国骑兵的一把军刀（这是正确的，统一的欧洲也需要有人保卫）和年轻的加布罗沃大区的一位雕塑家制作的维和士兵半身塑像（不是多余的）赠给弗拉基米尔·普京，后者表示感谢，将它交给礼宾官员。俄方向保加利亚总统赠送了一件装在套里的新刺刀，他毫不犹豫地接过去。莫非是他想向美国人夸耀尚武的习惯？看来不是。

两位总统从希普卡山口走下，参观了一座为俄罗斯士兵修建的寺庙，又从那儿去参观斯塔拉扎戈拉保卫者纪念碑。根据原定计划，应该在那儿会见俄罗斯总统中学的女教师古列维奇。碰巧她正带着自己的班级来到临近的普罗迪夫。保加利亚当局真心实意地让俄罗斯总统在好客的保加利亚大地上舒心，建议他过去的教师与自己现在的班级一起来到纪念碑，会见这位天才的学生。

但是，会面没有举行：她没有来。

俄罗斯总统离开保加利亚前会见俄罗斯记者时再次证实，他想帮助保加利亚最终决定跟谁在一起。

"已经感觉到保加利亚在联合国安理会了。"总统勉强微笑着，暗示保加利亚反正会回避具体的答复：是支持还是反对战争。也许会吐露一点消息……

他用手势做了一个曲折的动作，保加利亚怎样才能吐露消息。

“这不行。有什么办法……这就是大政治……”

是呀，也许再也没有人比弗拉基米尔·普京更了解格奥尔基·珀尔瓦诺夫了。

总统给妇女带来最珍贵的节日礼物

3月6日，俄罗斯总统弗拉基米尔·普京接见了托博尔斯克市妇女代表，向她们祝贺“三八”妇女节。笔者进行了采访。

像托博尔斯克这样一个连自身都会淹没在西伯利亚皑皑白雪里的一个不大的城市，寻找14名能够无愧地与总统交流的女性，并不容易。也许因此秋明州的领导以最后通牒的形式要求全州妇女帮助托博尔斯克。他们草拟了一个参加总统在托博尔斯克召开的茶话会的秋明州妇女名单，但在总统视察前夕，托博尔斯克知道了这个“阴谋”，提出了自己的名单。秋明州退缩了。然而，托博尔斯克提出的名单中也有一名妇女被除名。原因有几种说法，但最真实的可能是她的年龄——23岁。总统已经50岁了。

列入最初名单的妇女在茶话会之前非常激动，甚至因此而盛气凌人。她们不受任何委屈，希望别出事，平平安安受到总统接见。托博尔斯克多子女和贫穷家庭妇女联合会主席塔季扬娜·马尔加诺娃说，她的基金会需要钱，她要设法搞钱。茶话会决定在托博尔斯克艺术博物馆举行。参加会议的该馆工作人员纳塔利娅·布勃列依承诺，她首先向总统要钱发展博物馆事业。支持小型企业基金会会长奥莉加·洛巴切娃……大家可以猜猜，她想要什么？

“关于自己的，关于妇女的？”笔者问。

“已经建议我们完全不要谈个人问题。”她生硬地回答说。

“谁？”笔者惊讶地问，但确实知道总统喜欢谈个人问题。

“您以为没有人？”其中一位打断说，“一切都是州领导决定的。”

她伤心地摆摆手。

此时，泥灰油漆工班长柳德米拉·戈洛斯凯维奇一直站在旁边，笔者非常客气地问，向总统提什么问题？

“我可以不回答您吗？”她胆怯地说。

“难道就没有一个问题？”

“一个都没有！”她带着某种奇怪的音调说。

“可他毕竟是我们的总统，您……您是被选上的……顺便问一句，为什么当选？”

“不知道，”她耸耸肩，“可能是因为我连续30年在一个企业工作，从来没有做过玷污自己名誉的事。”

笔者以为，就这一点已经足够了。在托博尔斯克、秋明，乃至全国，甚至很难找到一个在30年的工作时间里没有做过一件对不起自己名誉的事的人。

总统到来前的20分钟，妇女们被邀请坐到桌前。她们走进房间前桌子已经摆好，但却非常迅速地坐到房间角落里供记者坐的椅子上。有关人员费了很大的力气才将她们从那儿赶走，安排到桌前。“我们坐哪儿都行……”到最后一刻她们仍然坚持。

“别紧张，”秋明州副州长纳塔利娅·舍夫丘克说，“你们都是好样的，大家都投过他的票。”

“如果不是所有人呢？”有人突然以挑衅的声音问。

“现在没有这样的人。”舍夫丘克女士自信地说。

从此时起笔者的脑海里一直在琢磨一个问题：秋明州到底对这些妇女做了什么工作？

几分钟之后总统走进大厅。他已经鸟瞰过当地的克里姆林宫，去过一个教堂，受到大主教欢迎（听说每逢贵客光临，教堂都要放飞一只鸽子，但这一次却没有，大主教随后没有把握地辩护说，它可能是怕冷）。

总统向托博尔斯克、西伯利亚和俄罗斯妇女祝贺节日，并且贸然以她们丈夫的名义。他说，每逢这样的节日，少不了谈妇女在社会中的作用和地位，他也不例外。他凭自己记忆提到一个参考资料，说有50%的妇女在管理领域工作，“但只有7%的妇女有权做出决定。”

副州长舍夫丘克女士带头鼓掌，暗示她已经稳定进入这个7%的范围。

“国家杜马也是7%，”总统继续说，“议会上院的女性屈指可数，立法会议根本没有。”“是的，”秋明州州长谢尔盖·索比亚宁说，“我们也没有。”

然而，他脸上一点也没有表现出愧色。

“州长同意了！”总统高兴了，“我根本不想批评你们。”

总统说，最主要的是使我们妇女的自我意识接近欧洲水平，还说自己将尽力而为。莫非是现在让她们停止洗锅碗瓢盆，将主要精力集中在填写婚姻合同上？

总统建议她们提问题，女士们已经做好准备。博物馆工作人员纳塔利娅·布勃列依立即向总统要钱，修复城市教堂。

索比亚宁州长向她解释说，州里已经向市里拨了钱，托博尔斯克的修复者还没有将钱花完。“他们心态不一样。不喜欢督促。”

这没有什么好反驳。

另一位女士，奥莉加·洛巴切娃开始讲减税。总统要了一杯茶，州长反应过来：“不喝茶说不清税收。”总统感谢自己听到有关政府的好话，简化纳税手续，还说尽管已经做了一些工作，但是许多事还没有来得及做。给人的印象是试验不成功，最终将提高所得税。但这次并非如此：

“需要填写的文件反倒增加了。税收制度应该简明易懂，便于操作。”

原来总统是这个意思。

当儿科医生法乌里娅·扎里波娃谈到托博尔斯克刚刚实行儿童疾病系统防治时总统特别高兴。原来她最近一直与卫生部长谈这个问题，要求设法解决。还有一个好消息：一批文艺图书将发到国内中小学。总统精神为之一振：

“要精装的!”

女士们礼貌地笑起来。

“是，是，”总统坚持说，“这有利于保管和多次使用，书籍要包括所有经典……”

女士们知道，总统是严肃的，现在开始尊敬地向他点头表示感谢，确实需要精装本。

人们还感谢总统，如今托博尔斯克的学校有了新的滑雪场。

“现在我们学校恢复了滑雪训练，这对秋明地区非常重要。”

当讲到这些时，总统感激地看着索比亚宁州长。他知道，这个功劳应该归于州长个人。好消息至此结束。参加茶话会的一位女士问（除了总统之外，没有一个与会人员动过茶杯）总统，“电视频道的暴力镜头何时结束?”经常有人向他提这个问题，回答也是同样。

“这是一个复杂问题，同我们国家一样复杂。遗憾的是确实是这样。只要有观众，就有这些。我们只能影响国家媒体。妇女在其中的作用特别大!”总统突然深有感触地说。

总统明显想起“三八”妇女节。

“我们大家一起表明社会对暴力的态度。”

他认为，媒体应该对自己做某些限制。

“媒体领导应该有这个意识。”总统说。

笔者担心，总统将理想当成了现实。

总统在最后告诉女士们，索比亚宁州长从法国进口了一千头牛，“在养殖业方面迈进了一大步”。

“这个消息是希拉克告诉我的，”总统解释说，“我向他表示感谢，并说，我们今后准备在这方面工作。”

“免费吗?”

“免费?! 世上没有免费的午餐。”他苦笑着。

“弗拉基米尔·弗拉基米罗维奇，‘三八’节前夕，您给我们带来了最珍贵的礼物——您来到我们中间，我们将铭记不忘！”一个半小时一直保持沉默的一位女士坚定地保证说。

那好，就让我们以后检验吧！

弗拉基米尔·普京解决乌拉尔问题

俄罗斯总统弗拉基米尔·普京在秋明主持召开了乌拉尔联邦区社会和经济问题办公会议。会议结束时总统引用了古希腊哲学家柏拉图的名言。

会议开始时，总统与与会人员分享了一个好消息，将乌拉尔称为国家能源和燃料仓库。这个称呼绝非偶然，其意义要比人们最初的感觉重要得多（会议结束时更进一步明确）。工业部长伊利亚·克列巴诺夫尽可能将总统的意见数字化。然而，库尔干州州长奥列格·鲍戈莫洛夫破坏了这个好印象。他说，这个仓库的农民卖十公斤粮食才能买回一公斤色拉油。他本人有一个可怕的怀疑：“石油工人在准备秋播，就是说他们将提高自己产品的价格。”

普京对这个讲话做出反应：既然现在石油价格已经很高，“那么石油工人就应该努力将它们运到国外并在那儿销售。我们没有办法将石油留在国内！国家杜马通过了相关法律，我们的手段被剥夺了。格纳季·赖科夫是人民代表，让他讲吧！”

“我认为，这个法律应该废除。”赖科夫说。

“那好！既然已经理解了，那就尽快办。”完全无辜的普京高兴了。

当然，大家都在等待着谁将首先提出秋明州与自己两个自治区的冲突。亚马尔—涅涅茨和汉特—曼西自治区在其立法机构的威胁下经常要求脱离秋明州。尽管时间已经过去不少，人们也讲了不少，但谁也没有提到这一点，只有总统本人提过一次。他说，划分权限的主要目的是不能要求地区做自己做不到的事。

“如果中央不能对自己在地方的计划提供资金，那就不能对它们说，‘执行吧！’政府这些计划反正无法实现，最后人们来到法院。这是什么？完全是给政府脸上抹黑。”

看来他是再次向人们暗示，自己是改革无条件的支持者。谁要是不同意，那就是反对他。这两个自治区在如此困难的条件下要生存下去，那就得继续留在州里。这时人们已经相信，一切将是原样。

弗拉基米尔·普京在别人讲话时多次插话，表明自己的观点，例如他在听取斯维尔德洛夫斯克州州长爱德华·罗塞尔讲话时突然指出：

“看来你们那儿的形势不错。我想，在即将到来的选举中一切将会顺利。”

既然总统都说了，他就会重新当选。他如释重负。

车里雅宾斯克州州长彼得·苏明建议冻结各州拖欠天然垄断部门，首先是俄罗斯统一电力公司的债务。

“这不是讨好老百姓，”他说，“也不是市场措施。我打算竞选代表选票，我的州长选举还远着呢。”

这没有什么值得自豪的。显然，当这位州长明白自己重新当选后还是努力更正：

“弗拉基米尔·弗拉基米罗维奇，南乌拉尔人在一切问题上完全支持您。如果不是这样，那就请原谅。”

“这儿没有任何反市场的事，”普京反驳说，“让我们向国家杜马代表提这些建议吧。赖科夫就坐在这儿……”

又是赖科夫！像赖科夫这样的国家杜马代表总在身边该有多好！

汉特—曼西自治区首脑亚历山大·菲利边科最终得到发言机会。初看上去有些冒险：突然当着总统的面开始了脱离克麦罗沃（原文如此，可能是秋明——译者注）州的过程。从另一方面说，既然让他发言，那么就说明相信他。然而，人们原先的感觉没有错，菲利边科先生的讲话中饱含着乐观主义。首先是：

“如果相信我们和美国的科学家，仅我们自治区的石油蕴藏量就有4700万吨。因此谁也不用悲观石油将会枯竭！”

菲利边科先生清楚地认识到，他这个说法有何价值？

“当然可以说，我在泰加森森地区说话容易……”

实际上他讲话并不容易。接着他建议降低石油井采税（他没有忘记补充，他是“应众多的石油工人的请求”才这样讲的），只有这样才能增加石油产量。讲话结尾时他想起，几天后将在他的城市举办现代两项滑雪运动世界冠军比赛，他邀请所有与会人员光临……看来他马上就要结束自己的讲话了，但不是这样，他仍然忍不住讲下去：

“说到权力划分，我是这样想的。如果一个联邦主体（指自己自治区——作者注），提出了对另一个联邦主体（指秋明州——作者注）哪怕是一半的权力，那么就应该将这一半权力交给它。如果提出了全部权力，也应该将全部权力交给它。现在大家都在这儿，这个问题（即汉特—曼西自治区继续留在秋明州——作者注）不必等到以后解决……再也不能拖下去了……”

也就是说，菲利边科夫先生还是不能放弃自己的分离主义思想！普京立即回答说：

“首先谈您最后一条意见，我强调，只谈最后一条，最后一条！我完全不能同意。如果按照您的想法行动，那么至少有一半的联邦主体需要缩小、联合或者重新划分……这个过程永远不会结束。”

战争就这样继续着。要不是出现意外还不会结束。由于大家都很疲劳，弗拉基米尔·普京没有致闭幕词，只是引用了科学院莫斯科历史学家的结论：“看来，我们发现是古希腊哲学家柏拉图在世界历史上首先提到乌拉尔。他写道：‘在里费依斯克（即乌拉尔——作者注）山附近生活着大量秃鹫鸟，这预示着那儿有大量的黄金和宝石矿藏。这些鸟类由聪明善良的人们管理。而这些人对宝藏却熟视无睹。’可以说，从柏拉图时代到现在变化甚微。乌拉尔山还有吗？还有！无尽的宝藏还有吗？还有！聪明而善良的人们还有吗？还有！我们对待这些无尽的宝藏的态度仍然没有变化。”

绕过总统的一番评论，历史学家们的结论犹如宣判不可更改。

弗拉基米尔·普京变得委婉了

3月12日，俄罗斯总统弗拉基米尔·普京来到俄罗斯总检察院，并出席了联邦护法机构工作会议。会议早在前天护法机构革命性的人事变动（撤销联邦边防局和联邦政府通信和信息局等——译者注）之前开始筹备，但由于人事变动，现在召开正是时机。

与会人员再次努力强调，他们已经从报纸上知道了最新的悲剧性人事变动。在发给记者的受到邀请的人员名单中，有联邦边防局长康斯坦丁·托茨基，联邦政府通信和信息局局长弗拉基米尔·马秋辛。说得不客气一点，他们已经是“行尸走肉”。

与总统一起走上主席台的总检察长弗拉基米尔·乌斯季诺夫尽量让人们注意，这是一次计划中的会议，主要目的是协调行动。“我们传统会议的工作……”他说，“就是传统的会议与会人员……”总检察长几秒钟之后接着说。一切都应该只显示，这次会议几个月前就在筹备，与强力部门的人事变动无关，甚至连发给记者的乌斯季诺夫先生的发言稿也有些过时。例如，其中分析了怎样改进税务局警察的工作(从同一个人事决定判断，改进不可能，只能精简)。

与此同时，护法机构的工作人员在礼堂里窃窃私语，对这些决定发表自己的看法。他们没有任何喜悦之情，只有发呆。这是可以理解的，因为他们顷刻间失去了对明天的信心。有一点很清楚，类似的事件在他们身上随时都可能发生。为什么不可能？如果说在某个部门的职业性节日之前可以将其取消，那么另一个部门为什么不能？甚至第三个也朝不保夕。总之，从现在起，大家都惶惶不可终日。

应该指出，礼堂里的座位至少有三分之一空着，平时总统来不是这样，每个座位价值连城，竞争激烈。显而易见，这些空位是给被精简部门的工作人员留的。在新的人事决定明确的最后一刻，改变什么都已经来不及了。

总统无情地批评了护法机构的工作：去年犯罪数量下降了15%。

“你们这些专家知道，统计数字并不反映一切，”总统最后说，“隐性犯罪在增加。此外，破案率也在下降。这意味着罪犯逍遥法外。”

看来总统是想让大家明白，逍遥法外的罪犯从事隐性犯罪，因此登记在案的犯罪数量减少了15%。这个可怕的圈子就是如此循环。

总统提出，侦查工作组织不力，还说：

“谁也别想走回头路！”

这非常令人不安，因为总统所指完全不清楚。

他还特别提到打击毒品走私，并且向与会人员介绍了新成立的控制酒类和神经药品流通委员会主任维克托·切尔克索夫。总统向大家解释了切尔克索夫先生出现在主席台上的理由。例如，阿尔泰地区去年没有追究过一起毒品走私案件。

“这不行！”普京说，“因此我向大家介绍维克托·切尔克索夫先生……”

大家现在才清楚，现在该干什么。

“他名气不小。在护法和政界有丰富的经验……”

切尔克索夫先生从座位上站起来，但总统已经介绍完了，他只好再坐下。

普京说，他已经对刑法草案进行了修改。这些修改的意义是减轻对危害不大的犯罪的处罚。总统多次说过，他打算这样做，这次终于做了。

“我们国家在押犯居世界前列，”总统说，“但不能对所有犯人不分青红皂白，一概而论。”

“尽管这样做很容易。”总统放慢了声音，似乎是同意某人的观点。

总统简短讲话之后，有关人士请记者退席。有消息说乌斯季诺夫先生的讲话与发给记者的讲稿有很大区别。这是可以理解的。尽管他没有说，实际上讲如何改进税收警察工作。

总统拒绝领奖

3月27日，俄罗斯总统弗拉基米尔·普京在克里姆林宫叶卡捷琳娜大厅，在众目睽睽之下拒绝领取崇高的国家奖励。

当天，弗拉基米尔·普京一般是向别人颁奖。活动按原计划进行，科学工作者、演员和州长们坐在大厅里。总统首先单独提到的是紧急状态部第一副部长尤里·沃罗比约夫（被授予俄罗斯联邦英雄称号），预备役列兵尤里·索罗金（也被授予俄罗斯联邦英雄称号）等人。总统说，这些人将自己的命运提高到极限（无论在哪儿工作，都执行最艰巨的任务……）。有趣的是从总统手中接过奖品的人表现如何。尤里·沃罗比约夫讲得对：

“这一切就是真正的紧急状态！”

走向总统犹如真理时刻来临，连他们自己也未必认识到可能发生什么事。预备役列兵尤里·索罗金走来了。他握握总统的手默默回到原来的座位上。笔者心想，如果请他讲话他也不讲。他最好的是建立功勋。乌兰乌德毛纺厂总经理克拉夫季娅·阿利茨曼上台领取“对祖国有功”三级勋章，她意识到应该给总统说什么：

“是支持民族工业的时候了。”

这就是说，在这之前并不是时候？莫非总统就是用这枚勋章支持民族工业？这位妇女到底想要什么？想要无法实现的东西？

空军退休元帅、“胜利”组委会副主任亚历山大·叶菲莫夫走到弗拉基米尔·普京跟前：“尊敬的总统同志！”

这不仅是称呼，也是世界观和立场，现在大家都得考虑。

“我们老战士将永远跟您在一起。因为一艘名叫俄罗斯的船现在掌握在可靠的人手里。”亚历山大·叶菲莫夫说。

这位退休元帅指的是什么？莫非是出了什么事，我们大家猜猜，是谁在掌舵。

总之，这天对总统的称呼意味深长。列乌托夫机器制造科研生产联合公司总经理格尔贝特·叶夫列莫夫给总统是这样说的：

“尊敬的伟大的俄罗斯总统！”

一切都很清楚：这些称呼中都将俄罗斯放在首位。格尔贝特·叶菲莫夫还说，40年前他在克里姆林宫得过一次奖。他亲口说，克里姆林宫还是老样子，他叶菲莫夫过去得奖，现在还得奖，至于从谁手中，是总书记还是总统手中接过奖品，这倒无关紧要，只要他的巡航导弹好就行。格尔贝特·叶菲莫夫希望别人这样理解他。笔者没有把握，但他是这样讲的。

许多人领奖时一声不吭，这是明智之举！独唱演员亚历山大·韦杰尔尼科夫就是这样接过奖章的（谁也不知道独唱演员的沉默意味着什么）。尽管大家都期待歌唱演员约瑟夫·科布佐讲话，他也是一声不吭，因此给大家留下了好印象！

儿科医生列昂尼德·罗沙利就不这样。也许他事先想过，应该对总统讲什么。他终于想出了一句话：“亲爱的总统！”

医生解释说，在杜布罗夫卡人质事件期间，“可以不夸张地说，不仅决定俄罗斯命运，也决定总统个人命运，全俄罗斯的命运！”令人感到难堪的是世界的命运在另外的时刻，另外什么地方决定。

现在我们知道，除了俄罗斯总统之外谁还在决定俄罗斯命运。

“我是为数不多的在这些天见过总统的人之一，”医生向大家介绍自己的观察，“我要直截了当地说，表现最勇敢的是俄罗斯总统！请大家鼓掌！”

大家热烈鼓掌（一个童话也是这样的内容：其中一位主人公是这样讲的：“阁下，我要直截了当地告诉您，您是天才！”）。因此可以说，是罗沙利医生让一个大国的总统红了脸。但还不止这些。

“如果不是这样结束，通过的决定就很复杂……”

这些话最终包含着一个重要信息。原来是总统亲自决定向杜布罗夫卡中心发动进攻。时至今日，人们一般不这么说，而且官方人士否认任何类似的说法。他们说，决定是司令部做出的，它的指挥员、某位将军对此负责……现在才真相大白！

但罗沙利医生并未就此打住，无疑还要采取行动。

“现在我想给总统授勋！”他激动地说，并且离开麦克风朝弗拉基米尔·普京走去。

总统没有料到自己会面临如此压力，甚至向后退了几步。

“由于您对俄罗斯人民建立的丰功伟绩！”

说罢他摘下刚刚戴在自己胸前的一枚勋章，准备戴在总统胸前。此举与罗沙利医生一贯的风格大不相同。

显然总统不能让罗沙利将已经开始的事情做完。他说，自己作为总统，只要有机会和权利向罗沙利医生这样的人颁奖就足够了。也就是说，无论怎么推辞，还是让他回到原来的位置上去了。总统那句话是什么意思？“我是总统，您是获奖者。”

这个插曲之后，极地工作者、国家杜马代表阿尔图尔·奇林加罗夫得到了自己的奖励。为什么今天沉默不语的人处在最佳状态？奇林加罗夫说：

“政治家的生活是复杂的，投票不等于按按钮……这是不诚实的生活，只要我的心脏还在跳动，我就要尽力而为……”

然而，由此判断，奇林加罗夫昨天在叶卡捷琳娜大厅基本上投票正确，也按了那些按钮。后来奇林加罗夫先生向弗拉基米尔·普京发出正式邀请，请他参观北极（两个人）。

只有阿尔图尔·奇林加罗夫回到座位之后想起没有与总统合影，于是又站起来。这时尽管总统已经宣布另一位获奖者，也不能拒绝这位功勋极地工作者。

罗沙利医生也反应过来。他也由于慌张没有与总统合影，最终也顾不得什么礼节。与总统合影是千载难逢的事，否则将会遗憾终生，难堪一会儿就过去了。

然而，某些参加活动的人此时还是越过了一定界限，最终丧失了分寸。例如，北方医科大学校长帕威尔·西多罗夫说，这一天恰逢弗拉基米尔·普京担任总统三年，多么幸福！

“我相信，俄罗斯将占据应有的地位！”

公正地说，他并没有确切说明应该占据什么应有的地位。

“不仅总统与国家一起感到荣幸！国家也与总统一起感到荣幸。”

迄今仍然有人认为，两种说法都值得商榷。

当梅福季都主教、沃罗涅日—利佩茨克修道院道长尼古拉·涅姆佐夫上台领奖时笔者心头不禁为之一紧。

“深受尊敬的弗拉基米尔·弗拉基米罗维奇！”

啊，竟有这样的称呼！今天谁也没有这样称呼过总统。

“俄罗斯教会已经成为崇高的心理机构。”都主教深有感触地说。

难道从前不是这样。也许可以这样讲吧！因为教会过去不依赖国家而独立存在。从这一获奖看，距离正在缩小。

“这有多好，”都主教说，“总统的活动不仅造福于国家，而且旨在解决许多国际冲突！”难道都主教不知道，伊拉克战争已经开始了？

“他什么都知道……”

4月2日，弗拉基米尔·普京在坦波夫，现场解决国内居民的强制医疗保险问题。

根据原计划，首先参观大利波维察康复疗养综合体。尽管面临紧急形势，这个综合体一刻也没有停止工作。在危机中心，处在离婚前期和后期状态的妇女相互解决了许多问题。疗养院向几位遭受家庭暴力的妇女提供了临时避难场所。（“坦波夫州的丈夫打老婆厉害。”——院长叹口气说）。她们在经历了几年的家庭生活之后已经清醒过来。

但主要事情发生在松弛中心。几位上了年纪的人会见总统之前正在进入静态。心理医生塔季扬娜·夫多温娜解释说，他们正在进行身体定向休克疗法。

“爷爷和奶奶们，”她说，“不会放松。”关键是放松之前先应该鼓足力量和补足能量。大利波维察中心最近装备了一台活化仪器。据它测定的结果，5位老人的心理状态令人担忧。据检测，昨天有5位，今天已经增加到11位。而这5位是准备与总统对话的。

“现在我们每日都让他们到昏睡中心去。”塔季扬娜关切地说。

“我已经昏睡过了，”一位老战士说，“在这台电脑后边……”

“什么电脑？”

“还有什么电脑……”老战士懊丧地说。

“我们已经安装了生物双向通信，”心理医生前来帮助他，“放松……”

“是的，”老战士证实说，“还没有来得及坐下，就已经放松并且睡着了！”

“这已经是往事了。总统来前我们采用了活化法！”塔季扬娜·夫多温娜说，“后来就不用了，只用电枢法……”

这些老人是音乐家、农庄庄员、军人和两名司机，其中最年轻的已经 72 岁。与此同时，塔季扬娜·夫多温娜说，她热爱自己的工作，婚前两星期因此与自己的未婚夫分道扬镳。

“为什么？”我问。

“他不让我干这个工作。”她真诚地说。

此时总统走进来，朝老战士们走过去。

“你们在这儿怎么样？”他问。

“很好，很好！”他们互相打断说。

后来有些冷场。笔者记得，一位老战士似乎说过，他不想使总统难堪，不想多说。此话意味深长。心理医生夫多温娜也不吭声。总统问她，在这儿工作多长时间了？

“7 个月。”她回答说。

总统没有久留，与大家告别走了出去。

“我们这是怎么啦？”总统出去之后米哈依尔·伊万诺维奇说。

“是她不对，”费奥多罗维奇忧郁地向心理医生摇头，“她让我们放松……”

总统已经在隔壁房间听综合休主治医生的汇报了。国务委员会主席团将讨论强制医疗保险。根据新规定，已经不工作的退休人员将由退休基金提供医疗保险。会议将就这个问题进行讨论。

“您是否认为，”普京问，“它能提高对居民的服务质量？”

“从退休基金拨款？吸收补充资金将增加医疗服务的收费标准！”主治医生回答说。

“还有……”总统低声说。

“提高对居民的服务质量！”主治医生高兴了，“这非常及时！”

“总是能及时得到资金，”总统打断他的话，“您是否知道，资金将按照服务支付？”

“听说了……”主治医生并不激动地说。

总统与医生后来到休息室谈话。一名 8 岁的小姑娘安尼娅，在车臣牺牲的普斯科夫空降兵的女儿等着他。现在她跟爷爷奶奶生活在坦波夫州。普京对周围有这么多记者明显感到不满，似乎他并不愿意将此事公开。他带着姑娘和她的奶奶走进一个不大的房间，随后将门关上。5 分钟之后他们出来了，小姑娘和普京很平静，奶奶却有些惊慌失措。

“你们想想，我代表全俄罗斯吻他！”她惊慌失措地说，“事先我可没有想到……”

小姑娘手里抱着一大堆图画礼物。总统还向她赠送了软玩具——一只彩色大浣熊。几分钟之后安尼娅告诉我，她已经不是第一次见总统了。他在普斯科夫看望过她，还请她去莫斯科。“原来他什么都知道……”奶奶喃喃地说，“连我们修房子的事也……天哪，这不好！”

大利波维察综合体主任和老战士米哈依尔·伊万诺维奇站在大楼出口。

“您说我能做什么？”他几乎是呻吟着对她说。

“难道就不能同他说上几句？”她责备他。

“说什么：总统同志，请坐，是吗？”米哈依尔·伊万诺维奇挑衅似的说。

老实说，总统来讨论什么？据国务委员会工作组组长，丘瓦什总统尼古拉·费奥多罗夫介绍，正好是讨论医疗卫生改革，然而让人觉得总统并不这样认为。在主席团会议上他还要讲在大利波维查讲过的话：2003年作为试验，从退休基金中给不再工作的退休人员每人补贴525卢布，能救他们的命吗？

尼古拉·费奥多罗夫认为，未必可以，这些钱似乎只够组织一些大的活动，放到有用的地方就不够了。费奥多罗夫先生担心，一旦不工作的退休人员的这些资金下拨到医院，改革的心理方面是否会受到质疑？一个不再工作的退休人员面对还在工作的退休人员，该如何解释后者的医疗费由其企业负担，同一病房的病人怎么有不同的权利？他们怎么能相互正视呢？“说不定会引起一场抗议和不理解呢！”他感叹地说。

他还想向财政部提个问题：再过半年，当退休基金试验结束、联邦预算是否还向不再工作的退休人员支付医疗费？财政部是否还将为这个计划筹措资金？

“没问题！”从费奥多罗夫先生左边传来了一个坚定的声音。

“没问题？”他反问了一句，“这就怪了！说‘没问题’，这可是关系几百亿卢布的大事。要是副总理兼财政部长阿列克谢·库德林能当着总统的面证实……”

但阿列克谢·库德林没有证实。

总统讲话之后尼古拉·费奥多罗夫重复说，有必要重新看待医院和床位的作用，最主要的是如此神圣的概念——床位。迄今人们一直认为，床位越多，服务质量越好。现在不能这么看了。床位多少起不了多大作用！

改革到底能对病人起什么作用，这才是主要问题。然而，尼古拉·费奥多罗夫知道，它对病人明显不会带来好处！

“如果还是喋喋不休、不加遏制地播放烟酒等危险品广告，无论是公费医疗还是自费医疗系统都将无能为力，也许今天当众举出美国的例子有些人会感到不舒服，”费奥多罗夫先生还是举了，“美国联邦法律禁止播放吸烟和饮酒片段，我们的烟酒广告一刻也没有停止。如果这一情况继续下去，再过五六年改革就要失败。”

会议结束之后与会人员向记者介绍了自己的印象。

经济和发展部副部长德米特里耶夫承认，他熟练掌握速记法，将主席团讨论的一切一字不落地记录下来。现在谁也不能钻空子，他暗示，自己做记录用了五支铅笔，因此不会有任何问题。

强制医疗保险计划已经通过。过去虽然有保险，但没有法律（千万别走回头路）。俄罗斯退休基金会主席祖拉博夫说，国家将从给医院拨款过渡到给医疗服务拨款。这一大规模计划将由预算提供资金，比例是多少？副总理库德林认为，为了成功地进行改革，从社会统一税收中提取 0.2% 的医疗费可能不足，他想提高到 1.3%，但目前能否做到这一点尚无法保证，关于这个问题主席团会议也有争议。5 月，这一法律草案将提交国家杜马审议。

然而，对不工作的退休人员的改革即将开始。到今年年底，他们的医疗费将由退休基金支付，明年由谁支付尚不清楚，惟一清楚的是数量将不会减少。

弗拉基米尔·普京视察自己的“耳目”

4 月 5 日星期六，俄罗斯总统弗拉基米尔·普京视察了俄罗斯航天部队。笔者并非能一下子理解总统的用意。

只要您成百次从莫斯科西南的大片建筑物经过，找到航天部队就不难，具体过程笔者就不讲了。那儿的重要科研机构初看上去就是这样，它的工作人员不仅忘记了自己机关的名称，也忘记了自己所从事的工作。航天部队的驻地是一栋长长的由毛玻璃和有裂纹的混凝土盖成的灰楼房。

然而，它的内部却不是这样。并不因为在芭蕾舞和冰球比赛中丧失了优势地位而感到气馁的俄罗斯人，在这儿找到了值得自豪的一切。首先是军事航天博物馆。里面展出了一位航天员穿过的飞行服。笔者走进博物馆后由于激动，竟一时想不起它是何人穿过的。

“您瞧，”一位中校导游高兴地指着尤里·加加林的飞行帽说，“博物馆开始补充新展品。”

似乎加加林刚刚脱下帽子，将它交给博物馆。这也不错。出现了世界上第一位航天员进入了我们日常生活的效果。

“1957 年，伟大的俄罗斯开辟了航天世纪。”中校讲道，声音似乎微微发颤。

看来将有一场重要的参观活动，再过一小时他将给总统解说。他也不掩饰这一点。笔者想给他纠正，何况为时不晚，不是伟大的俄罗斯，而是伟大的苏联开辟了航天新纪元。但出于怀疑没有这样做，中校肯定知道这一点，即使没有提醒也知道。但这次参观活动不是为苏联总书记，而是为俄罗斯总统安排的。中校经过考虑，看来打算修改历史。也许不是他自己，而是别人让他这样做的。

中校说，已经拍摄了一部关于航天部队的电影《宇宙的士兵》。没有法子，大家都得看，何况片子只有 12 分钟。我们也看了。其中说“今天星球新人已经站稳脚跟了”（的确是这样，航天部队从成立到现在一共只有两年）。我们甚至还知道其中的一些奥秘：“在我国最遥远的边界也有俄罗斯总统的耳目”。这还用说！

我们接着往楼上走（我们又停下来，情不自禁地想倾诉）。进入眼帘的是我国军事航天的心脏——航天部队司令部。这里的一切都是精心设计的，房间一般都不大，但足够。足够干什么？正如俄罗斯航天部队司令阿纳托利·佩尔米诺夫所言，足够俄罗斯总统弗拉基米尔·普京对国家航天部队实施可靠的指挥，必要时进行导弹攻击。

阿纳托利·佩尔米诺夫介绍了我们的航天部队的战备情况，但笔者的脑海中没有考虑过，为什么要有这一切？为什么总统要来到这个初看上去有些粗糙的城堡？也许在与美国总统就人类命运打电话之前，给“质子”火箭装满高能，会更加自信和相信自己的国家？笔者暂时不知道，也不明白。

然而，佩尔米诺夫结束自己讲解时说，司令部可以通过两个大屏幕，在第一时间内监督航天发射场发射过程，因此今后没有必要派出作战小组到现场督察监督，从而节约大量资金。可能一切都有自己的道理。

然而，一个主要问题还没有回答：为什么这一切会发生在今生？总统认真听取了司令的汇报，观看了值班人员休息室，往下该举行记者招待会了。招待会非常简短。总统简单重复了司令的汇报，说我们有航天部队很好。如今的航天器将变得便宜，而且从军事观点来看效率更高。笔者开始感到不解，这两个概念怎么能结合在一起，但突然又想到，并不是为了这个才让自己来的。到底为了什么？

想起来了！答案只有一句：批准削减进攻性战略武器条约。总统的意思是尽管俄罗斯与美国对待伊拉克问题立场不同，因此也造成了某种不好的氛围，但俄罗斯联邦仍然对批准条约感兴趣。

也就是说，已经向布什发出了信号：我们已准备好，别把我们想得那么坏。俄美可以成为朋友。尽管氛围不太好，我们也在替你们设想，而且想得很周到！你们怎么样？你们那儿一切正常吗？孩子们怎么样？怎么，想打仗……

星期六一整天，在俄罗斯航天部队司令部的忙活只起到一个信使的作用，难道不值得？

俄罗斯与土库曼总统领导天然气行业革命

4月10日，土库曼总统萨帕尔穆拉特·尼亚佐夫飞抵莫斯科，与俄罗斯总统弗拉基米尔·普京举行会晤。为了了解这一天是多么伟大，笔者一直与两位总统在一起。

克里姆林宫隆重地接待了这位拥有十分丰富的天然气资源国家的元首。除了在克里姆林宫举行重要会谈之外，弗拉基米尔·普京与土库曼总统还在非正式气氛中共进晚餐。为了未来我们两国人民和俄罗斯联邦能源的平衡，这样做是必要的。

前来签署天然气伟大协议的土库曼政府部长们，西装上身翻领上系着土库曼总统大像章。副总理衣服上的像章更大，像章上尼亚佐夫像外面是金花纹。尼亚佐夫本人像章上的图像是一个新月徽和五个小星，意味着国家由他本人和五个州组成。

土库曼使馆一秘格奥尔格·科洛金西服上衣翻领上的像章很小。笔者已经明白，像章就像是某种带小金星的肩章。戴着有金花纹和土库曼总统像的像章是上校，戴着没有金花纹只有总统像的像章是中尉。格奥尔格·科洛金是少尉，俄罗斯电视公司的摄影记者已经为他拍了照片。看来使馆一秘曾经被怀疑行为不轨。

“没关系，”格奥尔格·科洛金突然生气地说，“很快你们大家都会戴上这种像章的。”

“什么样的?”笔者无法掩饰自己的惊讶。

看来科洛金先生想的是记者不是拍摄他而是拍摄像章，笔者要是他就会感到自豪（尽管笔者不想处在他的境地)。

“可能与我们的不一样，表面将会是别的，但你们一定会有。”他坚定地承诺说。

“您最好介绍一下，为什么将今天即将签署的协议称为革命性的?”

“那还用说!”他无法掩饰自己的激动。

“说具体些，俄罗斯能得到更多的天然气吗?”

“那是今后几年内的事。”

“一年以后呢?”

“大概不行。2004 年是 5060 亿立方米，2005 年是 6070 亿立方米。”

“为什么说协议是革命性的?”

“是建设天然气管道吗? 俄罗斯与土库曼应该在三年内建成天然气管道。我们现有的 140 口油井只有三分之一在工作，主要是管道容量有限，只允许俄罗斯向欧洲和乌克兰输送。”“难道这就是革命性协议?”笔者认为，它充其量只能是改良性的。

当然，笔者有些咬文嚼字。但这句话产生了突然的结果。

“您刚刚谈到乌克兰。我们的报纸说，由于土库曼全部天然气落到俄罗斯手里，因此才将这个决议称为革命性的。”

“您说到哪儿去了！我们也不是向伊朗出口吗。此外，我还得告诉您，明天土库曼总统将在里海会见乌克兰总统库奇马。他也想签署到2015年之前的协议。”

“看来也是革命性的?”

“您说呢?”

“怎么会是这样？这就是说，俄罗斯将不会垄断土库曼天然气？是这样吗?”

“这就是萨帕尔穆拉特·尼亚佐夫的多元化政策！”格奥尔格·科洛金微笑着回答说。会谈之后笔者向俄罗斯天然气工业公司总经理阿列克谢·米勒提出了同样的问题。

“这个协议怎么能称得起革命性的？充其量只能是个改良性的。”

“这个问题提得好，”阿列克谢·米勒夸奖说，“这个为期25年协议的革命性在于发展天然气运输网，可以做出更大的投资决定。”

他的回答就是这样。这意味着什么，您自己可以回答。此时恰好俄罗斯总统走进来。土库曼元首从另一个房间迎出来。他有些瘸。甚至可以说，每走一步都很困难。他的部长们跟在他身后，保持着一段距离。走到笔者面前几米时他们停下了脚步。

“为什么土库曼总统走路瘸?”笔者同情地小声问他们中间的一个。

他带着非常害怕地神色看看我。他必须回答我的问题。

看来他知道，不正确的回答至少会影响到自己的前程，但他不明白，任何回答也会影响他的前程。

此时土库曼总统朝弗拉基米尔·普京走去，突然用力将他往自己怀里拉，想紧紧地拥抱他。他俩默默无语，怀着十分满意的心情紧紧拥抱。

两国的部长们朝他们走去。弗拉基米尔·普京虔诚地向土库曼和俄罗斯官员拱手问候。萨帕尔穆拉特·尼亚佐夫亲切地向俄罗斯官员微笑，并有意不理会自己的官员。尽管这样，土库曼人的脸上仍然洋溢出接近自己的总统的幸福。他们想掩饰自己的感情，但掩饰不住。

“为什么土库曼总统不同自己的人打招呼？他是否认为这样做会给他们太多的荣誉?”笔者的一位同行问格奥尔格·科洛金。

“不，”他坚定地回答说，“我们人与人之间的关系比你们真诚得多。”

“今天的表现该如何解释?”

“他已经同他们见过面了。”

与此同时，参加会见的人员已经面对面坐下。弗拉基米尔·普京一开始就说，达吉斯坦有一所寄宿制学校被烧毁，28名聋哑儿童被烧死。他向死者的亲人表示哀悼。土库曼总统简短致答词说，他也向孩子们哀悼：

“希望贵方采取一切措施，不要重演类似的悲剧。”

老实说，笔者认为土库曼总统有些失言，原因是他的俄语水平不太高。他这句话就像是一个指责：你们犯了错误，必须设法纠正。他将我们的总统当成了他的部长。

弗拉基米尔·普京并没有反应过来，或许他对土库曼总统的这句话并不介意，或许他不想破坏签署革命性文件的良好氛围。会谈开始了，从形式上看一切已经决定。会谈的时间甚至比原计划短，这样的情形实属罕见。莫非他们真的已经没有什么可谈？真的没有什么个人问题。

接着两位总统会见记者，当着他们的面签署文件和发表简短声明。签署的文件有：2008年之前买卖土库曼天然气合同，同期天然气行业合作协议，安全领域合作协议（主要是打击国际恐怖主义）等等。

普京的声明照本宣科。他说，未来（他谈的正是未来，但没有涉及任何具体内容）将会更好，合作领域更多。他的声明核心之处在于俄罗斯在最近三年内，将购买土库曼的天然气，其中一半用本国生产的日用品支付。然而，每千立方米的天然气价格高得惊人：44美元（此前认为42美元已经是高价了，俄罗斯是咬牙签署这个协议的）。

“因为是用我们的商品支付，所以将创造更多的就业机会。”普京安慰俄罗斯人说。

他还突然提到，双方决定停止俄罗斯与土库曼之间正在执行的双重国籍法。他补充说，俄罗斯通过了新法律，不允许有双重国籍。

“所有愿意从土库曼移居俄罗斯的人已经来了。”俄罗斯总统结束了自己的讲话。

与此同时，这样做也很严厉。土库曼方面早就要求俄罗斯（而不是相反）取消双重国籍条款。现在生活在土库曼的俄罗斯人将面临选择。这是土库曼总统明显的让步，即他完全不需要他的国家的边界没有控制，必要时双重国籍的人自由通过。他辛辛苦苦亲手建设自己的国家，显然不是为了这个。

萨帕尔穆拉特·尼亚佐夫的讲话没有讲稿。

“由于土库曼电视台记者在场，我也得讲几句。”

他说，他将以每千立方米44美元的价格出卖天然气，但只是前三年。

“以后按照世界石油市场价格，”他解释自己的想法并且安慰说，“俄罗斯只有在这种情况下才建设各种项目。最终土库曼将获得2000亿美元，俄罗斯将获得3000亿美元的收入！”土库曼总统满意地说，并且一直望着在场的土库曼电视台记者。他又对俄罗斯电视公司记者补充说，“贸易的任何一方都有利可图，也就是说，弗拉基米尔·普京不必感到委屈！”

如果一切按照这个计划进行下去，正如他所说，还能有什么委屈呢！土库曼总统还谈到乌克兰，笔者认为，他也洋溢着喜悦之情。

“是的，我们也同乌克兰做生意。但这并不影响俄罗斯，不会的！明天我将与库奇马会见。”

这就是说，经验丰富的外交官格奥尔格·科洛金对笔者讲的没有一点多余。他讲的土库曼总统全讲了。

“2005年之前，乌克兰会与俄罗斯在一起，”土库曼总统接着说，“至少一切都会正常，俄罗斯将解决其他问题。”

大家听出来什么吗？笔者听出来了。正如常言所说，有人向我们指手画脚了。但到底是谁，在什么地方？

“我们高度评价俄罗斯，”土库曼总统结束了自己的讲话，并且再次提到弗拉基米尔·普京，说他应该从被烧毁的寄宿学校吸取教训，防止类似事件发生。他说，“俄罗斯是苏联的一个组成部分，苏联解体之后没有得到任何好处，人民生活水平下降。我们希望今后会提高。”

显而易见，如果土库曼总统不提高俄罗斯人的生活水平，那就再也没有人了。

弗拉基米尔·普京与格哈特·施罗德总结伊拉克战争

4月11日下午，俄罗斯总统弗拉基米尔·普京、联邦德国总理格哈特·施罗德、法国总统雅克·希拉克在圣彼得堡会晤。不出所料，三位领导人用一整天研究伊拉克形势。

在圣彼得堡大学，俄德“圣彼得堡对话”已经进行到第二天。政治家、记者、文化人士一起讨论过去、现在和未来。听说对话搞得非常有意思。

然而，笔者对此持有疑义。当记者一行赶到时对话已经接近尾声。所作所为深受德国人喜爱的苏联总书记米哈依尔·戈尔巴乔夫是会议两主席之一。两位主席都想按照自己的思维活跃讨论。戈尔巴乔夫先生说，对话并不反美，他对此感到满意。他明显不想与任何人争论。

他请大家发言，但并非立刻找到了发言人。只有联邦委员会委员米哈依尔·马尔格洛夫指出，俄德关系中的“老皇历”已经成为往事。莫斯科回声电台总编阿列克谢·韦涅季克托夫问，俄罗斯和德国在伊拉克战争中不支持美国是否是一个政治错误，此时莫斯科大学校长维克托·萨多夫尼奇依立即反驳说：

“辩论转入个人层面，不是我们探讨的对象。”

几分钟之后弗拉基米尔·普京与格哈特·施罗德走进礼堂大厅。俄罗斯总统坐下后委婉地拒绝了送给他的有德语翻译的耳机。大家希望两位领导人对伊拉克战后重建发表讲话，至少是有关参加重建或者是伊拉克战前拖欠俄罗斯的债务问题。日前从华盛顿传出消息说，可能将其一笔勾销。

弗拉基米尔·普京对此只字未提，但讲到：

“伊拉克战争已经打了三个多星期，结果众所周知，令人遗憾。”

当然，这句话至少给人留下了双重印象。俄罗斯总统到底对什么遗憾？是萨达姆专治政权被推翻？平民受到巨大伤亡？他是否能讲得更加明确些？

格哈特·施罗德的讲话非常明确。他说，俄罗斯与德国无论在欧洲关系，还是跨大西洋关系方面都没有困难。

这是他的感觉。

“如此众多的有过共同流血历史的民族主张和平解决冲突，这就说明了许多问题。”

主持人提议，当着两位领导人的面继续讨论早晨开始的话题，又出现了冷场。米哈依尔·马尔格洛夫再次发言，问俄罗斯是否会倡议成立一个新的雅尔塔。弗拉基米尔·普京非常不喜欢这个问题。

“成立什么？”他皱起眉头反问道，“什么苹果（雅尔塔与苹果在俄文中发音很近——译者注）？”

“雅尔塔！”马尔格洛夫没有信心地重复说。

“什么，什么？”普京又反问了一句。

他肯定听见了，要是没有听见就好了。阿列克谢·韦涅季克托夫再次发言，问的还是那个问题：在伊拉克战争中不支持美国，是否是个政治错误。幸好阿列克谢·韦涅季克托夫是个记者。俄罗斯总统讲了伊拉克战争的结果令人遗憾之后他又提出疑问。韦涅季克托夫先生请弗拉基米尔·普京讲清楚，到底遗憾什么。

圣彼得堡大学副校长比阿列克谢·萨多夫尼奇依更害怕。

“我们今天在这儿开会，不讨论这些！”她几乎绝望地说。

“我来回答，”俄罗斯总统说，“免得给大家造成印象，说我们避而不答。”

他以自己特有的方式指出，韦涅季克托夫先生的问题可以留在记者招待会上提。

他首先分析新的雅尔塔。

“有些媒体断言，俄罗斯、德国和法国将成立新的雅尔塔（也就是说，没有马尔格洛夫先生，他也当然知道这个术语——作者注），此事没有任何根据，不许采取任何分离主义行动。”

此后弗拉基米尔·普京开始解释阿列克谢·韦涅季克托夫先生的问题：

“难道我们没有讲过，萨达姆政权不符合当代民主标准？我们也从来没有讲过我们庇护他。但我们说过，这个问题不能通过军事手段解决。”

弗拉基米尔·普京说，世界上80%的国家不符合西方的民主标准。

“难道都要同这些国家打仗？然后准备让这些三分之二的国家采用那些标准？有谁能够提出与所有这些国家打仗？也许只有疯子才会。也许推翻专治政权是对的，战争造成的破坏和平民死亡是不对的……”

看来他已经明显感觉到，回答这个问题毫无意义。面对韦涅季克托夫先生他无情地说：

“明天我们还将在这个大学，有机会与国际法专家讨论这个问题。”

后来，弗拉基米尔·普京参加西北联邦区社会经济问题会议。不能说，圣彼得堡没有考虑自己的300周年纪念活动。从机场通往市中心的道路已经过得去，也就是说不让人感到羞耻，至少比较干净了。五月大地将换上绿色。但是，越向市中心走，对绿色的企盼就越强烈。市中心几乎没有绿色。300年来形成的“石丛林”需要绿化。

看来，在离庆典活动还有一个半月的时间里，要做到这一切几乎是不可能的。几年，甚至是一年半也许能做到。天哪，五月底，等待着我们的将是什么。我们不想蒙受羞耻，但要做完这些事困难重重，几乎不可能。一个大问题已经摆在面前，这是谁的过错？答案似乎早就有了：州长弗拉基米尔·雅科夫列夫将负担全部责任。结果肯定是这样，生活是一个复杂的东西。

老实说，笔者想过，总统在会议上将谈到300周年庆典。例如，在上次会议上，弗拉基米尔·普京就批评了弗拉基米尔·雅科夫列夫。但这一次不同。

总统新任驻西北联邦区代表瓦连京娜·马特维延科问州长们，他们对她提出的议事日程有什么意见：先由联邦经济发展部副部长穆罕默德·齐卡诺夫发言，再由州长们发言，最后总统作总结。大家表示同意。

总统走进来，跟往常一样，同州长们握手问候。大家向他点头示意，不做过分动作。只有弗拉基米尔·雅科夫列夫信心十足地说了一句：

“您好！”

他哪儿有那么大信心？

当瓦连京娜·马特维延科重复了自己的议事日程之后，弗拉基米尔·雅科夫列夫大为不满：“为什么？我们应该首先向弗拉基米尔·弗拉基米罗维奇汇报形势，然后由穆罕默德·齐卡诺夫讲话。这样做比较符合逻辑，您的意见如何，弗拉基米尔·弗拉基米罗维奇？”

尽管某位州长还想表示反对，但总统点了头。为什么弗拉基米尔·雅科夫列夫敢于反对原定议事日程？看来是因为他知道，齐卡诺夫先生讲话之后为了不使记者们妨碍会议，应该请他们退席。雅科夫列夫先生明显想让大家听见他的话。应该承认，他说得很急，似乎是害怕别人切断麦克风，而它对他却十分重要。他开始讲编制联邦预算和权力划分原则：

“我们是先编制联邦预算，后编制地方预算。联邦预算修改了，谁也不知道，因此大家想搞清楚，哪怕多少知道一点也行。将我们的烟草税全部上缴联邦预算，50亿卢布啊？这是我们圣彼得堡的钱！到底地方应该留多少，中央应该拿多少？”

结果怎么样？一切全是中央的过错，雅科夫列夫州长没有过错，甚至没有任何过错，其中也包括他的城市即将进行的300周年庆典。这就是他为什么需要媒体。

与此同时，尽管记者们已经离开会场，但转播并没有停止。会议过程直播，从原则上讲他这种做法没有任何意义。只是他不知道这一点，并且发言过后怀着轻松的心情和万事大吉的感觉到普尔科沃机场欢迎法国总统希拉克和联邦德国总理施罗德。

会议继续进行了两小时，州长们先后发言。阿尔汉格尔斯克州长主要谈森林：

“列夫·托尔斯泰没有白讲，森林是黑暗的事业，也是强盗的事业。问题很多，应该整顿。形势已经发展到森林工人月收入只有2000卢布的水平！这怎么行?!”他向总统表示了自己的痛心。

科米共和国总统弗拉基米尔·托尔洛波夫说，他想向总统简单汇报自己在这个会议上本来不想讲的话。托尔洛波夫先生不想揭穿的秘密是住房和公用事业不是市场经济。

“问题甚至不在这儿！”弗拉基米尔·普京懊悔地打断他，“那儿没有起码的秩序！这才是实质。甚至与电力部门没有合同！我问过供热部门：‘你们怎么从住房和公用事业部门拿钱?’”——回答是：“我们只管供热！”

与此同时，托尔洛波夫先生还找到勇气说，国家的供热生意已经接近白热化。他认为，如果冻结电价，那么这个生意就会发展得更好。如果这样，其他任何生意都会不错！卡累利阿共和国总统谢尔盖·卡拉南多夫邀请总统参加彼得罗扎沃茨克建市300周年（确实有这个节日），总统答应到时看自己的日程安排。共和国总统然后讲到自己头脑的问题：

“伏特加和手工酿酒产品需求大幅度增加。死亡率因此而上升……”

某位州长粗暴地打断他的话：

“瞧您说的！手工酿酒还能喝死人！谁也不会死于手工酿酒。喝了劣质酒才会死人。”

卡拉南多夫先生完全不同意这个说法。此时总统低声说：

“我也喝过手工酿酒，也没有什么，只是有点上火……”

“谁也不用争辩，那是好酒。”卡拉南多夫先生并没有改变自己的初衷。

当然，现在为这个显而易见的事实争辩是愚蠢的。总之，在当今俄罗斯，喝手工酿酒不仅可以，而且必要，何况大家都在喝！

加里宁格勒州长弗拉基米尔·叶戈罗夫说，根据弗拉基米尔·普京的提议，用一张表代替传统意义上的签证，结果本州居民得到了一张有31点的调查表，后来减少到21点，这也很难令人满意。叶戈罗夫先生说，欧盟与俄罗斯之间关于他的州当然存在着一个君子协议。但他老实承认，他非常想将其格式化。此外轮渡方面也存在一些重要问题。

弗拉基米尔·普京听完大家的发言之后首先回答早已离开现场的弗拉基米尔·雅科夫列夫提出的问题。后者在会议一开始说，对联邦中央与主体之间权力划分，需要工作再工作。

“有人说，首先应该划拨预算资金，然后根据这个划分权力。这样不行，完全不行！首先应该明确各自的责任！”

弗拉基米尔·普京同意其他州长们对中央提出的意见——也可能是装装样子。

弗拉基米尔·普京再次向大家问候，由此结束了关于西北联邦区问题的事务会议。但是，问题并没有因此而减少。

第二天，当着弗拉基米尔·普京总统的面，圣彼得堡大学倡议，授予联邦德国总理格哈特·施罗德荣誉博士头衔并且给他穿博士衣戴博士帽。俄罗斯总统批准这个倡议，感谢科学家对自己德国同行的关心。

此事发生在一大早，而且有许多人在场，但没有外人，只有从全世界赶来的荣誉博士和从各系挑选的大学生。

圣彼得堡大学副校长柳德米拉·韦尔比茨卡娅介绍了格哈特·施罗德通向博士的漫漫长路：“这个孩子一出生，父亲就死在战场，他是在没有父爱的环境中长大的……”

“他为了开辟自己的生活之路，经历了千辛万苦！”

看来柳德米拉·韦尔比茨卡娅知道未来的联邦德国总理，小时候如何在母亲身边长大成人，他以后的生活道路也不轻松。据笔者所知，格哈特·施罗德与我们一起坐在这个宽敞的大厅里，多少有些心不在焉、文质彬彬地向周围的人微笑，这本身就是一个奇迹！

系主任是一位善良的知识分子，不停地微笑着，他身穿博士服，头戴博士帽，也许因为激动，汗水流到额头。他似乎是带着歉意讲了一些微妙的东西，列举了荣誉博士享受的特权和权利。荣誉博士有决定性的一票（不经系主任批准代表系的利益，不受任何阻碍地来到系里，使用图书馆，晚年享受300欧元的退休金）。他还补充说，还有一些特权和权利，他将在别的非正式场合告诉德国总理。然而，关于荣誉博士的义务他只字未提！

校长将重重的证章和绶带挂到德国总理胸前。她说，迄今为止，只有三个人享此殊荣：系主任、弗拉基米尔·普京和联邦德国总理。往下该给他穿博士衣、戴博士帽。已经准备好的一个重要活动开始了：

“您瞧，德国总理先生，我们刑事律师的水平有多高，仅凭您的照片就确定了您头有多大！”

应该承认，所有活动都搞得感人。

“弗拉基米尔·弗拉基米罗维奇，您不想讲几句？”系主任微笑着，几乎是乞求他讲话。也许这是最近两天惟一没有预先安排的普京的活动。

“我感谢学校作出的这一决定，”总统也没有忘记这个微小的善意举动，“这确实是学校自己的决定，也是正确的决定！”

他并不需要在这个问题上一味说服大家，而且说得越起劲，人们越是不信。

然后，弗拉基米尔·普京已经注意到大厅里的法国总统，说昨天共进午餐时他们开了很多玩笑，其中包括说，第二天将为德国总理举行仪式，法国总统感到委屈。

“但是我相信，”弗拉基米尔·普京纠正说，“法国总统属于深刻感受时代与人民联系的那些人……尽管今天的决议并不是大规模的国际事件……”

当然，并不是像伊拉克那样的战争。接下来俄罗斯总统谈到战争和联合国越来越大的作用。此时在这个大厅里显然缺乏另一个人。联合国秘书长科菲·安南也特别想参加这次峰会，而且亲自发来电报，说如果没有人反对他将参加。看来他在最后一刻改变了主意，请求原谅他的草率（似乎从什么地方打来电话）。

施罗德先生最后致简短答词，对此表示感谢。他还说，目前尚不打算领取退休金，但对提出的建议表示感谢。难道他将这番好意当成了侮辱？

“非常感谢！”他用俄语说，看来并不感到委屈。

法国总统也不感到委屈。即使圣彼得堡大学没有给他穿博士衣戴博士帽，他也很高兴。

航天员聆听了总统的祝贺

4月12日是航天节，俄罗斯总统弗拉基米尔·普京在这天与法国总统和德国总理告别之后来到莫扎依斯基军事航天学院，与国际航天站的航天员通话。此时在圣彼得堡的外国记者并不比俄罗斯记者少，但不许他们任何人进入学院。然而，正是在这儿决定载人航天的命运。俄罗斯总统早就打算与航天员在宇宙间联络，通过某种方式向航天员祝贺节日。当然可以向他们发贺电，但被各国政要宠坏了的航天员对此有可能噘起嘴唇，咬咬牙，吞下委屈，毫无疑问，进行一次直接通信看来是体面之举。它也许表明，尽管俄美在伊拉克问题上存在分歧，但我们与美国人在宇宙的联系并没有消失，某种东西还是将彼此联系在一起。他们在某些方面还得依赖我们。

通话应该在学院的一间秘密教学实验室进行。此前已经将它改装成一间电视演播室，安装了两台显示器和一个等离子板，后面的秘密用屏风隔着。尽管总统应该坐的椅子上还装模作样地放着电视摄像机甚至将其打开，但航天员还是看不见总统，只能听见他讲话。总统可以看到他们，听见他们讲话。

当时在国际航天站上有三名航天员。他们是俄罗斯人尼古拉·布达林，机上工程师，美国人肯尼特·鲍尔埃尔克斯，机长，美国人唐纳德·珀蒂，机上工程师。从各种迹象判断，他们都是棒小伙子。

总统来前一小时，当国际航天站在俄罗斯联邦国土上空飞过时，莫斯科附近的飞行控制中心曾经与航天员联系过，并且告诉他们，俄罗斯总统在等待他们。不许他们与总统在小事上纠缠，最好听他给他们讲什么，因为时间不多。甚至谁也不知道，到底有多少时间。

总统出现前20分钟，由于国际航天站离开了能见度区而导致航天员图像消失，俄罗斯总统驻西北联邦区代表瓦连京娜·马特维延科出现在大厅。她对正在发生的事情表现了极大的兴趣。从各种迹象判断，她是刚刚接触航天问题。但进入的速度很快并且了解到不少情况。她贪婪地向俄罗斯航天部队司令阿纳托利·彼尔米诺夫询问有关知识。司令在这儿不是可有可无之人。这次通信就是由他的航天部队组织的：信号先从国际航天站传送到莫斯科郊区的飞行指挥中心，再从那儿传送到莫斯科奥斯坦基诺电视中心，再从电视中心传送到在宇宙的航天通信器，最后才传送到位于彼得堡的学院楼顶。

“告诉我，拜科努耳……现在仍然是我们的吗？”

司令不解其意，反问了一句：

“拜科努耳是谁的？”瓦连京娜·马特维延科再次问。

“原来如此，”司令点点头，“我们目前在租用。”

“向谁租用？”

“向哈萨克人。”

“那儿的情况怎么样，正常吗？”

“还好。”

“这就好。我们在普列谢茨克发射什么？”

司令立即警惕起来。他无权对第一个遇见的人回答瓦连京娜·马特维延科提出的问题。

“什么都发射。”他含糊其词地答道。

幸好瓦连京娜·马特维延科对航天秘密立即失去了兴趣，前去迎接总统。

从各种迹象判断，弗拉基米尔·普京迟到了。这在任何情况下都情有可原，但在这儿，一切都与国际航天站在能见度区的飞行有关。总统后来决定到瓦西里岛散步，并且在那儿遇见了一对新婚夫妇，他们完全有理由为此而痛饮一场。

总统还是赶上了。13时30分，他准时走进大厅。俄罗斯航天局局长尤里·科普捷夫陪同总统。航天员们已经做好了通信准备，就像小学生一样将双手放在膝盖上坐着。显而易见，在失重条件下保持这个动作很困难。

弗拉基米尔·普京本想立即坐到椅子上，但科普捷夫先生说，他想让他参观实验室，并将他领到屏风后面，里面放着某些展品。他们在那儿呆了不是三分钟、五分钟，而是十分钟。“总统在哪儿?”尼古拉·布达林忍不住问了一句。

“他有事耽误一会儿,”飞行指挥中心安慰他，“正在参观实验室，有要事。您等等!”

“我们可以等,”尼古拉·布达林不满地说，“但空间站不等!”

此时笔者清楚地看见屏风后面发生的事，确实是要事或者戏剧性的事。总统想走到门口坐在椅子上跟小伙子们谈话，但科普捷夫先生就是不放，他的肚皮都快要顶住一根圆柱子。总统只好听科普捷夫先生讲话，时不时坏顾四周寻找支持（总统希望得到谁的支持？只有自己的人民。然而，在这个保密室，好像故意作对似的，恰恰没有人民）。

然而，科普捷夫先生仍然不屈不挠，不打算放过自己的“猎物”。礼宾部门的官员已经几次走到他们身边，俄罗斯航天局局长不住点头，但仍然一个劲地向总统诉说。只有要钱时才有这股劲头。似乎在圆柱旁边发生的事要比总统与航天员通一次话重要得多。

最终，当一切已经闹得不成样子时，总统不大客气地推开科普捷夫先生，朝椅子走去。笔者注意到，总统甚至一次也没有向科普捷夫先生点头。

一个拿起电话筒的人能说什么呢？总统对航天员们说：

“喂!”

看来他们晚些时分才听到。

“喂，亲爱的朋友们！午间好！……”总统重复说。

从各种迹象判断，在弗拉基米尔·普京面前放着一个讲话稿，不仅针对在轨道上的这三个人，还针对所有善意的人（我们有人在大厅里，可以作证)。因此这次通信并没有体现出特别的人文关怀。总统向航天员祝贺俄罗斯航天节（笔者并不认为，美国人听到这会感到委屈：一年半之前，弗拉基米尔·普京来到乔治·布什的牧场时曾经到过美国休斯顿市。人们告诉他，4月12日在飞行指挥中心，乃至全市都庆祝航天节)。总统祝贺三名航天员在哥伦比亚号航天飞机失事之后保障了不间断的飞行（他们一直在干这件事)，并且告诉他们，我们大家都同情美国航天员。

他指出，今天保持国际航天站的工作能力非常重要。俄罗斯今后将在这方面做出一切努力。

此时他并没有提到最主要的内容，由于哥伦比亚号航天飞机失事最近流传的各种流言蜚语，俄罗斯将在航天方面追加资金等。科普捷夫先生与总统在圆柱下长谈显然与此有关。当然为了这个项目牺牲一次通信也是值得的，而且希望后人能够理解和支持。科普捷夫先生的确是要钱，但没有要到。

在这样的情况下，更得列举有说服力的理由，说明为什么需要这些钱，看来还是没有说服总统。随意承诺对弗拉基米尔·普京来说并不难，但他不这样，也不想这样。考虑到圆柱附近的高压形势，可以说这是一个勇敢的举动。

此时在远处的尼古拉·布达林打算帮助共同的事业。他从某个摄像机后面拿出了一面红旗，请总统看：

“这是列宁格勒市旗，它永远跟我们在一起！”

此后航天员打算收起旗帜，否则在失重条件下它将在站上漂浮，妨碍不间断的飞行保障，但总是收不起。

总统离开之后，莫斯科郊区的飞行指挥中心甚至与航天员从容不迫地谈了话，也就是说时间足够。看来是由于总统的讲话比原定时间短。科普捷夫先生没有如愿以偿。

最后，当飞行中心告诉尼古拉·布达林，乘员将按原定计划，于5月4日着陆时，他说他们三人已经悄悄开始收拾东西。飞行指挥中心的一位领导忍不住说：

“你尼古拉，作为三个人中年纪最大的一个，将那儿的全部文件再检查一次！”

尽管俄罗斯人不是机长，却是年龄最大的。宇宙第一人是尤里·加加林，美国人对此毫无办法。

俄罗斯总统来到哈萨克斯坦边界

4月15日，俄罗斯总统弗拉基米尔·普京与哈萨克斯坦总统努尔苏丹·纳扎尔巴耶夫在鄂姆斯克讨论了联合开发边境地区，哈萨克斯坦总统差点越境。

参加会议的有俄罗斯和哈萨克斯坦的几位州长、政府官员，会前对正在发生的事件有各种传闻。笔者亲耳听到，俄方当天的任务是将边界尽可能向哈萨克斯坦境内推进。向笔者透露这一消息的人士持相当乐观的态度。他告诉笔者，哈萨克斯坦总统被美国人逼得走投无路。前不久，美国逮捕了纳扎尔巴耶夫的顾问基夫赖，怀疑他为自己的上司收受了美国石油公司用于发展哈萨克斯坦共和国的贿赂。总统现在没有任何办法，只能千方百计，请俄罗斯针对美国司法机构的恣意妄为为基夫赖辩护。

如果确实如此，完全不必大惊小怪。然而，哈萨克斯坦总统看上去并没有那样郁闷，也没有被逼到绝路上，他看上去倒像可以将任何人都逼到绝路上的人。有一刻，人们似乎觉得，哈萨克斯坦将提出自己的领土要求：

“俄罗斯是一个与我们有着共同文化、共同语言的国家，我们哈萨克人不想失去这一切。”有趣的是这些慷慨激昂的言论将向何处延伸，看来，哈萨克斯坦总统更有意思：

“我们不想止步不前!”他坚决地说。

如果一切得到证实，那么现在正是实现这个勇敢计划的千载难逢的良机。俄罗斯的哈萨克斯坦年正在如火如荼地进行着。谁也没有发现什么。如果发现了，也不必大惊小怪。与此同时，如果时间突然不够，那么明年将在哈萨克斯坦举办俄罗斯年。

结束时纳扎尔巴耶夫先生宣称，哈萨克斯坦谚语说得好：“远亲不如近邻!”

“你们是我们的近邻!”他最后说。

应该说，所有这些话可以使哈萨克斯坦记者充满信心。一位女记者走到笔者面前，请求打开拿在手里的工作证。遭到拒绝之后她甚至不相信自己的耳朵并且自责地说：

“别说了，我们很快将没有任何边界！您……”

原来她从纳扎尔巴耶夫先生的讲话中得出了这样的结论，而笔者还在为自己的推断提心吊胆呢!

俄罗斯总统怎么样？他讲得比较谨慎。弗拉基米尔·普京主张简化出入境手续(仅陆地边界就有7500公里)。而且最近一年，两国贸易额减少，俄罗斯总统对此感到遗憾。俄罗斯政府副总理维克托·赫里斯坚科对减少的原因做了解释。问题全是提高关税造成的。货物通过俄哈边界的关税有时增加几倍。副总理认为，这对哈萨克斯坦造成了可怕的后果。

“例如，从俄罗斯进口的汽车减少了一半，而从日本进口的汽车立即增加了一半。从捷克进口的汽车增加了2.5倍!”

难道这不好？只能羡慕哈萨克斯坦人民了!

幸好在这个世界上，一切并非都能用假定的可靠性和舒服性的标准衡量。难道真的是有钱才幸福？如果一切都是那样没有希望，那么哈萨克斯坦总统在签署联合宣言时就不会说，到五月底，俄罗斯与哈萨克斯坦的人员和商品过境手续将简化？也就是说，还有希望增加出口，不仅是国人使用的俄罗斯产汽车。

俄罗斯士兵与总统“博弈”

塔吉克斯坦原准备隆重欢迎俄罗斯总统弗拉基米尔·普京——姑娘们拿着盐和面包，乐队奏国歌，总统检阅仪仗队，各国驻塔吉克斯坦共和国外交官列队迎送等。幸好这一切没有发生，但发生了其他许多事情。

“塔吉克斯坦总统需要这样”

俄方长时间说服塔吉克人，俄罗斯总统此次访问不是正式的而是工作性的。尽管他们也同意，但内心并不相信。俄罗斯总统到达的当天，塔吉克人不顾一切，在机场搭建了主席台，欢迎贵宾正式访问。俄方给大使打电话，请求将它挪到机场旁边。

不知道需要做多少工作才能制止塔吉克人传统的好客风俗。由于某些原因，这次访问无论如何不能成为正式的。最终总算如愿以偿。主席台消失了，乐队没有演奏，外交官没有列队。所有这一切，不可能不引起塔吉克斯坦总统埃莫马利·拉赫莫诺夫内心的空虚。在机场，他看上去神情专注，可能此前他与自己进行了重大妥协。他想在机场架起一顶大帐篷，就像前不久乌克兰总统列昂尼德·库奇马在基辅鲍里斯托波尔机场为他做的那样。

此外，塔吉克斯坦总统同意取消参观努列克水电站。它是所有客人必须参观的项目之一。1970 年，时任苏共中央总书记的列昂尼德·勃列日涅夫主持了水电站竣工仪式。甚至连这个理由也没有迫使弗拉基米尔·普京同意参观。由于他的坚持，也没有参观俄罗斯航天部队在那儿的一个工程。代替这一切的是计划访问驻扎在杜尚别的第 201 摩托化步兵师。

机场欢迎式之后两位总统同乘一辆汽车来到埃莫马利·拉赫莫诺夫的国宾馆。在那儿，吸收各方面专家进行了数小时会谈。笔者等候两位总统出来会见记者时才知道，在塔吉克斯坦，一切都是以拉赫莫诺夫总统的名义做的。塔吉克斯坦的任何一件事，哪怕是不大的事，都少不了他。例如，当笔者站在正在举行俄罗斯与塔吉克斯坦总统会谈的国宾馆 8 号楼的草坪上时，塔吉克斯坦外交部新闻局一位女工作人员走过来：

“离开这儿十步。”她要求。

笔者照办了。

“再离开十步。”

后面就是灌木林。

“为什么?”

“需要。”她回答说。

“谁需要?”

“塔吉克斯坦总统埃莫马利·拉赫莫诺夫需要。”

不，笔者并没有后退，此时两位总统正从8号楼走出来。

“我们既没有也不打算控制新闻”

弗拉基米尔·普京说，他在塔吉克斯坦有许多计划，但首先对萨格图丁水电站的计划感兴趣，建成它大约需要2.5亿美元。俄罗斯总统建议由欧亚经合组织的六个国家共同建设这一工程：“当然，明天我将与同行们谈谈，看看他们是怎么想的……”

接着他讲了在俄罗斯工作的塔吉克人的问题。总统认为，这个愿望应该欢迎，因为这是一个互惠过程。遗憾的是许多塔吉克人变成了非法移民，等待着他们的是遣返回自己祖国的悲惨命运，这也是事实。关于这些人他不愿意多讲。然而，塔吉克人后来又讲到这个问题。

普京关于毒品走私讲得多一些，他对此高度关注。毒品从阿富汗经过塔吉克斯坦和俄罗斯流入西欧。塔吉克斯坦总统拉赫莫诺夫说，俄罗斯与塔吉克斯坦特工在这方面干得不错。愈来愈多的毒品没有到达终点站。塔吉克斯坦没收的毒品数量居世界第四位。他个人担心，毒品的交易量愈来愈多。这个生意目前红火得很，总交易量不断增加。

两位领导人的记者招待会快要结束时，一位自称是英国广播公司的记者提了一个问题。他本人是塔吉克人，这就说明许多问题。他说，俄罗斯报刊对塔吉克人做了不恰当的政治评价，特别是对在俄罗斯的塔吉克人。“这是为什么?”这位英国广播公司的记者问弗拉基米尔·普京，“难道这就是对塔吉克斯坦忠于俄罗斯的奖励?”弗拉基米尔·普京称这是一个挑衅性的问题。

“我认为您心里很清楚，提这个问题想干什么，而且干得不错，”俄罗斯总统接着说，“至于俄罗斯报刊，什么样的都有，”他又补充说，“我们既没有也不打算控制新闻。”天哪，这有多好！甚至不打算！那好吧。

记者招待会后出现了一个有趣的细节。会谈结束签署了两个不太重要的协议。关于在塔吉克斯坦建设一个转播俄罗斯电视节目的广播电视台的协议没有签署，此前似乎已经定下来。笔者后来找到塔吉克斯坦官员，他们说，授权在如此重要文件上签字的俄罗斯官员没有来。随后才知道，正是为了这个目的俄罗斯邮电部长列昂尼德·雷曼才作为俄罗斯代表团成员来到塔吉克斯坦。后来塔吉克斯坦方面提了几个补充条件，并且决定雷曼几个月之后再来塔吉克斯坦一次。

“俄罗斯，请出来！”

一大早就知道，俄罗斯总统将前往圣尼古拉教堂。这个东正教教堂位于杜尚别市中心，是由塔吉克电影制片厂的车库改造的。中间经过一番波折，现在看上去也像教堂。教堂的神甫谢尔格在普京到来前三年将内部装修完毕，塔吉克斯坦政府出资对外观作了处理，已经没有大口径机枪子弹的痕迹了。据谢尔格神甫介绍，1993年在这儿曾经进行过激烈的战斗，整个建筑物都被子弹打过，最近的一发子弹距基督圣像5厘米。

教民们知道，俄罗斯总统将于今晚来到教堂。他们高兴的是由于他的到来，通往教堂的道路铺上了柏油。笔者与两位教民聊了起来：

“不，我们没有吃过斋，”一位年纪50岁左右的妇女说，“力气不够。吃斋必须是一个人，而且得专心致志。我们就是无法专心致志。我们的月工资只有6索莫尼（当地货币，约合2美元——作者注）。塔吉克斯坦普通老百姓穷，要么走私毒品，一次可以挣二三千美元，此外他们什么都不想。”

她们走了。在这个明亮的复活节之夜，笔者也因为这次谈话闷闷不乐。

人们长时间等待着弗拉基米尔·普京，尽管不像等基督那样，但还是耐心等待着。他出现之后，站在笔者身旁的男人甚至打算鼓掌。总统走进教堂，拿了15根蜡烛，点燃后插上。神甫给他讲什么有趣的事，普京不时微笑着询问。今天晚上他心情很好。

祷告之后人们唱起了圣歌，准备宗教游行。这个过程持续了10分钟。同普京站在一起的教民尽力保持沉默，看来已经吩咐过，不许打扰他。但他主动与他们攀谈，走到门口时，不知是谁喊了一声：

“俄罗斯，请出来！”

他迅速点点头。

“我没有输”

第二天早晨，人们在第201师的一个团部等待普京，师部也临时搬到那儿。楼房刚刚建成，应该由总统剪彩。今天的杜尚别市民对待师里的官兵很好。大家清楚地记得，1993年内战期间，师里的官兵是怎样奋不顾身地保卫他们的。现在这个师应该享受军事基地的待遇，塔吉克斯坦总统表示同意。这可以理解，他并不付出什么代价，而普京的同意意味着俄罗斯国家预算每年将拿出成千上万美元。尽管这样，大家还是等待着普京访问之后宣布：该师将得到自己的法律地位。

普京来到司令部新楼房，接受了军区司令巴拉诺夫上将的报告，就去参加会议。几分钟之后获悉，会议一开始他就发表了一个轰动性的声明：

“最近以来，我们特工部门发现塔利班和基地组织的活动日益猖獗，因此打击恐怖主义的方法应该改进和加强。”

这当然有意思。尽管我们特工部门的职能众所周知。显而易见的是由于这个情报，第 201 师各分队在稳定形势中的作用无法估计。这就是说，俄罗斯将一直在塔吉克斯坦领土上保持军事基地？不，不一定。大概仅仅限制在声明里。会议保密进行，结束之后总统前去视察营房。两名士兵在休息室象征性地下十五子棋。普京非常高兴。

“让个地方。”他突然对一个士兵说。

最近人们不期待普京会有惊人之举。他已经不驾驶战斗机和潜艇，完全转入滑雪运动。但此时，又产生了在极其异常的条件下休息的愿望。

他们玩了很长时间。士兵已经是满脸通红，看来不是因为羞怯，而是由于高度紧张。他不想输，他想赢。

棋盘上的形势相当复杂。

“一个卒子没有了，”一位将军低声说，“你被抓住了！投降吧！”

尽管形势复杂，但士兵并没有投降，坐在旁边的国防部长给他加油。一名士兵与自己的最高统帅在一起玩，他这个国防部长又能怎么样？

“停下来！”总统惊讶地说，“这一步是多余的！眼睛盯紧！”

士兵紧张地点点头，看来走神了。他们俩继续玩着。普京等待欧亚经济合作组织其他五国元首。他突然却不着急而且同士兵玩起了十五子棋。笔者此时开始明白，他已经习惯了总统职务。

此时，普京要求走开的那名士兵开始悄悄告诉自己的同事，他这样做没有用，棋盘上的形势更加不利。但是，从人性观点看，小伙子也非常想介入师里的事。

一位将军有些着急，他提醒总统，那儿正在等他。

“投降吧。”一位将军再次告诉士兵。

这句话就像是命令。

“我没有输。”士兵苦笑着。

他宁死不投降。

普京带着明显的遗憾从棋盘前走开。这盘棋没有下完。

师里的家属在门口等他，多数是女人。普京本想向士兵走去，但一位 45 岁左右的女人挡住他的去路。

“基督复活了（东正教复活节的问候——译者注），”她信心十足地说，“以我们妇联全体的名义……”

总统只好与她们谈话了。他听了三分钟汇报，主要内容是驻扎在杜尚别的该师 92 团的妇联表现突出。他要走了，可她却在他背后喊道：

“我们有这样一种职业——为祖国报务！”

她讲话时一位三岁的小姑娘站在旁边哭，原因是十几个大人的后背挡住了她，她看不见总统。

“小姑娘，你哭什么？”总统蹲下问他。

这一下，她当真大哭了。

往下几小时，弗拉基米尔·普京会见了欧亚经济合作组织成员国总统。这些会见连同记者招待会，没有必要详细介绍，实际上什么也没有谈成。不错，拉赫莫诺夫总统讲过，决定用三年时间建成萨格图丁水电站。但俄罗斯副总理维克托·赫里斯坚科在非正式会谈时说，经济和技术论证报告将在秋季完成，往下怎么办，尚不清楚。如此说来，六国领导人为什么举行这次会晤？难道不是为了商议建设这个倒霉的水电站吗？俄罗斯铝业公司总裁奥列格·杰尔帕斯卡还不是为了塔吉克斯坦惟一像样的企业——炼铝厂的股票才来到这儿？

当然可以推测，这次会晤之前，弗拉基米尔·普京星期二在莫斯科会见英国首相布莱尔时应该显示，中亚是他的“势力范围”。是否显示了呢？

秘密会议上究竟讨论了什么？什么使总统们感到不快？不好说。

第二天，俄罗斯总统弗拉基米尔·普京在塔吉克斯坦总统普古斯新官邸与五位同行一起，就集体安全体系进行了深入对话。

日前，塔吉克斯坦总统市内官邸的工作人员津津有味地告诉笔者，将看到瓦尔佐布峡谷的美景。关于此事山区有一个动人的传说。其中说，两年前塔吉克斯坦总统来到这儿，对美景感到惊讶。他突然看到一个管道，从一山通向另一山。他问农民管子里面是什么，原来是水，不是一般的而是清澈的泉水。他们还告诉总统，管道经过的地方从前有一股清泉，是方圆50公里惟一的水源，一股瀑布以空前的美妙向山下流淌。总统不解地问，为什么原来的瀑布不见了，如今却是一个管道。回答说，附近几个村子的农民都喝管道里的水，并且感谢上帝和塔吉克斯坦总统拉赫莫诺夫向他们提供了这个机会。总统想想，点点头离开了。几天之后大批推土机、吊车开进山谷。同它们一起来的建设者们首先取消了管道，将大自然之美还给了这些地方。从那时起一个美丽的瀑布从高山流下，以自己的美景令塔吉克斯坦总统官邸的贵宾流连忘返。

笔者不知道是否确有其事，但从普古斯官邸可以望见美丽的山区和从高山流下的瀑布。塔吉克斯坦总统非常喜欢自己的官邸并且不羞于将这一点告诉别人。他在等待五国元首时向记者们介绍了自己对集体安全条约的看法。至少在11年前，他们签署了这个条约。白俄罗斯总统亚历山大·卢卡申科首先来到。同昨天一样，眉头紧皱，并不掩饰自己的感情，看来欧亚经济合作组织昨天的会议不大顺利。亚美尼亚总统罗伯特·科恰良随后来到。这是一位身材匀称的高加索男子，沉默寡言的神态给人留下一副知识分子的印象。哈萨克斯坦总统努尔苏丹·纳扎尔巴耶夫第三个来到，他似乎仍然在考虑集体安全条约。他虽然好客，但高兴得有些不真实。当他与卢卡申科、科恰良一起等待自己集体安全条约的同志们，与他们交谈时也没有表现出这样高兴。

俄罗斯与吉尔吉斯总统迟到了。拉赫莫诺夫先生等着。他有些寂寞，向距他几米的记者们走去。

“怎么样，喜欢这儿吗?”

“喜欢!”记者们不太整齐地回答说，感情还算真诚。

“它不是简单的山，”塔吉克斯坦总统说，“它有粉红色的大理石，普通大理石……我们把它们从山里捡来，建成了官邸。”

一座山上突然出现了一架直升机，片刻从山顶上冒出一股浓浓的红色烟雾，直升机扔下烟幕筒。这可能意味着弗拉基米尔·普京已经靠近了。应该说，这个诱人的手法部分成功了：许多记者将注意力集中到红色烟雾的美景上，没有注意到弗拉基米尔·普京的车队已经过来，弗拉基米尔·普京与阿斯卡尔·阿卡耶夫正在下车。原来他们同乘一辆车。后来才知道，吉尔吉斯总统在途中与弗拉基米尔·普京联系，说想跟他谈话。双边会晤没有列入计划，普京先生想把阿卡耶夫先生送到普古斯宾馆。

在宾馆，两位领导人又加了一位。三位领导人出去谈了一会儿，并从那儿去参加集体安全条约委员会会议。会议先在小范围，后在大范围内举行。接下来又换到一个地方。两栋建筑物值得单独介绍。

一栋建筑物稍大一些，根据塔吉克斯坦总统批准的总计划，准备举行最高级会晤。里面设有高级代表团开会的椭圆形大厅。为访问进行准备的俄罗斯工作小组在峰会前几大察看了官邸之后，对塔吉克斯坦方面为会议高质量的精心准备感到惊讶。不知谁问了一句：小范围会议在哪儿举行？塔吉克人这才考虑到他们的准备工作不太细致。普古斯官邸没有为领导人的单独会晤准备房间。塔吉克人向俄罗斯代表团成员询问了有关情况，并请他们三日之后再来。三天之后一栋新建筑完工，并按照严格标准通过国家验收。

峰会之后没有任何人对宾馆的服务提出意见。总统们非常舒服和满意地开了会。这一点，从六位总统开完两个会议之后心满意足的表情上就可以发现。亚历山大·卢卡申科会心地笑了。显然是他回忆起某些开心，甚至是非常开心的事。与此人容易打交道，他的一切都反映在脸上。他的国家的所有苦乐，所有问题乃至头痛的事，都可以轻而易举地从他的脸上发现。其他总统也很满意。他们确有值得自豪的东西。他们每人回答本国记者提出的一个问题。一位亚美尼亚记者问自己的总统：据记者本人称，亚美尼亚军队是各国军队中最能打仗的，它怎么加入这个条约?

“我很满意，”罗伯特·科恰良信心十足地回答说，“我们的组织——集体安全条约有了非常具体的内容。”

亚历山大·卢卡申科是惟一用讲稿回答本国记者提问的总统。尽管人们知道，他为什么感到高兴：

“集体安全条约的军事和政治成分得到加强。这个事件发生在某些力量企图破坏世界秩序系统及其保障——联合国的形势下。”

看来卢卡申科先生希望集体安全条约军事政治成分的加强将制止这些过程。

哈萨克斯坦总统努尔苏丹·纳扎尔巴耶夫将这次会晤称为转折性的。他说，经过两小时的会谈，建立了集体安全条约委员会联合司令部，批准了该组织的编制，解决了经费问题。不出所料，尼古拉·博尔久扎被批准为集体安全条约组织总秘书。加入集体安全条约组织成员国的军队将以优惠条件在集体安全条约成员国进行训练。领导人还商定，武器，主要是俄罗斯武器，将按照俄罗斯军队购买的价格，即非常优惠的价格卖给集体安全条约组织成员国。“战友情谊就这样建立了。”哈萨克斯坦总统说。

笔者认为，此举也为新的滥用职权创造了条件。

最后纳扎尔巴耶夫认为，集体安全条约组织应该得到自己的国际地位。它必须在联合国登记，当然，是在某些力量不打算再次取消它的条件下。

吉尔吉斯总统阿斯卡尔·阿卡耶夫补充说，六国领导人已经就“批准有一定军事编制的快速反应部队”达成一致。它意味着俄罗斯在吉尔吉斯的空军基地前途广阔。

所有活动完成之后，总统们前去用午餐，这顿饭似乎是他们辛辛苦苦挣来的。

“淡季”开始了

4月29日，俄罗斯总统弗拉基米尔·普京在新奥加廖沃官邸会见了英国首相托尼·布莱尔。他们相互积累了许多问题，一个比一个有戏剧性。在他们联合举行的记者招待会上，当问到人类是否将面临新冷战时，普京和布莱尔先生的答复给笔者留下了深刻的印象。

两位领导人在新奥加廖沃的会见酷似影片《淡季》。影片有这样的镜头：在桥上交换两名谍报员，一名是我们的，另一名不是我们的。两名男子相互迎面走去，都不着急，周围一片寂静，互相连看都不看一眼，因为他们是职业间谍。

弗拉基米尔·普京与托尼·布莱尔昨天精心再现了这一场面。他们同时起步，但都从容不迫。弗拉基米尔·普京几次放慢脚步，为的是让会见在两人的中线上举行。后来，分析家将新奥加廖沃发生的事件称为两位领导人的历史性散心。

弗拉基米尔·普京与托尼·布莱尔会见的开始更奇怪。如果说影片《淡季》里的两名间谍没有交换成，那么普京与布莱尔先生在官邸会晤开始时的表现就像是被审问：沉默不语，相互微笑。弗拉基米尔·普京一声不吭，与英国首相一起面对电视摄像机，坐在壁炉边。接下来，英国首相终于忍受不了紧张气氛，神经质地笑起来，弗拉基米尔·普京以冷笑回应。

所有这一切，可以随心所欲地评论一番：例如，“两位领导人的会谈在紧张和不理解的气氛中开始。看来在伊拉克问题上的分歧已经致命地影响到两国关系。昨天最终清楚，不能说两国关系目前很好。人们只能猜测，为了我们两国人民的未来，6月在伦敦举行的会晤能克服已经出现的障碍，找到妥协的方法……”

笔者认为，实际上并非一无是处，解释起来也容易。不知什么原因，俄罗斯总统最近喜欢当着记者的面，装模作样地与自己的交谈者会晤，这次也不例外。如果真的是这样，那就应该承认，如此举止有些冒险。

弗拉基米尔·普京与托尼·布莱尔的会见进行了一个半小时。会谈之后他们回答了记者的问题。招待会倒是不寂寞。

当然大家都在等待着弗拉基米尔·普京是否坚持自己关于伊拉克的不知是错误，还是正确的认识，特别是军事检查员问题。迄今为止，他仍然坚持向伊拉克派出检查员，寻找大规模杀伤武器。与此同时，布莱尔似乎以自己的访问显然向普京提供了机会，纠正自己或者不犯历史性大错误。俄罗斯总统是否利用这个机会，是否珍惜呢？一般认为，现在没有必要同每位败者谈话。与笔者谈过话的记者在记者招待会之前很少有人想过，普京无论如何将坚持己见。

“俄罗斯的立场是透明的，始终如一。”普京一开始就说。

会场立即紧张起来。

“俄罗斯一向主张减少甚至取消联合国对伊拉克的制裁，”他继续说，“但是，安理会伙伴认为，只要这个国家大规模杀伤武器尚无定论，制裁就必须保留。到底有无，众所周知，迄今没有发现。”

普京丝毫不差地重复了战前所讲的一切，似乎没有任何改变。他仍在固执己见。给人的印象是俄罗斯总统会谈得更远：

“问题仍然存在。萨达姆在哪儿？引起战争的那些武器库在哪儿？也许萨达姆坐在自己密室的箱子上，考虑是否将这些东西一下子拿出来，对全人类的生命构成威胁？”

普京公开往心口窝打，无法反驳，但可以感受到委屈，而且是永远委屈。这场战争的合法胜利者英国首相能够容忍这一点。布莱尔嘴角已经露出佯笑。

“也许什么事都没有发生。但我们应该想到这一点。”普京结束了自己尖锐的思考。笔者甚至认为，他在最后应该退缩一下。

笔者错了。

“至于大规模杀伤武器，甚至在如此条件下也有许多方案保障检查员的活动。

如果发现了什么，电视上大可不必播放空桶镜头（这又是辛辣的讽刺！——作者注）。仍然可以将检查员立即召回来。”

布莱尔应该回答点什么。他有许多方案，其中包括极端方案。笔者相信，如果英国首相想使用它们，英国也不会指责他。

他告诉普京，他非常感谢应邀访问俄罗斯。似乎布莱尔想强调，访问不是他主动提出的。英国首相补充说，今天到会的人非常清楚他们在伊拉克问题上存在分歧。他高兴地同意，伊拉克应该成为世界上其他国家稳定的伙伴，联合国在这个过程中将发挥重大作用。

布莱尔完全心平气和，装作什么也没有发现。笔者认为，那些清楚地意识到自己分量，真正有所作为，包括能够对败者表现出宽宏大量的人都是这样做的。

“对您邀请我访问贵国再次表示感谢。”布莱尔以过分的客气结束了自己的讲话。

稍后布莱尔又补充说，他希望分三阶段解决问题。第一阶段由盟国联合政府管理国家，第二阶段由伊拉克临时政府担负起管理国家的职能，第三阶段还很遥远，将通过伊拉克宪法并进行全民投票。

普京评论说，这一切是立场接近的基础。但从各种迹象判断，他不打算利用这个基础。英国记者介入了。他们明显对普京的回答不满，准备为自己国家的荣誉辩护。

“当然，我们认为，您是同我们大家开了一个小玩笑，”从伦敦专程赶来报道布莱尔活动的英国广播公司电视台的一位记者说，“莫非您怀疑伊拉克有大规模杀伤武器!?”他以恰如其分的愤怒质问俄罗斯总统。

“以上所说可能有些嘲讽，但没有那个意思。我们应该言必行，行必果，将言行建立在现实基础上。这些行动从哪儿来，有什么依据。”他含糊不清地回答说。

这也可以理解为他看到布莱尔的宽宏大量，决定以同样的精神回应。

“开战的主因是寻找大规模杀伤武器，”普京继续说，“伊拉克当局说没有，我们对它的诚意表示怀疑。”

笔者立即感到，俄罗斯总统内心仍然对开始军事行动耿耿于怀。

“我们不知道到底有没有。我所讲的没有任何冷嘲热讽：到底有没有大规模杀伤武器？如果有，在哪儿？至于已经销毁，也没有把握。也许生产者已经将它们交给恐怖组织？对此我们一无所知。希望大家理解。”

我们理解，全都理解。他不在乎别人的宽宏大量，他在固执己见。

“这并非意味着我们在嘲弄形势。我们准备寻找解决问题的办法，”普京似乎突然心肠变软了，接下来讲了几句，“从法律观点讲已经对伊拉克问题画上了句号，只有对伊拉克实行制裁者，即联合国安理会可以取消制裁。”

“大家不想让我补充几句?”布莱尔对自己的记者微笑着。

他们愤怒的神气似乎是说，得了吧！

“以上所言一点也不令我失望！”布莱尔固执地说。

布莱尔脸上的宽宏大量立即消失得无影无踪。记者们发现了一个新的他。

“关于大规模杀伤武器……我们一定能知道。全世界必将知道！伊拉克确实有，这已经得到证实，已经在联合国决议中记录在案。我们会找到的，我对此深信不疑。到时候我们会向世人揭示，让大家看看。”

布莱尔用尽了平生力气。意思是说您想知道我的意见，那么，最好别争论。不能争论！为什么?！这对大家都好！

需知普京还没有与布什举行会晤。

还有一名英国记者，听完这一切后最终问，如果今后事态继续发展下去（即普京仍然这样回答他们的问题——作者注），新的冷战是否将威胁人类?

此时英国首相再次控制住自己，就美国、欧洲与俄罗斯的战略伙伴关系讲了几句：

“如果我们是对手，那就是大家的灾难。”他痛苦地说。

似乎再次令人感到，普京与他抱有同感。片刻之后俄罗斯总统说，“如果整个国际社会仅仅服务于某个成员国利益”，那就谈不上任何伙伴关系。

不知道他为什么来了这一句?！

也许是因为普京应该说别的，布莱尔才没有这样讲？看来他们在讨价还价，显然在讨价还价。

弗拉基米尔·普京下令吃蜜糖饼干

5月8日，俄罗斯总统弗拉基米尔·普京来到英雄城市图拉，没有向老战士下达他们多年来期望的最主要的命令。

老战士的烦恼

总统是乘直升机到达图拉市的。所有观察者都注意到这一点，观察者很多，几乎是整个城市。谁也没有心思工作，大家都在准备迎接总统。这一天，城市只有一个企业——仪器制造设计局在认真行使自己的职能。它生产什么，也许大家都会提出这个问题。它生产俄罗斯振兴所必须的一切，其中有目前和将来任何别的国家都不会有的新式手枪，因为有人认为，谁也不需要它。展览馆中央用绿色屏风挡着的也是秘密，笔者不相信会把总统领到那儿去。

总统花了一个半小时仔细观看展览。此时在仪器制造设计局的宴会大厅里，被邀请参加总统接见的战争和劳动老战士正在发愁。他们之中有玛丽亚·阿尔古佳耶娃，一位有个性的妇女，战争期间指挥几个坦克纵队运动，一会儿指挥这边的，一会儿指挥另一边的；苏联英雄、侦察员伊万·波杰欣，他默默无闻地抢占了敌人渡口，保全了数十名红军战士的生命，以及多勃罗沃尔斯基少将。总统到来之前他在准备自己的讲话稿，最终告诉他全部真相，因为总有人得这样做。总共有16位上了年纪的老战士，他们的视力和听力已经衰退，但身体仍然健康（其中一位是老大妈）。直截了当地说，赶上了现在的好日子。

他们在宴会厅等待总统，椅子成半圆形摆着。40分钟过后，笔者看到他们已经不大高兴了。“我想问，到底应该谁等谁？”一位后来要求给他派个人生活服务员的老人问，他不愿意说出自己的姓名。

与此相反，苏联英雄伊万·波杰欣倒是认真利用了这段时间，向笔者朗诵了他写的关于欢乐生活的诗歌，并用散文式的语言补充说，他认为，普京既不能与赫鲁晓夫，也不能与勃列日涅夫相提并论，普京比他们都伟大。这一点应该让后人知道。伊万·波杰欣希望，笔者现在就明白这一点。

“要是……”他突然犹豫不决。

“您说什么？”

“没什么，没什么……那好吧！”这位老战士挥挥手，决定将自己的想法和盘托出，“希望我们的法律严厉一些。”

“哪些法律？”

“能有哪些？”他对笔者的问题感到惊讶，“是全部。”

“您激动了？”笔者想让他平静下来，安慰说。

“一点不！相反倒觉得舒服！只是时间太长了。我舒服！”

“您对接见抱什么希望？”

“等待，”伊万·波杰欣坚定地回答说，“命令！”

命令很快传来，虽然不是他等待多年的那个命令，但毕竟是命令：15分钟准备！总统将向老战士问好，请他们就座。桌子上摆满了食品。除了水煎包子和代价昂贵的面包夹肉之外还有新鲜草莓，马林果酱和菠萝。手无论伸到哪儿，都能吃上图拉的蜜糖饼干。总统就座之后首先讲到蜜糖饼干，并且讲了为什么在桌子上摆了很多。实际上，它一般作为珍贵礼品，并不适合大量食用。

“我刚下飞机，坐上车，就问你们州长，有没有蜜糖饼干？”

总统终于见到了蜜糖饼干。他尝了一口，感到满意。他不急于到哪儿去，他想同老战士谈话。他们与总统谈话当之无愧，因为他们为祖国而奉献了不平凡的一生。

别错过与总统谈话的良机

总统说，图拉对国家做出了巨大贡献，甚至做了难以做到的事。他讲了在类似场合应该讲的一切，而且完全属实。

“令我惊讶的是在战时，20 天内竟然将所有东西收拾完毕并且后撤!”总统深情地说。

一位名叫瓦西里·普希金的老战士正好从事这个惊人的工作。他告诉总统，他们撤退到奥伦堡州光秃秃的土地上，一个半月之后工厂就开工了。

他还讲了一些事情，但有些听不清。坐在总统对面的仪器制造设计局总经理阿尔卡季·希普诺夫从节日的餐桌上站起来对隔壁房间的女服务员吼叫着什么。此人是大胖子，可能嫌服务员动作慢。阿尔卡季·希普诺夫认为，自己大声讲话别人听不见，实际上听得一清二楚。尽管他不是冲着笔者来的，但给笔者仍然留下了深刻印象。

这样一来，大家对总统和总经理的讲话都听不清，开始吃桌子上的东西，个个吃得津津有味。笔者不禁想起在托博尔斯克发生的事。那是弗拉基米尔·普京向妇女们祝贺“三八”妇女节，出人意料的是座谈会之后摆在桌子上的招待品原封未动。而在这儿，人们顾不得那些礼节，吃东西几乎是狼吞虎咽。

总统也在吃，而且将手边的东西吃个精光。他先是吃光了水煎包子，接着吃蜜糖饼干。将这两种东西吃光之后开始吃别的，几乎不加选择。看他们吃是令人赏心悦目的事。他们狼吞虎咽的表情让人对未来充满乐观和信心。俄罗斯一位深受欢迎之人如此开心，似乎国家的振兴指日可待。

“您为什么得的勋章?”弗拉基米尔·普京利用吃水煎包子与蜜糖饼干的间隙问坐在他左边的玛丽娅·阿尔古佳耶娃。

她低声告诉他，在战争中，指挥坦克纵队是多么不容易。

“那时您多大年纪?”他问。

“19 岁，”她回答说，“还不到。”

她立即抓住这个机会，说自己家里没有电话。她有时需要给孩子们打电话，叫救护车。总统向站在自己对面的国际文传电讯社记者维亚切斯拉夫·杰列霍夫要了笔和纸，将老太太的名字写下来，期待地望着坐在对面的斯达罗杜布采夫州长。州长赶紧说，安电话对他不是什么问题。她想要电话，那就安一部。

“她如果能跟孩子们讲话，那可能就不需要救护车。”他低声说。

总统对这个笑话并没有发笑。

“我将很快报告执行情况。”州长马上停止了微笑。

这次谈话又救了一位老战士。

知人善任

一位老战士抢着发言。他说，战争期间他来到图拉，听说已经有了原子弹。苏联也得抓紧呀！当时图拉开始制造新式大炮，他的小组也从事研制，竞争非常激烈。一个设计局研制的大炮，在侧风中出现故障。

“他们收拾好东西，回家去了！”

总统放声大笑，他喜欢这个故事。

不出所料，这位老战士所在的小组胜利了，他们解决了侧风问题。

“还说什么？”老战士拼命望着总统，“似乎已经讲完了。不！还有伊拉克！”

他怎能忘记！

“得好好观察。明天的俄罗斯可能也会这样。应该多做工作。同谁一起？同阿尔卡季·希普诺夫这样的人（仪器制造设计局总经理——作者注），这样就会少受挫折。我们将这称为‘知人善任’”。老战士的声音中带有奇怪的痛苦。

老战士尽管艰难，但完成了使命，做了力所能及的事。

“我们俄罗斯的侥幸……但应该斗争！直升机摔了，潜艇沉了……原因是什么，谁也不知道。就说最近发生的事吧。航天员坐在哈萨克斯坦，不能起飞。让他们上我们这儿来，我们给他们生产按钮。我们甚至给参加红场阅兵式的人员缝过肩章，那有什么！这都是过去的事。总之，现在俄罗斯聪明人不多了。我们局还有。您想想，别错了。我讲完了！”

这时，应该给总统端来主要的蜜糖饼干，重18公斤。

“谢谢，我再也吃不下去了。”总统说，说完就真的不吃了。

“还有水煎包子，”希普诺夫总经理说，“您再吃一点，弗拉基米尔·弗拉基米罗维奇！”总统应该证实，自己将做到知人善任。

“您应该再吃点，我已经不行了。”他讨好地说。

看来他也得注意了。

“没关系，过节可以。”总统批准他。

“那就再吃一点，谢谢！”总经理高兴了。

看来他已经想到，自己生活中的新时代来临了。

“我想说，媒体在颠倒黑白，”州长斯塔罗杜布采夫插话说，“轻松的生活让他们……讲得艰难，他们不表现在机床旁边工作的人！就是不表现！”

“是的，”总统轻松地表态说，将一块蜜糖饼干塞进自己口中，“没有表现他们。”

“总之，当一个人能够日复一日地领到工资，那么他的爱国主义感情就会牢固，”受到鼓舞的斯塔罗杜布采夫继续说，“您说对吗？”

总统再次同意了。此时他只能点头，因为喝了一口茶。

“我们有些人还是下海了，他们对什么都不在乎，三十六计，走为上计。”

总统耸耸肩，意思是说这是他们自己的抉择，并且夹起了一块鱼面包。

“大量中间商将会吞食一切！”希普诺夫说。

这样说有些可怕，桌子上的东西还不少。

“从粮食到面包！”斯塔罗杜布采夫补充说，“国际价格是每吨130～135美元，我们只卖50美元。”

“有些联邦主体建立了粮库，将粮食保存到来年春季，”总统决定同州长谈话，“没有被中间商吞食。谁也没有强迫他们。现在拿到市场上出售就是另一个价格了。”

这时他甚至向瓦西里·斯塔罗杜布采夫使了个眼色，他无言以答。这就是说，他没有很好地履行自己的职责，总统使眼色当然不好，可州长今后该怎么办？

等待命令

几分钟之后总统从座位上站起身，向无名士兵墓敬献花圈，向站在广场的人群走去，同他们握手。总统吻了一名妇女，她幸福得难以支撑，“啊”的一声向地上倒去。但总统没有发现，因为他已经去吻一名戴着空降兵帽子的小姑娘。与前者相反，小姑娘感觉良好。当总统离开人群时，不知什么人奇怪地喊道：“弗拉基米尔·弗拉基—米罗—维奇！”总统停下脚步，朝他走去，叫喊的原来是一位备受折磨的难民。他往弗拉基米尔·普京的手上塞了一封信，用尽平生力气低声说：“只有您能帮忙……”似乎谁也帮不了他。

几分钟之后，隆重纪念伟大卫国战争58周年大会在当地剧院开幕。在仪器制造设计局宴会厅受到精神创伤的瓦西里·斯塔罗杜布采夫州长已经恢复。他讲道，“战后我们失去了很多。首先是那个大国已经不复存在，我们就是高呼它的名字在前线冲锋陷阵，在后方拼命工作……古德里安的未竟之志，竟然让那几个打着改革旗号的小子们实现了！……”

然而，不应该在这个神圣的日子回想起那几个小子！参加会见的一位老战士杜布罗沃尔斯基少将无情地补充说：

“我们在战争中以非人的努力得到的成果被一小撮寡头吞食了。如果他们建立了生产能力，那倒情有可原，但他们没有建立！”

他承认，厌倦现在的工作。

笔者想起，伊万·波杰欣和其他人这些年一直在等待着命令。

但是，命令仍然没有下达。

强大的力量汇聚在自己的第二祖国

5月14日，俄罗斯总统弗拉基米尔·普京会见了在苏联和俄罗斯高等院校毕业的外国留学生，他为他们自豪，他们为能在俄罗斯留学自豪，笔者为自己能够与所有这些人在一起自豪。来自120个国家的800多名毕业生参加了为期三天的首次研讨会。听说这个想法出自印度教授杰温德拉·卡乌什卡，然而，她不过是其中的代表之一。由共同理想联系在一起的所有这些人都想见面，甚至从未见过面也相互想念。这一宏大的共同的想法保持了多年。对俄罗斯友好的发展中国家需要专业干部，俄罗斯同样更需要外国专业干部。

工会大厦圆柱大厅被挤得水泄不通，里面坐的是一些国家的部长甚至总统。大家都知道，弗拉基米尔·普京一定会来，克里姆林宫高度重视这次聚会，它想知道此刻自己的手到底伸得有多长。从人性化观点出发这也可以理解。工会大厦圆柱大厅的聚会者对俄罗斯人——昔日的苏联人怀有某种特殊的可靠的感情，不支持他们在一定程度上可以说是叛变。他们事实上真诚地热爱我们国家。如果您在大学时代，由特立尼达或者多巴戈政府派到这儿留学五年，同样会爱上它的。

“只有在一起，才可以回忆我们从前是多么强大，”赤道几内亚司法部长说，“我们赤道几内亚是一个小国。我们获得独立之后，国内只有四名专业化干部，全部来自西班牙。接下来我们这些在苏联留过学的人全部回国。现在我当了司法部长，我国的教育、卫生部长甚至国家总统，都在苏联留过学。”

大厅对他的每句话报以暴风雨般的掌声。

“八年来，我在联合国发表过不少讲话，”他补充说，“我在那儿只用俄语。我告诉他们：怎么样，同志们?!”

大厅里一片欢呼。笔者看见，几个攥紧的拳头举过头顶：

“这个语言是我们的第二祖国母亲给我们的。”

简短的休息之后弗拉基米尔·普京出现了。他说，留学生的教师迄今仍然为他们自豪，他这个俄罗斯总统也为他们自豪。后来留学生们异口同声地承认，直到最后一刻还不相信他会来。要么他来了讲几句话就离开，去批阅文件，他们得抓紧时间向他表达自己的赤子之心。可他哪儿也不去——他坐在主席台上，那样充满活力、兴趣盎然、充满期待，他们对他充满爱戴感激之情，确实是这样。

留学生们没有令他失望。来自南非的列宁格勒工学院毕业生姆贝基并不羞于向同学们介绍自己的一生。尽管他承认，对让自己讲话感到突然，他没有任何准备。

“但我一直在没有准备的情况下执行任务。因为我在苏联学习过！”他边说边赢得了震耳欲聋的掌声。

姆贝基回忆说，自己清楚地记得多年前站在招生委员会委员面前，回答入学考试的问题。这是他生活中一个极其重要的时刻。因为他同其他人一样，没有做好准备也不知道怎样回答，如同现在一样站起身将自己知道的一切全都讲出来。但是委员们认为，作为入学考试，这就足够了。

“几天之后我在宿舍庆祝自己被录取，尽管我记不大清楚具体的日子，但这是我生命中最美好的时刻。”他诚实地承认说。

此前他打算在南非上大学，但没有被录取，因此决定不在那儿上。

“于是我来到苏联，希望受到良好的教育，并且以一个受过良好教育的人的身份加入我国人民的武装斗争，”他补充说，“当时黑人自我觉醒运动正好开始，接下来被当局禁止，还将威尔逊·曼德拉关进监狱。”

在南非，姆贝基并没有成为一名优秀的工程师。据他自己羞怯地承认，他并没有听取一些好心人劝告，继续读研究生。他成为反对种族歧视斗争的积极分子。现在种族歧视何在？已经转入地下。而他姆贝基现在却站在这儿。他过去和现在都是这一运动的积极分子。莫非有人认为现任南非共和国总统姆贝基毕业于某国的军事学院？

“就讲这些，我该结束了！”姆贝基结束了自己的讲话，大厅笑得简直让人喘不过气来。似乎是在满意地显示，昔日的学子迄今仍然多么清楚地认识到自己第二祖国母亲强大语言的所有细微差别。

然而，此次聚会并非“一片光明”。例如，黎巴嫩代表忧心忡忡地谈到饱受压迫的近东各国人民，他是这一民族的代表。以色列在压迫它，它存在的事实本身就是压迫。黎巴嫩代表希望，俄罗斯像当年的苏联一样挺身而出保护被压迫人民。令笔者感到惊讶的是现在这一支持并不十分有力，甚至是半死不活。然而，人们不是为此而来，是为什么呢？

“我有一个感觉。我们同在一个大学上学，”库班大学毕业生，一位希腊人似乎在回答这个问题，“同在一个宿舍里住。我们全是俄罗斯气质。我们在欧洲相遇时通过目光寻找自己的两个兄弟……俄语应该成为世界第一大语言，弗拉基米尔·弗拉基米罗维奇！”希腊人转过身对着俄罗斯总统说：

“一年前您访问希腊时我也在那儿，我还用俄语说了一句：您好，弗拉基米尔·弗拉基米罗维奇！也许您还记得？”

希腊人并不希望得到回答。但是，弗拉基米尔·普京拿起话筒，生动而深情地说：

“当然记得！”

“当然！您当时正在上车。他们不让我接近。不是我一人，还有一位同志，现在是勇士啤酒商店的经理……”

希腊人有许多话要讲，似乎已经讲完了。

“应该联合起来！需要一个全世界俄罗斯高等院校毕业生组织，中心设在国外，经常从一国迁移到另一国，让人害怕我们。我们将为环保、人权……而斗争。请原谅，在第一阶段，我可以领导这一强大的政治力量！”

他一语道破天机，谁也不会拒绝他。这一天，在工会大厦圆柱大厅，人们就像是同甘苦共患难的兄弟，只有手挽手肩并肩才能战胜艰难险阻。

“俄罗斯热爱你们，将你们当成自己的亲人。”弗拉基米尔·普京最后告诉他们。

这些人还被称为影响的代言人。

与会者几乎全都喜欢弗拉基米尔·普京

5月16日，俄罗斯总统弗拉基米尔·普京在克里姆林宫大理石大厅向联邦会议宣读了自己的国情咨文。

宣读咨文永远是节日，首先是起草者的节日。这一天意味着大家都感谢他们，他们自由了。对议会两院成员而言，这一天是明显的非工作日，他们只要出席会议，听总统讲话就行，也许还得鼓掌几次。然而，在大理石大厅的出口处，命运的礼物——记者在等待着他们对总统讲话进行评论。“是呀，今年的咨文太精彩了，”有些人几年如一日回答说；“没有听见普通老百姓的声音！”另一些人补充说。当然，他们的意思十分清楚。谁也不会欺骗任何期望。总统的咨文是一个特定的仪式，大厅里没有人会违规。

这一次，开始没有任何违规（然而结束时出现了严重违规），尽管细微差别从一开始就出现了。在记者欢迎和陪同联邦会议成员的休息室，有一个出售书籍和纪念品的商店，此前总有俄罗斯总统的巨幅标准像，应该说，也有一定的需求。但是这一次却没有，也许是需要者已经买下了，它并不是供大于求。也有人浪漫地猜测，决定在总统选举前夕不搞弗拉基米尔·普京的个人迷信。难道这就是朝这个美好方向的第一步？也可能是存货已经卖完了，新的还没有到。

此外，从出口处通往大理石大厅的楼梯之间拉上了一道横线，禁止记者通过。这就是说，去年的新闻自由多一些。

然而，这一切完全是为了联邦会议成员进出自由。一些人利用了这个自由，赶忙从楼梯上直奔大厅。另一些人主动走到记者面前，谈自己对咨文的希望。例如，柳博芙·斯利斯卡说，她渴望着权力分支机构实际上的划分权力。似乎她故意挑起跑来听她讲话的人反对自己：没有任何可能引用她的讲话。

再如帕威尔·博罗金，刚刚进入休息室就找到了自己认识的记者，向他们讲新笑话，然而也无法引用他的话。当国家杜马国际事务委员会主任德米特里·罗戈津从旁边经过时，博罗金先生挡住他，也给他讲了一个笑话，罗戈津先生被逗得开怀大笑。

快12点，莫斯科市市长尤里·卢日科夫、俄罗斯政府几位部长及其他官员最后经过大厅。这几个人迅速跳过入口处的金属挡板，没有从衣袋里往桌子上掏出任何物品（此前参加会议的人员，例如他们的同行伊利亚·克列巴诺夫，都毫无例外地绝对做到了这一点），金属挡板发出响声，令人心烦。

1点5分，总统开始宣读国情咨文，他不时离开讲稿即席发挥。1点半左右，与记者交流的与会人员产生了这个印象，似乎没有发现任何革命性内容。此外，实质上提到与竞选有关的内容，因为讲话中既没有提到对各个权力分支机构，也没有提到对自己人民承担的义务，因此随后谁也无法指责承诺没有兑现。总统确实提到了十年内国内生产总值翻一番，但对政党应该保持纯洁透明，卢布在国际市场上可兑换，俄罗斯已经拥有、即将拥有或者想要时就可以拥有的新的超级秘密武器等都没有谈到。

然而，对国情咨文中没有任何特别内容的第一印象不足为凭，类似的内容一般要等到最后。笔者早就发现，要让某人的讲话立即对听众产生印象，其中必然要有肉体消灭或者是有“割礼”威胁的内容。应该聆听完任何一位有教养的人的充满智慧的流畅的讲话，无论如何先不要对其进行评论，最后才可以找出对自己乃至后人有益的东西。这篇讲话也是这样。只有不失望，反复阅读才可以理解其中的精华。

这次讲话数次被掌声打断，去年不是这样。与会人员一直保持沉默，甚至等到总统把话讲完。这次除了掌声之外，结束时坐在第五排的人民代表瓦西里·尚德宾竟然大声叫喊起来。国家杜马主席根纳季·谢列兹尼奥夫责备地说：“瓦西里·尚德宾……”接着开始奏俄罗斯联邦国歌，宣布散会。

瓦西里·尚德宾先生刚刚走下铺红地毯的楼梯，笔者迎上去问他想告诉总统什么。原来他想说下届大部分杜马代表将是小偷、土匪和受贿分子。莫非他真的认为，在新一届国家杜马中俄罗斯共产党将是一个强大的议会党团？不，看来笔者错了。

“应该让给普京起草报告的人滚蛋。”瓦西里·尚德宾怒气冲冲地说，“报告中对偷盗和行贿受贿只字未提！”

“您认为他听见您的喊声了吗？”

“我的声音不可能听不见，您瞧！”

他咳嗽了几声，以惨叫声向一群记者显示了自己的嗓子。

“报告的社会部分根本不行！”

此时记者们分成相等的几堆。每位新闻人物站在中间在评论咨文。弗拉基米尔·日里诺夫斯基说，他从咨文中听到反对俄罗斯共产党、亚博卢，右翼力量联盟和支持俄罗斯自由民主党的暗示。他说最糟糕的是总统在一小时的讲话中没有提到“罗西”这个词：

“我注意到，犹太教拉比要比东正教神甫更用心听总统讲话。”

给人的印象是犹太教的拉比要比东正教神甫更有教养，事实并非如此：

“趋势，这才是应该考虑的。令人担忧呀！”

车臣行政长官艾哈迈德·卡德罗夫言简意赅地说，总统的政策非常正确，但执行者阻碍。他显然指车臣恐怖行动的执行者。

俄罗斯共产党领导人根纳季·久加诺夫与自己的同行日里诺夫斯基不同。他突然宣布，国情咨文中有重返国家—爱国主义的内容。也许是由于一时着急，没有将话听完，总统指的是另外完全相反的东西，很可能是。

“伊拉克战争只字未提。可我们在这场战争中损失了……”根纳季·久加诺夫放慢了音调计算着，“250亿美元。”

鲍里斯·涅姆佐夫是首先同记者接触的与会人员之一，等他结束采访之后休息室已经空无一人。临走时他对记者们表现的职业好奇心感到满意，大概弗拉基米尔·日里诺夫斯基也有同感。休息室的大吊灯已经熄灭，鲍里斯·涅姆佐夫多次站在楼梯上耐心地重复说，当然这次是对波兰电台女记者，咨文讲的都是正确的，只是不知道由谁去执行。

鲍里斯·涅姆佐夫的暗示很清楚，看来他的担心代表了大家。

克里姆林宫的崇拜者

5月24日，星期六，俄罗斯总统弗拉基米尔·普京与英国“披头士”（摇滚乐）大师保罗·迈卡特尼先生在克里姆林宫举行了历史性会晤。

看来不能说，俄罗斯总统一生都在为这一天做准备，或者是耐心等待着，很可能是保罗·迈卡特尼先生渴望举行这次会晤。至少人们知道，是他主动提出的。

弗拉基米尔·普京可能明白这次会见的历史必然性。两位世界级的人物迟早将在非正式场合会见。剩下的是猜测这一事件将以什么方式影响世界命运，而且等的时间不会太久。

会晤地点原先打算安排在俄罗斯总统生活的新奥加廖沃郊外官邸，但到最后一刻，即星期六早晨决定改在克里姆林宫。地点的改变也许与音乐家当日不能久离红场有关，他打算在那儿举行记者招待会和演出活动。初看上去，会晤的形式受到严重挫折，从完全的家庭氛围变成了明显的官方性质。然而，从另一方面说，克里姆林宫世人皆知，而新奥加廖沃并非如此。关于保罗·迈卡特尼在莫斯科活动的电影在克里姆林宫拍摄是最好不过了。

弗拉基米尔·普京在自己克里姆林宫的住所会见了保罗·迈卡特尼。能够得到这一殊荣的人物屈指可数。如果笔者没有记错，最近一次是今年年初俄罗斯总统与日本首相小泉纯一郎在此共同饮茶。这个住所更舒适。总统与音乐家会晤的房间里摆放着一架钢琴，需要时可以演奏。

会见时几乎没有记者，只来了保罗先生的一名私人摄影师，小伙子看上去身材匀称（但这个印象是错误的），上身穿西服，下身穿牛仔裤，西服里面露出了一只没熨烫过的白领。那台小小的家用摄像机，就像是锋利的蜂刺射向各个方向，把等待主人出场的现场搞得十分狼狈。而俄罗斯总统的私人摄像师在等待自己的主人时表现得从容不迫。

两位主人公没有让人们久等，14时整走进房间。应该说，如此守时令人惊讶。并非所有国家的总统可以夸耀自己与弗拉基米尔·普京会晤准时举行。

笔者此刻明白，某种特殊的事件正在眼前发生。随着岁月的流逝，某种外界的即时的事物将会平静地消失，只有笔者可以将观感讲述给自己的儿女，当然是在他们愿意听的时候。

光阴荏苒，保罗·迈卡特尼与列夫·列辛科长得越来越像，来时还带着他的夫人希泽尔。众所周知，自从迈卡特尼成了鳏夫之后他们结婚的时间并不长。她从前是女模特，现在有自己的问题：一条腿短一条腿长。当笔者注意到这位女强人赤脚穿凉鞋之后十分惊讶。外人几乎难以发现她的生理缺陷。优美的步伐仍然体现出从前的职业。她的表现真好！

总统坐在椅子上，客人坐在沙发上。

“您好！”保罗·迈卡特尼说。

“您好！”弗拉基米尔·普京回答说。

会见开始了！

“有机会在莫斯科见到您，在这儿——克里姆林宫接待您，不胜荣幸之至！”

如果会见在新奥加廖沃举行，那么弗拉基米尔·普京能说出这句历史性的话吗？

总统问迈卡特尼先生，20世纪80年代，先生曾经打算在莫斯科举办音乐会。音乐家证实了这一信息。

“那时没有成功，不知道是什么原因。”

似乎伟人保罗·迈卡特尼以廉价的讨好开始了这次谈话，难道他不明白其中的原因！

“当时我的确什么也不知道。”音乐家证实了笔者最坏的猜测。

“因此只好重返苏联!”翻译翻译说，显然是受了 back in the USSR 的影响。

出现了暂时的停顿，谈话不投机。

“谢谢您邀请我们来克里姆林宫，”保罗·迈卡特尼显然在寻找话题。

弗拉基米尔·普京谈起圣彼得堡，音乐家刚刚在那儿获得了圣彼得堡音乐学院教授的证书。音乐家说，他喜欢那个城市。它美好、漂亮，实际上当然可以找出更动听的话。如果人们真的喜欢什么，那就一定会找出赞美之词。

“那是我的故乡。”总统小心翼翼地说。

此时保罗·迈卡特尼似乎已经意识到，谈话如果再这么继续下去，就可能夭折，因此决定打开自己的主要资源，用俄语讲了一个非常复杂的句子：

“很高兴来到这里……”

很可能是他回想起，这句话在圣彼得堡多么受欢迎，因此决定再讲一次。总统点点头，似乎有些心不在焉，甚至可以说，这句话没有给他留下任何印象。原因立即清楚了。他刚刚谈起圣彼得堡，不想将话题移开。接着对证书提了一个问题：

“是呀，我去过柴可夫斯基上过学的那个中学!”音乐家说，“那是一所好学校。”

“我们现在正在恢复柴可夫斯基音乐比赛，”总统补充说，“不过现在是在莫斯科举行，今年参赛的阵营强大。”

此时迈卡特尼讲了关于一个小男孩的动人故事。小男孩给迈卡特尼唱了一支小曲，给他留下了深刻印象。尽管迈卡特尼深知它是俄罗斯的一个经典，但还是问作者是谁。原来是一个小孩最近写的。

总统对此非常高兴。

“我们俄罗斯，”总统难以掩饰自己的自豪感，“许多人都会演奏和唱歌。”

笔者还想补充一句：也会跳舞。

“他们也使您变得更加有力。”总统补充说。

他善于控制这场谈话并将其纳入自己需要的轨道。现在是谈迈卡特尼先生自己的时候了。专家们知道，没有比谈自己更感兴趣的话题。

“您大概听过‘披头士’歌曲吧?”迈卡特尼没有信心地突然问道。

艺术家原来是这样的人！他们多愁善感、心事重重，不相信自己！我们应该爱护他们……对此该怎么回答呢？总统安慰音乐家说，他当然听过他的歌。

“我们的音乐在你们国家被当局禁止过?”迈卡特尼问道。

一方面，他感到伤心，他不想将自己主动要求的这次谈话进行到底，另一方面，一切并不那么简单。实际上，对迈卡特尼而言，似乎这是他真正的难言之隐，他十分想谈它，back in the USSR 并非偶然。

总统告诉他，没有那样的禁令，但当时确实没有让“披头士”演出。也就是说，此事确实发生过，似乎是他将保罗先生搞糊涂了，但这并不复杂。弗拉基米尔·普京大概有些可怜音乐家，谈了他没有料到的话：苏联的一切过分意识形态化，认为“披头士”音乐是宣扬别人的意识形态。谁也没有想到它宣扬全人类价值观……还谈到实际上是披头士得到的那份自由。遗憾的是没有谈到梅洛尔·斯塔鲁阿1967年在《消息报》上发表的文章，那是首次在苏联报刊上正面介绍“披头士”艺术团。

谈话再次陷入僵局，希泽尔最终加入了。音乐家说，她跟他一样，积极参加了禁止反步兵地雷运动。

“我知道。”总统并不介意地说。

往下他什么都可以不说，希泽尔完全掌握了主动权。看来她似乎已经明白，自己的丈夫今天尽管很努力，但总是打不起精神。每个人的生活中总有这些日子。

但是，这一天是她的。剩下的十分钟谈的完全是禁止反步兵地雷。希泽尔严肃地问总统，俄罗斯是否加入了禁止地雷条约，总统忧郁地微笑着，重复说旨在保护人的生命的一切活动都是好的。她进一步明确说这些何时发生。他耐心解释说她提了一个好问题，但脸上的笑容已经消失。

笔者作为这个堪称历史性会晤的目击者，见证至此结束，因为请记者们退席，甚至连私人摄像师也被请出房间。但这样做没有用。同平时一样，最有意思的事情发生了。也许他俩真的放松下来。钢琴派上了用场，也许弗拉基米尔·普京现在可以告诉自己为数不多的贵宾，世界著名音乐家保罗·迈卡特尼给他演奏过Let It Be。总之，他们谈到两人都出身于工人之家，现在都是栋梁之材，也都喜欢马。原因众所周知：弗拉基米尔·普京每天早晨不滑雪就骑马。

音乐家请总统听自己的音乐会。总统回答说，遗憾的是当天晚上他的日程已经排满了。然后两人在克里姆林宫漫步，笔者再次注意到希泽尔女士的步子，许多游客也都看见了，她让他们产生了不可磨灭的印象。不知从哪儿出现了几十名欢呼的人群，其中成年人比较克制，他们想亲眼看到每个细节。

“他在哪儿，在哪儿?”已经冲破人群，身子紧紧挨着弗拉基米尔·普京的一名并不年轻的女人问。

“在那儿，”他告诉她，“就在您面前。怎么啦，连自己的总统都不认识了?”

“不是!”她喊道，“我在图拉看见过普京。迈卡特尼在哪儿?”

找到迈卡特尼之后她长时间痛苦地摇头：

“天哪，迈卡特尼先生老了……岁月不饶人呀!”

然而，迈卡特尼先生一点也不老。他的音乐会清楚地证实了这一点，总排练也证实了。迈卡特尼先生当着笔者的面创作了一首歌。他长时间哼着，先是低声，接下来这种哼哼就可以听到歌词了：“红场……充满清新空气……”总之他已经将歌曲创作完了。他当着笔者的面，从弗拉基米尔·普京沉默寡言的交谈者变成了伟大的音乐家保罗·迈卡特尼。这个场面将使笔者终生难忘。

21时55分，音乐会正值高潮，弗拉基米尔·普京最终还是违背了自己不出席的承诺，出现在池座第一排，坐在安德烈·马卡列维奇与莫斯科市长尤里·卢日科夫中间。莫斯科市长与其他人一样经常低声随唱，并感觉到弗拉基米尔·普京此时坐得不大舒服。期间他几次站起身，虽然没有低声随唱，但不时打着拍子，出现了某种茫然的表情。他甚至向尤里·卢日科夫提了一个问题，似乎在演员演唱时考虑什么。他虽然不是“披头士”爱好者，但毕竟出席了音乐会。可以说，这是一个勇敢的举动，要是别人，可能就不来了！

上海合作组织选择了白色会旗

5月29日，上海合作组织六国元首在莫斯科开会。

会议在克里姆林宫举行。显而易见，俄罗斯总统礼宾局高度重视此次会议的法律地位，给予上海合作组织六国（哈萨克斯坦、吉尔吉斯斯坦、中国、俄罗斯、塔吉克斯坦和乌兹别克斯坦）元首以最高规格的服务。其中一个重要原因是中华人民共和国主席胡锦涛在其同行中首次出席，事关重大。给予国家元首及其代表团的荣誉似乎相应地扩大到中国和其他国家的记者。俄罗斯总统新闻局竭力让记者们感到进入克里姆林宫是他们终生难忘的事。第一，所有有意者都可以观看上海合作组织扩大会议的现场直播。如果不算俄罗斯总统向联邦会议报告国情咨文，如此活动在克里姆林宫从未进行过直播。实况转播国情咨文时，一楼大厅里放着两台电视机。

然而，这一切同克里姆林宫弗拉基米尔大厅的陈设相比还算区区小事。那儿的桌子上摆放着茶、饮料、油炸包子和酒类。这才是真正的奢华。基本上平均年龄偏大的服务员苦笑着摇头，低声说在勃列日涅夫时代也不敢想象有如此奢侈。

弗拉基米尔大厅不许记者吃油炸包子已经有多年的传统。为了冲破多年来形成的根深蒂固的礼宾禁区，需要付出巨大的努力，笔者甚至不敢想象需要多大的勇气。更有意思的是此时总统新闻局的官员几乎已经全部离开莫斯科，去了圣彼得堡。

在后来举行的记者招待会上，乌兹别克斯坦总统伊斯拉姆·卡里莫夫宣布，塔什干有幸举办下届元首会议。因此他特别关注组织活动的每个细节并打算重复克里姆林宫明显的成就。然而，如果有人问笔者，那我就会坚定地回答说，不行，不能这样兴师动众，劳民伤财。

扩大会议结束时突然冒出了一个想法：峰会的如此富丽堂皇莫非是为了掩饰初看上去它的意思不大？会议的主要成就似乎是批准了这个组织的象征——会徽和会旗，任命张德广先生为上海合作组织执行秘书。正如纳扎尔巴耶夫先生多次指出的那样，张先生曾经担任过中华人民共和国驻哈萨克斯坦首任大使，尽管可以直截了当地说，他现在担任中华人民共和国驻俄罗斯联邦大使，这个职务要比那个职务重要得多。

上海合作组织的会徽非常有意思：呈圆形，主体是中国、俄罗斯、哈萨克斯坦、吉尔吉斯斯坦、塔吉克斯坦和乌兹别克斯坦六个成员国的版图、左右环抱的橄榄枝和两条飘带，象征成员国为地区和世界和平与发展所起的积极推动作用，并寓意上海合作组织广阔的合作领域和巨大的发展前景。会徽上部和下部分别用中文、俄文标注“上海合作组织”字样。会徽选用绿色和蓝色，象征该组织和平、友谊、进步、发展的宗旨。

上海合作组织的旗帜是白色，中间是会徽。

弗拉基米尔·普京宣布，这是上海合作组织在自己的标志背景下举行的首次会议。此说当然令人担心：难道这一稳步前进的运动完全没有其他标志？

弗拉基米尔·普京同时强调，应该决定上海合作组织北京秘书处和比什凯克反恐中心开始工作的具体日期。为了使一切真正运作起来，必须通过一个预算。当然，俄罗斯总统并不是根据道听途说熟悉这个问题。作为上海合作组织惟一值得自豪的象征物——会徽中也包含着这层意思。

与其他领导人讲话相比，塔吉克斯坦领导人埃莫马利·拉赫莫诺夫最为激动。他希望“上海合作组织的活动计划必须有实际的可以实现的内容。”他讲此话并非偶然，看来已经有所指。笔者希望打击毒品走私，首先是在阿富汗，不在其列。拉赫莫诺夫先生已经多次津津有味地谈到这个国家。他说，在阿富汗，罂粟的种植面积并没有随着政权的更迭而减少，研制烈性毒品的实验室越来越多。

乌兹别克斯坦总统伊斯拉姆·卡里莫夫发表了这样的意见：“总而言之，某些国家在其他国家整顿秩序的方法需要改进。”也就是说，需要时他可以展开讲，但最好不多讲，时代已经变了。

总之，会议同记者招待会一样，没有提出一个问题（领导人发言仅局限于对弗拉基米尔·普京及其相互的感激之情），而且进行得非常仓促。似乎所有与会人员连同记者一起，心事实上已经飞到圣彼得堡。与未来两天即将发生的事件相比，如果不是全部，也是许多事已经变得黯然失色。

弗拉基米尔·普京以嘉宾和东道主身份讲话

5月29日晚上，俄罗斯总统弗拉基米尔·普京来到圣彼得堡。

柳德米拉·普京娜怎样点燃篝火?

俄罗斯总统是从机场直接来到叶拉金岛的，那儿举行的“波罗的海之星”艺术节正值高潮。来自许多国家的青少年正在参加俄罗斯知识比赛。他们走上露天舞台显示自己的知识。黄昏时分天气冷，因此天刚一黑就点燃了篝火。舞台气氛冷清，青少年们还没有学会怎样活跃场面。然而，有什么值得他们高兴呢? 舞台上的选手们过五关、斩六将，可以说对俄罗斯了如指掌。

当弗拉基米尔·普京偕同夫人柳德米拉·普京娜出现在叶拉金宫的台阶上时，一切都在瞬间改变了。青少年们非常活跃，再也没有比国家元首的出现让他们高兴的事了。他现在也是青年!

柳德米拉·普京娜此时光彩夺目，肉眼从远处都可以看出来。毫无疑问，这一天是她的，也是她的节日。她负责并且鼓励俄罗斯和其他国家的青少年学俄语。

总统及其夫人尽管没有冷得发抖，但仍然走到一堆篝火前开始烤火。最终将出现什么结果? 大家都想烤火。

青少年将总统夫妇团团围住。一个小姑娘的脸上涂着丹麦国旗——红色背景下的白十字。“您从哪儿来?”总统问她。

“丹麦。”小姑娘回答说。

总统再也没有提问题，他的夫人也没有问什么，只是幸福地微笑着。

接着总统走上舞台，简单致了欢迎词。他们报以震耳欲聋的欢呼声。总统当众吻了夫人的面颊，向大家挥手告别。

迄今仍然在圣彼得堡及其遥远的地方人们议论的事立即开始了。柳德米拉·普京娜在篝火前站了片刻，烟火直冲云霄。她有些看不清，便敏捷地站到一根木头上。一位陪同人员打算模仿她的动作但没有成功，跌倒在周围的草地上。她站着观赏烟火，笔者觉得，这使她本来就美好的形象更加楚楚动人。

此时主持人宣布，“波罗的海之星”艺术节开幕并且喊道:

“现在继续点篝火! 开始跳迪斯科!”

青少年看着柳德米拉·普京娜点火。他们当然不想让她难堪，也不想站在原地。她微笑着，有些茫然。总统夫人如果站在跳舞的人群中，那会令人奇怪，但总统夫人也不能在孩子们的音乐声中起舞。柳德米拉·普京娜迟疑了片刻，接着她下定决心，将外衣扔给陪同人员，向人群走去并开始翩翩起舞。此时歌词正好是:“去俄罗斯……去列宁格勒—圣彼得堡……!”

柳德米拉·普京娜舞姿优美，面带笑容。看来眼前正在发生的事让她十分高兴。接下来她主动承认，从前每周她都与自己的教师跳两次舞。这完全用不着大惊小怪。

但这还不是高潮。不知何时，一位五大三粗的早熟少年拉起普京娜女士的手，让她围着自己转圈，她没有拒绝。结束时他跪在她面前。总之，俩人值得回味的东西不少。

弗拉基米尔·普京向何人鞠躬

弗拉基米尔·普京对此将怎样回答？第二天早晨，他与日本首相小泉纯一郎举行了会晤。这是否是相应的答复呢？笔者不敢相信，因为他不是女人，而是日本首相。会晤在体育训练中心举行。弗拉基米尔·普京在圣彼得堡时跟中心领导人瓦西里·舍斯塔科夫练习过柔道。中心现在训练参加欧洲和世界冠军赛的运动员，而且成绩不菲。据瓦西里·舍斯塔科夫介绍，弗拉基米尔·普京最后一次来这儿是去年10月7日，自己的五十岁生日时。当天上午他在基什尼奥夫参加独联体首脑会议，现在才知道下午在什么地方，否则留给大家的仍然是一个谜。

日前从日本赶来的一位运动健将、柔道传奇人物山下整个早晨都在体育中心度过。此人身手不凡，从弗拉基米尔·普京的举止可以看出。他们互相鞠躬（柔道一般都这样），并且俄罗斯总统主动同他拥抱（柔道一般不这样）。然后他们与弗拉基米尔·普京的教练阿纳托利·拉赫林一起，花了十分钟时间观看运动员训练。此前俄罗斯总统与拉赫林就城市如何准备自己的节日谈了几分钟（肯定双方都知道许多趣事）。应该说，运动员的训练不大严肃。也许他们明白，今天过分努力对谁都不好，因此也没有人受伤。弗拉基米尔·普京此时一直必恭必敬地同世界柔道传奇人物山下谈话，接着向运动员们赠送和服，最后与小泉纯一郎共饮早茶。也许这次会晤的结果是双方认为两国关系良好，共饮早茶只是个形式，笔者没有在桌子上看到任何茶。

列昂尼德·库奇马想说什么？

与小泉纯一郎首相告别之后半小时，弗拉基米尔·普京为漂亮的彼得大帝广场剪彩，仔细观看了“孩子们眼中的圣彼得堡”画展，向市民发表了简短的热情洋溢的讲话，参加了独联体国家元首会议。

会议在人们多次写过的“银耳语”豪华船上举行。这艘美国籍的远洋巨轮由意大利建造、菲律宾船员驾驶，最便宜、最小的一个舱室（36 平方米）一昼夜价值1000 美元。独联体国家元首们就住在这些舱室里，土库曼总统萨帕尔穆拉特·尼亚佐夫也来了。关于他事先传言纷纷，说什么自从听到俄罗斯国家杜马国际事务委员会主任罗戈津先生粗鲁的言词之后他根本不会出席这次会议，来到之后又有消息说已经婉言谢绝他会见俄罗斯总统的请求。不过后来俄罗斯代表团提供的消息又否认了这一说法，只要尼亚佐夫不提出别的要求，俄罗斯总统可以会见他。

会议进行了两小时。当然记者们在这艘豪华轮船上等待着元首们举行最后的记者招待会。事先已经宣布，不打算提更多问题，但每位国家元首可以回答自己感兴趣的问题。当乌克兰总统列昂尼德·库奇马孤身一人出现在舞台上时，记者们感到非常惊讶！他看上去相当尴尬，甚至挑衅性地耸耸肩：一个人又怎么样？

库奇马先生讲话简短。他说，其他国家元首一致同意不出席这个记者招待会。如果不是圣彼得堡300周年庆典，笔者就将这一行动称为公开藐视独联体国家的记者和人民。此外还应该说，这是独联体国家领导人一个不好的习惯，在基什尼奥夫举行的非正式首脑会议也是如此。当时出席记者招待会的只有两人：独联体元首委员会主席弗拉基米尔·普京和东道国总统弗拉基米尔·沃罗宁。弗拉基米尔·普京宣布，建议同行们选举另一位主席——乌克兰总统。这个建议令同行们完全意外，他们差一点叫骂起来。因此只有两人出席记者招待会还勉强说得过去。

显而易见，昨天发生的事也可以做出类似的解释。人们要摆脱习惯势力的束缚真不容易，况且这么多的国家元首违反原定计划也可以说是一个事故。到底出了什么事？

笔者从库奇马先生的讲话中竭力明白这一点。应该说，他表现不错。他称元首峰会硕果累累，非常热烈。这个热烈指的什么？似乎与以上所言关系不大。他说，极其重要的雅尔塔会议已经准备好，将在秋季举行。然而，库奇马先生还讲了一句非常有趣的话：

“这次峰会应该成为总结性的。”

它是否意味着独联体即将结束，宣告完蛋？莫非大家已经决定分手？到时一切自然会清楚。例如，哈萨克斯坦总统努尔苏丹·纳扎尔巴耶夫早就说过，独联体峰会已经变成空谈俱乐部，但他喜欢这样的会见。

当然，乌克兰总统可能另有所指。他没有做任何解释，只说同行们决定支持格鲁吉亚议会选举，同意取消对伊拉克的经济制裁，延长与恢复被驱逐人员、少数民族、民族权利有关协议的有效期限。这有什么热烈可言？下一次峰会真的会成为总结性的？那时将怎么办,会发生什么事？

小道消息说，国家元首们已经满意地讨论了俄罗斯一家报纸的报道：格鲁吉亚和阿塞拜疆准备将自己的领土作为美国进攻伊朗的前哨基地。格鲁吉亚总统谢瓦尔德纳泽断然否决，阿塞拜疆总统无法否定，因为他生病了（会议一开始，弗拉基米尔·普京就向这位同行表示最热烈的问候），未能出席会议。

记者们当然想向乌克兰总统提许多问题。尽管他没有任何准备，但仍然说准备回答。坐在第二排的格鲁吉亚一位女记者向列昂尼德·库奇马献媚地抱怨说，会议的组织者禁止向他提问题。

“那好吧，既然你们已经决定了，那就恭敬不如从命！”他无可奈何地耸耸肩，一言不发地离开了会场。

结果一切更加混乱不清，形势变得更加糟糕。

当天晚上参加庆典活动的所有国家元首会集在圣彼得堡。弗拉基米尔·普京在青铜骑士像前会见了所有不怕下雨的外国元首。他们对会见普京感到高兴。法国总统希拉克先生将手高高举起（也许美国总统为准备这个动作得练习几天）。其他总统与俄罗斯总统拥抱。人们对弗拉基米尔·普京非常友好。

然而，还应该指出，下雨影响了昨天的活动。由于下雨，被迫取消了元首们步行参观伊萨基耶夫大教堂的计划，改乘公共汽车。弗拉基米尔·普京也坐公共汽车。对不敢乘坐公共汽车的元首们（他们不习惯乘公共汽车，感到可怕），允许乘小汽车前往大教堂。

实际上，这是一个非常意外的情况，对接待和特工部门是一个重大考验。因为早就通知说空军的飞机准备炮击所有不友好云彩，飞机已经在早晨升空起飞。然而，空军总司令却没有亲自控制空中形势，向最高统帅汇报大自然的任何变化，他飞到下诺夫格罗德去参加什么庆祝活动，因此才出现这等尴尬。俗话说得好，天有不测风云呀！

元首们的众生相

6月2日，圣彼得堡建市三百周年庆典结束。

此次活动最有意思的是观察参加庆典的四十多位国家元首们两天内无休止地从一个宫殿转移到另一个宫殿，从船上来到舞会，怎样相互交流。数十部电视摄像机记录着他们的每一个动作，记者们亲眼也见到了许多。

例如，星期五晚上遇到不测：天下起雨来。原定意义重大的漫步到伊萨基耶夫大教堂的计划被迫取消。除了英国首相托尼·布莱尔夫妇之外，所有元首改乘公共汽车，从那儿又来到马林剧院。在剧院若明若暗的前厅，各国领导人共饮香槟酒，佯装他们喜欢这一切。布莱尔夫人彬彬有礼地夸奖香槟酒。但从她所有举动判断她并没有喝。她丈夫刚刚出差回来，没有同她尽兴谈话。他抓住她的手，抚摸她的手，看着她的眼睛，没有任何理由的谄媚地笑着，觉得不在家就像是犯了什么过失。看来她对他的表现高兴，也许这是他们之间的一种游戏。看着这对夫妇，真叫人羡慕！

土库曼总统尼亚佐夫此时正好出现在布莱尔身后，他假装布莱尔夫人挡住他的路，无法通过。事实上地方很大，想过去早就过去了，但他不想过去。他在寻找想跟布莱尔先生谈话的借口，而后者仍然跟妻子眉来眼去。

法国总统希拉克先生此时走到布莱尔先生跟前。他们已经在圣彼得堡接触过几次，给人的印象是布莱尔不想与希拉克交谈。

不知何时，法国总统发现土库曼总统站在感到寂寞的手机售货员面前，两人拥抱。法国总统的所有表情似乎在说，我们很久没有见面了。先生，您这段时间上哪儿去了？

土库曼总统似乎喜欢法国总统，然而更让他喜欢的是土库曼的天然气。托尼·布莱尔此时仍然将心思集中在妻子身上。萨帕尔穆拉特·尼亚佐夫在希拉克耳边低声说了些什么，希拉克将他领到布莱尔面前。法国总统做了一番介绍之后，布莱尔望着尼亚佐夫，停止了微笑。布莱尔显得很严肃，也许他认为不应该同中亚独裁者打交道。他显然明白，法国同行并非无意将尼亚佐夫介绍给他，并对产生的效果感到满意。布莱尔惊惶失措地看着自己的妻子。她当然全都明白。她温柔地向土库曼总统笑着，拉起丈夫的手准备将他带到旁边，但他并不想走，甚至在公开反抗，他终究不是为了这个才来的。布莱尔已经无计可施，只好同尼亚佐夫谈话。他们谈什么？笔者认为，大概是关于民主是中亚政治稳定的因素，可能连天然气都没有来得及谈。

总之，尼亚佐夫先生在圣彼得堡显得非常活跃，很少有人想到他会出现在这儿。但是，他不仅来了，而且是中亚国家的领导人中惟一与弗拉基米尔·普京会见的领导人。不过，尼亚佐夫原先打算举行有乌克兰总统库奇马参加的三方会晤，谈轻松的话题——天然气，但未能如愿以偿。取而代之的是与俄罗斯总统就仓促废除双重国籍进行讨论。

第二天，土库曼总统来到工学院，他毕业于此。现在学院已经变成大学，尼亚佐夫也成了总统。听说尼亚佐夫先生费了九牛二虎之力才得到去学校的许可。在这方面他也可以说是破例，事先曾要求总统们不要在圣彼得堡分散活动，而要在一起行动。

这几天，土库曼总统只放过了一个活动——以弗拉基米尔·普京夫妇名义在“银耳语”豪华轮船上举行的午宴，也许参加它更有利于谈话。

俄罗斯总统在午宴上特别活跃。他当然对能在圣彼得堡请来这么多的外国领导人感到高兴（只有在纽约举行的联合国千年峰会比它的规模大一些）。许多元首（并非所有元首）偕夫人出席，热闹非凡。笔者看见，弗拉基米尔·普京长时间在欧盟主席罗马诺·普罗迪耳边低声说些什么，然后又同自己的外长伊戈尔·伊万诺夫热烈讨论。伊万诺夫先生什么也没有说，只点头表示同意。

弗拉基米尔·普京是首先入席的领导人之一，桌子上坐 12 个人。元首及其夫人分坐在对面，弗拉基米尔·普京与希拉克夫人坐在一起，柳德米拉·普京娜与希拉克先生坐在一起。坐在同一张桌子上的还有布莱尔、印度总理瓦杰帕依、日本首相小泉纯一郎及其夫人。

独联体国家的领导人在邻桌就座。只有格鲁吉亚总统谢瓦尔德纳泽先生独自一人忧郁地在大厅踱步，塔吉克斯坦总统拉赫莫诺夫长时间研究菜单，他明显不喜欢，也许菜单上没有塔吉克斯坦菜。拉赫莫诺夫先生皱起眉头，用手指着菜单，让同行们分担他的关注，然而，同行们却喜欢这一切。同往常一样，最喜欢的是吉尔吉斯斯坦总统阿斯卡尔·阿卡耶夫。

希拉克总统就座之后发现了姆斯季斯拉夫·罗斯特罗波维奇，立即站起身同他拥抱。布莱尔与坐在他身边的德国外长费舍尔讨论着什么妥协的事。他们不断打手势，给旁观者的印象是两个聋哑人在谈话。其他国家的元首们坐得离桌子远一些，认出他们很困难，因为只有他们自己国家的人民认得他们。然而不能不注意到丹麦首相拉斯姆森先生。他与众不同之处在于杜布罗夫卡人质事件之后并没有禁止在自己的国家举行车臣科研会，因此弗拉基米尔·普京取消了对丹麦的访问，将“俄罗斯—欧盟”会晤由哥本哈根改在布鲁塞尔举行。笔者注意到，所有这几天，弗拉基米尔·普京只是在无法回避、极端需要时才同拉斯姆森先生打交道。看来什么也没有忘记。

午宴上元首们兴高采烈，频频举杯。弗拉基米尔·普京请服务员给他倒伏特加，高兴地闻闻，用嘴唇抿了一下。当大家已经就座喝酒时俄罗斯政府总理米哈依尔·卡西亚诺夫轻轻走进大厅，其他人干了几杯之后，他才干第一杯。随后大厅安静下来，就连塔吉克斯坦总统也红着脸微笑着，只有谢瓦尔德纳泽先生仍然闷闷不乐。他这天也许没有得到什么，很可能是没有与弗拉基米尔·普京举行双边会谈。然而，此时应该回忆一下乌克兰总统库奇马在当天闭幕的独联体元首会议上讲过的一句话：“我们已经解决了格鲁吉亚与阿布哈兹之问题，决定……”此时他对自己的讲话立即感到遗憾，断然拒绝说他们到底决定了什么，也许是谢瓦尔德纳泽先生不喜欢。

元首们放松之后讲了许多话，对自己同桌不太满意的元首们站起身走到另外一桌元首中间，似乎特别重视这个谈话机会。这是他们在这个节日里最有意思的活动，大家都不想坐失良机。如果说此前还不大理解为什么要上圣彼得堡来，那么现在谁也不感到惋惜了！

“八国集团”领导人各显神通

三千多名记者在“八国集团”峰会新闻中心工作。中心设在法国埃维昂附近的皮尤勃利耶小城。来到埃维昂皇家饭店附近不大的新闻中心的人员已经知道什么是幸福。所有事件正在那儿发生。有些记者在这个前哨基地安营扎寨，仅仅是为了按照计划拍一两张新闻照片，并且认为这就是他们心目中的没有虚度光阴。

“八国集团”成员工作会议在早晨开始。包括笔者在内的一批二十多名记者从新闻中心技术部来到饭店区。饭店左侧是一个很大的高尔夫球场，右侧是由月季花组成的高达1.5米的篱笆墙，小路用石块铺成。所有树上都写着名字，挂着牌子，如“蒂利娅·彼得罗拉里斯，1958年”。消防车藏在公园深处的月季花丛中，看上去就像是人造的。警卫室所在的掩体不大但设备齐全，门开着一道缝。门口有标牌，约10名武装人员身穿闪闪发光的白衣服，头戴防毒面具在值班，白衣服显然是防化服。这些人与“八国集团”领导人明显的区别是能够经受住化学和无线电辐射的进攻。

当您快走进饭店时回头一望，就会惊讶地发现直接在高尔夫球场上精心建造了一个直升机停机坪，此前在那儿成功举办过一个世界级大赛。看来，峰会之后停机坪将被拆除。

根据原定计划，记者们进入大厅之后应该呆上几分钟，工作会议此时已经开始。大厅位于饭店中央入口底下，如果您从瑞士洛桑乘轮渡来到埃维昂，就会发现大厅，情不自禁地欣赏起皇家饭店，详细了解想看的一切。

如果不是有人突然挡住去路，记者们就要走到门前了。西方记者尽是急性子，开始提不该提的问题。给他们的解释是来得早了一些。现在得离开，呆到一边去，向下走50米左右。

几分钟之后才知道，为什么要采取这个行动。原来德国总理施罗德打着手机从会场迅速出来。看来大楼的接待不好。会议东道主，法国总统希拉克跟随在他身后。笔者觉得，施罗德先生满脸笑容，正向什么人解释甚至请求原谅。

几分钟之后，施罗德先生用手示意希拉克先生到自己身边来并把手机交给他。后者困惑不解地耸耸肩，拿起手机。他脸上的表情立即改变了：就像施罗德先生几分钟之前那样充满歉意。

这两个大人物请求何人原谅？笔者认为，在这个世界上他们只能请一个人原谅，那就是美国总统布什。此时此人正在走出会场，来到同行们面前。布什微笑着。正在忙于谈话的希拉克没有发现他，背着身子。布什仔细观察着他的背影。甚至连笔者都顿时感到毛骨悚然。需知这个初看上去不大的事故有可能使世界形势发生灾难性的变化。笔者最坏的猜测被证实了。布什也对希拉克转过身去。此时日本首相小泉纯一郎在阳光下眯缝着眼睛，从会议室走出来。布什就像是见到亲人一样高兴。他几乎是向日本人扑过去，给他提了许多问题。小泉纯一郎先生似乎有些目瞪口呆。

此时那位法国人终于打完了电话，将手机还给德国人（那位仍然与这位从各方面讲都是有趣的交谈者继续谈话)，并目不转睛地望着他。他当然看见了美国总统，立即朝他走去。但布什先生假装根本没有发现东道主。希拉克惊慌失措地停下脚步。施罗德仍然在打手机。尽管是清早，手机还是没有电了。此时笔者才明白，他们用这个手机给谁打电话。

这时俄罗斯总统弗拉基米尔·普京与英国首相托尼·布莱尔一起从会议室走出来。他们两人走到希拉克和施罗德面前，而不是走到布什和小泉纯一郎面前。俄罗斯总统挥挥手，显然用英语说些什么（身边没有一个翻译）。几秒钟之后这伙人哈哈大笑起来。

笔者认为，美国总统当然深切地感受到发生在自己身后的事，但没有停止与日本首相谈话。希拉克先生离开自己人，再次走到美国人面前，那位仍然假装没有发现他。

此时所有人被请进会议室。布什怀着轻松愉快的心情首先进入会场，几分钟之后走到记者面前。“八国集团”所有领导人已经就座。应邀出席会议的还有两人——希腊首相西米蒂斯和欧盟主席普罗迪。会前并没有计划让这两人参加。根据计划，布什的座位紧靠着希拉克，俄罗斯总统坐在法国总统另一边。没有摄影记者在场时美国总统认为自己有义务向法国人微笑，但不是与情人久别重逢之后那种微笑。

几分钟之后会议开始了。正如后来人们所说，他们讨论了经济增长、减轻税收、伊拉克和朝鲜民主主义人民共和国形势等。还应普罗迪先生的要求，讨论了美元对欧元的汇率。最后一个问题对俄罗斯并非无关紧要。普罗迪先生出席会议的目的已经不言自明。

据笔者计算，开会时间不超过一小时，每个问题只讨论几分钟。笔者认为，只有与会人员对讨论的问题观点基本一致时才能进展迅速。

工作会议结束之后双边会晤立即开始。会晤在皇家饭店一楼进行。饭店从各方面讲堪称典雅但并非一流。例如，普京与施罗德会晤的小房间里，带镜子的天花板有些粗糙。由于反光，记者们竟一时无法拍照。

德国总理首先来到会晤地点。一半房间已经被记者占领。施罗德将手放在衣袋里，望着记者，谁也不问他什么。他问站得离自己最近的一名摄影记者是不是德国人。施罗德先生很走运，他确实是德国人。德国总理突然问自己的同胞，他对会议的期望是否实现了，记者立即点点头。这可以理解：他得到了拍摄会晤的许可。

弗拉基米尔·普京还是不着面。继续等不行，德国总理来到走廊。也许他认为普京站在那儿，但不在。

又过了几分钟，德国总理迅速返回房间。看来根据原定计划，他应该在这儿与俄罗斯总统会晤。弗拉基米尔·普京立即用德语请求原谅。他请翻译坐下，立即用俄语说，令他高兴的是工作会议讨论了世界经济发展前景。施罗德先生补充说，尽管各国面临的问题不同，但大家应该一起解决。德国总理还说，埃维昂峰会将对世界经济产生重大影响。弗拉基米尔·普京抓住这一思想，说他相信欧洲和美洲的市场将会感受到这一切并做出相应反应。

然后请记者们退席，德国总理看到他们从身边过去时忍不住用德语说：

“您瞧，这儿全是德国记者。”

“为什么？”俄罗斯总统问他。

“我全认识。”德国总理夸口说。

“难道我们两人的会晤，全得由法国记者参加？”普京先生笑着说，“我也看见了自己的记者。”

毫无疑问，三年来这两人已经成为至交，也许因此他们的埃维昂会晤是礼节性的，只用了20分钟。

俄罗斯总统顾不上休息就与法国总统开始双边会晤。会晤本应在露天凉台举行，但突然下起大雨。尽管总统们已经开始会谈，也只好转移到有棚的凉台上，而且还得等翻译。弗拉基米尔·普京望着窗外的白桦树，枝叶低垂到地面。笔者要是看到这一情景，大概会说，它与辽阔的俄罗斯大地非常相似。

此时其他领导人也开始双边会谈。由8至10名记者组成的几个小组，不时得在辽阔的饭店区穿梭来往。获准进入圣地的这些人表现高尚，尽量不践踏路边碧绿的草地。笔者有把握地说，如果这一切发生在俄罗斯，那么肯定得重新清扫和整理。

然而，这种安宁闲适保持的时间并不长，一批新的幸运儿从新闻中心突然来到。孩子们是来参加“八国集团”领导人正式合影仪式的。为了在新闻摄影中争得一个好位置，他们还在大轿车上就开始打闹。进入饭店区之后立即排列成战斗队形。有关人员让他们一个挨一个，整齐地站在马路两侧，但保安不知道对他们怎么办。孩子们冲破“封锁线”进入饭店，摄影师也赶来了。孩子们最终还是被挡住了：各方都来帮助感到不知所措的保安。好景不长：孩子们又冲破包围，跑到主席台抢占位置。轰隆一声巨响，隔离主席台的金属杆倒了。片刻之后只剩下笔者一人，惊讶地发现“战场”上仅留下一只鞋和一副奇迹般保存完好的太阳镜，任何力量也无法使经过激战、占据有利位置的孩子挪动一步，五大三粗的站在主席台底下，与“八国集团”领导人在一个水平上照相，当天不走运的只能两只脚不停地轮换，站在主席台上部。

弗拉基米尔·普京澄清了峰会的主要讹传

7月3日，“八国集团”首脑会议在法国埃维昂闭幕。俄罗斯总统弗拉基米尔·普京为了澄清这次峰会的主要讹传，最后一个离开埃维昂。

早间英国媒体报道的一条消息引发了一场轩然大波。报道援引英国代表团一位团员提供的消息称，在昨天为与会的“八国集团”领导人举行的午宴上，弗拉基米尔·普京宣布，俄罗斯将停止与伊朗的一切核合作。它引起了报道会议的所有记者们的巨大兴趣。大家以为，埃维昂不可能发生任何趣事，但现在发生了。因为此前俄罗斯坚持，它过去、现在和将来都与伊朗合作，首先是在它的布舍尔市建设核电站。如果事情真的按照英国报纸报道的那样发展，那当然就是一个轰动性的消息。

包括笔者在内的俄罗斯记者，无疑对俄罗斯代表团感到气愤：也就是说，我们与平时一样，得到最好的消息最晚，而它本应由我们首先报道。

与此同时，又安慰我们说，介绍午餐会这一戏剧性事件的英国人士严重违反了国际法准则。根据三年前“八国集团”冲绳会议达成的协议，只要领导人会晤尚未结束，代表团成员就不能向媒体泄露任何消息。达成这一协议出于人文关怀——以便不引起国家元首们的不满，迫使他们亲自评论自己的讲话。英国记者在这次峰会期间，多次违反了这些协议。峰会一开始，他们就散布消息，说“八国集团”将积极讨论一个敏感话题：北朝鲜是否对国际社会构成威胁？

这次英国人受到巨大谴责。实际上，此事与我们记者没有任何关系。到底有无此事，这才是问题的核心。弗拉基米尔·普京都讲了什么？他指的是什么？难道事实上可以放弃多灾多难的与伊朗的合同？

总之，昨天早晨，“八国集团”峰会刚刚结束，从皮尤勃利耶新闻中心开往埃维昂市的公共汽车上，挤进了大批“不速之客”，首先是外国记者，其目的是参加俄罗斯总统为“自己人”举行的记者招待会。

招待会在距皇家饭店不远的技术新闻中心的草地上举行。弗拉基米尔·普京乘汽车来到。他的经济问题顾问安德烈·伊拉里奥诺夫在他抵达前数分钟出现。在这些谈判中，顾问以助理身份出现（坐在总统后面，必要时对当代最重要的一些问题提供咨询）。

伊拉里奥诺夫先生的出现使会议气氛顿时活跃。在埃维昂，他答应每晚都来新闻中心，简要向我们俄罗斯记者介绍当天谈判进展的情况，并要求我们必须等到他来并且说这是为了我们：伊拉里奥诺夫先生知道的事很多，也许因此他第一晚、第二晚没有来。昨天，因为报道圣彼得堡事件而累得精疲力竭的记者们一直将他等到午夜二时。国际新闻中心早就没有外人，房间的灯已经熄灭，只有通讯社遵守纪律的工作人员和我们在耐心等待着伊拉里奥诺夫先生。然而，他始终没有出现（甚至认为没有必要解释原因），而且第二天早晨同我们见面时没有表示任何歉意。

与此相反，弗拉基米尔·普京非常守时，而且事先还告诉我们，他的时间很少：当地时间10时55分将离开埃维昂。为什么是10时55分？看上去令人奇怪，后来突然才查明了缘由。

俄罗斯总统首先向会议的组织者说了几句客气话。应该说，峰会的组织工作确实搞得不错。老实说，有些人起先还打算吹毛求疵，但终究还是没有得逞。

总统说，俄罗斯首次参加了会议全部财经文件的起草工作。由于我国注销了350亿美元的债务，才得到这个机会。正如总统所说，俄罗斯现在不仅是各种计划的受资国，也是它们的融资国。说得严重些，是资助国。

当然，弗拉基米尔·普京举行这次记者招待会，也有自己的任务。例如。他应该表扬法国总统，也确实这样做了。弗拉基米尔·普京认为，由于伊拉克形势而出现的“八国集团”某些国家之间的紧张关系得以缓和（而且它也是因为希拉克先生而出现的）。

“峰会在法国举行是最好不过了，”弗拉基米尔·普京带着几分疑问地说，“希拉克是东道主。要是换成别人，未必会这样……”

应该说，总统这句话是坦诚的。

总统谈到“八国集团”决定成立国际反恐小组，其目的是为了支持联合国安理会反恐委员会。据笔者对总统讲话的理解，他将亲自领导独联体方向的反恐工作。这一承诺非常有意思。弗拉基米尔·普京详细回答了笔者提出的问题（见后）。从他的回答中可以得出结论，同往常一样，一切还都悬而未决。即使布什不到圣彼得堡去，也可以有所作为。同往常一样，他还是去了。谢天谢地！

当然，一位美国女记者向弗拉基米尔·普京提了伊朗问题，说得轻一点，大家立即警觉起来。回答将对这个国家，以及我们国家的未来十分重要。

弗拉基米尔·普京应该有几个回答。但开始人们觉得他倾向于含糊不清的辩解：

“我们过去、现在都与伊朗合作。它是我们的邻国。我们今后还将合作下去。我们不允许为了不正当的竞争，就将某些计划取消……”

尽管这样，普京先生这一次还是为自己留了后路。他说，如果伊朗方面有什么问题，那就应该解决。看来此话是针对今后几个月讲的，尽管可以看出他指的是这一次。峰会已经结束，俄罗斯代表团的高官尽管泄露了这一信息，但没有违反达成的协议。他说，还在今年2月，国际原子能组织代表团对伊朗进行了检查，发现了四个问题，这位官员说全是技术方面的。俄罗斯专家参加了文件起草，现在等待伊朗答复。他还几次强调指出，谁也没有规定具体期限。

这次峰会的主要误会实际上已经基本澄清。这就是围绕弗拉基米尔·普京在午餐会上的讲话引起的那场轩然大波。他的确讲过，但不像报道的那样，特别是伊朗问题。这就是说，某些东西比伊朗和伊拉克的国家利益更重要。

弗拉基米尔·普京的记者招待会提前结束。他的直升机准时在10时55分升空。笔者获悉，为什么必须在此时起飞。11时，在几十米开外的地方，法国总统希拉克将开始举行记者招待会。弗拉基米尔·普京不想让自己直升机的噪声妨碍它。

最后笔者想讲一个小故事。由于没有想好将它放在本文什么地方，因此放到最后。在埃维昂第一天晚上，组织者为款待代表团成员和记者，举行了盛大招待会。

餐桌直接摆在日内瓦湖旁边的草地上。远处夕阳西下，崇山峻岭，脚下溪流潺潺，法国大餐延伸近百米，也许再也没有比这更美好的景色和美味佳肴了。笔者手里端着一只碟子，里面放着一串葡萄，突然听见身后传来一个讲俄语的声音：

“年轻人，您将葡萄洗干净了吗？”

笔者转过身来，看见俄罗斯总防疫师奥尼辛科先生。他的眼睛里充满了对笔者不远的将来的真诚关心。这就叫控制形势。人在任何地方都不能马虎大意，哪怕是一分钟。我们大家都应该这样。届时俄罗斯一定会从受资国变成世界主要大国中的捐资国。

普京就“八国集团”首脑会议主要成果答科列斯尼科夫问

记者：本人有一个感觉，最近几天，从上海合作组织莫斯科会议开始，到圣彼得堡庆典，最后至此次峰会，一个新的世界排名出现在我们眼前。无疑，在这个排名中俄罗斯是为数不多的大国之一。然而，在这个排名中，美国虽然遥遥领先，但是孤家寡人，俄罗斯屈居第二。您是否认为，这种感觉是真实的？

总统：您讲得很明智，我将尽力按照自己的理解回答。我最好不说，某个人，甚至像美国这样的国家愿意成为孤家寡人。我了解布什总统，我相信他不愿意让自己的国家处在那种地位。此外，无论多么想这样，但此事将不会发生。美国是我们的主要伙伴之一，首先是在经济和政治领域。而在某些领域，美国对俄罗斯的作用和意义是绝对独特的——我首先指国际安全和战略稳定方面。我们不能忘记，美国和俄罗斯是世界上最大的核大国，世界上许多问题在很大程度上取决于我们的行动和相互关系。

我不是指我们伙伴的经济实力，指的是所有这些情况和某些非常明显的领域。美国是我们始终不渝的可靠的伙伴。我不同意这样提出问题：美国似乎是孤家寡人。此外，在过去，当美国领导一个阵营，苏联领导另一个阵营时，可以按阵营行事。现在世界形势已经发生了翻天覆地的变化。今天我们希望世界平衡，在民主原则基础上发展。我向您保证，这一点大家都理解。

如果您指的是因为伊拉克事态引起的复杂形势，那么对此解释很多，尽管不是惟一的解释，其中之一是美国人感到自己面临威胁，感到“9·11”事件之后民族自尊心的脆弱和需要自我肯定。我并不认为这种做法最好，但它是动因之一，当然从原则上讲我们应该理解。您也了解我们的立场：我们对待伊拉克事件的态度是一贯的，严厉的。美国总统可以按照各种方式行事。他可以感到自己受了委屈，也可以不到圣彼得堡来，他还可以做别的，深化俄美关系。但他选择了另外的策略，另外的道路——表现出自己是一位严肃的政治家，一位想与俄罗斯和世界发展关系之人。他还是到圣彼得堡来了。如果我们看不到这些表示，将伸出来的手挡回去，那就是笨蛋；如果我们藐视这一切，噘起嘴，绷着脸，转过身，去建立某种联盟，破坏国际社会的稳定，那就是错误。今后我们将在有自己观点的原则问题上继续相互合作，我们将在实现自己目标时首先考虑到自己国家的利益。

弗拉基米尔·普京与大学生

谈永恒话题：爱情、抵押和军队改革

6月5日，俄罗斯总统弗拉基米尔·普京接见了进入《我的家、我的城市和我的祖国》作文比赛决赛的选手。进入决赛的大学生认为自己是新一代的代表，老一代早就没有前途。

俄罗斯文化部长米哈依尔·什维德科依在接见前说，这次比赛由《消息报》发起。什维德科依先生和教育部长弗拉基米尔·菲利波夫有时间与记者、参赛人员谈话，因为已经知道，在新奥加廖沃举行的接见将不能按时开始，笔者可以说出推迟的原因。

接见前20分钟，记者站在官邸台阶上，俄罗斯总统弗拉基米尔·普京与总统办公厅主任亚历山大·沃洛申突然从门内走出。总统走到停在门口的奔驰车前但没有上车，他在等着什么。可以说，等的时间不短了。令人奇怪的是一国元首及其办公厅主任能够等待何人呢？看来他们得一直等下去。总统甚至有些担心，但没有催促任何人，一直站在那儿，并且同沃洛申先生交谈着什么。

最后，当笔者已经等得不耐烦时，只见总统的爱犬拉布拉多·科尼不慌不忙地从官邸门口跑出来。它恭敬地摇摇尾巴，首先跳上早已打开的车门，舒舒服服地坐在后排，似乎一直是这样，从未例外过。亚历山大·沃洛申跟在它后面，坐在后排。弗拉基米尔·普京只得在车前绕了一圈，坐在另一侧。因此，科尼倒是坐在中间位置。他们就这样走了，此时已经清楚，接见得推迟了。

这时，米哈依尔·什维德科依向我们介绍了比赛的详情。当他知道《消息报》的倡议后给教育部长打电话，说如果大学生打算举行作文比赛，那么教育部应该参加。比赛分三阶段进行。大学生首先写作文，然后评委同他们开两次座谈会。找评委也不难。当代俄罗斯著名女作家、侦探小说大师亚历山德拉·马丽尼娜愿意出任评委会主任。除她之外，担任评委的还有有效政策基金会主席格列布·帕夫洛夫斯基、演员兼制片人谢尔盖·日古诺夫和“统一俄罗斯”党两主席之一的奥列格·莫罗佐夫。一批志同道合的人士就这样组成了。他们的任务是从一万篇作文中挑选出几篇。米哈依尔·什维德科依与弗拉基米尔·菲利波夫婉言谢绝，没有出任评委。

最先打算让四名同学参加总统接见，后来决定扩大到七名，看来是不想让其他获得决赛资格的学生生气。正如什维德科依所言，无论他们写的是什么，但都与爱情有关，他本人认为，这个题材与过去一样，非常珍贵。

《消息报》总编米哈依尔·科若金指出，比赛获胜者中间没有一个是莫斯科或者圣彼得堡人。这让人感到奇怪：难道那儿的人都不热爱自己的家，不热爱自己的城市，不热爱自己的祖国？或者也热爱，但没有用文字表达出来？不知道还有什么难言之隐。

决赛选手被带到台阶上，笔者同其中的一位——叶拉布加师范学院学生亚历山大·杰戈奇科夫交谈起来：

“我是首次来到莫斯科，”他羞怯地说，“我很高兴能来到这儿，为此感到幸福。我想说，我们过去的文化已经不复存在。当然它与语言一起消失，名词变格和动词变位也是……我们用新俄罗斯俚语。”

“马丽尼娜用的是哪种语言?”

“我喜欢马丽尼娜的作品，经常读。”他回答说。

“可她毕竟不是陀斯妥耶夫斯基。”

“这很难比较！我喜欢她的语言……不仅是语言，还有她的形象，”亚历山大补充说，“准确地说，不是她的形象，而是文章的情节……您明白我的意思吗?”

笔者不想让他生气。

“您是怎么进入决赛的?”

“我同评委谈了很多。我知道，年轻一代没有你们的问题多。我们是20世纪80年代的人，生命的一半在苏联度过（将近十年），另一半在俄罗斯。”

“你们与上一代人有什么区别?”

笔者之所以向这位青年提这些问题，是因为觉得他非常愿意回答，看来没有错。

“特别不喜欢寡头。”他诚实地回答说。

“什么意思?”

“我们将同他们斗争。”

“怎么斗争?”

笔者甚至没有问为什么。

“不喜欢寡头的什么?”

“全都不喜欢。”

“正如您所写的那样，他们是国家机体上的毒瘤？我是刚刚从别人那儿听说的。”

“不，那不是我写的，是另外一位姑娘写的，她也进入了决赛。我们大家都这样想。”

“您最不喜欢谁？”

“这不能说。我还想在自己的学校继续上学。”

亚历山大·杰戈奇科夫大概认为自己说过头。

“总之，我不反对他们个人，反对寡头阶层。”

此时另外一个人走过来，他也特别不喜欢寡头。他来时没有带沃洛申和拉布拉多·科尼。他不断向优胜者挥手，请他们去官邸二层，他几乎没有迟到。

总统身边的人士请学生们尽量无拘无束，可以提任何问题。但是，当您首次来到莫斯科，看见总统，再加上憎恨寡头，您试试自己该怎样无拘无束吧。似乎他们事先已经分配了应该提的问题。

然而，弗拉基米尔·普京一开始就非常放松。他说，有人告诉他，进入决赛的选手没有一个来自莫斯科或者圣彼得堡。

“您受骗了，”一位女大学生无拘无束地说，“例如，我来自圣彼得堡。”

总统说，应该组织好大学生的国内外实习。接着详细问学生们怎么知道有这个比赛，怎么决定参加的。一位女大学生回答说，她是偶然去了一趟教研室，才知道有此事。

“这就是说，您很少去教研室？”普京问。

这样的气氛持续了十分钟。然而，大学生对自己毫无办法。他们应该提出自己的问题。他们问总统，是否将我们的过去一笔勾销，如果不打算勾销，那么他想处于什么时代的什么事件之中，他是否对某个战役或者政变感兴趣。弗拉基米尔·普京回答说，他不想参加政变，（实际上他为什么要参加，他是总统呀！）可能现在别人在考虑政变。接下来他补充说，在过渡时期的历史事件中他对“二月革命”最感兴趣，他想参加那场革命，但没有说他站在哪一边。

“您不想参加库利科沃大会战吗？”

“我会考虑你们的建议。”

弗拉基米尔·普京详细回答了他如何与信息封锁作斗争。他已经不止一年处在这种环境之中。为了同封锁作斗争，他将各种不同的信息来源相互比较。只要比较，总会有共同点。总统认为，这个共同点可能是真理。问及总统对自己的班子是否满意时，总统回答说他对自己不满意，而不是班子。接下来又补充说，他对今天与会的班子里的成员完全满意。为了防备万一，他没有说班子里的什么人参加了今天的会议。

总统说，他的孩子们目前并不打算去国外学习。尽管他自己认为那是符合逻辑的事，因为她们在德国人办的学校里学习德语。他认为，一个人应该有自己的自由。

“今天他在那儿工作，明天就会回来。”

总统与学生们还谈到几代人。总统大度地承认，一代更比一代强，学生们没有争议。

人们逐步发现，总统参加这次接见的激情越来越小。大学生们提出了这样的问题：他们有这样的印象，他们几年里似乎没有听到过总统讲一次话，很可能如此。

总统只有几次兴致很高。谈到民主问题时，大学生们对实现民主的道路和方法感兴趣。其中一位严肃地说，一切将依赖于他们这一代人。

“我对你们寄予厚望，”总统高兴地说，“但不是对您个人……”总统纠正说，“而是对在座的各位。”

一位姑娘回答说，她对生孩子感到可怕。产伤不断增加，产院卫生条件差。

“如果孩子一生下来就有产伤，何必让他受这么大的痛苦?”这位不幸的姑娘问道。

总统非常温和地告诉她，从前农村妇女生五六个孩子，卫生条件也不好，现在更不用害怕了。他回想起在圣彼得堡庆典时乌里扬娜·洛帕特金娜优美的舞姿。他走到她跟前说自己感到惊讶，她回答说，这是她最近两年首次登台：她生了孩子并在养育他。

“她就不怕……”总统耸耸肩。

接下来他再次谈到永恒的话题：抵押和军队改革（突然表扬了右翼力量联盟，说它准备参加起草军队改革纲要），最后讲到预算资金缺乏。

他还有两次情绪高涨：一位大学生建议，总统可以当选三届（普京回答说，一个人如果长期执政，就会无法无天、胆大妄为……身边就会出现形形色色的派系，民间将他们称为奸党）。接下来问他能不能随心所欲干什么，他说：

“无论如何，我都不能超越俄罗斯联邦宪法行事。”

谢天谢地，他对自己有约束。

弗拉基米尔·普京握了 112 次手

6 月 10 日，俄罗斯总统弗拉基米尔·普京不间断地在克里姆林宫向我国的文化和科学活动家颁发国家奖。

颁发国家奖是一个定期仪式，也是所有参加者的幸事。它意味着获奖者在生活和创作中达到了新高度，当然不包括这一活动的主要参加者之一——国家总统。如同任何时刻一样，总统的作用难以估计。有时人们产生了这种印象：有了他，才有了在克里姆林宫叶卡捷琳娜大厅盛大的颁奖仪式。然而，最大的成功者却是获奖者。他们衷心感谢总统给予的荣誉。他们在自己的作品通过评委之手进入世界文化宝库之后仍然保持着非凡的精力。这一点尤其令人羡慕！

仪式之前，观察与会者的行为举止非常有趣，其中有许多可以理解。如人民演员奥列格·塔巴科夫最后进入大厅，进来之后谦虚地坐在最后一排，漫不经心地与众多的熟人打招呼，向同行康斯坦丁·赖金致意，尽管他愿意坐在最后一排，但看来不能在那儿呆很久。他站起身，若有所思地向通道走去，吻总统办公厅三位女工作人员的手，而她们却对社交场合的这一礼仪感到尴尬。这时塔巴科夫先生来到第一排，坐到中间，再也没有地方可去了。他已经经过了漫长的、不轻松和有效的人生之路。

许多领奖者有趣闻轶事，不过有些不那么令人愉快罢了。对那些意识到它们将导致什么后果的人而言，会感到紧张、麻烦，需要特殊的技巧和自我牺牲的准备。

弗拉基米尔·普京全神贯注——他无权犯错误。他得握 112 次手。握手时间既不能太长，也不能太短，既不能用力太大，也不能太小；应该发自内心地微笑着握 112 次手；还应该根据不同的对象讲几句不同的话，因为获奖者得向记者介绍自己的体会；最终还不能损坏那些数不清的证章和证书盒子，您试试到颁奖的第二小时自己会怎么样……

弗拉基米尔·普京的欢迎词非常简短。他以特殊的感情祝贺苏联人民演员吉洪·赫列尼科夫，今天是他 90 岁生日。总统还说，文学艺术奖中有一个奖应该特别引起注意，它就是苏—26、苏—29、苏—31 及其改进型飞机研制者的航空技术设计艺术。

"艺术家现在有机会根据自己对美的理解工作，这多好！"弗拉基米尔·普京赞叹地说。实际上，有什么能比苏—31 飞机更漂亮？只有它的改进型。

散文作家瓦茨拉夫·米哈尔斯基得到文学奖之后认为有必要将自己的小说《迦太基之春》送给总统一套。总统显得激动，看来得抓紧时间读完。

"我们都是小人物！"米哈尔斯基先生说。

大厅友好地向他微笑，热烈鼓掌。大厅对从总统手中接过奖状的人都非常友好。大厅里的人都将得到奖状，没有妒忌者。这种现象罕见。

"我们的任务是捍卫俄语，"散文作家米哈尔斯基继续说，"此话是诗人霍达谢维奇讲的……"

他说，他不大的任务是清除俄语里的毒药。现在俄语已经是病人，需要康复。

"我们反苏时代没有一部纯洁的电影，"他说，"而今天我们已经为《星星》庆贺！我的《迦太基之春》也是一个小小的例子。我相信，几年前，谁也不会对它感兴趣……”瓦茨拉夫·米哈尔斯基立即意识到自己失言，“当然读者除外。可我现在获得了国家奖。”

米哈尔斯基先生赢得了诚挚的掌声，在成功地引用了约翰·肯尼迪的名言“别说俄罗斯为您做了什么，想想您为它做了什么！”之后，带着明显的遗憾离开了话筒。

导演过芭蕾《黑桃皇后》的法国人罗兰·彼基已经在距总统桌子十米远的地方跳舞（他觉得十米太近）。他说自己是孩子、小孩子……

在我们总统面前，似乎所有人都是小孩子。瓦茨拉夫·米哈尔斯基说自己是小人物，罗兰·彼基自称是孩子，并且承认既然是孩子，那就非常喜欢，简直是钟爱俄罗斯的一切（没有逻辑？再想想？还是没有？笔者有同感）。

作曲家然娜·普利耶娃简短地承认：

“我非常热爱自己的总统！”

笔者相信她。如果不热爱，就不会这么坦率地表露。

作为无限热爱的表示，她将自己的光盘送给他，总统深为感动。

从脸上的表情判断，列宁共青团艺术剧院艺术指导马尔克·扎哈罗夫从总统手中接过话剧《舒特·巴拉基罗夫》的国家奖金之后还想从总统手上得到什么，但没有得到，他不好意思地离去了。然而，总统走到话筒前，面对着他让整个大厅都听得见。尽管话筒关着，但笔者已经听见了：

“他想要花。但花只给女士！”

已经坐在椅子上的马尔克·扎哈罗夫抱歉地耸耸肩：我想要花，没想到不给……

奥列格·雅诺夫斯基因为同一部话剧领奖时也无法控制自己。他说，现在是以俄罗斯皇帝（普京后来说他本来可以以俄罗斯男爵）的名义讲话。奥列格·雅诺夫斯基是当天惟一不觉得自己是小人物的人。

“我建立了一个不错的城市！”正如奥列格·雅诺夫斯基事先所言，他以俄罗斯皇帝的名义讲话，他的声音在叶卡捷琳娜大厅的拱形屋顶下坚定地响起，“符拉德卡上帝，可怜我们这些东正教教徒吧，你再帮助我们一次，最后一次帮助我们吧！”

这声音犹如第二次提名弗拉基米尔·普京为总统候选人那样响彻四方。

奥列格·塔巴科夫获得总统文学艺术奖之后（这一奖金的得主当然坐在第一排，与总统对面）承认，获奖之后感到一丝酸楚，觉得生命中再也没有什么期盼。

“我的血压正常，我希望还能有所作为！”他补充说，“我要把奖金变成慈善基金，捐献给自己的剧院基金会。希望米哈依尔·卡西亚诺夫总理和阿列克谢·库德林副总理也以同样的方式表达自己对剧院的热爱。”

作曲家赫列尼科夫什么也没有讲，大厅也没有起立。

演员谢尔盖·尤尔斯基最后一个从总统手中接过奖品。他承认，当桌子上堆积如山的奖品快要发完时他有一个奇怪的感觉："突然不够该怎么办?"但不缺他的。

不必担心，来者有份!

宣布产品划分

6月15日，俄罗斯总统弗拉基米尔·普京颁发"全球能源"国际奖。这一无可非议的活动变成了与一些最大能源公司领导人沉重的对话。

颁奖仪式在康斯坦丁宫大理石厅举行。它是宫里最大的厅之一，前不久刚刚举行过俄罗斯一欧盟首脑会议。宫殿与大厅一样，给大家留下了好印象，甚至对追求尽善尽美的人也不例外。从事修缮的人没有放弃某些熟悉的风格。不过，大厅里散发出的高级油漆、颜料气味令人难受，可能过一段时间会改善。

几名诺贝尔奖获得者（包括米哈依尔·戈尔巴乔夫）和世界一些最大能源公司的老总们参加了颁奖仪式。奖金总额90万美元，分别由俄罗斯天然气工业公司、俄罗斯统一电力公司和尤科斯石油公司赞助。公司的老总阿列克谢·米勒、阿纳托利·丘拜斯和霍多尔科夫斯基参加了颁奖典礼。

俄罗斯总统顾问谢尔盖·雅斯特任布斯基负责活动的新闻保障（因此他才坐在第一排中间位置，面对获奖者）。

总统驻西北联邦区代表瓦连京娜·马特维延科坐在总统身边。笔者并不掩饰，令人惊讶的是圣彼得堡州长弗拉基米尔·雅科夫列夫没有出席如此重要的活动。它可能是一个明显的标志，意味着什么?莫非外界的传言是真的，他写了申请?关于什么的申请?主动辞职?或者是另有任用?从他没有参加昨天的活动判断，真相将会很快大白。

弗拉基米尔·普京在颁奖仪式上说，"国际能源"奖是新世纪设立的奖项，作为世界能源之一的大国俄罗斯设立此奖是符合逻辑的，这个解释令人满意。

本次颁奖活动的组织者之一、诺贝尔奖获得者若列斯·阿尔费罗夫似乎喜欢在公众场合露面。他在国家杜马讲坛上没有讲完的话（众所周知，他是俄罗斯共产党议员团的成员）可以在不同的场合讲出来。

他在六七分钟的时间里三次感谢奖项的赞助者米勒和霍多尔科夫斯基先生，感谢他们帮助调查工作进行。

此时没有被感谢的只有丘拜斯先生一人。晚些时候若列斯·阿尔费罗夫感谢太阳能不能私有化。它也是在国家杜马讲坛上向丘拜斯先生致敬。然而，因为命名日流露出来的轻松的漫不经心的微笑（丘拜斯先生的生日是6月16日）说明他并不认同这一观点。

仪式以颁发证书和纪念章结束，但给人的印象是它并不是今晚的主要活动。几分钟之后在康斯坦丁宫椭圆形大厅里，获奖者和能源公司的老总们已经在等待弗拉基米尔·普京。“全球能源”奖获得者之一，俄罗斯院士根纳季·麦夏茨从桌子另一头大声问阿尔费罗夫：

“若列斯，一瓦是多少焦耳？”

“什么，什么？”阿尔费罗夫先生假装听不见。

另一位获奖者，美国教授尼克·霍洛尼雅克口渴。他给自己倒了一杯汽水，但没有喝下去，因为对杯子的状况怀疑，最后还是口渴占上风。第三位获奖者，美国人杨·道格拉斯·斯密特望着他，开始研究瓶子美学，但仍无法控制自己，最后还是给自己倒了一杯无色透明的“圣泉”。

“若列斯，尼克问我们在等谁？”麦夏茨先生两次问阿尔费罗夫先生。

“告诉他，等总统！”阿尔费罗夫先生回答说。

“他问是哪国总统？”

“告诉他，是俄罗斯总统。”

俄罗斯总统此时正好进来。他发表了简短讲话，中心意思是他在俄罗斯—欧盟首脑会议上讲过的，俄罗斯可以成为全球能源安全的中心环节（显然，他认为这个想法珍贵，并不想让它变得可有可无）。若列斯·阿尔费罗夫接着讲话，核心意思是如果我们没有军事工业及其消耗的巨大人力和物力，早就像谈论原子能那样谈论太阳能，甚至会期望在最近数十年严肃地利用它。

若列斯意识到自己的主要问题之后说马上就结束，否则几天也讲不完。

“我们的诺贝尔奖得主精力真充沛？”普京惊讶地说。

他问，谁还想发言。起先觉得没有人，实际上，发言者已经排了一个队。第一名是德国代表，Ruhrgaz 监事会主席兼 E. ON 公司老总沃尔夫·贝尔诺塔特。不知为何他迟疑了片刻。他的发言是照着稿子念的，只有一次脱稿：

“遗憾的是与俄罗斯没有长期条约关系。”

普京先生皱起眉头，丘拜斯、米勒和霍多尔科夫斯基坐在一起，开始交头接耳。

然而，俄罗斯总统没有对这个建议做出反应，看来他有更重要的话。他让法国天然气公司总裁彼埃尔·加多耐讲话。后者长时间说，俄罗斯不应该无缘无故地提高能源载体价格。

康斯坦丁宫的节日活动霎时变成西方能源家与俄罗斯总统强硬的谈判。

弗拉基米尔·普京耸耸肩回答说，俄罗斯对提高能源载体价格并不感兴趣，因为它最终使生产者受到打击，甚至详细解释了这个过程是怎样发生的，法国天然气公司总裁只有一次点头表示同意。

然而，当天最主要的事件是美国埃克森公司副总裁列克斯·迪莱尔逊的独白。此人不需要任何讲稿。

“今后若干年，石油产量每年需要增加1800万桶。”他说。

霍多尔科夫斯基先生迅速将这个数字记在本子上。米勒和丘拜斯先生望着他，为了以防万一，也慢慢地记在本子上。

“但这仅占2020年前石油消费企业需求的0.5%。”迪莱尔逊补充道。

在发给每人“圣彼得堡建市三百周年纪念”的笔记本上，这个数字将长期保存下来。

这位美国人感谢“萨哈林—1”项目进展顺利。埃克森公司1989年开始参加这个项目，投入了50亿美元，并打算继续投入70亿美元。接着他开始讲主要问题：

“我们感到失望的是前不久通过的产品分配法产生的新因素。它们改变了已经签署的（萨哈林—2）项目大陆架地区合同的条件。”迪莱尔逊说。

然而，翻译将“大陆架”翻译成“离岸金融区”，但普京先生清楚地知道它是什么意思。他感谢埃克森公司在俄罗斯经济刚刚有恢复迹象的时刻来到俄罗斯市场，并对他的问题做了答复。普京先生说，新修正法案的目的对市场所有参加者——俄罗斯或者国外的，私有的或者国有的，毫无例外地提供相同的条件。他想起，埃克森公司是“萨哈林—1”项目最难对付的谈判者，但最终还是达成妥协，实现双赢。他还说，根据新修改的法案，优惠和例外只针对风险很大的投资者。在新的稳定的俄罗斯，任何人都不必担风险。

总统的意思很清楚。“萨哈林—1”项目不是已经谈好了吗？如果特别需要，“萨哈林—3”项目也可以谈。俄罗斯在20世纪80年代，已经为外资承担的风险付出了代价，现在已经没有意义。笔者觉得，迪莱尔逊先生对这样的答复不满意。他在自己的讲话中并非无缘无故地说，下周埃克森公司将点俄罗斯公司的名字——它们将为他的公司对“萨哈林—1”项目补加的20亿美元提供订货。难道他现在得收回自己的声明？

这场争论之后已经没有什么好谈。有意思的只有一点：普京先生就其中的一个问题首次公开用英语发表看法。这里涉及一个法国公司，翻译翻不出它的名字。

“这对我们的翻译太难了。”俄罗斯总统用英语打断他的话，并亲自解释清楚。

现在才知道，为什么突然允许记者们进入圣地——与能源市场的巨头讨论能源问题的谈判间？克里姆林宫一位高级官员称，外国谈判者经常对俄罗斯总统的讲话作出有利于自己的解释，昨天打算剥夺他们的这个机会。

这次会见之后，只有在这两个小时里一声不吭的“全球能源”获奖者显得心满意足。

每个联邦主体都要有自己的文化标准

6月17日，俄罗斯联邦国务委员会会议在圣彼得堡埃尔米塔日博物馆隆重举行。总统、89个联邦主体领导人与政府成员一起，讨论文化问题。后来还轻松地研究了另一个永恒的话题——过冬准备。

州长们偕夫人参加会议，因为会议讨论的是包括行为文化在内的文化问题。然而，某些州长夫人腼腆地承认，这两天她们在“北方之都”过得轻松愉快。开会前夜，她们在夜幕中的圣彼得堡街头漫步，没有规定她们的丈夫必须参加这个活动。第二天早晨，她们与自己的丈夫被强行分开：先生们去开会，心神不安的女士们前去参观埃尔米塔日博物馆。

会前联邦主体领导人立场坚定。例如，车臣行政长官阿赫迈德·卡德罗夫对笔者说，他在这次国务委员会会议上，尚无为自己共和国得到某种文化优惠的计划，当务之急是尽快结束战争。

鞑靼斯坦总统明季米尔·沙伊米耶夫谈到中央与民族共和国加强相互协作时强调指出：“老百姓比我们聪明！”

人们不禁要问：既然这样，那还要他这个总统干什么？

举行会议的格奥尔格大厅安装了几台监视器，记者们在隔壁的元帅大厅观看直播。监视器直接安装在博物馆镇馆之宝——彼得大帝当年在巴黎购买的四轮轿式大马车上。组织此次活动可以感受到鲍里斯·克拉斯诺夫艺术大师的风格。

但并非一切依赖艺术大师。国务委员会会议推迟了30分钟，大家在等待总统。迄今为止，国务委员会的会议他还没有迟到过。总统一出现，从迄今为止最宝贵的地方——康斯坦丁宫开始考虑文化问题。他说，预算为修复宫殿花了1000万卢布，全花在控制修复过程上。总统谈到文化时说，他不喜欢将许多文化机构变成家具商店和汽车沙龙。这对家具和汽车业主而言，简直是一个严厉的警告，但并不意味着普京先生不喜欢这些商店和沙龙，而是它们开设的地方不对。

也许这是普京讲话中最尖锐的措辞。根据原来的设想，国务委员会工作组组长、斯维尔德洛夫斯克州长爱德华·罗塞尔将重点谈文化问题。正如罗塞尔先生所言，为了集中揭露俄罗斯文化存在的缺点，他省略了它的优点和成绩。

俄罗斯文化领域存在的缺点不少，例如，国家对它的影响仅靠行政部门，即仅由文化部对文化施加影响，这不好。

“国家的文化政策应该包括体育和生产文化，”罗塞尔先生说，“这就是说，其他部委也应该管文化。”按照罗塞尔先生精辟的分析，只有在这种情况下，国家才可以成为天才们真正的温床。“目前各联邦主体应该具有最低的文化标准：大赛和奖金。”但这些都没有。

无论做到这么一切多么艰难，但都应该遵守“文化消费者的所有准则和权利。”

“我以工作组的名义宣布，我们知道怎么办!”

对其他与会人员，例如笔者，这仍然是一个谜团。

然而，文化部长什维德科依先生讲话之后许多问题迎刃而解。不夸张地说，他的讲话非常精彩。他与上一个照本宣科的报告人不同，并不看自己的讲话稿，但讲得很有条理。这位部长认为，文化已经进入市场经济，具有我们从前所不知道的特点。这些特点让人可怕吗？不！例如，他认为，《文化》电视频道的出现完全改变了电视形势。也许应该归功于这一频道的中心节目《文化革命》栏目。众所周知，什维德科依先生是这个栏目的主持人。就每年出版的书目而言，俄罗斯居世界第五位。对此应该感谢马丽尼娜和达什科娃女士。什维德科依最后说，无论建筑遗产和其他文化设施的保护等级如何，应该批准将其私有化。这意味着，根据他的观点，那些由国家负责警卫的或者没有任何人警卫的建筑遗产都应该实行私有化。这个声明应该被视为革命性的，尽管已经知道，它是在国务委员会会议开幕前几天准备的。什维德科依先生还发表了一个声明，不过不那么革命性罢了。

“如果我不同意文化事业投资不足这一观点，那就是魔鬼!”

“国家对文化的保护主义应该有所限制。”

部长建议取消文化方面统一的收费标准，接着忍不住改正说，早就从统一的收费标准改成合同制了。

“我们现在许多人已经在明智地思考了。”他强调说。

最后，什维德科依先生以强烈的政论力量说服一些大公司（特别是石油和天然气）向文化领域慈善投资的好处。

“从前文化部被视为洗衣房，现在任何优惠也被视为洗衣房，”他激动地说，“对学术和文艺的庇护者也应该提供服务。”

一切初看上去非常容易理解：以服务换服务。但笔者相信，这并不是一个直线图。生活总是复杂得多。

埃尔米塔日博物馆馆长彼奥特罗夫斯基先生在部长之后发言。他讲了一个有趣的故事。众所周知，今年5月27日，在纪念圣彼得堡建市三百周年的日子里，埃尔米塔日博物馆昼夜开放。当晚来到博物馆的观众，表现出了惊人的精神风貌。

“博物馆垃圾箱不够，”彼奥特罗夫斯基先生说，“人们带着可口可乐瓶子从所有展品面前走过，穿过所有院子走出博物馆大门，最后才将空瓶子扔在街上!”

彼奥特罗夫斯基先生迄今仍然对所有这些人表示感谢，并由此认为，文化并没有死亡。当然还可以了解埃尔米塔日邻近街道清洁工对这个问题的观点。

彼奥特罗夫斯基先生提出了一个设想供与会人员讨论。他说，自己渴望成为国家彩票的组织者。

“这事怎么也办不成，”彼奥特罗夫斯基懊悔地说，“谁都不想搞。”

令彼奥特罗夫斯基先生不安的最后一个问题是“黑考古”，同它进行斗争尚且无望，也抓不住“黑考古分子”，因此“黑考古”仍然猖獗。

“您说抓谁我们就抓谁。”总统向彼奥特罗夫斯基先生保证说。

俄罗斯新闻出版部部长列辛先生接着讲话。不管人们觉得多么奇怪，他讲的是农村文化。列辛先生说，《俄罗斯心灵》民间创作大赛表明，“拉吧，手风琴！”节目经常在电视上播出，并且大受欢迎。国家通过它影响农村文化。然而，它反复使用的镜头只有 25 个。其余任何节目都不能像它那样影响农村观众。

导演卡连·沙赫纳扎罗夫讲的俄罗斯与瑞士足球队比赛前发生的事令人震惊。瑞士队员在比赛前对着摄像机，说他们将血战到底，俄罗斯人则说如果走运就会胜利。沙赫纳扎罗夫先生认为，此话意味着：

“这些俄罗斯人不知道，世界上最优秀的长篇小说是俄罗斯作家写的！人类的三项重要成就——直升机、电视和人进入太空是他们的同胞率先完成的。”

导演话题突然一转，又讲了一个有趣的故事，说有一次他乘出租车。当然他这样做毫无意义后来又多次为此而责备自己。司机告诉沙赫纳扎罗夫，他对俄罗斯电影没有兴趣，喜欢美国电影……

“我喜欢坐中国出租车！”沙赫纳扎罗夫先生委屈地说，“司机不喝酒，不骂娘！”

为了讨好国务委员会委员，分别时他还讲了一个故事。他当了莫斯科电影制片厂厂长之后，决定在厂里的洗手间放些液体肥皂。几个月以来，工作人员一直将肥皂液倒出来洗手，洗了之后就拿走。除了沙赫纳扎罗夫先生之外，谁对此都毫无办法。他是正确的。等工作人员讨厌了这一行为之后再也没有人拿。沙赫纳扎罗夫先生将此事视为整个俄罗斯文化的一大胜利。总统听完卡连·沙赫纳扎罗夫的发言之后突然说，在导演与出租车司机的争论中他站在司机一边。

“保护主义发生在经济欠发达的国家，它将导致进一步蜕变。”总统信心十足但令人不解地说。

看来他非常想替出租车司机辩护。

演员奥列格·巴西拉夫什维利拿着德米特里·谢尔盖耶维奇·利加乔夫的《文化权利宣言》走上主席台：

“俄罗斯联邦宪法中关于文化提得很简单：俄罗斯文化是自由的。这一条是否可以修改？”有人说，这样的摘录不准确，不能离开上下文……然而，根本大法中确实有这样的提法。应该将其删除，这对大家有利（否则，还可以写上，如俄罗斯文化正在休息）。

莫斯科市长尤里·卢日科夫走上主席台，立即在腿上狠狠抓了一把痒痒（看来是为了不再重复），他建议“严厉批评财政部，对文化拨款不足”，将“文化设施交给经营者。”

“肖斯塔科维奇写战争交响乐值得吗？”他突然问国务委员会成员。

此话是什么意思？实际上是尤里·卢日科夫对车臣行政长官艾哈迈德·卡德罗夫的答复。他不愿意集中精力抓文化，而一心只想战争赶快结束。

尤里·卢日科夫最后承认，他害怕让自己的孩子看电视：

“电视在任何时候都有色情、暴力和破坏文明的镜头……没有我们美好的价值观。”

俄罗斯文化基金会会长尼基塔·米哈尔科夫怀着几分委屈，向国务委员会委员赠送了自己基金会出版的保护纪念碑方面的书（他委屈，是因为在整个会议期间，谁也没有提到基金会）。米哈尔科夫先生的发言有几点特别重要：

“应该与俄罗斯人谈话。如果不同他谈话，他就会自我封闭，接着就会拿起棍棒。

如果我们认为，文化是一个民族的母亲，那么我们就不能让人民成为孤儿。”

此话显然与勘察加州长马什科夫采夫的思想不谋而合：

“我们应该让大家去博物馆，打下爱国主义根基。”

“我们讨论的话题如同宇宙，如同生活本身，无边无际。”俄罗斯总统被迫承认说。

他突然转入另一个无边无际的话题——过冬准备。不过又提醒说，他的讲话带有吹风性质，详情将由副总理赫里斯坚科先生介绍。但意思已经很清楚：总统在会议结束时把风马牛不相及的东西结合在一起，接下来才清楚他的用意。

赫里斯坚科先生讲话时，连续三小时在埃尔米塔日博物馆参观的州长夫人们已经出现在元帅大厅。她们老老实实地参观彼得大帝的皇家敞篷马车。

“现在对她们怎么办？”一位管理人员绝望地问另一位。

“会议进行得怎么样？”

“大概还得20分钟。”

“那就让她们参观马利希托夫厅！”

女士们注定得去马利希托夫厅。她们坚定地等待着自己的丈夫。会议结束之后将请他们夫妇用午餐。

然而，在格奥尔吉厅，任何人早就不提文化了，甚至连过冬准备都已经抛在脑后。总统提醒说，每个联邦主体领导人应该成为反恐小组领导人。如果还没有成为……为什么要这样？国务委员会不是在讨论文化问题吗？当总统谈到彼得堡州长弗拉基米尔·雅科夫列夫的人格和与此相关、传说已久的消息时这个问题才逐步清楚。在文化问题与雅科夫列夫先生新任命之间必有一个过渡，否则弯子转得太急，两个问题本身没有任何联系。

总统宣布他决定下令在政府中增设一名副总理职务后会议结束。这位副总理将主管住房和公用事业（及其改革）、建设、建筑艺术、俄罗斯城市发展政策、协调交通综合体，其中包括经过俄罗斯的国际走廊发展等问题。总而言之，将半个国家交给新任副总理。

总统讲这个问题时，大家已经清楚他的所指。与其说弗拉基米尔·雅科夫列夫有新任命，倒不如说将免去他的彼得堡州长。昨天就有人议论这个问题，并等待今天做出决定，有意思的是解决这个问题将付出什么代价。代价终于有了：

“他有许多优点，”总统说，“并且当了彼得堡州长。他已经同意，我对他表示感谢并签署了相关命令。我表示祝贺！”

由于雅科夫列夫前州长对祖国做出的重大贡献，总统立即授予他同名四级勋章。

此后总统应该会见政府总理米哈依尔·卡西亚诺夫，总统驻西北联邦区代表瓦连京娜·马特维延科和前州长。会见原定在埃尔米塔日博物馆一个不大的厅里进行，蓝色墙的背景下是冷色的吊灯。总统迟到了片刻，笔者问站在身边的弗拉基米尔·雅科夫列夫几个问题：

“那个决定早就有了？”

“我也是刚刚知道。”

“知道什么？是新的任命，或者是辞去州长？”

“那还用问，是新的任命。”

“听说早就对您提了？”

“有些时间了！几个月之前。我已经说过，这个职务我不干，我要干别的。可这个命令……”

“是副总理还是别的职务？”

“两个都不是。”

“您会住到莫斯科吗？”

“不，我就住在这儿！”弗拉基米尔·雅科夫列夫苦笑着，“我在这儿领导，况且这儿有许多交通企业。”

看来他不大高兴，不知为何？

“难道您生气了。”

“没有，”他对这个问题并不惊讶，“我已经知足了。”

“对什么知足？是副总理职务吗？或者是当两任州长。”

“当然是两任州长。老实说，我早就想这样做，”弗拉基米尔·雅科夫列夫向旁边张望，“然而，仅仅应该减轻与圣彼得堡300周年庆典有关的负担。我正在做这个工作，就不让干了。我没有想过别的问题：今后当什么，应该怎么干？”

他叹口气，朝总统应该走来的地方张望。总统没有来。弗拉基米尔·雅科夫列夫接着说："一个人如果开始想今后，日子就难过。"

"是呀，"笔者支持他的观点，"那时就会考虑，总统选举之后政府将会辞职，也就在一个月之后。"

"我不考虑这个。"弗拉基米尔·雅科夫列夫漫不经心地说。

不知为什么，此时我想让自己的交谈者情绪好一些，否则就会造成这样的印象：他承受能力差。

"您别生气，到时会给您提出新建议。"

他没有吭声，聚精会神地看着我，考虑这个想法。

"新的？"他最终反问道，"建议我去钓鱼？"

他长长叹了口气。总统终于来了。与前者相反，弗拉基米尔·普京倒是非常开心。他说，他是根据政府总理米哈依尔·卡西亚诺夫的建议做出这个决定的。也许不是这样。因为弗拉基米尔·普京刚才说，命令对他是一个意外的惊喜，现在怎么又说经过一番不轻松的协商呢。"好吧，开始工作！"总统神采奕奕地说。

"白夜还在进行，他想休息几天！"米哈依尔·卡西亚诺夫笑着说。

"白夜一星期就结束了！"总统非常清楚白夜的详情，"您还有一个星期的时间。"

"我想让他现在开始工作，明天是政府例会，"卡西亚诺夫先生含混不清地说，"不过我不会参加……"

"我知道，您在新选举前已经提出了自己的代理者……"弗拉基米尔·普京继续说，"告诉我，是谁？"

"别洛夫，办公厅主任。"雅科夫列夫说。

他对围绕自己所发生的事件已经不能做出反应。那些错综复杂的事是他力所不能及的。也许他还记得十分钟之前对笔者说过，他是刚刚知道这一任命的。

"这样吧，"总统高兴地说，"我们就照弗拉基米尔·雅科夫列夫说的办！现在，米哈依尔·卡西亚诺夫有权要求您的休假不要拖得太久！明天就去莫斯科，参加政府会议。"

笔者有一个问题：能否这样随随便便将一个人提升并且带走？

弗拉基米尔·普京访英感到拘谨

6月24日，俄罗斯总统弗拉基米尔·普京开始对英国进行国事访问。第一个仪式完全按照俄罗斯政治风格进行。笔者自豪地看到弗拉基米尔·普京会见英国女王迟到的情景。

几天前，英国驻莫斯科大使会见记者时精心措辞，看来他并没有食言：国事访问是英国给予其他国家最高的外交礼仪。

日前，弗拉基米尔·普京举行盛大的记者招待会，轻描淡写地说，英国当然会举行许多仪式，但他认为最重要的首先是与英国首相托尼·布莱尔举行会谈。

普京先生对这些仪式的重要性估计不足。昨天查尔斯王子到机场迎接普京先生。他们同乘一辆汽车前往伦敦市中心的骑兵卫队广场，会见的主要仪式将在那儿举行。一切早已准备就绪。骑兵近卫团已经在仪式开始前半小时列队等候，马匹扬起阵阵尘土。骑兵连连长们以非人的声音相互呼叫，马匹因此不知所措。由于这一切，现场的味道很不好。

尽管我们准时来到，但还是迟到了一会儿。笔者与女王之间有一段距离，警察不让越过，只能从50米开外的远处观察仪式。出发前英国人曾经多次告诫俄罗斯记者，应该穿深色礼服，但在身着汗衫短裤的英国同行面前，我们却显得古怪。尽管如此，还是受到英国宫廷高级侍卫布鲁克勃罗的赞许。根据原定计划，他将陪同俄罗斯总统，随时提供咨询。布鲁克勃罗先生要英国记者以我们为榜样，站在摄像机前面做记录。

仪式开始前20分钟，布莱尔先生从我们身边走过。他不是这个活动的主角，主角是英国女王。她与自己的丈夫——爱丁伯格·菲利浦亲王一起乘车而来。亲王已经不年轻，戴着帽子，但很快摘下，因此只有女士们戴着。女王同自己的宫廷侍卫打过招呼之后看着塔楼上的钟。她事事做得准确无误：提前五分钟到达。到达最晚的是一位个子不高、牵着狗的人，显然已经迟到，走得匆忙。后来知道，此人是英国内务大臣，是一位盲人（看来与忒弥斯司法女神有关，由于时间有限，笔者没有发现他们之间的关系），也许他迷了路。与对待我们不同，警察放他进去了（经查证，英国内务大臣并非盲人，他的犬是盲犬——译者注）。

仪式应该开始。直到14时55分，俄罗斯总统还没有来。5分钟、10分钟之后仍然没有来。这又能怎么样？英国人有他们的传统，我们有我们的传统。

同笔者站在一起的一位电视主持人就得动脑筋，他的直播已经开始，前几句开场白自相矛盾，用得最多的词是“堵车”。等他控制住自己的激动之后说，在他四十多年的报道生涯中，从未记得有人在女王会见时迟到。这非常像一次外交丑闻。

此时，普京先生与查尔斯王子确实被堵在路上。他甚至放弃了乘坐皇家敞篷马车：接下来它应该将他们从骑兵卫队广场送到白金汉宫。英国人的传统战胜了自己的健康思维，弗拉基米尔·普京战胜了著名的英国礼仪。与英国人不同的是他并没有改变其传统，甚至没有为此做出任何专门的努力。

莫斯科时间深夜，女王为欢迎普京先生举行了盛大招待会。笔者在活动开始前抵达招待会会场——舞厅。二十多名青年手拿苏格兰牧笛依次走进大厅。他们奏起欢快的小调，尽量一步接一步走，但效果并不好，因此受到训斥。

伊丽莎白女王二世、丈夫及其笔者所不认识的三条狗（确实是良种狗）从白金汉宫舞厅的一间房子突然走出。狗可能是达克斯，但块头大一些。女王高兴地与丈夫谈论着什么，但走进舞厅之后神情专注。接下来才知道，那也是仪式的一部分。招待会开始之前女王应该巡视宴会大厅，但没有发表任何意见。

笔者也浏览了一遍，没有发现问题。金餐具很多，也有银的。笔者问一位服务员，这些餐具是否全是银的？

“不，先生，”服务员回答说，“是白金的。”

第二天，俄罗斯总统乘飞机来到苏格兰首府爱丁堡市，在伦敦毫无意义、毫不留情的礼仪以后稍微得到放松。国事访问有许多繁琐的礼节。对英国的国事访问初看上去全是礼仪，因此对俄罗斯国务活动家是一个最严肃的考验，俄罗斯总统自然不能例外。三年来他在这个职务上的所有活动表明，对他的要求不能有任何降低。笔者深信，如果他知道对自己有所降低，必然会生气。因此想提出一个问题，它已经连续两天萦绕在笔者心头。在白金汉宫的招待会上，国家元首的领结应该有多大？

为什么要提出这个问题？难道这有什么？看来总统的领结大了一些，当然从未有人提起，第二天的报纸也没有任何报道。它意味着什么？天生的英国式的委婉？或者从未有人预料过别的？或者全都正常？

那么到底有没有人知道，参加女王的招待会应该怎样打领结？首先应该量量尺寸，看看是否合适。

或者说：这条对我合适！或者说：凑合一下得了，还有那些音乐简直把人折磨死了！参加女王的招待会，工作语言是英语，开始讲话就得用英语……在折磨人的三天半里这些都是无休止的……

如果参加招待会的人的所见所闻与笔者一样，他们也会感到欣慰。招待会对英国人这也是考验，这才是问题的实质。笔者看到，在舞厅举行的招待会开始前一小时，一位身穿燕尾服的上了年纪的人对着一位年轻服务员吼叫。在他看来，那位年轻服务员没有将镀金吊灯架擦干净，于是让他不停地擦，直到他请求饶恕。此时这位年轻服务员已经满脸泪水。似乎正是这个，而不是别的什么，是著名的英国恃强凌弱。

后来笔者又看到服务员怎样点燃长长的木棍，用它们点燃舞厅墙上的蜡烛。当他们将木棍举到蜡烛跟前时，火已经熄灭。服务员点了又点，仍然是白费力气，几根蜡烛最终还是没有点燃。

或者让我们回忆一下这次访问中最富戏剧性的事件——普京先生在骑兵卫队广场会见英国女王的仪式上迟到一事吧！大家是否知道英国人怎样让俄罗斯联邦总统

的车队摆脱堵车的？他们是从直升机上指挥的。无论他们多么使劲，甚至令人奇怪，有时还让人感到鼓舞，这些做法绝对无效！他们在喊叫，在挥手……（不错，访问第一日发生的耻辱事件——让自己的女王在骑兵卫队广场久等弗拉基米尔·普京之后，组织者们总结了教训。昨天晚上，当俄罗斯总统从爱丁堡回到伦敦希思罗机场，参加市政府举行的招待会时，就给他的车队增加了人力物力，并且将伦敦的街道清理得干干净净，值得我们格罗兹尼的特种兵羡慕。）

当然，在如此宏大事件的背景下，普通的俄罗斯州长们也建立了世人不知的功绩。例如米哈依尔·普鲁萨克在白金汉宫，整个晚上都身穿燕尾服坐在克罗姆维尔夫人身边，而且感觉不错，摆脱困境之后仍然平安无事，也许他将很快返回新诺夫格罗德州长的职务。

笔者相信，俄罗斯代表团成员昨天飞到爱丁堡之后长长松了一口气。

爱丁堡是苏格兰首府，城市不大。笔者听说为准备访问准备的俄罗斯人被告知，苏格兰所有的知识界、政界和商界精英都想与普京先生见面，他们担心这个想法难以实现：找不到一个像样的大厅。有人安慰他们，不必担心，西郊宾馆有地方，那儿能容纳90人。

城市也许不大，但问题的实质在哪儿？正如主持弗拉基米尔·普京与苏格兰工商界代表会见的苏格兰法学图书馆馆长约翰·马克格列戈尔所言，苏格兰人生活在世界各地。

“其他国家成千上万的公民，将自己的一部分爱心献给了我国。”他激动地说。

这就是说，世界上的一切就这样以惊人的普通的方法平衡。

约翰·马克格列戈尔先生强调了苏格兰对俄罗斯深刻的内部变革产生的巨大影响：

“贵国正在建设强大的俄罗斯，这一切离不开我们的Irn Bru饮料。我知道它在贵国非常受欢迎。”

此外，马克格列戈尔先生还提醒俄罗斯总统，苏格兰现在想“重新回到自己在世界舞台上的位置”。这些话引起了在座的工商界人士的巨大兴趣。显而易见，这个想法早就使他们不得安宁。

弗拉基米尔·普京的讲话很多是即席的，出人意料。例如，他向苏格兰人介绍了自己昨天与托尼·布莱尔会谈的情况。普京先生直截了当地问他：“您会吹牧笛吗？”布莱尔先生立即回答说：“不会！”并且补充说，正因为如此他才建议弗拉基米尔·普京前往苏格兰。在那儿一定会找到会吹牧笛的。弗拉基米尔·普京这就来了。

然而，不知什么原因，在法学图书馆阅览室始终没有找到一个会吹牧笛的人。

“然而，这儿笼罩着忠于法律的良好氛围。”弗拉基米尔·普京说。

他就是以这种方式再次强调指出，他喜欢这种而不是其他氛围。

弗拉基米尔·普京在不长的讲话之后（幸好讲话中没有轰动性的内容），提出了一个有趣的倡议。他建议工商界人士向他提他们感兴趣的问题。出席会议的人并不感到紧张，然而，他们中间并没有一位工商界上层人士（可能是因为大厅容量有限）。一位自称是苏格兰罗马教皇下属关心委员会的委员问，如何使东正教与罗马天主教建立比较密切的关系？

自然，在这种情况下总统不能代替所有人回答，他只说自己了解全俄和莫斯科牧首阿列克谢的意图：

“他的情绪非常善良。”

有些人带着某些担心问弗拉基米尔·普京，俄罗斯何时加入欧盟？他说，俄罗斯将不以完全方式加入欧盟。

“然而，俄罗斯是欧洲的一部分，这是毫无疑义的。俄罗斯还在乌拉尔山以东。居住在符拉迪沃斯托克也是发展欧洲的巨大潜力。当然这是在将来。”俄罗斯总统并没有吓唬苏格兰人。

面对又一个挑衅性问题：他怎样在伊拉克问题上建议美英领导人？普京先生的回答是：最好当面去问他们。

一位格鲁吉亚人混在苏格兰人中间。他问：普京先生是否期望俄罗斯与格鲁吉亚的关系改善？

“我对格鲁吉亚毫无办法，甚至是在苏格兰，”总统耸耸肩说自己前不久为俄罗斯记者举行的大型记者招待会上，对这个问题进行了详细的答复（当时一位格鲁吉亚女记者也提出同样问题）。

谁也没有估计到，弗拉基米尔·普京会用这么长的时间回答问题。俄罗斯礼宾司领导人伊戈尔·谢戈列夫向总统递了一个条子，说会议早就该结束了。但总统说，他再回答一个问题：“您怎样看待俄罗斯在未来国际关系中的作用？”一位英国女记者早有准备地问道。

此时已经清楚，总统参加西区招待会迟到已经成为定局。然而，他还是以惊人的速度回答完问题，也许是因为他没有夸大这个作用。

第二天，俄罗斯总统弗拉基米尔·普京积极参加了伦敦的社会生活。记者获悉，为什么普京先生急于从礼仪仪式转入与英国首相托尼·布莱尔交流。

上午9时，俄英能源研讨会开始。早晨6时，英国BBC广播公司预告说将对会议进行直播。大厅里挂着一个大图表，显示俄罗斯1991～2001年经济发展的主要指标。然而，不能不指出，表示国内生产总值的曲线一年比一年低，2001年已经到了最低点。对某些不大了解情况的人而言，曲线终端出现了53这个数字。英国分析家认为，1991～2001年期间，俄罗斯的国内生产总值下降了这么多。这张表显示的其他指标也大体如此。

只是不大理解为什么制表人将2001年列为最后一年。后来这个谜语被解开了。

俄罗斯能源界上层人士参加了研讨会。会议在兰开斯特寓所举行。它的富丽堂皇不亚于经过迅速修缮的斯特列利纳康斯坦丁堡。

应该说，在会议室，笔者没有看到那个令人不快的曲线（也许是BBC已经将其带走，接下来又带到别的地方）。

普京与布莱尔两位先生同时出现在兰开斯特寓所。我们总统首先讲话，已经消失的那张表与普京先生之间牢不可破的联系立即显现出来。他说，在讲能源问题之前，将向与会者大概介绍一下俄罗斯的经济形势，而且从2001年开始讲起。由于各种情况的巧合，俄罗斯经济的迅速增长正好从此时开始。俄罗斯总统提醒说，尽管1991~2001年，俄罗斯的国民生产总值不那么令人鼓舞，然而最近三年却增长了20%。总统还说，基建投资增加了三分之一。

"现在，我们打算在十年内使国民生产总值翻一番。"总统这番讲话不能不刺激绘制我们大国令人沮丧的图表的那些人。

总统谈到英国两家大石油公司未来向俄罗斯的投资。如果一切按照计划进行，那么英国向俄罗斯的投资立即将会跃居第二位（目前尚未看到别的国家会取代它）。"开端不错。"俄罗斯总统说，似乎是在暗示更大规模的事件在等待着大家。

过了一会，还是谈到那些投资时，总统不知为何没有信心地说了一句："可能会更好一些……"于是话锋一转："东南亚经济发展迅速。"

"它们只有一个问题——能源！它们需要强大的动力。我们现在正同它们商谈一些大项目。"总统感叹地说。

布莱尔不安地望着他。可以看出，俄罗斯总统为什么突然提到东南亚，他的讲话犹如赤裸裸的讹诈！

他似乎达到了目的。布莱尔讲话时，首先向俄罗斯及其总统弗拉基米尔·普京个人表示了史无前例的讨好。他认为，最近几天，俄罗斯总统保证支持并赞赏全体英国国民。

"他显示了高超的治国方略！无论我们过去在伊拉克问题上有过多少分歧，但我们今天的关系比任何时候都牢固。"他说。

英国首相言犹未尽。

"还不止这些，"英国首相接着说，"我们之间的关系是所有年代最有力最牢固的！"

人们一时难以明白，布莱尔先生为何有这么大的热情，需知最近几天，英国的媒体写什么的都有，数量最多的是顽固地提到弗拉基米尔·普京与车臣的联系，而不是俄罗斯总统与女王同乘一辆皇家敞篷马车从骑兵卫队广场去白金汉宫。

弗拉基米尔·普京一直看着自己的同行，只能侧身斜对大厅。他完全沉浸在英国首相独白的气氛之中，首相的讲话确实引人注目。

"英国将成为俄罗斯经济最大的投资国。许多人指出，这种做法有着更加深刻的意义。俄罗斯天然气储备占世界三分之一，目前的石油产量已经与沙特阿拉伯相等！这是一个令人惊讶的事实！”看来布莱尔先生为之折服！

然而，此时必须了解布莱尔先生的真实意图。实际上，这是英国首相向自己的选民炫耀自己与俄罗斯的伟大友谊。

“今后十年，英国将成为能源进口国，”布莱尔先生已经用完全通俗易懂的语言补充说，“这就是我为什么赞赏俄罗斯。”

看来，布莱尔先生已经决定将所有这一切隐藏起来：

“21世纪，俄罗斯将是世界的中心国和重要大国。对我而言，与俄罗斯的关系是决定性的。”

此刻，布莱尔先生的讨好已经无法节制了。他的讲话也可以解释为，与俄罗斯的关系，而不是与美国的关系对他是决定性的，是俄罗斯而不是美国将成为世界的中心国和重要大国。

应该指出，布莱尔先生早在唐宁街10号首相府举行的双边会谈之前已经这样讲了，不排除他想因为这些话在会谈中或者研讨会上得到什么回报。

弗拉基米尔·普京与托尼·布莱尔用了两小时参观圣保罗教堂，然后进入首相官邸。不允许记者入内，只能在出口对面等待。听说里面的房子拥挤（如果真是这样，那倒令人欣慰）。从一楼到二楼的楼梯上，有英国历任首相的照片及其签名。丘吉尔的照片排在最前头和最后。

总统与首相都讲了些什么，无从得知。然而，继续能源对话是显而易见的内容（随后举行的记者招待会也证实了这一点）。无论如何，当弗拉基米尔·普京登上等着自己、停泊在泰晤士河上的俄罗斯护卫舰“无畏”号时心情很好。

笔者在总统来前两小时之前来到伦敦郊区的格林威治。港口停泊着英国的快速帆船“短衣”号。为了纪念它，附近的小酒馆都用它的名字，这方面还流传着不少故事。这艘船建造在一个半世纪之前，需要大修。据酒馆女老板告诉笔者，修理费得花1000万英镑。如果筹集不到这笔资金，就得将它挪到别的地方。我们的护航舰（北约对它的称呼），即护卫舰“无畏”号，与“短衣”号停泊在一起。一艘不大的游轮来往于码头与护卫舰之间。护卫舰已经是第二日接待参观者了。正如护卫舰司令部参谋长弗拉基米尔·索科洛夫所说，秘密部位当然不许参观，舰上还有两名在英国实习的波罗的海海军学院仪仗连的两名学员。除了一架不大的直升机之外，舰上已经没有什么秘密。机翼下藏着一个乐队，等待总统到来。乐队有两名指挥，而且乐队本身由两支组成。音乐家两天来一直排练《上帝保佑女王》的曲子，为的是相互，当然也包括女王有个好感觉。

仪仗连排成一列纵队。

“向下看！立正！”传来了口令。

离最高统帅到来只剩下一小时。水兵们尽量不发出声音。一艘快艇绕护卫舰航行。两名水兵牢牢地将潜水衣拿在手里，头部已经潜入水中。他们告诉记者，潜水员不能独立抵挡泰晤士河的水流。

“能见度好吗?”笔者问。

“不好。能见度是零。”他们回答说。

一条帆船终于出现了，船上有几名身穿红制服的近卫军。帆船由四条橡皮艇护卫，上面站着携带自动枪的近卫军。总统登上护卫舰，检阅了仪仗队。高举着舰旗的一名学员目不转睛地望着总统，不时拼命斜视着笔者。原因是他给了笔者一架照相机，拍摄总统与他在一起的照片。总统面朝他，背朝笔者，拍摄就成了问题。直到最后这个问题一直没有解决。

与总统一起登上护卫舰的还有赫尔佐特·约尔斯基。他已经是第二天陪同俄罗斯总统对英国进行访问。昨天他在爱丁堡陪同总统。

舰上官兵，俄罗斯驻英国大使格里戈里·卡拉辛，波罗的海舰队副司令瓦西里·阿帕科维奇在舰上休息室等候总统。总统向他们简要介绍了俄罗斯海军未来的发展，简而言之，任重道远。

“顺便说一句，赫尔佐特也是海军军官，在皇家海军服役20年，”弗拉基米尔·普京说，“我们在爱丁堡时，他详细向我介绍了服役情况。”

“我本不应该这样。”赫尔佐特惊慌失措地说。

“可您这样做了，非常有意思。”总统为他打圆场。

他还补充说，任何自重的国家都少不了海军，并且直截了当地问身边的人：

“你们怎么看?”

波罗的海舰队副司令阿帕科维奇开始汇报。他说，波罗的海舰队已经做好演习准备，大家都在等待最高统帅。

“您不想与我一起驾驶直升机?”总统突然问赫尔佐特。

“谢谢，可在哪儿加油呀?”

“没问题。就在这儿，就现在。是否让他们带些什么?”

翻译是一位英国青年。他的承受能力比赫尔佐特小。他无助地望着总统，不知道“就在这儿加油”怎么搞。

“前不久，我们参加了北约在波罗的海的联合演习，”阿帕科维奇先生为他解围，“只有俄罗斯海军官兵能够在暴风雨中登陆，北约军人羡慕地看着我们。”

“您有什么可说的?”总统问舰长。

他说他们一切都好，游览了伦敦，看到了英国的宝库。

“看见皇冠了吗?”

“看见了。”他情不自禁地将它与俄罗斯的多棱宫相比。

“什么?”

“当然，我们的宝物多一些，”舰长羞怯地说，并将眼睛朝左边斜，望着赫尔佐特。这一次给他翻译了。“总之，没有任何问题。”舰长重复说。

"岸上有水兵吗?"总统问道。

"有,"一位水兵回答说,"我来自图拉州。"为了防备万一,他解释说。

"军舰怎么开到这儿的?顺利吗?"

"顺利,甚至非常顺利。"

"泰晤士河有多深?"最高统帅惊讶地问。

"8米半,还有涨潮退潮……但我们不怕这些!"瓦西里·阿帕科维奇果断地说,"大家都过来了。"

"涅瓦河水有多深?"

"10~12米。"

"谢谢,"总统满意地说,"您在海军服役多久了?"总统关切地问舰长。看来他想与他"海狼",而不是与波罗的海舰队副司令谈话。

"10年了。开始是中尉。"

"提得不慢!"总统突然高兴了。

舰长没有料到总统会这样讲,但极不情愿地点点头。

"看来我们将继续前进?"

舰长立即喜形于色。

开始赠送纪念品。舰员们向总统和赫尔佐特赠送舰徽,海军中将阿帕科维奇向他们赠送了"波罗的海舰队300年"的证章。证章的背面是波尔塔瓦海战片断。

"为什么是波尔塔瓦海战?"总统问。

"我们对瑞典的第一个大胜利就是在那儿取得的。"中将就像百事通似的回答说。

"您知道,是谁在波尔塔瓦海战中指挥俄罗斯舰队?"总统开门见山地问。

瓦西里·阿帕科维奇惊讶地看着弗拉基米尔·普京。最近几天,这位中将研究了大量指令和分析文章,准备回答任何问题,也许在这次接见前的最后一个晚上没有睡好觉,脑子里全是资料。但只有一个问题他没有料到,就是总统刚才提的。

"彼得大帝?"中将用勉强听得见的声音回答说。

就连他自己也知道,回答不正确。

"不是,"总统的声音中已经可以听到奇怪的高兴,"在波尔塔瓦大海战中,是一位出生在苏格兰的人指挥着我们的部队。"

总统开始亲切地与在场人员道别,也与中将告别。总统几乎快要离开时中将突然含糊不清地说:

"其中有一位司令是苏格兰人。我记得……"

他的声音中流露出可怕的委屈。

总统走了,但对中将而言,最近几天最好的交谈者可能是心理医生。

中将要是会重写历史该有多好!从现在起,瓦西里·阿帕科维奇将全心全意投入这个事业。

弗拉基米尔·普京

在哲学家康德的故乡解决哲学问题

6月27日晚上，俄罗斯总统弗拉基米尔·普京长时间与英国女王伊丽莎白二世在白金汉宫告别之后飞往加里宁格勒。总统此次加里宁格勒之行，目的是指挥在波罗的海举行的军事演习。尽管这样，他还是利用午饭后的一段时间，与加里宁格勒大学学生见面。总统在会见时说，如果他决定参加第二轮总统竞选，那就不会到俄罗斯一些城市去游说，信誓旦旦地许诺甚至开玩笑。笔者认为，这个讲话非常严肃。

普京先生从遥远的伦敦飞到自己妻子的家乡加里宁格勒，在波罗的海大规模演习之前并没有休息，而是会见加里宁格勒大学学生。然而，州领导在总统视察前制定了一个庞大的计划。总统对哲学家伊马努依尔·康德故乡的访问计划从参观战斗光荣博物馆开始，然而总统礼宾司的官员大笔一挥，将值得一国元首注意的项目全部勾销。

此举当然出于人文关怀，看来国事访问消耗了总统大量体力，精神痛苦更不必多言。例如，也许有人以为，与英国女王同乘一辆马车观光是世界上赏心悦目的事。然而他们没有想到，应该对女王讲什么？找到双方感兴趣的话题之后怎么在不伤害她的前提下谨慎表达？能不能吻她的手？也许没有这一切最好？

来到加里宁格勒，会见大学生之前，弗拉基米尔·普京仍然高兴地主持了州和西北联邦区领导人工作会议，出席大学生的会议迟到了。当大学校长讲到总统由于开会而迟到后引起陪同总统开会的地方官员的不安。

“你们听到了吗？他迟到了！开会。可能是把谁撤职了？”

“说不定是任命呢？”

尽管精心准备了许多问题，但会见进行得非常热烈。弗拉基米尔·普京走进会议厅之后，立即建议让站在院子里的校外人员进来。

“让小伙子们都进来！”他建议。

安德烈·克列梅绍夫校长对这个建议非常不满意。

“最好别这样，里面全是我们的人！”

当然，他的担心可以理解。一切均已商定，他们只要将问题整理好就万事大吉。

总统尽管在自己人中间，仍然出言谨慎。例如，讲到我们的南部边界透明时总统说北方边界不大可靠，芬兰人最近经常挑衅。

“尽管那些小伙子讨人喜欢，喜欢休息日在我国喝伏特加，但干这一切非常惬意。”

总统在介绍国际新闻时说：

“硅谷有几万俄罗斯人。”

大学生问总统：为什么在距俄罗斯遥远的加里宁格勒这块飞地上，毒品走私和偷盗汽车仍然猖獗，总统沉默了一段时间，整个大厅屏住呼吸。

“这是我的责任。”总统最终回答说。

当问到为何有法不依时，总统活跃起来：

“几千人在制定法律，而成千上万的人却在钻法律的空子。”

此外，普京先生还说，21 世纪是生物世纪并答应签署京都议定书，看来在英国伦敦唐宁街 10 号首相府发生的事让总统下了最后的决心：支持该条约的人士举行集会，高举用英语写的标语：《普京，请加入京都议定书!》。俄罗斯总统去首相府时看到了这个标语，现在有了结果。

一位姑娘问：电视上色情和暴力，没有原则和意义的广告将继续到何时，弗拉基米尔·普京首先回答说，一般是劳动和武装力量的老战士提这样的问题，接着说，问题的确存在，但很微妙，应该由社会解决，而且得非常仔细，从容不迫。这话意味着什么？解决言论自由问题意味着消灭，而且是非常仔细、从容不迫。没有别的办法。

然而，也有好消息。哲学系学生问普京先生，国家是否需要统一的哲学。总统回答说，不可能有统一的哲学，并且补充道：

“最近几年最主要的成绩是国家变得自由了，有时还骂过去的国家领导人，而且并非没有根据。从中可以看出一个非常重要的情况：国家感受到民主。”

也许由于笔者心情紧张，没有听出总统言犹未尽，然而国家已经感受到了。人们可能会不慌不忙地习惯于这种感情。

是谁向弗拉基米尔·普京“射击”?

星期六，俄罗斯总统弗拉基米尔·普京与波兰总统亚历山大·克瓦希涅夫斯基一起来到海上。

像普通人那样吃饭

普京先生竭力使自己短暂的加里宁格勒之行变得难以忘怀，因此在演习前的深夜，他与圣彼得堡州长候选人瓦连京娜·马特维延科、俄罗斯国防部长谢尔盖·伊万诺夫一起到路边的餐馆共进晚餐，吃了一条鳗鱼。笔者怀疑，之所以有加里宁格勒餐馆这顿计划外晚餐，首先是因为弗拉基米尔·普京在英国繁琐的礼节之后想放松，如同普通人那样吃饭（随后他在回答笔者的问题——如此礼仪的特点时承认，这是他有生以来首次穿燕尾服，他并不喜欢，因为“衣服不合身，至少对我是”）。

晚上，总统在俄罗斯联邦中央银行库尔什斯克浅滩休假基地度过。听说基地对某些孤陋寡闻的客人产生了难以磨灭的印象，俄罗斯总统也名列其中。对一个接待持部门疗养证休假的中央银行的普通工作人员的宾馆，能期望什么富丽堂皇吗？开门见山地说，蓝岸，而不是我们的库尔什斯克浅滩有五星级宾馆，但那儿已经关门。笔者有责任指出，那儿有蓝色的喷泉，大理石海岸。据反映，这些豪华的设施加上“著名的”加里宁格勒服务，还有波罗的海沿岸长满水草的浑浊水域，很难给人留下好印象。

尽管如此，它们仍然没有妨碍俄罗斯代表团某些高级官员星期五夜间在那儿的海上游泳。由此可知是它的优点，而不是缺点占据主要地位。

互称“你”

一大早，俄罗斯总统从中央银行休假地来到波罗的海舰队的海军基地，笔者认为他并不对此感到遗憾，俄罗斯大型反潜舰“乌斯季诺夫元帅”号和波兰总统亚历山大·克瓦希涅夫斯基已经在等他。克瓦希涅夫斯基先生在俄罗斯总统到达前10分钟从自己在波兰的官邸飞到。

稍晚一些，他十分惊讶地承认，总共才飞行了20分钟，然而令许多人不解的是波兰总统为什么要参加这次演习。但是，据外交渠道的官方消息，这次会晤早就计划好，波兰总统想在非常平静的无拘无束的气氛中与俄罗斯总统对话。克瓦希涅夫斯基先生获悉普京先生将来到加里宁格勒非常高兴，接下来知道他的同行在那儿只逗留一昼夜，而且每分钟的日程都排得满满的。后来知道，不只是他，俄罗斯总统也想与他在海上漫步。

军舰休息室已经创造了无拘无束的气氛，总统们开始用“你”称呼。

“我给你带来一件小小的礼品，”波兰总统小声对自己的同行说，“你看，这是拉斯特雷利的建筑艺术画。你知道吗，他就在这儿画的？”

亚历山大·克瓦希涅夫斯基先生是用俄语讲的，他的俄语至少不比笔者差。

“我知道，”弗拉基米尔·普京回答说，“那是彼得堡宫殿。”

亚历山大·克瓦希涅夫斯基点点头。

“一共56张。我们为你找到了。”

“谢谢。”俄罗斯总统非常感动。

“不过这是副本。”亚历山大·克瓦希涅夫斯基补充说。

笔者很想写，俄罗斯总统脸上感激的笑容立即消失，但不是这样，是逐渐消失的。

然而，他对同行的称呼改成“您”，并不是因为这个原因，而是面对摄像机大声讲话（克瓦希涅夫斯基立即开始用波兰语）。俄罗斯总统感谢波兰总统认为世界根本不应该有什么界限和限制，波兰对加里宁格勒州居民从立陶宛过境的签证持非常自由立场。应该指出，在埃维昂“八国集团”和圣彼得堡首脑会议期间，普京先生衷心感谢贝卢斯科尼、施罗德和希拉克先生持同样观点。

“波兰和俄罗斯都理解世界上正在发生的过程，都想从中得到最大的经济利益。”

实际上，弗拉基米尔·普京指的明显不是俄罗斯，而是波兰（由于伊拉克战争）及其在世界战后重建中的巨大作用。他们谈的就是这个。

白汗衫价值几何?

此时“乌斯季诺夫元帅”号已经进入演习区。所有军舰已经占领了自己的阵地(波罗的海和北海舰队共有 30 艘舰船参加海上演习)。旗舰是“乌斯季诺夫元帅”号，它应该承受由波罗的海舰队司令指挥的海上集团发起的导弹和鱼雷攻击。实际上，演习将成为史无前例的。两位总统应该出现在作战室。

“发起攻击的时间已经得到批准，”舰长向俄罗斯海军总司令库罗耶多夫先生报告说，“莫斯科时间 14 时。”

国防部长谢尔盖·伊万诺夫已经来到作战室，换上了海军军官服，海魂衫引人注目。他将船形帽别在左肩章上，给人印象很深。

总统办公厅副主任亚历山大·阿勃拉莫夫也换上了海军军官服，他负责安排总统在加里宁格勒州陆上的活动。老实说，阿勃拉莫夫给人的印象更深。他的军官服比便服大，发给他的不是海魂衫，而是白汗衫，这使他非常生气。军方告诉他，不久的将来，整个海军都要穿这样的白汗衫，阿勃拉莫夫先生脸上才有了微笑。

任何人对总统办公厅副主任在舰桥上的神色都不能漠然视之。从他身旁经过的瓦连京娜·马特维延科惊讶地“哇”了一声，停下脚步。阿勃拉莫夫先生不解地耸耸肩，似乎说：“瓦连京娜·马特维延科女士，您看我怎么样?”

笔者问阿勃拉莫夫先生，演习之后他是否将这套军服留给自己?

“当然，”他回答说，“不过，因为拿了人家的，也得给人家点什么。”

“给谁?”

“舰队。”

“波罗的海舰队还是北方舰队?”

“两个舰队。”

此时弗拉基米尔·普京应该身着海军服出现在作战室，但他没有来，令人遗憾。

可想而知，两个舰队不会白送给他一套海军服，可能想向他讨要点什么，也许因此他才没有穿海军军官服。

实地拍摄

弗拉基米尔·普京与亚历山大·克瓦希涅夫斯基一起来到作战室，同时进来的还有瓦连京娜·马特维延科。看见她身穿一件普通蓝色军官上衣也算记者生平一大幸事。弗拉基米尔·库罗耶多夫说，可看的热闹很多：几分钟之后我方海上集团将受到导弹攻击，我们将用防空导弹综合系统的齐射还击。原则上讲，我们大可不必担心，因为俄罗斯最好的大型反潜舰“彼得大帝”号在我们一方，北方舰队也不仅仅有“列夫琴科元帅”号、“乌斯季诺夫元帅”号军舰。老实说，笔者认为，敌我力量相差悬殊。我们面对的只是一些快艇和一艘潜艇，还有几架飞机，成不了气候。整个波罗的海有一艘“彼得大帝”号就可以对付，它航行在那儿本身就是一个巨大的威慑！

军舰施放烟幕，几分钟之后它已经布满了整个地平线。烟幕的作用明确，温度比军舰高。瞄准热目标的导弹从原理上讲应该偏离军舰。只是不了解，至少是笔者不了解偏离之后导弹的命运。

此时从作战室麦克风里突然传来德语。弗拉基米尔·普京非常兴奋：

“噢，这是谁?”

“德国人在挑衅，”库罗耶多夫海军元帅迟疑片刻之后说，“间谍船‘奥克河’号正向我舰靠近，看看它想干什么。”

“‘奥克河’号想尽量离我们近一些实地拍摄，它的胃口还不小。说得轻一点，笔者对批准它的行动感到惊讶。

“说到底，它是在工作。”几位军官不大高兴地给笔者解释说。

也许他们明白，就是不批准，“奥克河”号也会来。

军官们还说，说得轻一点，他们并不喜欢“奥克河”号出现。它名气不小，已经不只一年为德国海军司令部负责对舰队进行侦察，据说完成任务出色。如此大规模演习，“奥克河”号自然不会放过。几分钟之后它已经接近了“乌斯季诺夫元帅”号，而且靠得很近。两位总统就站在“奥克河”号正在接近的那艘军舰上，装作对这艘奇怪的船只毫无兴趣，实际上他们早已习惯对自己的一切进行拍摄。

大家都上前线

俄罗斯总统相当平静，或许是过分平静。他微笑着，甚至是大声笑着与亚历山大·克瓦希涅夫斯基在舰桥上交谈。后来，健康思维占上风，他跟同行进了作战室，分别坐在不同的椅子上。亚历山大·克瓦希涅夫斯基一本正经地用发给他的望远镜观察，弗拉基米尔·普京立即感到寂寞，再次将同行领到舰桥。

“导弹危险！270度！格里沙！聚精会神工作！”作战室传出命令。

“敌方”从50公里处对我方军舰发射了导弹。原则上我们几艘军舰就可以将其击落。不知为什么，谁也不着急。一至一分半钟之后导弹依稀可见，它们飞得很低，似乎从我们上空掠过，考虑应该对什么特别注意。每发导弹都拖着白色的烟雾尾巴。我方“倔强”号军舰首发炮弹就将其中一枚导弹击落。第二枚导弹飞得时间长，甚至一度消失。一位地方官员甚至大声喊道，它有可能击中我们。

“别怕，打不着我们，”国防部长安慰说，“即使全部没有命中，也会掉进水中。”

“万一掉不进呢？”

谢尔盖·伊万诺夫还没有来得及回答这个神经质的问题，似乎是“彼得大帝”号上的发出齐射已经将导弹击落。此时“乌斯季诺夫元帅”号又发射了两枚导弹，丢失目标之后不光彩地掉进水里。

“脱靶正常！”海军总司令报告说。

弗拉基米尔·普京平静地观察这个场面。笔者觉得亚历山大·克瓦希涅夫斯基对正在发生的事件心不在焉，觉得某些事还没有与同行谈妥，似乎是有关波兰的能源问题，他想继续谈，最后他们俩又热烈地交谈起来。

10分钟之后，弗拉基米尔·普京稍微中断了一下，听取国防部长关于海军即将举行的演习的报告。应该说，俄罗斯海军的战事正在如火如荼地进行。7月7日~11日，北方舰队将与法国海军在挪威海域举行联合演习。无论太平洋舰队愿意还是不愿意（看来很愿意），8月也将显示自己的实力。那儿将举行首长司令部演习，将投入2万名军人、1万名地方人员和18个联邦部委。总之，大家都上前线。

弗拉基米尔·普京批准了上述演习，象征性地在文件或者地图上签了字，又来到舰桥与亚历山大·克瓦希涅夫斯基交谈起来。

“我们船左边是什么？”他突然关切地问。

“我觉得好像是帆船。”国防部长眯缝起眼睛回答说。

“在演习区？不可能！”总统惊讶地说。

克瓦希涅夫斯基先生饶有兴趣地看着他们。与此同时，国防部长已经将一切查个水落石出。“确实是帆船，还是我们俄罗斯的，”他安慰说，“它在演习区以外，离我们很远。在我们身边是错觉。”

“离我们多少公里？”笔者对此感兴趣。

“多少链？”国防部长冷漠地反问了一句，“我现在查一下……11链，您自己算算，合多少公里？”

笔者没有把握。

“5.5公里（原文如此——译者注），”国防部长说，“我说过，远着呢，别怕。”

确实不应该害怕帆船，可笔者从一开始就怕。

此时库罗耶多夫海军元帅报告两位总统，半小时之后潜艇将向他们发射四枚鱼雷。如果这些鱼雷未被打沉，就会从军舰下面15米深的地方经过，我方最大的军舰“彼得大帝”号吃水量最大，鱼雷将从军舰底下10米深的水中经过，相信一切顺利。

见了总统死也心甘

与此同时，三名海军老战士坐在作战室旁边一间不大的舱里。他们见多识广，但就是没有见过活生生的弗拉基米尔·普京，现在有了机会。

亚历山大·克瓦希涅夫斯基与弗拉基米尔·普京一起来到老战士中间。互致问候之后老战士们开始讲述他们与波兰海军老战士机构和海军指挥部的友好关系。

“您不想听听我介绍保持这种良好关系的奥秘吗?”克瓦希涅夫斯基先生突然对自己的同行说，“他们知道在这次会见时应该干什么。”

老战士丝毫不否认，事实他们什么都知道。他们首先知道，应该感谢谁，为什么而感谢。第一感谢海军总司令对人好，第二感谢国家有了优秀的最高统帅，第三感谢波罗的海舰队司令，军政训练搞得好。

“波罗的海舰队司令?”弗拉基米尔·普京关切地反问说，“就是向我们发射导弹的那位?”

他得到了证实，就是那位。总统摇摇头，同老战士们道别之后走出舱室。

潜水兵的机会

此时又发现了一艘侦察船，是挪威的。

“我们对它很熟悉，”国防部长告诉笔者，“它叫‘马丽亚塔’号，有时干扰我们很成功……干扰通信……”

禁止“马丽亚塔”号靠近“乌斯季诺夫元帅”号，它照办了，也许知道自己怎么办。我们还接到报告，挪威侦察船“猎户座”正在靠近，这使笔者紧张。

莫斯科时间13时整传来命令：

“攻击潜艇!”

然而为时已晚，它已经率先攻击我们了。“‘列夫琴科元帅’号将射击!”谢尔盖·伊万诺夫以难以掩饰的自豪告诉弗拉基米尔·普京。

“打不中怎么办?”总统问。

此时他与克瓦希涅夫斯基先生站在舰桥，根据海军总司令的建议观察水里的鱼雷。

“‘列夫琴科元帅’号如果没有打中，鱼雷将向我们袭来。”

“‘彼得大帝’号是否会猛烈攻击鱼雷?”总统关切地问。

“会。”总司令安慰他。

“如果它也没有打中呢?”

“不必担心，鱼雷有航行深度表，不会与军舰相撞。瞧，‘彼得大帝’号被打中了!”

弗拉基米尔·库罗耶多夫对此感兴趣，跑到作战室去查结果。

“是的，确实如此。潜水兵是好样的。这是我们最好的潜艇!”他高兴地对亚历山大·克瓦希涅夫斯基说，“几乎没有任何噪音……”

“萨什，萨什!”弗拉基米尔·普京对波兰总统说，“该离开这儿了。”

“瞧您，”海军元帅说，“一切正常。您知道‘彼得大帝’号上是什么样的防鱼雷系统吗?非常强大。”

“防鱼雷系统似乎没有发挥作用。”

“我们没有打开它。”库罗耶多夫元帅说。

总统疑惑地望着，他提的问题非常重要。

“为什么?”元帅继续说，“应该给潜水兵一个机会。”

“亚历山大，我们就留在这儿，”总统感叹地说，“我们将血战到底!我们高傲的‘瓦良格’号不会向敌人屈服的。”

波兰总统连连点头。

瓦连京娜·马特维延科缓和了气氛。

“我也要看鱼雷!”她从作战室走到露天深情地说。

但为时已晚。三枚鱼雷已经不复存在，另外一枚在波罗的海深处为了生存而顽强作战，命运已经注定。

然而，弗拉基米尔·库罗耶多夫建议瓦连京娜·马特维延科观看参演的作战飞机从“乌斯季诺夫元帅”号上空飞过。笔者明白，演习即将结束。

“稍等，”弗拉基米尔·库罗耶多夫说，“现在我去查一下，飞机从军舰哪边飞过……报告说是左侧，正在经过，看见了吗……”

“飞得真快!”弗拉基米尔·普京和颜悦色地说。

“告诉他们，飞得慢一点。”亚历山大·克瓦希涅夫斯基建议道。

亚历山大·克瓦希涅夫斯基与弗拉基米尔·普京在舰桥上停了几分钟，后来走下来，在这六小时里他们讨论了应该讨论的一切。一小时之后“乌斯季诺夫元帅”号在基地码头抛锚。弗拉基米尔·普京听完波罗的海舰队司令报告后，皱起眉头突然问道：

“是您向我们军舰射击的吗?”

司令惊慌失措。他显然不想承认是自己，但也无法掩盖，最终说了一句意义重大的话：

“相对说是这样!”

“祝贺您，打得好!”弗拉基米尔·普京没有笑脸地耸耸肩。

亚历山大·克瓦希涅夫斯基在岸上告诉记者，一切都有意思，最主要的是大家都活着，平安无事。

弗拉基米尔·普京给演习的评价是“满意”。

不知他的标准是什么？

弗拉基米罗维奇的小灯

7月9日，俄罗斯总统弗拉基米尔·普京在距阿穆尔州布拉戈维申斯克300公里的地方，按下布列亚河水电站的启动按钮，宣布该水电站投产。

尽管俄罗斯总统参加了典礼，但它进行得非常简单。弗拉基米尔·普京走进机房，环顾四周，按下按钮。老实说，笔者期待很多。拉起节日的汽笛，人们不会惊讶；将香槟酒瓶摔在汽轮机的转子或者叶片上，人们也不会惊讶。但这样的事并没有发生。机房里的灯亮了，笔者还以为总统又按了一个按钮。

一切按计划进行。众所周知，一号机组已经在10天前发电。印数颇多的《布列亚河水电站信使报》是这样描述一号机组投产的：

生产主任伊戈尔·戈卢布佐夫站在工作台上，今天他是即将举行的音乐会的总指挥。但是，他手里拿的不是指挥棒，而是步话机。可以听见他的讲话声：

“发动机器！”

“好。”

“四号，八号在哪儿？”

“在您身边。”

“机器发动完毕，转入远距离控制，从操作台开始，我批准。”

“明白。”

“批准同步，入网。”

“三号明白。正在开始同步，已经入网。正在改变电压。”

“将前端收起！”

“发电机入网。”

“成功！乌——拉！”

这个按钮让笔者不得安宁。似乎不是这样，有些不真实。

“是否将分几部分更真实？”笔者同汽轮机车间主任谈起来。

“我们也这样想过，但有人说不时兴，于是就做了这个按钮，老实说，我们也不喜欢它。请相信，除此而外，我们的一切都是真实的。您是否看见过纪念布列亚河水电站首批建设者的奠基石?”

“当然见过,”我来了精神,“不过对碑文不大满意:他们建设了布列亚河水电站。名字……人数很多,四十多个。他们是怎么牺牲的?莫非出了大事故?”

“您说到哪儿去了,他们全都活着,”罗季昂·格列别纽克让我高兴起来,“就是这样写的,留个纪念。我们在整个布列亚河上寻找石头。纪念碑底下有画……”

罗季昂·格列别纽克没有讲完纪念碑底下还有什么,总统已经走进了机房。

普京先生的直升机是此前一个半小时在塔拉坎村着陆的。停机坪的展览台上,写着建设布列亚河水电站不平凡有意义的历史。总统认真阅读,主要注意力集中在露天电站的照片上。当讲解员说这是露天水电站照片时他哈哈大笑。“露天”太可笑。

在如此活跃的气氛中弗拉基米尔·普京走进机房,不时点头微笑。令几十位摄影记者失望的是他没有戴刚刚下飞机就送给他的安全帽,因此陪同人员也不知道对自己的安全帽怎么办。俄罗斯统一电力公司董事长丘拜斯先生最忙碌,他两次戴上又卸下自己的安全帽。如同平时一样,他最后横下决心,尽管机房非常吵闹还是将帽子戴上,并且再也没有卸下。

总统按下按钮,机房里的电灯亮起来之后,阿纳托利·丘拜斯开始津津有味地向总统讲解电站工作原理。总统听得很满意,他喜欢眼前发生的事。这是在新俄罗斯开工的第一个水电站,国家正在复兴,他为此日夜操劳,笔者也努力将这些历史过程记录下来。如果不是那个假按钮,一切看上去非常宏伟。

弗拉基米尔·普京压过机房的吵闹声说,三四年的时间塔拉坎简直创造了一个奇迹。从他下面的讲话判断,奇迹在于联邦中央支持了水电站建设。俄罗斯统一电力公司的代表在开幕式前暗示,第一台机组投产之后所有奇迹将会结束,全部投资将由俄罗斯统一电力公司筹措。然而,弗拉基米尔·普京并没有白说,布列亚河水电站是全国建设的。

这一想法使他继续宣布,现在将有合法的根据认为电费将会下降,至少是在远东。笔者并不认为丘拜斯先生会对这个说法高兴。第一台机组投产之后他已经将每度电的电费降低了5戈比。他建设水电站,难道就是为了这个?

你们等着答复吧

7月11日,俄罗斯总统弗拉基米尔·普京尽了极大努力团结社会,为此邀请了各界著名人士在叶卡捷琳娜大厅商议国是。然而,记者们等待的主要新闻不是来自总统，而是来自俄罗斯工业和企业家联合会主席阿尔卡季·沃尔斯基及其渴望已久的向当局的最后通牒。然而他并没有当众宣读。总统抢在沃尔斯基之前，围绕当代主要问题提出了团结社会的计划。笔者遗憾地证实，关于尤克斯石油公司形势不在其列。

参加会见的还有俄罗斯政府总理米哈依尔·卡西亚诺夫，主要政党和国家杜马主要议会党团领导人，几位州长和某些社会团体代表，如俄罗斯独立工会联合会和俄罗斯工业和企业家联合会领导人。记者们对俄罗斯工业和企业家联合会领导人寄予厚望，他应该将联合会的信件面呈弗拉基米尔·普京，并希望他当面向总统讲些什么。有人认为，关于工商界与权力部门关系的真理时刻已经来临，最主要的是大家等待着阿尔卡季·沃尔斯基先生当场得到答复。问题最终还是以某种形式提出来了，人们诚恳希望一切最终有利于我们幅员辽阔的祖国。

会见开始推迟了20分钟，此时已经对尤克斯办公室开始搜查。沃尔斯基先生心平气和，没有丝毫怀疑地与参加接见的一位普通人士交谈。他对面的圆桌上放着一个厚厚的黑色文件夹，里面可能放着各种信件。

笔者问俄罗斯工业和企业家联合会主席，他是否真的要转交信件，对此从一大早就众说纷纭。

“要交，”沃尔斯基回答说，“当然。但是新闻界得退席，是秘密转交。”

他似乎对自己的决定感到高兴。他走到笔者跟前，似乎是要显示自己决定的最大严肃性，用力卡住笔者的脖子，想按倒在地上。天哪，他大概想拿笔者做练习！笔者希望自己的表现就像一个不错的对手。

与此同时，正在发生的事件至少表现出沃尔斯基先生的激动心情。尽管人们对他怀有好感，所有这一切可以被当作请求记者原谅，他们看不到转交信件的场面。

“您知道日程吗？”笔者喘口气之后问沃尔斯基先生。

他微笑着（意味着什么？笔者早就想说，是新闻人物的神秘！他后来放松了，我们却得忙乎半天，费九牛二虎之力去解释）。

“你们将讨论什么？”笔者继续问道，“听说是总统的国情咨文。”

“我想说，不是咨文本身。”

“是什么？”

“国情咨文引申的内容。”

“您的文件夹里有自己给总统的信，莫非首先讲的就是这个？总统的国情咨文竟能产生这么多东西！什么都有！”

“首先是国民生产总值翻一番。”

“您认为可能吗？”

“我觉得，现在大家都认为可能。”

沃尔斯基先生两次微笑，笔者希望那是他著名的微笑。

国家杜马议员团领导人一本正经地坐在距离俄罗斯工业和企业家联合会主席几米开外分配给他们的圆桌席位上，交换自己对国家未来的观点。

“有意思!”鲍里斯·涅姆佐夫大声说，目的是不仅让自己的同行，而首先是让记者听到，“从前我们国家是先让干，然后兴师问罪。现在是先兴师问罪，然后再让干。”

他显然指几分钟之后将在这个大厅内发生的事情。如果笔者不是对涅姆佐夫先生抱有成见，那么他现在所言就是提醒大家，霍多尔科夫斯基先生向涅姆佐夫的俄罗斯右翼力量联盟捐款（霍氏本人供认不讳）。但笔者并没有这样，因为觉得这样不好。

“为什么没有看见根纳季·久加诺夫?”一位记者问。

“瓦连京·库普佐夫代替他开会。”鲍里斯·涅姆佐夫重复说。

背朝记者坐着的库普佐夫身子突然抖动了一下，似乎证实确实如此，你们能怎么样?

“他也是共产党的大人物，”鲍里斯·涅姆佐夫继续说，“不是电视上放的那位。”

“早就没有了。”总统办公厅一位官员以凶狠地口气甩了一句。

山雨欲来风满楼，已经可以感受到国家杜马选举的气氛。

库普佐夫先生仍然没有转过身来，整个背部痛苦地抽搐着，似乎在说，不让我们上电视，我们也不想。

“久加诺夫先生到底在那儿?”笔者问那个背影。

背影此时才不抽搐。

“他在休假!”鲍里斯·涅姆佐夫代替他回答说。

“难道您不知道他上哪儿去了?”

“去哪儿？北朝鲜!”右翼力量联盟领导人说。

瓦连京·库普佐夫突然转过身子，面朝鲍里斯·涅姆佐夫斜视着笔者。他当然应该回答些什么，而且是重要内容，大概是关于右翼力量联盟领导人之一伊里娜·夸田在休假。

然而，库普佐夫先生并没有摆出论战的架势。他长时间可怕地，以某种难以用语言表达的痛苦的表情望着涅姆佐夫先生，后来又背对着他，什么也没有说。此时主裁判已经走进会议室，战斗以一方的明显优势而停止。

弗拉基米尔·普京非常乐观，笑得开心，这一点容易解释。他看上去就像是一个解决了很多问题，留下不少困惑，但这些困惑几分钟之后马上就要解决的一个人。

同参加会见的人互致问候之后他仍然微笑着。他停在斯维尔德洛夫斯克州长爱德华·罗塞尔身边，带着几分特殊的微笑给他说了几句好话，在已经开始的州长选举中，用这种方式再次为他的连选连任给了难以估量的道义支持。

总统的开场白主要讲社会团结。

“社会已经分裂成不同的利益集团，这样就不能团结一致解决我们面临的各项重大任务。”总统说。

他再次指出，应该将国家利益置于集团利益之上，这样一切就好安排，如国民生产总值翻一番、武装力量现代化、扶贫等。

弗拉基米尔·普京还说，为了求得真正的团结，应该就主要问题达成协议。笔者认为这不是建议，甚至也不是劝告，而是权力机关在当前形势下发出的真正的最后通牒。笔者不禁回忆起此前涅姆佐夫先生想问库普佐夫先生，作为回报库普佐夫先生又看看涅姆佐夫先生的情景，心想用别的办法就主要问题达成共识看来不行。

从实质上说，总统建议国家的所有政治和经济精英对国内正在发生的事情分担责任，每人现在就应该考虑如何帮助俄罗斯联邦。发言者努力提出自己的建议。瓦连京·库普佐夫准备尽力而为降低药品价格。他本人供认，尽管自己每天都要吃不少药，但由于自己作为杜马代表，社会保障良好，因此这一切与他个人关系不大。鲍里斯·涅姆佐夫承诺帮助武装力量改革进程。不知为什么，谁也不承担国民生产总值翻一番这个宏大任务，就连政府总理米哈依尔·卡西亚诺夫实质上也没有提到它。这是今后十年的任务，卡西亚诺夫总理的政府一年半之后有可能辞职。由亚博卢议员团起草扶贫计划再也合适不过，它一直在呼吁。

与会者一直期待着沃尔斯基先生讲俄罗斯工业和企业家协会的信件或者团结问题，但他长时间介绍中国的经济发展模式，俄罗斯应该效仿。他认为，在这种形势下，即使没有全社会的团结，也能完成任务。

沃尔斯基先生讲完中国模式之后没有提到信件，而是转入租赁问题，甚至回忆起他与亚夫林斯基先生一起在西拉耶夫政府担任副总理的美好时刻。沃尔斯基先生特别满意地回忆起他们不止一次提出租赁问题。这个问题与团结社会有何相干？这位俄罗斯工业和企业家联合会主席自己也知道这一点，因为他接下来说：

“我有些跑题了。我们联合会准备了一封信……”

最终一语道破天机！大家都在等待着！但怎么也没有料到沃尔斯基先生开始为自己辩护。他说：

“信中没有任何关于尤克斯大股东普拉东·列别杰夫和尤克斯的任何内容！只字未提！”沃尔斯基先生甚至承认，原来信里有这方面的内容，但最终在致总统的信里消失了。

“我们亲自将有关普拉东·列别杰夫和尤克斯的内容勾掉了，”他说，“但问题不在这儿。”

问题在哪儿，了解这一点非常有意思，阿尔卡季·沃尔斯基自己也讲了，关键是政治稳定，他准备随时做这方面的工作，也准备付出任何努力。

剩下的就是等待总统致闭幕词。事实上他没有进行任何评论。会见进行了三小时，已经推迟了他会见瑞士联邦总统，因此他的讲话并不长。他用相当篇幅答复沃尔斯基，但谈的不是信件，而是中国发展模式。他说，从整体上不应该效仿它，遗憾的是俄罗斯有自己特殊的道路。

弗拉基米尔·普京提到尤克斯问题，日前政府总理米哈依尔·卡西亚诺夫和联邦委员会主席谢尔盖·米罗诺夫也详细讲过，核心是对待经济犯罪不能过分使用迫害手法，如逮捕。总统讲的也是这个意思。真的，为什么要抓人？显然是多余的，不用那么激烈的手段也可以达到目的。

当总统绕过圆桌与与会人员握手告别时走到俄罗斯工业和企业家联合会主席跟前，后者从一个大黑皮包里拿出一个不大的绿色文件夹，将它交给总统。它就是俄罗斯工业和企业家联合会的信。

毫无疑问，沃尔斯基先生知道自己怎么做。他多次到过总统办公室，他本人一度在政府也有自己的办公室。克里姆林宫和白宫高级官员的组织工作基本相似。将绿色和红色文件夹放在桌子上。红色文件夹里夹着密件，绿色文件夹里夹着急件。

阿尔卡季·沃尔斯基将信放在绿色文件夹里。他希望什么。希望总统潜意识爆炸？不排除。主要问题不在这儿，主要问题是总统将信放在哪个文件夹里。

弗拉基米尔·普京的农村一小时

6月10日，俄罗斯总统弗拉基米尔·普京乘坐“帕拉斯”（希腊神话中的“智神”——译者注）号快艇来到列宁格勒州旧拉多加村，给当地居民留下了深刻印象。不过，总统只是路过旧拉多加村，当天，他就离开村子，继续前行，他要去休息。

弗拉基米尔·普京是搭乘直升机从彼得堡飞过来的。他乘坐的快艇在沃尔霍夫河上航行了总共不过一公里，却引起了强烈的反响！因为在河的右边，是“先圣”奥列格的墓地。的确，考古学家们并不能断定，著名的王公奥列格就安息在这座土岗上。然而，从另一方面讲，谁也无法证明奥列格没有安息在这里。问题在于，这座高大的古墓从来也没有进行过任何发掘工作。

在旧拉多加的历史中，存在着诸多不解之谜。例如，城市问题会议恰恰选在这里召开，这是为什么？毫无疑问的是，其中存在着某种含义，这一点应当搞清楚。随着旧拉多加村历史研究工作的深入进行，其中的奥妙开始越来越清晰地浮现出来。

原来，根据一些固定的标志物判断，旧拉多加村是俄罗斯最古老的城市。传说早在俄罗斯历史上第一个王朝的奠基人留里克来到拉多加建立王朝之前的100年，这里就已经有居民存在了。著名的“自瓦良格至希腊”商道（即“瓦希之路”——译者注），正好通过拉多加村。新闻报道肯定地说，拉多加村早就成了正在诞生的俄罗斯国家的都城和中心。具备了这一切优势之后，选择这个地方举行会议，还能是一些奇怪情况的简单巧合吗？无论如何也不是。总统乘坐“帕拉斯”号快艇沿沃尔霍夫河进入拉多加村的目的，不是显而易见了吗？它不是别的，而是果断地、一劳永逸地断绝基辅的野心——基辅固执地、当仁不让地自称“俄罗斯各城市之母”。

谢天谢地，我们加强了历史的记忆，睁开了双眼。我们看到，在许多个世纪以前，我们已经创造了一切前提条件，让旧拉多加，而不是邻国乌克兰的首都成为“俄罗斯各城市之母”。这个邻国的总统至今不肯将一家大型天然气集团的控股权交给我们。

就在昨天，我们亲眼看到，基辅失去了“城市母亲”的权利。俄罗斯总统听取了有关埋葬着“先圣”奥列格土岗的情况。自然保护区博物馆馆长柳德米拉·古布切夫斯卡娅还向总统报告了这些圣地的其他一些优越条件。

“我们这里的主要名胜之一，就是要塞的地下工事。”古布切夫斯卡娅自豪地说。

“可以参观一下吗？”总统感兴趣地问。

“很遗憾，还不行，”古布切夫斯卡娅解释说，“和奥列格的坟墓一样，这一地下工事暂时还没有找到。”

总统理解地点了点头。

弗拉基米尔·普京仔细地观看了要塞塔楼之间的通道。在从一座塔楼沿台阶走下来时，总统办公厅副主任德米特里·科扎克向总统讲述了权力过分集中到一个人手中的危害（显然指留里克）。

科扎克先生总是奋不顾身地谈分支权力机构权限划分改革的意义，不能不令人赞叹。他能够在任何时候，任何情况下，都这样做。

“奴隶式的劳动是最没有效率的劳动，”科扎克先生解释说，“棍棒纪律也没有前途。因此，需要实行分权制度。”

“可为什么这一改革遭遇了如此强大的抵抗？”

“有人担心一旦中央失去了对地区控制的杠杆，一切马上就会崩溃。”

“万一真的崩溃了呢？”

“可我们不会失去起控制作用的杠杆。”

在一块纪念旧拉多加建村1250周年竖立的大石头边，站着一些老战士。

“您们想跟总统说什么？”笔者问这些老战士。

“感谢他把退休金提高了8%！”一名妇女回答说，她的年龄显然已是临近退休的年龄。

“这么说，这是您们期待已久的?”

“我们始终都在期待着，”沃尔霍夫区老战士委员会主席尼古拉·乌瓦罗夫生气地说，“而他们却要等待物价上涨后，再给我们提高退休金。所以说，这是嘲弄人，而不是提高退休金。”

如此说来，也就没有什么好感谢总统的了？

“在您们的生活中，有没有什么值得高兴的?”

“有啊！香肠，商店里多得是。”

在尼古拉·乌瓦罗夫的生活中，除了香肠，还有列宁格勒州州长瓦列里·谢尔久科夫。

“他是一位好心人，到了我们这里，就摘下领带，跟我们拉家常。”

“这么说，也许应当没收寡头们的钱，交给你们?”笔者不假思索地建议说。

“坦率地讲，我本人就想跟您说这事，但没敢说，”乌瓦罗夫高兴起来，“要是能把他们揪出来就好了，是不是?”

“难道您要没收霍多尔科夫斯基的钱?”一位老太太怀疑地问。

“这我们要走着瞧。”乌瓦罗夫回答她说。

这时，总统走到了大石头跟前。

“弗拉基米尔·弗拉基米罗维奇，我们真是太高兴了！”那位怀疑能够从霍多尔科夫斯基那里没收任何东西的老太太喊叫起来。

“谢谢。”总统回答说。

“我有要事求您，”乌瓦罗夫对总统说，“请帮帮退休的人们!”

“我们正在做这件事。”

“可物价在上涨。”

“是的，不过物价的涨幅低于退休金的提高幅度。”普京亲切地露出微笑。

笔者一下子打了个寒战。总统不知道这是在同谁讲话。

“是的，的确是这样。”乌瓦罗夫表示赞同。

“不过，还有许多工作要做。”总统摇摇头。

在一个小时的座谈里，人们发泄了积压在心中的怨气。乡村里的人们指责城市里的人，说在城市住房公用设施的管道中流动的是热水，而在农村住房公用设施的管道中，流淌着的至多是粪水。不过，普京先生试图安慰这些农村人。

“这笔钱在许多住房公用设施企业的账上，是预算漏洞。”总统解释说。

看来，这席话的意思很明确，总统反对预算漏洞。不过，沃尔霍夫市市长拉里金先生在答问时，再次建议取消住房公用设施企业的一切债务。

“要知道，农业的债务都已经取消了!”

“我们给农业取消的不是债务，而是罚款与罚金，”普京说，“这是为了防止产生贫困。”“多好的想法啊!”拉里金赞叹地说。

“是吗?”总统出乎意料地表示怀疑，他追问了一句。

“是的!”拉里金以带点挑衅的口吻肯定地说。

斯兰齐市市长则侃侃而谈，说弗拉基米尔·普京到他们斯兰齐市视察的时候，给全体市民留下了十分美好的印象，令他们终生难忘。

“可当时我是索布恰克的副手，不像现在是个大领导。所以，人们未必还记得我。”

“怎么会记不住呢!”市长坚持说。

“就算是吧。”总统轻松地同意了市长的说法。

总统对市长们说，国家领导人打算采取大规模的措施，改善城乡福利事业。例如，在乡村之间的通信方面，国家准备根据邮电部的建议，启用航天通信。其他一切可能的办法，显然已经都想过了。不过，总统仍然毫不动摇地坚决反对在医疗中滥用计算机层析X线照相法。

“为什么每个区医院都要配备这种昂贵的设备?”总统问，“是为了把钱花光吗?”

与会者们还讨论了其他许多问题。最后，弗拉基米尔·普京进行了总结，他再次谈到对旧拉多加——俄罗斯新的“城市之母”的想法：

“谈到统一的意识形态，那么，对于像俄罗斯这样的国家，当然是爱国主义。如果我们只是耽于回想，当年我们是多么伟大，多么有天才，多么漂亮，那是不够的。应当做的是，使我们的今天依然伟大。”

也许，拉里金本应当在这个时候补充说，这是一个好主意。但他却一言未发。他显然明白，在像俄罗斯这样的国家里，要想成为一名爱国者，有多么困难。

弗拉基米尔·普京遭遇险情，在水中如履平地

7月21日，俄罗斯总统弗拉基米尔·普京在俄罗斯一座普通的城市彼得罗扎沃茨克市做了一件此前只有一个人才能够做到的事情。正如所知，这个人的名字叫耶稣基督。

一切正常，没有发生险情的任何预兆。而险情跟平时一样，在人们预想不到的地方降临了。弗拉基米尔·普京在彼得罗扎沃茨克的视察计划，包括了一些传统的活动：向卡累利阿方面军的军人、游击队员和地下工作者纪念碑献花圈，参观当地的造型艺术博物馆，与卫国战争老战士和老职工举行短暂的会晤，与国家林业部门的领导人举行长时间的会晤。最后一个项目是参观孔多波加纸浆造纸联合工厂。谁

也没有特别重视这一活动。一开始的时候，参观纸浆造纸联合工厂的活动被安排在当天的最后时刻，后来，改到了中午。

和往常一样，老战士和老职工们没有使人为难，首先没有使记者们为难。一名老战士告诉总统说，政府仓促地取消了给卫国战争老战士和老职工的一切优待。其实，普京先生知道这件事，他解释说，是的，是取消了一些优待，但取消的不是全部优待，也不是取消了给老战士、老职工的优待。只是取消了给他们家属的优待。

“凭什么要给家属们发钱？”总统问老战士、老职工们。显然，他希望得到理解。“就因为他们是你们的亲人？联邦当局只应当照顾那些确实为国流过血的人。”

最后一句话把事情搞得更复杂了。

“而我，比如说，就是老职工！”一名老大爷说，“我曾经顽强地工作，工作……”

这是一个令人难耐的时刻。

“那当然了。我们还应当让制度成为公正的制度。”普京先生耸了耸双肩说。

“我还是卫国战争老战士。”这位老大爷补充说。

原来，他要向总统讲述自己的全部生活。

总统想知道其他一些老战士的退休金有多少。一名老战士是预备役上校，每月领取6400卢布，但并没有为此感到不好意思。恰恰相反，他希望领到1万卢布。

“真是好样的！”总统夸奖他，还拍拍他的肩膀。

另一名老战士出乎意料地代表战友们向总统转达问候。

“我代表水兵和全体战友们，向您，弗拉基米尔·弗拉基米罗维奇致以问候！”这位老战士说。

总统点了点头。显然，他明白是什么意思。

此后，总统参观了造型艺术博物馆。一切都在顺利进行。总统驱车来到离彼得罗扎沃茨克大约40公里的孔多波加。就是在这里，在纸浆造纸联合工厂里，到底还是出事了。

总统到来之前，厂方请记者们参观了调试车间。事有凑巧，恰恰是在这一天，纸浆造纸联合工厂计划启动一台新型造纸机。在纸浆造纸联合工厂的生活中，这是一件大喜事。厂里为此夜以继日地忙活了好几天。

调试车间里没有工人（现代化产业就应当是这个样子），记者们单独留下来等待总统到来。在离总统到来还剩下5分钟的时候，从一根不知在什么地方与别的管道相连的管子里，突然涌出了液体。说不清这是什么液体。稍微令人放心的是，这种液体无色无味。不能否认的是，在这座现代化的工厂里（更别说还是代表城市形象的工厂里），本不应当有液体像喷泉一样，从管道里喷涌而出，迅速地浸湿地板，以及包括大量电缆线在内的地板上的一切。

留在调试车间里的人们并不是傻瓜。如果这不是水，而是用于溶解一切生物的酸，那会出现什么后果呢？

很有先见之明地待在隔壁屋子里的专家们说，发生的事当然不是什么好事，纯粹是一场事故。

就在这时，俄罗斯联邦总统弗拉基米尔·普京走进了调试车间。地板上积聚的水，有的地方已经没过了脚脖子，并且，水还在继续上涨。退路似乎一下子被切断了。其实，弗拉基米尔·普京本来就没打算后退。他看到在管道与地面间有一道小小的护墙，就跳了上去，避开了水灾。

普京的意志与沉着令人赞叹。在这一时刻，他显得没有丝毫的犹豫。在每个人的生命中，这种瞬间被称作是暴露本性的时刻。头也不回地紧跟在普京身后的，是他的全部随行人员：西北联邦区总统全权代表瓦连京娜·马特维延科、卡累利阿共和国总统谢尔盖·卡塔纳恩多夫、纸浆造纸联合工厂厂长维塔利·费德尔梅赛尔……

总统绕过被水浸泡的地方（这时，专家们已经统一了意见，认为这最有可能是水），进入隔壁大厅。可是，一看就明白了，麻烦还没有结束。新机器主要部件所在的隔壁大厅也被水浸泡了。这里正在全力展开抢险工作。两个年轻人十分顽强地用墩布扫水，努力驱散总统脚下的积水。年轻人的表情和动作博得了来宾的真诚好感。

在这一时刻，作为一个力图重现大国风采的国家的总统，应当怎么做呢？弗拉基米尔·普京所做的，正是这样一个大国总统应当做的：趟水而行。普京这么做了。

一些喜欢造谣中伤的人说，假如不是总统竞选活动临近的话，那么，弗拉基米尔·普京的表现可能会是另一个样子。也许，他会站在护墙上，听取有关新造纸机工作原理的详细汇报。也许，他还会想出其他的一些做法。不过，不管怎么说，笔者觉得，在我国整个历史中这个戏剧性的时刻，当一切都可能停留在护墙上或者后退的时候，总统最少考虑的就是自己的民意得分。至多他会想到的是，此后能否挽救脚上的皮鞋。

总统没有犹豫，他走了过去，尽管水很深，但他甚至都没有把脚弄湿。在我们所知的历史中，还只知道一次这样的遭遇。这当然是不久前发生的事情了！我们多么希望当时有第二条路可走！

另外，笔者还觉得，孔多波加纸浆造纸联合工厂的功勋厂长费德尔梅赛尔先生不应当，无论如何也不应当因为这起初看上去十分丢脸的事故而自责。这没什么，因为造纸机有问题（后来，工厂里的工作人员按遍了这台奇怪机器的操纵台上的所有按钮。可是，不管人们怎么做，这台机器还是连一卷纸也没有造出来）。这没有什么可怕的。而这个国家，如果能仔细听听这个故事，那么，将永远记住它的总统曾在何时何地，怎样如履平地地在水中行走。

接下来，只须谈谈我们这些有罪的人了。首先要谈谈我们这些记者。在整个这段时间里，我们这些“耳目”都到哪里去了？究竟到哪里去了呢?！我们什么也不去做。总统常常受到指责。因为在“库尔斯克”号核潜艇事件中保持沉默，因为独立电视台事件，因为住房公用设施，最后，因为电视塔发生火灾的事，总统都受到了指责。而我们不明白，是谁与我们生活在一起，谁与我们行走在同一块土地上。我们都是瞎子！我们都是不中用的人！

苏—30MKM歼击机换棕榈油

8月5日，俄罗斯总统弗拉基米尔·普京开始对马来西亚进行正式访问。笔者轻松地认为，俄罗斯的对内对外政策，与马来西亚总理穆罕默德·马哈蒂尔先生推行的政策完全相符。

俄罗斯总统乘机飞抵马来西亚首都吉隆坡用了10小时15分。人们认为，在这段时间里，总统既研究了文件，也因为短暂地好好睡了一觉而得到休息。

俄罗斯代表团的成员们与克里姆林宫的记者们同乘一架飞机，至于他们的情况，就未必能够用同样的话语来形容了。我们飞抵马来西亚首都所用的时间要长得多。俄罗斯邮电部部长列昂尼德·雷曼，工业、科学与技术部部长伊利亚·克列巴诺夫，“俄罗斯航空航天集团”总经理尤里·科普捷夫等人，在一架几乎只能满足一名高级官员需求，也就是他们中的每一位官员需求的小型飞机里备受煎熬。这架小型飞机只有一间小客舱、一间休息室和厨房……连个正常地伸伸腿的地方都没有。假如只有一个人的话，他会在这里很舒适、很有益地度过这业余时光。可是，50个人坐在里面，就焦躁不安了。的确，面对我们自己，我们没有什么可隐瞒的：所有这一切人为的困难，都被俄罗斯代表团此次大规模出访行动所担负任务的重要性抵消了。俄罗斯将向马来西亚出售18架“苏—30MKM”型歼击机（这笔交易几乎已经做成了），两架“米—171”型直升机（马来西亚至今还在犹豫），为马来西亚将一颗地质研究卫星送入轨道（存在疑问），向太空运送一名马来西亚宇航员。这还有什么可说的呢。在星期一傍晚飞抵吉隆坡后，普京先生并没有急于采取任何行动。而且，那天晚上，他根本就没有感到自己是在马来西亚首都。那么，以精力充沛而著名的我国总统8月4日下午在吉隆坡到底干什么了呢？对于笔者来说，这也曾经是一个谜，直到俄罗斯代表团里的高级官员说出了自己的看法。他说，总统打了很长时间的电话。

昨天早晨，一切都正常地开始了。首先是欢迎普京先生的仪式。此次欢迎仪式酷似不久前在伦敦举行的欢迎普京的仪式（看来，这显然是因为马来西亚曾长期处在英国的统治之下）。同样的卫兵，同样茫然的眼神，只是卫兵们的裤子外面还罩着绿色的短裙；同样的礼炮，同样的乐队。和在伦敦时一样，俄罗斯总统晚到了10~12分钟。在这里和在伦敦的差别是极小的。在伦敦，英国女王着急地等待着普京，而在这里，着急地等待着普京的是马来西亚国王。在伦敦，乐队演奏俄罗斯国歌相当得体，而在这里，乐队的演奏严重走调（不过，看上去乐队为此已经很努力了）。为了报复这种糟蹋音乐的胡吹滥奏，笔者应当说，马来西亚国歌是极其欠考虑的，就其曲调而言，简直就是狐步舞曲。

欢迎仪式是在马来西亚议会大楼旁举行的。在摩天大楼就像莫斯科的泥土一样多的吉隆坡市，议会大楼并非给人留下最深刻印象的建筑。不过，马来西亚人说，一切正式的迎宾仪式将在近日转移到国家的新首都普特拉贾亚市。该市是在离吉隆坡15公里的一块空地上，用了几年的时间建造起来的。马哈蒂尔总理被马来西亚人视为当代最伟大的政治家之一，这不是没有充分理由的。他认为，在吉隆坡市的心脏地带建设新的政府办公楼群，至少是不明智的（这一观点引起了莫斯科市长卢日科夫先生的重视）。和往常一样，生活证明了马哈蒂尔先生的正确。而我们只是后来才认识到了这一点。

普京先生在“吉隆坡”宾馆里先后会见了马来西亚国王和总理。会见是在宾馆最高层一个相当狭窄的房间里进行的。马来西亚国王岁数已经不小了，戴着眼镜，头上是一顶非斯帽（北非和西南亚国家的一种男帽，用毡或毛线做成，截锥形，有帽缨——译者注）。俄罗斯总统称马来西亚国王是人民的国王。笔者的感觉是，国王甚至因此而落泪了（显然，国王好久没同弗拉基米尔·普京这个层次的政治家交往了）。

在房间里等待与马来西亚总理会见的时候，克列巴诺夫和雷曼先生站在那里，左右脚不停地替换着。

“怎么，我们要给马来西亚发射卫星？”笔者问。

“他们出钱，我们就发射。”克列巴诺夫先生漫不经心地回答说。

“什么卫星？”雷曼认为有必要打听一下。

“有消息说，他们想进行地质勘探……”

“预付款为100%。”克列巴诺夫说。

“怎么，不相信马来人？”

“不是，总的说来，他们是讲信用的，”克列巴诺夫先生说，“他们会付款的。”

“他们的货币是可兑换的吗？”雷曼先生有一搭无一搭地问。

“他们的货币？未必，”克列巴诺夫先生耸了耸双肩，“他们有棕榈油。这是可兑换的，是可以变现款的东西。”

这里所说的是，马来西亚购买18架“苏—30MKM”型歼击机款额的30%，是用棕榈油付账的。原来，这种油料几乎可以用于任何生产过程中——从制造香水到炼钢。

在普京总统到来之前，马来西亚礼宾官员请俄罗斯代表团一名成员查温度。

“查它干吗?”这名代表团成员委屈地说，“不用查我也知道，36.6度。怎么回事?”

原来，礼宾官说的是房间的温度，而不是人的体温。房间温度正好是23℃。经询问才知道，马来西亚总理马哈蒂尔喜欢这个温度。

两位领导人的谈话给人留下了生动活泼的印象。弗拉基米尔·普京说，在马哈蒂尔先生领导下迅速发展的马来西亚首都，给他留下了不可磨灭的印象。为了公正，值得一提的是，普京先生还对近期俄罗斯迅速发展的进程产生了深刻的印象。例如，他说，俄罗斯的经济结构变得越来越好。当然了，如果不是内行专家的话，很难明白他这句话指的是什么。不过，显然碰巧了。

此外，弗拉基米尔·普京声称，他对马来西亚公民进入太空充满信心。

“我们一定要实现这一想法。”普京宣布说。

“我们也明白，这一项目会给我们带来多么大的负担，包括物质方面的负担，”马来西亚总理充满激情地支持这一课题，“可是，我们整个国家都受到了这一想法的鼓舞。我们所有的人都希望实现这一想法!”

普京先生点了点头，他说，那好吧，既然你们想做，那就意味着你们能够做到。而实际上，这项服务也是我们能够提供的为数不多的不会特别增加负担的服务之一。

半个小时后，两位领导人再次见面，而这次见面已经不是在顶层房间里，而是在地下室里了，这里正在举办“俄罗斯—马来西亚”实业论坛。弗拉基米尔·普京阐述了俄罗斯最近一个时期在经济方面所取得的成就。例如，国内生产总值在半年的时间里增长了7.3%。这样，国内生产总值翻一番的工作正在全速推进，而从俄罗斯国家元首的心情看，这项工作已经成功在望。

俄罗斯总统就像谈论已经解决了的问题似的，顺便提到了向马来西亚提供“苏—30MKM”型歼击机的合同。而他更关心的是讨论新的项目。

“我告诉马来西亚总理说，我们与意大利人一起，刚刚研制出一种新型作战飞机，已经处于建造阶段。而另一种作战飞机的研制工作正在完成，是跟法国人一起搞的……”

普京先生明显地是在暗示，如果马来西亚人做出努力的话，那么，在这个荣誉名单中，下一个国家就是马来西亚。

实业界人士被允许提出一些问题。十分奇怪的是，这些实业界精英人物最关心的问题竟然是地球上会不会出现一个单极世界。很显然，他们想说的是，在一个多极世界里，马来西亚完全有可能成为多极中的一极（特别是在马来西亚人被送入太空后）。马来西亚实业界的一位精英认为，美国企图改变世界的一个最显著标志是，美国强化了签证制度。原来，在马来西亚，这一问题已经激烈地讨论了好长时间。

有人认为，美国外交界已经失去了羞耻感，竟然轻视国际法则。另一些马来西亚人则持相反的态度，他们确信，在抗击非典的斗争中，一切手段都是好的。最近，就连英明的马哈蒂尔总理也不得不就这一问题专门发表声明。他说，在美国的入境限制涉及到马来西亚之前，不值得将最近发生的这一事件放在心上。因为目前根本就没有谈到这一问题。

其实，这一问题令马来西亚人感到不安并非偶然。马来西亚想在最近的将来跻身于世界最发达国家之列。从这一角度看，就不难理解马来西亚人的一切奢望，其中包括前面提到的有关马来西亚想让其公民进入太空的野心。

在一次会议中间休息时，笔者问俄罗斯航空航天集团总经理尤里·科普捷夫先生，马来西亚人盼望已久的这一事件什么时候能够发生。科普捷夫说，合同在一个月后生效，2005 年，在第一阶段挑选出来的 20 名马来西亚幸运者中，将有一人能够从太空中看到尤里·加加林当年所看到过的地球。

“怎么，已经最后决定，我们的宇航员不在轨道上结婚了?”笔者问。因为对于笔者来说，和对于任何一位普通人来说一样，都有一个本国优先的问题。

“不，”科普捷夫肯定地说，“不会结婚。”

“可要知道，这件事如果办成了，我们可是开了先河的。”

“是的，可这是宇航员个人的决定。”科普捷夫先生耸了耸双肩。

他说的是俄罗斯的宇航员。从一方面讲，这是显而易见的。一开始的时候，人们就存在怀疑，而后来也就接受并开始思考这一问题。但从另一方面讲，这可是在太空中举行的第一场婚礼……是的，在轨道上还有值得与美国人一争高下的事情。可要知道，我们在轨道上举行的婚礼越早，那么，我们就会越早地证明本国有另一项领先的事：太空中的第一个离婚案。

“我本人赞成举行这样的婚礼，”克列巴诺夫走过来插话说，“我不觉得这有什么不好。有人禁止他结婚，是吗？我听说了，是空军总司令?”

科普捷夫没有反驳同行的话。归根结底，因为什么原因不举行这场婚礼，并没有什么区别。只是少了两个航天纪录的事情，仅此而已。

同时，我们还需要回到实业论坛，关注一下马来西亚总理对实业界一位最优秀精英所提问题的答复。这个问题说的是马来西亚能够拿什么来帮助俄罗斯?

马哈蒂尔先生说：

“我们至今也不是很清楚，我们能够向俄罗斯卖什么，又能够从俄罗斯买什么。举个例子说，我们曾经向俄罗斯出口了一批汽车（‘PROTON’型汽车——作者注），可是，发生了一些问题。因而，我们再也没有向俄罗斯出口过汽车。”

给笔者的感觉是，当年的这件事刺痛了这位改革派总理。从他接下来的讲话中，笔者明白了，这个伤口是难以愈合的。

“当然了，也许是俄罗斯公民不习惯使用我国的汽车。也许是这些汽车对于他们来说不是很出色。但对于我们马来西亚人来说，这些汽车是很适合的。在我们马来西亚，每两个人就拥有一辆汽车。我不知道，可能俄罗斯不需要这么多的汽车。也许，俄罗斯国民开不了那么多的汽车……”

这时，马来西亚记者们的脸上露出了客气地讲是尖刻的冷笑。

即使在普特拉贾亚市，在自己豪华的办公室里，马来西亚总理也要表现出自己是一个意志坚强的人。即将成为马来西亚首都的这座小城给人留下了深刻的印象。该城应有尽有。坦率地讲，就连拥有别尔津吉街区的土库曼斯坦首府阿什哈巴德，也远远比不上普特拉贾亚市气派的伊斯兰帝国风格。

举个例子说，马哈蒂尔先生在办公室里从普京先生那里接受了友谊勋章。可在接受勋章时，又该说点什么呢？假如不利用这个机会，一劳永逸地在最有影响力的世界列强（列强就是列强，假如不听从列强的意见的话，就会被认为是政治草率行为占了上风）俱乐部里确立自己的地位的话，那么，马哈蒂尔就不成其为马哈蒂尔了：

以前，马来西亚几乎不能赞同俄罗斯的一切所作所为。不过，俄罗斯今天所奉行的政策在许多方面与马来西亚的政策是一致的。

谢天谢地！真是如释重负！因为最近笔者本人总有一种惊恐不安的感觉。总是觉得有点儿不对劲儿。俄罗斯当然在前进，可是，是在向那个正确的方向前进吗？好在正确的方针已经得到了恢复，而俄罗斯外交界也意识到，应当与谁保持一致。

马哈蒂尔先生强调指出，他明白，俄罗斯领导人与马来西亚过去的伙伴的立场背道而驰，需要做出多大的努力。马哈蒂尔指的当然是美国人和伊拉克战争的局势。伊拉克战争后，马来西亚不再认为自己是美国的伙伴了。

令人感兴趣的只是，美国是否知道这一点。

第二天，俄罗斯总统弗拉基米尔·普京离开马来西亚飞往乌兹别克斯坦。在热情好客的撒马尔罕度过了几个小时。笔者觉得，这没有什么特别值得说道的。

俄罗斯总统的专机是在昨天早上5点飞抵撒马尔罕的。第一次会谈在9点开始。在这种情况下，俄罗斯代表团成员们的表现各种各样。下榻“阿弗罗西耶布”宾馆后，有人做出了睡觉的冒险决定。还有一些人，如俄罗斯总统办公厅副主任贾汉·波雷耶娃、科技与工业部长伊利亚·克列巴诺夫等人，在宾馆下榻后，做出了更为冒险的决定，出去参观这座陌生城市的名胜古迹。

克列巴诺夫先生说，撒马尔罕给他留下了非常深刻的印象。这座城市很清洁，行人稀少，空空荡荡的。而问题根本不在于是白天还是夜晚。头天晚上，乌兹别克斯坦总统伊斯拉姆·卡里莫夫乘车抵达撒马尔罕，于是乎，这座城市不知怎的，一下子就空了。再说了，去任何地方都没有意义：反正哪里也不准去。昨天，只有在乌兹别克斯坦警察的陪同下，才可以在城里步行或乘车。没有这种可靠的陪同，就连俄罗斯总统安全局工作人员乘坐的汽车也不准驶出宾馆。

这样一来，到了清晨的时候，乌兹别克斯坦警察们再也抵挡不住讨厌的睡意。结果，只有波雷耶娃女士和克列巴诺夫先生悄悄地溜出了宾馆。他们能够从最近的距离上参观 13 世纪的清真寺，以及军事统帅帖木儿的墓。

不过，当莫斯科一家报纸以“克列巴诺夫没有随团前往塔什干”为标题做出报道后，克列巴诺夫在乌兹别克斯坦的出现，初看上去显得不符合逻辑。笔者甚至还请求科技与工业部长克列巴诺夫做出解释，为什么他到底还是出现在了撒马尔罕的大街上。

“是的，报道的没有错，”克列巴诺夫肯定地说，“普京的确没有带他去塔什干。而原因只有一个，普京自己也没去那里。”

普京访问乌兹别克斯坦时，选择的访问地点恰恰是撒马尔罕，而不是乌兹别克斯坦的首都，这究竟是因为什么呢？撒马尔罕人认为，俄罗斯总统应当到撒马尔罕来，因为若干年前，俄罗斯总统最亲密的熟人曾经在这里休养过，他们对这里的所见所闻感到非常满意。不过，在莫兹多克市发生恐怖事件后，参观撒马尔罕的名胜古迹被认为不是当务之急，于是，应俄罗斯方面的要求，这一日程被无情地从访问计划中取消了。

然而，在会谈休息的时候，卡里莫夫采取了一项无所顾忌的大胆决定，无论如何也要让普京先生浏览一下市容。而从一切客观情况（时间、地点和行动方式）来看，不能认为这一建议是得体的。但在这种情况下，卡里莫夫总统的好意是不能拒绝的，因为假如这样做的话，可就近乎愚蠢了。当然了，卡里莫夫先生本来就不应该提出这一建议。不过，据为数不多的见证人说，对市容的浏览更像是走马观花。

而会谈却是有实际内容的。会谈持续了将近 3 个小时。两国总统的会谈是在撒马尔罕州州长官邸的会议厅里举行的。当乌兹别克人走出会谈大厅时，十分自豪地谈论着此次会谈。原来，乌兹别克人成功地引起了普京的特别关注，而乌兹别克人认为，这一点非常非常重要。

的确，会谈后举行的简短新闻记者招待会，使人没有理由怀疑两位领导人已经就实质性问题达成了重要协议。卡里莫夫先生说，他非常感兴趣的是，俄罗斯“天然气工业公司”能够前来开发乌兹别克斯坦的天然气田。而他更关心的是，“中亚——中央地带天然气管道”能够最有效地运作。不过，卡里莫夫只字未提他打算为此做些什么。

此外，卡里莫夫总统对笔者所提问题的回答，令人惊讶。笔者问他，俄罗斯商人在乌兹别克斯坦从事经营活动的局面能否好转。卡里莫夫总统让人明显地感到，他对此事高度重视，不像对乌兹别克斯坦商人在俄罗斯的境遇那样不太关心。乌兹别克斯坦当局要求俄罗斯人使用自由兑换货币缴纳预付款，规定对出售可变卖成现款的物资实行国家监督，还向自然人征收 90% 的海关税。

卡里莫夫先生看上去对这一问题明显反感。他做出了冗长而颠三倒四的回答，意思是说，商人，包括俄罗斯的商人在内，都没有国家。在乌兹别克斯坦，不论是土耳其的公司，还是其他国家的公司，都在平等的条件下运作。换句话说，也就是说，大家都不容易。而接下来，大家还将不容易。因为商人和黑手党一样，也是没有国家的。

为赢得选民弗拉基米尔·普京继续进行库尔斯克战役

8月19日，俄罗斯总统弗拉基米尔·普京在参观“莫斯科航空航天沙龙—2003”后，乘飞机从茹科夫斯基市的契卡洛夫飞行研究所机场起飞，前往库尔斯克，与当地居民一起庆祝库尔斯克战役胜利60周年。笔者认为，此次战役的结局至今也不清楚。

库尔斯克，一座命运多舛的城市。该城市的居民非常渴望俄罗斯总统的到来。看来，不知会有什么事情发生。不知有什么事件命中注定要启动了。举个例子说，邻近的奥廖尔和别尔哥罗德市，不知怎么的，自己就开始前进了。因为这一点，这两座城市甚至不需要总统的到来。曾几何时，库尔斯克人忽然发现，自己生活得不如自己的邻居。最起码，他们感到这种差距甚至很明显。这一状况令库尔斯克人感到不舒服。

库尔斯克市场广场上的喷泉首先发出了令人放心的信号。枯竭了多年的喷泉，在弗拉基米尔·普京来库尔斯克前一天，突然开始喷水了。这已经预示着什么了。一些库尔斯克人满怀希望地用手捧起水，他们想知道这是热水还是冷水。原来，库尔斯克市已经两个月没有热水供应了。咳，喷泉里的水是冷的。

不管怎么说，库尔斯克人甚至不敢小声谈论的喜事儿终于发生了。在总统到来的当日，水龙头里流出了热水。这样，库尔斯克人最大胆的期待实现了。悲观主义者们则懊悔不已。

这样，弗拉基米尔·普京还没有踏上肥沃的但却多灾多难的库尔斯克土地，就已经完成了视察计划中最重要的一项。总统未必会怀疑自己已经赢得了人们的深深敬意和永载史册的记忆。这不，在对这一切丝毫也不怀疑的情况下，弗拉基米尔·普京驱车前往烈士纪念碑园献花圈。在这件事情上，重要的是不能出错。原来，从前些年开始，库尔斯克出现了两座这种纪念碑园。一座是1983年5月9日建立起来的。这里安葬着3000多名苏联官兵和“库尔斯克”号核潜艇的12名官兵。

库尔斯克还有另一座纪念碑园，是前州长亚历山大·鲁茨科依的。据说，他亲自参与了纪念碑园的设计工作。设计的结果是，纪念碑园的中心部位是一个凯旋门，其规格明显超过了莫斯科的凯旋门。当然了，莫斯科凯旋门现在只能被看作是库尔斯克凯旋门寒酸的复制品。前不久，这座新纪念碑园装饰了一些刻有鲁茨科依先生名字的标牌。在所有多少著名的纪念碑园，都有这种标牌存在。然而，前不久，一些来历不明的不文明者将鲁茨科依的名字从这些标牌上去掉了。这些恶意破坏者没有被找到，而几乎库尔斯克的每一位市民都准备为这一行为承担责任。很有可能的是，正是这种情况才导致了真相被掩盖。

一些老战士参加了总统向经过时代考验的老纪念碑献花圈的活动，他们都热烈地欢迎自己的总统。一名老战士甚至还给弗拉基米尔·普京朗诵了诗歌。当总统与老战士们在一起寒暄问候的时候，有 3 人站在一边。她们是“库尔斯克”号核潜艇艇员叶夫多基莫夫的遗孀和母亲，另一人是潜艇艇员涅克拉索夫的遗孀。总统一看到她们，就向她们走去。在进行了简短的交谈后，总统向“库尔斯克”号潜艇遇难官兵纪念碑献了花圈（该纪念碑也是在总统前来视察的前夕，在“库尔斯克”号潜艇失事一周年时落成的）。献完花圈后，总统再次走到这几个女人跟前，还与叶夫多基莫夫的母亲走到一边，交谈了好长时间。人们不知道他们谈了些什么。但可以知道的是，叶夫多基莫夫的母亲要求对潜艇失事事件再次进行调查。

在与叶夫多基莫夫母亲进行谈话后，大约过了 10 分钟，普京总统就来到了州政府，在这里等待他的是一些参加过库尔斯克战役的老战士。他们集中到这里是为了与总统进行坦诚的交谈。这些老战士来自库尔斯克州、奥廖尔州和别尔哥罗德州。除这些老战士外，上述 3 州的州长们也来到了这里。

总统甚至说，库尔斯克战役的胜利，是多少钱也买不到的。总统说这句话时加重了语气，这使笔者马上产生了一个疑问：究竟什么战役的胜利是能够用钱买到的？笔者想到的只有占领伊拉克首都巴格达的战役。

总统向老战士们表达了许多美好的祝福。在这里，总统也用上了一些新的说法：就最近所发生的事件来看，重要的是没有将孩子（指老战士）与水一起泼出去。笔者认为，这里的“水”指的是，至多只在历史垃圾堆中存在的非固有的一切。

总统请老战士们发言。库尔斯克市老战士委员会主席德米特里·梅尼绍夫向总统讲了一件笔者认为具有轰动效应的新闻：由于最近提高了退休金，伟大卫国战争伤残老战士们已经能够过上不贫穷的生活了。

看上去，总统对这件新闻的反应相当平淡。给人的印象是，即使他不知道这件事，至少也会猜到这一点。

其实，显而易见的是，德米特里·梅尼绍夫只是想给苦酒加点糖而已。

“在后方工作的职工的退休金还低于最低生活标准线，”德米特里·梅尼绍夫继续说，“给他们计算劳动日，并用谷物和草料进行结算。结果，他们的退休金少得可怜，因为谷物和草料不能换成现金。”

总统一听这话，突然做出了剧烈的反应。按照总统的意思，战争时期，在前方冒着枪林弹雨进行战斗的人与在后方从事劳动的人之间，无论如何，应当有所差别。的确，总统预先声明过，他知道一些工厂里设置了装甲避弹所，在这些工厂里，在机床旁边工作的孩子们也要躲避炸弹，然后，再爬出避弹所，重新开动机床工作。

不过，普京先生仍然说这一问题是一个政治问题。他不赞同孤立地解决这一问题。他大概认为，如果让后方的劳动者与前方的参战者享受平等的权利，将会委屈前方的参战者们。他甚至还声称，在这个问题上，资金不存在任何问题。退休基金的收入足够解决这一问题。

“不过，这一问题应当由国家杜马进行讨论，必须就这一问题集体做出决定。”弗拉基米尔·普京说。

奥廖尔州老战士委员会主席尼古拉·彼得罗维奇·鲁萨诺夫说，他在当排长时，就曾抓获了12个“舌头”。从那个时候至今，已经过去许多年了。现在，尼古拉·彼得罗维奇的心情很好。例如，他非常喜欢奥廖尔州州长叶戈尔·斯特罗耶夫。鲁萨诺夫先生根本就不想说别的。原来，由于州长的工作得力，奥廖尔州100%的老战士都得到了住房。解决了交通问题。

“而在节日或许多其他的日子里，老战士们都能得到一定额度的各种帮助。”不知怎的，他有点含糊地说。

“不值得一提……”斯特罗耶夫州长不好意思地嘟哝着说，“您不要再说了……”

大概，尼古拉·鲁萨诺夫还是说了一些多余的话。可是，这还没完呢。

“我还想说的是，我们州的收成很好。”他毫不给面子地补充说。

“能颗粒归仓吧……”总统充满憧憬地回应。

“我想，能颗粒归仓……”老战士也同样充满憧憬地说。

在发言结束时，普京坦率地说，早就有个想法，想设立一个库尔斯克战役60周年纪念章。原来，普京担心的是，如果没有这个纪念章的话，库尔斯克战役将缺乏足够的社会意义。而在最后，老战士充满感情地感谢总统：

“谢谢，谢谢您如此关心加强苏联人的实力！”

总统向老战士点头致谢，感谢他说的这番带有风险的恭维话。总统说，回到莫斯科后，他将派人办理纪念章的事。

“而至于交通工具的问题……我得到的报告说，交通工具的问题已经100%地解决了。”总统说着，看了看奥廖尔州州长斯特罗耶夫先生。

“是的！那当然了！”

“感谢上帝！这么说，我没有受骗。”弗拉基米尔·普京轻松地说。

这句话是否意味着总统在潜意识里害怕自己总是被欺骗？这是一个问题。

下一个发言的是库尔斯克州老战士委员会主席米哈伊尔·奥夫相尼科夫。他讲述了这次历史性战役中的一次胜利。这次胜利总共只用了几天的时间。

“好在各种歪理邪说连同它们的名称都完蛋了，”这位老战士说，“库尔斯克战役又恢复了过去的名字，还叫库尔斯克战役。”

这一话题不知为什么一下子就被束之高阁，在此次见面活动中未能得到继续讨论。其实，这里面存在着更重大的内情。原来，一段时间以来，奥廖尔州州长斯特罗耶夫利用自己的政治地位，越来越明显地，甚至是挑衅性地坚持认为，此次战役不应当称作是“库尔斯克战役”，而至少应当称作是“奥廖尔—库尔斯克战役”。因为大元帅斯大林在签署第一次鸣放礼炮庆祝此次战役胜利的命令时，就将该战役称作“奥廖尔—库尔斯克战役”。后来，不知怎的，此次战役的名称自己缩短了，变成了“库尔斯克战役”。这样，斯特罗耶夫先生认为，他是在努力恢复历史的公正性。

奥廖尔州长无疑是一位重要的政治人物。库尔斯克州州长米哈伊洛夫先生的政治资源，似乎不足以与这位联邦委员会前主席相对抗。很有可能的是，在感觉到米哈伊洛夫先生底气不足后，别尔哥罗德州州长才突然提出了自己对此次战役的权利，因为著名的普罗霍夫卡就在别尔哥罗德州境内，这里曾进行了决定着战役结局的坦克大战。

昨天在机场等待总统从茹科夫斯基研究所飞来的时候，三位州长还在跑道上争论，这次战役究竟应当用哪个州的名字命名。在这个问题上，别尔哥罗德州州长持相当中立的立场（显然，在奥廖尔州州长斯特罗耶夫先生取胜的情况下，别尔哥罗德州州长是不会一无所获的），而斯特罗耶夫则向米哈伊洛夫先生发动了进攻，就像科涅夫向古德里安发动攻击一样。

这样，米哈伊尔·奥夫相尼科夫在与总统会晤时急躁发火，把愿望当成了现实。我不想说这次战役的结局终于彻底地明朗了。

不过，米哈伊尔·奥夫相尼科夫表现出了极具感染力的乐观情绪：

“您知道，我们有多么好的医院吗？瓦连京娜·马特维延科曾在这里呆过，她非常喜欢这座医院。”

“我知道。”普京出乎意料地回答说。

“那，这么说，您也知道有关义齿办公室的问题了？”米哈伊尔·奥夫相尼科夫高兴起来。

弗拉基米尔·普京已经没有退路了。

“知道。”普京肯定地说。

而眼前的局面要求总统做出更详细的回答。

“是的，安装假牙的服务很贵。”弗拉基米尔·普京考虑了一下说。

应当承认，这一回答毫无差错。

“我们这些老战士不会再变成年轻人了，而年轻人却会变老的，”最后，米哈伊尔·奥夫相尼科夫以某种报复得到满足的心情说，“现在就应当让他们尊重今天的老战士。那样的话，他们将来就能得到尊重。”

“您刚才说的这些话，本来应当最后由我来说，而不是您来说。”总统说。他明显地动了感情。

“请原谅，我不知道！”老战士惊慌地说。

老战士想的是，他不由自主地破坏了总统已经准备好了的总结性发言。

“您也不可能知道，”普京先生温和地对老战士说，“任何礼仪中都没有这些。”

最后一位发言的是别尔哥罗德州老战士委员会的代表玛丽亚·杰尔卡奇。她并没有讲别尔哥罗德州所有的老战士都得到了住房，只是说65位老战士提出的维修住房的申请得到了批准。到今天，该州的老战士已经没有什么问题了。

“假如能够起码按照‘奥卡’质量标准，只为各地区级的老战士委员会主席配备汽车，可就好了。假如能给每位老战士一辆真正的汽车，那就更好了。我们将既不偏左，也不偏右地前进。”玛丽亚·杰尔卡奇努力地劝说总统以防万一。显然，她想设法更确凿地证明，有必要给各地区的老战士委员会主席配备真正的汽车。“我们与州行政机关走的是同一条路。”玛丽亚·杰尔卡奇认为自己有必要向总统报告这一点。

总统对这一说法依然保持着平静的态度。此前一直沉默不语的国防部长谢尔盖·伊万诺夫大笑起来。

“在选举总统时，我们将选您。”玛丽亚·杰尔卡奇终于忍不住地脱口而出。

她不知道应该再说些什么让自己的总统满意。

西尔维奥·贝卢斯科尼帮助普京躲避久等的记者

8月29日，俄罗斯总统弗拉基米尔·普京飞抵意大利撒丁岛。

跟踪报道俄罗斯总统访问意大利的情况是一项苦差事！现在，终于可以大声谈论这件事了。在好几个小时的时间里，记者们等待，希望，再等待，再希望……可他却迟到了，而这又像命运一样，是不可挽回的。后来，他来了，反而更糟糕，因为当这场与时间进行的毫无理性的竞赛开始后，你就会明白，这个时间的流逝，就像沙子从指头缝隙流出一样……

提起沙子，就顺便说说沙子的事。记者们在“阿比多鲁”宾馆苦苦地等待着新闻记者招待会的开始。然而，不论是与电梯出口紧密相连的白沙如雪的海滨浴场，透明的大海，还是碧空万里的蓝天，任何美好的东西都无法冲淡这折磨人的等待。生命中的整整 4 个小时，白白消磨在蓝天下的白色沙滩上，水深齐颈的大海中……整整 4 个小时，本来，这 4 个小时完全可以用于描述两位世界级领导人举行双边会晤的情况：由于 11 月份即将举行俄罗斯—欧盟首脑峰会，俄罗斯与意大利将以此为契机，在兼顾双边关系新方针的情况下，就进一步加强合作问题协调立场。

可是，事与愿违，没有出现这种情况。会晤是在著名的“拉切托莎”（意为“静谧住所”）花园别墅里，在没有多余见证人的情况下举行的。据说，原先计划让多家媒体进入“拉切托莎”花园别墅，但后来，当媒体名单报告给贝卢斯科尼先生时，贝卢斯科尼很不愉快，甚至是生气了。原来，仅仅在前一天晚上，根据他就普京此次访问所做出的直接指示，花园别墅里新栽了一批奇花异草。每一株花草都让这位意大利总理花费了大笔的欧元，而这些欧元，都是他通过为祖国付出过于繁重的劳动积攒下来的。现在，奇花异草面临着实际威胁，因为记者们会中踩坏这些劳动成果。

结果，能够进入“拉切托莎”花园别墅的只有电视摄像记者和摄影记者，笔者就无缘见到花园里的 400 株仙人掌了。意大利和俄罗斯电视台喋喋不休地说，这些仙人掌是为了迎接普京的访问，从不同国家移植到“拉切托莎”花园别墅的。笔者也无法见到野猪群。与记者不同的是，这些野猪不仅被允许进入花园别墅，而且，还可以生活在花园里面，以其特别的厚颜无耻践踏着花园。不论是栽种在人工湖边的五百年树龄的角豆树，还是人工湖本身，笔者都无缘一睹芳容了。

看不到这一切，笔者只能到大海里去戏嬉了。在这些日子里，海水的温度接近了气温。至于气温是多少度，谁也说不清，因为没有足够的温度计测量温度。

“阿比多鲁”宾馆里的情况更为糟糕。因为祖母绿海岸的沿岸地区经常停电。就在新闻记者招待会开始前数小时，当地计划中的拉闸停电，导致宾馆断电。空调停止了转动。干脆用发射毒箭的弓向宾馆里的客人，特别是这时一直呆在房间里的那些傻瓜们射击算了！被毒箭射死也比受这种折磨好一些。

后来，来电了，但要节约着用。空调半死不活地运行着，怎么也无法将室温降到预定的温度。不过，普京与贝卢斯科尼先生却不急于走出“拉切托莎”去任何地方。据说，他们坐着一辆小汽车，在 3 名保镖的护卫下，在花园里兜风，游玩了好长时间。贝卢斯科尼先生向普京介绍了花园里的橄榄林，并解释说，他每天早晨都围着橄榄林跑步，希望能够减肥（据笔者观察，这一希望注定不会实现）。后来，贝卢斯科尼领着普京来到一处海湾陡峭的岸边，从这里可以欣赏到地中海景色。从一切表现看，贝卢斯科尼先生是一位热情好客的主人。

后来，我们得到了一条轰动性的新闻：在俄罗斯与意大利领导人的会晤中出人意外地（意外当然是对于我们而言）增加了第 3 位领导人：西班牙首相阿赛·玛里亚·阿斯纳尔。贝卢斯科尼和普京立即与阿斯纳尔就世界政治中的一些迫切问题举行了会谈。在会谈过程中，三位领导人谈到了相互感兴趣的问题。不过，稍晚些时候，“拉切托莎”花园别墅出面否认了这一消息。原来，没有任何阿斯纳尔先生来到花园别墅，根本就没有这么回事。阿斯纳尔是在11月底来到撒丁岛的。

后来，普京和贝卢斯科尼先生终于来到“阿布多鲁”宾馆参加新闻记者招待会。

西尔维奥·贝卢斯科尼在向俄罗斯总统介绍了自己在撒丁岛上的众多豪华别墅之一——“拉切托莎”别墅里的主要名胜后，显得乐观愉快，神采飞扬。一切都按照贝卢斯科尼的计划进行，只有一件事例外。这位意大利总理无论如何也不能原谅太阳，因为这天的太阳不像平常那样明亮（他向包括记者在内的所有的人抱怨这一点）。其实，西尔维奥·贝卢斯科尼所抱怨的太阳没有一点问题。笔者本人很难想象的是，在就双边会谈结果举行记者招待会时，怎么能够如此坦率地享受生活。

贝卢斯科尼总理在致开场白时，还试图控制自己的情绪。当然了，他始终试图取消俄罗斯与欧盟国家之间的签证制度。不久前，贝卢斯科尼成了欧盟主席，并且，任期还有将近半年的时间。在这半年的时间里，他应当来得及做许多事情。例如，贝卢斯科尼总理直言不讳地声称：

“在最近的将来，东方应当成为西方的一部分。”

贝卢斯科尼先生认为，这一艰巨任务，将得到俄罗斯总统的理解。他说：

“在与欧洲统一方面，普京总统尽管在俄罗斯国内遇到了一些矛盾，但他为这种统一做了大量工作。所有这一切都会对世界秩序及其基本价值观的发展产生影响。”说到这里，贝卢斯科尼先生恰到好处地顿了顿，他最后说：“自由，这就是最宝贵的价值!”

不过，意大利总理似乎是突然意识到自己过分地夸赞了俄罗斯总统，于是决定向普京解释他为什么这样做。

“俄罗斯是世界主要核大国。它能够10次销毁自己的核武器，但反正会保留核武器。”这时，意大利总理终于恍然大悟：他的话暂时还没有说明白，为什么他的国家的公民应当理解他对普京先生抱有好感。

于是，贝卢斯科尼决定更确切地表达自己的意思：

“就幅员而言，俄罗斯是意大利的17倍。那里居住着1.5亿具有高等教育程度资格的公民。那里有千百万青年人。俄罗斯向世界贡献了弗拉基米尔·普京这样的领导人。”

从总体上讲，贝卢斯科尼又一次讲得有点过头了。

不过，看上去，贝卢斯科尼先生已经厌烦了字斟句酌式的讲话，他以明显挑战的口气结束了自己的讲话：

“总而言之，我并不害怕讲这些。而且，我会勇敢地讲这些!”

普京开始发言，看上去他有点高兴，而又有点迷茫，他肯定地说：

“西尔维奥真诚地认为俄罗斯是欧洲的一部分!”

当普京先生详细地阐述自己对这一问题（可以不必怀疑的是，这一问题和所有涉及俄罗斯的问题一样，是存在的）的看法时，贝卢斯科尼先生无法平静地站在原地，突然向坐在前两排的意大利记者扮起鬼脸来。有时候，他还伸出舌头给记者们看。笔者也坐在第一排，坦率地讲，简直不敢相信自己的眼睛。不过，坐在第一排的意大利记者只是备感荣幸地在窃笑。

俄罗斯总统没有看到他左边发生的这一切。他刚好讲到，在取消俄罗斯与欧盟国家之间的签证制度方面，应采取循序渐进方式的问题。这时候，意大利总理显然明白弗拉基米尔·普京没有看到他，于是，开始做一些简直难以想象的鬼脸。

而这一次，人们已经能够明白他扮鬼脸的用意了。原来，一位穿着超短裙、楚楚动人的女士，从第三排出来，坐到了中央楼梯的台阶上。她的位置离两位领导人不到一米。女士手里拿着口述录音机，伸到了弗拉基米尔·普京的跟前。女士叉开两腿，一付毫不妥协，甚至有点过度好客、来者不拒的架势。在这种场合，用得着这位女士这样做吗?

不管怎样，但从西尔维奥·贝卢斯科尼的反应来判断，展现在人们眼前的这一幕，是难以想象的。即使是在《本能》这部电影里审问过沙龙·斯托恩的美国联邦调查局特工们做梦也想不到。意大利总理先是用两手装模作样地捂住了双眼，然后，把手攥成拳头，竖起大拇指，向女士伸出了手。

可是，女士的全部注意力都集中在俄罗斯总统身上。她就像赌气似地故意不理睬自己的总理。这时候，普京开始讲述解决伊拉克危机的问题。笔者就用不着说了。

这样一来，贝卢斯科尼先生无法控制住自己的情绪，开始打手势向所有参加新闻记者招待会的人描述他一个人开创的前景。而已经多见不怪（其实不然）的意大利记者，这时候甚至已经不再窃笑了。

其实，这算什么手势！笔者甚至连它的每个细节都明白。

这时，正好就有关伊拉克危机问题如何解决的问题，弗拉基米尔·普京结束了自己的发言。而贝卢斯科尼先生则不同，他被问及有关萨达姆·侯赛因的情况。不管从明显令人感兴趣的话题转到毫无前景的话题有多么困难，但他不得不这么做。贝卢斯科尼先生毫无表情地，但却是相当详细地阐述说（显然已经不是第一次了），意大利早就决定成为美国的可靠盟友。按照贝卢斯科尼的说法，伊拉克是否拥有大规模杀伤性武器并不重要。

“我对布什说，萨达姆已经销毁了大规模杀伤性武器，或者已经将其送到了国外。但他拥有过大规模杀伤性武器。根据我所掌握的照片和我提供给布什的照片看，我敢说：萨达姆拥有过大规模杀伤性武器!”

这么说，贝卢斯科尼有照片。的确，渐渐地，笔者也十分不情愿地跟着贝卢斯科尼先生重新拾起伊拉克问题这个大政治的细节。归根到底，这些细节也会令一些狂热的读者感兴趣，因为对他们来说，国际局势比他们自己的局势更重要。

这时，贝卢斯科尼先生再次谈起了东西方关系问题。

“穆斯林应当与我们的文明合作。”贝卢斯科尼声称。

贝卢斯科尼丝毫也不担心这种对立的观点会使东方整个穆斯林世界起来反对他。他接着声称，联合国应当通过一项决议，“不能只是让盟军为了伊拉克的和平付出士兵生命这样沉重的代价”。

意大利记者向弗拉基米尔·普京提出了一些他们感兴趣的问题：为什么把“莫斯科”号导弹巡洋舰带到了撒丁岛，他对意大利担任欧盟主席国有什么期待。记者们说，贝卢斯科尼先生曾向普京先生做出过承诺，俄罗斯马上就会成为世界贸易组织的一员。

听到这话，俄罗斯总统普京微笑着，显出怀疑的样子，而意大利总理嚷着说：

“我没这么说过！”

“在莫斯科也没说过？”

“在莫斯科？”贝卢斯科尼反问了一句，“在莫斯科……”

俄罗斯总统忙出来给贝卢斯科尼打圆场：

“我们不像未婚的夫妻，因而也就不会做出任何承诺。我们是搞政治的，政治就是这样……”

弗拉基米尔·普京三言两语解释了政治是什么。此后，贝卢斯科尼本来还想说点什么。不过，笔者觉得有责任提醒俄罗斯总统谈谈有关“莫斯科”号导弹巡洋舰问题。弗拉基米尔·普京很高兴，于是，就想打断意大利总理的话。可意大利总理谈兴正浓，一点儿也没有感觉到。于是，俄罗斯总统轻轻地碰了碰贝卢斯科尼的手。可是，贝卢斯科尼先生对这一碰的反应可真够可以的了：他突然从自己的小讲台上倒了下来，假如不是我国总统扶了他一把的话，他肯定跌倒了。弗拉基米尔·普京扶住了西尔维奥·贝卢斯科尼后，还十分同情地对他微微一笑。他们两人甚至还有点笨拙地拥抱了一下。笔者的感觉是，这是因为刚才有点惊惶失措的原因。

“是这样的，关于‘莫斯科’号导弹巡洋舰……感谢上帝，巡洋舰可以自己来，飞机也可以飞，”俄罗斯总统沉默了一会儿说，“导弹也可以。”

不过，弗拉基米尔·普京说，“莫斯科”号导弹巡洋舰来访与他访问撒丁岛，纯属巧合。

“很遗憾，”贝卢斯科尼先生马上做出了反应，“可我认为是他接受了我提出的玩海战的建议。”

在整个晚上，这是贝卢斯科尼第一次多少能够让人满意的玩笑。

顺便说一句，这天，夜色早就降临了。已经深夜 1 点了，记者招待会还在继续，大厅里完全没有了氧气。空调机在众人面前表现出自己的无能。一名意大利记者满脸是汗，看着他的样子，笔者的感觉正好相反，厌恶得浑身直发冷。很显然，意大利总理也有相似的感觉，因为他走下讲台，走到这位记者跟前，递给记者两张纸巾。

这时候，弗拉基米尔·普京似乎有点轻松，在没有意大利记者逼问的情况下，突然赞同由美国军方根据联合国新决议，指挥联合国驻伊拉克部队。这是个 100% 的意外。

夜晚平安无事地过去了。第二天早晨，俄罗斯一艘潜艇与艇员一起在巴伦支海沉没。玩笑结束了。按照访问行程，星期六下午和星期天全天，两位领导人本应当处理个人的工作，也就是娱乐和休息。这样一来，个人的工作计划立即被压缩，这一部分行程几乎全部被取消了。很有可能的是，意大利著名男高音博切利因为要在撒丁岛与贵宾见面，白白地匆忙中断了在埃及的巡回演出。

星期六早晨，两位领导人来到“莫斯科”号导弹巡洋舰上，尽管这个早晨与头天晚上一样闷热难当，但他们两人都身着黑色西装，打着领带（此前，他们两人都身着白色衬衫）。笔者觉得，弗拉基米尔·普京心情极坏，甚至是懊丧至极。在军官休息室里，在评论所发生的事件时，他再也忍不住了（据说，人们试图阻止他），他说，大海要求纪律，不能原谅错误。后来，他再一次重复这句话。他可能讲了三次。

笔者从俄罗斯代表团高级官员那里得知，根据初步得到的消息，在运送潜艇的过程中，违反了一切可以预想的安全措施。例如，按照规定，一个人也不能留在潜艇里。

“真是没有出息的蠢货！”与笔者交谈的俄罗斯代表团高官自言自语地说。

在军官休息室与舰上官兵见面，原计划半小时，现在，10 分钟就结束了。两位领导人留在巡洋舰上只是为了观看别—200 型水陆两用飞机的飞行表演。一架别—200型水上飞机在水面滑行着，在几秒钟的时间里，就吸纳装载了 12 吨水，转向后，一下子就把这些水全部抛洒出去。这些水被奇妙地染成了意大利国旗的颜色。过了一段时间后，这些色彩的巨大水斑在水面上渐渐散开了。

两位领导人很少交谈。原来，意大利总理十分理解俄罗斯总统的心情，因而，没有拿话去打扰他。

笔者心想，贝卢斯科尼先生真够意思。

弗拉基米尔·普京参观污水净化设备

9月3日，俄罗斯总统弗拉基米尔·普京视察了顿河罗斯托夫市的污水净化设施，笔者有幸亲眼看到了这一切。

组织筹备国家水资源利用问题委员会主席团会议的，是一些充满激情的人。昨天，水以各种形式包围了俄罗斯总统。人们用写有“饮用水”标志的水桶，向降落在罗斯托夫机场的伊尔—62M总统座机的起落架洒水。城市排水系统里排泄的污水，在净化设施里被转化成了清洁水。建议总统视察这套污水净化设施，想必这是为他着想，参加国家水资源利用问题委员会主席团会议时，先有个心理准备。对于这个建议，总统是不能拒绝的。此次会议是在再次沿顿河航行的“喀山”号轮船上举行的。

总统从机场出来后，直接去了污水净化工厂。顿河罗斯托夫市的污水净化厂已经做好了接待弗拉基米尔·普京总统的准备。工厂使出浑身的解数，要向总统展示自己的辉煌。沥青路面是新铺设的，设施上的油漆是新刷的。可是，这里的气味却不是油漆的气味。不对，这不是油漆的气味。油漆不是这种气味。

罗斯托夫州副州长伊万·斯坦尼斯拉夫解释说，我们大家现在位于污水净化处理工艺过程的起点站。

其实，在总统到来前一个小时，这位副州长就给我们介绍了污水净化设施。原来，在这一阶段，只是将污水中的杂物，如树枝、木棍和其他城市垃圾清理出来，这些杂物也污染城市排水系统里的污水。

在第二阶段，沉沙池开始运作。利用原始的沉沙池，对污水进行机械清洁。副州长摇头晃脑地进行解释。正如他所说，一团团有机化合物，散发着人们从小就熟悉的独特气味，不断形成团块，并在自身重量的作用下，沉入池底。

介绍这些情况的时候，副州长显得很激动。这不难解释：再过几分钟，他将把刚才说的这些话，重复讲给国家总统听。

“噢!”一直沉默不语的污水处理厂的主人、罗斯托夫“水管道公司”总经理鲍里斯·佩尔西茨基一下子高兴起来，“这里已经闻不到怪味了！您们感觉到了吗？我已经感觉到了!”大概，他每天都产生这种自我幻觉。

实际上，那种气味依然存在。笔者已经明白，机械清洁并非灵丹妙药。不过，副州长请大家稍安勿躁，也不要过早地下结论。因为还有下一道工序，也就是下一阶段。

“在这一阶段，将使用铲斗，把这些有机夹杂物从池底清理出去，”副州长面无表情地说，“然后，再进行脱水处理。”

“处理成酸奶油状，”佩尔西茨基总经理掩饰不住心中的喜悦，接过副州长的话茬说，“只不过，我们的酸奶油是另一种颜色的。”

他开心地笑了，对自己的话所产生的效果感到满意。

这时候，污水净化进入了关键阶段：在专门的孵化池中培养出来的微生物，把提供给它们的少量剩余粪肥吃掉。这些微生物，只要给它提供粪肥，不给它饭吃都行。需要向池中给微生物供氧。也就是说，吞进新鲜空气后，这些微生物就会捂住鼻子，闷头工作。

终于，最后一道净化工序，即所谓的密集过滤开始了。人类生命活动的最微小结果，将在这一阶段沉淀下来。坦率地讲，罗斯托夫市污水净化系统本身，按照笔者的理解，几乎就是人类生命活动的基本的和最高级的成果。那位副州长和那位总经理在谈论这套系统时，语气中越来越透着敬意。

“你们看，”佩尔西茨基先生喊了一声，“这个烧瓶里面装的水，就是流进我们净化厂的污水。看见了吗？这些污水，真是混浊不堪。里面有悬浮物在游动。气味怪异……再看第二个烧瓶，这里面的水看起来就舒服了。可以闻闻。您想闻闻吗？没有气味的！”

当然了，常言道，自己的大便不臭。迎接总统视察的彩排活动即将结束。副州长与总经理对自己的准备工作明显感到满意。在总统视察现场的人说，他们二位一字不差地向总统重复了刚才给我们说过的全部解说词。而在这件事情上不会出现什么意外。总统仔细耳听眼看鼻子闻。在这三年的时间里，总统蹈过火，下过水，爬过铜管。现在，总统又要视察污水净化设施了。他顺利地看过了净化设施。看来，在通往第二个总统任期的道路上，已经万事俱备，再也没有任何明显障碍了。

从污水净化厂出来后，弗拉基米尔·普京并不显得沮丧。恰恰相反，他来到“喀山”号轮船的甲板上后，表现得干净利落，意志坚定。

总统办公厅的一名官员将“喀山”号轮船比喻成一个大箱子。不过，这是一个装满了奇珍异宝的大箱子。笔者这里说的，并不仅仅是指总统和国家水资源利用问题委员会主席团的成员们在船上。其貌不扬的“喀山”号轮船，具有远洋轮船的一切优势。船上除了没有五层看台的剧院外，其余的一切设施应有尽有。当年，为了供自己使用，喀山的一些商人们对该船进行了装修，显然搞得过火了。结果，“喀山”号现在不仅属于他们，而且，也属于整个俄罗斯。两个月前，国家水资源利用问题委员会在彼得堡举行上一次会议期间，“喀山”号载着俄罗斯的行政长官们在涅瓦河上兜风。现在，它停靠在顿河码头上。会议室巨大窗户外面，是祖国广阔原野硕果累累的景色。这使人不由得想回归自然（不过，首先应当经过几道净化处理程序，当然也包括密集过滤）。

国家水资源利用问题委员会会议本身也是成果在望。因为讨论的毕竟是水。正如普京所说，水是21世纪的主要商品。然而，会议没有取得成果，很有可能是因为会议结束时，总统宣布说，一些主要的问题在工作组会议上就已经提出来了，而许多问题在昨天会见前就已经解决了。笔者想象不出还有其他任何解释。

只有克麦罗沃州州长图列耶夫先生成功地扭转了局面。在自己简短的发言中，他大谈克麦罗沃州的诸多成就。在这些成就中，还包括诸如购买了200辆拖拉机用于该州急需之类的做法。

就问题本质而言，图列耶夫在发言中，坚决反对北水南调（从另一方面讲，谁也没有表示过赞成）。他在发言中还提出，对河流还是应当做点什么。问题的实质在于他坦率地承认，西伯利亚人不敢沿着河流漂流。

“弗拉基米尔·弗拉基米罗维奇，不应当由我向您介绍西伯利亚的河流……”图列耶夫有点含糊地说。

这些话里包含着某种暗示。莫非是总统在阿尔泰休养时，按照自己的意愿，在西伯利亚的河流中进行过漂流？不管怎样，总统理解地摇了摇头作为回答。

图列耶夫先生特别注意总统说过的话：像总统本人和州长这样的高级官员，不应当把考虑生态问题的人赶走。

“应当让妇女担任生态委员会领导人，”图列耶夫建议说，“因为主要是她们洗涮……”

这样一来，图列耶夫甚至能够将这一问题直接与水资源利用问题联系起来。

总统与国家建设与建筑委员会主席科什曼先生进行了相当有意思的讨论。他们谈的是水污染标准。尼古拉·科什曼说，从罗斯托夫市污水净化处理厂排入顿河的水，污染程度是每立方水10毫克。这是欧洲标准。而顿河的污染程度是30毫克。将干净的水排入污水中有什么意义？科什曼先生直截了当地说：“简直就是滑稽可笑的事情。”总统支持科什曼的意见，声称我国的标准应当适应健康的思维和国家的生态能力。

这样一来，结果是在解决21世纪的主要产品——水的清洁度问题方面，这几乎成了此次会议惟一符合实际的思维。

与会者们主要是努力避免使总统不愉快。克拉斯诺达尔边疆区区长特卡乔夫先生讲述了新罗西斯克市的情况。该市居民早就习惯了因为热水供应中断带来的不便。

“最近一段时间，热水供应是每天一小时，这还算是正常的。早晨起来能够洗涮一下，也就满意了。现在，我们这种情况有所改善。”特卡乔夫说。

但要知道的是，众所周知，没有任何东西比改变人们的意识更重要了。如此说来，特卡乔夫区长面临着极其艰巨的任务。

主席团会议结束后，笔者忍不住问总统，在污水净化厂里，是否能够轻松地呼吸。弗拉基米尔·普京随口做了回答。他的回答是那样的快，那样的干脆，就像毕生都在准备回答这一问题似的。总统说，总的说来，他不仅在撒丁岛休息，而且，还常常在俄罗斯联邦那些气味并不总是很好的地方休息。

“而且，正是在这种地方，应当多呆些时候。”总统有些责备地说。

那当然！不失去与祖国的联系，这有多么重要。

保加利亚总统没有搞坏天气

9月5日，俄罗斯总统弗拉基米尔·普京在索契博恰罗夫小溪官邸会见了保加利亚总统珀尔瓦诺夫。在此次会晤过程中，俄罗斯总统的爱犬科尼发挥了重要作用。

一年前，珀瓦诺夫曾到过索契。一些好造谣中伤的人们恰恰把当时恶劣的天气与珀尔瓦诺夫的到来联系在一起。当珀尔瓦诺夫先生在普京先生这里做客的时候，雷声滚滚，倾盆大雨一直下个不停。可保加利亚总统一离开，大雨立刻就停止了。太阳出现在天空中，海上风平浪静，鸟儿开始歌唱。

昨天，索契的天气没有出现大的变化。珀尔瓦诺夫先生到来的时候，只是天上有浓密的云层，气温明显下降。

俄罗斯总统和夫人敞开官邸大门，等待保加利亚总统到来。总统的爱犬科尼在他们的身边若有所思地走来走去。其实，科尼的想法非常简单：它只想找到一个能趴着的地方。

当保加利亚总统的汽车出现的时候，科尼第一个蹿了出去接车。俄罗斯总统手里捧着一束玫瑰和丁香跟着走了出去。

首先从保加利亚总统的车里下来的是一名警卫人员，他的手里也拿着一束花。警卫似乎是犹豫了一下，把花递给了珀尔瓦诺夫。而珀尔瓦诺夫自然把花送给了普京娜女士。礼仪中的这一不灵巧动作，不能不被发现——科尼不满地甩了一下尾巴。

俄罗斯总统抓紧这宝贵的、可有效地用于加强两国人民互利交往的时机，说了几句话。他说，在最近一年至一年半的时间里，保加利亚和俄罗斯之间的关系明显好转。他说，明天计划会见在保加利亚工作的俄罗斯商界代表。

珀尔瓦诺夫先生的发言令笔者感动。他强调说，打算与俄罗斯总统讨论伊拉克危机，而主要是讨论全面解决中东冲突问题。在此次会谈中，珀尔瓦诺夫先生打算重点讨论保加利亚在解决中东问题进程中的作用。其实，有一点是显而易见的：在解决中东问题方面，人们对保加利亚作为一个关键角色所发挥的作用，至今估计不足，这是可悲的。

两位总统交谈的时候，总统的爱犬科尼一直在记者们中间蹭来蹭去，不停地嗅着他们。一般来说，在官邸大门口，我们大家都经过了技术安检，可是，科尼显然认为，多余的警惕性不会损害任何人。这条狗接受的就是这样的培训。

文学英雄荣获奖章

9月8日，俄罗斯总统弗拉基米尔·普京在索契博恰罗夫小溪官邸祝贺诗人拉苏尔·加姆扎托夫80寿辰。

还在昨天早晨的时候，给人的全部印象是，拉苏尔·加姆扎托夫将在自己的家里，在马哈奇卡拉庆祝自己的生日。新闻媒体报道的消息说，俄罗斯总统给拉苏尔·加姆扎托夫发了贺电。电视频道的早间新闻显然想把这个大喜日子变成一个全国性的节日。电视新闻报道说，老寿星这一天想与家人在一起度过。电视还播放了他与家人在一起的镜头。

这样一来，由于这一切超级努力的结果，达吉斯坦人民的伟大儿子拉苏尔·加姆扎托夫，从马哈奇卡拉飞到索契的行动，得以完全保密。为什么需要这种神秘感呢？谁也不知道。也许是要利用这种做法，演练某种保障国家最高领导人安全的新技术手段。笔者脑子里怎么也想不出别的解释。如果真是这样，他们的行动成功了。

其实，可以这么说，记者们有关诗人与家人在一起的报道并没有错。拉苏尔·加姆扎托夫身边带了两个女儿和一个外孙。此外，根据总统的建议，他还邀请了一些朋友。他也想在这一天，在博恰罗夫小溪官邸里见到这些朋友。这样，格鲁吉亚歌手纳尼·布列格瓦泽、卡尔梅克诗人达维德·库古利季诺夫和俄罗斯作家丹尼尔·格拉宁相聚在博恰罗夫小溪官邸里。

不知为什么，达吉斯坦国务委员会主席穆罕默德阿利·穆罕默多夫留在家里主持工作。直到昨天早晨，他的名字还写在受邀请者的名单中。在最后一刻，他派自己的副职塔基巴特·马哈茂多娃代替自己去官邸。在官邸里，人们好长时间把她当成了拉苏尔·加姆扎托夫的第三个女儿。值得一提的是，在达吉斯坦人民的伟大儿子大喜日子里想见到的名人名单中，却没有达吉斯坦人民的伟大女儿、女诗人法祖·阿利耶娃。一年前，俄罗斯总统授予她一枚圣徒安德烈·佩尔沃兹万内伊勋章。现在，也要给拉苏尔·加姆扎托夫授予这种勋章。爱嚼舌头的人造谣说，这绝非偶然。圣徒安德烈·佩尔沃兹万内伊勋章在俄罗斯各种勋章中名列首位，是俄罗斯最高奖赏，至今只授予了9个人。这样一来，这恰恰出现了炸弹两次落入同一个弹坑的罕见情况。而达吉斯坦人民不论是女儿，还是儿子，各获得了一枚这种勋章。笔者现在想问：其他民族的儿女怎么了？他们也在写诗啊。

事情的奥秘之处在于，法祖·阿利耶娃曾多次公开声称，在各个节日前，她与拉苏尔·加姆扎托夫总是互致贺电，而当着他的面总是脏话不断。这样一来，爱嚼舌头的人造谣说，拉苏尔·加姆扎托夫得知法祖·阿利耶娃获得勋章后，直截了当地提出问题：要么，也给他授予同样的勋章，要么，他绝不相信达吉斯坦会留在俄罗斯大家庭里。这方面的遗憾在加剧，其原因当然是两人时不时充满激情地将普希金的诗歌翻译成阿瓦尔语。

拉苏尔·加姆扎托夫上午就来到了弗拉基米尔·普京官邸会客室。不过，他留给人的印象不像是一个爱吵架的人。笔者想，所有这一切，当然都是达吉斯坦的故事。拉苏尔·加姆扎托夫给人的印象，跟人们传说的恰恰相反，是一个早就认为与任何人争吵都没有任何意义的人。80年的岁月足够让人们了解他。这是一个充满智慧的人。

在达吉斯坦退出俄罗斯问题上，拉苏尔·加姆扎托夫的态度十分明确。达吉斯坦一家报纸报道说："在90年代初，动乱把俄罗斯搞得乱七八糟。当时，拉苏尔·加姆扎托夫铿锵有力的声音响彻整个达吉斯坦：'达吉斯坦从来也没有自愿地加入俄罗斯，也永远不能自愿地退出俄罗斯！'"

弗拉基米尔·普京和拉苏尔·加姆扎托夫各在自己的房间里等候客人从机场来。宾客们是乘坐不同的飞机飞到索契来的。纳尼·布列格瓦泽乘坐的从莫斯科来的航班延误了。我们也在官邸外面等候。不知什么时候，一名提着医疗箱的医生和一名护士急匆匆地从旁边走过，显得很关切。笔者心里一惊，该不会出什么事。不过，后来才知道，叫医生来只是为了以防万一。这毫不奇怪，因为拉苏尔·加姆扎托夫的朋友们的年龄跟他不相上下。而达维德·库古利季诺夫甚至还比拉苏尔·加姆扎托夫大一岁。他双目几乎完全失明，行走困难，但却没有谢绝邀请。

终于，客人们到了。我们也跟着登上了总统官邸阳台，聚会将在这里举行。丹尼尔·格拉宁站在一条走廊里，正在申斥总统官邸的工作人员：

"你们没有任何权力！你们简直太放肆了！"

"可是……"

"'可是'什么？这是我的时间，不是你们的！"

后来才知道，丹尼尔·格拉宁只不过想去换一下衣服，但被阻止了，因为总统与老寿星和他的朋友们不受拘束的聚会马上就要开始。最后，彼得堡知识分子丹尼尔·格拉宁说服了工作人员，到底还是去换了衣服。结果，很晚才赶回来参加仪式。格鲁吉亚女知识分子纳尼·布列格瓦泽没有换衣服，而是变戏法似地，一下子就穿上了适合这种场合的衣服。现在，可以想象的是，他们两人谁更像知识分子。

总统走到老寿星和他的朋友们跟前，话语不多。他低声对拉苏尔·加姆扎托夫说：

“您来了，我感到十分高兴。”

可能总统觉得自己的话不够正式，于是，就补充说：

“非常高兴！”

说完，总统看了看老寿星的朋友们，有所寓意地说：

“您的客人还没有到齐，我们再等一会吧。”

似乎是，丹尼尔·格拉宁到底没有白去换衣服。他不来，总统不想开始。所有的人现在都确信这一点。

“是的，有人去换衣服了。”总统沉默了一会儿说。

“什么？”拉苏尔·加姆扎托夫不解地问。

他坐在阳台上，样子就像脑袋里马上就会产生诗句一样。

“是的，不知在什么地方换衣服，”总统已经有点懊丧地重复着说。说完，总统看了看记者们，彬彬有礼地对记者们笑了笑说：“好啦，咱们走吧？”

由于总统话出突然，谁也没有做出反应。

“我想说的是，我们到大厅里占领战斗阵地好吗？”弗拉基米尔·普京还是那样彬彬有礼地继续说。

这一次，总统的暗示再也不会不被理解了。总统要在旁边的大厅里给拉苏尔·加姆扎托夫颁发勋章。当笔者走下阳台的时候，丹尼尔·格拉宁身穿绿色上衣、蓝色衬衣和白色裤子，气宇轩昂地走上阳台，正好擦肩而过。

其实，到这个时候，总统显然完全失去了待在阳台上的愿望，过了不大一会儿，总统与老寿星和他的朋友们也来到了大厅里。几天前，总统与保加利亚总统格奥尔基·珀尔瓦诺夫就是在这个大厅里举行了记者招待会。

“大厅很小，可我们的国家很大，”总统说，“在这个国家里，数百万人热爱您，因为您如此真诚、如此文雅地教给我们爱，真理和良知……这样一些价值观。请允许我们开始庄严的仪式，授予您勋章。”

“嗯。”拉苏尔·加姆扎托夫马上答应了。

总统给诗人挂上了一条漂亮的重达700克的绶带，并把勋章别到诗人胸前。拉苏尔·加姆扎托夫走到麦克风前。他走过去并不容易。如果说拉苏尔·加姆扎托夫的诗，正如总统所说的那样，给我国许多人提供了支持的话，那么，拉苏尔·加姆扎托夫本人在走路时，至今得到了一位青年人的搀扶。从一切迹象看，这一帮助是必不可少的。而这次，当诗人在电视摄像机镜头下，向麦克风走去的时候，坚决拒绝了这位青年人的帮助。这当然给诗人带来了赞誉。

“直到现在，我一直嘲讽周年纪念活动，”诗人说，“因为这种活动总是夸大功劳。可是，今天这个纪念活动很有意义。”

拉苏尔·加姆扎托夫的讲话含糊不清，但意思明确。他说，在反酗酒运动时，葡萄遭到砍伐。就在不久前，文学经历了与葡萄同样的遭遇。拉苏尔·加姆扎托夫本人曾认为，一个诗人是无力将一百多人集中在一个大厅里的。可就在不久前，他去过一家体育馆，那里聚集了6000人。拉苏尔·加姆扎托夫甚至觉得他是去看足球比赛。可是，这不是足球赛，而是他的作品朗诵晚会。

“生日这一天来到了，早晨，我与家人在一起，上午，我与总统在一起，而晚上，我将与一些有趣的人在一起。对于一个人来说，幸福如此，夫复何求?”

应当承认，拉苏尔·加姆扎托夫提出的这个幸福公式，并非适用于俄罗斯联邦的每个人。服务员们开始给每人送一杯香槟酒。总统长时间地与大家碰杯。最后，总统发现纳尼·布列格瓦泽根本就没有酒杯。总统想把自己的酒杯给她，这个酒杯已经与所有的人碰过了（这样的话，她就用不着再去碰杯了），而纳尼·布列格瓦泽连声推辞：

“不，不，不……！”

“给，给，给……！”弗拉基米尔·普京一再坚持着，脸上露出了特别的笑容。

纳尼·布列格瓦泽马上接过了酒杯。归根到底，她只是个女人，而他是总统。

弗拉基米尔·普京过问退休金状况通知书

9月9日，俄罗斯总统弗拉基米尔·普京在索契博恰罗夫小溪总统官邸，突然来了一位不速之客——俄罗斯退休基金会主席米哈伊尔·祖拉博夫。

众所周知，俄罗斯总理米哈伊尔·卡西亚诺夫把向公民发放退休金状况通知书的日期，推迟到了11月1日。这一日期一再被推迟。最初的时候，计划于8月1日发放。可是，俄罗斯退休基金会来不及发出3800万份信函，于是推迟到10月1日。俄罗斯退休基金会做出解释说，由于客观原因，邮局来不及送达信函。可是，俄罗斯邮电部长列昂尼德·雷曼声称，邮局根本就没有什么信函可送：到9月1日，俄罗斯退休基金会只交给邮局840万封信件。

祖拉博夫先生站在官邸紧闭的正门前，显然是在理顺思路。总的说来，他在这个时候来到这个地方，令人惊讶，没有人约见他。总统约见的是俄罗斯副总理阿列克谢·库德林和经济发展部部长格尔曼·格列夫，想听他们谈谈关于2004年联邦预算的想法。米哈伊尔·祖拉博夫没有被列入总统接见计划。

“当我们还在索契晒太阳的时候，”笔者对他说，“您就会上报纸的头版头条了。”

“是的，”俄罗斯退休基金会主席毫不含糊地肯定说，“您指的是什么？”

“就是那件事：总理把给退休者发放通知书的日期推迟到11月1日。据说，退休改革面临威胁。正因为这个，才把您紧急叫过来的？”

米哈伊尔·祖拉博夫没有慌张。

“信件没有任何问题。推迟是出于广告宣传的考虑，宣传应当与通知书的发放同步进行。为了进行广告宣传，需要额外时间。”

“没有广告宣传我们现在什么也做不了？”

“实际上，需要做的就是广告宣传。如果我们不想错过今年这个退休改革年的话，应当做的，恰恰相反，应当再推迟一个月。当然，我们要做好受批评的准备。”

“您准备好了吗？”

“有所准备。”

“也就是说，在11月1日后，您还需要一个月的时间？”

“需要。如果我们不进行广告宣传，我们不告诉人们应当如何按照我们的意见去做，那么，有少量的人会决定选择管理公司。而能够做出深思熟虑决定的人就更少了。总而言之，正如一部电影里所说的，最好先在猫身上练练。”

“请允许我问一下，”笔者一下子糊涂了，“究竟谁是猫？”

祖拉博夫先生看上去也糊涂了。不过，稍一迟疑，他回答说：

“管理公司。您认为是谁？”

“可我还是不明白，干吗叫您来。莫非是您自己硬要再推迟一个月？”

“这样吧，等我见过总统后，再跟您说这件事。我这次来，就算是计划中的吧。不，不是计划中的。也就是说，我这次来，是计划中的事，但只是从某种意义上讲，是计划中的。”祖拉博夫先生最后一句话说得并不理直气壮。

“那您准备跟总统谈什么？”

“是他要同我谈。”

不论这有多么奇怪，恰恰是最后一句话，还是道出了祖拉博夫先生此行的天机，他到底还是被总统召到博恰罗夫小溪官邸的。总统突然感到不满意，无论如何不能丢掉取得的主要成就之一：已经开始运作的退休改革。

不知为什么，谁也没有招呼祖拉博夫进去。于是，笔者继续问他：

“那么，发放通知书本身真的没有任何问题？”

“并非各地邮局的能力都是充足的。在我们自己负责运送信件的地方，一切正常。例如，巴什基尔的信件是我们自己送的。普斯科夫州也是。坦率地讲，从总体上说，这也是我们的出路。在一年的时间里，我们发出1.1亿封信件。每一封信，我们都得签字保证送到。邮局无论如何做不到这一点。总而言之，这件事在世界上是没有同类的。也就是说，我们要自己送信件。”

祖拉博夫先生陷入了这个话题中，他不惜时间地开始给我介绍改革本身的意义。在谈到改革的意义时，他以最高统帅斯大林作为例子：

“斯大林明白，应当向居民借钱。于是，就借了。”

“我家里至今还有这些债券，”站在祖拉博夫先生背后的一个人，忍不住插话说，“是奶奶留下来的。”

“我也有，”祖拉博夫顺口说，“是爷爷留下来的。”

这时，有人喊祖拉博夫：

“你是第三位？”

来人是格列夫和库德林。祖拉博夫先生专心致志的解释刚说到半截儿，就打住了，急忙与两位同行一起去见总统。

几分钟后，我们被请进会谈室。普京先生与库德林先生在交谈。格列夫先生和祖拉博夫先生在准备。总统很关心预算。俄罗斯财政部长大胆地报告说：一切都很好。按照笔者的理解，各级权力机关表现出了惊人的、无与伦比的团结一致（当然，去年批准预算时的不团结除外）。联邦委员会下周将着手审议预算，国家杜马也将同步审议。

“政府中有没有出现犹豫不定的情况？”弗拉基米尔·普京试图寻找薄弱环节。

“没有犹豫。”库德林先生犹豫了一会后回答。

其他方面还有一些好消息。为纪念喀山建城1000周年（2005年），给喀山市社会经济发展计划的财政拨款将增加一倍。而且，财政部长认为，2005年，喀山市可能启动苏联的主要长期建设项目之一——历尽波折的地铁项目。

阿列克谢·库德林离开了总统，脸上带着微笑，但已疲惫不堪。格列夫先生和祖拉博夫先生跟库德林相比，看上去还没有疲惫。终于，轮到他们两人发言了。弗拉基米尔·普京开门见山地问他们两人有关退休改革问题。米哈伊尔·祖拉博夫先回答。很快，总统冷笑着打断了他的话：

“前不久，你们刚刚给我看了这些文件、表格、通知书，不用说了，很快每个人都会拿到这些文件的。”

米哈伊尔·祖拉博夫沉默了一会儿，显然没有料到会受到这种责怪。

“我们按照一项计划，对我们的能力重新进行了评估，”终于，祖拉博夫嘟哝了一句，“是这样的，我们想在8月1日……”

在接下来的几分钟时间里，他谈的问题是，推迟日期，并不是体制出现了问题。

“是的，我很希望政府在昨天做出的是最后的决定。”总统总结说。

弗拉基米尔·普京指的是11月1日。他甚至毫不怀疑，12月1日这个日子已经出现在地平线上了。因为不能忘记的是，要举行广告宣传活动。

弗拉基米尔·普京更换了空降兵司令

9月10日，俄罗斯总统弗拉基米尔·普京在索契官邸接见了军方代表团。来到官邸的有国防部长谢尔盖·伊万诺夫、俄罗斯驻北约代表康斯坦丁·托茨基、正在移交空降兵司令职权的格奥尔吉·什帕克上将，另外还有一个人。

恰恰是最后的这一个人，才是这一天的主角。今天这个人是谁，谁就是新任空降兵司令。这位参加总统接见的人的名字一直秘而不宣，直到一辆白色的“伏尔加”轿车开到总统官邸正门前，参加总统接见的人从车里下来。不过，当这些人从笔者身边走过去的时候，事情还不清楚。记者们谁也不认识这位走进总统官邸大门的中年中将。他是远东军区副司令亚历山大·科尔马科夫。

一切礼节性的寒暄很快就说完了。

“晚上好。”格奥尔吉·什帕克向总统问候。

“您好，总统同志!”科尔莫戈罗夫将军用标准的军语喊道。

两人的问候用语在这种场合下，是完全符合身份的。

总统说，他再一次阅读了关于什帕克将军的文件。从文件中得知，什帕克将军在空降兵里已经服役了四十多年。一般来说，服役时间不会这么长。

“我希望，这不是我们最后一次见面。”总统以最大的热情说。

格奥尔吉·什帕克感激地点点头。

“要知道，您不能停止积极的工作，我很高兴再见到您……”

什帕克将军更加活跃起来。

总统言归正传：

“现在谈谈武装力量建设改革的问题。”

总统谈的是支持格拉济耶夫和罗戈津集团。在这个集团里，什帕克不知从什么时候起，坐到了第三的位置上。总统并不高兴再见到什帕克将军。

总统奖给什帕克将军一枚“为祖国服务”四等勋章。

“免除格奥尔吉·伊万诺维奇的职务，由亚历山大·彼得罗维奇接任。”普京先生语气平缓地宣布了对新司令员的任命。

总的来说，科尔马科夫将军曾在空降兵里长期服役，只是前不久才被调到远东地区。空降兵们可以安心地睡觉了，因为新任司令员对于他们来说并不是外人。而在安心的同时，空降兵们还是很敏感的：因为总统说空降兵是他的主要预备队，他始终记着这一点。

此外，还有一条令人希望倍增的消息。总统说，不论是整个武装力量，还是空降兵，机构改革工作已经结束。可以认为，总统故意公开说这些话，也就结束了有关将空降兵与武装力量其他军兵种合并的言论。极易受到伤害的空降兵，心理状况生性细腻，这种心理不允许空降兵在任何大的运动中感到自己处于危险中。现在，空降兵们可以完全放心了。

不过，普京先生说，在普斯科夫空降兵师里进行的一项实验还没有结束。总统说，这项实验要进行到底。

格奥尔吉·什帕克在与总统说话时，声音很大。不过，暴露出他激动情绪的，并不仅仅是声音大这一件事。首先是将军的话语出卖了他。例如，他感谢总统能够善良地、仁慈地、像对待将军一样地对待他。举个例子说，如果笔者感谢自己的总编能够仁慈地、像对待记者一样地对待我的，那么，总编会不明白我在说什么。

其实，总统十分理解什帕克。他一直对着什帕克微笑，就像在鼓励他。当人们长久地分别（如果不是永别的话，这是常有的事）。后来，总统的微笑显然给了空降兵前司令额外的力量，做出决定性的冲刺。

对于新任空降兵总司令，总统一次也没有微笑过（显然是出于教训的目的）。新司令的发言简短明了。他说，作为军区副司令，他没有与空降兵中断联系，也没有忘记空降兵靠什么生存。不过，这需要通过实验来检验。

总统终于决定结束这一话题。

“请您，”总统对国防部长说，“请您留下。”

《春天里的十七个瞬间》里的句子200%地被用上了。不仅国防部长谢尔盖·伊万诺夫坐在那里，格奥尔吉·什帕克也坐在那里没有动，只有亚历山大·科尔马科夫站了起来。总统以询问的目光看了看空降兵前司令。

“恳请您单独接见我（什帕克先生边说边看了看国防部长——作者注），我有一个个人问题。”

什帕克说这话时，声音很大，甚至是洪亮。这一次，他几乎是喊出来的。应当承认，他的请求的确是诚恳的。

总统点了点头。不过，格奥尔吉·什帕克还是走了出去。于是，总统开始与伊万诺夫先生谈话。伊万诺夫开始报告太平洋舰队演习的情况。当着记者们的面，伊万诺夫没有讲演习期间失事的直升机的事。此外，什帕克将军到底与总统讲了些什么，不得而知。笔者不由自主地认为，什帕克先生没有向总统征求职业性的建议：在即将举行的杜马选举中，该如何更巧妙地安排根纳季·久加诺夫的爱国主义立场。

弗拉基米尔·普京对艾哈迈德·卡德罗夫青睐有加

9月11日晚，正在达戈梅斯疗养院休息的记者们期待着美国前总统老布什到来。完全出乎他们意料的是，车臣临时行政当局领导人艾哈迈德·卡德罗夫来到弗拉基米尔·普京位于索契的官邸。这件事对于所有的记者都是一个意外，但对笔者不是。

这些天，有关某位令人感兴趣的人要到博恰罗夫小溪官邸来的传言，每时每刻都在出现。一会儿说，某某人已经到了总统那里，一会儿说，某某人马上就要来了，一会儿又说总统放下手头一切工作，马上就要去什么地方。例如，9月10日，一些记者满怀信心地做好了跟随总统去克拉斯诺达尔边疆区参加秋收总结会。没有任何理由能够说服这些消息灵通的记者们，让他们相信自己的预测是不准确的（似乎很可笑，因为秋收正在如火如荼地进行着）。而且，他们还打了赌（不过，谁也没有下赌注，因为任何一名记者，哪怕是在克里姆林宫里只进行过一次采访的记者也知道：一切都是可能的）。

还有其他许多想法，一个比一个有意思。总统此时正搭乘快艇，在黑海兜风。或者更有甚者，说总统正在往莫斯科打电话，询问那里的天气情况。并且，显然满意地得知，气温零上10度，阴，有雨，预报将有冰冻。

甚至有可能的是，总统对天气问题是那样的关心，以致于昨天白天在接见总理米哈伊尔·卡西亚诺夫时（通过这次会晤，一切都清楚了，总统与总理每周四举行一次会晤，不管天气如何），弗拉基米尔·普京向总理问的第一句话就是，国家是否做好了过冬准备。这种准备工作的要求，高于去年，但低于使国内生产总值翻一番的需要。乌里扬诺夫斯克州和勘察加地区可能会造成大量人员冻死冻伤，无法为国内生产总值翻一番贡献力量。总统建议总理在一周的时间里解决这一问题。

在总统与卡西亚诺夫先生会晤后，产生了一件本周里最令记者们感到意外的事件。原来，记者们设想的应邀到博恰罗夫小溪官邸接受总统接见的人员名单中，他们谁都想到了，但就是没有想到艾哈迈德·卡德罗夫。而且，据说卡德罗夫还是昨天上午来到了总统官邸，傍晚就受到总统的接见。当下午两点钟人们告诉笔者这件事的时候，坦率地讲，我是相当轻率地对待这一消息的，马上做出的推测是，这条消息跟前面那些诸如总统要去克拉斯诺达尔边疆区参加秋收总结会的消息是一路货色。可是，我大错特错了。艾哈迈德·卡德罗夫不仅受到总统接见，还与总统一起喝了酒。他们先是喝的果汁清凉饮料，后来喝的是茶，有绿茶，也有红茶。卡德罗夫喝茶时加了糖，总统不加。

总统与卡德罗夫进行了交谈。毫无疑问，他们商谈了给车臣共和国的民众提供补助金的日期问题，根本没有谈当天有一位车臣总统竞选候选人被取消竞选资格，而另一位候选人艰难地决定退出竞选这件事（当天的报纸有报道）。不过，可以认为，更为艰难的决定是，这位退出竞选的候选人当天同意担任俄罗斯总统负责国家南部地区事务的助理。

老布什没有毁坏鸿沟。美国前总统受到跟现任总统一样的接待

9月14日，俄罗斯总统弗拉基米尔·普京在索契博恰罗夫小溪官邸接见了乔治·布什（老布什）。

还在早晨，计划安排老布什先生与普京先生在博恰罗夫小溪官邸举行会晤。可是，到了最后一刻，弗拉基米尔·普京做出了慷慨大方的善意姿态，决定亲自乘车去阿德列拉机场，迎接布什先生和夫人。而且，俄罗斯总统还把爱犬科尼带到了机场。分析家们认为，科尼在俄罗斯外交中发挥了越来越显著的作用。也许有人会说，在自上而下地巩固权力的这个阶段，科尼的作用只不过是迎送博恰罗夫小溪官邸的客人。这能证明什么呢？起码证明了一种趋势，以前不曾有过的做法。科尼迎接过保加利亚总统格奥尔基·珀尔瓦诺夫和夫人佐尔卡。结果，在保加利亚记者从采访车里所做的口头报道中，“科尼”的名字比“普京”、“珀尔瓦诺夫”和“佐尔卡”的名字被提到的更早更多。

显然，科尼喜欢这样，最主要的是它的主人似乎也喜欢这一点，这就是笔者的观察。科尼不向任何人摇尾乞怜。人们，哪怕只到过博恰罗夫小溪官邸一次的人们也都知道，光是它的表现就够让人受的。昨天一开始，科尼被安全局的一名工作人员用系狗皮带拉着，直到美国前总统和他的夫人乘坐的俄罗斯航空公司的伊尔—62飞机滑行到机场客站楼前。它表现得相当老实，尽管如此，依然备受关注。

弗拉基米尔·普京的衣着随和：西裤、衬衫、带咖啡色添料的驼色合成革皮鞋。这种皮鞋不知为什么特别引人注目（莫非正是这个原因，刚一回到官邸，俄罗斯总统马上就换了鞋子?）。

除普京外，索契市市长莫斯托沃伊先生忍不住来到机场，同样耐不住寂寞的还有市长夫人。市长夫人身着一套耀眼夺目的浅蓝色女装，脚蹬一双白色运动鞋，很是惹人注意。莫斯托沃伊先生的新闻秘书竭力把市长夫人的运动鞋说成是软皮鞋，

并坚持认为，这没有什么好奇怪的：当然是软皮鞋，这有什么，美国人还是到我们这里来了。假如是芬兰人，那就换别的什么了。

尽管是美国前总统，但记者们对他的兴趣十分明显。不过，更使记者们感兴趣的，是因为他是美国现任总统的父亲，并非是前总统。不过，美国人要求不要在此次访问中产生不和谐的噪声，因而去机场迎接老布什的，当然并不都是愿意去的人。去了机场的记者们，则非常担心逆光给老布什先生和普京先生拍照，一再请求设法给记者提供较合适的位置。但所有这一切努力都没有得到正面回应。

飞机停止滑行后，记者们拥向舷梯旁。唉，这不是那个铺设了红地毯的舷梯。记者们做好了准备，准备在舷梯旁履行自己的职业义务。在这个世界上，没有任何东西能够妨碍记者们履行职责。不论是俄罗斯总统新闻处工作人员愤怒的叫喊，也不论是飞行员，客气地讲，疑惑不解的目光，都不能影响记者们，更别说他们恰好准备逆光进行拍照了。

当老布什走出机舱，看到记者们在迎接与他同机飞来的另外什么人，并且这个人显然比他重要得多的时候，大概会大吃一惊。而这位久经磨炼的政治斗士一生中也没有见到过这种情景。归根到底，他有着“沙漠风暴”的经历。他愉快地向弗拉基米尔·普京问好，而普京则把一束黄玫瑰送给老布什的夫人巴巴拉。此后，老布什先生环顾四周，赞叹说：

“多么美丽的地方！”

在四周，在目光所及之处，都是起飞跑道。显然，布什先生是为博恰罗夫小溪官邸事先准备下这句话的，不过稍稍急躁了些。

“多么美丽的飞机！”不过，老布什先生很快就改口了，用手指了指伊尔—62。

车队在20分钟之内开到博恰罗夫小溪。在索契，这个时候正是中午最热的时候。也就是说，车队在路上就没有遇到什么车。

老布什夫妇被安置在官邸二号楼，也就是贵宾楼的二层豪华套房里。就在几天前，达吉斯坦人民的伟大儿子、诗人拉苏尔·加姆扎托夫在庆祝80岁生日时，就曾在这间豪华套房里下榻，住了不长时间。走进卧室，乔治·布什马上打开窗户，观看街景。正好我们就在窗底下等他。记者很多，比在机场多得多。布什先生机械地一下子把窗户给关上了：这是被记者追踪的不轻松岁月的影响。的确，窗户倒是没有关好。当着我们的面，可以说，就在我们的眼前，布什先生又用力关了几次，才把双层充气玻璃关上了。10分钟后，布什将在官邸园子里散步。这一问题在访问前讨论了很长时间。考虑到老布什腿有毛病，可能走不了200米的距离。只是在这个美国人来到索契之后，一切疑云才散开了。他说，该去哪儿就去哪儿，如果需要的话，他能奉陪到底。

布什先生和夫人走出官邸楼。他穿着训练裤、马球衫、看上去有些发紧的运动衫，光脚穿着矮腰球鞋。在机场，老布什穿着飞行员服。人们告诉他说，欢迎仪式将是非正式的。于是，他就换上了飞行员服。

我国总统也换了衣服。笔者不知道人们跟他说了些什么，而他恰恰相反，换上了西服和更为庄重的皮鞋。两人服装的反差明显，俄罗斯总统从远处一看到老布什，马上就脱下了西装上衣。

这时候，总统爱犬科尼派上了用场。它出现在一切大的场面中。没过两分钟，它就成了焦点。

“这是谁?”巴巴拉·布什指着科尼问。巴巴拉和柳德米拉·普京娜一样，也穿着休闲服。

“这是他的爱犬。”俄罗斯总统妻子说，并指了指自己的丈夫。

“是吗?”巴巴拉·布什惊讶起来。

柳德米拉·普京娜再次点头确认。很显然，她想说的是，在他们家里，白色的卷毛狗是她的，但没来得及说，话题转到天气上。布什先生在机场莫名其妙说出来的拿手妙句，在这个时候，恰好派上了用场。

“多么出色的地方!”布什像在机场时那样，看了看四周说。布什先生在官邸里轻松地漫步，一点也没有给人留下他的腿有什么毛病的印象。而且，看着他的时候，笔者心想，这个人无论如何也不可能是小布什的父亲，至多是他哥哥（的确，也许正是这双光脚穿的矮腰球鞋让笔者糊涂了）。又过了几分钟，普京与老布什来到客厅（两位夫人到了楼上），对记者们说了几句话。弗拉基米尔·普京怒气冲冲地宣布，真诚地、高兴地欢迎乔治·布什先生来到俄罗斯，来到索契。普京生气，是因为翻译还没有来。而布什先生坐在那里，既没有微笑，也没有点头致意。当翻译仍然不紧不慢地来到后，普京只好重复刚才说过的话。

“我希望阁下能转告您的儿子，我们这里具备一切条件，足以很好地接待他，”弗拉基米尔·普京说，“我到过他家里，我也希望他能到我这里来。”

老布什先生感谢“难以想象的礼遇”。他指的当然是在机场的欢迎仪式。

“您不用怀疑，我的儿子很看重这一点。”老布什先生说。这样一来，在这个房间里，这第三个人——小布什始终在人们的谈话中被提到。

“我只有一个免费提供的建议：您在邀请他到这里来之前，可得好好想想。然后，您就不会再邀请他了。”父亲拿儿子开了一个玩笑。

不知怎的，这个玩笑没有开成。大家谁也没有笑出来。

“我敢向您保证，我的儿子对贵国抱有最真诚的感情。”老布什继续说。

是的，老布什没有说到底是什么感情。弗拉基米尔·普京又说了几句客套话。他说，据他所知，乔治·布什先生现在不过问大政治，但他仍然愿意与乔治·布什先生讨论世界政治中的一些迫切问题。他希望与记者们的交流到此为止。可是，老布什先生却另有打算。

“想跟新闻界再说几句，”老布什说，“您的看法绝对正确，我的确不参与当前的政治问题。这是为什么？因为记者总是在努力寻找我与儿子在观点上的差异。只要我说些什么，记者们马上就会跑到华盛顿，跑进白宫，并马上报告我儿子：‘不，听我说，你那位不守规矩的父亲，又说多了！’”

老布什先生按照多年的习惯，总想讨好记者。他出色地完成这一任务。当我们从他身边走过的时候，他努力看着每一位记者，并亲自跟记者们道别。笔者也听到了布什对我说：“再见！”现在，笔者非常满意，甚至有些深受感动。

看着弗拉基米尔·普京的后背

9月15日，白俄罗斯与俄罗斯两国总统举行了期待已久的会晤。据白俄罗斯方面提供的消息，俄罗斯媒体竭尽全力贬低此次会晤，两国总统本身也使会晤变得黯淡失色。

应当说，此次会晤开始前，双方要弄了一些奇怪的手腕。一开始，在会谈日期上就出现了一些莫名其妙的东西。几天前人们才知道，会谈将于9月13日举行。可是，到了9月12日深夜，事情发生变化，会谈日期推迟到了9月15日。至于为什么，存在着许多种说法，其中的一些还相当吸引人。例如，根据一些或多或少消息灵通人士的说法，白俄罗斯代表团本应当安顿在白俄罗斯疗养院里。就在卢卡申科先生抵达的前一天，索契一家地区法院做出判决，认为疗养院四周的汽车库和别墅是违法建筑，是擅自侵占。于是，法院做出判决，拆除所有的非法建筑。拆除仪式恰恰定在9月13日这天。白俄罗斯代表团坚决拒绝在拆除违法建筑的情况下下榻。而在我们俄罗斯，感谢上帝，法院是独立的：将拆除日期推迟是不可能的。于是，白俄罗斯总统做出了惟一正确的决定：改变自己的访问日期。

不过，这一浪漫的说法并没有描绘出所发生事件的全部细节。例如，就在星期六这天，俄罗斯联邦各电视台向主权的白俄罗斯共和国的总统发起了轮番攻击。电视台从各种档案里翻出了卢卡申科过去接受记者采访的资料，致使人们都以可怜的目光看待他。在这些资料中，卢卡申科的谈话热烈有余，但意思有点令人费解。不过，显而易见的是，问题是存在的，卢卡申科谈的是白俄罗斯天然气运输公司私有化问题。

俄罗斯天然气工业公司总经理米勒先生平时很少在电视上发表讲话，但这一次，却就广泛的问题接受了记者采访，并且态度相当明确。该公司工作人员起草并在两国总统会晤前夕散发给俄罗斯记者一份非正式的参考资料，逐一阐述了所有问题。例如，列举了俄罗斯与白俄罗斯两国在建立经过白俄罗斯领土运输天然气的合资企业时，白俄罗斯方面开出的条件：

“一、俄罗斯天然气工业公司按照俄罗斯国内价格，增加对白俄罗斯的天然气供应量。

二、白俄罗斯保留控股权。

三、按照白俄罗斯政府规定的价格，出售俄罗斯天然气工业公司的股票。全部股票价格50亿美元。

四、白俄罗斯将位于其境内部分的、属于俄罗斯天然气工业公司的亚马尔—欧洲天然气管道移交给俄罗斯，作为白俄罗斯购买股票的付款……”

任何一名思维健康的人都会明白，这些条件是不切实际的，俄罗斯天然气工业公司提出了自己的方案作为选择条件，包括如下几条：

“一、平等分摊资金——购买俄罗斯天然气工业公司的股票额不少于法定资本的50%。

二、按照市场价格购买股票额。据俄罗斯天然气工业公司估计，该价格接近票面价值（全部股票额大约为6亿美元）。

三、暂不规定将位于白俄罗斯境内部分的‘亚马尔—欧洲’天然气运输干线列入法定资本……”

下面给那些暂时还有点不明白的人详细介绍一下情况。俄罗斯天然气工业公司认为，白俄罗斯天然气运输公司不值50亿美元。“这一金额给人印象深刻，但在目前这种情况下，这一金额是大是小，并不重要。重要的是，这一估价的依据是什么。这不是买一袋子土豆，一眼就能够看出土豆是好是坏，价钱是贵还是贱。在这种大笔交易中，需要进行仔细的、符合法律的技术核查。在专家们的参与下，对资产进行独立评估。一般来说，专家们的结论全世界都相信。明斯克认为，白俄罗斯共和国政府所做出的估价是足够的……俄罗斯天然气工业公司并不是那种可以购买少量股票额、然后等待分红的股票投资机构。俄罗斯天然气工业公司是一个战略投资者。如果我们建立统一的国家，那么，白俄罗斯天然气运输公司自然也得并入这个统一国家的天然气供应系统中，也就是说，也得并入俄罗斯天然气工业公司的系统中。不能够低于50%的股票额。

而现在，提出的只是没有经过专家核查的股票控制额。白俄罗斯人要求将亚马尔—欧洲天然气管道归合资公司所有的方法支付这一金额。可是，这完全是另外一个项目，是跟白俄罗斯的天然气分配网络毫无关系的项目……”

该文件起草者们所做出的结论是冷酷的：“从新年度开始，对白俄罗斯的天然气供应方式，将与独联体其他国家一样——取消折扣，按照亲兄弟明算账的方式。”

即使在周日，俄罗斯的宣传机器也没有停止工作，相反，还开足马力工作。俄罗斯全国性的电视频道在所有的时事分析节目中，狂热地拿卢卡申科先生说事。卢卡申科先生本人有机会确认这一点。9月14日晚，他抵达索契，下榻在里韦拉宾馆。整个晚上他都在专心致志地看电视。

卢卡申科在电视里看到的节目，显然对他产生了巨大的影响，第二天早晨，当他面对这些电视频道的摄像镜头时，只能说这些问题。然而，就在卢卡申科先生抵达索契的当天，他与俄罗斯总统普京举行会晤的日期再一次被推迟。会晤时间突然被定在星期日晚上很晚的时候。两个小时过去后，有关当局又若无其事地向我们宣布，会谈日期改到了星期一。

只是在昨天早晨，看到官邸里来了几名白俄罗斯记者后，笔者才相信，会谈终于要举行了。这些白俄罗斯记者紧紧地挨在一起，拒绝回答最平常的问题。很显然，白俄罗斯记者们认为，周围所发生的一切，是一次严重的挑衅。白俄罗斯记者们还随身携带着自己的行李。来到博恰罗夫小溪官邸为什么还带着手提箱这一问题，令人震惊，使他们一下子陷入休克和抽搐状态。一名白俄罗斯记者嘟哝着说，很有可能出现紧急离开索契的情况。

“难道会有人赶你们走?”笔者不解地问。

“我们嘛，倒是没人赶，可老爷子有可能被赶走。”一名白俄罗斯记者极其痛苦地低声说。“那你们准备飞到哪里去?”笔者尽量掩饰住心头的怜悯之情问。感觉得出，笔者没能够完全做到这一点。之所以提出这一问题，是因为不管怎么说，在最近两天后，将在雅尔塔举行独联体国家元首峰会，卢卡申科先生打算出席。

不过，看上去，与笔者交谈的这位记者，甚至有点好感。

“我们将飞到哈萨克斯坦，去找纳扎尔巴耶夫。”白俄罗斯记者说。

“你们认为他有天然气，如果需要的话，就跟他要？天然气他倒是有，可不会给你们。”

“我们事先没有想过这事儿。”白俄罗斯记者回过神儿来说，“我们只是报道我国总统的访问和会晤。”

半个小时后，这样的一次会晤开始了。毫无疑问，一切都取决于会谈的开始。已经知道，白俄罗斯关注的重点在礼节方面：最初五分钟的摄像与拍照。亚历山大·卢卡申科打算说点什么。根据此前笔者得到的消息，俄罗斯方面甚至讨论过，在最初几分钟就进入交战，还是等一等，等到白俄罗斯总统与俄罗斯总统单独在一起的时候再开战。

很快一切就明白了，第二种方式被选中了。而卢卡申科先生也做出了自己的决定。他马上宣布说，在俄罗斯总统的背后正在发生非常不好的、有俄罗斯新闻媒体参与其中的进程（显然是指昨天晚上在电视上看到的俄罗斯电视台的分析节目）。卢卡申科补充说，而且，昨天晚上，如果哪位记者问他（说着，卢卡申科满怀信心地看了看白俄罗斯记者们），那么，他对这一问题的讲述将会详细得多。根据一切情况判断，卢卡申科先生的暗示是，他知道一些非常非常重要的事情。在某些时候，人们甚至感觉到，卢卡申科知道得太多了。俄罗斯总统表现出了令人吃惊的漠不关心。他说，很高兴见到白俄罗斯总统。仅此而已。他说，很希望卢卡申科先生在索契度过的这一段时光不仅有益，而且愉快（莫非这是一个暗示，让卢卡申科全身放松，并得到满意的结局）。此外，俄罗斯总统还补充说，昨天晚上他没有看电视，因为他有自己的工作计划，因此，对他背后发生的什么进程，无法做出评论。

给人的感觉是，在第一轮的单独决斗中，俄罗斯总统已经绝望地输了，就像拳击手一样被对方击倒了。其实，只有根本不知道会谈开始前双方选择的第二种行为方式的人，才会做出这种评判。笔者向俄罗斯一位高官“××”说出自己的疑虑时，高官充满信心地回答说，一切都在按计划进行，若需要立即反击，并且是全力反击的话，那么，对手在决斗的第二秒钟就会被击倒。

如此说来，卢卡申科先生受到了诱惑。看来，他中计了。

这位俄罗斯高官还说，在俄罗斯总统的背后不可能发生任何不良事件。这样说来，在他背后发生的只有好事。

会谈持续了6个多小时。根据笔者不断收到的有关会谈情况的消息判断，会谈的确进行得十分艰难。俄罗斯总统劝说白俄罗斯总统放弃其立场，把白俄罗斯天然气运输公司提出的天价降下来，将控制股出售给俄罗斯天然气工业公司（参见前面提到的俄罗斯天然气工业公司提出的条款）。

“他会‘踩死’他的。”参加会谈的俄罗斯高官得意地说。他是笔者的消息来源。

“什么?”

“暂时没什么。”

总而言之，所有的人都认为，会谈结束后，两位总统将会出现在电视镜头前，大谈两国间过去和现在所保持的特殊感情，并宣布双方达成了妥协。

可是，这种情况根本就没有发生。毫无疑问，弗拉基米尔·普京贬低了亚历山大·卢卡申科，而亚历山大·卢卡申科也贬低了弗拉基米尔·普京。

到了深夜，在即将举行记者招待会前才传出消息，两国总统像朋友一样地分手了。也就是说，什么协议也没有达成。可是，不知怎的，这还是令人难以置信。似乎至今只有一点，所发生的这一切都只是为了一个目的：坚持自己的条件。在出售天然气方面，无论如何不能转向市场关系。因为这样的关系所导致的结果必然是：当俄罗斯的天然气经过白俄罗斯境内运输时，俄罗斯天然气工业公司也将按照世界市场的价格，而不是现在的优惠价格支付过境费用。

终于，两位总统走到了记者跟前。弗拉基米尔·普京马上谈了一切。普京说，会谈的双方通常会发生争论，争论谁是对的，谁是错的，谁有求于谁。在这种情况下，这是十分复杂的事。

“因此，我们商定转而采用市场关系。”弗拉基米尔·普京宣布说。

这样一来，如果不考虑另一个消息来源的话，应当承认谈判的结果是负面的。

这另一个消息来源说："白俄罗斯人会明白，他们完了。"

卢卡申科先生同样说：

"对于俄罗斯总统说的话，很难再进行任何补充了。惟一要补充的是：我们的关系不能降低到今不如昔的地步。"

白俄罗斯总统不知为什么显得有点伤心。会谈显然耗费了他大量精力。他也显然明白，结果对他来说是负面的。

他也谈到了这一点：

"白俄罗斯不会反对两国人民的统一。对于卢卡申科来说，这是政治上的死亡。"

然而，昨天发生的一切所破坏的恰恰是这个统一的基础。如果白俄罗斯总统不改变主意（参见前面讲的俄罗斯方面提出的条款），那么，将会是迅速的政治死亡——这是在最近的将来，他面临着的最可能的结局。

为弗拉基米尔·普京总统分忧

9月16日，在新罗西斯克市，俄罗斯总统弗拉基米尔·普京处理了该市去年8月遭受自然灾害的遗留问题。

弗拉基米尔·普京从"雏鹰"少先队夏令营出来，乘坐"高加索"号游艇，从海上去了新罗西斯克。路上用了大约3个小时。在这段时间里，新罗西斯克的天气急剧恶化了。天上乌云滚滚。风一阵儿紧似一阵儿，时常狂风大作。显然，这场狂风就跟一年前掠过新罗西斯克及其周边地区上空的那场威力可怕的飓风一样。

看来，克拉斯诺达尔边疆区真的还将带着飓风造成的创伤生活下去，而比飓风更无情的可能只有这种生活了。不过，这两者毫无可比之处。从新罗西斯克市政府会议厅墙上挂的表格看，一切都已经很好了，而且好得不能再好了。您可以自己判断：房屋损毁3141座，已经修复3141座。电线被毁27.2公里，已经修复27.2公里。锅炉被毁18座，已经修复了18座。34座桥梁被毁，已经修复了34座……

可是，笔者又没有理由不相信另外一些人，他们刚刚从一年前遭受损失的那些地方（例如策姆多林纳地区）回来。他们说，那里没有什么变化。损毁的房屋实际上并没有修复，人们也没有得到资金用于修复房屋。这样一来，就有一种意见认为，表格里所说的全是谎言。这是在骗谁？骗总统？

乘游艇抵达新罗西斯克后，总统换乘一艘拖轮，乘坐拖轮视察了新罗西斯克港口，并献了花圈（昨天是新罗西斯克城下粉碎德国法西斯军队60周年纪念日）。总统还长时间地与克拉斯诺达尔边疆区行政长官维克托·特卡乔夫单独在一起。特卡乔夫真的两天都没有离开总统，他还指望第三天，也就是今天，在叶伊斯克市，也寸步不离总统。

应邀来参加会议的人们等待着总统到来。他们聚集在椭圆形会议桌周围，难以保持安静。俄罗斯南方联邦区全权代表维克托·卡赞采夫嘱咐新罗西斯克人不要在总统来的时候惊惶失措，要向总统要水。

“别要多了！”他开导新罗西斯克市长说，“如果有机会，马上说：水。”

一提到水，谁都坐不住了。

“俄罗斯石油运输公司，”紧急状态部的彼得·叶夫列莫夫将军向石油运输公司总经理谢苗·魏因施托克点了点头说，“应当向新罗西斯克铺设两条管道，一条输油管，一条输水管。”

“还可以用油槽车送水。”谢苗·魏因施托克先生支持将军的话，并看了看运输部长谢尔盖·弗兰克。

“可以。”弗兰克先生表示同意，并向交通部长根纳季·法捷耶夫点了点头。

法捷耶夫先生抬眼找了找，看看可以把球踢给谁。但没有找到，也就默不作声了。

“那么……在商店里1瓶水卖多少钱呢？10卢布？这相当于30美分。也就是说，1升水等于1美元。150升是1桶。也就是说，在新罗西斯克市，1桶水150美元！1桶石油才29美元。大家都要晕倒了。”新罗西斯克港口总经理弗拉基米尔·科夫巴修克向人们诉说着自己的痛苦。这个话题内容丰富，一时半会儿是说不完的，只能打住。当总统与亚历山大·特卡乔夫一起来到会议厅后，人们的话题一下子就被打断了。

“在房屋修复问题上，一份材料说修复了，另一份材料说没有修复。哪一份材料说得对？”普京边走边问。

谢天谢地，普京还没有看到墙上挂的表格。

可是，谁也没有回答总统的问话。弗拉基米尔·普京说，不论是对新罗西斯克市长，还是克拉斯诺达尔边疆区行政长官，他没有任何意见，因为一年前当灾难发生时，他们都没有躲避，而是在现场解决了一切可能出现的问题。总统让新罗西斯克市长首先发言。

然而，人们已经知道的是，新罗西斯克市长正是由于一年前无力解决这些问题，在去年11月就已经辞职了。现在坐在普京面前的，已经是另一位市长了。

可是，总统似乎并没有发现这一人事变化。他认真地听取了新市长西尼亚科夫斯基所做的关于“去年8月新罗西斯克发生自然灾害”的情况介绍，并对介绍感到满意。

弗拉基米尔·普京一下子就抓住了问题的关键，宣布说，在此次会议上，他打算只谈尚未解决的问题。此后，弗拉基米尔·普京似乎对这一问题很快就失去了兴趣。大约10分钟后，他向大家解释了为什么联邦预算拨出如此多的款项用于消除克拉斯诺达尔边疆区的飓风灾害后果，而世界上任何一个国家（这些国家不需要这样做：在西方国家里由保险公司负责）也没有拨出过如此多的款项用于这种项目。随后，总统把话题转向了会议的第二部分内容——克拉斯诺达尔边疆区的交通运输问题。据说，这一话题内容更加丰富。遗憾的是，我们对此一无所知：因为当俄罗斯海军总司令库罗耶多夫先生刚刚开始谈起黑海舰队在英雄城市新罗西斯克驻扎的问题时，记者们就被要求离开会场。

深夜的时候，普京先生在格连吉克市的火烈鸟饭店吃了晚饭。直到最后一刻，总统用餐饭店的名称还严格保密。不过，知道内情的人们说，严格保密的惟一一个原因是：总统很想与普通百姓，也就是那些没有准备与总统会晤的人一起吃晚餐。假如总统用餐饭店的名称提前被克拉斯诺达尔边疆区政府和新罗西斯克市政府知道了的话，那么，总统将没有任何机会在饭店里看到不期而遇的人。

不管怎么说，笔者有充分的理由认为，不论做出什么样保密的努力，总统朝思暮想的理想直到现在，还是没能够实现。

弗拉基米尔·普京在索契的最后一天给人留下了深刻的印象。前一天，与白俄罗斯总统亚历山大·卢卡申科举行的艰苦会谈持续了整整一天一夜。在会谈休息的时候，普京总统接见了一批俄罗斯官员，他们是莫斯科市长尤里·卢日科夫，克拉斯诺达尔边疆区行政长官亚历山大·特卡乔夫和索契市长列昂尼德·莫斯托沃伊。

这些人等待总统接见已经3天了。总统的接见时间一改再改，似乎是眼看着就接见不成了。不过，有一件重要的事情让这些官员们凑到了一起，而总统也为他们挤出了时间。

就连笔者也不能不为他们挤出时间。事情是这样的，这3名官员把一份最大规模的城市改造计划放到了总统办公桌上。笔者有幸见到了这份计划。

这里说的当然是索契。

“我们想提出一些解决方案，把索契变成一座海上疗养胜地。”尤里·卢日科夫充满激情地说。

在俄罗斯人的心目中，今天的索契究竟是什么样子？数百万人是在哪里休假呢？现在，所有这一切都不重要了。而主要的是，应当在黑海里，在索契水域，尽可能多地建造人工岛屿。人们在这些岛屿上的生活将会充满惊喜，美妙无比。于是，人也就成了另外一个样子了。这将是一个全新的人，完全不同于那些被臭名昭著的索契服务业伤害的受罪的旅游者。在大索契地区这种旅游者屡见不鲜，到处都有。而在尤里·卢日科夫准备沿海岸建造的那些岛上，将不会存在这种旅游者。

当然了，总的来说，目前还不很清楚到底将会是个什么样。但有一些东西是肯定的，很少有人感觉不到。要知道，莫斯科有上百万建设者，而他们必须埋头于真正的男人的工作。

“这样的话，索契就会成为俄罗斯惟一一个世界级的这种城市！”卢日科夫先生赞叹地说。这项大方案（岛屿——小事一件，是细节，是整个想法中令人心动的详情），当然需要大量资金，也许是巨资。但不成问题。只要有愿意为未来投资的人，既为索契的未来，也为自己的未来投资，就不可能没有资金。

尤里·卢日科夫得到了克拉斯诺达尔边疆区行政长官亚历山大·特卡乔夫的热情支持。

“我们不动用预算资金，”特卡乔夫说，“尽管克拉斯诺达尔边疆区的预算在短期内（正好与他的任期一致）增长了三分之二。不过，这当然也不是莫斯科市的预算，关于莫斯科市的预算，我给你们透露一个小秘密……”

坐在亚历山大·特卡乔夫对面的尤里·卢日科夫恐慌地使劲摆手，不让说。很显然，他也真的害怕了。

“不会的，我不会透露秘密的。”特卡乔夫先生似乎很不情愿地同意了。

弗拉基米尔·普京满意地听自己的客人们讲话。他很喜欢将索契市变成一座海上疗养胜地的前景。总统告诉记者说，只要想干的话，尤里·卢日科夫就能把一座普通的污水池改造成什么胜地。总统回想起一件事。有一次，他与莫斯科市长在莫斯科三环路上行驶。尤里·卢日科夫请他参观了尚未建成的路段，并提醒说，只要这里的道路一修通，一切都将发生翻天覆地的变化。经过好几个月后，总统还能想起这件事，并以此作为城区面貌改造的例子，说明这件事给总统留下了相当深刻的印象。

此次会议从各方面来讲，都是令人愉快的。后来，出席会议的人们，走到墙上挂着的未来神奇的“新瓦修科夫城”地图和计划跟前，专心致志地进行研究。图表上出现了“海景画”、“防波堤”、“桥渠”这些字眼，看上去还有“防火墙”。未来就在眼前。简直伸手可及。这个未来有一个漂亮的男人的名字“尤里”。

不过，如果有谁想知道笔者的意见，那么，笔者会建议他把这个项目的资金，用于整理总统昨天在那里呆了半天时间的“雏鹰”少先队夏令营。有人会说，这反正都一样，就当是罗曼·阿布拉莫维奇把购买切尔西足球俱乐部的钱，用于购买俄罗斯足球俱乐部。然而，不是这么一回事，这并不是一个恰当的比较。无论怎么说，昨天到过“雏鹰”少先队夏令营的人中，许多人都不会同意这种说法的。到过那里人的还有：俄罗斯国家体育运动委员会主席维亚切斯拉夫·费季索夫，俄罗斯联邦教育部长弗拉基米尔·菲利波夫，总统办公厅事务局长弗拉基米尔·科任。

据说，邀请弗拉基米尔·普京到“雏鹰”少先队夏令营去的建议是弗拉基米尔·科任本人提出来的。在大规模庆祝圣彼得堡建城300周年后，这位局长心里酝酿着另一个充满激情的方案。“雏鹰”少先队夏令营当然难以与彼得堡相提并论，但是，它却仍然有值得夸耀的地方。244公顷被废弃的场地，安置2000名得不到很好照料的孩子。

当我们来到“雏鹰”少先队夏令营的时候，不知为什么，并没有见到孩子们。不过，人们向我解释说，本来就应当这样。孩子们在他们应当在的地方。他们会按照某个需要的命令，非常迅速地跑到需要去的地方。

过了半个小时后，笔者还真的见到了孩子们。他们排着队，正在去让他们去的地方。孩子们的衣着各种各样，就像平常孩子们的穿着一样。每个孩子的脖子上戴着绿色的领巾，他们是生态少先队员。

在从我们身边经过时，孩子们齐声喊道：

“早上好，联邦总统警卫局！”

这是什么问候语？要么，少先队辅导员们就是这样教导孩子们的，让他们在向每一位陌生人问好时，为防万一，就这样问好，要么，孩子们本身都已经不小了，他们明白，在讲礼貌的社会中应当怎样表现自己。不管怎样，孩子们没有错。在我们当中，还真的有两名联邦警卫局的工作人员。

在少先队夏令营里，我们越往里走，遇到的孩子就越多。大多数孩子围成圆圈，互相搂着，不停地摇晃着身子，嘴里低声嘟哝着什么。渐渐的，笔者越来越感到心里不痛快。夏令营越来越像轻度神经病院，那些刚刚开始发病的精神病人，被从俄罗斯联邦全国各地送到这种精神病院，在自然环境里，进行休养性治疗。

过了一段时间后，弗拉基米尔·普京乘坐直升机飞到夏令营。他因为没有经验，几乎马上就陷入了一个这种圈子里。这个圈子里的孩子们看到总统，都高兴起来，开始向总统表达敬意。开始的时候，他们长时间地互相手拉着手，后来，他们带着疑问的表情看着弗拉基米尔·普京。终于，有一名少先队员忍不住了，很有礼貌地问总统：

“您感觉到我们雏鹰的激情了吗？”

“感觉到了。”弗拉基米尔·普京马上点了点头。

总统显然明白，应当尽快地同意这些孩子们的一切意见。

不过，在第二次，总统似乎是坚决不落入同一个圈套里。当他被请到一个房间里与少先队员们进行交流时，他走到门槛边站住了，没有进去。

“你们在干什么？”总统一点儿也没有表情地问。

“我们是‘俄罗斯之环’俱乐部。”孩子们不解地说，他们已经做好了围成圈，晃来晃去的准备。

“‘俄罗斯之环’俱乐部？！”总统关心地又问了一遍。

不能排除的是，总统认为这是某个共济会组织。

“有什么意见？”总统提出了第二个问题。

总统显然不想给他们深入解释的机会。

“意见分歧了！”孩子们齐声说，并准备好讲述这些意见，但总统马上祝愿孩子们一切顺利后，匆忙地离开了。

后来，总统身边的人在解释总统匆忙离开的原因时说，总统视察“雏鹰”少先队夏令营的目的并不是要与孩子们近距离地接触，而是要研究把夏令营维持下去的经营问题。

这次调研活动的结果并不令人欣慰。

“你们这里有一块伤心之地，”总统说，“当人们准备离开夏令营的时候，会来到这个地方。当我来到这个地方，并看了你们的生活条件后，直想哭。”

所有这一切的确是这样的，甚至更糟糕。“雏鹰”少先队夏令营被分成了7个夏令营。其中，一个名字叫“共青团员”的夏令营今年冬天陷入了危机状态，以致于不得不把少先队员们迁走。房屋里甚至没有暖气（孩子们到现在还手拉着手站成一圈，莫非是因为这个?）可是，要把这些孩子培养成才！“共青团员”夏令营的少先队员们戴着自己的俄罗斯国旗颜色的领巾（每个夏令营都有自己的领巾），默默地为自己的国家感到骄傲。按照俄罗斯总统中肯的说法，每个人都在适应一切。

不过，孩子们的忍耐，似乎快结束了。7个联邦区将对“雏鹰”的七个少先队夏令营担负起辅导的责任。科任先生将亲自负责协调这项工作。

“我相信，各个地区都会做出响应的，”普京先生说，“亚历山大·尼古拉耶维奇·特卡乔夫已经说过：让我来修理好什么吧！”

那就让他干吧！

维亚切斯拉夫·费季索夫也没有白来“雏鹰”少先队夏令营。他承诺修理好游泳池。

在告别时，少先队员帕维尔·亚库宁送给普京一个礼物。

“我们有礼物送给您。”亚库宁说。

“不会打我吧?”总统问了一句。

“不会，”孩子笑了起来，“我们送给您一件针织背心。上面写着您是21世纪的领导人。这是我们的想法。”

“是吗？那么你们是22世纪的领导人！”普京鼓励孩子说。

这样一来，“雏鹰”少先队夏令营的领导人高兴起来。他们的夏令营也将和索契市一样，在最近的时间里面貌一新。卢日科夫先生负责投资，很显然，莫斯科市长是不会占用这些投资的。科任先生拥有支出预算资金的神奇经验。

谁能够更快地完成自己的任务呢？一个想在人工岛上建造一座新城市，第二个想使“雏鹰”像凤凰鸟一样，浴火重生。时代在前进。

弗拉基米尔·普京在没有划界的地方举行会议

9月17日，俄罗斯总统弗拉基米尔·普京在亚速海的比留奇岛与乌克兰总统列昂尼德·库奇马举行会谈。在叶伊斯克市，普京总统就俄罗斯在黑海地区的国家安全问题召开了一次会议。根据笔者观察，这两件事紧密相连。例如，从会议上得知，乌克兰和俄罗斯之间在许多地段上根本就没有边界。

如果说尤里·卢日科夫还只是幻想着在黑海，在索契的周围建造人工岛的话，那么在亚速海，这种岛屿已经存在了。当乌克兰与俄罗斯两国总统昨天在其中的一个岛——比留奇岛上举行会谈后，这些岛也就广为人知了。

两国领导人讨论了亚速海的问题。俄罗斯想使亚速海成为两国内海，乌克兰则主张亚速海对外国船只开放。显然，两国总统各持己见，不欢而散。

这时候，在叶伊斯克市，在加加林空军学院分校里，人们久久地等待着总统。乘飞机前来参加会议的有国防部长谢尔盖·伊万诺夫，外交部长伊戈尔·伊万诺夫，以及联邦安全局长尼古拉·帕特鲁舍夫。

笔者不敢说，加加林空军学院叶伊斯克分院有能力接待所有这些人。很显然，只是出于安全保卫措施的考虑，该分院较合适。不客气地讲，这里也用不着做什么安排，一切都是现成的。

会场所在的教学主楼像区文化宫，在最近的半个世纪里，一直在等待着被列入大修的名单。其实，这所分院是俄罗斯空军的未来。然而，笔者参观了分院的教室后，对空军的这个未来产生了很大的疑问。初看上去，教学班里的设备就跟文化宫本身一样的年代久远。笔者问一名军官，班里有没有国际互联网软件，他当面大笑起来。后来，他倒是严肃起来了，补充说，总的说来，在这座城市里，如果你知道地方，国际互联网还是可以找到的。

总统非常快地视察了分院，笔者敢说，总统只是走马观花地看了看。总统走进训练飞行控制中心。

"你们在干什么？"总统问。

"按照统一的设想工作。"总统听到回答。

弗拉基米尔·普京甚至都没有问一下是什么设想。

几分钟后，总统将来到会场。这是一间不大的办公室，墙上挂着南方联邦区的大幅地图。图上用一些黑点标示出了俄罗斯在这一地区的国家安全优先方面。

参加会议的人长时间默默地坐在那里，等待总统到来。终于，俄罗斯驻乌克兰大使维克托·切尔诺梅尔金大声向一名女速记员要水喝。正如他所说的，是借水喝。如果愿意的话，这可以解释成激动的标志。

其实，走到会议桌前的克拉斯诺达尔边疆区行政长官亚历山大·特卡乔夫与坐在会议桌后的联邦安全局长帕特鲁舍夫先生之间进行的谈话，内容要丰富得多。“怎么，尼古拉·普拉托诺维奇，”行政长官低声问，“在我的边疆区里一切都还正常吗?”

联邦安全局长认真地看着他，缓缓地点点头。特卡乔夫先生也点点头，似乎是放下心来。看来，他还在寻找别的、能够帮他弄清他的边疆区形势的人。但就在这时，总统走了进来。会议开始了。弗拉基米尔·普京说此次会议是史无前例的。他单独谈到了这个地区（亚速海—黑海地区，也就是总统所说的，在行政区划上与现存的地区边界现状完全不一致的地区）的国家安全问题。

“亚速海和黑海应当成为巩固俄罗斯国家之海。”弗拉基米尔·普京说。

很显然，弗拉基米尔·普京指的是，在这个海中不能有外国船只，因为它们会分散我国有关部门的注意力，无疑会削弱我们的国家。此外，刻赤海峡的地位丝毫也不明确，一些更小的海峡的法律地位也没有确定。

“此外，我们看到，土耳其常常企图限制船只，首先是油轮通过博斯普鲁斯海峡和达达尼尔海峡。他们（应当理解为土耳其人——作者）有时候还想压制以我们的伙伴为代表的竞争者。”普京先生说。

普京谈到了一次令人感兴趣的谈话，是几天前他与俄罗斯边防部门领导人弗拉基米尔·普罗尼切夫谈过的。

“这是我前不久与他的一次谈话。我问：‘我国与乌克兰海上边界的情况怎样?’他回答说：‘坦率地讲，不怎么样。’我问：‘这是怎么回事?’他回答说：‘总的来说，海岸是明确的。从总体上讲，俄罗斯联邦的边界在哪里也是明确的。可我们的边防军人在哪里? 没有!’”

当总统讲这件事的时候，普罗尼切夫先生活跃地直点头，到最后，他甚至笑了起来。

会议在大部分时间里是保密进行的。离开会场时，笔者听到了外交部第一副部长维亚切斯拉夫·特鲁布尼科夫的发言：“我要报告的是，与乌克兰举行了 15 轮谈判。俄罗斯的立场不变。”显而易见的是，乌克兰的立场也未变。

会议一结束，普京先生就宣布说，他刚刚签署了有关黑海舰队在新罗西斯克市的驻扎的命令。总统说，这并不意味着黑海舰队将离开塞瓦斯托波尔。

初看上去，给人的感觉是，这是一个重大的决定，恰恰意味着黑海舰队正在撤离塞瓦斯托波尔。不过，根据笔者手头现有的信息判断，依然没有理由做出这种结论。例如，笔者已经知道的是，最初打算由外交部长伊戈尔·伊万诺夫通报这一命令，但在最后一刻，普京先生承担起了宣布这一消息的重担。他显然认为，人们对他的话的信任程度，要高于对他的部下。正如所了解到的情况，实际上在总统的命令中，提到的主要是黑海舰队新罗西斯克分舰队的驻泊地。不论这有多么奇怪，新罗西斯克分舰队至今也没有一个长期的驻泊地。现在，这一问题得到了解决。

总统乘坐直升机从叶伊斯克飞到了阿纳帕。笔者可以说，亲眼看到了总统的直升机正是从那些早就应当设立边界线，但谁都知道，至今也没有设立边界线的地方的上空飞过去了。

普京总统黑海搏浪

9月18日，俄罗斯总统弗拉基米尔·普京从俄罗斯的阿纳帕乘船抵达乌克兰的福罗斯，参加“四巨头”——白俄罗斯、俄罗斯、乌克兰和哈萨克斯坦四国总统会晤，将决定统一经济空间的命运。

正如所知，关于建立统一经济空间的想法是纳扎尔巴耶夫先生提出来的。有关文件已经起草完毕，做好了签署的准备，但在最后一刻，库奇马先生不知为什么，对这些文件的态度变得冷淡起来。现在他暗示其他几位总统说，如果他签署了这些文件，那么，他将遭到反对派的攻击，因为乌克兰本来就很脆弱的宪法制度面临威胁。也就是说，他本人对这些文件倒没有什么，只是乌克兰人不理解。

四国领导人聚集在一起。当被当面问及是否将签署文件的时候，总统们明显地表现出慌乱的神色，他们把目光都投向了库奇马，因为他是此次首脑峰会的主持人。可是，库奇马先生不失时机地把目光投向了哈萨克斯坦总统纳扎尔巴耶夫先生，因为所有这一切都是他设想出来的。哈萨克斯坦总统正埋头于协议起草工作组细节协作的描述。只是请他明确四国领导人是否将签署些什么协议时，纳扎尔巴耶夫先生最终直截了当地说，他不认为有什么障碍，普京先生同意纳扎尔巴耶夫的意见。

白俄罗斯总统卢卡申科先生不习惯于讨好任何人。他说，如果乌克兰不例外地签署文件，那么，这将是四国总统共同努力的主要成果。习惯于迎合别人的库奇马先生说，四国总统明天将举行会议，今天还要谈一些亟待解决的问题。

需要说的只是，如果乌克兰有保留地签署文件，那么，正如笔者昨天很晚的时候才了解到的消息，俄罗斯将不签署文件。

黑海恶劣的天气似乎也预示首脑峰会的不快。俄罗斯总统普京在黑海度过了一个风大浪高的夜晚。

弗拉基米尔·普京乘坐自己的“高加索”号游艇从阿纳帕出发，到福罗斯用了

11个小时。其实，黑海并不是那么辽阔无际，路上需要那么长时间。坦率地讲，用得着那么着急吗？俄罗斯总统本来就应当找个什么地方消磨一个晚上。

按照最初的计划，游艇应当在早上4点停靠离雅尔塔不远处的一个锚地，但弗拉基米尔·普京到9点才踏上好客的乌克兰土地。深夜时分，天气急剧恶化了。笔者乘坐另一艘游艇与“高加索”号一起走过这段海路，观察到一些情况。

毫无疑问，我们乘坐的游艇是俄罗斯造船艺术的杰作。“高加索”号游艇则不是。它是用军舰改造而成的，并且，是一些满怀激情，但缺乏创造奇迹的能力的人改造的。对于“高加索”号游艇来说，三级风浪就已经了不得了，而五级风浪则已经是生死攸关的事情了。

这天夜里，到黎明的时候，风浪达到了4级。“高加索”号游艇依然充满信心地航行着，但速度很慢。护送它的有两艘护卫舰，还有我们乘坐的游艇。前一天晚上，当我们离开阿纳帕时，游艇一点儿都不摇晃（深夜我们甚至还能够停下来，关闭马达，并尽情地洗澡，尽管已经是下半夜了，大海的表现从好的方面讲还可以：表面上安静，没有波涛，游艇也不摇晃），可是，到了黎明，我们根本无法在艇上行走。“高加索”号游艇上的乘客还有俄罗斯联邦安全局局长尼古拉·帕特鲁舍夫和国防部长谢尔盖·伊万诺夫。他们的情况更糟糕。

早晨7点，“高加索”号游艇驶过了雅尔塔，向福罗斯方向驶去。事情已经很清楚了，去锚地已经没有意义，而去雅尔塔为时尚早。而福罗斯，倒是一个不错的去处。在这里迎接俄罗斯总统的是俄罗斯驻乌克兰大使维克托·切尔诺梅尔金和当地的一位区长。弗拉基米尔·普京十分快活地向他们讲述了自己这次海上经历的印象。几分钟后，普京已经抵达了他在穆霍拉特卡的官邸。

独联体领导人工作会议将于今天举行，普京到雅尔塔也是为了参加此次会议。而在这种首脑峰会期间，工作会议本身并不是主要的，许多问题都是在双边首脑会晤中解决的。最初，俄罗斯总统计划举行三场双边首脑会晤，但在当天上午，又临时安排了一场，与处处都抛头露面的白俄罗斯总统亚历山大·卢卡申科总统会晤（遗憾的是，关于此次会晤笔者没有探听到什么消息，因为会晤是在深夜才结束的）。据说，此次会晤是根据卢卡申科的建议举行的。在索契充满戏剧色彩的会晤后，卢卡申科先生拥有两天的空档儿，这期间，人们又看到这位白俄罗斯总统在空调很好的场所举行记者招待会时，不停地用手帕擦自己的脑袋。

看阿塞拜疆新总理伊利哈姆·阿利耶夫的表现，比看其他任何人都更有意思。看上去，伊利哈姆·阿利耶夫对在10月15日即将举行的总统选举中获胜，充满了信心。而从俄罗斯总统昨天的表现看，他打算最大限度地给自己减少总统选举道路上的困难。

弗拉基米尔·普京祝贺阿塞拜疆总统盖达尔·阿利耶夫的儿子伊利哈姆·阿利耶夫担任新的职务，并表示希望他的父亲早日康复。毫无疑问的是，儿子需要听到这样的话。伊利哈姆·阿利耶夫感谢普京先生对他“正在进行治疗的”父亲的关照。初看上去，这话说得有点奇怪。盖达尔·阿利耶夫至今还在接受治疗，众所周知，为他进行治疗的是美国克利夫兰市的医生们。

但实际上，伊利哈姆·阿利耶夫是因为别的事情感谢普京。因为正是根据弗拉基米尔·普京的建议，俄罗斯的一架飞机，也就是紧急状态部的一架医院飞机于8月6日将盖达尔·阿利耶夫从安卡拉（最初在这里开始治疗）运送到了美国克利夫兰市。这不，儿子想告诉人们，他什么也没有忘记。

普京邀请伊利哈姆·阿利耶夫到莫斯科去，还特别强调说，尽管阿塞拜疆正在进行总统竞选活动，但他还是期待着伊利哈姆·阿利耶夫在10月15日前到莫斯科去。毫无疑问的是，在竞选活动中，任何一项资源都不是多余的。对莫斯科进行正式访问无疑将是一项巨大的资源。

普京先生按照顺序会见的第二个人是摩尔达维亚总统弗拉基米尔·沃罗宁。在与沃罗宁举行会晤前，俄罗斯总统还抽出时间看了看刚刚呈报给他的一份问题汇编。对俄罗斯与摩尔达维亚双边关系中当前最迫切的一些问题，汇编中显然都注有答案。后来，普京一甩手，将问题汇编扔到了屋角一张小沙发上。显而易见，这一动作是告诉所有记者，他自己知道这一切。可是，弗拉基米尔·沃罗宁却迟到了。普京先生站在摄像机和照相机镜头前，不知道自己还应当干什么。本来可以再看看问题汇编，可他刚才把它给扔到一边了。而摄影师们在疯狂地捕捉他心里的变化和身体的每一个动作。这种折磨又持续了两分钟。沃罗宁先生还是没有来。这时候，普京先生再也忍不住了，他和往常一样，谁也不顾地径直向走廊快步走去。这样一来，对于与摩尔达维亚总统举行会晤来说，普京就占据了相当有利的地位。现在，普京可以在休息室里，而不是在会谈室里等待沃罗宁的到来。而在会谈室里，普京先生与沃罗宁先生实质上是一样的，都是客人的身份。

显而易见的是，当摩尔达维亚总统终于赶来，并向俄罗斯总统问候的时候，迟到这件事促使沃罗宁总统张开双臂邀请普京就座举行会谈。弗拉基米尔·普京点了点头，走了过去。这一下子就有点让人看不懂了，这到底是谁在会见谁？

不过，沃罗宁先生一开口发言，一切都回归正常了。摩尔达维亚总统谈起了解决德涅斯特河沿岸地区问题的进展情况。完全可以预料的是，问题的解决是循序渐进的。建立摩尔达维亚新国家体制的第一阶段工作已经结束了：国家宪法的第一章已经起草完毕。

“我们不会落后于既定的进度计划表。”沃罗宁先生努力使普京相信这一点。

给人留下的印象是，这个进度计划表似乎是俄罗斯总统为他制定的。

在俄罗斯总统与哈萨克斯坦总统会晤时，纳扎尔巴耶夫先生详细分析了正在俄罗斯举行的哈萨克斯坦年的结果。

真想不到，哈萨克斯坦年都已经举办了，而我们竟然还不知道。

“四国”为“三国”干活

9月19日，俄罗斯总统弗拉基米尔·普京在雅尔塔结束了将近三个星期的黑海沿岸之行。按照事先的计划，此行的最后成果是胜利签署有关建立统一经济空间的协议。黑海之行按计划结束，然而，笔者暂时却没有感到自己是这一空间里的一分子。

由白俄罗斯、哈萨克斯坦、俄罗斯和乌克兰参加的统一经济空间是在极其神秘的情况下建立的。例如，外交部的专家们也不知在什么地方工作。当普京公开说他们工作得很出色之后，专家们才终于在“雅尔塔宾馆”的啤酒屋里多多少少被大众所见识：他们满怀豪情地庆祝总统的夸赞，直到深夜。四国领导人在戒备森严、一点消息也没有走漏的福罗斯举行了非正式会晤。会晤的前两分钟，只允许四国新闻社的工作人员进入，每国一人。

应当直言不讳地说：此次会晤是在实行全面新闻封锁的情况下举行的。记者们除了以复杂的心情通过“雅尔塔宾馆”第16层新闻中心惟一的一台监视器对会晤情况进行观察外，别无选择，这还是前所未有的情况。而且，各国只能派一名新闻社工作人员出席新闻记者招待会。而出席者除了真心地祈求自己能够把大量新闻记录下来，根本没有机会抱怨组织者的顽固不化。

不过，记者们将主要的希望明确地寄托在了第二天的会晤上。在最后的新闻记者招待会开始前两小时和结束后两小时，记者们可以与参加会晤者交谈。坦率地讲，记者们想弄清楚的是，这里到底发生了什么事情。要知道，有时候，记者们是能够达到目的的。

有一种意见认为，乌克兰之所以对此次首脑峰会严格保密，是为了防止记者们向库奇马先生提出一些有关斯拉夫兄弟情谊方面的不愉快问题。而对于我们来说，谈论斯拉夫兄弟情谊没什么不好意思的。是的，我们的确是兄弟。其中包括与白俄罗斯总统亚历山大·卢卡申科，也是兄弟。

顺便说一句，亚历山大·卢卡申科要求与弗拉基米尔·普京举行举行会晤，昨天讨论了许多。但据笔者所知，它最后还是没能举行。对此，各家新闻社所做出的解释只有一句话：“对话还将继续进行。”

笔者很愿意再谈谈新闻封锁问题。当然了，不值得一提的是新闻中心的一切服务都是有偿的：国际互联网——每小时4.3个乌克兰格里夫纳，复印机——每页18个乌克兰戈比，至于长途电话则不便说了。其实，独联体成员国的首脑峰会有一个不成文的惯例：这些都是不收费的。在最近举行的所有会晤中：不论是在奇姆布拉克（哈萨克斯坦），基什尼奥夫，还是在圣彼得堡，都是遵循这一惯例的。笔者谈论这件事没什么关系吧？只不过首脑峰会已经结束了，但伤口还在隐隐作痛。

尽管库奇马先生最终还是签署了关于建立统一经济空间的协议，但这也算不了什么。的确，他是在最后一刻，当文件已经准备就绪，并且，对文件进行了修改后，才签署的。这些修改之处是：在“建立统一经济空间的法律基础是国际条约，以及统一经济空间机关在考虑到各方利益情况下通过的决议……”这句话中的“利益”一词被替换成了“法律”。这一修改是原则性的，这意味着对乌克兰做出了让步。乌克兰宪法规定，国家的权力不能随便移交给他国。而在其他三国的宪法中，则没有这一重要条款。正因为这一点，俄罗斯代表团中一名高级官员在回答“既然乌克兰不允许自己有这种变通行为，那我们就能够允许自己有这种变通的行为吗?”这一问题时，不假思索地耸了耸双肩说：“不禁止的，就是允许的。”

弗拉基米尔·普京在记者招待会上显得精神饱满。似乎是，他把文件的签署看成了他的一大功劳。很显然，实际情况也是如此。一名参加了会晤的人告诉笔者，俄罗斯总统甚至不得不向参加会晤的一些人施加压力，迫使他们同意向乌克兰做出让步。后来，俄罗斯总统长时间地研究了最初计划中根本就没有的一项政治声明。普京先生需要这一声明，显而易见的目的是，需要把“统一经济空间对独联体各成员国开放”这一点写到一个什么地方去（据说，这一想法并没有使哈萨克斯坦总统受到鼓舞）。

这样，在回答记者的问题时，普京先生重申，专家们工作了好几个月，付出了艰巨的劳动（这又是一个好理由）。此后，普京突然生气地说，他已经看到了一些政治活动家和外交人士（普京提都没提记者们）对统一经济空间的初步评论，他认为：

“给人的印象是，这些人要么根本就没有读过文件，要么是囫囵吞枣，要么是出于权宜之计做出结论，并没有考虑他们国家的国家利益。”

如此说来，俄罗斯总统显然对外界的不理解感到伤心。在这个大厅里，与普京一起伤心的至少还有三个人。这三个人在这一刻交换了一下目光，不约而同地点了点头。俄罗斯总统坦率地介绍了签署协议的目的：

“目的是在商品生产和运输过程中，降低基础设施方面的负担。”

一名女记者问，各国人民是否支持本国领导人做出的关于建立统一经济空间的决定。一听就知道这一问题问得有些幼稚。总统从哪儿能够知道人民支持与否？对此问题还没有进行过任何社会意见调查。干吗让总统陷入尴尬的境地？

“在我们俄罗斯，我相信，压倒多数的人，90%……甚至于90%以上的人会支持的！在乌克兰……列昂尼德·丹尼洛维奇说过：在一些地方，会达到70%……而白俄罗斯总统说过：支持者也会超过90%！”

各国总统竟然知道本国几乎每个民众的意见，这多么令人高兴啊！

“在哈萨克斯坦，大约也是这种情况！”弗拉基米尔·普京继续说。

“我可不知道有多少支持者。”纳扎尔巴耶夫先生突然意思明确地嘟哝了一句。

“总而言之，”俄罗斯总统平静地总结说，“我们在执行人民的意志。”

这样，四国领导人充满信心地弹奏起最后的乐章。

就在这时，一名乌克兰记者提出的问题险些破坏了乐曲。这位勇敢的小伙子问(其实，他还是有些害怕的)，在统一经济空间中建立一个超越国家的机关，这是否意味着苏联的复活。“苏联？胡说八道，荒唐，荒唐之极！”弗拉基米尔·普京突然大发雷霆，“我想问的是，我说过了吗？你自己明白我说什么了吗？”

令人感到惊讶的是，这样一个大国的总统会如此轻率地失去镇静。

“这一页既是英勇的，也是创造性的，还是悲剧性的，”普京承认说，“不过，这一页已经翻过去了。一切都结束了，火车开走了！”

当然了，听到这些很高兴。

不过，从总统后面的话中可以看出，在我们今后的道路上依然存在着困难和障碍：

“总的说来，超国家机关暂时还没有看到。这种机关将是协调性的机关，就像欧洲共同体中的机关一样。”

这才是最后乐章：

“他们签署了《罗马条约》，也就成熟了，放弃了野心与国家的傲慢。”

他们倒是放弃了。

弗拉基米尔·普京与阿斯卡尔·阿卡耶夫受到影响

9月22日，俄罗斯总统弗拉基米尔·普京与吉尔吉斯斯坦总统阿斯卡尔·阿卡耶夫在大剧院为在莫斯科举行的吉尔吉斯文化周举行开幕仪式。笔者从大剧院池座观看了两国历史中充满戏剧性的一幕。

吉尔吉斯的知识精英和政治精英欣喜地接到了关于在大剧院举行开幕式的通知。剧院大厅里座无虚席。

“怎么，萨马尔比比也来演出？”池座里一位中年吉尔吉斯人低声问邻座的人。

“那又怎么样！”邻座回答。他口里吐着热气，直扑吉尔吉斯人的后脑勺。“他将演唱《好运永久》！”吉尔吉斯人说。

“噢……”邻座答应着说。

“咱们好久没听到这个曲子了，就像断了根似的……”吉尔吉斯人说。

“断什么根了？”邻座有点害怕地问。

“根源的根。”吉尔吉斯人漫不经心地说。

“最主要的是，不要跟总统断了关系。”邻座振振有词地跟吉尔吉斯人说。

顺便说一句，按照笔者的想象，俄罗斯的知识精英和政治精英应当遵循的正是这种想法。不过，这种精英并不多，远远少于有幸参加有总统出席的这次活动的人，而在这种活动中，有时候很容易让总统注意到。

参加此次活动的邀请信是采用扇形分发的方法发送给国家高级官员的。代表这些高级官员出席活动的似乎只有他们的远房亲戚，以及他们的私人司机及其家属。显而易见的是，这天没有来大剧院的人，还没有因为自己的总统将近三个星期没在莫斯科而想念他。

仪式开始前，吉尔吉斯斯坦乐队的几名乐师在乐池里做准备，其余乐师在剧院小吃部活动。乐队监督是格纳·纳比乌林。此人个头不高，年纪约45岁。他的双手暴露了他目前的心理状况（两只手明显在颤抖）。作为吉尔吉斯的民间歌手，他很爱说话。他说，来到莫斯科的这个乐队，是用了好长时间从吉尔吉斯斯坦全国各地召集起来的。就在一个月前，这些乐师还彼此互不相识，而现在他们在一起合作默契。乐师们的确感觉很好。他们很是不想离开小吃部，但不得不离开。

当乐师们在乐池里各就各位后，没过几分钟，阿斯卡尔·阿卡耶夫总统和弗拉基米尔·普京总统来到大剧院舞台上。

“莫斯科，在俄罗斯人的心中，这个词融合了数不清的含义……”阿斯卡尔·阿卡耶夫充满感情地引用了一位俄国大诗人的诗句。

可实际上不是在词语中，而是在声音中所融合的含义究竟是什么呢？真正融合的含义，才是最主要的。

“不仅仅在俄罗斯人的心里！在吉尔吉斯人的心里也是这样！”阿斯卡尔·阿卡耶夫感叹地说。是的，再次准许失去逗留权者进入国境（非法移民返回），在吉尔吉斯斯坦与俄罗斯的关系中表现得相当尖锐。吉尔吉斯斯坦总统认为：“吉尔吉斯文化是在伟大俄罗斯文化的影响下发展起来的。”

可是，吉尔吉斯人带到莫斯科的文化周说明书的标题却是“2200年之久的吉尔吉斯国家”。说明书中说：“许多世纪前，吉尔吉斯人向世界奉献了大海般的史诗《马纳斯》。”

不过，阿斯卡尔·阿卡耶夫显然指的是最近几十年的影响。很快，他就证实了这一点：

“苏联时代是吉尔吉斯斯坦精神和文化繁荣的时代。”

当然了，怎么也不能不谈俄罗斯。

谈到俄罗斯时，阿斯卡尔·阿卡耶夫声称：

“上帝和历史把俄罗斯赠送给了我们（如此说来，吉尔吉斯斯坦总统摆脱了个人为吉尔吉斯斯坦与俄罗斯的友谊所承担的责任）。不论在什么地方，包括在华盛顿，我都这么说。”

这是吉尔吉斯斯坦总统为这个晚会做出的惟一政治声明。可又有什么意义呢！

弗拉基米尔·普京在致答词时，则对吉尔吉斯大加赞扬。

“吉尔吉斯拥有独一无二的民间诗歌。钦吉兹·艾特马托夫就是我们共同喜爱的诗人之一……”弗拉基米尔·普京说着，很快就脱离了讲稿。

其实，把我们团结在一起的并不仅仅是诗人们。普京说：

“我们在人文领域的合作有着良好的基础。”

的确，对这一点难以不同意。就在昨天，俄罗斯与吉尔吉斯斯坦两国的国防部长在坎特市讨论了有关这一基础运作的技术细节。

究竟为什么需要举办这个文化周活动呢？这一切都是为了什么目的呢？在举办这种活动时，这个问题总是尖锐地摆在面前。

“为了使吉尔吉斯斯坦学习俄语的人知道，他们这样做是为了什么。”弗拉基米尔·普京详细地解释说。

最后，弗拉基米尔·普京对吉尔吉斯斯坦总统大加赞扬。为使这种赞扬更加有效，他采用了自我贬低的方法。

“阿斯卡尔·阿卡耶夫是一位世界级的知识分子。从他的言谈话语中就可以看出。他的讲话精彩无比，跟我不同的是，他从不使用讲稿。”俄罗斯总统说。其实，他也没有看讲稿。池座里坐在笔者周围的吉尔吉斯人猛烈地鼓起掌来。这已经有点过头了。毕竟是在做客嘛。

弗拉基米尔·普京看重第二个发言

9 月 25 日，在普京总统在联合国大会发表讲话前夕，人们才知道，联大会议的日程发生了奇怪的变化。岛国瑙鲁总统本应第一个发言，但他拒绝这样。研究瑙鲁总统拒绝的原因占用了一段时间。结果，联合国大会的日程含糊地把原因归结为技术性的。

很难说实际上到底发生了什么事情。瑙鲁总统根本就没有来联合国，而且，在纽约的任何公开场所也没有见到他的踪影。这个人到底出什么事了？发生了一场阴谋？莫非是针对瑙鲁的阴谋？太微不足道了。是要孤立瑙鲁总统，让世界听不到他就当今世界最引人注目的问题发表原则性的观点？的确，这种情况不能完全被排除。坦率地讲，这种可能性近乎零。

不，在这背后肯定存在着别的什么原因。其实，笔者知道其中的真实答案。

问题在于，在瑙鲁总统发言后，马上就轮到俄罗斯总统发言。而当瑙鲁总统消失后，俄罗斯总统被建议当天第一个发言。

瞧，这是一整套阴谋！是一盘两步就可将死的棋！直言不讳地讲，莫非这一挑衅的组织者打的简单算盘是，用这种缺乏灵活的方法使俄罗斯总统的心理失去平静？

不，俄罗斯总统本不应当第一个发言。归根结底，以前达成的一切协议让他第二个发言，不是平白无故的。当然了，问题不在于迷信，问题不在这里。由于显而易见的原因，在联合国大会上第一个发言，况且是在凌晨发言，一般来说听众还在睡觉。第一位发言者是在做一种独特的预热工作。就像举行摇滚音乐会时，在重头戏演出前，表演一些无关紧要的节目。

显而易见的是，出席联合国大会的人对第二位发言者也只是刚刚能够听明白（笔者相信，我们当中的许多人，对这一情景并不陌生）。而一些听众也只是刚刚找到自己的座位。

弗拉基米尔·普京和他身边的人并没有接受挑衅者的摆布。他们斩钉截铁地宣布，俄罗斯总统将按照原来的程序发言，也就是第二个发言。这样做的原因是，按照日程，俄罗斯总统发言后，马上就要与联合国秘书长科菲·安南举行会晤。俄罗斯总统根本没打算在发言后还坐在大厅里。而现在，他得到的建议正是在大厅里等待与联合国秘书长科菲·安南的会晤。

简而言之，对这种建议的拒绝是无条件的，是最终的决定。会议的组织者们似乎慌了。会议应当按时召开。于是，他们开始寻找其他的发言者顶替瑙鲁总统。据得到的非正式消息，还有几个人拒绝在俄罗斯总统前面发言（他们当中当然没有政治自杀者）。后来，已经到了深夜的时候，塞浦路斯总统塔索斯·帕帕佐普洛斯突然愿意为大家做出自我牺牲。

然而，在联合国里，对俄罗斯人的挑衅并没有就此罢休。这一次，我们记者们成了牺牲品。在联合国总部，在经过几道安全检查系统后，我们来到了四楼。在入口处，我们遇到了安全部门的警卫人员，他们坚决不放我们进去。按照他们的话说，我们持有的出入证颜色不对，可这些证件是组织者十分钟前亲手发给我们的。我们向警卫人员做出解释的一切努力，当然都碰壁了。这是一堵可怕的，但又有点可笑（甚至可笑到了愚蠢的地步）的不理解之壁。可是，两分钟后，两名女记者从我们的身边，从这几个警卫人员的身边平安无事地走了进去，而她们持有的证件跟我们的完全是同一种颜色。我们当然请工作人员注意这一点。可结果呢？警卫人员这一次声称，证件的颜色没什么问题，但是，证件上18这个号码不对。

“应当是什么样子的？”

“无可奉告。”

“应当大，还是小?”

“噢，应当大。”一名警卫人员懒洋洋地回答。

这时候，在会议大厅里，塞浦路斯总统的发言已经开始了。我们曾被告知，他的发言很短。我们已经来不及了。情况变得越来越紧急。现在面临着的情况是，有人企图不让人们听到俄罗斯总统的发言，至少不让俄罗斯记者听到发言。

几分钟过去了，当又有几名外国记者顺利地进入会议厅的时候，我已经不再感到惊讶了。他们证件上的号码是17。也就是说，应当小，而不是大!

笔者不想拿这些悲剧性的细节折磨读者，最终我们还是进了大厅。当俄罗斯代表团成员威胁说将向首脑峰会的组织者申诉这件彻头彻尾的外交丑闻的时候，我们被放行了。聆听我国总统发言的喜悦心情，被彻底地破坏了。

发言席上，塞浦路斯总统正要结束自己的发言。他刚好在祝贺与会者们，因为他们理解到，塞浦路斯岛又一次追求统一的努力彻底失败了。正如所预料的，这一切的发生，正是由于土耳其的频频行动。

塞浦路斯总统结束发言后，按照礼仪，坐到了发言席旁边一把浅色的大椅子上。会议主席应当亲自引导他在警卫人员的保护下离开大厅。弗拉基米尔·普京也将面临着同样的程序。

这时候，笔者注意到，除了俄罗斯记者，在我们前面还有五六个人走了过去。为新闻记者们准备的地方，根本就没有人！要么，其他所有的人都被远远地拦在联合国总部的门口，要么，普京先生的发言除了我们，谁也不感兴趣！（可以推测，世界上所有的记者都在新闻中心听普京先生发言。可是，这一推测也是毫无根据的。据悉，新闻中心也是空荡荡的。）

莫非记者们搞错了，他们来纽约参加联合国大会，这天早晨怎么会不来听我国总统发言呢?（前一天，在美国总统乔治·布什发言时，正如所料，大厅人满为患）。一下子也说不清楚。从一方面讲，俄罗斯总统似乎不会讲任何新东西。况且，在联合国大会上发言时，一句相当原则性的话——“今天，俄罗斯宣布，保证不首先在太空部署打击性、进攻性武器”——从他的发言中消失了。俄罗斯总统用一句毫无意义的话——“不允许太空军事化”取而代之。

不过，其他所有内容都保留了。弗拉基米尔·普京认为，“尽管在解决伊拉克危机途径上存在尖锐的分歧”，但伊拉克局势正在不可逆转地回到联合国的法律范围内（值得指出的是，少数人也持同样的意见）。

俄罗斯总统说，他曾提醒过大家：从恐怖分子那里得不到任何好处，但有人还在等待。“当时，俄罗斯的意见是否被听到了呢？当时，大家是否都理解了这一威胁的严重性？我们采取的联合措施是否适应这一威胁呢？‘9.11’事件表明，没有。然而，实施恐怖行为的凶手，不论是在莫斯科，还是在纽约，也不论是在车臣，还是在巴格达针对联合国工作人员实施恐怖行为的凶手，他们的特征，我们俄罗斯早就了如指掌。这种特征随处都可以识别出来。恐怖分子的唆使人，不论是在今年的8月事件中，还是去年的恐怖事件中，都是容易识别出来的，证明这一威胁具有全球化的性质。"

俄罗斯总统非常尊重联合国人道主义方面的活动。用他的话说，这一活动方面占用了"联合国大部分的力量、时间和资金，但却并不总能成为头条新闻"。普京先生显然不能放过这一问题。笔者不由得想到，联合国官员们的心在这一刻变软了，尽管时间并不长。

普京先生谈到了联合国改革问题。他说："我确信：在对联合国机构进行任何改革尝试之前，需要进行最认真的分析和最精确的计算。"俄罗斯总统并不否认，"在政治家，包括驻联合国的政治家们的手中，以及在联合国安理会里，并不总是存在着足够且有效运作的法律工具，能够恰当地克服国际间和地区中出现的危机的法律工具。而从这个意义上讲，国际法当然应当是能够反映当今世界现实的、可变化的、有生命力的东西。"

然而，俄罗斯总统没有提出任何具体的建议。他说："联合国现有的许多东西，需要我们去掌握。许多东西，只需要学会使用就足够了。"

不，这不是一次革命性的发言，没有什么新意。

当然了，任何时候都可以说，联合国大会上讨论的问题太棘手了，难以在联大会议上做革命性的发言。赫鲁晓夫先生当年什么也不讲，干脆用皮鞋敲打发言席。因而，产生了完全革命性的效应。

后来，俄罗斯总统普京来到纽约市消防部门，现场对两支消防队的表演表示敬意，一支是纽约的，另一支是莫斯科的。他们彻底弄坏了两辆"道奇"牌汽车。部分损失用世界著名的"格热利陶器"公司为消防队生产的陶瓷头盔赔偿。

按照设计要求，这种头盔在火中不燃烧。众所周知，消防队是美国的骄傲。直到今天，它可能是美国最大的、大概也是惟一的骄傲。美国公民热爱消防队，并努力成为消防队员。"9·11"事件后，美国消防学院的生源源源不断。当我们乘坐的大轿车在等待着被允许进入消防学院时，我们看到了这些消防学员。他们刚刚下课，准备从记者身边走过去。毫无疑问的是，他们预先演练过。他们的表现很好。每个班都喊着口号从我们的身边走过：

"不论我们到哪里，人人都知我是谁。我们的色彩是天蓝色！一、二、三、四！"

就这样，这些友好而可爱的小伙子们列队齐步从我们身边走向停车场。他们彼此依依惜别后，登上各自的汽车，向纽约这座庞大的城市里分散而去，他们希望明天再相聚，天天不分开。

我们俄罗斯的消防救星们进入美国消防学院学习完全出于偶然，这是常有的事儿。他们与这些美国小伙子们一起学习联合演习的课程。的确，您自己想想，我国的年轻人在这里能学到什么？

“所有这些，我们自己都会。”俄罗斯紧急状态部救援中心的一名小伙子一挥手说。

“可不管怎么说，总有一些你们不懂得，而美国人懂得的东西吧？”记者们追问。在这一小块马上就要进行演习的场地上，记者们的数量显然已经到了极限。

“是的。”一名小伙子犹豫了一下说，“他们懂英文。”

“你说，我们的装备不比美国的差吧？”一名俄罗斯消防队员冲动地看着我们，问另一名消防队员。

“不差?!”另一名消防队员回答。

“当然不差!”

“你说的?”

“比方说，我们的汽车就不差。”

“你说的?!”另一名消防队员坚持说。

“美国车质量好。”这名消防队员加重语气说，意味深长地看着自己的同伴。他的眼睛红了。

在等待俄罗斯总统车队的时候，笔者得到了有关弗拉基米尔·普京在纽约一整天活动情况的不完整消息。正如所知，这天一开始，弗拉基米尔·普京就与法国总统希拉克先生和德国总理施罗德先生举行了一次三方会晤。

后来，德国总理先走了，于是，剩下弗拉基米尔·普京与雅克·希拉克两人继续会谈。希拉克走后，普京先生就开始等待巴基斯坦总统佩尔韦兹·穆沙拉夫。可是，穆沙拉夫先生却没有来：因路上堵车耽搁了。

所有这一切意味着什么呢？很可能没有什么。首先，三位欧洲国家领导人举行了三方会谈。这是早就商定的。德国总理先走了。这样，弗拉基米尔·普京就与法国总统单独进行会谈。算了，不必再为这事惊讶了。

可是，一切都可能变得更富有戏剧性。难道不是这样吗？只要想这样就足够了。例如，我们已经知道，就在昨天，德国总理与美国总统举行了会晤，也是单独会晤。后来，他们两人一起出来见记者，显示双方已经和解。他们宣布，他们在伊拉克问题上的一切矛盾，都已经成为过去。

不论是我国总统，也不论是法国总统，都没有做出过这种声明。这样，施罗德匆忙脱离现在已经有损他的名声的这个团体的原因，也就不言自明了。

如果深究下去，佩尔韦兹·穆沙拉夫灾难性地迟到的原因究竟是什么？实际上，简直有点小儿科味道！他竟然堵车了！大名鼎鼎的纽约警察在这一时刻干什么去了？也许，正是纽约警察安排了堵车？安排得出乎深谋远虑的政治家预料？

幸好，笔者成了这一堵车状况的见证人，也成了纽约警察的辩护人。这里没有任何蓄谋恶意。纽约警察只是无力胜任自己的职责而已。箸亲眼看到穆沙拉夫先生的车队被堵在离华尔道夫酒店（“Waldorf Astoria”）大约一公里的地方，巴基斯坦总统显然要急着去这家饭店。大街上警笛响成了一片，警灯不停地闪烁着，辉映着整条街道。纽约警察蒙受了奇耻大辱，努力想疏散交通，但徒劳无功。而警察的忙乱实际上只能造成拥堵。

还是让我们再来谈谈我国的消防队吧。这时候，俄罗斯总统的车队已经驶进了消防学院。车队绵延二百多米，大约30辆车，主要是美国方面的警卫人员。奇怪的是，这个车队一路畅通无阻。

弗拉基米尔·普京与纽约市长麦克·布隆博格下了汽车。他们向学院领导问候致意后，一起走进了一个巨大的飞机库，此时，联合演习在这里开始了。一名俄罗斯小伙子戴上假发，涂红嘴唇，非常鲜红，百米之外都非常醒目（这就是这些天里美国佬用他们污辱性的语言教给他的本事!）。小伙子模仿女人的声音喊道：

“哎哟！救命啊！着火了！急死我了!”

平心而论，依笔者的看法，这次演习的一切当时就彻底失败了。如果说在此次演习前，人们还有些担心演习会不会变成一场闹剧，那么，在这名小伙子发出喊叫声后，整个演习当场就已经变成一场闹剧了。坦率地讲，笔者有点不习惯参与这一切闹剧。特别是当消防队员和救援人员扎破两辆毫无过错的“道奇”牌汽车的轮胎，打碎挡风玻璃，连根儿扯掉车门儿，以便把“芭比”娃娃从车里拉出来的时候，笔者更感到厌恶。

笔者感觉到，普京先生和布隆博格先生看到眼前的这一切，也有些疑惑不解。他们偶尔简短地交换一下看法。谢天谢地，十分钟后，这一切结束了。弗拉基米尔·普京向纽约市长赠送了一顶由“格热利陶器公司”的师傅们画上了花饰的陶瓷头盔。他们两人说了些什么，表现如何，笔者已经看不到，因为这一赠送礼品的仪式刚一开始，就把脸扭向了一边，没有任何勇气观看这一切。

第二天，俄罗斯总统来到纽约证券交易所，与里面最出色的代表们交谈。

交易所大楼外面，俄罗斯“卢克”石油公司总裁瓦吉特·阿列克佩罗夫站在那里，不停地替换着左右脚，一副不知所措的样子。他担心弗拉基米尔·普京在交易所里耽搁的时间过长，来不及视察“卢克”公司在纽约城里的加油站。美国安全人员围在俄罗斯总统专车周围，阿列克佩罗夫先生只能站在旁边：要想接近总统是不可能的。于是，他走到笔者跟前。

“这次活动后，全美国都会知道，卢克石油是俄罗斯的公司。”阿列克佩罗夫说。

“现在不知道吗?”

“可你无法去告诉每个人。这下子就好喽!”

“您好意思让总统为您的加油站做广告?”

“布什去什么地方访问，如果不带上商人，哪怕只有一次，会怎么样呢？其实，这是总统的职责。”

此时，俄罗斯总统正在与交易所里的商人们交谈。有意思的是，商人们关心的根本不是商业，而是普京如何看待恐怖主义威胁。普京总统疲倦地说：

“每个国家都应当对恐怖主义威胁做出反应。可普遍的情况是，在同恐怖主义作斗争方面人们只是做做样子。只是为了掀起泡沫，什么也不做。”

弗拉基米尔·普京突然把批评的矛头转向美国。

他把美国新实行的签证制度作为攻击的靶子。

“比方说，你们的伙伴需要获得签证与你们会晤，而他住在西伯利亚。首先，他得从西伯利亚去莫斯科。在那里填写表格，回答问题，其中包括他是不是恐怖分子。如果是妇女，还要回答她是否从事过卖淫。也就是说，这种签证制度已经超出了正常思维的限度。既然你们问你们能为双边关系的发展做些什么，那我要说的是：你们要利用自己的影响力，对妨碍普通人交流的美国政府和官员施加影响。祝你们成功。”

商人们不知怎的，一下子变得鸦雀无声。他们万没有料到普京的这一通猛攻。终于，一名商人鼓足勇气说：

“在具体的圈子里存在着具体关注的问题。由于俄罗斯政治方针的不确定发展，在一定条件下，会出现投资水平下降的威胁。请问您对此有何考虑？”

不，能够对美国政府施加影响的不会是这些人。

弗拉基米尔·普京对哥伦比亚大学实话实说

9月26日晚，弗拉基米尔·普京与哥伦比亚大学师生见面，告诉他们，在俄罗斯生活不容易。

在这些日子里，哥伦比亚大学热闹非凡。第三世界国家一些最优秀的人物纷纷来访：阿富汗总统卡尔扎伊先生，印度总理瓦杰帕伊先生和加纳总统库福尔，俄罗斯总统榜上有名。

与弗拉基米尔·普京的见面活动在哥伦比亚大学进行了广泛的海报宣传。多种颜色的小册子详细介绍了俄罗斯情况，是良好的、善意的。小册子里强调说，美国人对这个令人惊叹的国家知之不多。了解不足就要马上补课。例如，小册子里说，俄罗斯在旅游方面的收入高于泰国、希腊和葡萄牙。而俄罗斯样品工人叶连娜·亚尔马克（住在英国的布赖顿市）是2003年世界最优秀的工艺品艺术设计师。（“这样，俄罗斯文化再次登上了顶峰！”——海报里介绍说。）俄罗斯有文化的人口比例达到了99.6%，而美国为97%。莫斯科“瓦利达塔”研究机构提供的资料表明，有78%的车臣人愿意生活在俄罗斯。没有任何理由怀疑这一结论。

结果，为了亲眼看到俄罗斯这样美好国家的总统，大学生、教师、斯拉夫学家、俄罗斯文化研究者和记者们在礼堂门口排成了长队。其实，对此次见面活动情况感兴趣的只有俄罗斯记者，坦率地讲，他们也无法避开这项活动。美国记者显然更忙。没有任何一家国家电视台对哥伦比亚大学师生与俄罗斯总统见面的活动感兴趣。

俄罗斯总统表示歉意的是，围观的人们进入会场很不容易。他说，他本人也常常对自己的安全人员动怒，也对别人发脾气，但不会抱怨他们。他就是这样的一个人。

在致开幕词时，俄罗斯总统说，他知道，对于在场的许多人来说，俄罗斯成了他们学术的归宿，多年来，哥伦比亚大学培养了大量苏联问题专家。说着，普京一反常态，失去了自制。“世界发生了翻天覆地的改变，苏联已经不存在了，但苏联问题学还存在！”普京懊丧地大声说，“应当取消苏联问题学！我刚才跟你们校长说过：要取消！我看到了你们礼堂的天花板，那里写着课程：文学、哲学、医学……没有苏联问题学！这是正确的！”

校长不知所措地笑着，但没有点一次头。从这一点判断，学院不会马上采取相应措施。

对俄罗斯总统提出的请大家提问的建议，会场里的反应可就不客气了。哥伦比亚大学一名泼辣的女大学生奥克萨纳·布兰巴耶娃马上提问，为什么俄罗斯总统把艾滋病病毒传染称作是对俄罗斯的威胁。俄罗斯总统只好就此问题长时间回答，不过，看得出来，总统并不想在这一问题上花费时间。一名俄语说得相当流利的美国小伙子说，他非常喜欢弗拉基米尔·普京像俄罗斯人那样说话。

“您喜欢什么？”总统又问了他一遍。

“我喜欢您能够……”小伙子犹豫了一下说，“实话实说。”

“这是应该的。”笔者觉得总统有点卖弄地耸了耸双肩。

“您的固定用语用得恰到好处！”

“您过奖了！”

“可以说，这就是名言警句……”小伙子斟酌着用词说，“您认为，它们是语言不可分割的一部分吗？”

“我可不是哲学家，”总统解释说，“但我有我的看法。曾有一段时间，俄罗斯的显贵们主要说法语。这就产生了一个问题：这些显贵们怎么了？”

弗拉基米尔·普京停顿了一下，以审视的目光端详着小伙子，似乎不相信小伙子知道这些。而小伙子显然知道这些。反正他自信地点了点头。

如此说来，掌握法语给俄罗斯的显贵们带来了麻烦。无怪乎弗拉基米尔·普京本人学习英语已经多年了。

一位可爱的姑娘向总统提出有关言论自由的问题。她引用了一些人的意见，这些人认为弗拉基米尔·普京压制言论自由。

“是的，我们从来就没有过言论自由，因而，我甚至不知道应当压制什么！”俄罗斯总统莫名其妙地大声说。

不知为什么，大厅里的人们非常喜欢这句话。全场掌声雷动，这显然给普京增强了信心。

“20世纪90年代初期以后，开始了自由的繁荣时期。自由被理解为恣意妄为，无所顾忌，国家和社会的无政府状态，以及破坏的冲动……”

这时候，谁也不鼓掌了，大厅里静下来。

“应当存在一定的限制，这些限制都是在民主化情况下通过的法律中所规定的。”俄罗斯总统继续说。

这时，整个大厅鸦雀无声。而此前，大厅里的听众几乎对弗拉基米尔·普京的每一句话都做出了积极的响应。显而易见的是，美国人感到，弗拉基米尔·普京话里有话，这些话里可能隐藏着某种对他们关心的自由来说很不愉快的东西。

俄罗斯总统并没有就此打住，而是解释了自己的意思。他说，莫斯科杜布罗夫卡剧院解救人质事件的情况，形象地说明了他的意思。他说，一个电视台的摄影组在给了有关人员好处费后，越过了封锁线，现场直接转播进攻剧院的情况，致使人质和200名特种兵的生命受到威胁。弗拉基米尔·普京认为，这些人这样做并不是为了报道杜布罗夫卡剧院人质事件的真相，而是为了争夺收视率。

“难道为了争夺收视率就草菅人命？”总统问，“不能。”

美国人显然是第一次听到这一切。他们对杜布罗夫卡剧院人质事件显然不太明白，他们也不想了解细节，因为他们自己的事情已经够多的了。总之，他们只能相信俄罗斯总统的话。不过，这一话题无疑令弗拉基米尔·普京谈兴渐浓。

他继续说：

“新闻应当自由，但要有发展新闻自由的经济基础。”

笔者注意到，最近，谁也不说新闻应当无条件地自由，因为马上就会出现反对的声音。

“一旦报纸被一两个财团所掌握，那么，这就会变成保护集团利益的自由了。”俄罗斯总统在结束自己的讲话时补充说，对于这一问题当然还可以进行争论，但他的意见就是这样。

大厅里的人对这一思想无论如何也无法做出反应。他们所接受的教育显然是另一套。在美国，报纸和其他所有的媒体被一些人所掌握，这些人有能力，也希望购买这一切，以便日后有利可图地将这一切再转卖出去。这是非常普遍的现象。

不过，大厅里的人们的心里似乎留下了一些不快的感觉。后面的问题也就不像刚见面时那么充满善意了。有人问，俄罗斯即将举行的总统选举被称作是“普京的选举”，弗拉基米尔·普京如何看待这一问题。总统满怀信心地回答说，这是竞选的方法，其目的在于劝说人们不要去参加选举，因为结果似乎已经明朗了。

有人问，为什么达赖喇嘛始终无法去俄罗斯。弗拉基米尔·普京满意地回答了这一问题：

“达赖喇嘛到俄罗斯来，我们不存在问题。不过，一名中国同志不久前问我：‘贵国有多少达赖喇嘛的朋友？’我说大约有150万。这位中国同志说：‘那好，阁下自己决定想同谁友好：是同他们，还是同我们13亿人？’”

这样一来，的确不存在有关达赖喇嘛访问俄罗斯问题。达赖喇嘛来不了。

一名身材瘦长、目光和善的哥伦比亚大学教授说，他认为旧的时代已开始在俄罗斯卷土重来。瞧，全俄社会舆论调查中心被解散了。俄罗斯国内的学者们请求给他们打电话的人不要坦率地讲话，使用电子邮件也要小心一些。这位教授认为，俄罗斯联邦安全局的新角色正在使国家间的关系变冷。

教授提出了这些问题后，想离开麦克风。不过，弗拉基米尔·普京请他留步。

“请留步……的确，时代在变。瞧，我国的高级外交官在美国的机场被逼迫脱下皮鞋，只穿着袜子。在我国的机场阁下没有受到逼迫吧？可要知道，阁下没有外交豁免权，可外交官有。”

教授再次想离开麦克风，回到座位上去，可弗拉基米尔·普京再次挽留了他。

“让我们说具体些。您瞧，阁下只说出了一件具体的事情：全俄社会舆论调查中心。该中心曾经是自由的，后来国家决定压服它，因为它提供的调查结果不属实。是这么回事儿吧？”

“是的，完全准确！”

“阁下贵姓？”

“马克。”

“马克？”

“马克。”

“马克！可是，这个全俄社会舆论调查中心嘛，是一个国家机构！而我们的想法是，让它私有化。它的员工们不愿意，他们想旱涝保收地领工资！”

简而言之，马克一头栽进了这个陷阱里。弗拉基米尔·普京大获全胜。可怜的教授选择了一个最不成功的例子。假如教授较好地理解俄罗斯的特点，他可能会说，俄罗斯是一个奇怪的国家，在这个国家里，国家机构表现得像私人机构，而私人机构却表现得像国家机构。不过，马克教授现在心里想的就一件事：最好尽快离开这个麦克风，再也不能自取其辱了。

弗拉基米尔·普京马上话锋一转，谈了特工机关和私有化。他说：“特工机关不应当干预公民团体的事情，但要保护国家利益，因为这里存在着负面因素。”谈到私有化时，普京说：“因为所有制转变而造成的损失，远大于私有化本身的损失。”

弗拉基米尔·普京还谈了他对伊拉克政权何时会移交给伊拉克人民这个问题的看法。弗拉基米尔·普京认为，解决伊拉克问题的期限取决于联合国新决议的质量。

“如果新决议只是所发生事件的糟糕调查表……您知道，我跟许多阿拉伯国家领导人谈过，而他们告诉我说：‘您不要以为我们都是糊涂蛋，我们什么都明白，我们是不会支持的……’在这个问题上，最主要的我已经讲过了，而布什也已经接到了这方面的报告。”

如此说来，还用得着去戴维营吗？

星期六，当莫斯科已经是深夜的时候，在戴维营的美国总统官邸里，乔治·布什和弗拉基米尔·普京就俄美首脑峰会结果举行了记者招待会。笔者亲眼看到，美国总统在一名普通俄罗斯记者梅什科夫的追问下，透露了所起草的伊拉克问题决议的秘密。

一般来说，记者，尤其是外国记者是不允许进入戴维营的。它与白宫不同的是，对外人完全封闭。记者招待会是在官邸外面举行的。不过，在这个星期六，在俄罗斯总统新闻处的努力下，我们进入了戴维营。而且，一开始美国人坚持“5 对 5”模式（5 名美国记者和 5 名俄罗斯记者），而到了记者招待会的前一天，美国人同意了“16 对 16”模式。笔者认为，出于教育的目的，这个数量本来就应当保证，并且应当完全达到某种荒唐的数量。

的确，记者们没能够仔细地参观官邸。记者招待会安排在远离住房的直升机停机坪上举行。为此，停机坪上架起了两个麦克风架子。在麦克风后面 10 米远处，放了一个有图案的木标牌，上面写着“Camp－David”。在标牌的旁边部署了两名一动也不动的卫兵。在麦克风右侧 5 米的地方，停放着一架给人留下了深刻印象的军用直升机。这是为了举行记者招待会特意从机库里推到现场来的。很显然，美国人制定了某项对于美国国家安全来说不祥的方案，应付记者招待会事态的发展。按照这一方案，这架直升机将用于以防万一。

这样，全部布景准备完毕。还有什么需要考虑的呢？当然了，如果可能的话，本来还可以让手脚被捆住、痛苦地缩成一团的本·拉登跪在后面。可是，到哪里去抓他呢？

两国总统将从小山上下来，走到我们的面前。在他们露面前十分钟的时候，一大群人乘坐高尔夫球场用的小车来到了记者招待会现场。准确地说，他们是两拨人。这是一些志同道合者。其中的一拨人中，有美国国防部长唐纳德·拉姆斯菲尔德（他负责开车，熟练地驾车转弯，这一切留在了人们的记忆中，他也想让人们记住这一切），美国总统国家安全事务顾问孔多丽莎·赖斯（她是乘客），国务卿科林·鲍威尔（也是乘客）。这两位男人身上的衣服很少（甚至有人说他们的衣着很轻浮），只有衬衫和浅颜色的裤子。笔者认为有责任告诉读者的是，赖斯女士穿的是短得有点冒险的裙子。

在俄罗斯人群里，开车的是俄罗斯总统办公厅副主任谢尔盖·普里霍季科，与他在一起的有国防部长谢尔盖·伊万诺夫。大家都没有打领带，但穿着一般来说应当打领带的西服和白衬衣。对于领带哪儿去了的问题，心情显然很好的伊万诺夫回答说，在公文包里，像军人应当做的那样。说着，伊万诺夫得意地拍了拍公文包。

乘车的人们下了车，向记者走去。走在最前面的是鲍威尔先生。此前稍早一段时间，记者们为自己在记者招待会上的位子争斗了一番，结果是美国电视记者和速记记者们大获全胜，把美国的摄影记者们挤到了最边缘。可是，当科林·鲍威尔偏偏走到摄影记者们跟前的时候，刚才争座位的胜利者有多么绝望。

瞧，鲍威尔走到摄影记者们跟前，说：

"哈，你们好！"

鲍威尔十分满意地与摄影记者们握手。没过三秒钟，笔者就听到一名男人爽朗的笑声，是从这一群人的中心位置发出来的。笔者走近人群，促使这样做是好奇心：鲍威尔同这群摄影记者能有什么可说的呢？要知道，这些记者对世界的感知，仅仅局限于能够为科林·鲍威尔这样的人物拍摄高质量照片的"ZOOM70－200/2，8LUSM"镜头。

他们还真的谈到了镜头，也谈了一些别的。

"妻子说，应当买架数码相机。"鲍威尔给自己找理由说，"而我嘛，倒是喜欢咱们的老相机。小伙子们，买哪种相机好啊？"

小伙子们开始争先恐后地提建议，而鲍威尔也努力弄清这一切不明白的东西。显然为了照相机的事，妻子早就让他不得安宁了。

"算了，"鲍威尔最后说，"归根结底，我可不是为了给《时代》周刊拍摄封面。"

"买一架高速相机也是很重要的。"一名摄影艺术工作者打断鲍威尔的话说。

"哪家商店里有卖的？"

"噢，问得好！"

于是，摄影记者们开始向鲍威尔介绍，哪家商店打折。鲍威尔老老实实记在心里。

归根结底，鲍威尔根本不会去商店买相机，打折的建议从一开始就是冒失的。在为了弄清楚不要去哪家商店买相机的时候，小伙子们很快就开始互相指责。一名小伙子说，在巴尔的摩附近，不出高价，根本就买不到好相机。国务卿在他们旁边站了一会，感到心烦，就离开了。显然他要考虑晚上如何给妻子回话的问题。大概，在每次记者招待会结束后，妻子都要问他："怎么，向小伙子们问清了该买什么相机了吗？"

只是到了这个时候，记者们才回过神儿来，开始给可怜的鲍威尔拍照。似乎所有的当事人最终都适应了这种场面。科林·鲍威尔似乎也高兴起来了。

这时，伊戈尔·伊万诺夫和弗拉基米尔·鲁沙伊洛从另一个方向走来。两人穿着雪白的衬衣和西服，都没有打领带。他们两人与谢尔盖·伊万诺夫不同的是，没有随身携带公文包，而领带也显然放在附近的什么地方。要知道，在戴维营这种非同一般的地方，什么事情都可能发生。

终于，弗拉基米尔·普京和乔治·布什来到了直升机停机坪。美国总统穿着显然不是新的深棕色夹克，天蓝色的衬衣，有点短的裤子，有点穿歪了的皮鞋。天晓得，他的父亲在两个星期前到索契见弗拉基米尔·普京的时候，穿的衣服虽然初看上去有些随便，但质量却显然是上乘的。

弗拉基米尔·普京的穿着无可指责：黑夹克，黑色的紧身高领套头薄毛线衣，黑裤子和黑色皮鞋。

记者们对记者招待会的期望值非常高。不知为什么，所有的人都认为弗拉基米尔·普京将会发出某种信号，表明他已经支持伊拉克问题新决议。只是伊拉克问题新决议暂时还没有起草出来。在这种情况下，最主要的问题是，弗拉基米尔·普京支持布什先生。这里似乎说，决议中可以随便写进任何条款。公正地讲，首先是美国的大众媒体这样提出了问题，我国的媒体根本就不敢做出任何评论。数分钟后发生的事件证明谁是正确的。

布什首先发言谈反恐。令人惊讶的是他突然喜欢使用俄罗斯总统在谈论反恐问题时的用语。

布什先生声称，“恐怖分子在哪里制造混乱和死亡，就应当在哪里把他们消灭掉，包括车臣。”布什首次在记者招待会上说出这种话，意味深长，并且，显然是难能可贵的。毫无疑问的是，这些话是双方热烈讨论的结果，但也不排除是讨价还价的结果。

布什先生补充说，对恐怖分子应当惩治，惩治，再惩治。现在，这已经具有了完全不同的含义。话题自然而然地扯到了车臣恐怖分子身上。此后，美国总统也是没话找话说，俄罗斯总统在其活动中追求的目标是自由与和平。稍停，他又补充说，他尊重弗拉基米尔·普京对俄罗斯前途的看法，并祝愿俄罗斯发生的一切进程顺利进行。要说谁也不需要布什的祝愿，显然是夸张。

这样，从布什与弗拉基米尔·普京每次会晤的结果看，布什每次至少会受到弗拉基米尔·普京个人魅力的影响。众所周知，在一定圈子里，人们传诵着普京个人魅力的威力。

弗拉基米尔·普京也讲了一些过去没有讲过的话。例如，他说，美国与俄罗斯“不仅仅是盟友，还是伙伴”。他还举例说明这一点。他说：“应当向伊朗发出明确而有充分根据的信号，使之继续和扩大与国际原子能机构的合作。”过去，弗拉基米尔·普京对这些避而不谈。直到今天，他对伊朗的表现感到满意。

弗拉基米尔·普京建议在伊拉克建立临时管理委员会，但避而不谈该国目前正在发生的事件。这显然是某种妥协的结果。对联合国新决议，弗拉基米尔·普京也只字未提。

一名美国女记者向美国总统提问说，普京先生是否已经承诺停止向伊朗提供危险的技术，是否已经答应派俄罗斯军队到伊拉克帮助美军。从本质上讲，布什对这两个问题的答复都是否定的。

就在这时，此次记者招待会发生了一件最重大的事件。笔者认为，对此美国的媒体羞于启齿，并将继续回避下去。而美国总统一想到这一事件，也将懊悔不已。笔者应当马上说出是谁给乔治·布什造成了这一伤害。这个人的名字叫阿列克谢·梅什科夫，这是一个普通俄罗斯人的名字。他在俄罗斯一家普通的新闻社国际文传电讯社工作。

在与美国总统对话之前，阿列克谢·梅什科夫何许人也？笔者很想说，他不是什么大人物。不过，事情并非如此。原来，阿列克谢·梅什科夫已经与乔治·布什打过交道。有一次，也就是两年前，在加拿大的卡纳纳斯基斯度假村举行八国首脑峰会期间，在召开记者招待会的时候，阿列克谢·梅什科夫大声要求把英文翻译成俄文（他是莽撞无礼地用英语说的）。对此，布什说，梅什科夫英文讲得比他还好，因此不需要翻译。对此，梅什科夫先生回答说，不是他梅什科夫，而是他的国家，俄罗斯需要翻译。最后，记者招待会配备了翻译。后来，前不久在圣彼得堡举行首脑峰会时，梅什科夫与布什再次相会。这一次，梅什科夫先生自己提出了问题，再次要求翻译。他的要求再次得到了满足。

毫无疑问，布什牢牢地记住了梅什科夫。笔者是从布什表情的变化看出这一点的。梅什科夫问布什，美国与俄罗斯的关系是否只是表面上的。当这位美国总统看到是谁在向他提问时，面部的表情一下子就变了。

“不是。”美国总统回答说。可以看出，他不想对梅什科夫多说一个字。

布什看了看美国记者：希望美国记者尽快提第二个问题（按照规定，各方只提一个问题）。

结果是梅什科夫并不认为他们之间的对话已经结束。他又问在俄罗斯领取美国签证有什么新规定。

这时，布什完全粗暴地打断了梅什科夫的话：

“一名记者只提一个问题，下一个！”

然而，布什并没有明白他在同谁打交道。梅什科夫立即用英语非常大声地说：

“总统先生，”梅什科夫说，“我的一名同行刚才一次提了两个问题。”

“什么？”布什不情愿地向他拧过脸来。

布什真不希望看到梅什科夫，但这是不可能的。要知道，全世界都看到了梅什科夫的存在：CNN 和 Fox News 进行了现场直播。

“她就伊朗和伊拉克各提了一个问题，共两个问题。因此，我还要再提一个。”

说着，梅什科夫提出了问题。问题故意提得很长。最后他嘲弄地问，提出这个问题后，下次他是否还能够再领到美国签证。

现在，布什总统只有背水一战了。他还可以说点什么，那样的话，人们马上就会明白，世界上到底谁说了算。可是，布什投降了。

“好吧，我跟您说说签证的事儿。”布什顺从地说。

让我们直言不讳地说吧。至今还没有任何人敢以这样的口气跟美利坚合众国总统说话。人们至今认为，美国总统就是世界上的一号人物。可现在，人们很有可能认定，梅什科夫是世界一号人物。

记者招待会的结局已经清晰可见，就连普京总统也没有对遭受痛苦的美国总统说几句鼓励话，而是跟他说了些完全别的话。普京先生解释了为什么俄罗斯与美国的关系不是表面上的。

原来，当反恐行动在阿富汗开始的时候，一些人找到普京先生，“他们打算在阿富汗对抗美国人。假如我与乔治·布什之间没有建立互信的关系的话，我不知道，阿富汗境内的事态将会如何发展。”

乔治·布什平静地听普京这段坦诚的自白。布什显然被压制住了。梅什科夫为俄罗斯总统实施最后的歼灭战扫清了战场。不过，这最后的歼灭战已经不需要了。在经历这件事后，美国总统几乎什么也不说了。可他一句失言的新闻价值，抵得上整个记者招待会。

“我们今天研究了伊拉克问题新决议文本……”布什在回答美国一名女记者最后一个问题时随口说了出来。这也表明布什先生的情绪一落万丈。

要知道，在此之前，不论是美国总统，还是俄罗斯总统，都只字未提他们今天在戴维营到底讨论了什么，他们显然不打算谈论这一点，而且，弗拉基米尔·普京在此前数分钟，曾宣布说：“俄罗斯参与伊拉克重建的程度，将取决于伊拉克新决议的内容什么时候明确。”

当时，所有的人都在猜测，俄罗斯是否会支持伊拉克问题新决议。原来，两国领导人已经在戴维营一起专心地鼓捣了这个决议！

当乔治·布什离开直升机停机坪，与弗拉基米尔·普京一起走上山去的时候，他走得很慢，背也明显驼了。“白宫圈子”里的一名小伙子显然想设法让总统高兴起来。在与总统分手时，小伙子追着总统喊道：“您知道‘红袜子’（美国一支棒球队——笔者注）昨天在世界竞赛联合会中的比赛成绩吗?”乔治·布什疲倦地耸了耸肩，突然从身后向小伙子一挥手：别再纠缠，我没心思谈这个，难道你不明白吗?

值得一提的是，在乘飞机返回莫斯科的漫长旅途中，梅什科夫始终保持着绝对清醒的头脑，对同事们多次提出的庆祝一下这场伟大胜利的真诚建议，他一概拒绝。是的，他现在应当时刻准备着。因为谁知道什么时候祖国会需要他的帮助，以便站立起来。

翻译砍断了俄罗斯—保加利亚友谊之根

9月29日，俄罗斯总统弗拉基米尔·普京与保加利亚总统格奥尔基·珀尔瓦诺夫为保加利亚在俄罗斯举行的文化节举行了剪彩仪式。

与一年前弗拉基米尔·普京为其剪彩的吉尔吉斯文化节不同的是，在保加利亚文化节剪彩仪式上，大剧院里聚集了莫斯科众多的名人。笔者问歌剧演员祖拉布·索特基拉瓦，他与保加利亚有什么关系。这个问题尽管看上去愚蠢至极，但实际上却准确无误地击中了目标。的确，总有某种东西把我们每个人与保加利亚联系在一起。例如，笔者就曾与一名保加利亚人同住一个宿舍。在此之后，笔者也喜欢这个国家。

原来，把祖拉布·索特基拉瓦与保加利亚联系在一起的是回忆，一个不平常的回忆。他是第一个，也是最后一个（正如他自己所强调的）在著名的斯雷切夫布里亚格（苏联音乐界人士对这个地名有着最深刻的回忆）举行的音乐比赛中荣获“金歌手”奖的苏联人。

“这是1968年的事儿，”祖拉布·索特基拉瓦说。说着，他向国家杜马议员瓦列里·德拉古诺夫及其夫人挥手致意，“老早的事了，是吧?”他突然遗憾地问了一句。

笔者不想加重他对这件微妙事情的遗憾：

“大概，就像昨天的事一样?”

“是的，”他活跃起来，“您知道什么最难忘吗?”

祖拉布·索特基拉瓦说的这件事，给人留下了关于那个神奇时代的完整概念。索特基拉瓦先生是第比利斯歌剧院的独唱演员，曾在莫斯科大剧院最艰难的独唱比赛中取得胜利，并战胜过著名的罗马尼亚独唱演员。

这也难怪。斯雷切夫布里亚格音乐比赛的获胜者荣获了给人留下深刻印象的物质奖励——5000保加利亚列弗。

“当时，1美元相当于40戈比。”祖拉布·索特基拉瓦说，他的嗓音透出了真诚的忧伤。

在他著名的嗓音里，这忧伤从何而来呢?看来，得让他高兴高兴。

“事情是这样的，音乐会结束后，一些保加利亚同志走到我跟前，请我在一个小册子上写收据，说我收到了这笔钱。可后来，一些苏联同志走到我的跟前，请我在一个小册子上写下我将这笔钱捐赠给战时越南基金会。您也知道，当时越南正在进行战争。”

笔者即使知道这件事，也早就忘记了，因为在这些复杂事件发生时，笔者才两岁。

“不要难过，”笔者对祖拉布·索特基拉瓦说，“也许，这笔钱真的送给了越南基金会。”

“鬼才知道呢！”祖拉布·索特基拉瓦先生突然气愤地说，“不过，没关系。他们后来给我发了列宁主义共青团奖。大概作为补偿。是的……真可惜，1美元相当于40戈比！”他又想起了这件事。

笔者同意他的意见，不管怎么说，当时的这种生活也有好的地方。

后来，索特基拉瓦先生跟笔者说，在那些岁月里，保加利亚培养了一大批优秀的歌唱演员。“吉亚乌罗夫，赫里斯托夫，季米特罗夫……这些名人对于世界上任何一家歌剧院来说，都是足够荣耀的。顺便说一下，他们后来都跑到西方国家去了。他们很容易就被放了出去……”

索特基拉瓦先生不知怎的，又有点伤心起来。显然，他没有被放出去。

“而他们在西方国家主要唱俄罗斯歌剧。在意大利米兰拉斯卡拉歌剧院，在美国……”

笔者问他，今天在大剧院里见没见到这些人。

“没有，”他耸了耸肩，“在这里除了我国的人，我谁也不认识。”

而从俄罗斯的这些名人中，笔者认出了小提琴家尤里·巴什梅特，莫斯科市长尤里·卢日科夫和俄罗斯财政部长阿列克谢·库德林。

卢日科夫先生在活动开始前，一直在与库德林先生交谈着什么。笔者等待着，直到他们互相交流够了（这用去了大约20分钟）。这时，笔者走到莫斯科市长跟前。

“尤里·米哈伊洛维奇，”笔者问，“是什么把您与保加利亚联系在一起？”

“我们在保加利亚修建地铁，”市长毫不迟疑地回答说，“保加利亚建筑总公司在莫斯科工作。我们的孩子去保加利亚度假！”

“孩子可不是我们的！”尤里·卢日科夫的妻子叶连娜·巴图林娜笑了起来。“是莫斯科的，否则人们还认为是我们的呢！”

“那您们的孩子到哪里度假？”笔者觉得应当明确一下。

这下子，在大剧院喜庆的气氛里，一下子出现了一个悬而未决的问题。

“我们的孩子？在莫斯科郊外度假。”巴图林娜女士一下子严肃起来。

“曾有一名记者问我的女儿在哪里上学，”卢日科夫先生接过妻子的话茬说。“他说，大概在英国吧？您知道我是怎么回答的吗？我说，不对，在莫斯科！”

卢日科夫有力地笑了起来，这笑声是一位知道自己讲话分量的人的笑声。

大厅里的灯熄灭了，弗拉基米尔·普京和格奥尔基·珀尔瓦诺夫两位总统走上舞台。保加利亚总统两周前曾到索契见过普京先生。现在，他们又走到了一起。顺便说一句，现在，白俄罗斯总统亚历山大·卢卡申科也在莫斯科。两周前，他也去博恰罗夫小溪总统官邸做过客。不过，按照访问计划，卢卡申科这次不与俄罗斯总统举行会晤。两国的友谊连同天然气的优惠价格供应一起结束了。现在，卢卡申科先生虚张声势地与卢日科夫先生友好来往。令人不解的是，他指望什么呢？莫斯科可没有探明的天然气田。

而卢日科夫先生真诚地与弗拉基米尔·普京保持友好来往，也与亚历山大·卢卡申科保持着友好关系。其实不然。他或早或晚似乎必须做出选择，而且，这也许是他一生中最重大的选择。

笔者不排除他已经做出了选择。因为他对笔者提出的最后一个问题的回答并不是平白无故的。笔者问他为什么舍弃了与卢卡申科先生交往的机会，而来给珀尔瓦诺夫捧场？他动情地回答说：

“的确，明天一整天我都将与珀尔瓦诺夫总统在一起！但总的说来，我不会拿卢卡申科来换取任何人！”

只能说，珀尔瓦诺夫先生的讲话是非常枯燥无味的。他没讲出任何热情洋溢的话，让人从中能够感觉到俄罗斯与保加利亚的确是兄弟（他很想这样！）。虽然说，他总是在强调这一点，可是，坦率地讲，他越是往下讲，左右逢源的话越是让人感觉到冷淡。

普京先生也开始照稿子发言，但后来，他忍不住了。在独自畅谈了俄罗斯与保加利亚的友谊坚不可摧，并听了译员的翻译后，他向译员点点头，微笑着说：

“他把我的讲话压缩了。”

大厅里响起了掌声。保加利亚人像孩子一样欢呼雀跃，因为俄罗斯总统埋怨了译员（从另一方面讲，译员也委屈了总统。也就是说，他是第一个）。喧闹声有半分钟都没有停止下来。“不过，无论如何也无法压缩的是，俄罗斯与保加利亚之间的友谊源远流长。”弗拉基米尔·普京也受到了鼓舞。

您又能做什么呢？假如人们那样为您鼓掌，您是不会这样开玩笑的。

总统用新方法保卫俄罗斯边界

9月30日，俄罗斯总统弗拉基米尔·普京召集俄罗斯联邦安全会议成员会议，讨论边防政策。

让负责处理边防安全问题的大量官员，从其快节奏的生活中拿出一个半小时讨论边防安全问题，那是理所当然的。有一个重要细节不能不指出，俄罗斯边界线极其漫长，而开会的期限显得太短。只要回想一下前不久库奇马和普京先生在又小又破的比留奇岛上举行会晤的情景就足够了。在此次会晤中，双方仅仅讨论俄罗斯与乌克兰在该地区的边界问题，就用了半天，结果什么成果也没有取得。究其原因，是因为边界的问题太广太深，比亚速海大得多。

况且，人们已经知道，俄罗斯联邦安全会议开会的时间极少出现开不够三小时的情况。莫非没什么可讨论的了？在这种会议上，仅国家元首的开幕词就要占用大约半个小时。开这种会议究竟是为了什么呢？总不会是为了在文件上划圈吧。

根据一切迹象判断，此次会议正是为了总统的这个讲话而召开的。会议的全部议题都在总统的讲稿里，他的讲话也阐述了这些议题。

在自己的发言中，普京没有“发现新大陆”，甚至也没有提到拥有漫长边界线的俄罗斯。不过，从另一方面讲，诚如所言。

原来，俄罗斯总统宣布：俄罗斯将放弃动用大量部队无条件地对边境实施保护的原则。边境地区的驻军将压缩。国家将“最大限度地采用现代化的技术手段”对自己的边境实施作战掩护。

总统的发言非常精彩。这是否意味着在整个边境地区将不会驻扎任何部队了呢？总体上看似乎是这样。

从另一方面讲，总得做点什么吧。边界应当铁锁把门，至少总统想这样做。举个例子说，当漫长的俄罗斯—哈萨克斯坦边界上刮起各种各样的风，其中包括来者不善的恶风的时候，怎么可以与申根协议签署国讨论什么无签证制度呢？

顺便说一下，关于这条边界还将单独谈。据说，该边界正在进行设施建设。俄罗斯联邦安全局局长尼古拉·帕特鲁舍夫（正如所知，前不久，边防任务移交给了他所领导的联邦安全局）在会议结束后对记者说，将以俄罗斯联邦—哈萨克斯坦边界为试点，研究边界警卫的新方法。也就是说，越是缺乏防护的边界，就越要建立非常敏锐的现代化的边界保卫手段。国家没有那么多的边防战士！现在，边界的两侧将启用联邦安全局的特工、观察和侦听设施。一两年后，如果布鲁塞尔的那些官僚们问我国总统边界上锁了没有的话，俄罗斯总统就会充满信心地回答说，是的，当然上锁了。他们会问我国总统，怎么见不到啊，究竟怎么回事？对这个问题，我们可以告诉他们，这是我国的重大军事秘密。

此外，国家元首单独强调说，在存在着恐怖主义袭击的现实威胁的那些边界地段，军事力量还应当加强。

这样，会议讨论的未必是实际压缩边境掩护部队。更准确地说，应当是讨论边防部队的重新部署。例如，俄罗斯联邦—格鲁吉亚边界非常需要边防部队，这已经不是秘密。那里恰恰存在着恐怖主义袭击的危险性。

俄罗斯总统在无关紧要的抽彩中获奖

10月1日，俄罗斯总统弗拉基米尔·普京召开体育运动委员会会议，笔者亲眼看到委员会成员们如何狂热地玩起“全俄罗斯在线有奖抽彩”活动。

一年前，总统直属体育运动委员会会议还没有如此多的代表出席。而这一次，在克里姆林宫叶卡捷林娜大厅参加会议的还有总统全权代表、联邦主体行政长官、部长和议会党派的代表。如果仔细看看，还能发现一些运动员。例如，游泳运动员亚历山大·波波夫从个头上一眼就能看出来。普京的右侧坐着俄罗斯国家体育运动委员会的骄傲——维亚切斯拉夫·费季索夫，左侧是总统办公厅副主任弗拉季斯拉夫·苏尔科夫。这样的座位安排并非无缘无故。

总统走进大厅后，和往常一样，同全体出席会议者握手致意。第一个与总统握手的是亚博卢议员团议员弗拉基米尔·卢金。总统刚刚走开，此前相当活跃地围着桌子乱转（毕竟是体育运动委员会），并炫耀似地与体委一些高级官员说悄悄话的卢金先生，一下子就瘫软地坐到了椅子里，而这个时候，其他人还在等待着总统顺着会议桌走过去依次与他们握手。卢金先生就这样坐着，其他人却站在那里，当然引起了人们的关注。例如，笔者甚至担心，此次握手结束后，卢金先生的腿会不会瘫痪。

弗拉基米尔·普京主要谈了青少年没有地方从事体育锻炼。的确，中学生运动会开过了。可是，1500座体校已经处于关门的边缘。看起来，也没有地方得到援助。总统意识到了这一点，甚至还要求大众传媒提供援助（要求传媒在未成年人中把体育描述成一种时尚）。

其实，显而易见的是，所有这一切，都变成了一纸举行对话的邀请信。费季索夫先生本应当支持，可眼下话不投机。国家体委主任快速地宣读了自己的（也可能不是他自己的）想法：循序渐进地推进体育运动不容置疑。而同样显而易见的是，只有三分之一的中学生身体相对健康，我们还面临着人口老化问题。与会者甚至有幸听到了1985年米哈伊尔·戈尔巴乔夫早期的一次讲话的引文：“药店里买不到健康。”

费季索夫先生回想起了某位他所说的哲人的话。这位哲人说，诊断学已经达到了世界上几乎没有健康的人的水平。这话把国家元首逗乐了。

费季索夫先生的话使没有出路的感觉越来越重。他说：“我们小时候玩冰球的院子几乎都没有了。”而当费季索夫先生说，在这些现在已经消失了的院子里，我们的父母当年曾在这里打过排球，玩过击木游戏（参加游戏的一方站在 13 米以外用木棒把对方摆在方阵内的圆木柱击出界外——译者注）的时候，在这种没有出路的感觉之外，又增加了孤独的感觉。不由得想给父母亲打电话。可是，我们的手机都被保存在楼下一个可靠的保险柜里。

当国家体委主任讲了一件事情后，大家感到情况非常严重。体委主任说，前不久在寄宿学校举行了体育锦标赛。在南方联邦区，进入决赛的是阿斯特拉罕和车臣的孤儿们，最后阿斯特拉罕的孤儿取得了胜利，车臣的孤儿哭了。“别哭，”人们劝他们，“一年后，还会再举行比赛的。你们再长大一点，会赢的。”“可在我们那里，长大了就扛枪去了。”孩子们回答说。也就是说，显而易见的是，在下一次决赛时，车臣的孤儿们决不会输的。

费季索夫说，“这些孩子若干年后是与我们站在一起，还是与我们作对”，取决于他们是否从事体育运动。

维亚切斯拉夫·费季索夫在对“共和国体育基金”表达谢意时，对总统说，帮助寄宿学校是可以做到的。出于谦虚，他没好意思说该基金的领导人就是他妻子。

只是在说了这些之后，维亚切斯拉夫·费季索夫才谈到了主要问题，也就是他所领导的国家体委的新职能问题。在行政改革过程中，这一问题应当受到高度重视。新的机构已经不是国家体委了，而应当是一个更大的机构。新的机构应当充实新的人力和物力。需要把体校移交给该机构，为此需要开辟新的资金来源。还需要建设体育保健综合设施，需要数十亿的花费。

弗拉基米尔·普京声称，他完全赞同这一切：这样的话，维亚切斯拉夫·费季索夫拥有信贷可信等级的道路也就打开了。对于费季索夫的发言，总统只纠正了一个地方：

“关于车臣孩子长大后会与我们为敌的想法本身就是错误的。不论车臣发生什么情况，这些孩子在任何情况下都是我们的孩子。”普京说。

维亚切斯拉夫·费季索夫发言后，俄罗斯联邦国家杜马预算委员会主席做了长篇发言。他叙述了 2004 年体育运动的技术详情。为了开展体育运动，预算拨款 57 亿卢布，而 2003 年仅为 41 亿卢布。对这一点感兴趣的专家，今天似乎没有来到叶卡捷林娜大厅。

与会者们真正感兴趣的是茹科夫先生讲述的全俄体育有奖抽彩的情况。坐在笔者旁边的一些体委官员的眼睛里，燃烧起了狂热的光芒。在叶卡捷林娜大厅里出席会议的人似乎都是狂热的玩家。而这场游戏的赌注相当高。

茹科夫先生说，很快将举行全国“在线有奖抽彩”活动。这是国家举办的活动。不准备跟国家玩这个热闹游戏的人，请不要感到不安。反正大多数人不会参与。我们国家的百姓这样，全世界的人也都是这样的。

茹科夫先生说，在苏联时期，“体育彩票”有奖抽彩活动 90%的收入用于建设新的设施。这种有奖抽彩活动与今天的“在线有奖抽彩”活动相似。

茹科夫先生发言时，俄罗斯联邦总统驻伏尔加河沿岸区全权代表谢尔盖·基里延科从文件包里抽出一份巨大的、尺寸超过一米的彩图——“体育保健综合设施的可行性方案”，仔细地研究起来。他明白人们现在在说什么。

这时，亚历山大·茹科夫先生建议把还没有开始进行的有奖抽彩活动（国家杜马暂时还没有通过“彩票法”）的70%收入用于建设体育保健综合设施。

“是的，现在就可以直接解决这个问题——是70%以下，还是正好70%，”财政部长库德林先生也异常活跃地说，“政府马上就可以把一切都定下来，并依据这一数字进行计算。”

“这么说，是用于建设体育保健综合设施?”弗拉基米尔·普京为防万一，又明确了一下。

“我只是说个意见，”库德林先生犹豫起来，“过去，我们的奥林匹克运动员也靠这笔资金。”

库德林没有看与维亚切斯拉夫·费季索夫坐在一起的列昂尼德·佳加乔夫，他的话显然是说，不应当把所有的钱都拨给费季索夫的部门。为了公正，应当拨点给佳加乔夫先生。他是这样说的：

“这样的话，或许也应当给奥委会也留一点?”阿列克谢·库德林多少有些信心地又问了一遍。

“这不行。”总统打断了他的话。

接着，总统把手猛地一挥，说：

“要么，我们做个决定：70%，就这么定了，要么就不定。或者我们做出个决定并建设体育保健综合设施，或者我们取消这个决定。奥运会对于我们来说，是国家的一项任务，从预算筹款吧。文件中写的是一回事，而实际上又是另一回事，那是行不通的。”

“如果我们不写上70%用于建设体育保健综合设施的话，那么，一座设施我们也建不成。”茹科夫先生支持总统，显然他和总统一样，什么也不许诺给佳加乔夫先生。

“一个委员会计算，”库德林先生鼓足勇气说，他显然许诺过什么，“这个委员会的领导是州长苏明。我们可能会落入一个陷阱里……”

也就是说，库德林先生积极地反对总统，并且采用了从不出问题的官僚主义的方法。

“让我们把一切都解决好、平衡好，研究好……要不然，我们现在就做出决定，该推行的就推行，该停止的就停止。可能在您这里我们就能结束这项工作。”库德林亲切地看着总统，请总统放心。

“也正是为了这个目的才召集今天这个会议。”普京两手一摊，甚至还眼睛向上，看了看叶卡捷林娜大厅的天花板。

他还微笑了一下，从一切情况看，这个微笑没有持续多久。

“总而言之，我们今天无法结束这项工作。”财政部长结束了发言。

他显然不愿再与总统争论，决定结束这个话题。可是普京先生决定反驳他：

“好吧。既然您想在这里就做出决定，”总统说。笔者发现库德林先生浑身明显地一抖，“那就 60%用于建设体育保健综合设施，10%用于资助奥运会。”

也就是说，已经开始讨论很具体的问题了。正如常言所说，开始分钱了。

“否则，体育界内部就会出现不平衡的情况。”阿列克谢·库德林又找到了一个十分有力的证据。

“不能从 70%降到 60%，”茹科夫先生低声但很有信心地说，“在世界所有的有奖抽彩活动中，用于大众体育的都是 70%。”

应当承认，他们所提出的论据旗鼓相当。

“请原谅，按照这个比例，我们将会失去一项计划，”卢日科夫先生插话说，“我们计划在莫斯科建设 110～115 座体育保健综合设施……”

终于，这一切本来应当结束了。你会发现，谁也不想在这个问题上让步。全俄有奖抽彩活动的大玩家清楚，他们在为什么而争。

“可以把 70%用于建设体育保健综合设施，再把一小部分用于奥林匹克计划。”总统突然找到了解决方法。

实际上，不知为什么，所有的人都忘了还有整整的 30%呢！这可比 10%要多啊！

军事会议效果特别

10 月 2 日，最高统帅弗拉基米尔·普京在国防部大楼出席了俄罗斯新军事学说介绍会。最高统帅亲自非正式地积极参加这种介绍会，笔者亲眼目睹他泄露了俄罗斯联邦军事秘密。

在国防部举行的活动具有非常重大的意义。不论是从报道的只言片语，闪烁其辞，还是从活动的筹备水平来看，这一点都是显而易见的。例如，记者们得到了一些彩色的小册子，名字叫“俄罗斯联邦武装力量发展的迫切问题”。小册子上没有出版信息。既没有印刷册数，也没有印刷厂的名称。不过，上面也没有“绝密”字样。

小册子里一次也没有提到“军事学说”这个词组。其实，这本小册子正是军事学说。这里有许多章节："世界军事政治关系体系中的俄罗斯"，"对威胁的评价"，"现代战争和武装冲突的特点"，"……任务"和"……基本优先领域"，所有这一切表明，我们正在与一个重要文件打交道。我们的生活、奋斗和死亡都将按照这个文件进行。而且，它不仅仅关系到我们，也关系到我们的子孙后代。该学说的有效期大约30年。的确，需要指出的是，过去同样严肃认真而隆重通过的军事学说，存在的时间不到4年，就不可指望地陈旧了。

来到大厅里的有大约100名高级军事首长，其中也包括一些前任军事首长。例如，在第二排就座的有苏联前国防部长谢尔盖·索科洛夫和德米特里·亚佐夫。他们大概也不怀疑，他们的知识与经验完全是此次会议直接需要的。

此外，俄罗斯联邦政府的全体官员（只有主要角色没有来，总理米哈伊尔·卡西亚诺夫没有来是由于正当原因）和俄罗斯总统办公厅的官员也应邀出席了会议（沃洛申先生倒数第二个来了，但他马上就去了一间办公室，直到总统来之前，他一直与出版部长列辛在逍遥自在地抽烟）。第三排和第四排是为俄罗斯主要出版社的总编准备的席位。的确，总编们没来几个。不过，那些不能来的总编，都派了自己的副手来了。

举行介绍会的讲台布置得相当时尚和坦诚。深蓝的色彩，4部等离子显示屏幕。浅色的木质讲台也装饰了北约旗子的色彩。白杨弹道导弹的图像似乎是偶然地从在讲台上发言者的背后显出。这枚导弹的巨幅照片布置在讲台的后墙上。毫无疑问，布置讲台的人出色地完成了这一超级任务。仅仅看到一幅电视画面后，一切都清楚了，我们再也不想同任何人开玩笑了。弗拉基米尔·普京在总参谋长阿纳托利·克瓦什宁激昂的"军官同志们注意……！"的口令声中来到会议厅。坦率地讲，弗拉基米尔·普京还解释了一些问题。众所周知，在总统数月前发表的年度国情咨文中，讲到了克服贫穷（公职人员的薪金不是在按日上涨，而是每小时都在上涨），讲到了国民生产总值翻一番（快速增长），也讲到了军队现代化。但关于军队本身的问题至今只字未提。

这一次，弗拉基米尔·普京在国防部长做报告前，三言两语地谈了军队的问题：按照合同制原则对军队进行人员补充的工作，要在2007年前完成。武装力量实际上将不再进行裁减（"从1992年开始，部队已经裁减了一半——足够了"），但是，一切主要的问题应当由国防部长说。

国防部长的报告原计划用40分钟。报告读得相当快，可是，还是没能够在规定的时间里读完。从昨天16时30分开始，俄罗斯联邦武装力量所面临的目标与任务就开始变得庞大起来了。对这次讲话进行报道的一整套方法都失败了，其内容在不用签字就可以领到的小册子里都有简述。此外，谢尔盖·伊万诺夫是独立地进行此次发言，而4部等离子显示屏幕也迅速地开动起来。屏幕上用蓝色、红色和黄色字体来反映报告人的主要思想。"在最近一些年来，"蓝色字体写道，"俄罗斯联邦武装力量中……出现了重大的实际性成果……”浅红色字体写道，“进行了大规模的结构性改组……”

显示屏上的颜色迅速地从蓝色变成红色和黄色，想不看这一情景是不可能的。不知从什么时候开始，笔者不再跟着国防部长的发言思路走了，只是紧张地盯着不停地闪烁的等离子显示屏。最后，笔者突然醒悟过来，在这个大厅里，与笔者和大厅里其他人打交道的是一些职业军人。这当然不是给大厅里那些听力不好的人准备的不适宜的无声翻译。究竟是为什么？忽然，笔者全明白了：这显然是采用了著名的神经语言程序设计技术，也就是著名的神经语言程序设计学。就是它！“俄罗斯联邦的国防能力是足够的……”显示屏上滚动着红色的字条。

“完全足够，”就连笔者都明白，“国防能力太足够了。”

“武装力量的改革已经结束……”显示屏上蓝色的字条停顿了数秒钟。“谢天谢地！”采用神经语言程序设计的思路令笔者为这次冒险实验的组织者感到高兴。不过，笔者看到坐在大厅里的一些人，甚至包括讲台上的人，很善于抵制这一影响。例如，弗拉基米尔·普京一直使劲低头趴在桌子上，做出记录国防部长发言要点的样子。不过，就连孩子都明白，他根本没有必要这样做。假如他需要的话，讲话稿在几秒钟之内就会送到他的面前。

联邦安全局局长尼古拉·帕特鲁舍夫竟然明目张胆地在嚼口香糖！从一切迹象看，这是抵制这种神经语言程序设计法诱惑的最有效方法。联邦安全局里的人本来就应当懂得应对这一做法的一切技术。那好吧，笔者也开始嚼口香糖。结果，马上就明显变得轻松起来！显示屏上闪烁出来的“外国或组织对俄罗斯联邦内部事务的干涉，是对国家安全的新威胁”这句话，已经不能对笔者产生影响了。而“庸俗化的和平主义的倾向和反对军队的倾向在加强”，干脆就令笔者发笑了！

当谢尔盖·伊万诺夫宣布，建议为莫斯科市长尤里·卢日科夫授予“军功”勋章时，大厅里人们的心情一下子松弛下来。可是，在部长说这些话后，大厅里不知为什么忽然变得一片死寂。当尤里·卢日科夫站起来，在这令人压抑的寂静中转身面向大家，鞠躬致谢时，大厅里响起了一片掌声。

“我已经签署了！”弗拉基米尔·普京也活跃起来，“作为特例。”

弗拉基米尔·普京显然指的是，根据俄罗斯总统叶利钦于 1994 年签署的关于“军功”勋章只颁发给军人的总统令。

当国防部长谢尔盖·伊万诺夫结束了报告，弗拉基米尔·普京问有没有人想补充发言。谁也没有响应总统的这一建议。苏联前国防部长谢尔盖·索科洛夫和德米特里·亚佐夫坐在总统跟前。可以说，总统一眼就看到了他们。

“也许，您有什么问题，德米特里·季莫菲耶维奇？”总统问亚佐夫元帅，“您在部队时间长，了解情况。”

这话说得至少有点讽刺的意味。亚佐夫先生犹豫着，怎么也不想从座位上站起来。当他站起来后，所有的人都看到，他显得很不好意思。他的脸一下子就红到了脖颈，倒使这位苏联前国防部长红光焕发。

“我同意您的报告，最高统帅同志。”亚佐夫低声说，坐了下来，伤心地摇着头。

总统似乎根本没有料到会产生这一反应。他的本意大概是想让元帅高兴高兴。总统显然认为，在此次会议上得到亚佐夫这样的与会者的支持非常重要。而且，也正好借此机会给参与了1991年8月事件的这位元帅从政治上恢复名誉。然而，元帅和当年8月时一样，没有完成他所面临着的任务。

这时候人们才明白，总统远没有把话说完。他所说的话，不折不扣具有轰动效应。他对这种效应显然已经考虑过了。

“我要说的，”总统说，“也是国防部长和其他一些军事首长所知道的。我想，我不是在泄露军事机密……”

毫不夸张地说，就是国家的军事机密。

“俄罗斯拥有相当数量的……陆基战略导弹储备，”弗拉基米尔·普京加重语气说，“这就是‘УР-100Н УТТХ’，这里说的是数十枚导弹……准确数字是多少，阿纳托利·瓦西里耶维奇？”

总统问总参谋长。

“数百个核弹头。”总参谋长绝望地做最后一次努力，试图保护这一军事秘密。

总统说，这些导弹是在苏联时期制造的，干式保存着。

“可以说，这是一些新产品，”总统强调说，“而它们的战斗力无与伦比。”

总统为什么会无缘无故地介绍这种超级绝密信息呢？为什么允许世界各通讯社的工作人员出席此次会议呢？原来，新的军事学说在我们的注视下已经启动，弗拉基米尔·普京要显示这一学说是如何运作的。

“您们明白总统说的了吗？这些应当领会和掌握……”第一副总参谋长尤里·巴卢耶夫斯基在会议结束后，走到记者们的话筒前，低声说。

他一走到话筒前，就马上充满信心地宣布，对于这个文件（也就是这个学说）每个俄罗斯人不仅要用脑子去理解，更要用心去体会，否则将一无所获。

对于笔者提出的关于俄罗斯的这些导弹从何而来的问题，巴卢耶夫斯基回答说，这是良好的储备。一位消息过于灵通的记者要求巴卢耶夫斯基明确一下，这些导弹是否是从乌克兰撤回来的，对此，他没有回答，只是意味深长地看了看提问题的那位记者。

的确，从一切情况判断，这些导弹是从乌克兰撤回来的。给人的印象是，俄罗斯总统在用这种复杂的方式向什么人发出一个信息：一切很好，所有这些废物都撤回来了，现在，它们都在我们这里，在可靠人的手里。请放心。

弗拉基米尔·普京主持“野外演习”

10月3日，俄罗斯总统弗拉基米尔·普京来到了克拉斯诺达尔，了解到了有关大米、大豆、联合收割机、果酒和农业改革方面的许多新情况。

克拉斯诺达尔边疆区盛产稻米。农忙期已经结束了，只剩一块地里的庄稼还没有收割；总统将要飞来视察的那块地。

全俄罗斯稻米研究所所长叶夫根尼·哈里托诺夫已经上了年纪，个头不高。他向记者们介绍了稻米的情况。他说，我们产的稻米，并不比中国的稻米差。

“我们的稻米质量更好！只是中国人的产量高！”

“这怎么可能呢？”笔者小心翼翼地问他。

对待做出这种答案的人要极其小心谨慎。

“中国人口众多，因此，他们都去进行稻米种植，并掐掉花序，雄花序和雌花序。您知道，两个雄花序可以很好地给一个雌花序进行异花授粉。这事中国人能办到！这样的产量……嘿，产量高极了。”

“我们不能做这件事吗？”

“我们不能，我们没有中国人那样多的人。”稻米研究所所长解释说。

总统的直升机在附近的一处场地降落下来。5名联合收割机手动作敏捷地跑向各自的收割机，发动了发动机。欢迎总统的仪式在稻田里开始了。哈里托诺夫先生开始向总统详细地逐一介绍14种稻米品种。在稻田旁边的一个展示台上，摆放着这些展览用的稻米。总统耐心地听着介绍。

“有意思。”最后，总统若有所思地说。

“有意思？”所长不相信地问了一句。

“大米里有维生素吗？”总统明确地问。说着用手触摸着大米，就像要从中感受到维生素似的。

“有多种维生素，”所长不耐烦地说。他正准备介绍一种很有前途的名字叫“维奥莱塔”的稻米品种，却被打断了。

“咱们到地里看看吧，”克拉斯诺达尔边疆区行政长官亚历山大·特卡乔夫提出建议。“这是些非常优良的联合收割机，”行政长官对总统说，“都是新的，是在‘顿河—1500’的基础上改进的。”

“驾驶室很棒。”总统支持他的话。

“是很棒！”行政长官高兴起来，“您想上去看看吗？还可以驾驶一会儿。”

“这个嘛……”总统回答得有点犹豫不定。

笔者的感觉是，总统实际上很想进驾驶室看看。

“干吗不上去！您马上就会喜欢的，您将收割这块地里的稻谷。”行政长官开始坚持。

“可我不知道……”

看起来，总统马上就会同意上联合收割机了。这当然将是一个流芳百世的镜头。凭着这些，就可以毫无畏惧地参加任何竞选运动。

“联合收割机手在哪儿?”行政长官急不可耐地问。

“我就是。”一名年轻人不情愿地回答。

“你叫什么名字?”

“费奥多尔。”

“费奥多尔，把你的联合收割机向总统介绍一下。”

“是的，驾驶室很棒。”总统做出了决定，跟着费奥多尔向驾驶室爬去。

可是，脸色阴沉的费奥多尔坐到了自己的驾驶座上，连动都没动一下。总统只能站在一边。也就是说，他没能进到驾驶室里面。费奥多尔在这一点上毫不迁就。

在稻田的外面已经放好了桌子，摆上了小馅饼、西瓜、盐黄瓜和奶油。人们建议总统随便吃点什么。联合收割机手们也被叫到桌上。

“请吃吧，男人们，不要拘束。”农业部长戈尔杰耶夫先生鼓励大家说。

一听到“稍息”的口令，联合收割机手们一下子放松下来，不到五分钟，桌子就空空如也。奶油成了最后的攻击对象。

“库班这个地方，不能没有奶油。”行政长官嚼着盐黄瓜说。

“哪儿都不能没有奶油。”总统补充说。说着，将一大块葱头送进嘴里。

报道吃饭的事儿相当不容易。让人心口痛。组织者显然明白这一点，因为我们记者被要求远离饭桌。可是，过了不一会儿，我们又被紧急召回来。总统建议边疆区副行政长官维塔利·普希金在镜头前重复刚才说过的话。原来，他说的是关于大豆的事。也就是说，吃饭的话题还没有结束。没关系，笔者经历过这些。总的来说，克拉斯诺达尔边疆区出产纯种的大豆。不是转基因大豆，也不是有生物添加剂的改进型产品，而是最原始形式的大豆。

“这还在增长!”农业部长高兴地说。

“什么?”总统问。

“我们不会毒害人，”农业部长充满信心、甚至有点自豪地说，“可在别的地方，常常毒害人。”

“不是毒害人，而是给人带来危害。”总统在这天似乎总是倾向于妥协。

一个小时后，在地区行政机关大楼里举行了农业迫切问题会议。总统表扬了政府目标明确的工作，由于这些工作，经济和政治领域都保持了稳定。总统借此巩固了政府本身的稳定地位。

此外，总统还谈到了“安全气垫”，也就是稳定基金的问题。由于该基金的作用，在有风吹草动的时候，国家不会出现石油价格的大幅度下跌。

总的来说，会议气氛相当祥和。克拉斯诺达尔边疆区行政长官时不时地为会议制造气氛。他话多，说得快，人们根本无法明白。他想表达得好一些，但他的思维，嗨，早就跑到了话的前面。总统真诚地想听明白他的话意。

“去年谷物有了个好收成，我们认为这是我们致富的机会，生存的机会，而要买它的话，价格是一个半卢布。”

“买什么？”

“小麦呀！老天不会每年都给我们这么好的收成的。我们失算了。现在一切正好相反，价格已经涨到了四个半卢布……不过，最好让我来说说大米的事吧。”

于是，他开始说大米的事儿。可是笔者一句也没听懂。只是弄明白了一点，特卡乔夫先生两个星期前在索契，在“雏鹰”少先队夏令营和叶伊斯克时，没有白跟总统呆在一起。弗拉基米尔·普京在这段时间里学会了听清特卡乔夫先生说话的意思。

“亚历山大·尼古拉耶维奇想说的是，库班出产俄罗斯80%的稻米。”总统解释说。

“这个，是85%……错在我，说得文绉绉的。”边疆区行政长官不好意思地说。

说完大米后，边疆区行政长官又说起葡萄和葡萄酒的问题。不知是谁指出，葡萄酒是一滴一滴挤出来的，这是一个艰苦的过程。

“我看，在这里开会的是一些私自酿酒的专家！”普京吃惊地说。

与会者们抱怨说，国内的葡萄饮料很多，但缺少真正的葡萄酒和上好的伏特加酒。特卡乔夫行政长官就这一话题进行了最详细的介绍。

“这么说，您显然是建议修改国家标准，对吗？”总统耐心地翻译说。

“是的！”边疆区行政长官高兴起来，“这可是正当的要求！”

“他还想说，所有的酒精产品应当通过消费税的方式处理。”戈尔杰耶夫先生插话说。

这样一来，与会者们就按照各自的利益来解释边疆区行政长官的话。

“妨碍这样做的障碍是什么？”总统问。

“法律应当明确。”部长懊丧地皱着眉头说。

“是的。”

“还要通过联邦会议。”

“啊！这下子就有好借口来利用竞选态势，对记名投票方式进行修改了，看看谁会反对！”“我希望重新建立葡萄种植业委员会，希望克拉斯诺达尔边疆区建立这样的委员会，”边疆区行政长官突然咬字清楚、意思非常明白地说，“否则的话，这里生产，而别的地方赚钱。”

“别的地方窃为己有。”普京先生认真地看了看他。

“是的！”特卡乔夫先生连声表示赞同。

“葡萄酒不是酒精，弗拉基米尔·弗拉基米罗维奇！”俄罗斯葡萄园主联盟总裁阿列克谢·塔拉先科坚定地说，“这是营养品。”

“还有谁这么认为？”普京先生严肃地问。

没有人愿意赞同这一显而易见的想法。

在亚美尼亚人中间

10月6日，世界亚美尼亚人组织成立大会在莫斯科举行。俄罗斯总统弗拉基米尔·普京机智过人，不仅胜过了亚美尼亚总统罗伯特·科恰良，也胜过了俄罗斯亚美尼亚人协会主席阿拉·阿布拉米扬。

10月6日，大量亚美尼亚人聚集在工会大厦圆柱大厅里。正如参加世界亚美尼亚人代表大会的人后来所承认的，即使在亚美尼亚国内，也并不总是能够将如此多的亚美尼亚人聚集在一个大厅里。

其实，亚美尼亚常常试图做出这种尝试。假如世界亚美尼亚人代表大会是在埃里温举行的，那么，这件事看上去就符合逻辑。可是，不是这么回事。不管怎么说，亚美尼亚人在莫斯科相会了。

一切在于，俄罗斯亚美尼亚人协会主席阿拉·阿布拉米扬居住在莫斯科。据一些资料说，阿布拉米扬先生想成为亚美尼亚下一任总统，许多人也希望这样。不过，这倒不是亚美尼亚人想这样。他们暂时根本就没有考虑这一问题。很有可能的是，当他们开始考虑这一问题时，为时已晚了。

例如，据说亚美尼亚总统罗伯特·科恰良差一点儿耽误了就阿拉·阿布拉米扬做出一个重要决定。当科恰良知道将在莫斯科举行世界亚美尼亚人代表大会时，不禁大吃一惊。大概，科恰良先生也认为，这种代表大会应当在埃里温举行。

可是，科恰良并没有拒绝到莫斯科参加代表大会的邀请，尽管拒绝与会的诱惑力是那样的强烈。不过，他显然明白，如果俄罗斯总统弗拉基米尔·普京应邀出席代表大会，而亚美尼亚总统不出席的话，那岂不是咄咄怪事。于是，科恰良决定既不让自己，也不让俄罗斯总统陷入尴尬。

弗拉基米尔·普京对亚美尼亚人代表大会如此关注，究竟是什么原因呢？作为俄罗斯总统，他为什么不出席，比如说，俄罗斯“罗斯党”的代表大会呢？

据说；全部的原因和往常一样，简单得要命。天才的组织家阿拉·阿布拉米扬是一名真正的爱国者，既是亚美尼亚的爱国者，也是俄罗斯的爱国者。在他的倡导下，俄罗斯企业家已经收购了亚美尼亚的若干家企业，还想收购更多的亚美尼亚企业。总而言之，克里姆林宫显然认为，像阿拉·阿布拉米扬这样的人不会惹事，而经过若干时间后（顺便说一句，这段时间不会太久了），他会成长为亚美尼亚的一位优秀总统。

聚集在圆柱大厅里的亚美尼亚人，叽叽咕咕地谈论着亚美尼亚网球运动员萨尔吉斯·萨尔格相昨天发生的事情。萨尔格相在克里姆林宫杯决赛中无缘无故地输了。

“您知道为什么我们的小伙子没得到克里姆林宫杯吗?”一名上了年纪的亚美尼亚人痛苦地问另一个人。

“我搞不明白。”那人耸耸肩说。

“也许他犯了什么错？欺负了什么人?”

“不对，据说他是个好小伙子。即使想做坏事，也不会给任何人造成任何伤害。”

“到底为什么呢?!”

“真是咄咄怪事。”

大厅里已经座无虚席。迟到的代表们只能站着。不过，在笔者的前面倒是有两个空位子。一名亚美尼亚女人挤到了其中的一个：

“我可以坐在这里吗？要不我从圆柱后面就看不到阿拉·阿布拉米扬了。”

“请原谅，这个位子已经有人了。”坐在两个空位了之间的一名上了年纪的亚美尼亚人礼貌而坚决地回答女人说。

“这是谁的位子?”女人直截了当地问。她的话同样礼貌而坚决。

“这是我妈妈的。”亚美尼亚男人的声音明显有些颤抖。

“那这里呢?”

“请原谅，这里是我爸爸的。”

亚美尼亚女人惊恐地连连道歉，就离开了，坐到了圆柱的后面。几分钟后，两个空位子有人坐了，笔者看到，是这个可尊敬的人的两个已经成年了的女儿。

俄罗斯劳动部长亚历山大·波奇诺克是最后几位快步走进大厅的人之一。他显然想坐到池座的第一排，可是，这里已经没有位置了。于是，波奇诺克先生嘴里很清楚地骂了一句脏话，扭头出了大厅。大概带着气上班去了。不过，现在如果突然有人问他今天上午是否专门去参加了世界亚美尼亚人代表大会的话，波奇诺克先生会心情坦荡地回答：“当然去过了!”这样，代表大会在没有俄罗斯劳动部长出席的情况下开幕了。不过，俄罗斯外交部长和莫斯科市长出席了代表大会。阿拉·阿布拉米扬的开幕词言简意赅。最主要的是，他是第一个发言，甚至在俄罗斯总统前面发言。阿布拉米扬先生说，对俄罗斯而言，与美国和西欧的伙伴关系终于取代了冷战，对此，应当给予充分的估计。

坦率地讲，甚至很难推测阿布拉米扬指的是什么。

在介绍完来宾（“尤里·卢日科夫是我们的朋友，他总是帮助莫斯科的亚美尼亚人团体”）后，阿布拉米扬先生还费力地介绍了与会的代表们。

“在这座大厅里，集中了世界各地的亚美尼亚人代表。”

在阿拉·阿布拉米扬之后发言的是亚美尼亚总统罗伯特·科恰良。他认为，遗憾的是亚美尼亚人分散在世界各地。

“把亚美尼亚人集中起来，这是一个诱人的，但却是难以实现的想法。只有在亚美尼亚的国旗下，才能够做到这一点。”

科恰良先生说，他正是为了这一目标，才来参加此次代表大会。大厅里的人给科恰良的掌声很克制，只有一次，还是在讲话最后结束时，显然是因为大厅里坐着的都是一些彬彬有礼的人。

俄罗斯总统与亚美尼亚总统不同，一开始就按照亚美尼亚人的方式，向大厅里的人们表示问候。从这一时刻开始，直到发言结束，大厅里的掌声和欢呼声几乎没有间断过。普京强调了此次代表大会的历史意义。重点阐述了俄罗斯亚美尼亚人协会成为此次代表大会组织者这一事实的象征意义。

俄罗斯总统承认，当他看到代表大会的来宾中有俄罗斯外交部长伊戈尔·伊万诺夫时，他感到惊讶。“您来这里干什么？”普京直接问伊万诺夫，“您的祖先是格鲁吉亚人，而不是亚美尼亚人。”“可我在俄罗斯政府代表着全体高加索民族！”外交部长巧妙地回答。

当弗拉基米尔·普京结束发言坐回座位上时，整个大厅里的人都站起来。雷鸣般的掌声又持续了一分钟。科恰良先生只有跟大家一起鼓掌的份了。

此后，发言者们主要赞扬阿拉·阿布拉米扬。全体亚美尼亚人的卡多利柯斯（亚美尼亚教会首领的称谓——译者注）派来的代表说，卡多利柯斯“祈求至尊的上帝祝福以阿拉·阿布拉米扬为首的组织”。从美国赶来的代表阿扎强先生强调说，全世界亚美尼亚人的新方针“在阿拉·阿布拉米扬这样的人的活动中得到了体现”。而他说的最主要的是：

“非常好的是，今天我们有一位亚美尼亚人正在帮助另一位成为亚美尼亚领导人的亚美尼亚人！”

也就是说，阿拉·阿布拉米扬在助罗伯特·科恰良一臂之力。或者相反。坦率地讲，这里很难弄清，谁在帮助谁。

“我们大家要更加团结起来，”阿扎强说，“我们在卡拉巴赫取得了胜利。卡拉巴赫战争证明，只要团结起来，我们就能够取得更大的胜利！由于阿拉·阿布拉米扬的努力，我们大家在离开这里时，彼此之间已经搭起了新的桥梁。”阿扎强结束了自己的发言。

一个可怕的猜测令笔者不寒而栗。似乎一切问题都出在这里！莫非阿拉·阿布拉米扬答应要给参加代表大会的全体代表和来宾好处?!

只是当最初的激情消退后，笔者才得出结论，这只是推测，是不知为什么头脑里产生的第一个反应。而这一推测没有任何依据。这里说的桥梁大概指的是别的什么桥梁。

另一个令笔者不寒而栗的推测倒是确有其事。从这天发生的一切事情来看，越来越清楚的是，如果说亚美尼亚站在罗伯特·科恰良一边的话，那么，全世界的亚美尼亚人都站在阿拉·阿布拉米扬一边。

阿拉·阿布拉米扬宣布休息20分钟。俄罗斯总统的一只手刚刚做了一个不太明显的动作，阿拉·阿布拉米扬抱歉地说：

“俄罗斯总统有话要说！”

常言说得好，最好的即兴诗是经过充分准备的诗。弗拉基米尔·普京手头恰好有一份彼得大帝一道圣旨的副本。总统读着：“对亚美尼亚人要尽可能地予以优抚，并合理地减轻他们的负担，使他们愿意更多地到我们这里来。”读完了圣旨之后，普京才在雷鸣般的掌声和欢呼声中离开了大厅。

的确，弗拉基米尔·普京知道，最好记住最后一句话。

在会间休息结束后，俄罗斯国家杜马副主席弗拉基米尔·日里诺夫斯基以普京读的最后一句话作为引子，接着发言。取代弗拉基米尔·普京和罗伯特·科恰良坐在主席台上的是阿尔图尔·奇林加罗夫和安德罗尼克·米格拉尼扬。这时，轮到没有被承认的纳戈尔诺—卡拉巴赫共和国总统阿尔卡季·波戈相发言了。他说，假如不是那些散居在国外的亚美尼亚人修建了把亚美尼亚与纳戈尔诺—卡拉巴赫连接在一起的道路的话，亚美尼亚就不能取得胜利。阿尔卡季·波戈相还保证说，纳戈尔诺—卡拉巴赫共和国在独立的问题上决不向任何人让步，为了独立他们已经流了太多的鲜血。好在弗拉基米尔·普京没有听到这话。否则，他会因为自己参加了这种“鹰派”人物的代表大会不高兴。

其实，与日里诺夫斯基先生的发言相比，波戈相先生只能算是“鸽派”了。

“有人（弗拉基米尔·日里诺夫斯基不想说出弗拉基米尔·普京的名字——笔者注）从主席台上对你们说，要善待亚美尼亚人。克拉斯诺亚尔斯克边疆区行政长官已经做出了善待的举动。他承认自己不喜欢所有带‘扬’的姓名！可我喜欢！”

日里诺夫斯基先生说，在世界各地到处都有犹太人和亚美尼亚人。犹太人已经使美国面向他们。

“美国需要钱。你们有钱。但数量不足。”

大厅里响起了一阵显示出大度的哄堂大笑。

“散居在国外的亚美尼亚人今天在俄罗斯展示了自己。这是亚美尼亚民族诞生的第二个节日！”

两分钟后，日里诺夫斯基先生谈到了从土耳其的桎梏下解放亚拉腊山（另译为阿拉拉特山——译者注）和对它做出补偿的问题。

“我们要把土耳其收拾光!”日里诺夫斯基保证说。

大厅里的人们像孩子一样高兴起来。他们只是不喜欢“法国妓女喜欢影星夏尔·阿兹纳伍尔”这一句话。亚美尼亚人对这一消息感到有点不知所措。

其实，专心致志地进行讲演时，日里诺夫斯基还讲了许多当着旅居莫斯科的土耳其人的面不应当讲的话。比方说，他说亚美尼亚人是一个残缺不全的民族，他们都应当尽快收拾东西回家去。

在醒过神儿来后，日里诺夫斯基还是很有政治见识地结束了自己的发言：

“15 年后，亚美尼亚国旗将飘扬在亚拉腊山上!”

没有人能与他争辩。

施加压力的政治

俄罗斯—德国最高级磋商在叶卡捷琳堡举行了两天，结果向西方国家发出了一些货真价实的最后通牒。

一切是那样顺利地开始！除了俄罗斯总统和德国总理单独去了“小河源”官邸外，参加一年一度俄罗斯—德国磋商的其他人员，因为没有事情可做，就来到歌剧舞剧院，欣赏著名的叶卡捷琳堡大合唱。坐在第一排的俄罗斯内务部长鲍里斯·格雷兹洛夫十分惬意地为漂亮的女舞蹈演员们鼓掌。美女们翩翩起舞，她们五颜六色飞舞的裙沿儿令格雷兹洛夫激动不已。一名女舞蹈演员干脆没把部长当外人。她穿着令人难忘的白、蓝相间颜色的盛装，迪纳摩球队队服的颜色在她身上显得十分般配。所有这一切未必只是简单的巧合。因为这个姑娘甚至根本就没往别处看，比如说，就没往经济发展部长格尔曼·格列夫所坐的那个位置看一眼。

与此同时，弗拉基米尔·普京和格哈德·施罗德在“小河源”官邸里交谈了整整一个晚上。他们谈什么呢？不知为什么，他们并不认为有必要在第二天向记者介绍会谈情况。第二天早晨，他们与俄罗斯和德国实业界人士举行了见面会。

在两位领导人还没来的时候，会议就开始了。从某些方面讲，这是昨天晚上音乐会的继续。会议在斯维尔德洛夫斯克州音乐爱好者协会大楼里举行，这就足以说明问题了。离这里不远处，有一座在沙皇全家被枪毙的地方建起的教堂。笔者长时间绞尽脑汁思索，为什么偏偏要在这个 1936 年建造的脏乱地方接待这个代表团呢？坦率地讲，这个代表团的成员都是拥有最好命运的人。要知道，在市里有许多更舒适的楼房。后来，笔者明白了：这恰恰是因为这座楼房是 1936 年建造的，极像第三帝国的建筑风格：建筑上极少多余的装饰，粗重的圆柱，忧郁的暗红色色调……按照活动组织者们的想法，德国人显然会喜欢这些。而德国人也的确喜欢！例如，至少他们不眨眼睛地面对镜头对叶卡捷琳堡的记者们这样说。

在宣布会议开始时，俄罗斯经济发展部长格列夫先生说，国际债信评等机构穆迪投资人服务公司（Moody's）给我国评定了投资等级。祝愿我们现在的一切都将顺利。其实不然，不会一切顺利的。俄罗斯天然气工业公司与德国鲁尔天然气（Ruhrgaz）公司集团之间关于修建北欧天然气管道的协议昨天就未能签署。而计划中却有这一项。

“是的，的确出了差错，”格列夫先生承认，“不过，这一协议可能准备近日在圣彼得堡签署，目前，米勒先生正在那里，甚至有可能协议已经在那里签署了。”

在稍微休息了一下后，普京先生和施罗德先生来到会场。俄罗斯总统立刻请人们注意，我国的投资信用等级提高了。坦率地讲，令笔者感到惊讶的是，普京只字未提在这半年中，俄罗斯的经济增长了7%（在此之前，普京先生每每与西方伙伴举行会晤时，总是不厌其烦地一再重复这一点。现在，他显然已经厌倦了）。而当施罗德先生详细讲述这一问题时，笔者丝毫也不感到惊讶。

“我们与俄罗斯建立了良好的政治关系，”德国总理补充说，“甚至已经到了登峰造极的地步。”

经济领域的关系可以继续加以完善，因此，德国总理表示希望，关于修建北欧天然气管道的协议无论如何还是要签署的。

弗拉基米尔·普京微微点了点头。在对待北欧天然气管道这件事情上，普京至今表现得漠不关心。他发表了讲话，与德国总理不同的是，他是照本宣科，一刻也没有脱离原稿（通常，他的发言总是与准备的稿子有区别）。

还有几个人发了言。轮到俄罗斯北方钢铁公司领导人阿列克谢·莫尔达绍夫发言了。莫尔达绍夫先生说，欧盟作为世界贸易组织的一个集团成员向俄罗斯施加压力，要求俄罗斯将国内的能源价格提高到世界能源价格水平。

莫尔达绍夫先生谈了这个问题后，本想谈点别的话题。可就在这时，好像已经在打盹儿的普京先生一下子打断了他的发言，谈了谈俄罗斯加入世界贸易组织的问题。此前，普京从来没有谈过这一问题。

普京先生承认，俄罗斯加入世界贸易组织，主要障碍是能源价格问题。

“总的来说，我想，德国愿意在俄罗斯利用廉价的能源资源进行生产。”普京说。

现在，轮到德国总理微微地、有点不很自信地点头了。德国总理显然明白，俄罗斯人像逗孩子那样跟他逗着玩儿：的确是这样，谁愿意舍弃廉价的，却去用昂贵的能源进行生产。

“当然了，我们不会坚持愚钝的不妥协立场，”普京先生继续说，“如果我们在国内经济中一下子采用世界价格的话，那么，我国的宏观经济稳定就会完蛋，我们就会将俄罗斯经济毁于一旦。欧洲的官僚们不明白这一点，为俄罗斯加入世界贸易组织预先提出了难以接受的条件。我不明白，他们为什么要这么做。欧盟对俄罗斯采取的这一立场是不公正的，也是不坦诚的。我们认为这一立场是企图向俄罗斯施加压力。但是，俄罗斯的地位正变得越来越坚固，欧盟的这一企图未必能够得逞。”

不过，俄罗斯总统还是呼吁帮助。显然，对于欧盟的企图不会得逞这一点，普京并没有十成的把握。普京先生要求德国总理“向欧盟的官僚们施加压力”。

施罗德先生再次不很自信地点了点头。这一动作既不意味着同意，也不意味着不同意。毫无疑问的是，德国总理陷入了进退两难的境地。坦率地讲，德国是欧盟最大的国家。欧盟有自己的运行规则，布鲁塞尔的欧洲官僚们是这一规则的体现和象征。欧盟就是依靠这些官僚而存在的。

然而，从另一方面讲，德国总理刚才说过，俄罗斯与德国之间的关系是那样好，已经登峰造极，用不着再努力改善了。实际上，两国关系仍然存在着需要继续做出努力的地方。这不，格哈德·施罗德总理坐在那里，不自信地点着头。

俄罗斯总统热情洋溢的发言，占用了与实业界代表会晤的全部剩余时间。实业界的代表们已经来不及向施罗德先生和普京先生提出他们计划中的任何一个问题了。

俄罗斯总统和德国总理乘车去州府大楼，参加俄罗斯—德国磋商。坦率地讲，正是为了举行磋商，他们才从莫斯科和柏林飞到这里来的。

此次磋商的礼仪部分很短，只用了大约半分钟。弗拉基米尔·普京笼统地讲了几句话。此后，新闻中心切断了电视直播，而记者们也被要求离开会议厅。实际上，从一开始的时候就确定，此次磋商将秘密进行。

磋商活动的组织者只有一件事没有办好。他们忘了切断耳机里的转播（在叶卡捷琳堡极少举行如此高级别的活动）。这样一来，一条信息渠道是畅通的。而笔者在掂量了一切“有利的”和“不利的”因素后，充分利用了这一渠道。读者也知道，这样做的代价是什么。

双方磋商的话题依然是俄罗斯加入世界贸易组织，似乎参加磋商的人并没有从一座大楼转到另一座大楼、中间有过间歇似的。俄罗斯代表团一名成员（如果笔者没有记错的话，是格尔曼·格列夫）抱怨说，关于俄罗斯加入世界贸易组织的谈判陷入了僵局。而且：

“看不到一线希望！”他感叹地说，“我们得到的建议是暂停谈判一年。总而言之，在这方面没有政治动力是不行的。”

俄罗斯总统以罕见的冲动补充说：

“对于俄罗斯来说，假如不能完成谈判，这将是一场巨大的失败。”

这一次，在没有多余见证人的情况下，德国总理回答得比较明确：

“我明白了，明白了问题之所在，明白了布鲁塞尔不明白的地方。你们知道，我们应当考虑到历史的特殊性。的确，我们已经习惯于依靠书本……”

德国总理沉默了。这是最具有原则性的停顿。施罗德先生需要做出一个重大的选择：在 Ordnung（纪律）和两个男人的友谊之间做出选择。在德国，纪律已经上升到了绝对的程度，成为每个德国人和整个整个国家的生存原则；而友谊则是普通的，在任何文件中都没有做出过规定。它实际上是在两个岁数已经不小了的男人之间突然产生的，也可以说是从零开始建立起来的。

“这不好。”施罗德先生做出了这个选择。

谁也没有鼓掌。大概，会议厅里的人们都明白德国总理心里的想法，于是，决定让他扪心自问。

这样一来，一分钟的沉默让 Ordnung（纪律）化为乌有。而心绪不可能不高涨的弗拉基米尔·普京明显活跃地谈起了世界局势。这不，世界似乎已经闻到了火药味！

“如果先发制人的打击行动在世界上扩大和加剧（这样，弗拉基米尔·普京首次提到了对伊拉克的进攻——笔者注），那么，俄罗斯将保留采取类似行动的权力（马上就会出现一个问题：对谁？——笔者注）。”

和前不久在国防部举行的会议上一样，弗拉基米尔·普京再次谈到俄罗斯分导式弹头弹道导弹。

“这些导弹是新的，将逐步进入战斗值班，取代使用寿命将尽的老式导弹。与此同时，我们还将研制能够突破最现代化的反导系统的新式导弹。”

在国防部举行的会议上，弗拉基米尔·普京没有谈到这一点。“起来，伟大的国家！”从弗拉基米尔·普京的讲话中，笔者分明听到了著名歌曲《神圣的战争》中这句歌词。够了，该站起来了。

其实，普京意犹未尽。关于欧洲官僚，他还没有说完。欧洲官僚在各个方面对我们进行步步紧逼。

“他们坚持根据他们的需要来利用俄罗斯的天然气运输系统，这是不能接受的！”

与此同时，俄罗斯也在坚持根据自己的需要利用天然气运输系统，甚至还试图收购白俄罗斯管道运输系统。这没什么。看来，还有成功的希望。欧洲官僚野心勃勃，值得大惊小怪吗？不过，弗拉基米尔·普京解释了欧洲官僚没有任何机会获胜的原因：

“天然气管道运输系统是苏联的产物。只有我们有能力使之保持工作状态，即使有一部分管道位于俄罗斯境外，也是如此。”

紧接着，俄罗斯总统从两翼包抄攻击了欧洲经济共同体的官僚们。

“欧盟曾有一种幻想，说什么没有俄罗斯可以从其他国家获取廉价的能源资源。

是的！”弗拉基米尔·普京感叹地说，并停顿了好长时间，以致于笔者以为，笔者正在窃听的这场引人入胜的无线电直播被切断了线路。然而，线路并没有被切断。“是的！乌兹别克斯坦拥有这种资源。但是，应当让人们知道，乌兹别克斯坦管道系统由 94 座泵站组成，可能够运行的，您猜猜有多少？只有 4 座！甚至乌兹别克斯坦总统都不知道这一点，还是我告诉了他。而在哈萨克斯坦和土库曼斯坦，情况也大致相同。”

这样一来，土库曼之父（土库曼斯坦总统尼亚佐夫的称号——译者注）也落入了话题中。

“土库曼人总的说来……总的说来，有一个习惯，就是将同等数量的资源出售给不同的国家。首先，他们向我们出售 400 亿立方米天然气，然后，又向乌克兰出售了相同数量的天然气。”

显而易见的是，只是在讲到这个地方的时候，弗拉基米尔·普京才明白，自己太专心了。

他的讲话本来还需要一次停顿，以便能够冷静地说下去：

“今后，我们还将保持国家对天然气运输系统和俄罗斯天然气工业公司的控制。我们不会将俄罗斯天然气工业公司拆开。欧盟委员会也不应当存在任何不切实际的幻想。在天然气领域，欧盟要与俄罗斯国家打交道。”

这话说得就像是“您得与我打交道”。

从一方面讲，可以感觉得出，所有这一切做得相当愚蠢。但从另一方面讲，也可能会有所收获，对于我国来说，在我国与西方国家的关系中，恰恰是这种腔调才是最有效果的。您就瞧好吧！只要普京一宣布，我们拥有数十枚弹道导弹，用不了几天，国际债信评等机构穆迪投资人服务公司就会出乎所有人的意料，把我国的信用等级提高到可以投资的水平！您想，这会是简单的巧合？

普京先生与施罗德先生在磋商结束后举行的记者招待会显得十分平淡无味。普京先生说，俄罗斯将参加马德里会议，此次会议将讨论国际社会援助伊拉克重建。他还补充说，只有在政治解决伊拉克问题的情况下，这一援助才会有效。如此说来，普京先生是想告诉人们，俄罗斯依然准备参加伊拉克问题决议的制定工作。此外，普京先生暗示，将会送给欧盟一份礼物。他说，俄罗斯准备研究关于与欧盟国家签署用欧元进行石油交易的建议（世界石油交易是用美元结算的）：

“我们的伙伴对此会感兴趣的。”

对于这一建议，无论是谁，当然不会无动于衷。结合普京先生顺口说出的（已经不是第一次说出的）观点：在石油日开采量方面，俄罗斯已经跃居世界第一位，一幅完整清晰的画面已经呼之欲出了。这就是普京先生为了让欧洲官僚们取消他们的一切可笑的野心，而准备付出的代价。

显而易见的是，作为让施罗德先生愿意为我们效劳反对欧洲官僚的预付款，弗拉基米尔·普京向施罗德承诺，德国早就提出请求的关于德国国防军陆军分队借道俄罗斯前往阿富汗的问题，可以认为已经解决了。

在告别时，弗拉基米尔·普京向格哈德·施罗德又赠送了一个礼物。他赠送给施罗德一尊铜山女主人的银制雕像，并解释说，这是乌拉尔山财富的守护女神，她只允许正派、诚实和实干的人接近这些财富。

格哈德·施罗德感谢弗拉基米尔·普京所赠雕像，后来把它忘在了放话筒的支架上，向门口走去。弗拉基米尔·普京迅速回到话筒前，快速地说：

"既然总理先生如此不珍惜，看来，德国财富很多！"

的确，德国总理不知怎的，有点心不在焉。俄罗斯总统在磋商时所说的话，显然已经铭刻在他的心中。就连弗拉基米尔·普京不知为什么也不高兴，有些难。

弗拉基米尔·普京给尤里·卢日科夫颁发军功勋章

10月10日，和往常一样，弗拉基米尔·普京在克里姆林宫给国家的精英人物颁发奖章。获奖者及其陪同人员（按照礼仪规定，这天的英雄可以带领一两名朋友或家属进入克里姆林宫）分别坐到了自己的座位上。礼宾部门的工作人员向他们宣布在叶卡捷林娜大厅里的行为规定。

"总统将站在这里。你们走近总统，他把奖章别到你们的胸前。此后，哪儿也不要去。转过身来，要心平气和地与总统一起照相留念。"

前来参加仪式的人们认真地听着，一些人甚至做了笔记。

这天，将要颁发非常重要的奖章。例如，给试飞员维亚切斯拉夫·克里茨基上校授予俄罗斯英雄称号。俄罗斯外科学研究中心主任鲍里斯·彼得罗夫斯基荣获了圣徒安德烈·佩尔沃兹万内伊勋章（前不久，弗拉基米尔·普京在索契给达吉斯坦诗人拉苏尔·加姆扎托夫授予了同样的勋章）。彼得罗夫斯基先生非常激动，邀请总统到他的科研中心去视察。他说："医学领域正在产生新的问题。"

科学院院士、电子学专家弗拉基米尔·科捷利尼科夫在获得"对祖国有功"一级勋章时的表现完全相反，初看上去，他没有丝毫激动。有什么可激动的？最主要的是要及时感谢总统"治国有方"。这样一来，一切激动就被放到了脑后。科捷利尼科夫做到了。

音乐家尼基塔·博戈斯洛夫斯基向总统赠送了一张唱片：

"这里有我的歌曲。其中大多数您都听过。"

音乐家显然太谦虚了。

俄罗斯石油运输公司总裁谢苗·魏恩施托克默默地接受了“对祖国有功”四级勋章。实际上，在目前不寻常的形势下，石油工作者也未必需要多说什么，因为自己每一句话，都可能被用来反对自己。

说心里话，有时候笔者也很难把持住自己，很难顶住利用别人的话做文章的诱惑。例如，当笔者听到航天试飞员谢尔盖·扎列京说的那番话的时候，就是这样的心情。他说：

“弗拉基米尔·弗拉基米罗维奇，请允许我向您表示感谢，感谢您对我们艰巨劳动的理解。”

按照这位航天员的意思，总统的工作最重要，因为“他处在名字叫俄罗斯的这座金字塔的顶端”。而过去的时候，某个可怜的“MMM”公司（马夫罗季为首的马氏三兄弟的公司——译者注）曾经建立过这种金字塔。

阿曼格尔德·图列耶夫代表库兹巴斯的全体矿工感谢总统，不过，坦率地讲，勋章只是奖励给他个人的。

人们在等待着莫斯科市长尤里·卢日科夫发言。因为卢日科夫先生获得了“军功”勋章。从弗拉基米尔·普京在国防部会议上宣布说他已经签署了相应的命令算起，过去了不到一个星期，卢日科夫就得到了勋章。

总统奖励给尤里·卢日科夫的勋章，是只能授予军人的勋章。这种情况并没有使卢日科夫感到一丝的不好意思（这种情况更使总统感到不好意思，因为正是总统在国防部会议上说，这作为一个例外）。

尤里·卢日科夫代表全体莫斯科人感谢总统授予勋章。从尤里·卢日科夫的讲话中可以看出，我们莫斯科人为了支持军队，早就在进行着艰苦的劳动。

“俄罗斯始终面临着保卫自己的边界和自己的人民的问题。”莫斯科市长说。

特别值得注意的是，莫斯科市长强调说：“这一问题在最近变得严重起来，需要全社会参与解决。”而卢日科夫先生“感到幸运的是，莫斯科正在带头解决”。

也就是说，在国家无力履行自己的义务的地方，莫斯科会来帮助国家。

“谢谢您，弗拉基米尔·弗拉基米罗维奇，谢谢您在国内创造了安定的工作环境，这种环境有助于正常的工作，有助于保证我们每个人能够完成面临的任务。”

笔者想解释的是，尤里·卢日科夫如此感谢弗拉基米尔·弗拉基米罗维奇是因为总统没有干扰他莫斯科市长工作。

笔者丝毫不感到吃惊的是，当给所有的英雄颁发了奖章后，弗拉基米尔·普京又谈到了尤里·卢日科夫的勋章。

“瞧，这位看上去似乎与军队毫无关系的人，获得了军功勋章！”总统说。笔者感觉得出，在总统的这些话中明显含有对卢日科夫先生刚才所说的话的回答。“你们每个人来到这里，”总统继续说，“这并没有什么不寻常的。你们的成就无论如何也不能说是不大，尽管你们自己说没做出什么成绩。对于我来说，与你们一起工作是莫大的荣幸……我选择尤里·米哈伊洛维奇只是作为这种奉献精神的代表!”

对总统的这一论点，根本就无法争辩。

亚历山大·卢卡申科只挣得一杯茶

10月15日，白俄罗斯与俄罗斯联盟国家最高国务委员会会议在克里姆林宫举行，两国总统出席了会议。笔者认为这不仅毫无必要，而且，也没有任何意义：克里姆林宫甚至都没给亚历山大·卢卡申科准备午餐。

仅仅在昨天，白俄罗斯总统卢卡申科在卢日尼克体育馆打了一场冰球，参观了莫斯科的建筑工地，毫不胆怯地去了莫斯科一家著名超市，再次成了人们关注的中心。不过，如果有人觉得卢卡申科一直没有离开莫斯科（没有俄罗斯，他将无法想象），那是完全错误的。在所有这些忙碌过程中，亚历山大·卢卡申科还抽空儿飞回明斯克进行了短期工作视察。

9月中旬，两国总统在索契宣布，对俄罗斯天然气和俄罗斯天然气经过白俄罗斯境内运输的收费，改用世界价格计算。此后，他们几乎就没有交谈过。再说了，在做出这样的宣布之后，两个男人之间还有什么好谈的呢?

并不令人感到吃惊的是，两人原计划在雅尔塔独联体首脑峰会期间举行的会晤被取消了（这显然不是根据亚历山大·卢卡申科先生的提议取消的，因为卢卡申科坦诚地说过，他感觉与弗拉基米尔·普京命中注定达不成协议）。

其实，在打完冰球后，亚历山大·卢卡申科与弗拉基米尔·普京举行过一次短暂的晚宴，不过，毫无成果（但从另一方面讲，大概不能这么评价这次晚宴）。在索契向白俄罗斯总统提出的最后通牒依然有效。

昨天，白俄罗斯代表团内部进行了紧张的讨论。讨论的问题是两国领导人单独会谈对两国关系中的诸多问题能有多大帮助。而且，在今天早晨的时候，白俄罗斯人还认为此次会晤已经敲定了。

然而，两国领导人的单独会晤并没能够举行。不过，所有应该到最高国务委员会开会的人都来到了。他们是：俄罗斯议会联邦委员会主席谢尔盖·米罗诺夫，国家杜马主席根纳季·谢列兹尼奥夫，俄罗斯政府总理米哈伊尔·卡西亚诺夫，总统办公厅主任亚历山大·沃洛申，以及俄罗斯政府的部长们。白俄罗斯相应职位的官员也都全部到齐。

“亚历山大·格里戈里耶维奇，我想先向大家问好……”弗拉基米尔·普京首先要发言。可是，白俄罗斯总统一下子就打断了弗拉基米尔·普京的话：

"按照身份，应当由我来介绍您并请您讲话。"

白俄罗斯总统所说的身份指的是：现在他是联盟国家的主席。本来，这没有什么值得骄傲的，因为除了存在一位主席和实际上各不相干的预算外，这个联盟国家并没有其他任何标志。不过，也许正是因为这样，卢卡申科先生才如此珍惜现在所拥有的身份。

"按照惯例，请俄罗斯联邦总统讲话。"白俄罗斯总统说。

就这样，在众目睽睽之下，在半秒钟的时间里，良好的惯例就形成了。

弗拉基米尔·普京外表上对请他讲话这件事一点儿反应也没有。他说，最高国务委员会将讨论联盟国家2003年的预算问题，就这一问题听取帕威尔·博罗金的报告，讨论俄罗斯与白俄罗斯在对外政策领域协同行动计划，以及伟大卫国战争胜利六十周年庆典计划。会议的日程共有六项。

然而，一切问题在于，卢卡申科先生要求设八项日程，因为10月1日，联盟国家部长理事会没有批准关于将卢布作为两国境内统一的合法支付手段的决议。而白俄罗斯人今天声称，他们希望首先签署宪法性法令（从前没有过这种要求）。而弗拉基米尔·普京声称，不论是关于宪法性法令，还是卢布的问题，都将进行讨论。但要在日程之外。

卢卡申科先生的开幕词要长得多。他回忆说，伴随着两国领导人最近一次会晤的是"俄罗斯大众传媒的新闻浪潮"，给人形成的印象是，"我们（指联盟国家——笔者注）一切差点儿都完了。"

"但事情并非如此。"卢卡申科先生凄凉地说。

在说到卢布和宪法性法令时，卢卡申科说，双方已经决定最后讨论这些问题。

"是两国总统这样决定的。"卢卡申科再次请人们注意做出这一决定的人的身份。

在讲了这些话后，礼仪部分的活动结束了，记者们被要求离开会场。

笔者只听到白俄罗斯总统补充说：

"我们很快将讨论六项日程，然后讨论宪法性法令。"

也就是说，他正是为了这个才到克里姆林宫来了。

而弗拉基米尔·普京到克里姆林宫来的目的并不是很明确。他所下达的所有大量指令也未必是为了讨论八千万美元预算的专项利用问题。这一问题的代价太高了。那么，它究竟应当多高呢？这一次要谈到什么程度呢？俄罗斯代表团的一名官员从会谈室里出来，告诉人们说："谢天谢地，最高委员会会议总算结束了。"他显然没有对此次会议抱有任何幻想：

"休息一会儿后，我们将讨论宪法性法律问题和统一卢布的问题。"

似乎是，还是别抱任何幻想。这名官员说，这项法令至今连个像样的草案都没有。他说，根纳季·谢列兹尼奥夫提出的草案简直就是"乱糟糟的一堆"。这名官员说，不客气地讲，宪法性法令草案应当具有准国家的性质。也就是说，俄罗斯建议白俄罗斯按照欧盟的模式建立一个国家联盟。这名官员说，至今也没有得到白俄罗斯方面的明确答复。

究竟是什么原因使关于宪法性法令的问题从会议日程中被取消了呢?

“谁也不希望在最高国务委员会会议上再次出现互相谩骂的丑恶局面。”这名官员说。

白俄罗斯为什么对两国人民热切期盼解决的问题不做出明确回答，这名官员说，似乎一切问题在于“亚历山大·格里戈里耶维奇最关心的是自己在白俄罗斯和俄罗斯联盟中的地位。由于地位的问题目前还没有研究，因而，会谈也就不会有进展”。

需要补充的是，这一次亚历山大·卢卡申科在克里姆林宫里甚至都没有得到像样的款待。克里姆林宫礼宾处前天晚上拟定的为参加会谈者举行盛大的、甚至有总统乐队伴奏的午宴的计划，在会议后突然被取消了，变成了礼节性的喝茶活动。

弗拉基米尔·普京被拖入反犹太人阴谋中

10月16日，俄罗斯总统弗拉基米尔·普京飞到马来西亚，出席伊斯兰会议组织第十次会议。他听了马来西亚总理马哈蒂尔的发言，自己也在会议上做了发言。假如没有犹太人的问题，一切都会好好的。和往常一样，犹太人问题把一切都给搞糟了。而这一次，事关他们存在的事实本身。

名字叫普特拉贾亚的马来西亚未来首都好像专门为举行伊斯兰会议组织首脑峰会而建设的。在这里，没有任何人干扰会议代表们谈话。普特拉贾亚城里空空如也。昨天，似乎除了阿拉伯的族长和亚洲的国王们，谁也不在普特拉贾亚城里。

在普特拉贾亚城里，所有存在的和不存在的建筑物，都与河流上高技术风格的桥梁结合在一起，而这些河流是专门为建造这些桥梁而挖掘出来的；这些建筑物还与马格里布风格的清真寺，以及马来西亚伟大总理马哈蒂尔·穆罕默德风格的王宫融合在一起。

这就是普特拉贾亚。弗拉基米尔·普京在专门挑选的人员的陪同下来到了这里。他的陪同人员有车臣总统艾哈迈德·卡德罗夫以及其他一些穆斯林：俄罗斯总统办公厅副主任贾汉·波雷耶娃，巴什科尔托斯坦共和国总统穆尔塔扎·拉希莫夫，卡巴尔达—巴尔卡尔共和国总统瓦列里·科科夫，北高加索穆夫提伊斯梅尔·别尔迪耶夫。

所有这些人似乎是想了解这里的生活，这是他们过去不仅不知道，甚至有可能是不想知道的生活。这不，昨天他们知道了这里的一切，甚至更多。

“我们这次首脑峰会最好的开幕方式是诵读神圣《古兰经》经文，”卡塔尔埃米尔塔尼先生在专门用于举行首脑峰会的寂静的国会中心说，“这些经文是我国一位最优秀的诵经者诵读的。”

这时，传来了神秘的诵经声，刚才和我们一样坐在大厅里的阿拉伯的族长、埃米尔和他们的记者们，一听到诵经的声音，都做出手掌心向上的动作。所有这些人的嘴唇都嚅动着。两幅 35×35m 的电视大屏幕上，俄罗斯联邦总统的图像一闪而过。他坐在第一排，在这不寻常的气氛中保持着冷静。

笔者认真地看了看大屏幕。屏幕下部滚动着的英文字条解释了经文的大意：“莫非他们以为我们会喜欢上这些经文？不，他们不理解！”

过了 10 分钟，领读者在读完了经文后，摇摇晃晃地走了出去。一位毛拉走到主席台上，唱了一首无法停止下来的歌，就像大屏幕下部连续滚动着的字条一样。

“感谢真主，世界的主人，这是我们想对您说的最后一句话。”毛拉唱道。

的确，对此似乎也没有什么可补充的。

马来西亚总理马哈蒂尔·穆罕默德发表讲话之前，也只有这些情况。我们亲眼看到，马哈蒂尔接受了伊斯兰会议组织的管理权，时间为 3 年。马哈蒂尔先生甚至用不着投票表决就获得了这一权力。在马哈蒂尔之前担任伊斯兰会议组织主席的卡塔尔爱米尔塔尼先生只是问大厅里的人们：

“我希望你们同意，是吗?”

大厅里的人什么也没有回答。

伟大的马哈蒂尔说话了。他在这个大厅里所说的每一句话的含意，甚至比笔者所能够猜测的都多。

“如果我们只是内讧，”马哈蒂尔·穆罕默德说，“我们就不能改变我们敌人的思考方式。我们应当向他们提出他们无法拒绝的建议。我说的是巴勒斯坦—以色列冲突问题。伊斯兰社会分裂了。有许多人在解释伊斯兰教，做出了各不相同的解释，都说自己代表着正宗的伊斯兰教义。我们的敌人在注视着我们，注视着我们的一举一动。”

伟大的马哈蒂尔·穆罕默德已经多次提到“敌人”一词。这使笔者产生了特别的心情和意识。当然，从莫斯科飞到吉隆坡的 15 个小时的飞行，使笔者的心情和意识有些模糊，但还不至于让笔者不产生疑问：这里所说的“敌人”是谁？他们又是谁的敌人？某种不祥的阴云笼罩在普特拉贾亚的新闻中心。我们已经或多或少地明白了阴云笼罩在谁的头上。

“按照我们的敌人的说法，我们也是他们的敌人。”马哈蒂尔·穆罕默德解开了这个谜团儿。

但也可以说，恰恰相反，他又提出了一个谜团儿。

马哈蒂尔·穆罕默德的面前连一张稿纸都都没有，他的讲话既快又充满自信，他说的是英语，为了让大家都能听明白。

“我们是穆斯林，我们有13亿人，我们有巨大的石油储备，我们已经不像过去那样没有文化了。可究竟为什么我们在犹太人面前依然显得孤立无助呢?!”

他终于说出了这一点。

“我们不能研制真正的武器，真主希望这样吗？可是，我们需要大炮、导弹、坦克、炸弹。我们不得不从我们的敌人的手中购买这一切!”

在这一时刻，大屏幕操纵员没有在任何一个大屏幕上播放弗拉基米尔·普京的头像。真可惜。笔者确信，弗拉基米尔·普京的脸上不会有一块肌肉颤抖。

“难道真主希望我们从我们的敌人那里购买武器吗?”马哈蒂尔·穆罕默德继续说，“如果你们这样认为的话，那么，这将是对《古兰经》的肤浅解释。所有的穆斯林社会正在受到鄙视，我们的人民在被屠杀。我们的房屋在受到破坏。我们应当真正起来反击压迫者。13亿穆斯林不能败在几百万犹太人手里！我们为巴勒斯坦斗争了半个多世纪。结果一无所获！现在的局面甚至更糟！在第二次世界大战中，欧洲人杀害了1200万犹太人中的600万人。犹太人还是统治了世界！我们应当打赢这场战役！而为了胜利，我们应当用理智，而不是仇恨武装头脑!”

笔者的感觉是，马哈蒂尔·穆罕默德总理现在正是用仇恨武装了头脑。

“如何制止敌人？屠杀并不总能产生正常的效果。我们应当成为勇敢的人，而不是鲁莽的人。”

大屏幕上再次出现了弗拉基米尔·普京的图像。他旁边的座位原来坐着外交部长伊戈尔·伊万诺夫，现在这个座位空了。很有可能的是，部长想给国际社会留下这样一个印象：他没有听到马哈蒂尔·穆罕默德的这席讲话。

笔者觉得，弗拉基米尔·普京本应当做点什么。也许，他应当放弃致贺词。笔者的想法是，在全世界面前，弗拉基米尔·普京被搞成了穆斯林世界反对犹太人解放斗争的同志。在动身参加穆斯林饱受苦难的生活中的这个节日之前，弗拉基米尔·普京曾多次强调，他只不过是此次会议的一名观众，是一名客人。可是，在目前这种情况下，人们在多大程度上能够理解这一点呢？不管你愿意不愿意，人们会不会认为你不是他们的同志，就是他们的同谋者呢？弗拉基米尔·普京显然认为暂时还没有到最关键的时候。他依然坐在自己的椅子里，听摩洛哥国王穆罕默德六世的发言。摩洛哥国王还兼任伊斯兰会议组织耶路撒冷事务和会主席。国王说，伊斯兰会议组织成员国的外交部长们绞尽脑汁，该如何处理以色列，但什么决定也没有做出来。

“但或早或晚我们将不再是配角，我们将在一切事务中发挥主导作用!”穆罕默德六世说。弗拉基米尔·普京最后一个发言。伊斯兰会议组织礼宾处处长说，很荣幸地“应俄罗斯代表团的要求，邀请弗拉基米尔·普京上台讲话”。

俄罗斯总统的讲话原稿在起草时，当然没有考虑到伊斯兰会议组织新任主席马哈蒂尔·穆罕默德先生的讲话，俄罗斯总统也没有现场发挥。他只是说，俄罗斯的历史否定了现存的关于不同文明之间冲突的概念。在俄罗斯，一切制造伊斯兰恐怖的企图都失败了。

弗拉基米尔·普京的讲话非常正面、透明，效果显著。与马哈蒂尔·穆罕默德不同的是，他没有讲可能刺激任何人的话，不论是坐在大厅里的人，还是世界上任何地方的人。他的观点也没有刺激别人。他获得了三次掌声。笔者认为这掌声并不是恭维。马哈蒂尔·穆罕默德聊以自慰的是，他获得的掌声响彻大厅。

开幕式结束后，俄罗斯代表团的成员们努力就这些事为总统辩解。

“我不相信，”巴什科尔托斯坦总统穆尔塔扎·拉希莫夫说，“马来西亚总理会说‘敌人’这个词。这只是译员翻译的。俄罗斯并不想加入伊斯兰会议组织，绝对不能加入。要想成为伊斯兰会议组织的成员国，应当有50%以上的国民是穆斯林，或者总统是穆斯林才行。我们不会加入的!”

他讲这话的时候，甚至显得有点高兴。似乎是，甚至俄罗斯穆斯林也急于与伊斯兰会议组织划清界限。

依然坐在大厅里的弗拉基米尔·普京，来得及迈过那条界线，不再成为伊斯兰世界的敌人吗？而整个伊斯兰世界不得不向这个敌人购买武器，以便同犹太人进行斗争。

对这个问题弗拉基米尔·普京会自己回答的。会议结束一段时间后，他走到俄罗斯记者跟前。记者们问他，当整个大厅里的人都在进行伊斯兰祈祷时，他是否感到不自在。

“我一点儿也没有神经过敏的感觉。”总统回答说。

可为什么他实际上应该有这种感觉呢?

不过，普京先生突然补充说：

“一些发言表达了各种不同的观点，其中一些甚至还是极端的，这是另一回事。听听也没有什么害处。”

这时候，弗拉基米尔·普京走到记者跟前的目的，也都清楚了。对所提问题的回答不需要这种抒情插叙。不过，俄罗斯总统想谈谈穆斯林的伟大导师马哈蒂尔·穆罕默德的发言。“听听也没有什么害处”，这是什么意思，莫非是要为自己在会议厅里坐着找借口?

实际上他也确实没有与伊万诺夫先生一起走出会议厅。

一天后，亚洲及太平洋地区经济合作组织在泰国首都曼谷举行实业磋商会议。俄罗斯的寡头们由于傲慢，没能出席此次会议，与俄罗斯总统弗拉基米尔·普京不同。

亚太经合组织国家元首峰会的正式日程星期二才开始，不过，可以有把握地说，当今世界主要的头面人物都已经到场。美国总统乔治·布什在星期六晚上飞抵曼谷。他下榻在凯悦酒店（Hyatt），离俄罗斯总统下榻的洲际酒店（Intercontinental）有5分钟的路程。

笔者看到布什先生的车队开进凯悦酒店，附近所有的道路都被封闭。车队长达一公里，估计大约有60辆汽车。十字路口的泰国人在自己的汽车、摩托车上，以令人惊讶的平静看着眼前发生的这一切。他们因为交通管制已经在这里待了一个多小时，他们并不感到着急，而美国总统从他们身边经过，他们也同样不激动。他们无所谓地看着大街的两边，一些人的脸上还奇怪地露出了歉意的微笑。您想，这么长时间的堵车，还有谁能够笑得出来吗？而这正是笔者要说的。堵车的时间真是太长了。这些人至少在自己的思维中想得很远。简言之，站在这些十字路口的是一些佛教徒。

佛告诫泰国人要忍耐，这时时刻刻都在起作用。例如，泰国人轻松地容忍了反对实现全球化的人士在街头出现。这些反全球化人士几乎全是泰国人。他们人数很少，而他们本身也是一些具有容忍精神的人。要知道，要想在35度烈日暴晒下，在曼谷这样现代化的大都市嘈杂的高架单轨下，一整天坐成一圈，不求任何人，也不求任何事，也不提出任何要求，这需要相当大的忍耐。从本质上讲，他们是在忍耐自己。

人们告诉我们说，首脑峰会刚一开始，曼谷市中心就封闭了。笔者想，听到这一消息，谁也不会感到意外。但是，我们记者只能忍耐，就像昨天我们去采访俄罗斯总统出席的亚太经合组织实业峰会时，我们所做的忍耐一样。亚太经合组织成员国的商人们出席了实业峰会。俄罗斯实业界人士本来当然也应该出席此次会议，但却没有出席。笔者相信，俄罗斯实业人士所做的这些事，将在他们的心中留下不可愈合的伤口。

有一些消息说，我国的一些寡头们从莫斯科飞到了曼谷。他们已经飞到了曼谷附近，眼看着就要降落了。可是，飞机忽然开始在泰国首都附近盘旋，却不飞进首都。

原来，由于美国总统的专机飞抵，曼谷的空域被及时地关闭。是的，双方的势力当然是不平衡的。泰国人耐心地等待俄罗斯商人提出最后通牒后，将他们从哪里来，又打发回哪里去。当然了，我国商人本可以在与泰国相邻的某处舒适的空旷之地逗留，等待因为美国总统抵达所造成的冲击波过去之后，依然飞去参加实业峰会。但实际情况是，寡头们有自己的自豪感，他们飞回了莫斯科。在他们的心中，现在闪烁着复仇的怒火。似乎泰国商业倒霉的日子就要来临。俄罗斯的资金不会投入泰国。

就连笔者一听到这件事后，马上想到的是再也不去泰国休假，笔者要以这种方式来为受到侮辱与损害的俄罗斯寡头们复仇。可是，谢天谢地，笔者很快就改变了主意。

这样做的结果怎样呢？有百害而无一利。寡头们将自己的总统留在那里单枪匹马地应对世界经济的一切问题，以及世界经济的巨鳄们。但问题还不在于寡头们拒绝了总统伸给他们的援助之手。问题更糟。总统为他们做出了努力，也可以说是在为他们工作，就像按照他们的吩咐一样去参加这些首脑峰会，可总统得到回报是什么呢？是反常的投资方面的任性？是娇生惯养的自尊心的发作？遗憾，真是遗憾？

不过，没有俄罗斯寡头们出席，亚太经合组织的实业峰会变得冷冷清清。笔者写这些，并不是为了美化寡头们在曼谷上空经历悲剧后的生活。实际上这种美化是不够的。会场的翻译几乎就没有将英语翻译成俄语。因为会场上没有人听他翻译。坐在第一排的俄罗斯外交部长伊戈尔·伊万诺夫精通英语，一次也没有戴耳机。

这种翻译安排是专门为这些商人们准备的。我们不必隐瞒的是，尽管全世界的人们大概都在学习英语，但并非所有的商人都流利地掌握了英语。也许，俄罗斯的商人们在冷静地等待着俄语自动成为全球工作语言的那一天的到来。真有那么一天的话，那么，如果我们的人在同一条空中航线上与美国美国总统的专机相遇的话，就连美国总统的专机无疑也要在大洋上空给我们让路。

可是，昨天大厅里来了相当多的秘鲁商人。有人说，这是冒名顶替。可问题在于，昨天除了俄罗斯总统外，秘鲁总统也发了言。就连其他国家代表团成员也来听秘鲁总统发言。这就是笔者要说的。假如他们不这样做就好了。

峰会的参加者们在这一时刻提出了一些难以回答的问题。

"什么是商业世界？"口才出众的澳大利亚教授问秘鲁总统，"诺贝尔奖获得者米尔顿·弗里德曼说过，各个财团的主要，也是惟一的任务就是增加其股东们的利润。让我们以最大的投资者美国为例子吧。大财团纷纷倒闭，这是怎么一回事儿？苹果是个别烂还是普遍烂？秘鲁总统亚历杭德罗·托莱多·曼里克认为，不是个别烂，那是什么呢？让我们想想吧！"

亚历杭德罗·托莱多已经上了年纪，头发整齐地向后梳着，油光发亮。他接过麦克风解释说：

"朋友们！经商，这可不是打一枪就完了的事儿。"

坐在大厅里的商人们不满地喧闹起来。他们不喜欢这种比喻。

"听我解释！"秘鲁总统对着麦克风喊道，"举个例子说，您在农村有一座金矿。"

大厅里的人们一下子就喜欢上了这个假设。人们一下子安静下来了。

"您带着您的工人们开采金矿。结果，招致当地社团的仇恨。因为您甚至没有同这些人聊过天！于是，您现在大概面临着生命安全的问题。最后，您还是要被杀死。"

大厅里一下热闹起来。

“因为在这荒山野岭里没有好的商业，不能说经商的惟一目的是给股东们增加利润。需要在大街上与普通人聊天！”

毫无疑问的是，秘鲁总统对经商存在着某种想象。而这种想象无论如何也与真正经商的人的想法不相符合。

后来人们问秘鲁总统，对反垄断机关和集团利益有什么看法。

“请不要把我拖入辩论中，”他恳求大家说，“我不想！最好让我给你们讲讲我的国家，讲讲我在为国家做什么吧。”

他说，他认为自己的最大成就是在政权机关与商业人士之间建立起平等的伙伴关系。

“我说的不是腐败，”他挥了挥手说，“我说的是别的方面。”

秘鲁总统说，当他乘坐总统专机飞行的时候，总是随身携带着一百箱秘鲁果酒。他需要用这些酒与外国同行们进行卓有成效的会谈。他会孜孜不倦地说服外国同行们向秘鲁经济，向私人经济投资。经过这样的会谈后，几乎所有的会谈对象都不会拒绝他。只是有的没有力量而已。

“的确，我试图以这种方法占领市场，其中包括亚洲市场！这就是我所做的。而我还想说的是……不要行贿！任何时候也不要行贿！不值得这样做！”亚历杭德罗·托莱多结束了自己的发言。

“为什么?”大厅里有人大声问。

笔者想再重复一遍，由于技术原因，大厅里没有俄罗斯商人。

“出于战略上的考虑，”秘鲁总统认真思考了一会儿，耸耸肩说，“从短期效果看，行贿可能有利可图。但从长远看，没有意义。”

人们以轻柔的、显得大度的掌声送走了秘鲁总统。数分钟后，弗拉基米尔·普京走进了大厅。从一开始，他就有很好的机会给大厅里的人留下令人倾倒的印象。他本应当努力避免步秘鲁总统的后尘，给人们留下那样的印象。

首先，泰国航空公司总裁孔里库先生把弗拉基米尔·普京向大家做了介绍。孔里库先生说，他找不出什么话来介绍普京这样的人。他说，他现在就要找这样的话。在弗拉基米尔·普京的领导下，俄罗斯真正成了一个具有强大经济实力的民主联邦。

“这是一位真正的领导人，他能够做出艰难的，但却是需要的决策。这是一位政治家，他的座右铭只有三句话：繁荣、经济增长和民主！正是由于他的努力，俄罗斯证明了这些目标无论如何也一定能够实现！”

孔库里先生说，泰国王室的一名成员多年前曾在列宁格勒一座高等工程技术学校里学习过。就在这个时期，弗拉基米尔·普京正好也在这座城市里。不过，当时他们却没有见过面。“就是在那个时候，两国建立起了良好的关系！”孔库里先生兴奋地说。

弗拉基米尔·普京的讲话不是很长，却包含了要向论坛组织者和亚太经合组织领袖们表达的一切必要形式和礼数。什么也没有漏掉，也没有给人留下任何把柄。普京结束发言后，他的讲话给人留下的感觉，大概就像你大口喝蒸馏水时的感觉一样。的确，弗拉基米尔·普京的讲话，暂时好像还不如秘鲁总统。

有一种说法，说俄罗斯为对跨西伯利亚大铁路进行现代化改造花掉了数十亿美元，现在就连西班牙都在使用这条干线。俄罗斯总统相当详细地介绍了俄罗斯如何定期地，有时甚至是提前地偿还外债。

“在绝对偿还债务方面，我们位居第三，仅次于日本和法国。（大厅里活跃起来——笔者注）这可是一笔不小的资金。”俄罗斯总统说。

普京发言结束后，人们开始向他提问。一切希望都在这些问题上了。

一位名字叫宏的漂亮泰国姑娘被请上了讲台。她问弗拉基米尔·普京如何看待马来西亚总理马哈蒂尔·穆罕默德在伊斯兰会议组织会议上的讲话。女士还提醒说，在马哈蒂尔的讲话中，包含有公开反对犹太人的口号。

不知道为什么，这个问题引起大厅里的人们哄堂大笑。笔者也不想解释原因。

普京先生解释说，俄罗斯是作为客人应邀出席伊斯兰会议组织首脑峰会的，因为在俄罗斯居住着两千万穆斯林，俄罗斯与伊斯兰世界加强联系，是正确的做法。

不过，这一次，弗拉基米尔·普京并没有明确地说，俄罗斯今后是否会以这种方式加强这种联系。

大厅里安静下来。

宏女士还提了有关俄罗斯与中国的关系问题。大厅里的人又笑了起来。不过，在笔者看来，在俄罗斯与中国的关系中，没有任何可笑的东西。

“我明白了，咱们之间将有一场对话。那好吧，这适合我。”弗拉基米尔·普京对女士说。弗拉基米尔·普京想与大厅里的人们进行沟通。看来，他试图迎合大厅里的人们。

随后，普京先生相当详细地介绍了中国是俄罗斯的最大伙伴和其他的一些情况。

姑娘的问题终于问完了。一名美国教授站起来，有点腼腆地问，俄罗斯国内生产总值翻一番的机制是什么。

甚至可以说，这个问题提得有点胆怯。但笔者觉得，这个问题的本质是致命的，普京的回答非常有意思。

“只是利用上帝赐给我们的方法。”坦率地说，普京的回答出人意料。

需要弄清的是，上帝赐给了我们什么。莫非还要进行独立调查？

泰国商人伊戈索认为，在美国退出“京都议定书”后，全世界都希望俄罗斯加入议定书。

“美国退出了‘京都议定书’，我们没有。我认为这是一个不错的结果。”普京先生回答说。

大厅里的人们哈哈大笑起来，都笑出了眼泪。这几乎就是一场胜利。

这时，一名出席峰会的美国人关心地问弗拉基米尔·普京，在俄罗斯总统宣布将有数十枚新型弹道导弹即将进入战斗值班之后，美国应当做什么，才能恢复世界的核平衡状态。弗拉基米尔·普京说，世界上存在着种族、宗教和文化方面的多极性。最近一个时期，只是军事政治的多极性显得不足。需要追求军事政治的多极性。

大厅里的掌声几乎不成体统了。大厅里的许多人做梦都希望多极化，似乎谁也不喜欢美国的单极化。

泰国航空公司另一名代表的发言结束了这一会见。他承认，让他发言是因为他是这次峰会主席的朋友，还因为他的妻子是俄罗斯女人。

“我与她已经在一起生活了好长时间，”他详细地说，“她是一位好女人……普京先生，我要借此机会向您表示感谢，感谢您所做的一切！”

笔者不隐瞒地讲，欢送普京先生的掌声震耳欲聋。他赢得了掌声。

最后，笔者想说的是，乘坐那架不祥的飞机前来参加峰会的俄罗斯寡头们错过了一次机会。当天早晨，在香格里拉饭店里为商人们举行总统早餐会，墨西哥总统将出席。此后，将举行隆重的河上旅游活动。下午，将举行总统晚宴，一名总统将出席（具体是谁还不知道）。这天的最后，将举行泰国歌舞文化晚会。

俄罗斯寡头们因为自己的傲慢而错失的良机。

弗拉基米尔·普京

在亚太经合组织首脑峰会上呆了一会儿

10月20日，亚洲及太平洋地区经济合作组织首脑峰会在泰国首都曼谷开幕。对于此次首脑峰会的目的，笔者一整天都在试图弄明白。

频繁的双边会晤

清晨，俄罗斯总统开始了多场双边会晤。按照计划，在首脑峰会开始前，俄罗斯总统还有多场双边会晤。由于俄罗斯总统的会晤计划与智利总统的计划冲突，因而，两国总统的会晤没有举行。

更早些时候，在前去出席此次为期数日的首脑峰会之前，在克里姆林宫举行的记者招待会上，俄罗斯记者就得到消息说，在此次首脑峰会期间，俄罗斯总统与美国总统的会晤被自动列入计划。

可是，当我们抵达曼谷的时候却发现，计划中并没有安排这次会晤。而且，得到的解释是，此次会晤的计划没能够安排成。也就是说，本来想将此次会晤自动地列入计划中，但在与上司交谈后，这一计划被取消了。据说，俄罗斯总统曾向下属们大谈自己与美国总统的特殊关系的特点。瞧，这就是特殊关系的特点。两国总统刚刚在戴维营见过面，最近经常通过电话讨论联合国安理会新决议。此外，两人还坚持要在亚太经合组织首脑峰会期间举行非正式会谈，甚至于就在峰会上举行会谈。在这个问题上所形成的局面，使他们本人已经有点不那么方便了。对于普通的双边关系来讲，这就是一个浅滩了。

俄罗斯—日本名人议定书

昨天举行了两场计划中的会晤。清晨，日本首相小泉纯一郎乘车到洲际酒店（Intercontinental）会见俄罗斯总统弗拉基米尔·普京。

与小泉先生的会晤并不枯燥。两位领导人打算讨论一些问题，例如，就朝鲜问题发表声明。到了深夜才知道，声明文本已经敲定。将采用口头声明的形式，由首脑峰会主席泰国总理宣布。

不过，在记者在场的时候，领导人们讨论的是别的问题。小泉先生说，日本正在积极地为两国柔道运动员的联合训练做准备。

“一切按商定的办。”小泉先生说。

“太好了！”普京先生赞叹地说。

“一名歌手将到您那里去演出……”日本首相说出了歌手的名字，但名字说得不清楚，“这是一名优秀歌手，是我的朋友。”

“到您那里去的是马林诺剧团，”弗拉基米尔·普京回应说，“这将在11月9日，选举结束后成行。我们知道贵国将举行非例行的议会选举。我们知道您做出了这个艰难的决定。就让我们用音乐会来庆祝……”

“庆祝我在选举中的胜利！”日本首相高兴地叫了起来。

“庆祝日本国内政局的稳定。”普京先生摇了摇头。

这时，小泉先生谈到了关于建立一个“日本—俄罗斯名人理事会”的想法。原来，这一想法在日本人的头脑里酝酿了好长时间。但直到现在，日本人怎么也没下定决心说出来。莫非日本人认为我们在寻找名人方面会出现某种问题？

我们不存在任何问题。从弗拉基米尔·普京对记者的谈话中就可以看出来。他坦率地把这形容为“信息融合”：

“你们知道，小泉纯一郎建议建立名人理事会，还推荐日本前首相森喜朗作为理事会两主席日方主席候选人这件事吗？”

是的，我们知道。我们甚至还知道森喜朗是俄罗斯的好朋友。只是另一个问题折磨着笔者。究竟谁将出任俄方主席呢？几分钟前笔者就这一问题向总统办公厅副主任谢尔盖·普里霍季科求教时，他沉思了一会儿说：

“对这一重要问题暂时还无法回答。”

现在，答案出来了。

“俄方主席将由莫斯科市长卢日科夫先生出任。”普京先生说。

回答令所有的人意外。

“为什偏偏是他？”

“为什么偏偏是森喜朗？因为他是一个好人，德高望重。政治地位高。尤里·卢日科夫也是如此。”

“考虑过其他候选人没有？”笔者想弄清楚。

“考虑过。但我不说考虑过什么人，”总统迅速做出了回答，“您也不要说。”

总统意味深长地看了看站在旁边的普里霍季科先生。笔者也看了他一眼。不会，这个人不会说的。

“莫斯科市长知道他将出任名人理事会俄方主席吗？”笔者接着问。

“当然知道！”弗拉基米尔·普京高兴起来。“我刚刚给他打了个电话。10分钟前。他同意。”

这时候，泰国时间已经11点30分。也就是说，莫斯科时间是8点30分。有时候，早晨多么美好啊！

往下，话题就从俄罗斯首都市长转到了泰国首都。

“我很喜欢曼谷，也喜欢当地的人们。”俄罗斯总统真诚地说。

“喜欢什么？”笔者再次想明确一下。

“嗯……他们很善良，”总统沉思着说，“他们善待一切！善待自己的经济，自己的文化……”总统再次陷入沉思。突然，总统再次活跃起来：“你们知道，泰国人的哲学在他们身上打下了烙印！他们的哲学很优秀！”

坦率地讲，当时，笔者马上想到，达赖喇嘛一定能到俄罗斯去。目前这件事还存在着麻烦：中国人坚决反对。

“您过分亲近佛教，没有什么担心吗？”笔者问。

“不，”总统认真地思考了一下回答说，“不应当忙乱。我们有自己的根源。自己的精神基础。我想，东正教也不比佛教差。”

不会的，达赖喇嘛不会到我们这里来的。

认真做事

在小泉纯一郎先生之后，弗拉基米尔·普京会见了加拿大总理让·克雷蒂安。他们两人一见如故。

在记者在场的情况下，加拿大总理说，若能开发北极该有多好。北极早就等待着人们提高对它的关注。在昨天白天的温度超过四十摄氏度的曼谷谈论北极，笔者觉得，这至少是不得体的。

不过，在记者撤离后，让·克雷蒂安先生提出的第一个问题未必就是最令人愉快的。加拿大航空公司的飞机经过俄罗斯领空飞往印度，而俄罗斯对这种飞行实施了限制。加拿大总理则警告说：俄罗斯飞机将经过加拿大领空不受限制地飞往北美，这将不是事实。

结果，这天早晨，俄罗斯总统不仅叫醒了莫斯科市长，也把俄罗斯交通部长弗兰克喊醒了。总统要求弗兰克报告这一紧急情况。后来，俄罗斯总统又冷冷地给总理米哈伊尔·卡西亚诺夫打电话，责令总理加快谈判进程。这样，这些事情都在认真地做。

自己圈子里的人

一个小时后，亚太经合组织成员国国家元首第一次小范围会议在泰国政府大厦里举行。据说，会议详细地讨论了世界贸易组织的问题。会议强调，世界贸易组织最新回合的谈判，即加拿大回合谈判并没有像所有当事国所感觉的那样破裂了。恰恰相反，正如现在所知道的，此回合谈判有助于弄清目前存在着的经济问题。而从一切情况判断，也存在着道德方面的问题："普京先生说，对正在申请加入世界贸易组织的国家常常提出明显过高的要求。"

当然，弗拉基米尔·普京呼吁亚太经合组织全体成员国做出共同努力，反对贸易保护主义。他还强调说，"新的和旧的贸易保护主义引起了连锁反应，制约了竞争，打击了发展中国家。"

小范围会议后，各国领导人本应非正式地交换意见。这种契机由于显而易见的原因，始终能引起人们的极大兴趣。

果然，这种情况很快就出现了。国家元首们按照兴趣不同，分成了四个圈子。弗拉基米尔·普京在一个圈子里，乔治·布什在另一个圈子里，小泉纯一郎在第三个圈子里，中国国家主席胡锦涛在第四个圈子里。

散会后的路上，弗拉基米尔·普京与乔治·布什有时候会说一些明显毫无意义的话。这是他们在这一天中的第二次见面。第一次是在会议休息的时候，他们简短地交换了意见。

晚上，美国总统与俄罗斯总统终于举行了一次多少比较重要的会晤。这次会晤是在泰国国王举行的招待会上进行的。乔治·布什与弗拉基米尔·普京交谈了 15 分钟。甚至当他们在楼梯上参加与泰国国王一起手拉手向上举起的仪式时，还在热烈地讨论着什么。

不过，即使想交谈，无论如何也不能表现出来。例如，在小范围会议结束后，布什这个圈子里的人数最少（只有新西兰总理、巴布亚新几内亚总统，还有另外两个人），他们远离其他所有的人。布什先生几乎没对这几位同行们笑过，有时候，还毫不掩饰地斜眼瞅瞅其他圈子。别的圈子里时不时地传来开心的笑声。引起大家欢笑的主要是精力旺盛的小泉纯一郎首相。

当马来西亚总理马哈蒂尔·穆罕默德走到弗拉基米尔·普京跟前的时候，我们这个圈子也活跃起来。马哈蒂尔像老朋友一样地向普京问候后，再也没有离开，似乎是要向包括俄罗斯总统在内的所有的人表明，现在，弗拉基米尔·普京绝对不会离开他马哈蒂尔·穆罕默德，就像不离开整个伊斯兰世界一样。

也许，马哈蒂尔对俄罗斯总统答复记者的话做出了正确的判断。昨天，记者请求普京对马来西亚总理在伊斯兰会议组织会议上发表的含有反犹太人内容的讲话做出评论。俄罗斯总统说，必须让任何民族的任何人在世界上的任何地方，感到自己舒适。对这句话可以做出各种不同的解释。马哈蒂尔·穆罕默德显然非常喜欢这句话。

这是枉然。从本质上讲，这里的意思是，俄罗斯决定更加紧密地与伊斯兰世界保持友好关系，目的只有一个，那就是使任何人、任何时候，在世界的任何地方，都不能动我们一指头。只有到那个时候，我们俄罗斯人才会感到自己是舒适的。

第二天早晨，一开始就是首脑峰会参加者进行正式的照相仪式。这种仪式总是能够夸大参加这种论坛的意义。选择衣料颜色，缝制衣服，进行试穿，保障工作场地，所有这一切工作的结果，就是我们昨天看到的情景。

这时候，参加峰会的首脑们已经穿着缀有金线的各种颜色的泰国式衬衣聚集到了一起。他们在宾馆已经换上了。后来，普京先生在会见俄罗斯记者时说，他“打开柜子，就看到了这一切”。

“怎么，连颜色都不是您选择的?”笔者问总统。

俄罗斯总统穿的是天蓝色的带闪光片的衬衫。

“不是，不是我选的，”总统说，“这类东西早就不由我选择了。选择政治总路线，是我关心的事。我要提醒的是，我被推选出来就是做这件事的。”

确实，人们选举他并不是为了让他选择衬衫。不过，还是有一个问题没有弄清楚。

“这么说，衬衫已经选好了，政治总路线也早就选定了，并且，是长期遵循的。”笔者惊讶地问。

“是的，”弗拉基米尔·普京马上表示同意，“路线早就选定了。但要知道，还要经常对它进行修正。”

不用说，这些衬衫后来在镜头闪光灯下大放光彩，令世界别出心裁的照片新闻社大为激动。据说，这批衬衫是泰国最近700年来缝制得最成功的衬衫。不知为什么，这些怪人是光身子穿。

不过，俄罗斯总统认为，给他准备的不是衬衫，而是男式西装上衣。昨天在回答另一个问题时，他显出很不高兴，也很吃惊的样子：

“您认为这不是上衣？那算了，您愿意怎么想就怎么想，就算它是衬衫吧。”

也许，正是由于这种自信，他在这件衬衫的里面又穿了一件衬衫，还打了领带。当地的人认为这是不对的。

其实，这样做的并不止普京一个人。乔治·布什也穿了两件衬衫来了。也许，现在应当认为，强有力的领导人都是这样穿衣服的，而光着身子穿两件衬衫，从此将成为世界政治舞台上体现特别激情的标志。

不过，小范围会谈开始后，布什先生不知为什么脱下了泰国衬衫。他想向国际社会宣示什么呢？这只能猜测了。

也许，并不是这么一回事？肩膀有点紧？未必。布什的肩膀并不是那么宽。笔者自己的感觉是袖子有点短。昨天，两名克里姆林宫记者联盟的记者在当地的一家商店里各自订做了一套西服，不是那种衬衫。穿着一点儿也不紧，价钱也很公道：带条纹的每套98美元，不带条纹的每套60美元。这里没有任何控制世界的野心。只是人们想报道俄罗斯总统访问的详细情况，想表现得好一点。

正式照相前，弗拉基米尔·普京与秘鲁总统亚历杭德罗·托莱多在紧张地谈论着什么。美国总统走进大厅时，其余所有的人已经在大厅里了。他不急于与谁交谈。显然，美国总统充满自信，认为所有的人都会主动与他交谈。可是，这一幕并没有出现。人们都在忙着交谈。而很有可能的是，人们甚至是在做样子。

于是，布什只好自己走到一位国家元首（留着大胡子的领导人）跟前，伸手与他握手。布什显然想跟这位领导人比比衬衫的颜色。这位领导人的衬衫颜色较暗。此后，布什先生显然厌倦了在镜头前的即兴表演，长时间地默默无语。

当照相活动和小范围会议结束，普京先生回到洲际酒店与我们交谈时，笔者问他与布什先生的会晤情况如何。俄罗斯总统说，他们讨论了相当多的话题。

“那里就是这样一种情况：别人到我这里来，我到别人那里去……我与美国总统谈了什么呢？谈了伊拉克、伊朗、朝鲜……不过，应当说，我们前不久刚在戴维营见过面了。反正谈谈是有益的，明确了一些实际性问题。”

弗拉基米尔·普京没有明确地说他与布什先生究竟谈了什么，但他讲了这两天在亚太经合组织首脑峰会上做了些什么。坦率地讲，有关这方面的消息无法从别人那里获得。会议保密进行。

普京先生关心贸易自由化，他在会议上就此发表了讲话。他说，在亚太经合组织里，所有的人都愿意谈贸易自由化。俄罗斯似乎正是受到这一话题的诱惑才加入了亚太经合组织。后来，俄罗斯才弄清，虽然俄罗斯加入了这一组织，但现在依然遇到了非关税贸易限制。这里首先说的是金属产品的进口，或者说，还有运输安全。原来，有人想把大量额外的服务“作为负担”强加到俄罗斯的头上。例如，可以不断地给货物贴商标。这是保障安全的一个重要环节之一，是相当宝贵的。

这就产生了一个问题：加入这个奇怪的组织究竟有什么用？也许退出更简单一些？不。困难得多。再说了，还没有哪个国家从中退出。

结果是，亚太经合组织最近举行的所有首脑峰会都不得不讨论改革进程。

普京先生与记者会晤时，在俄罗斯对伊拉克、朝鲜的立场方面，没有讲任何新东西。在这一点上可以找到一些好的方面。

伊斯兰会议组织第十次会议余波未息。正如常言所说，留下了后遗症。弗拉基米尔·普京认为“前去参加会议的决定是正确的，并且已经产生了效果。伊斯兰世界较好地理解了车臣发生的事情。在这个问题上，我们已经感觉到了支持”。

现在，只是希望在这个问题上不要失去西方国家的支持。

最后，记者们问总统，如此长时间地离开俄罗斯，心情平静吗？在他的政治生涯中，毕竟不曾有过如此长时间的国外之行。

“平静，”弗拉基米尔·普京微笑着回答，“国家局势稳定。我一天数次与政府领导人、行政首脑、国防部长、联邦安全局局长等人通电话……”

“国内现在情况怎样？”笔者忍不住问，“一切平安吗？”

这不是一个令人愉快的问题。笔者认为，当你如此长时间不能与祖国保持直接联系，当你身处与祖国相距千山万水的异国他乡，就会切实感受到一种威胁，担心晚上躺下睡觉，早晨醒来，就会没有了历史根源。笔者想听听那些能够使自己产生在家的感觉的东西。

“安心睡吧，”总统回答说。稍一迟疑，他又补充说：“还要安心工作，完成自己对读者的职责。”

我该怎么办呢？

俄罗斯代表团来到坎特军事基地

10月23日，俄罗斯总统弗拉基米尔·普京结束马来西亚和泰国之行，在吉尔吉斯斯坦比什凯克的俄罗斯坎特军事基地进行气候适应停留。所有人，包括笔者在内，都喜欢上了这个基地。

如果您想怀念苏联时代，那您就到比什凯克来吧。在这里，路上人车稀少，很少有汽车开到比什凯克市中心，因为汽油价格昂贵。电视采访车上用红字写着“苏联电视台”。在吉尔吉斯斯坦政府大楼的第一层，笔者终于看到了一台汽水自动售货机，每杯三戈比。一个杯子倒扣在那里。按一下杯子，洗杯机启动了。又按了一下售货机按钮，接了一杯汽水。

这里跟苏联时代的不同之处只有一个。当我们的汽车驶出马纳斯机场的时候，为我们拉起栏杆的是一名美国士兵。旁边还有一名美国士兵坐在凳子上睡觉。他做得对：毕竟是在执行公务。

马纳斯机场设有美国军事基地。它是吉尔吉斯斯坦的第二大财源（首位是黄金开采业）。美国运输机和攻击机在这里每进行一次展翅飞翔，进步的国际社会都要为此支付费用。这些飞机经常飞到阿富汗执行任务。吉尔吉斯斯坦没有其他的收入来源。

笔者认为，美国军事基地至今还在这里存在，是人为的事。两个大国在这里的对抗还不够。随着俄罗斯军事基地在距离马纳斯 40 公里处出现，一切都变得顺理成章了。

俄罗斯军事基地的建设以突击的速度交工。它曾是一个共青团建筑工地。跑道在不到一个月的时间里就整修完毕。兵营是新建的。

这一天，吉尔吉斯斯坦社会名流应邀前来参加基地建成典礼。一座机库里停放着一架旧飞机。一名上了年纪的吉尔吉斯人走到飞机跟前对同伴说：

“看到了吗，这是米格 - 21!”

“你怎么这么想?”

“还能怎么想?”

“我同意。”第二名吉尔吉斯人在思考了一会儿后说。

俄罗斯国防部长谢尔盖·伊万诺夫站在跑道旁边。

“能问您个问题吗?”

“什么问题?”

“反正不是吉尔吉斯斯坦首都举行投资论坛。”

“为什么不是? 我们在为吉尔吉斯斯坦的安全和当地居民的就业投资。顺便说一句，这项工作应当以全体动员，紧急行动的姿态进行。”

部长说，基地很快将举行有俄罗斯陆军参加的首次军事演习，演练在山地条件下的作战。“对我国军队来说，这是有益的，”部长忍不住地说，“这个基地的建立，是我们对世界恐怖主义采取的先发制人的打击。”部长结束了自己的话。

这个时候，在吉尔吉斯斯坦政府大楼里，弗拉基米尔·普京则对一些传闻实施了先发制人的打击。有传闻说，阿斯卡尔·阿卡耶夫怕老婆。弗拉基米尔·普京授予吉尔吉斯斯坦总统夫人“友谊”勋章。

从政府大楼里出来，两位总统驱车来到基地。在这里，俄罗斯歼击机和强击机向两位总统做了飞行表演。在两位总统到来之前，飞行员说，他们是两天前从利佩茨克飞到这里来的，是为了向所有的人，首先是美国人展示，应当怎样开飞机。飞行员们也承认自己已经想家了。俄罗斯空军总司令在几分钟后告诉大家，这些飞行员将留在这里，只是他们目前可能还不知道这一点。

阿卡耶夫看了一会儿飞行表演，把当今时代称作是“涡流时代”。他说，过去局势很不好。他指的是 1999 年的事件。

“当时，恐怖分子到这里来就像进出自己的家门一样随便，他们制造混乱，杀人害命。假如当时有这个基地的话，我相信，事情就完全不同了。”普京先生说。

俄罗斯总统要求当地居民提高警惕，因为“我们的敌人将会关注这个基地，也将关注俄罗斯士兵”。普京号召俄罗斯士兵与当地居民搞好关系。

飞行表演结束后，弗拉基米尔·普京走到伟大卫国战争老战士们跟前。老战士们还和往常一样，向俄罗斯总统提出一个最迫切的请求：不要把俄罗斯驻吉尔吉斯斯坦大使调回莫斯科。总统答应不这么做，他显然也没打算这么做。

普京向记者们解释了驻吉尔吉斯斯坦的俄罗斯军事基地与美国军事基地的不同。

“美国的军事基地是临时的，只在国际反恐行动期间存在，目的是保障阿富汗的安全。俄罗斯军事基地是长期的，目的是保障吉尔吉斯斯坦的安全。”

依据俄罗斯新军事学说，在必要时，将从这个基地出发，对武装分子的基地实施先发制人的打击。

此后，俄罗斯总统视察了这座兵营。他甚至还走进士兵的卫生间看了看，感到满意。

“暂时还算不上巧克力层次的，但已经是白糖层次的了。”在评价所看到的一切时，普京说。

这是一个玩笑话。可问题在于，“坎特”在吉尔吉斯语中的意思正是“白糖”。

大量俄罗斯商人前来参加俄罗斯—吉尔吉斯斯坦投资论坛。在对吉尔吉斯斯坦经济投资方面，俄罗斯占首位。笔者想，第二位是不存在的。然而，事实是，占第二位的是土耳其。

“我们期待着见到所有这些投资者。”阿斯卡尔·阿卡耶夫说。

这种热情与什么有关呢？笔者尝试着作出推测：这只是因为俄罗斯商业精英没有飞到曼谷。当时，俄罗斯总统在亚太经合组织实业磋商会上急切地等待着他们的到来。他简直是望穿秋水。

在明知自己犯下大错后，俄罗斯商人们纷纷赶来参加在吉尔吉斯斯坦举行的商业论坛，甚至有一些商人还是不请自来。这种简单的做法，未必能使俄罗斯商人们在弗拉基米尔·普京面前开脱自己的罪过。所以，商人们要想放松下来为时尚早。需要建立功勋。

州长们惧怕评论亚历山大·沃洛申辞职

10月29日，俄罗斯总统弗拉基米尔·普京在大克里姆林宫亚历山大大厅召开国务委员会会议，讨论俄罗斯交通政策。不过，记者们感兴趣的并不是这个。大家都想弄清有关总统办公厅主任亚历山大·沃洛申辞职的详细情况。笔者也不例外，并且搞清了情况。

克里姆林宫格奥尔吉大厅昨天在半个小时的时间里成了“嘈杂的闹市区”。记者们在这里无所回避地讨论了与行政长官们有关的迫切内政问题。

实际上令所有的人激动不已的只有一个问题：亚历山大·沃洛申先生被免除总统办公厅主任一事。记者中几乎没有人怀疑是亚历山大·沃洛申自己递交了辞呈，而且，记者们也不怀疑，辞呈已经被接受。记者们不知从什么地方打听到了这件事。笔者想顺便强调的是，即使你根本就没打算辞职，但在这种情况下，你作为一个正派的人，也应当递交辞呈。

由此，笔者不由得回想起弗拉基米尔·雅可夫列夫辞掉彼得堡州长时的情景。当时，任何人都没有任何确凿的证据证明这一点，也没有任何一位高官出来向任何人讲述这件事，但是，所有的人都绝对准确地知道，在哪一天，在什么时间会发生这件事。后来，果然就在那一天，这件事情就发生了。

公正地讲，记者们穷追不舍地（这是应该的，也是最好的做法）向一些行政长官打听有关亚历山大·沃洛申的事。此外，他们也向总统驻各联邦区的全权代表们打听这件事，显得有点不近人情了。这些人又能如何回答？反正还是要问。

例如,记者们毫不留情地跑去向俄罗斯联邦总统驻伏尔加河沿岸区全权代表谢尔盖·基里延科打听。基里延科竟然因为意外,一下子惊慌失措了。

“啊，孩子们!”基里延科坦诚地说，“你们最好向我打听有关国务委员会会议的事情。问问交通政策方面的问题!”

他的哀求没人理会，于是，谢尔盖·基里延科真正委屈地离开了“闹市区”。莫斯科州州长格罗莫夫先生的表现完美无缺。他再次当选州长，因此，目前正在休假。当记者们问他如何看待导致他中断休假的原因时，他回答说，不是别人让他停止休假，而是总统。再说了，大厅里有许多跟他一样也在休假的人（他首先暗示的是统一俄罗斯运动主席之一、鞑靼斯坦共和国总统明季米尔·沙伊米耶夫。格罗莫夫先生还专注地、以不赞成的目光张望着沙伊米耶夫那边）。当记者们向格罗莫夫先生提出有关沃洛申辞职的问题时，他表现得更加自信，并主动说，过一段时间，多莫捷多沃机场“将成为国内最好、最富有、最漂亮的机场”。

克拉斯诺亚尔斯克边疆区区长赫洛波宁先生勇敢地同意谈谈尤科斯石油公司领导人米哈伊尔·霍多尔科夫斯基案件和沃洛申辞职的问题。他的声明被许多新闻社视为轰动性的，立即被记者编辑们加上了“快讯”的标志。他说，应当对总统办公厅主任辞职一事做出点评的不应当是克拉斯诺亚尔斯克边疆区区长，而应当是俄罗斯总统。

至于霍多尔科夫斯基案件，亚历山大·赫洛波宁发现了一个非常重大的缺陷。总的来说，检察机关无论如何不应当在这个问题上保持沉默。它应当经常地、每日每时地介绍这一案件的调查进展情况，不让任何一名公民产生不必要的疑虑。赫洛波宁先生只字未提在这种情况下应当如何使市场不受这种信息的伤害。

只有国家主要电视台的工作人员还在装模作样，似乎对所发生的事件毫不关心。其实，他们从一开始就准确地知道，哪位联邦主体的行政长官将会就俄罗斯2020年（含）前的交通战略前景问题向他们发表权威性的见解，因而，他们不急于奔忙。

当楚科奇州长罗曼·阿布拉莫维奇带着腼腆的微笑走进大厅，主流媒体的工作人员们也控制不住自己了。的确，在这一时刻，所有的人无一例外地紧张起来了。那些与行政长官们根据兴趣不同分成一个个小圈子的记者们，一看到阿布拉莫维奇先生，就丢下他们的交谈对象（这些行政长官们由于吃惊和突然产生的愤怒，话说到一半时，一下子变得张口结舌），跑到楚科奇州长那里，给人留下了深刻的印象。

数十位抱着摄像机和三角架子的记者们躬着身子，争先恐后地向前，向格奥尔吉大厅的门口冲去，将罗曼·阿布拉莫维奇死死地围在当中。到了这个时候，阿布拉莫维奇当然已经不再微笑了。首先，为了寻求解脱，他向一张摆放着饮食的桌子移动过去，他凭直觉推测，记者们如果是有教养的，那么，他们就不会再去打扰一个正在用餐的人。

可是，记者们根本就不让他靠近桌子。他们问得最响亮的一个问题是，他本人是否考虑过自己会不会遭遇霍多尔科夫斯基先生的命运。阿布拉莫维奇先生这一次坦然地微笑起来，回答说：

“难道我应当谈论这个问题吗？”

这时候，阿布拉莫维奇先生认为自己应当移动了（动则生，不动则死路一条），于是，他背蹭着格奥尔吉大厅的墙壁，毫不犹豫地扭头向后跑去。这时，记者们问他，最近他是否会像他感觉的那样，失去切尔西足球俱乐部。罗曼·阿布拉莫维奇本来似乎想回答这个问题，但就在这时，他发现了摆脱“闹市区”的逃生出路，便不顾一切地扑了过去。记者们还在追着他的屁股问有关亚历山大·沃洛申的命运问题，不过，阿布拉莫维奇已经顾不上这些了。

与此同时，在发生这一切事件的大克里姆林宫里，有一处地方（不过这里烟雾缭绕）可以不受任何嘈杂喧闹干扰地就一切感兴趣的问题获得详尽的信息。

这里指的是一层吸烟室。这些行政长官们在吸烟室里激动地讨论着克里姆林宫里所发生的事情。的确，这一信息怎么也不能说是经过核实的，但可信度特别高。

比方说，按照这一信息，亚历山大·沃洛申辞职确实已经定了。而且，据说，沃洛申先生最后与他认为是自己人的每一位副手进行了单独交谈，要求他们不要跟着他一块儿辞职。结果，除了他本人外，没有其他任何人辞职。按照昨天的情形判断，接替办公厅主任职务的有两位候选人：沃洛申先生的第一副手德米特里·梅德韦杰夫和另一位办公厅副主任德米特里·科扎克。毫无疑问，这比前天流传的说法更乐观了。

的确，需要预先保留的是，今天的说法，以及明天的说法还在后头。依然可以预料的是，有关亚历山大·沃洛申辞职以及新的任命，将会在周末正式宣布。

请求总统再逮捕五六个盗版者

11月2日，星期六。弗拉基米尔·普京来到莫斯科电影制片厂，与文艺工作者们就艺术的命运进行了两个小时的交谈。他们在寻找出路，也找到了共同的敌人。

弗拉基米尔·普京乘车直接开到了影片《苍白的马》的外景地。导演卡连·沙赫纳扎罗夫正在拍这部片名极其敏感的影片。他还是莫斯科电影制片厂电影康采恩的总经理。

应当说，外景地场面宏大。为拍摄多次大规模恐怖行动的组织者、社会革命党人鲍里斯·萨温科夫的电影画面，这里搭起了整整一座20世纪初的小城市。假如萨温科夫先生能够活到今天这个光明的日子的话，他会感到自豪的。不过，小城的房子都是用木板和纤维板搭建起来的。可是，第一，它给人留下了逼真的印象；第二，电影康采恩的一些员工认为这些房屋至少能够支撑5年，而在这段时间里，他们可以把它们租借给别的导演拍电影使用（这并不是说别的导演没有房子住）。举个例子说，马路全都是用天然石料铺成，这些石料可以用来装修莫斯科郊外多座豪华别墅前的道路（显然要在5年后）。

外景地的马路上停着小轿车和装甲车。马路中间甚至还摆放了一辆“齐斯”牌公共汽车，扮演匪徒的演员还都在车上。据说，几天前，这辆公共汽车被装饰成了一辆“救护车”，但最终，追求历史公正的意见占了上风，这样，在影片《苍白的马》中，这辆公共汽车又在干着自己的本行。普京先生首先注意到了那些车辆。于是，卡连·沙赫纳扎罗夫向总统介绍了一辆装甲车，他说：

“这辆装甲车还能运行。我可以开给您看看。”

“我也是坐装甲车来的，”总统说，“我也可以开给您看看。”

其实，关于这辆装甲车，导演安德烈·兹维亚金采夫可能已经讲了，他是与总统一起从新奥加廖沃过来的。在那里，他与总统就世界和俄罗斯电影文化的状况交流了意见。

接着，总统视察了莫斯科电影制片厂工作场地。在一间工作室里，工作人员正在给一部影片配音。影片讲的是两个高山速降滑雪者在从垂直的陡坡上下滑时，企图杀死对方。不过，笔者认为，他们根本用不着相互“惦记”着对方，因为从这样陡峭的山上下来，他们活下来的机会本来就是零。

毫不夸张地说，总统以极大的兴趣关注着这两人的决斗。他显然喜欢看电影。

“美国大片？”总统内行地问。

“不，法国的，”沙赫纳扎罗夫不留情面地回答说，“反正是好片子。”

这时，雪崩埋没了这两名高山速降滑雪者。总统视察可以继续进行。

在剪辑车间里，工作人员正在给一部美国影片配音。一名地地道道的美国人凝视着从大坝上倾泻而下的瀑布，在回想着，回想着……这些回忆不是美好的。但直到最后，这名美国人也不相信这一点。因为这个原因，银幕上的人物形象是相当灰暗的。显而易见的是，选择这个剧情片断给总统看，最有可能是因为，从大坝上飞流而下的大水显示了电影中心所采用的新式音响系统的优良品质。

下一个参观点是主摄影棚，有传闻说这是欧洲最大的摄影棚。多年来，对于这些传闻，既没有人证实，也没有人否认。

这里正在制作一部关于勘察加地区生活的影片，从布景看，勘察加的生活不太好。

“我就在个摄影棚里拍摄了《玛尔戈女王》，”演员兼导演谢尔盖·日古诺夫告诉总统说，“在这个摄影棚里可以骑着马跑。”

“小跑还是大跑？”总统想明确一下。

这是很重要的。电影中心的地位就取决于日古诺夫的回答。因为，小跑的话，随便在哪个摄影棚里都可以进行。而大跑，则不是每个好莱坞式的摄影棚都能做得到的。

谢尔盖·日古诺夫犹豫起来。似乎一切不是那么简单。

“有一个地方，就是那个地方，在上面，我曾骑马进行过大跑。”谢尔盖·日古诺夫终于说话了。

在咖啡厅里，一张桌子上摆放了一些简单的小吃，几名电影工作者坐在那里等候普京先生。不过，其中并没有俄罗斯电影工作者协会主席尼基塔·米哈尔科夫。他今天在卡尔梅克共和国办事。

总统说，所见所闻给他留下了深刻的印象。

“多夫任科说过，在莫斯科电影制片厂，存在着人脚踏不到的地方。”斯坦尼斯拉夫·戈沃鲁欣支持他。

其实，电影工作者们已经制定了与总统交谈的计划。第一个话题就是国产影片的租用问题。“出租商模仿美国对尚未拍摄影片的做法，对国产影片事先进行了大规模渲染。”日古诺夫非常高兴地把出租商们给推了出来。

“《哈里·波特》拍了一部又一部……”坐在桌旁的人中，不知是谁懊丧地补充说。

“还有，遗憾的是，并不总是高质量的。”又一个人对电影创作者表示同情。

“是的，好莱坞按照死板的模式不断地重复拍片，根本不顾创作。”总统表示赞同。

“那当然！这是显而易见的！”大家齐声表示赞同。

“有著作权的影片几乎没有！”总统补充说。

总统说得对。

“是的，从来就没有过！”导演弗拉基米尔·瑙莫夫彻底粉碎好莱坞，“根本不像我们这里……”

“最令人遗憾的是，”日古诺夫说，“我国出租商从美国影片那里得到的收入不停地在增长！《加勒比海盗》达到900万美元！这是我们的钱，我们的钱！”

日古诺夫先生并没有解释他为什么这么认为。其实，参加座谈的人们并不需要做任何解释。在座的人心有灵犀，息息相通。这天在莫斯科电影制片厂聚会的是一些志同道合者。

“这样吧，让我们把建议付诸行动吧，我明白，政府会存在一定的争议。”普京先生说。

总统显然不是听人说才知道政府里存在着《魔毯》和《美国派—3》的爱好者。人们现在明白了，为什么总统有时候与他们找共同语言那么艰难。

“最主要的是，要生产优秀的俄罗斯国产大片。”普京先生说。

“是的……这是最难的。”卡连·沙赫纳扎罗夫叹口气说。

“总而言之，你们考虑一下，我们的国产电影有人看吗？”总统终于提出最不令人愉快的问题。

“有人看，”谢尔盖·日古诺夫肯定地回答，“肯定有人看。”

“是吗？”

“当然。人们现在在电视上看国产电视连续剧，从前看墨西哥的。这是为什么？”

“因为人们已经不关心孔奇塔是因为谁才怀孕了。”总统解释说。

“当然。大家都知道是路易斯·阿尔伯特造成的。”文化部长米哈伊尔·什维德科依接过总统的话头说。

“好吧。请把你们的建议付诸行动吧，”普京先生重复着说，“只是别让观众失望了。”

“观众不会失望的！”日古诺夫先生高兴起来，“观众很想看我们的电影，但却看不到。中间商在作怪。决定这一问题的不是观众，而是中间商。”

“其实，中间商是在按照市场规律办事。”总统不是特别坚持地说。

“他们在按照他们的规律办事。”日古诺夫先生激动地说。

“听我说，但要知道，我国的电影院是私人的，”导演格奥尔吉·达涅利亚嘟哝了一句，“那我们还有什么可说的？”

“坦率地讲，我反对任何配额规定，”总统很轻松地支持他，“不过，在农业中对一些项目实行了配额制度，产品一下子就上去了！”

电影工作者们沉默了。他们似乎不喜欢把他们的生产与农业生产相提并论。为什么要这样？难道不喜欢实话实说吗？

“我想说的是，国家拥有巨大的资源，”总统接着说，“并不是所有的人都明白这些……”

“既然拥有资源，就应当加以利用，”斯坦尼斯拉夫·戈沃鲁欣说，“我想说说盗版录像带的问题。应当让什么人开始打击盗版行动！应当再抓五六个公开诈骗者和他们的支持者，把他们关进监狱！”

“我们认为，您已经下达了计划任务。”总统点了点头。

“为这事我去了多少次内务部，说起来都可怕，”优秀演员斯坦尼斯拉夫·戈沃鲁欣一摆手说，“他们根本顾不上这些。”

“那是，他们首先应当解决好自身的问题。”总统低声嘟哝了一句。

总统指的是当然是内务部内部的妖魔鬼怪。

“我不想谈这个问题，”总统补充说，“你们说的是真话，绝对准确。”

斯坦尼斯拉夫·戈沃鲁欣这时候显得得意洋洋。他显然相信，刚才这一刻，他给国家作出了真正不可估量的贡献。笔者也同意他的想法。既然得有人坐牢，最好把侵犯版权的肇事者关进监狱吧。

“这一问题两天之内就可以解决！”斯坦尼斯拉夫·戈沃鲁欣在继续鼓劲。

“这不是我们的方法。”普京先生十分轻柔地、甚至有点曲意逢迎地反对说。

“小偷就应当坐牢！”戈沃鲁欣先生情急中说了自己影片中的一句台词，“应当粉碎盗版录像工厂，把盗版者都关进监狱！”

“你是作为议员还是作为导演在谈论这件事？”格奥尔吉·达涅利亚叹了口气问斯坦尼斯拉夫·戈沃鲁欣。

“作为议员！”斯坦尼斯拉夫·戈沃鲁欣随口答道。

即使普京先生此前没有想到任何可怕的事情，但到了现在，他也不得不顺从劳动者的愿望了。应当把盗版者关进监狱里去。作家法兹尔·伊斯坎德尔有一句名言：

知识分子，就是滔滔不绝地说话的人。这不，这位知识分子正在同自己的总统讲话，提醒总统在不寻常的局势中应当如何做，应当在哪些方面加倍努力。

“是的，两天之内这个问题解决不了，”坐在桌子旁边的一位悲伤地说，“至少得两个月。”

“需要两年。”又有一位心灰意懒地补充说。

“两个月少了，”总统总结说，“两年也太长了。”

日期就这样确定了。

在这一通激烈的讨论结束后，人们的交谈低落了一段时间。总统为了缓和一下气氛，说起了导演安德烈·兹维亚金采夫赠送给他一部他拍摄的《复活》录像带的事情。

“我很高兴，我说：‘大概，现在哪儿也没有卖的吧？’‘怎么会呢？’他回答说，‘盗版全有了！’”

其实，有关盗版影像的话题显然已经说完了。电影工作者们看到总统与他们进行建设性对话的兴致很高，就谈起了有关必须加强国家在艺术品订货中的作用。

“按照过去的体制，实行的是国家订货的制度，”导演弗拉基米尔·梅尼绍夫说，“坦率地讲，这一体制运行良好。现在，伟大的卫国战争胜利60周年纪念日即将来临。我们电影工作者不能无视这一事件。但是，仅仅依靠给电影拨出的资金，是拍摄不出反映这场战争的优秀影片的。”

“究竟需要多少？”文化部第一副部长亚历山大·戈鲁特瓦关心地问。

“300万美元。”梅尼绍夫先生马上回答道。

“多少？”戈鲁特瓦又问了一遍。

梅尼绍夫先生流畅地重复了一遍。

“也许，少点儿够吗？”普京先生问，“我知道，你们这里有足够的坦克。仅T－55型坦克就有39辆。这就足够了！”

“那有什么用，弗拉基米尔·弗拉基米罗维奇？”好长时间没有说话的谢尔盖·日古诺夫懊丧地问。

莫斯科电影制片厂的坦克连显然不足以轧死租片商与生产者之间的中间人。

“我要接着谈伟大胜利60周年的事情，”梅尼绍夫先生没容总统回答，接着说，“如果能给一部影片提供平时十倍的资金就好了。”

他低下头。

“你们设想一下，其他的人怎么看这个人吗？”卡连·沙赫纳扎罗夫问。

笔者认为参加会谈者们对这一问题毫不感兴趣。

矿 工 节

11月3日，俄罗斯总统弗拉基米尔·普京在克里姆林宫接见了近日获救的新沙赫京斯克矿工和他们的救援者。矿工们在克里姆林宫里表现得也很勇敢。

矿工人数不多。并不是所有获得奖励者都来到了克里姆林宫。他们的心理创伤够严重的了。“不论是矿工，还是救援者，表现得就像一个团队一样，”普京先生说，“他们都挺过来了。两名矿工保证了罐笼井出口的完好。英勇的矿工们在不到5天的时间里，挖掘了62米长的隧道，这可是一个月的掘进指标。”

两名负责保障罐笼井出口的工人荣获了勇敢勋章。俄罗斯联邦动力部煤炭工业司的领导人阿尔捷米耶夫也荣获了这种勋章。一开始，这一消息在记者中引起了某种反对的声音。凭什么给他？不过，后来，人们弄清了详细情况。

笔者得到的情况是，阿尔捷米耶夫先生仅仅在一个月前从罗斯托夫煤矿公司调到莫斯科工作的。发生事故后，他马上赶到了新沙赫京斯克，根据情况采取了一切措施。他还亲自下到井下指挥。

“总的来说，矿工们还是幸运的。”总统办公厅的一名高级官员总结说。

大家推举一名矿工在总统面前发言。此时时刻，笔者也明白，对于这些人来说，在渗水的矿井工作面待5天，似乎也比在克里姆林宫叶卡捷林娜大厅里待这一个半小时轻松。西矿井回采工作面的矿工维克托·扎哈罗夫激动得不知如何是好。更何况，国家的总统鼓励地，慈祥地看着他……

“请允许我……”维克托·扎哈罗夫刚说到这里，就停止了。

他完全忘了发言稿的下一句是什么了，在来莫斯科的火车上，以及后来在宾馆里，甚至在来克里姆林宫的路上，他一直都在背诵发言稿。

“请允许我对您表示感谢，感谢您……”他又卡住了，“您的信任。”他终于说完了自己会说的一句话。

他本应该说点别的什么，因为在这种场面中，感谢总统的信任显得有点怪怪的。

这时，这名矿工似乎突然想起了最初的一段发言词儿。

“您及时采取了救援被水围困的矿工的措施，”矿工说，“我要感谢所有参与救援的人们……”

他用第三人称的方式讲了自己的情况。他感谢罗斯托夫州州长弗拉基米尔·丘布。不过，这名矿工后来终于想起了此行的最主要目的。

“我请求将所有在矿井里工作的劳动者从危旧住房里搬迁出来，他们请求……”

太对了。不能住在危旧房屋里。这些房子已经漏雨，随时有可能倒塌。应当搬迁。

犹太人问题不能束之高阁

11月3日晚上，俄罗斯总统在克里姆林宫会见了以色列总理阿里埃勒·沙龙，认真地听取了沙龙就当前大家关注的事件发表的政治声明。

弗拉基米尔·普京在遥远的马来西亚听马哈蒂尔·穆罕默德总理通报了有关犹太人在地球生活中的作用越来越大的情况，就是从这个时候起，莫斯科就开始期待着沙龙先生的来访。

在此之前，克里姆林宫对有关沙龙先生可能访问莫斯科的问题，一直不置可否。然而，以色列大众传媒曾多次预报了以色列总理将访问莫斯科的消息，而每一次都受到了生活的嘲弄。在马哈蒂尔·穆罕默德发表讲话后，一切都清楚了：期待已久的会晤不可避免了。

“我们奉行非常平衡的政策，”还在马来西亚首都吉隆坡的时候，克里姆林宫的一名高级官员向笔者解释说，“既然我们听了马哈蒂尔·穆罕默德的讲话，那么，我们也应当听听沙龙的讲话。”

于是，来之不易的这一天来到了。

沙龙先生此行带来了运输部部长阿维戈多尔·利伯曼、移民接收部部长齐伯拉·利夫妮、总理办公室主任多夫·魏斯格拉斯、军事秘书约阿夫·加兰特，以及政治顾问沙洛姆·图吉曼。弗拉基米尔·普京率领的俄方人员有外交部长伊戈尔·伊万诺夫、总统办公厅副主任谢尔盖·普里霍季科、通信与信息化部长列昂尼德·雷曼，以及外交部副部长亚历山大·索尔塔诺夫。

普京先生说，90年代初，两国之间的关系还在零起点上。他指的是两国间的贸易额仅为1200万美元，比人员往来费用还少1100万美元。俄罗斯人数万、数十万地去了以色列，却没有以色列人到俄罗斯来。

现在，两国间的贸易额增长到了10亿美元。俄罗斯人去以色列的少了，也不愿意去了，去了的人也不愿意回来，他们显然在好与更好之间进行艰难的选择，而草率地做出决定的人较少。

沙龙先生的讲话相当坦率。原来，两位领导人一直通过电话保持交流，只是我们不知道这一点罢了（只能设想一下他们如何玩味着马哈蒂尔·穆罕默德的讲话）。

此外，沙龙先生还邀请弗拉基米尔·普京访问以色列。

“我清楚，今天有点困难。选举后将会容易一些。”以色列驻俄罗斯大使阿尔卡迪·米尔曼有点犹豫地翻译了这个邀请。

这样一来，沙龙先生也就一点也不怀疑普京先生将会：第一，作为候选人参加三月份即将举行的总统选举。第二，赢得选举。似乎是，国际上已经开始了一场坦诚的竞争，争取成为弗拉基米尔·普京当选总统后第一个访问的国家。

“普京总统是以色列的真正朋友。”沙龙先生说。

应当承认，马哈蒂尔·穆罕默德在这方面超过了沙龙，他说，普京先生不仅是马来西亚可靠的朋友，而且还是长期的伙伴。

后来，阿里埃勒·沙龙发表了政治声明：

“我不止一次说过，以色列准备做出让步以换取和平。我们可能是惟一一个没有输掉任何一场战争，但却愿意做出让步的国家。”

坦率地讲，笔者不明白的是，应当把这一声明视为爱好和平的，还是好战的声明呢？

此外，以色列总理强调说，以色列是一个拥有大量天才的国家，他承认，源源不断进入以色列的天才，主要是笔者过去的同胞。但要知道，最好不要往别人的伤口上撒盐。

普京先生在讲话时说，莫斯科将开设一座大屠杀陈列馆。

“在以色列，我会见了一些伟大卫国战争老战士。我想，他们听到这一消息会感到欣慰的。”

此外，在彼得堡的民族学博物馆，将长期开设一处有意思的展台。

“这将是一个关于犹太民族生活的展台，”弗拉基米尔·普京解释说，“这个展台以前有，但后来，总的来说是关闭了……”

俄罗斯这一切倡议是否平衡了弗拉基米尔·普京出席“伊斯兰会议组织”第十次会议的后果，有待时间证明。不过，正如所知，时间能够治好任何伤口。

意大利式离婚

11月5日，正在意大利进行国事访问的俄罗斯总统弗拉基米尔·普京，突然发表了维护尤科斯石油公司的讲话。因为最近，该公司的油田被没收了。关于政治总路线重大调整的消息忘了预先通知一个人——意大利总理西尔维奥·贝卢斯科尼。因为这件事，贝卢斯科尼先生昨天显得不太高兴。

前一天晚上，普京先生与贝卢斯科尼先生在意大利总理府基吉宫举行了长时间会谈。意大利记者证实说，他们并没有举行会谈，而是在看比利时布鲁日队与意大利 AC 米兰队的足球赛。众所周知，意大利总理是 AC 米兰队的总裁。AC 米兰队赢了，意大利总理就会有一个好心情。需要猜测的只是弗拉基米尔·普京能否从安德烈·舍甫琴科的胜利中获取什么政治好处。第二天早晨，在意大利总统府魁里纳尔宫举行了欢迎普京先生的正式仪式，二米高的意大利胸甲骑兵参加了。在与意大利总统卡洛·钱皮先生举行了礼节性会谈后，普京先生参观了列奥纳多·达·芬奇的名画《利塔圣母》。他认为："所有参与高雅艺术的人，对这幅画都有自己的见解。"按照这一缘由，普京先生说出了自己的见解。他认为圣母在看着婴儿基督，"但基督是救世主，他在看着我们，好像是在说：'我知道，你们不容易……'"

总而言之，大家你看着我，我看着你，谁也不对谁负责任（笔者自己的见解）。

此后，贝卢斯科尼先生与普京先生单独呆在多里亚—帕姆菲利阿宫（Doria Pamphili）花园别墅，共进午餐。

来到记者招待会后，他们显出十分满意的样子。通常在举行完令人满意的会谈后，他们会给人留下很幸福的样子。

在记者招待会开始前几分钟，俄罗斯独立电视台的记者报道说，普京先生将回答他对一则报道的态度：有报道说，俄罗斯自然资源部打算吊销尤科斯石油公司的油田开采许可证。

的确，人们已经知道，这一问题已经被提了出来。给人的印象是，这一问题只是对于总统来说是个意外。总统说，仅仅在十分钟前，他才知道了自然资源部的这一打算。不管愿意不愿意，尤科斯石油公司的情况已经超出了他的控制范围。

普京先生所说的一切表明，不管他想不想，他都要把这一问题控制在自己的手中。按照普京先生的意思，自然资源部应当时刻监督自然资源利用者如何使用发给他们的许可证所规定的权利。弗拉基米尔·普京声称，这项工作不应当与实际的刑事案件挂钩。

"否则的话，就会出现这样的情况，一个国家机构扣押了股票，另一个国家机构又吊销了许可证。可能给人造成这样一个印象，国家想停止这个公司的工作……国家未必想破坏该公司的工作。我期待着政府不要采取这种行动。"

国家元首对涉及尤科斯石油公司的事件的反应从来没有如此积极。不论是霍多尔科夫斯基先生被逮捕，还是公司股票被扣押，都没有像吊销油田开采许可证这样的威胁能够击中要害。总统想说的是，处理这一案件的人对案件挖得太深了。总的来说，不应当触及核心问题。

这样，在我们的眼里，普京先生成了尤科斯石油公司的保护者。这里只剩下一个问题：究竟谁反对？对此，笔者马上得到了答案。贝卢斯科尼先生无力迅速地改变自己的态度。他刚刚接受了人们早就企图灌输给他的思想。他现在就是凭着这种思想在生活，还来不及跟踪俄罗斯生活中快速变化的种种阴谋诡计。

这一思想是：

“几乎100%的俄罗斯民众支持政府处理尤科斯石油公司的行动。这意味着，这一行动是正确的。”

贝卢斯科尼先生究竟为什么认为将近100%的俄罗斯民众支持这一行动呢？他进行过民意调查吗？很有可能的是，他听信了他无限信任的那些人的话。而且，显而易见的是，作为国家元首，他相信，无论如何不能让俄罗斯总统受委屈。否则的话，你就不知道明天将遇到什么。

总而言之，在西尔维奥·贝卢斯科尼反对的背景下，弗拉基米尔·普京昨天显然成了一只和平鸽。

“我认为，”普京先生说，“应当划出一条线，一条过界了就一定要干预的线。最主要的是，不能再重蹈过去不经过法院处理刑事案件的覆辙了。如果那样，将是最大的错误。”

俄罗斯总统还再一次回答了有关俄罗斯领导人在车臣推行的政策。他指责西欧国家，说欧洲的观察员没来参加车臣总统选举。

“他们根本就没有来。谁来了呢？阿拉伯国家联盟和伊斯兰会议组织来了。给人的印象是，有人比穆斯林更想成为穆斯林。”

意大利记者们喜欢普京的话：一名意大利记者甚至问自己的总理，是否认为在伊拉克问题上，正确的是普京先生，而不是赞成入侵伊拉克的贝卢斯科尼先生。记者们问普京先生的问题是，俄罗斯是否将参与重建伊拉克正常生活的行动。这里指的是提供武器、军队和资金。

“我们反对过这种行动，”俄罗斯总统回答说，“但它还是付诸实施了。现在，从我们这方面讲，假如向伊拉克派出我们的士兵，那将是愚蠢的。那样的话，人们不禁会说：真是一些傻瓜。我们当然不会干涉。上帝会帮助的！”

预料，在今天将要举行的俄罗斯—欧盟首脑峰会上，有关尤科斯石油公司的问题将再次被提出。不能排除的是，俄罗斯总统昨天关于核心问题的回答，在一定程度上是对这一问题的警告性打击。

十分清楚的是，普京先生准备回答这些问题。而且，给人的印象是，他期待着回答。他早就厌烦了回答有关车臣的问题，因为它们月复一月地一再重复。他期待着能够提出真正问题的真正对手。不能不相信他会遇到真正的对手。

欧盟坚不可摧

三天后，弗拉基米尔·普京对欧盟国家的巡访结束了。在这三天的时间里，最重大的事件是11月6日欧盟领导人、意大利总理西尔维奥·贝卢斯科尼和俄罗斯总统弗拉基米尔·普京在罗马举行的记者招待会。法国《世界报》记者洛兰·泽基尼积极地参加了这次记者招待会。早在一年前，弗拉基米尔·普京曾建议该记者做割礼。

记者招待会开始时，贝卢斯科尼先生显得精力非常充沛。坦率地讲，他甚至都有点吓着笔者了。要知道，西尔维奥·贝卢斯科尼可是意大利总理。按照我的想象，这一职务应当赋予某种道德上的责任（更不用说其他方面）。然而，贝卢斯科尼的情况则不然。恰恰相反，如果说过去他还担负着某些责任的话，那么，据笔者观察，在担任总理职务后，他却把这些责任自动推卸掉了。不客气地讲，这个人一点儿约束也没有了。

就是这样的一个人来到了在马德马宫（又名夫人宫——译者注）花园别墅里举行的记者招待会上。记者们在一间不大的客厅里等他，而他则站在门口等普京总统，这时候普京正在与什么人交谈。贝卢斯科尼先生明显有些受洋罪的样子。他很想做点什么，但又不知道该做什么。不过，有些事情是必须做的，因为他感到郁闷。这里的人谁也不踢足球。

贝卢斯科尼先生已经打算伸手去拉普京先生的手，让普京先生回到自己的位置上去，但他被恰当而文雅地拦住了，人们告诉他，首先是部长们签署两个协议，您暂时可以在旁边呆一会儿。

贝卢斯科尼先生无精打采地点了点头，让两位部长到前面去。一位是俄罗斯联邦科学、工业和技术部代理部长安德烈·富尔先科，另一位是意大利的同行列季齐娅·莫拉蒂，两人坐到签字桌旁边。笔者相信，有人会认为这位女士非常可爱。毫无疑问，这样的人在这里是存在的。

这不，贝卢斯科尼先生眼瞅着又活跃起来。他凑到了列季齐娅·莫拉蒂的背后，不到两秒就俯下身子，凑到她耳根前，以便更清楚地看到她桌子前摆放的文件。不过，他似乎看不到全部的文件，于是就向前挪动了半步，以便不漏过任何一点小细节。从贝卢斯科尼的一切表现看，他所看到的文件给他留下了深刻的印象，他一句话也不说，开始聚精会神地端详着可怜的列季齐娅的脖子。

其实，列季齐娅哪里是什么可怜的人？在经过瞬间的惊慌后，这位女教育部长的脸上马上不由自主地露出了怡然自得的笑容。的确，贝卢斯科尼先生很善于给女士们带来满足。可列季齐娅·莫拉蒂丈夫的感受会怎么样呢？大概，他吃梨撑着了，现在正在自家的别墅里闹肚子呢。

“我们都是上了年纪的人。”列季齐娅·莫拉蒂脸上挂着同样幸福的微笑离开了签字桌，贝卢斯科尼先生宣布记者招待会开始。

是的，列季齐娅·莫拉蒂当然已经不是妙龄少女，坦率地讲，贝卢斯科尼也不是小伙子。好在他还明白这一点。

贝卢斯科尼先生心猿意马，三句话不离老本行。他说，在俄罗斯与欧盟已经举行了婚礼，如果一切顺利，两者“很快就将同居了”。

欧盟专员罗曼诺·普罗迪说，俄罗斯应当在明年加入世界贸易组织。此后，普罗迪先生宣布，他已经向俄罗斯总统普京先生提出了有关尤科斯石油公司的问题。普京先生说，这一问题当然是内部问题，但对欧盟来说，并不是无所谓。

“普京总统向我们保证，不论过去和现在，法律都不会受到侵犯。”普罗迪结束了自己的发言。

人们一点儿也没有听明白普罗迪先生自己对这一切问题的看法。不过，他的任务显然就是要隐瞒自己个人的意见。

记者招待会上还提出了一个问题：俄罗斯是否打算在近期把与欧盟的能源交易改用欧元结算。普京先生回答说，俄罗斯不反对这样，但存在着一些问题，而它们的解决又不取决于俄罗斯。例如，各个交易所里的石油贸易都是用美元结算的。如此说来，普京先生是让人们明白，按照他的意愿，俄罗斯早就改用欧元结算了。

下一个问题本应当由与笔者一样坐在第三排的一名女记者提。笔者看到，姑娘已经把话筒拿到了手里，就在这时，欧盟新闻秘书克姆皮仁，一位秃顶的高个子向姑娘做了个手势，让她把话筒交给坐在旁边的一个人。姑娘茫然地看了看旁边的记者。那位拿过话筒，提了问题。总的来说，此次记者招待会由两名新闻秘书安排，一名是意大利领导人的，一名是俄罗斯领导人的。他们两人负责商定安排谁来提问题。可是，欧盟新闻秘书克姆皮仁不想跑龙套。

笔者一下子就认出了提问题的这位记者。而且，可以说，笔者永远也忘记不了这张面孔。笔者的大脑将永远记住他，把他作为最珍贵的回忆。一年前，在布鲁塞尔，也是在俄罗斯—欧盟首脑峰会上，正是法国《世界报》的这位前辈向弗拉基米尔·普京提出了关于车臣的问题，当时，这位记者得到进行割礼的建议。现在，他又提出了因为车臣问题和尤科斯石油公司案件而在俄罗斯正在形成专制制度的问题。

“欧盟与俄罗斯在这方面是否存在着意见分歧，俄罗斯是否还存在法制？”

“没有！”弗拉基米尔·普京斩钉截铁地回答。

很难说，这个“没有”是对哪个问题说的。笔者试图公正地说，这个“没有”表达了普京先生对整个局势的态度。俄罗斯总统很愤怒，并且，也没有加以掩饰。

他现在所回答的话，就蕴藏的威力而言，盖过了他曾经说过的将恐怖分子赶到茅坑里，把记者按到手术台上这一句话。他说过的话，注定会成为记者们以后好几个月的谈资。这些话能够成就他，也能够毁灭他的竞选活动。简单地说，这些瞬间将会成为俄罗斯总统暴露真面目的契机。

“没有!”弗拉基米尔·普京更加斩钉截铁地重复了一遍，似乎是为了多吸一口气似的。

这时，西尔维奥·贝卢斯科尼的一只手沉重地压在了弗拉基米尔·普京的手上。普京先生本能地想抽出自己的手，可是，意大利总理显然是有准备的，他没让普京先生这么做。

“我也想补充两句，”西尔维奥·贝卢斯科尼按着俄罗斯总统的手，加重语气说，“在欧洲的媒体中，存在着有偏见的报道……”

贝卢斯科尼救了俄罗斯总统的场。他为什么要这样做呢？莫非他们真的是朋友……他不太注重方式地拉了弗拉基米尔·普京一把，而最主要的是，他紧紧地拉住了弗拉基米尔·普京的手。

“一种意见认为，意大利破坏了新闻自由，”意大利总理说，“但是，有85%的媒体自由地批评我，甚至公开敌视我和政府，在其他一些问题上也是这种情况。至于尤科斯石油公司，我从居住在俄罗斯的意大利人那里直接得到了一些消息：一些俄罗斯公司在出售石油时违反法律!”

审查一下这些居住在俄罗斯的意大利人是很有意义的，因为他们直接向自己的总理报告情况。假如是在俄罗斯特工部门里工作，笔者一定会认真关注这些年轻人。

“我知道，普京总统在执行权力机关与立法权力机关之间寻找差别，”贝卢斯科尼先生继续说，“他正在做这件事!”说到这里，贝卢斯科尼先生停了一会儿。他似乎意识到了自己在这一时刻的表现，斜眼看了看俄罗斯总统，似乎是说：“呆会儿我像您的辩护人一样开发票……用欧元。”

他继续说：

“现在说说车臣的事情。那里正在举行全民公决。压倒多数的投票者决定留在俄罗斯联邦。车臣已经能够通过选举选出自己的总统。此外，欧盟已经决定，不向此次选举派遣观察员。让我们大家都面对事实吧!”

讲完话后，贝卢斯科尼终于把自己的手从普京先生的手上拿开。这时，普京先生看上去已经完全心平气和了。

“我准备向您付款，”普京先生向意大利总理点了点头，“这是值得的。我们第一次拥有了如此可靠的辩护人。”

接着，弗拉基米尔·普京开始讲车臣，实际上就是意大利总理刚才讲过的那些话。应当承认，贝卢斯科尼先生相当详细地阐述了他的立场。显然，他已经多次听过这些话了。晚上推他一下，他都能在睡梦中脱口说出，都不用醒来。

此后，普京先生谈到了霍多尔科夫斯基先生。说到这里，普京先生看了看提问题的那位法国记者。笔者心想，尽管贝卢斯科尼先生做出了热情的回答，但从普京先生那里得到坦诚的、充满激情的答复的希望还是存在的。

“我明白你们接受了任务，应当完成，因而，我来回答这个问题。”普京先生说。

这位可怜的法国人一下子汗流浃背，脸涨红了。

“这些人在五六年赚了数十亿美元……任何一个西欧国家里，都不可能出现这种情况……只能合法地挣钱。而在赚取了数十亿美元后，这些人又拿出数千万、数亿美元行贿，以保护这数十亿美元。我们知道这些钱都花到了什么地方去了：给了哪些律师，搞了哪些公关，给了哪些政治家。其中，这些钱还用于让人们提出这一问题。”

普京先生对法国记者提出的指责是沉重的。笔者相信，这名法国记者饱经痛苦。弗拉基米尔·普京似乎真的相信，所有的记者，不管是否表示过支持尤科斯石油公司，都被该公司收买了。这自然也涉及到西方国家的记者。

那么，是什么因素妨碍了洛兰·泽基尼这样的记者做出推测，认为西尔维奥·贝卢斯科尼不会白白地维护弗拉基米尔·普京的？例如，在此次记者招待会后，人们马上就开始说，普京先生使用非常实惠的物资，很可能是天然气换取了意大利总理的支持。他们商定，一家意大利公司将负责俄罗斯天然气的再出口业务，而这一决定绝对是前所未有的。

笔者倒是认为，一切要简单得多：西尔维奥·贝卢斯科尼之所以维护弗拉基米尔·普京，只是因为替他担心，因为贝卢斯科尼先生明白，弗拉基米尔·普京将会自己大讲一通。

普京先生接下来说的话，对了解尤科斯石油公司的情况很有帮助：

“我们存在问题，这些问题一分为二。第一部分是思考在90年代初的私有化过程中发生了什么。我们常常听到这样的说法：‘法律就是这样复杂。因此，如果我们违反了什么法律，我们回避就是了。对剩下的一亿四千五百万公民，我们就不要拿这个问题去打扰他们了，他们跟这件事无关。’我怀疑这种逻辑在任何一个民主国家里会被接受。

“第一，应当说，即使法律是复杂的、相互矛盾的，但也要遵守。第二，在分割国家财产过程中针对个人实施的犯罪，其中包括谋杀的情况，应当引起国家的特别关注。一些被捕者，这可是整整一大批人，正是因为涉嫌组织谋杀活动才被捕的。最后，也就是第三点，大家都要执行今天的现行法律。今天，任何人都不能逃避执行法律。在对被捕者提出的指控中，其中就包括在最近，也就是1999年、2000年……不执行法律的罪行。第二部分是，我们的目的是要整顿国内秩序，而不是要折腾个别商人。我们将循序渐进地、坚定不移地做这件事。不管这些人有什么自我保护的方法，其中包括采用讹诈的方法，都是没有用的。对国家政权机关讹诈是没有前途的。”

就这些。俄罗斯总统一天前说的一切（首先是不允许吊销尤科斯石油公司开采油田的许可证），都被这雪崩一样的发言埋没了。

这时候，会场上安静了一会儿。接着，欧盟方面发言的是哈维尔·索拉纳，此前，索拉纳一句话也没有讲。

“法律至高无上，这是很重要的。让我们以后再……”

索拉纳显然明白，应当对这一切做出反应，但他无法理清思路。

普罗迪先生说，今天早晨他亲自向俄罗斯总统打听了尤科斯石油公司的事情：“我提出这个问题！也得到了回答。”

他只字未提这个回答是否令他感到满意。他显然也想让人们明白这件事。他说：“我不会说，我们欧盟喜欢这件事。但我们是具有长期经验的外交官。”

洛兰·泽基尼就像刚刚在游泳池泡过，满头大汗、面红耳赤地离开了记者招待会会场。这位记者对一切太在意了。

秃头、高个子的欧盟新闻秘书克姆皮仁显得注意力高度集中，他很想把这个大阴谋玩下去。记者们都已经从椅子上站起来，向门口走去。当克姆皮仁走到俄罗斯总统新闻秘书格罗莫夫先生的身边时，故意大声说话，就连在离他们几米远地方的笔者都听得清清楚楚。

“没关系，格罗莫夫先生，等到爱尔兰首脑峰会时，我们会想些更好的方法！”

“我们也是。”格罗莫夫先生回答他说。

几个小时后，人们了解到，罗曼诺·普罗迪召集记者，对他们说，贝卢斯科尼先生的辩护活动，只是他个人的意见，不反映整个欧盟的立场。而不寻常的是，贝卢斯科尼先生目前恰恰是欧盟的轮值主席。

不过，从大多数情况来看，这没有任何意义。对欧盟领导人出现的麻烦，普京先生通过与欧盟各国领导人保持友谊的方式做出了补偿。这一友谊已经经过了多次考验。

第二天，普京先生飞到巴黎。在巴黎，总的来说，他一切顺利。短暂的会谈似乎更有成效。希拉克先生本来用不着到奥利机场去送俄罗斯总统。后来商定，他们还是一起去机场。不过，法国总统只把俄罗斯总统送到出发大厅的中间位置即可。当他们来到机场的时候，希拉克先生声称，在弗拉基米尔·普京登机之前，他不会离开机场。人们告诉他说，俄罗斯总统还要与俄罗斯媒体见面。

“是吗？那我也去，站在一边。”

人们向他解释说，人家可能谈的是国内的事情。

“是吗？那我找个地方等着他。”

于是，希拉克先生找了一间昏暗的小屋子，呆了15分钟，直到弗拉基米尔·普京与记者们交谈完。此后，希拉克先生走出屋子，到底还是把普京先生送上了飞机。也就是说，法国总统非常愿意与俄罗斯总统交往。据说，他们讨论了伊拉克问题。希拉克先生显然得到了十分重要的保证：俄罗斯对伊拉克事件的立场依然保持不变。现在，希拉克先生就需要这一点。

早晨，法国《世界报》刊登了有关的文章。洛兰·泽基尼似乎还没有清醒过来。所有的人都认为他会声称，将把俄罗斯总统告上法庭。但他没有这样。在爱丽舍宫欢迎俄罗斯总统的仪式上，笔者问一名熟悉的法国记者，有没有《世界报》的记者来。他早有准备地指了指，并主动翻译了《世界报》记者对可能向法院提出起诉问题的看法：

“不，不会起诉的。我们认为没有意义。你们俄罗斯对这种情况有一个比喻，叫高射炮打麻雀。”

起诉也没有用。

俄罗斯总统给青年民警上大课

11 月 10 日，在大克里姆林宫举行民警节庆祝晚会时，弗拉基米尔·普京在奥列霍夫大厅里会见了一批年轻的民警。从一切反映来看，此次会见的结果，使刑事诉讼法典得到了修改。此外，俄罗斯总统答应，“将继续反腐败”，特别是在军队里。

我们的民警们现在很困难，但他们在坚持。这些小伙子们在这种艰难中甚至还开玩笑。例如，在大克里姆林宫入口处，两名民警说：

“你认为大厅里妖怪多吗？”

“当然。”

“那样的话，如果在进门时让每个人都闻闻大蒜，问题就解决了。”

当然了，笔者还想建议在门口放一面大的照妖镜。在镜子里显不出影子的人，靠边站。这样的话，就用不着进行仪表着装检查了。

可是，这里既没有照妖镜，也没有大蒜。周围也没有挂着辟邪的银币。民警们大都穿着便衣。几位穿警察制服的，成了大家斜视的对象。他们显然违反了命令。

登台歌唱的有约瑟夫·科布索恩、索菲娅·罗塔鲁、奥列格·加兹马诺夫和爱德华·哈诺克。弗拉基米尔·维诺库尔和弗拉基米尔·普京发表了讲话。

俄罗斯总统第一个发表讲话。他说，内务部系统的痛苦改革进程不仅不能给整个系统留下阴影（那当然了！妖怪也没有影子），而且还要体现出护法机关的生命力。后来，普京先生听了音乐会的第一部分后，去了奥列霍夫大厅，一些年轻的民警在这里等待他接见。

“提问题不要脸红。”总统接见前，他们得到了指点。

“万一做不到呢?”一名年轻的中尉问，他的脸已经红得厉害了。

“应当做到。”

在国家元首来前15分钟，民警们坐到了桌子旁。只剩下一把椅子。椅子的旁边有一个小标牌，上面写着“B. П. 伊万诺夫”。这里指的是总统办公厅副主任。不知为什么，他还没来。这把椅子不让别人坐。也就是说，要等他来。只是在总统进来前5秒钟的时候，一名礼仪工作人员把标牌揉成了一团，抓起椅子，把它从桌子旁拿开了。因为无论如何不能形成这样一个印象，竟然有人不来参加俄罗斯总统接见。

弗拉基米尔·普京向这些刚刚参加工作的民警们解释说，法律面前人人平等。从年轻民警们聚精会神地听总统讲话这一点可以做出结论，这些民警的脑子里并没有这样的意识。

内务部长鲍里斯·格雷兹洛夫犹豫了一下说：

“今天忍痛决定在全国展开反腐败斗争。”

他的声音有时有些发抖。是的，鲍里斯·格雷兹洛夫现在可能比其他任何人都难过。因为他领导反腐败，反腐败就跟打妖怪一样难，就像跟妖怪本身作斗争一样难。

究竟为什么做出这个并不轻松的决定呢?

“接到了电报，”格雷兹洛夫解释说，“是各地区领导人打来的，他们明白，在反腐败斗争中可以取得一定的成果。”

笔者想，他们都是忍痛明白这一点的。

弗拉基米尔·普京点了点头，建议大家提问题。

“我是一名业务人员，我关心的是，我们人员的文化水平越来越高，能够读懂新的刑事诉讼法典，”一名民警少尉诉说自己的苦恼，“可法典里写着，可以放弃做出初步的解释。这样一来，整个侦查核实工作就失去了意义！应当对刑事诉讼法典进行修改!”

“这很具体，”总统皱了皱眉头。“我让办公厅研究一下。不能回避……”

原来，新的刑事诉讼法典可以如此简单地进行修改。笔者的想法当然会受到反驳：是生活本身在对刑事诉讼法典进行修改。要补充的是，这是通过一名民警少尉进行的修改。

来自克拉斯诺达尔的一名长得小巧玲珑的女民警阿利娜·季马舍娃说，在俄罗斯，法律应当尽可能多地集权。

“您所说的这个集权具有自身的意义。我同意，法律应当严厉，不过，在民主国家里，法律应当是民主的。”

“应当是严厉的!”阿利娜用尖细的声音苦苦哀求。

“那好吧，我同意。”弗拉基米尔·普京点了点头。

交通民警局的克瓦什宁中尉就收集原始信息发表了看法。

“行政法典也应当修改。商业机构对我们的查询置之不理，”他抱怨说，“近期能够对它们实施制裁吗?”

“恐怕得最后办理。凡事都得仔细斟酌，不能实行暴政。”弗拉基米尔·普京说。

一名民警建议更多地从事体育活动。鲍里斯·格雷兹洛夫开出了现成的处方：学校恢复劳卫制。

“所有人都愿意接受劳卫制!”他赞叹地说，“当然了，如果这具有义务的性质的话。”

“这超出了内务部的范畴，可以成为一项良好的社会倡议。”总统回答说。

“我们在自己的计划里列了这一点。”部长得意地说。

部长说的显然不是刑事诉讼法典，而是统一俄罗斯党的计划。他们已经商定了。不做任何竞选宣传鼓动。

“权力机关与犯罪分子互相勾结，”一名民警问，“是真的吗?”

“但也不能忘记俄罗斯商业发展过程中积极的一面，”普京先生回答说，“我国经济政策的意义就在于得到商人们的支持。只是要防止一些商人为了谋求利润而企图领导这一进程的企图。在军队里，存在着一些涉及腐败的大案，”普京先生提醒说，“我们还将做这件事。这项工作一刻也不能停止。今天的腐败程度说明许多问题。我们将平心静气地做这件事，不搞突击行动，但行动要坚决果断。”

来自阿穆尔州的一位民警上尉说出了自己的苦恼：

“随着新刑事诉讼法典的通过，被关押后获释的犯罪嫌疑人的地位发生了改变。”

“怎么，你们不能与法院协调工作?”普京先生过于紧张地问。

“总的来说，要抓一个人很难!”这是上尉的真心看法，“过去是通过检察院做这件事。而现在，要往法院跑。您知道吗，这浪费时间? 更别说办案的质量了……”

“上……上尉同志!”普京先生用责备的口吻，甚至有点拉长腔调地说，“我也不怀疑你们将遇到这类麻烦。但这是保障公民权利的惟一方法。世界上几乎就没有不经审判就剥夺公民自由的国家……”

不，上尉不相信。他明显失望地坐在那里。

“其实，这也直接涉及到您！您也需要这种权利!”

“我?”上尉惊恐地问了一遍。

“当然是您！万一您被捕呢?”

“我被捕?”上尉更害怕了。

“当然！在法庭上您需要辩护。您也会得到辩护!”

上尉再也没提什么要求。

“往这边看！”

11月13日，弗拉基米尔·普京在克里姆林宫召开国务委员会主席团与俄罗斯安全委员会联席会议。他参加此次会议的心情如何，一下子就看出来了：即将讨论的国家安全学说将最大限度的严厉，甚至有些严酷。

弗拉基米尔·普京是从新奥加廖沃来参加此次会议的。在那里，他接见了莫斯科市长尤里·卢日科夫和俄罗斯卫生部长尤里·舍甫琴柯，会见了国际货币基金组织执行总裁霍斯特·克勒。

与舍甫琴柯先生的会面极具乐观性：有谁能够想到，恰恰是这个人将成为国务委员会中突然发生的丑闻的肇事者之一。这位部长说，不久前斯维尔德洛夫斯克州之行使他产生了巨大的希望。第一，那里原封不动地保留了地方自治机关委派的医生（显然指当地的内科医师）。第二，部长强调了斯维尔德洛夫斯克州出生率急剧增长。这两点使部长受到了鼓舞。他当然也想让总统受到鼓舞。

可是，从一切情况判断，恰恰相反，弗拉基米尔·普京感到沮丧。也许，与克勒先生的会谈让总统感到不快。不过，这种会谈对总统来说，主要都是一些赞美恭维话。莫非克勒先生哪一句话触到了总统的痛处？克勒先生说，美国第三季度的国内生产总值增长了7%以上。总而言之，在安全委员会和国务委员会联席会议上，当着记者的面，总统失去了自制，其中的原因只能猜测。

昨天在克里姆林宫参加会议的人在会议开始前，显示了爱好和平的诚意。教育部长弗拉基米尔·费利波夫踮起脚，跟总统驻乌拉尔联邦区全权代表列昂尼德·德拉切夫斯基亲吻。内务部长鲍里斯·格雷兹洛夫（再次中断休假，被紧急召回）与总检察长弗拉基米尔·乌斯季诺夫（遗憾的是，此人甚至从没打算休两天假）在讨论什么。紧急状态部部长谢尔盖·绍伊古本来也想参与他们的交谈，但马上又走开了。显然，他感觉自己不舒服。联邦安全局局长尼古拉·帕特鲁舍夫没有不舒服的感觉，他很快就加入了格雷兹洛夫与乌斯季诺夫的谈话中，直到会议开始，一直没有离开他们。

17时整，弗拉基米尔·普京来到会议大厅。他的讲稿已经摆在了桌前。他平静而自信地读了文件。我们知道，国家安全学说讲的是保卫国家安全，防止因技术发展、自然灾害，以及恐怖主义带来的威胁，首先保障国家要害部门安全。这类设施数量不小，名单则属于国家机密。

因技术发展而产生的灾难对俄罗斯构成的威胁，要比其他几项更常见。这一威胁占国家灾难总数的70%。

“相当一部分灾难是因为人员缺乏足够的专业技能造成的。”弗拉基米尔·普京说。

当笔者记录这一思想，努力不漏掉任何一句话的时候，突然听到了一种独特的敲击声。用手指敲话筒就是这种声音。笔者想，弗拉基米尔·普京的话筒坏了。其实不然。事实打破了不祥的预测。

笔者抬起头，看到总统正盯着自己的右前方。假如是笔者，真不希望有人那样看。

“往这边看！听我说，”弗拉基米尔·普京把“我”字说得很重，“不感兴趣，那就请……”

他点头指了指门，记者们就是从这个门进来的。

弗拉基米尔·普京盯着的那些人一下子呆了。他们是谁？其中一位是平常寡言少语的动力部部长伊戈尔·尤素福夫。另一位倒霉蛋（已经完全张口结舌了）是科技、工业和技术部代理部长安德烈·富尔先科。

总统的愤怒主要是冲着卫生部部长尤里·舍甫琴柯的。就在一个半小时前，普京先生与他讨论了斯维尔德洛夫斯克州出生率增长的问题。舍甫琴柯忍不住要把这一点告诉同行们。这几位很有可能正在讨论这一问题。除此之外，还有什么话题能让他们那么入迷呢？

不过，如此发火，弗拉基米尔·普京还是第一次。他要显示的是，并不仅仅是法国记者关于车臣和尤科斯石油公司的问题让他发火。显然，当弗拉基米尔·普京觉得他的话得不到同行们重视的时候，他完全可能做出这种反应。

弗拉基米尔·普京向国际货币基金组织口头还债

同日，俄罗斯总统弗拉基米尔·普京会见了国际货币基金组织执行总裁霍斯特·克勒。他们之间的会晤一点也不像债务人与债权人之间的对话。

“尽管我们已经停止接受贷款，但我们的会晤得以继续，这很好。”普京先生说。

这是他对国际货币基金组织执行总裁说的第一句话。的确，我们已经不再向国际货币基金组织申请贷款。总统忍不住再次强调这一点，心情是可以理解的。可是，既然我们不再从国际货币基金组织贷款了，这是否意味着再也不需要会晤了呢？莫非俄罗斯欠国际货币基金组织的债务已经还清了？或者说，这已经不是举行会晤的缘由了呢？

“我们并非没有兴趣了解国际货币基金组织在其他独联体国家的计划，”总统继续说，“我知道，您已经到过一些独联体国家了。我们现在正在讨论与这些国家的经济实现一体化的各种方案。”

这一时刻，普京先生已经作为一个成为国际货币基金组织股东的国家（俄罗斯在该组织中的法定资本有30亿美元）的元首在发言。

“此外，我知道，关于通货膨胀的发展，包括俄罗斯的通货膨胀在内，您有一种令人感兴趣的意见，”弗拉基米尔·普京继续说，“在9个月的时间里，我国的通货膨胀率达到了9%……”

“还要高一些，”总统顾问安德烈·伊拉里奥诺夫相当果断地纠正总统的话，“大约是10%。”

“大约为10%，”总统满意地说，“到年底，我们准备保持在12%的水平上。此外，我们关心卢布的有效汇率会出现什么情况。我国中央银行正处于不寻常的境地，处在外汇市场的压力下……我知道，您对所发生的这些持另一种观点。可是，我国中央银行所做的，是从实际情况出发的。”普京先生警告克勒先生说。

“在埃维昂举行的八国首脑峰会上，您说我已经两年没去俄罗斯了，于是，我决定改变这一状况，”霍斯特·克勒说，“我正在对一些中亚国家访问。我想就一些问题与您协商。”也就是说，克勒先生想让对方知道，国际货币基金组织与俄罗斯之间的关系性质已经发生了变化。现在需要与俄罗斯协商。商谈什么呢？

“要商谈的是，如何提高中亚人的生活水平。”克勒先生解释说。

笔者想建议的是，最主要的是，不要向国际货币基金组织贷款。不要再犯别人的错误。

“你们取得了非常良好的宏观经济指标，”霍斯特·克勒继续说，“你们成了世界经济王国里的一缕阳光。”

会晤结束后，总统顾问安德烈·伊拉里奥诺夫走到记者面前，讲述了记者不在场的时候，双方在会晤中所谈的一些问题。他说，双方讨论了伊拉克局势，尤科斯石油公司案件。

“还讨论了今年第三季度美国国内生产总值大幅度增长，高达7%以上，”安德烈·伊拉里奥诺夫说，“这令所有的市场参与者受到鼓舞。”

如此说来，美国也成了一缕阳光。

讨论尤科斯石油公司案件了吗？当伊拉里奥诺夫先生准备结束这短暂的新闻发布会的时候，有记者向他提出了这个问题。

一个我们再也用不着的组织，怎么能够向俄罗斯提出要求呢？不能。总统详细地回答了有关尤科斯石油公司案件的问题。在安德烈·伊拉里奥诺夫的转述中，总统的回答对尤科斯石油公司的局外人来说，甚至显得有些喜剧色彩。

“根据总检察院的意见，尤科斯石油公司的一些领导人受到了指控。检察机关认为他们是有罪的。不过，检察机关还应当按照公开与辩护的程序证明自己的指控。”

的确，不很清楚的是，伊拉里奥诺夫先生是引用总统的话，还是自己的观点。实际情况就是这样：如果是总统的意见，那么，案件的审理过程实际上也会是公开的程序，甚至可能是辩护的程序。而万一这是伊拉里奥诺夫先生个人的意见，那就毫无意义了。

弗拉基米尔·普京关注俄日名人理事会

11 月 13 日，俄罗斯总统弗拉基米尔·普京在新奥加廖沃接见了不久前被任命为俄罗斯—日本名人理事会俄方主席的莫斯科市长尤里·卢日科夫。两位参加了此次接见活动的人充满激情地强调说，卢日科夫先生目前正在休假，从这一点看，此次接见活动具有公开竞选的性质。

“我知道您在休假。”普京先生轻声说。

“是的。”卢日科夫先生以休假者无忧无虑的微笑肯定地说。

“那么，我们将不讨论经济问题和国内政治问题。”

“不，不讨论。”卢日科夫先生不紧不慢地摇晃着脑袋。

“我们讨论国际问题！”总统建议。

“当然好！”市长灿烂地笑着表示同意。

而实际上，难道能够向这位休假者提出更吸引人、更轻松的话题进行讨论吗？

“我们谈谈日本的问题？”

“我同意！”市长有所准备地点了点头。

双方的谈话停顿了一会儿。

“我们在电话里已经说过这件事了。”总统提醒市长说。

“嗯，是的，”尤里·卢日科夫回想起来了，“担任名人理事会的俄方主席很有意思。”

“日方主席是森喜朗先生。他不仅仅是休假，他已经退休了。”

尤里·卢日科夫对总统这句话的反应，依然是开心的微笑。

“要知道，在这方面，您已经担任了什么主席了。”总统再次提醒市长。

“是的，是‘21 世纪’委员会主席。我们与日本合作过。谢谢您，弗拉基米尔·弗拉基米罗维奇，谢谢您为一个休假者挤出时间！”卢日科夫先生固执地拿休假说事儿，“我很愿意在名人理事会里工作。”

是工作，也就是说，不是休假，他说漏嘴了。

"'21世纪'委员会运转的不错，"卢日科夫先生继续说，"不过，这个论坛的参加者们后来的积极性降低了……"

总统疑惑地看了看市长。

"基本上停止活动了，"市长解释说，"主要是因为成员岁数太大了。"

弗拉基米尔·普京的脸上显露出真诚的惋惜。

"这个委员会似乎结束了……"市长结束了讲话。

这样一来，现在面临的任务是恢复工作。只能设法使它活跃起来。

"我研究了日本在这方面的一些做法，"市长继续说，"他们与中国，与德国……建立了同样的名人理事会。我们通过大使馆向他们咨询了他们的工作计划。"

总统再次疑惑地看了看市长。

"目的是按照我们自己的计划做!"市长解释说。

总统点了点头。

"还有，他们建议名人理事会各方7人。这不算多。我建议建立资产。这不，我们连《名人理事会》条例都起草好了。"

市长拿出了手里压着的草案。

"如果我们能够把这件事搞起来……"市长充满向往地说。

这时，笔者真正产生了兴趣。如果把这事搞起来，那么，将会出现什么结果呢？能如笔者所希望的，北方四岛最终不用交出去？

"需要同日本同行磋商。"总统说。

"是的。"市长表示赞同。

"这是相当大的一笔资产。"总统看了一眼草案，补充说。

"这是值得的!"卢日科夫先生热情地说。

令人感兴趣的是，数额有多少。

"文化……科学……商业领域的人士……"弗拉基米尔·普京评点着说。

"都是些重要人物……"莫斯科市长向总统重复着说，"如果您同意草案的话……我还没跟任何人讨论过这一问题。我认为首先应当拿给您看。"

这就对了！假如所有的人都这样做，国内早就建立起期盼已久的秩序了。

支持与赞同

11月14日，俄罗斯工业家与企业家联合会第十三次全国代表大会在莫斯科工会大厦圆柱大厅举行。人们对此次大会充满了期待，希望大实业家们向政权发出最后的决定性的一击。结果相反。而且，人们终于看清，当局是没有对手的。就连俄罗斯统一电力公司总裁阿纳托利·丘拜斯都借口有急事要处理，躲到下瓦尔托夫斯克去了。

代表们站在休息室里讨论的问题是，在第一阶段的会议结束后，他们该如何立即赶到“金环”餐厅参加大型宴会，以及宴会将办成什么样子。其中一名代表非常清楚此次宴会的情况，连细节都知道了，以至于他当场决定不去参加宴会了。他得到了同事们的支持。

“是的，知道吧，那样的话，大概对大家都好。”一名代表皱着眉头，拍了拍这位同事的肩膀说。

似乎是，代表大会本身已经不能令代表们激动了。另一群代表们讨论的话题则是，为什么乌拉尔一座小城里的一位女士没来参加会议。一年前她曾来过，现在，大家感到不能少了她。

“我去年跟她在一起度过了一段美妙的时光。”一名代表说。

“那还用说，”另一名代表表示同意，“一起工作，还一起休息。”

“你也一起休息了？”一名代表问另一位。

“怎么，我比大家差吗？”这一位感到委屈。

“我认为，她生孩子了，”又一名代表不肯定地说，“她可能不干事了。”

“你说什么？！她生孩子了？”一名岁数已经不小了的代表感到震惊。笔者觉得，他的脸红了。“生了几个？叫什么名字？”

代表们不礼貌地嘿嘿笑了起来。而笔者认为，这样拿一位上了年纪的代表开玩笑是残忍的。但总的来说，代表们都表现了自己千奇百怪的关注。似乎国家并没有面临着独裁主义的威胁。

在就把什么列入日程，什么不列入日程进行了10分钟的枯燥争吵后，俄罗斯工业家与企业家联合会主席阿尔卡季·沃尔斯基说：

“现在，我要离开你们一会儿，去迎接领导人。”

他说的领导人是俄罗斯总统。

“可能的话，你们暂时先找点别的事儿干？”他关切地问代表们。

他显然担心代表们被留在这里没人管。

“让边杜基泽唱歌得了！”不知是谁喊了一声。

边杜基泽先生清了清嗓子。

就在这时，弗拉基米尔·普京走进会议大厅。这有点太无聊。通常遇到这种情况，会有喊话者在台后威严地说：“俄罗斯联邦总统弗拉基米尔·弗拉基米罗维奇·普京到！”而这一次，喊话者巧妙地没出声。

“我们衷心地欢迎俄罗斯总统！”阿尔卡季·沃尔斯基说，“他到我们这里来是明智的一步。我提前表示感谢……”

在简短的发言中，总统集中阐述了最受欢迎的话题，对官员们提出了批评。

接下来发言的是阿尔卡季·沃尔斯基。他的报告显然是在僻静的办公室里，经过长时间推敲，才准备出来的。对一些重点问题，他巧妙并满怀爱心地加以强调。有些地方，他尖锐地强调，而对一些尖锐问题，则进行了钝化处理。他既不粉饰事实，也没有美化现实。

他回想起了总统的国情咨文及其中提到的三个问题：国内生产总值水平，消除贫穷和军队改革。沃尔斯基先生特别谈到了消除贫穷。他说，消除贫穷的斗争早就开始了。笔者要补充的是，贫穷暂时还没有消除。阿尔卡季·沃尔斯基认为，要想消除贫穷，必须将俄罗斯工业家与企业家联合会办成各项公民倡议的中心。

“全国的慈善捐款应当送到这个中心，而不是送到官员手中，他们会碌碌无为地挥霍这些资金，动不动还挪用。”沃尔斯基提出了建议。

笔者相信，阿尔卡季·沃尔斯基十分清楚承担这一责任的负担有多大。主要是，每天要把沉重的工作负担加到自己身上，从早到晚不停地接受来自全国各地的慈善捐款。而且，还不仅仅是接受捐款。如何保证这些捐款不会被挥霍和挪用呢？初看上去，这一任务根本难以完成。但这不是对于阿尔卡季·沃尔斯基来说的。笔者相信，他除此之外，一定有别的收获。

阿尔卡季·沃尔斯基严厉地批判了2004年预算：

“预算的突出特点是任务提得太少。”

此外，他还对俄罗斯工业家与企业家联合会领导成员与总统的会见情况做了独特的总结。这种会见活动每隔几个月进行一次，已经持续了两年。

“这是一个推心置腹的过程，”俄罗斯工业家与企业家联合会主席说，“我说这一点是负责任的。前不久，这还是一个运作良好的制度。”

沃尔斯基先生承认，这一制度现在运作得不太顺利。究竟是谁的过错呢？

俄罗斯工业家与企业家联合会主席脱离了讲稿，意味深长地看了看总统。笔者一下子就呆了。

“有时候是我们自己，”阿尔卡季·沃尔斯基痛苦地说，“有时候是社会的破坏势力推行把俄罗斯工业家与企业家联合会董事局变成寡头俱乐部的思想。这当然是谎言，”他最后说，“我们联合会在任何情况下，都将继续与当局对话……”

笔者想补充的是，阿尔卡季·沃尔斯基说的是“在任何情况下”。

“与此同时……”

沃尔斯基先生停顿了一下。他还是想提与当局对话的意见。

“我们联合会将始终是当局的盟友。”俄罗斯工业家与企业家联合会主席说。

这就是好与更好之间不可调和的斗争。

他坚决赞同商业与当局保持距离的思想，并且，还在寻找能够表示赞同的事情。他终于找到了。他赞同实行统一的合同制度，商业与当局应当根据这一制度建立关系。

"坦率地讲，早在1997年，当我与叶利钦单独呆在办公室里的时候，他就签署了关于实行《统一合同制度》的命令。这份命令哪去了呢？"

接下来，沃尔斯基先生又抱怨土地租赁费用高。从2004年1月1日起，经营者需要为土地付费了。

"高尔基汽车制造厂要交土地费一亿零四百万美元……"一名与会者痛苦地喊道。

"还有更多的呢！"另一名受害者从座位上喊道。

"还有更多的？你算了吧，别唠叨了……弗拉基米尔·弗拉基米罗维奇，应当重新审议一下！"

普京先生饶有兴趣地看了看沃尔斯基先生。在整个这一段时间里，总统一直在记录阿尔卡季·沃尔斯基的讲话要点，连头都没抬一下。他在自己相当大的便条本上已经写了几页。

而阿尔卡季·沃尔斯基已经开始大谈在解决经济问题时必须放弃使用强制措施的必要性。从他所讲的这一切的背景看，他的讲话是相当勇敢的。他指的是尤科斯石油公司吗？不是。因为他马上就解释了他指的是什么：

"经济主体之间进行着竞争，本来不应当干扰。终于，破产程序启动了……"沃尔斯基先生看了看会场，看了看工业家与企业家们聚精会神的面孔，"我认为，你们许多人都经历过这种破产程序。88.7%的情况是由当地的国家机关挑起来的。而且，常常是将企业从一些人手里移交到另一些人的手里……难道国家准备铲除这些企业吗？难道国家只是为了从中获取几个小钱吗？难道国家还有别的、不为大众所知的任务？"

他明确告诉大家，别的任务是有的。

阿尔卡季·沃尔斯基最后出乎意料地引用了一位哲学家的话。大意是，咱们都属于一个不属于人类的国家，它的使命就是向世界传授一切可怕的教训。

弗拉基米尔·普京听到这话后，好长时间仍然没有抬头停止记录。

其他人的发言又持续了30多分钟。总统一直在便条本上做着记录。他不停地写着、划着，还翻到前面看已经记录的内容。他认真地读完了记录后要求发言，他说，他认为他现在要说的非常重要。

会场上马上响起了第一次掌声，掌声显得有点犹豫。

总统就办理土地所有权时所出现的问题，对沃尔斯基先生的讲话做了点评。从新的一年开始，经营者需要为土地支付租赁费，或者买下土地。

"这样，实施这一决定的期限将推迟两年。"总统低声地，甚至有点婉转取悦。

大厅里响起了经久不息的掌声。

"而且，我认为，对已经私有化的土地再次出售，是不公正的。"

会场上又一次响起了掌声。掌声中还伴随着叫好声。奇怪的是没有鲜花飞向讲台。

总统似乎也没有料到，他的讲话会在公众中如此迅速地产生效果。他对破产程序的点评就不那么乐观了。

“问题不在于国家从破产中获取几个戈比，而要让拖着大家后退的机构停止活动。”

然而，这一次他也赢得了掌声，不过，掌声有些稀落。从一切迹象看，代表们对他的每一句话都感到兴奋不已。

“我们的任务，是要寻找新的发展道路，而不是毁掉企业。”

俄罗斯总统在发言中的一些论题，一次次地被经久不息的掌声打断：

“用过去一句贫乏无味的话说，我们不需要盲目地崇拜西方。”

“工业政策，这是一些商业机构损人利己的院外游说。”

“一切都由官员大人来决定。是的，人们都想确定优先地位。人人都想。我也认为这是一件有意思的事情。”

说到这里，弗拉基米尔·普京开始滔滔不绝地讲起尤科斯石油公司。按照原来的计划，这一问题并没有被列入大会日程中，发言者们都尽力避免谈论。可是，现在一切都清楚了，普京先生主动要谈。这完全是做作。就像大夫跑来与病人的亲属谈论天气一样。

总统告诉代表们说，他十分理解他们的担忧。俄罗斯是否会回到过去呢？不会，决不会。

“这是不可能的，”普京先生耸了耸肩，“至于具体的刑事案件……应当适应一定的法律文明。一味地讨好护法机关，会使我们，也就是商人与国家，受到他们的指控，比如腐败方面的指控。”

这样说来，总统是要告诉人们，他与谁站在一起。“我们”，指的是商人和政权机关。“我们”站在一起。但还有“他们”——护法机关。如果“我们”不想让“我们”受到腐败的指控的话，那就要与“他们”恩怨分明。

这样说来，又该如何理解护法机关也是政权机关的主要机构之一呢？根本就无法理解。最好不要考虑这些了。

可是，如果商人中有人始终对米哈伊尔·霍多尔科夫斯基坐牢感到不舒服，那又该怎么办呢？那样的话，这个商人也是毫无办法的。只能坐在家里想，明天会发生什么？自己会步霍多尔科夫斯基的后尘吗？

“如果我们不喜欢什么，”总统对这一些担心做出了回答，“就应当完善国家机构。”

从一方面讲，弗拉基米尔·普京最终混淆了一切。而从另一方面讲，他又赢得了新一轮掌声。因为从他所讲的这一切中，不可避免地流露出一些乐观情绪。

最后，代表们为总统鼓起了雷鸣般的掌声。在统一俄罗斯党的任何一次代表大会上，弗拉基米尔·普京都没有得到如此热烈的掌声，而这也说明了一定的问题。笔者发现，这些掌声是从每位代表的内心迸发出来的。为什么会这样呢？人们因为什么如此感激自己的总统呢？笔者觉得自己知道其中的原因。最有可能的是因为总统主动跟他们讲了尤科斯石油公司。而现在，任何人，不论是他们的妻子、孩子，还是后代们，都不能指责他们避而不谈这件事。

总统在为历史工作

11月27日，俄罗斯总统弗拉基米尔·普京在列宁图书馆前接见了我国一些历史学家。他们当着总统的面弄清了彼此的关系。最主要的是，他们试图弄清弗拉基米尔·普京对人们做出的为斯大林主义平反的努力的态度。然而，历史学家们并没有弄清楚。

“到我们这里来的有各行各业的人，”列宁图书馆馆长助理塔季扬娜·亚历山德罗夫娜站在阅览室的中央说，“赖莎·马克西莫夫娜来过，尼古拉·雷日科夫来过，卢那察尔斯基来过……伟人中只有列夫·托尔斯泰。”

过了几分钟后，俄罗斯总统走进阅览室，陪同他的有俄罗斯国家图书馆馆长维克托·费奥多罗夫、文化部部长米哈伊尔·什维德科依。两分钟前总统获赠了一张作为阅览证的电子磁卡，功能极多。

“设想一下，您现在坐在卡拉干达，”图书馆馆长建议总统，“由于您手中有了这张磁卡，您在卡拉干达就不会存在任何麻烦。而这也相对不贵。”

“至少比买票从卡拉干达坐车到莫斯科要便宜。”米哈伊尔·什维德科依嘟哝了一句。

当总统已经走出了阅览室的时候，一名女读者喊了总统一声。在总统视察阅览室的整个这段时间里，她一直趴在桌子上读书，做出一副周围发生的这一切与她毫不相干的样子。这不，她的神经终于控制不住了。

“弗拉基米尔·弗拉基米罗维奇，希望您再到我们这里来！”她大声喊道。

“您在这里呆多久了？”总统站住了。

“42年！”女读者说。

总统摇了摇头。而女读者觉得还没留下什么印象。

“我们将投您一票！”她又喊道。

大概，她觉得这正是大家对她的期待。

“我不是为选票才到这里来的。”总统回答说。

这样说来，已经到列宁图书馆读了42年书的这位选民的选票，可以说，已经落到了弗拉基米尔·普京的口袋里了。

在参观了列宁图书馆这个受人尊敬的机构里保存的奇书珍本后，弗拉基米尔·普京在馆长办公室里接见了一些历史学家。弗拉基米尔·普京到图书馆里来的正式理由是参加该馆成立175周年纪念活动。而向总统提出接见历史学家建议的，却是总统经济事务顾问安德烈·伊拉里奥诺夫。这令人感到奇怪。他也坐在一张桌子后面参加了接见活动。

受到总统接见的历史学家代表有：圣彼得堡大学教授、旧拉多加考古队队长阿纳托利·基尔皮奇尼科夫，俄罗斯科学院俄罗斯历史研究所所长安德烈·萨哈罗夫，历史学家和作家弗拉基米尔·索洛维约夫，以及俄罗斯科学院世界通史研究所所长亚历山大·丘巴良。

弗拉基米尔·普京一开始讲话很少，他说，我们大家都应当高兴，我们已经放弃了只教授一个政党历史的教育方式。他认为，现在在阐述我国的历史时，首先应当遵循历史事实，同时，还应当培养为祖国自豪的感情。

笔者很难理解的是，这两者怎么可能合在一起？问题在于，尽管我们很想为祖国自豪，但在我国的历史中，的确存在着难以让人感到自豪的时期。这些时期被称作历史的黑暗时期。要么只好将其删除？

总统请基尔皮奇尼科夫教授讲话。

"我不能天天见到总统，"基尔皮奇尼科夫教授说，"而且时间也有限。因此，每讲完一个题目后，我就递给总统一张纸条。纸条上，弗拉基米尔·弗拉基米罗维奇，给您留有批示的位置。"

"批示的草稿您也准备了吗？"

"没有。"教授回答。

教授脸上露出了真诚的遗憾。假如教授知道可以这样做的话，马上也会把批示草稿也带来的……

"最初有这样一个想法。您最近走访了多处历史古迹，打从伊凡雷帝时代起，任何人也没走访过那么多。甚至列宁同志和斯大林同志也没去过这么多的地方。例如，基里尔—别洛泽尔斯基修道院……我建议《祖国》杂志刊登有关这方面的文章。您怎么看这件事？您很快将建议让《祖国》杂志由总统办公厅转归政府管理。我的意见是：不应当这样做。顺便说一下，我们正想把您昨天对文化工作者发表演讲的稿子作为分析文章在《祖国》杂志上发表。您讲得太棒了！"

基尔皮奇尼科夫先生大概想暗示总统，如果把《祖国》杂志转归政府的话，那么，这篇文章根本没有机会在杂志上发表了。也就是说，他想寻找总统的薄弱之处，更有力地刺到总统的痛处。

"关于历史人物，"弗拉基米尔·普京回答说，"我国目前所处的状况，要求回归历史的起源。我也反复考虑过。我并不认为存在着这样一些我们必须回归起源的时期。”

“波浪式的，”基尔皮奇尼科夫教授含糊地解释说，“还有别的问题。我们新一期，也就是第四期的《文化遗产》文集已经出版了，也刊登了您的文章。我的文章……也有，是关于探索民族思想的，可能用得着。我还想提提您昨天精彩的演讲……”

“我想，找到它并不难，”总统说，“不过，我并不认为这篇讲稿有什么价值，我指的是……”

笔者简直不能相信自己的耳朵。总统刚才说，对他的话不能太认真了。是的，可是……总而言之，对此应当好好考虑考虑。如果事情果真如此，那么，这会改变许多事情的，但不会改变一切。

这时，基尔皮奇尼科夫教授把话题转到了“黑”考古上，他讲述了旧拉多加考古挖掘的情况。

“您在那里的时候，他们没领您到现场看。他们说，咬伤‘先圣’奥列格的蛇，在经过千年后，也能爬出来把您咬伤。”

“谁这么说了？”总统紧张地问，“大概是开玩笑吧？”

“我想是开玩笑，”基尔皮奇尼科夫先生马上表示同意。“他们说，那里沿路边的围墙倾斜了，那里的野草对您来说也太高了……似乎我国总统是从火星上飞来的，从来就没走过草地！”

基尔皮奇尼科夫教授说，一些“黑”考古学家企图与他一起挖掘那座古墓。一些资料认为，“先圣”奥列格就安息在这里。教授甚至撒了许多钉子和薄金属片，把它们埋到了不同的地方，以迷惑“黑”考古学家们。

总统没有对这些坦白做出点评。于是，教授请总统给那些懂得考古问题的人提供优惠条件。“他们花了钱，但得到的优惠不足，”教授说着，将夹在透明文件夹里的又一张稿纸递给了总统，“应当是这样的：我花了钱，就应当得到好处。索罗斯是怎么做的呢？就是这样做的。我相信我与您在这个问题上的想法是一样的。请允许我再给您一份文件。这里要谈的是具有创造精神的莫斯科人……”

基尔皮奇尼科夫先生当着我们的面所做的这一切，被称作“院外游说活动”。笔者好久没看到这类事情了。在某种程度上这也是一种讹诈行为。在镜头前，总统无论如何也不能把这些文件一卷了事。

“还有一件事。我想，应当把旧拉多加列入文化遗产名单。”

“这有什么用？”

“首先是振兴道德，”教授闪烁其辞地回答，“当然了，您有一个专家委员会，这个委员会将讨论一切问题。我认为我是一个有罪的人。如果需要的话，我随时准备加入这个委员会工作。”

“您还在旧拉多加进行挖掘工作吗？”总统想换个话题，“整个拉多加都挖掘了吗？顺便问一下，拉多加市和诺夫哥罗德市相比，哪座城市出现得更早一些？”

“诺夫哥罗德根本就没存在过！”教授激动起来。“不过，倒是有过一座普列德诺夫哥罗德……是留里克王朝时期的一座小城市……我们的拉多加出现得要早一些。还有一件事。您不会不同意担任全俄罗斯文物遗迹保护协会的名誉主席吧？有关这个问题的文件我马上给您。在这方面有许多很好的例子。尼古拉·米哈伊洛维奇大公就担任过这种职务，查尔斯王子现在还担任着这种职务。还有许多伟人。”

“我是工人家庭出身的一个普通人。”总统叹了口气说，“可能过若干年以后，人们不会再像现在这样建议我担任各种组织的名誉主席了。我无法担任这一切主席。不过，我希望工作，比如说到您的考古队里当一名工人。到时候我将去您那里工作。”

教授似乎没听明白总统向他提了个什么建议。在挖掘工作休息的时间里，在睡一小觉的时间里，他就能够写下如此多的文件交给总统，而数量之多，是他做梦也梦见不到的。

“我可能无法长时间地挥舞铁锹。”总统继续说。

“没关系，我们那里还有毛刷子和铲刀。”

“我能成为刀手吗?!”总统高兴起来了。

“当然能。”

“那好，我可不是开玩笑，”总统似乎因为自己没有受到重视而感到委屈，“我将去您那里报到，并开始工作。我休假。”

“那好，7月份我来叫您。”基尔皮奇尼科夫没有把握地说，似乎现在轮到教授心里没底了，“我们将请您到我们学校里来，学校就在旧拉多加。那里有非常优秀的教授进行讲座。”借此机会，基尔皮奇尼科夫教授请总统下令给每个讲座的教授发100美元的酬金（又一份文件递到了总统手里），要求总统批准举行“罗斯与俄罗斯的军事问题研讨会”，并要求俄罗斯国防部为此次会议提供赞助（又一份文件夹递到了总统手里）。

“国防部可以借胜利60周年的名义拨出这笔款项。”

“国防部已经考虑过了，”总统说，“同意您的建议。”

看到文件从基尔皮奇尼科夫教授手里一份份地全部传到了总统手里之后，笔者甚至不相信自己的眼睛。而这也意味着教授再也没有什么可说的了。

作家弗拉基米尔·索洛维约夫在发言时，谈了历史学教育中存在的重大问题。他把这些情况比喻成霍塔贝奇老头儿给球场上的双方运动员提供好多个球，结果使比赛失去了意义。作家指的是俄罗斯出版了太多的历史教科书。根据这些不同的课本，想怎么教就怎么教，“应当定量地给学生们灌输信息”。

基尔皮奇尼科夫教授完全赞同这一点。丘巴良院士和萨哈罗夫院士则不同意。

“科学院出的那些教科书是最客观和最受欢迎的课本。顺便说一句，教育部常常在这个问题上干涉得过多，老是坚持一些东西。而我们遵循的是事实，一切从事实出发。比方说，一场战争在我们这里为什么会引起那么多矛盾的说法呢？”萨哈罗夫院士问。

就在这一时刻，萨哈罗夫院士已经脚踏薄冰了。他的话不可避免地要涉及到庆祝胜利60周年。目前已经出现了一种担心，担心这一光辉的节日会被用于为斯大林主义平反。那样的话，这将是一个充满泪水的节日了。在此之前，任何地方也没有公开谈论这个问题。而现在，萨哈罗夫提到了，并且当着总统的面提到了。坦率地讲，主要争论将围绕着对这一节日的态度。

“在我国，人们把这场战争与人，与社会割裂开来，”安德烈·萨哈罗夫说，“人们试图强加……瓦连尼科夫将军给我打电话，说我应当把某某书作为讲话的依据，一听这话，我浑身都哆嗦！可我有第一手资料，有事实依据……”

“当他给我打电话的时候，我告诉他说：让我们比赛吧。”丘巴良高兴地笑了起来。

应当说，总统无论如何也不会对这一切意见做出点评。这样一来，这一话题也就过去了。

“尊敬的弗拉基米尔·弗拉基米罗维奇，我们科学院的院士什么也不求您，”萨哈罗夫先生最后说，“我们搞讲座也是免费的。当我们讨论历史和某些战役的时候，我们能够同鞑靼人谈妥问题的……鞑靼人是些复杂的人，有时候还有分离主义倾向。但学者们能够谈妥一切问题。不用钱，不提任何要求。”

大概因为没有准备文件夹，萨哈罗夫先生想做一些补充。

“您知道这是为什么吗？”总统问，“您除了头脑和钢笔外，您什么也不需要了。而他还需要铲刀和毛刷子。”

“还有最后一个请求。”基尔皮奇尼科夫教授说。

笔者感到惊讶，因为基尔皮奇尼科夫教授手里已经没有文件夹了。

“可以一起合影留念吗？”他可怜巴巴地央求着。

“没问题。”总统高兴起来。

很显然，总统开始以为又要为这位教授筹措什么资金了。

在大家准备起身的时候，基尔皮奇尼科夫教授给总统讲了一个笑话。这个笑话说，米哈伊尔·霍多尔科夫斯基被捕，施蒂尔利茨跑到走廊里准备向中央报告，但他写不成，丘拜斯把电停了。

“一个可怕的笑话。”总统说。

要知道，应当让笑话真正可笑。

弗拉基米尔·普京尝到失败的痛苦

上休息日，俄罗斯总统弗拉基米尔·普京是在圣彼得堡度过的，并利用这个机会接见了多名国家官员。而与他的名字联系在一起的一个最大的麻烦，似乎就是俄罗斯“亚瓦拉—涅瓦”柔道队在俄罗斯总统杯柔道比赛中失败了。

俄罗斯总统将“亚瓦拉—涅瓦”柔道队视为自己的队伍。总统为它倾注了大量心血，充满激情的赞助商们为它提供了大量资金。在俄罗斯，赞助商在极短的时间里就喜欢上了柔道，而不是其他任何体育项目。赞助商们对柔道的酷爱程度，只有高山滑雪才能够与之相媲美。想当年，网球也曾经……

不过，应当承认，柔道是一种相当奇怪的体育形式。比方说，它要求运动员高度集中注意力、狐狸般的狡猾和非常的耐心。柔道可能还要求运动员具备某种狡诈的品质，这种品质使受到生活惊吓的人（我们大家或多或少都是这种人）成为芸芸众生中的佼佼者。比如说，可以推测，正是这种品质的存在，使一个普通工人家庭出身的普通人弗拉基米尔·普京当上了一个泱泱大国的总统，而这个大国拥有大量细微的特点、高昂的激情、各种情结和日渐消失的本质。由于这些特征，对于旁人来说，我们的国家正变得越来越神秘，而对工人家庭出身的普通人来说，变得越来越明白。

然而，即使考虑到上述这一切，一个正常的人也不会觉得柔道有意思。对一个不明其中细节的人来说，柔道就是一项枯燥的运动。简单地说，笔者更喜欢网球。

可是，星期六笔者不得不去看柔道比赛。这一天，弗拉基米尔·普京正好来到彼得堡体育—文化馆看总统杯柔道比赛。俄罗斯的“亚瓦拉—涅瓦”柔道队和日本一个不知名的柔道队进入了决赛。观看这场比赛的显然不止笔者一个人。比赛大厅里座无虚席，观看比赛的主要是一些柔道运动员和他们的家属。而这些人观看柔道比赛一点儿也不会觉得乏味。

此外，工作需要驱使西北联邦区总统全权代表伊利亚·克列巴诺夫和圣彼得堡市市长瓦连京娜·马特维延科赶到了体育—文化馆。他们坐在第一排，绝望地看着榻榻米上发生的事情。几分钟前，他们在斯莫尔尼宫向总统汇报了他们对圣彼得堡市和西北联邦区发展前景的意见。瓦连京娜·马特维延科汇报了一些新方案，如建设城市轻轨和建设莫斯科—圣彼得堡高速公路方案等。她向总统保证说，这两座都城之间至少需要一条这样的高速公路。总统没有同她争论什么，相反，支持她的方案，而且坚定地说，在准备圣彼得堡建城300周年庆祝活动的时候，无论如何也不能不顾速度。瓦连京娜·马特维延科小心翼翼地对总统说，那样的话，就需要动用联邦预算资金。她说，圣彼得堡市的预算资金不足以保持高速度。总统回答说，为了保持高速度，可以从联邦预算中找到资金。

伊利亚·克列巴诺夫在斯莫尔尼宫对总统说，他视察了西北联邦区的 6 个州，那里的情况还可以。

也就是说，瓦连京娜·马特维延科和伊利亚·克列巴诺夫在斯莫尔尼宫里自我感觉很好，因为他们都在做他们原则上会做的事情。来到体育—文化馆后，他们似乎受罪了。一开始，他们两人还能够耐着性子观看比赛，欣赏奖杯（由榻榻米上的两个人组成的奖杯）和白色、蓝色记分牌上看不懂的得分。没过多久，伊利亚·克列巴诺夫就放弃了这项毫无希望的作业，如果笔者对他的动作理解得准确的话，他开始根据内行的观众们的反应，只在需要鼓掌的时候跟着鼓掌而已。

瓦连京娜·马特维延科并不这样。从一切迹象看，她习惯于自始至终地把事情做到底。她两眼紧紧地盯着场上的斗士，死死地看比赛，那认真程度，大概达到了荒谬程度。她想搞明白日本人这项娱乐活动的真正意义，在这项娱乐活动中，“效果”（“KOKA”）不如“有效”（“YOKO”），但“有效”根本没法与“有技”（“WAZA—ARI”）相比，而地地道道的胜利是依靠这种彬彬有礼的诡诈取得的，上帝保佑，在您快节奏的生活中千万别遇到这种诡诈。

弗拉基米尔·普京来到体育—文化馆后，自己到第二排坐到自己的教练阿纳托利·拉赫林的身边。一个小时前，弗拉基米尔·普京还在亚历山大涅夫斯基大修道院，瞻仰了阿纳托利·索布恰克的坟。今年 8 月，坟前树立了纪念碑。这是一块普通而当之无愧的纪念碑。纪念碑上的索布恰克头像好像有点忧郁地看着，但目光并不显得忧伤。人们不禁要问，有什么值得高兴的吗？而从另一方面讲，大可不必忧伤。

大约有 15 个人在阿纳托利·索布恰克坟墓旁等待总统到来。人们告诉笔者，这些人是弗拉基米尔·普京大学时的朋友和过去的同事。站在笔者旁边的一个人喊总统“头儿”。他大概是总统过去的司机。

总统与阿纳托利·索布恰克的遗孀一起在坟前站了大约 10 分钟。他兴致勃勃地跟她在悄悄地说着什么。交谈中不知什么事引起了总统的兴趣。很少看见他对什么如此感兴趣。他显然在向阿纳托利·索布恰克的遗孀讲他跟什么人谈话的事情，而谈话对柳德米拉·纳鲁索瓦娅具有重大意义。她认真地、一字不漏地听弗拉基米尔·普京讲每一句话。有一段时间笔者甚至都不看他们了，因为笔者觉得自己是在窥视人家的隐私。总的说来，只有关系非常亲近的人们才会那样交谈。

后来，来到体育—文化馆后，总统只跟教练阿纳托利·拉赫林说过话。这已经完全是另一种交谈了。由于任何原因经常见面的人就是这样交谈的。总统常常露出微笑，但始终没有忘记观看场上的比赛。然而，榻榻米上的比赛形势让人笑不出来了。我国运动员连连失利。比分已经到了 0:4。不过，接下来，我国一名叫阿斯哈特·日特克耶夫的小伙子不知怎么的，糊里糊涂地赢了，笔者也不明白究竟怎么赢了。绝对世界冠军亚历山大·米哈伊林也赢。这一局比赛很快就见分晓。他把对手一下子摔倒在榻榻米上，就没让他再站起来。

当笔者以为一切都结束了的时候才知道，同样的一个结局还在后头。在下一局中，日本人没明显用力就占了上风。这样，他们就赢得了俄罗斯总统杯。总统本人看到这一幕，脸上的笑容消失了，他快步走出了体育—文化馆。我们记者此前得到的消息说，总统将给获胜者颁奖。

总统大概很不愉快。从一切迹象判断，他还是希望我国小伙子们能够把握住自己。大概，总统心里想，假如他处在他们的位置上，他就能够把握住自己。很有可能的是，总统设想过自己处在他们的位置上。就连笔者不知怎的，也设想过自己处在他们的位置上。

弗拉基米尔·普京没有谅解欧洲商人

12月2日，俄罗斯总统弗拉基米尔·普京会见了欧洲商界领导人，从进攻的姿态，与他们讨论了欧盟扩大的悲剧性细节，并告诉他们俄罗斯加入世界贸易组织不可避免。

加入欧洲“圆桌会议”机构的商人，一年两次在业余时间讨论欧盟应当如何生活和发展。可能给人的感觉是，这些人在业余时间里再也没有别的什么事可做了。其实不然。他们时不时来到俄罗斯，与俄罗斯商界代表们一起讨论同样的问题。

昨天，俄罗斯内阁的两名成员维克托·赫里斯坚科和格尔曼·格列夫在联合举行的“圆桌会议”上大闹了一场，一点也没有因为这些欧盟商人到我们这里做客而客气一些。而且，可以说，他们两人还利用了这一情况，当面质问欧盟商人，欧盟怎么可以通过吸收中欧国家的方法扩大自己？明明知道俄罗斯为此会失去相当多的资金，却还要这样做？人们可以推测，即使欧盟经济因此获利，而俄罗斯经济遭受损失的话，那么，这跟欧盟商人们毫无关系，也不可能有任何关系。事情并非如此。欧盟商人们并不像我们想象的那样没心没肺。他们的心提醒他们，俄罗斯提供给欧盟国家的天然气，对于这些国家的公民来说，就像空气一样不可缺少。

笔者认为，在昨天会议上闹出不愉快后，弗拉基米尔·普京作为一名善意的侦查员，在对恶做出惩罚后，将会理解并原谅欧盟商人的。但是，他没有理解他们。

“欧盟国家存在着种种限制，”弗拉基米尔·普京说，“目前还没有涉及到中欧国家。就连现在正准备加入欧盟的一些国家，也向我们提出了有关废除某些合同的建议。不过，我确信，我们能够，也应当在欧洲一体化的各个方面创造正常的条件。

我绝对相信，这既符合我们的利益，也符合你们的利益。”

在这里，当然最重要的是要符合他们的利益。笔者绝对相信，这些商人全都正确地理解了这一信息，也会将它们报告给欧盟领导人。

俄罗斯总统还谈了另一个问题。就是俄罗斯加入世界贸易组织。欧盟国家不希望我们加入世界贸易组织，死死反对。而我们嘛，还是想加入。不管他们反对还是赞成，我们总会加入的。

欧盟国家认为，俄罗斯要想加入世界贸易组织，就应当提高国内市场上的能源价格。而俄罗斯总统告诉他们，俄罗斯永远也不会这样做。这就是原因。

“俄罗斯业已形成的较低的能源价格，客观地反映了我国的竞争优势，就像欧盟国家中有着良好气候使农业发达一样。”

也就是说，你们要先改变欧盟一些国家的天气（我们不会专门指出哪些国家的天气，这是为了在出现什么情况的时候，留有政治回旋余地），然后再向我们提出自己的要求。到那个时候，我们也许会考虑这样的问题：将带动我们水电站涡轮的河流截断或者弄干涸，降低我们在竞争中的自然优势。

奇怪的是，这一无可指责的逻辑对这些商人们不是很起作用。英国石油公司（British Petroleum）总裁皮特·萨泽兰回答说，在世界贸易组织的历史上，还没有出现过双方都完全满意的谈判结局。他的这一说法是在欧盟企业家“圆桌会议”主席格哈德·克罗梅发言后，突然尖锐地提出来的。而格哈德·克罗梅在发言中说，俄罗斯国内发生的事情是真正的奇迹。当他说，他指的是在最近 15 年中俄罗斯经济中所发生的一切时，他的这一看法的价值受到了怀疑。

此次会晤的结果是双方不欢而散。因为我国目前的自然优势还要保留下去，他们的优势也要保留下去。难道这对谁有害吗？

弗拉基米尔·普京视察内燃机车制造厂

12 月 4 日，俄罗斯总统弗拉基米尔·普京在科洛姆纳市处理公务。

普京先生对科洛姆纳的视察是在一个星期前就定下的。后来，意外地被推迟了。改变此行日期的原因至今还是一个谜。官方的正式说法是，那天早晨有大雾（还应当说天气潮湿）。这一说法经不起任何推敲。总统的专机和直升机实际上可以在任何气象下飞行。

晚些时候，出现了一种说法，说俄罗斯总统在首都有些紧急事情需要处理。这是一种比较令人感兴趣的说法，当天的电视新闻和新闻社的报道也没有证实，不过，倒是间接地证明了它的可信性。

笔者赞成最简单的判断方法。笔者推测，实际上只不过是弗拉基米尔·普京早上醒来后，不愿意在这天飞往科洛姆纳而已。去是应当去，他从来也没有彻底放弃飞行。但是，能不能今天不去呢？那什么时间去？一个星期以后去吧。就这么决定了。

的确，昨天是弗拉基米尔·普京能够飞往科洛姆纳，并在莫斯科州州长候选人鲍里斯·格罗莫夫的陪同下对此地进行视察的最后一天，以便让各家早报能够轻松地报道这一事件，而不必冒被指责在法律禁止的日子，也就是这个星期六还进行竞选宣传活动的风险。

弗拉基米尔·普京在科洛姆纳的行程安排，正如平常所描述的，非常紧张。他向圣火敬献花圈，会见卫国战争老战士，出席交通运输车辆制造问题会议，参观当地的古俄罗斯城堡，也就是做了一切身不由己的事情。

科洛姆纳有一座最大的内燃机车制造厂。真是不得了！厂区面积有数百公顷。可以乘坐列车在厂区来回跑。乘坐列车从厂区这头跑到那头，需要经过好几个车站。这样，坐车走马观花地参观这座工厂的时候，人们的自豪感便会油然而生，为俄罗斯祖国母亲的幅员辽阔而自豪。

直接的效应却没有。工厂也没有什么值得自豪的东西。该厂至今还在生产的内燃机车，与欧洲同类机车或者本厂设计师设计的未来型相比，或多或少有些寒酸。

总统肯定地说，对于国产铁路运输车辆他不抱任何幻想。

“我国的交通运输无力保障国家今天的需求，更别说未来，”弗拉基米尔·普京在交通运输车辆制造问题会议上说，“缺乏现代化的技术基础，车辆不足，车厢和集装箱车都不足……旅客列车的火车头缺少50%。”

对铁路运输只剩下一个幻想：可以对其进行现代化改造和设备更新。已经选好了实现这一目标的道路，无论怎么说都是艰难的。

“一系列旨在对列车进行现代化改造和提供新的技术设备，包括新一代车厢和火车头计划，有助于解决铁路运输部门的问题，”弗拉基米尔·普京说，“不能忘记开展合作联系和行业内的协作，以及建立一体化的技术和生产链条，这一链条有利于减少研制和生产高技术含量产品的费用。”

所有这些空前的力量集中成一个拳头，能够对部门内存在的问题，甚至整个国家经济中存在的问题实施毁灭性打击。总统准确地指出，直到今天，俄罗斯经济的发展，还是依靠能源作为催化剂才取得的。

出了内燃机车制造厂，总统又视察了另一个单位——正在建设中的滑冰基地。幸好这里不需要做出什么重要决策。这里一切良好，这都是因为莫斯科周边地区拥有像鲍里斯·格罗莫夫这样出色的州长候选人。笔者想，鲍里斯·格罗莫夫的形象设计师们在总统视察之后希望但不奢望听到这句话，到底还是听到了。

傍晚时分，总统参观了当地一座古俄罗斯城堡。就其规模而言，它并不亚于莫斯科克里姆林宫。这里有一座古代的圣母升天大教堂和一座今天的女修道院。在这里，总统尽可以把心情放松。这里不需要做任何决策，这里的一切取决于上帝。

弗拉基米尔·普京认真保护宪法

12月9日，俄罗斯总统弗拉基米尔·普京在克里姆林宫亚历山大大厅用了两个多小时的时间向立法会议解释说，他不打算修改宪法，以便将自己的任期从4年延长到7年，而是相反，他将使宪法保持原样。

立法会议上一次举行会议是在5月份。那次会议讨论什么问题？还能够回想起来吗？主要的是，立法会议还存在。它将各联邦主体立法会议主席集合到了一起。笔者觉得，之所以建立立法会议，是因为各联邦主体行政长官们拥有一个有总统参加的国务委员会，而立法者们什么组织也没有，而且，各联邦主体的立法会议首脑们又非常关心联邦中央事务。

会议参加者和记者入场前半小时，红场附近的道路上发生了一次爆炸事件。此时红场还对旅游者开放。笔者想，爆炸发生后红场很快就会关闭的。这样做是顺理成章的事。应当保护总统。

可是，关闭红场的情况并没有发生。不过，克里姆林宫内加强了安全措施。例如，平常的时候，在经过斯巴斯克大门的公务通道时，只要出示一下证件就可以（当然，您必须预先领取通行证）。昨天则必须经过安检。

顺利通过安检进入大克里姆林宫的立法委员们，互相交流着对所发生事件的看法，后悔来到莫斯科。

“您没去过‘民族饭店’那边吧？我去了那里。太可怕了！我已经两年没到莫斯科了，今后两年之内我将尽量不来，”在存衣室，一个人对另一个人说，“我将尽一切努力不来！家里事情很多！”

“可以在这里放松一下嘛。这里就像避弹所一样安全！”另一人安慰他说。

“当真？”那位神经紧张地说。

“别发神经了！”又一位立法者走到了他们跟前。

弗拉基米尔·普京宣布会议开始后，也谈了此次爆炸事件的情况。他从恭维俄罗斯宪法的制定者们谈起，开始了自己的发言。这部俄罗斯宪法在12月12日将满10周年。它对提高俄罗斯的国际威望和巩固领土完整，都是必不可少的。弗拉基米尔·普京说，“民族饭店”附近发生的爆炸事件，就是针对领土完整。

一听这话，笔者不寒而栗，身上一阵发冷。总统那样充满信心地大谈过去各个时期的宪法，以至于笔者认为：得，完了，总统马上就会说，到了修改这部宪法的时候了。可是，总统并没有说这话，只是埋怨各个地区的代表们，说他们通过了一些违反宪法准则的法律。

俄罗斯联邦委员会（议会上院——译者注）主席谢尔盖·米罗诺夫声称，“只有今天我们才能够对我国人民的智慧做出应有的评价”，因为我国人民在10年前就投票通过了这部宪法。人民以其固有的直觉，在那个时候就明白，“联邦思想是俄罗斯本性固有的现象”。早在那个时候，关于在各权力分支机关之间划分权限的思想，就在人民的心中扎下了根。

罗斯托夫州立法会议主席亚历山大·波波夫把宪法称作“妥协的产儿”，笔者再次想到，现在肯定有人要说，到了对宪法进行修改的时候了。笔者觉得，在这个会场里，善解总统者，不乏其人。

“世界上没有任何一部宪法是完美无缺的，”亚历山大·波波夫已经开始解释了，“德国宪法就没有必须交税的条款，可德国人都在交税！因为一切取决于执行者。我们也应当朝这个方向努力。”

如此说来，所有的人都应当致力于履行宪法中没有规定的义务。为此目的，只好认真地对宪法进行研究了。

卡累利阿共和国立法会议主席亚历山大·列文说：“目前，社会面临着一些迫切需要解决的问题”。它的迫切性在什么地方呢？

“是的，幸亏有宪法存在，国家解体的势头才被制止……很好，已经完全被制止！”亚历山大·列文说，“可是，一些问题遗留下来了。”

遗憾的是，他到底也没有明确说出，这些问题究竟是什么。

圣彼得堡立法会议主席弗拉基米尔·秋利帕诺夫感谢宪法存在。

“大多数俄罗斯人都明白这部宪法。他们轻松而方便地按照它生活！”弗拉基米尔·秋利帕诺夫赞叹地说。

很难说秋利帕诺夫先生在那里看到了能够“轻松而方便地按照这部宪法生活”的俄罗斯人。也许，什么地方有这样的人。他们大概不会认为自己是英雄。如果你问他们生活得如何，他们会毫不犹豫地回答：轻松而方便。也就是说按照宪法生活。

俄罗斯总统似乎就是这样的人之一。

“我同意，”总统说，“宪法是稳定的基础。我和亚历山大·波波夫（罗斯托夫州立法会议主席——作者注）一样，认为宪法的潜力还没有充分挖掘。”

总统呼吁停止有关修改宪法的话题，集中精力保全宪法。笔者本人丝毫也不怀疑，如果总统与亚历山大·波波夫一起做这件事，成功就有保障。

弗拉基米尔·普京像跟自己人一样跟外国军人交谈

12月10日，俄罗斯总统弗拉基米尔·普京在克里姆林宫代表厅会见了独联体成员国国防部长。部长们在会谈前拥有的好心情在会谈结束后依然如故。

会见开始的时间有点推迟。总统在隔壁办公室里与政府总理米哈伊尔·卡西亚诺夫的谈话还没有结束。部长们比弗拉基米尔·普京提前几分钟走进大厅，相互表现得彬彬有礼，甚至对记者们也非常客气。俄罗斯国防部长谢尔盖·伊万诺夫特别讲究礼貌。他多次跟我们记者打招呼。显而易见，国防部长们心情非常好。后来，笔者还弄清了他们心情愉快的原因。

总统走进大厅后，与每位参加会见的人握手问候，在其中一位部长身边待了很长时间。这位部长的制服显然是新做的，肩章上闪耀着多颗将星，简直数不过来。而且，给人留下印象是，他的每一颗星的尺寸比别人的要大得多。这位部长所代表的国家完全可以为这套制服感到骄傲。在这些部长中，这套制服最豪华，制服上的扣子最耀眼。不过，俄罗斯国防部长谢尔盖·伊万诺夫穿的是便服。

会议一开始，弗拉基米尔·普京向哈萨克斯坦国防部长穆赫塔尔·阿尔滕巴耶夫祝贺生日。笔者的感觉是，哈萨克斯坦国防部长没有料到俄罗斯总统对哈萨克斯坦的情况如此熟悉，他有点感到不好意思。

俄罗斯总统就像对待自己的部长们那样，向这些国防部长们发表了讲话。总统彬彬有礼的微笑和突然出现的严肃表情，使坐在桌子后面的部长们突然产生了不安和紧张，很快就变成了不自然的慌乱。

不过，总的来说，弗拉基米尔·普京说的话，除了令人满意外，本不应当产生其他任何反应。例如，总统讲了独联体国家实行统一防空体系的前景。

“我看到，今天过生日的那位在点头!”总统高兴起来，“他正好是防空专家。”

这个时候不点头表示同意的当然只有懒人了。独联体各成员国都想拥有这种防空体系，而且是与俄罗斯防空体系结合在一起。

这时，俄罗斯总统给部长们赠送了一个更慷慨的礼品。

“我们将开始为你们免费培训军事专家，并按照国内的价格向成员国出售武器装备。”总统说。

格鲁吉亚国防部副部长努格扎尔·克赫维什维利眉头一扬，饶有兴趣地看了看俄罗斯总统。他大概开始想，俄罗斯将按照国内的价格向格鲁吉亚出售武器，而现在他在苦苦地思考，国内价格是哪国的？是俄罗斯的，还是格鲁吉亚的？

不过，努格扎尔·克赫维什维利尽可以把心情放松。俄罗斯总统说的是俄罗斯国家杜马在11月份批准的关于按照国内价格向集体安全条约组织成员国出售武器的决议。这种成员国有6个，格鲁吉亚不在其中。

这样一来，努格扎尔·克赫维什维利只能作为观察别人幸福的观察员参与这项措施了。显然，他也为此获得了邀请。这件事也向他和其他人表明，加入集体安全条约组织有什么好处。弗拉基米尔·普京说的下一件事涉及到全体与会者。他以非常果断的口气建议各国国防部长关心独联体各成员国境内的武装力量老战士。不能以为部长们会被这口气惊呆了。相反，笔者感到，他们喜欢俄罗斯总统的这一建议。军人也是人。

代表厅里的会见持续了大约两个小时。距哈萨克斯坦驻俄罗斯大使馆为穆赫塔拉·阿尔滕巴耶夫举行生日庆祝会的开始时间，仅剩下不多的时间。其余所有的部长们都感激地接受了参加此次生日宴会的邀请。笔者想，最有可能，这就是部长们在接受俄罗斯总统接见前，脸上都挂着幸福的笑容的原因。

护法机关官员承认，一切都取决于弗拉基米尔·普京的意志

12月10日，俄罗斯总统人权事务委员会成员与强力机构人员一起在克里姆林宫叶卡捷林娜大厅里庆祝保护人权日。

笔者在会议开始前15分钟，明白了出席会议的主要力量的分布情况。总统人权事务委员会成员们坐在叶卡捷林娜大厅的大圆桌后，他们彼此相距大约一米的距离，谁也不说话，两眼出神地盯着大厅镶着黄色星星的白蓝相间的屋顶。

与此同时，在叶卡捷林娜大厅门口，聚集了一圈人，他们都是些耐不住寂寞的人。这些人有内务部长鲍里斯·格雷兹洛夫，总检察长弗拉基米尔·乌斯季诺夫，司法部长尤里·柴卡，还有后来加入到这伙人中间的新闻出版部长米哈伊尔·列辛。他们在热烈地讨论着什么，在一起很快活，笑声不断。

笔者有依据推测，在保护人权日，这伙人谈论的应当是：为了更好地保障人的权利，护法机关能够做什么和应当做什么，新闻出版部如何才能够帮助护法机关工作人员将最隐秘的夙愿传达给每位公民。可是，当笔者得知这伙人在讨论米哈伊尔·列辛的新鞋子的时候，真是大吃一惊！总检察长指着新鞋子，真诚地赞叹新闻部长的高品味。他显然是要以此告诉人们，既然他能够对这双鞋子做出评价，也就是说，他本人起码也具备这种高品味。

与此同时，总统人权事务委员会成员们依然坐在各自的位子上，脸色越来越凝重。终于，人权委员会的一名成员——记者弗拉基米尔·索洛维约夫忍受不住这种

紧张的气氛，离开自己的座位，向强力机构的部长们冲过去。部长们当然一下子把目光都转到了他的身上，笑声戛然而止。不过，记者索洛维约夫的目的并不是要迫使他们停止嬉笑。冲到部长们跟前后，弗拉基米尔·索洛维约夫握着鲍里斯·格雷兹洛夫的手，意味深长地说：

“祝贺您！”

毫无疑问，索洛维约夫指的是鲍里斯·格雷兹洛夫领导的政党在国家杜马选举中大获全胜。索洛维约夫还握了握总检察长的手向他问候。但是，索洛维约夫显然没想向总检察长表示祝贺，他小心翼翼地离开了。他的表情告诉部长们：“我不会打扰你们的！”

然而，他当然已经打扰了。部长们笑谈的兴致显然已经被破坏，再重新谈论鞋子已经晚了。于是，大家各就各位。最后一个来到大厅的是总统办公厅主任德米特里·梅德韦杰夫和联邦安全局局长尼古拉·帕特鲁舍夫。一分钟后，总统走进叶卡捷林娜大厅。

弗拉基米尔·普京说，今天的会面是根据人权委员会的建议举行的。总统向大家介绍了在刑事政策人道化方面所取得的最新成就。例如，刚刚做出决定，囚犯可以从关押地往家里打电话。

“初看上去，这是一件小事，”总统耸了耸肩说，“但对于囚徒们却不是小事。”

总统没有列举刑事政策人道化的其他例子。而总统人权事务委员会主席埃拉·帕姆菲洛娃在发言时，热情地把此次见面活动称作是史无前例的。

“出席此次见面活动的人员成分，最能证明……”她说不下去了，因为她对自己要说的话感到非常激动，“最能证明国家领导人的意志！”

在说出这一非凡的见解后，埃拉·帕姆菲洛娃才接着说，国内滥用职权的情况有时候超出了限度。笔者的理解是，在这方面还存在着什么红线。当滥用职权的行为没有达到这一红线的时候，一切都正常。而只要一超过，一切都超过了限度。这时候，就需要呼吁国家元首的支持了。

埃拉·帕姆菲洛娃批评了法院，说法院有时候独立性不够。

“此外，检察机关某些工作人员还在按照昨天的经济标准思考问题。”

笔者不由得想到，终于有人要谈尤科斯石油公司案件。也许，霍多尔科夫斯基真的能在新年到来前获释。不，他不会获释的。埃拉·帕姆菲洛娃说的是完善企业金融经营活动检查制度的问题。这一制度目前还未全面推广实施。

接下来发言的是人权委员会成员塔马拉·莫尔沙科娃。按照总统人权事务委员会主席埃拉·帕姆菲洛娃的话说，塔马拉·莫尔沙科娃将具体说明主席要说的究竟是什么。塔马拉·莫尔沙科娃完成了作出具体说明。

“根本就不应当让个人成为法律的保障，”塔马拉·莫尔沙科娃说，“而是相反，法律应当成个人的保障！”

为了让法律胜过个人，塔马拉·莫尔沙科娃建议推行“侦查法官制度”，也就是说，这些法官应当在刑事案件的侦查阶段就介入其中。不过，这会干扰和延长侦查程序，但这却能够为犯罪嫌疑人提供权利保障，因为在他侦查阶段，可能要在隔离侦查室里待上数月之久，最后可能是无罪的。

此外，塔马拉·莫尔沙科娃建议完善刑事案件的起诉程序。

“一接到有关犯罪的报告，就应当提起刑事案件诉讼。”她断然地说。

“塔马拉·格奥尔吉耶夫娜，”总统对她说，“您知道吗，轻易地提起刑事案件诉讼会导致刑事案件数量急剧增长，甚至可能导致被告的人数急剧上升?”

“那当然!”塔马拉·莫尔沙科娃点了点头。

“您知道吗，在我国的情况下，提起刑事案件诉讼这一事实本身，带有损害当事人的声誉的性质?”弗拉基米尔·普京补充说。

塔马拉·莫尔沙科娃思考了一下。

“是的，这我知道，”她承认，“反正……我对这一问题有可回答的。您知道，当犯罪嫌疑人刚刚被查到的时候，不会产生不良效果。”

这时，所有的与会者都以疑虑的，甚至还有点同情的目光看着塔马拉·莫尔沙科娃。显而易见，她也认为应当更有说服力地讲话。

“主要是，”她接着说，“应尽早启动各有关方面参与的辩论程序。”

这时候，包括笔者在内的有关人士对会议失去了兴趣，但它又持续了两个小时。

给弗拉基米尔·普京讲授宪法课

上星期四，俄罗斯总统弗拉基米尔·普京到一所学校参加了一堂纪念宪法日公开课，最后，还主持了讲评会。

公开课在第十八法政工程学校举行。它对其他法政学校，不论是工程类的，还是人文类的法政学校来说，都是一个仿效的榜样。这所学校里一切都搞得很好，一切为了人，一切为了人的福祉。不知为什么被称作公开课的这场电视智力抢答赛，是专门为俄罗斯联邦宪法和这个联邦的总统弗拉基米尔·普京安排的。参加比赛的是校星们组成的三支代表队。

总统来到礼堂后，紧挨着法政学校的学生们坐到第一排的一个座位上。这是一个原则性的决定。但不是总统做出的，而是负责安排此次会见活动的具有创造精神的组织者们做出的。此外，人们事先就已经得知，坐在弗拉基米尔·普京身边的将是九年级的学生阿列克谢·杜缅科。法政学校的自豪感在公开课举行之前就得到了承认，而这种自豪丝毫也不次于国家的自豪。从另一方面讲，学校的女校长应当为弗拉基米尔·普京打掩护。

三支代表队坐到了摆放着话筒的小桌子前，开始回答问题。学生们在举行公开课前向笔者解释说，这些问题是他们的历史老师柳德米拉·萨莫伊洛娃准备的，这位老师负责组织此次电视智力抢答赛。

学生们非常轻松地答出了第一道题：俄罗斯国家的基本原则是什么。第一队里一名女学生回答说：

“俄罗斯，是民主的、联邦的……是……是联邦制的国家！”

历史女老师认为这一答案完全正确，于是，就给这一答案加了分。笔者也不想吹毛求疵。归根结底，联邦国家与联邦制国家的区别在于，联邦国家是不存在的。而实际上，不能认为俄罗斯是联邦国家的依据只是，联邦制度只是在这个国家的某些地区积极运作。

弗拉基米尔·普京对学生们的答题做出了相当强烈的反应。两个星期前他在圣彼得堡对在榻榻米上进行的柔道比赛的态度，跟这一反应相比，可以说是相当平静了。总统常常鼓掌，惊喜地扬起眉毛，不停地摇头赞叹。又有谁能够想到，国家基本大法中的内容竟能使他如此激情澎湃。

向参加比赛者们提出的第二个问题，是相当复杂的：与俄罗斯签署的国际条约相比，俄罗斯宪法是否是最高的法律力量？坐在上层的记者们互相争论起来。多数人的意见是，俄罗斯首先考虑的是国际条约，并且，记者们还举出了例子，但答案却相反。

笔者感到，总统也陷入了沉思。他一动不动地等待着答案。那个样子就像站在黑板旁边的学生等待着同学们的提示一样。

可是，学生们自己也陷入了混乱中。一个代表队拿出答案说，国际条约重要得多。可是，历史老师说，这是错误的。总统有点怀疑地看了看她。这时，另一个代表队推测说，俄罗斯联邦宪法是世界上最高的法律力量。历史教师马上表示同意，只是问为什么。

“这是因为，”一名男学生再次拿起话筒说，“我国的宪法不需要其他任何证据。”

这一回答博得满场喝彩。事情已经很清楚了，柳德米拉·萨莫伊洛娃是我们联邦制国家的真正爱国者。

令全场活跃起来的是这样一个问题：哪些权利和自由能使我国公民觉得自己是一个完整意义上的人？一名学生回答说，是生存权和自由权。另一名学生回答说，劳动权和休息权。第三名说，父母和替代父母的人关心自己的孩子。第四名说，在各种权利中，最重要的是打匿名电话的权利。

“如果一个人发明了什么，他有权谁也不告诉。”还有一名学生有点委屈地补充说。他显然最近发明了什么。

历史老师都给加了分。笔者明白了，这些答案都令人满意。

关于俄罗斯国旗的颜色代表什么，使人们产生了种种联想。

“白色代表高雅，蓝色代表忠诚，红色代表爱和自我牺牲精神。”一名学生回答。

另一名解释说，上帝早就解决了这个问题。白色代表上天，蓝色代表中天，红色代表下天。历史老师又给所有的答案加了分。从弗拉基米尔·普京的面部表情看，他其实更喜欢颜色代表天的答案。

“国家政权体系中是否包括地方自治机关?”历史老师提出了下一个问题。

学生们考虑了不一会儿。

“包括。”

“不对。”

“不包括!”

“对!”

坐在一号桌前的女学生为自己的答案找论据说，莫斯科市杜马就是地方自治机关，大家都知道，国家政权体系中不包括它。这名女学生得到了历史老师的单独夸赞。

在如何理解“世俗国家”这个术语问题上，也没有出现障碍。学生们解释说，这是指任何一个宗教都不占优势的国家。历史老师认为学生回答得完全正确。

历史老师问总统有没有问题问坐在身边的同学?总统说有。当然了，这是这场活动中事先约定好了的一段插曲。总统问，俄罗斯公民从什么年龄开始获得自己的权利?

对这个问题，出现了各种不同的答案。大致是从出生到18岁。所有答案都得了分。不过，历史女老师忽然回想起来这是总统提的问题，于是就问总统哪一名学生回答得正确。普京先生回答说，有同学说出了正确的答案，遗憾的是，他没弄清是哪位回答的。这下子可就麻烦了。

比赛结束后，总统走上讲台主持讲评。总统说，有同学把莫斯科市杜马说成是地方自治机关。他不明白的是，为什么这样的答案竟被当成正确的。

“对于这个问题，顺便说一句，应当进行思考。”总统毫不留情地说。

总统还批评了对什么是世俗国家的标志这个问题的答案。

“标志首先是教会与国家政权分离，而不是各种宗教平等。”

笔者发现，历史老师委屈地站在那里。

这才是毫不犹豫地准确阐述整部宪法的人。

应当经常见面

12 月 15 日，阿塞拜疆为前总统盖达尔·阿利耶夫举行葬礼。许多国家的现任总统、一名临时停职的总统和一名未来的总统前来与死者告别。

弗拉基米尔·普京到底没来得及给阿塞拜疆总统盖达尔·阿利耶夫授予圣徒安德烈·佩尔沃兹万内伊勋章。俄罗斯总统早就把这枚勋章带在身边，希望能到巴库去。他曾想专程飞到那儿去办这件事，但没有办成。盖达尔·阿利耶夫整个这段时间都在美国克利夫兰市一家医院住院治病。

毫无疑问的是，弗拉基米尔·普京将飞来与盖达尔·阿利耶夫告别。不知是什么重要的利害关系把这两人紧紧地联系在一起。

飞机降落后，弗拉基米尔·普京好长时间没能下飞机。他的伊尔－96 专机就停在机场的飞行信号天线与一架美国“湾流”（Gulfstream）小飞机之间。

在这一时刻，机场上机满为患。正如人们常说的，停车场上没有空车位了。伊尔－96 专机费了好大劲才挤到了等候它的舷梯跟前。下了飞机后，俄罗斯总统向记者们简单地介绍了自己与盖达尔·阿利耶夫的交往历史。原来，这位后来的俄罗斯总统和苏联时期的许多人一样，不相信苏联共产党的领导人。盖达尔·阿利耶夫曾是党的领导人之一（他是苏共中央政治局委员）。而弗拉基米尔·普京对盖达尔·阿利耶夫的态度和对待政治局其他所有领导人的态度一样。也就是说，可以认为，他对他们一律没有好感。应当说，这是俄罗斯总统第一次承认这一点。

“可是，当我与他认识后，我的态度从根本上转变了，”弗拉基米尔·普京又说了一件事，“我并不认为他是一位多么深刻，多么充满智慧的人。只认为他是一位极有条理的、有意思的交谈者……”

很有可能的是，假如弗拉基米尔·普京更好地认识了其他政治局委员的话，那么，他对待他们的态度也会完全不一样。

弗拉基米尔·普京在机场上遇到了哈萨克斯坦总统努尔苏丹·纳扎尔巴耶夫。纳扎尔巴耶夫先生已经准备离开巴库。他的访问时间很短促。在共和国宫大楼附近，纳扎尔巴耶夫先生自己走到记者跟前说，他早就认识盖达尔·阿利耶夫。

“而且，我认识他的时间最长。我指的是比现任的总统们认识他的时间长，”纳扎尔巴耶夫明确地说，“我认识他已经 20 多年了。”

纳扎尔巴耶夫先生想以此告诉人们什么是身份，有了这个身份，谁也不能把他放在前来参加葬礼的这些头面人物中的次要地位，哪怕是第二位也不行。

当告别仪式开始的时候，弗拉基米尔·普京来到共和国宫。能容纳上千人的大厅里，挤满了盖达尔·阿利耶夫过去的机关工作人员、大使馆工作人员、阿塞拜疆各地区的高级代表成员。台子上的棺材已经合上了盖子，普通的阿塞拜疆人从旁边缓缓走过。许多妇女号啕大哭，一些妇女好不容易才被搀扶着胳膊离开了灵柩。盖达尔·阿利耶夫受到阿塞拜疆人的爱戴。

与盖达尔·阿利耶夫的儿子伊利哈姆并排坐在一起的是格鲁吉亚前总统爱德华·谢瓦尔德纳泽。他们两人很少说话。这时，伊利哈姆·阿利耶夫站起来，向门口走去。整个大厅里的人都站了起来。爱德华·谢瓦尔德纳泽也站了起来，吻了一下站在门口的穆夫提，走出了大厅。这个人炫耀自己与死者认识的时间长，甚至超过了努尔苏丹·纳扎尔巴耶夫与死者的交往时间。不过，哈萨克斯坦总统也不白给，他利用了一个无可指责的表达方式：再怎么说，谢瓦尔德纳泽也不能被称作是“现任总统”。

10分钟后，伊利哈姆·阿利耶夫又回来了。整个大厅里的人们又站了起来。两分钟后，格鲁吉亚代总统尼诺·布尔贾纳泽走进大厅，代表格鲁吉亚送来花圈。整理了花圈上的带子后，她毫不犹豫地坐到了爱德华·谢瓦尔德纳泽余温尚在的那把椅子上。当然了，她感到不习惯。

伊利哈姆·阿利耶夫对尼诺·布尔贾纳泽比较有好感。他们热烈地讨论着什么，只是在20分钟后，当一位花甲老人从灵柩旁边走过，突然大声地祈祷时，他们的交谈才被打断了。笔者发现，告别仪式的组织者们想走到这位老人跟前，但犹豫不决。看到这些，老人又提高了声音。组织者们惊慌失措，一会儿看看老人，一会瞅瞅灵柩，一会儿再看看伊利哈姆·阿利耶夫。这时，阿塞拜疆总统向老人点了点头，不赞许地摇了摇头。又过了两分钟，老人结束了祈祷，就离开了。伊利哈姆·阿利耶夫以此向人们表明，他和他的父亲一样，在非常情况下是聪明而有忍耐性的。

他继续与尼诺·布尔贾纳泽交谈。笔者明白了，尼诺·布尔贾纳泽根本就没打算离开。她坐在伊利哈姆·阿利耶夫和他的妻子梅赫里班之间。

一对中年人走进大厅。人们告诉笔者，男的是世界著名儿科医师伊赫桑·多戈拉马奇，是盖达尔·阿利耶夫最亲密的朋友之一。儿科医师向灵柩敬献了花圈，跟他显然不认识的尼诺·布尔贾纳泽打了声招呼，甚至还同伊利哈姆·阿利耶夫的妻子，以及盖达尔·阿利耶夫的弟弟打了招呼后，坐到了第二排。

尼诺·布尔贾纳泽接着与伊利哈姆·阿利耶夫交谈。乌兹别克斯坦大使（乌兹别克斯坦总统伊斯拉姆·卡里莫夫显然有更重要的事情缠身）敬献了花圈。此后，格鲁吉亚阿扎尔自治共和国领导人阿斯兰·阿巴希泽走进大厅。他没送花圈，甚至都没看灵柩一眼，径直走到伊利哈姆·阿利耶夫跟前慰问致意。他还慰问了伊利哈姆·阿利耶夫的妻子，而对于坐在这对夫妻之间的格鲁吉亚代总统尼诺·布尔贾纳泽，他视而不见。从这一点就可以做出前瞻性的结论。阿斯兰·阿巴希泽也坐到了第二排，紧挨着通道。

这时，一名本来已经走过了灵柩的妇女突然上气不接下气地停了下来。她声音嘶哑地哭着坐到了地上。人们把她抬了出去。

以色列代表团送来了花圈。毫无疑问，这是政治决定，没有什么特别之处。

就在这时，笔者身边的人们开始小声嘀咕说，俄罗斯总统车队到了门口。需要在第一排为弗拉基米尔·普京腾出位子。由于尼诺·布尔贾纳泽看起来并不想从自己的位子上站起来，于是，只好把伊利哈姆·阿利耶夫女儿的椅子腾出来。不过，弗拉基米尔·普京刚走进大厅，尼诺·布尔贾纳泽就站了起来，离开了阿塞拜疆总统伊利哈姆·阿利耶夫（他们两人交谈了一个多小时)。尼诺·布尔贾纳泽四下看了看，想在其他地方找个空位子，结果，她一眼看到了阿斯兰·阿巴希泽，于是就相当坚定地向他走去。阿扎尔领导人阿斯兰·阿巴希泽显然没有料到她会过来，就站了起来，并闪到一边，打算让她过去。阿斯兰·阿巴希泽显然认为尼诺·布尔贾纳泽在这一排中间的什么地方找到了位子。可是，尼诺·布尔贾纳泽走到阿斯兰·阿巴希泽跟前站住了，对这位叛乱的阿扎尔领导人热情地说着什么。

似乎是，尼诺·布尔贾纳泽想在这次葬礼上把自己国家的一切迫切问题全都解决。因为到目前为止，存在着两个主要问题：建设巴库—第比利斯—杰伊汉石油管道（与伊利哈姆·阿利耶夫商谈）和阿扎尔居民在即将举行的格鲁吉亚总统选举中的投票问题（与阿斯兰·阿巴希泽商谈)。

阿巴希泽先生非常顺从地听布尔贾纳泽女士讲话，还不停地点头（举例对比：伊利哈姆·阿利耶夫一次也没有点头)。

这时候，弗拉基米尔·普京敬献了花圈，跟阿塞拜疆总统小声谈起什么。当着全大厅人的面，这四个人就这样站在那里谈话。过了几分钟后，俄罗斯总统与阿塞拜疆总统出了大厅（全大厅里的人都站了起来)，到这座共和国宫的另一个房间里单独交谈。应当承认，这比尼诺·布尔贾纳泽与阿斯兰·阿巴希泽在盖达尔·阿利耶夫灵柩前进行对话要显得合适一些。

结束商谈后，弗拉基米尔·普京准备驱车去机场。在离开时，他把盖达尔·阿利耶夫称作政治巨人，并补充说，他不仅尊敬盖达尔·阿利耶夫，而且还热爱他。在回答刚才与盖达尔·阿利耶夫的儿子谈了些什么时，弗拉基米尔·普京简单地回答说，他与伊利哈姆·阿利耶夫一起追忆了盖达尔·阿利耶夫。

不过，在即将开车的时候，弗拉基米尔·普京还是抓紧时间与那位尼诺·布尔贾纳泽碰了一下头。格鲁吉亚代总统一回到第比利斯后，就发布消息说，下一周她将对莫斯科进行正式访问。她说，在巴库的时候，弗拉基米尔·普京说过，俄罗斯准备彻底改变对待格鲁吉亚所发生的变化的态度。如果事情真的如此，那么，可以认为，盖达尔·阿利耶夫最后又为别人做了一件重要事情。

这时，告别仪式结束了。本来应当将灵柩抬走了。可是，不知为什么，已经耽搁好几分钟。似乎是在等什么人。终于，伊朗代表团赶来了，明显匆忙地献了花圈。土耳其总统德米雷尔先生也走进大厅，显然刚才等的就是他。德米雷尔先生在爱德华·谢瓦尔德纳泽、尼诺·布尔贾纳泽和弗拉基米尔·普京刚才坐过的椅子上坐下。其实，这只是走走形式而已。所有的人已经明显地表现出了着急的神情。最后一位进入大厅的是乌克兰总统列昂尼德·库奇马，他几乎是跑着进来的。他没带随从，也没献花圈，还穿着大衣。他和阿斯兰·阿巴希泽的做法一样，没看灵柩，而是一下子坐到了伊利哈姆·阿利耶夫的身边。不过，列昂尼德·库奇马与伊利哈姆·阿利耶夫一句话也没说，只是紧紧地握着他的手。

这时候，盖达尔·阿利耶夫的巨幅遗像被抬进大厅。阿塞拜疆国民警卫队的士兵抬起花圈，扛起灵柩，向门口走去。一大群人在门口迎接。

这时，大厅里突然变得拥挤不堪。不论是德米雷尔先生，列昂尼德·库奇马，还是伊利哈姆·阿利耶夫的女儿们，都饱受拥挤之苦。他们甚至喊叫起来。问题在于，人们从上往下走的时候，没有看到从台上一直通到门口的台阶。人们想，台下会有许多空地儿，于是，就拥挤起来。列昂尼德·库奇马不知什么时候跳上了这些台阶，表现出了神奇的灵活性和良好的身体素质。土耳其总统则没有这么好的身体素质，于是，他被人们挤来挤去。大概，在这种葬礼上本来就应当出现这种情景。

短暂的告别仪式结束后，笔者在共和国宫中央大门前，在公务通道旁边看到了因迟到而没有赶上仪式的米哈伊尔·萨卡什维利。许多人认为他是格鲁吉亚未来的总统。他站在自己的汽车旁边接受记者采访。他谈的恰恰就是建设巴库—第比利斯—杰伊汉石油管道。他说，对于格鲁吉亚来说，这是生死攸关的问题。

这样一来，尼诺·布尔贾纳泽在盖达尔·阿利耶夫灵柩前的表现变得更加容易理解了。毕竟她与盖达尔·阿利耶夫的儿子讨论的不仅有生的问题，而且，还有死的问题。

弗拉基米尔·普京玩弄别人的傀儡

12月22日，俄罗斯总统弗拉基米尔·普京会见了伊拉克临时管理委员会代表团。与人们的期待相反，此次会晤具有轰动效果。笔者的感觉是，俄罗斯三家石油公司终于有机会重返伊拉克石油市场。不过，整个俄罗斯经济将为此付出40亿美元的代价。

伊拉克临时管理委员会代表团早就肩负着奇怪的使命满世界走动了。初看上去，代表团成员们只是想与尽可能多的世界领导人认识一下。笔者有这样一种疑虑，他们只是在用公费消除自己的好奇心而已。通常，这种会晤对任何人任何事都没有约束力，而且，会晤结果也是毫无意义的。然而，这种会晤在继续，一切都在进行。

在抵达俄罗斯之前，代表团访问了德国、法国和其他许多国家。而各地都以极大的兴趣，以最高的礼节迎接代表团。因为世界各国领导人总是希望谈谈伊拉克战后重建，也就是谈谈参与石油开采。而伊拉克临时管理委员会主席阿布杰里—阿齐兹—阿里—哈基姆不论在什么地方，总是重复着同样的话，打碎了这些国家领导人的希望。他在重复这些话时，只是根据所访问国家的不同，改变一下称呼而已。一旦他弄混了称呼，就会出现外交上的尴尬局面。

首先，阿里—哈基姆先生谈的是联合国在解决伊拉克局势方面日益增长的作用。此外，他还喜欢免除伊拉克拖欠其他国家债务，其余一切，他都不喜欢。

昨天，伊拉克临时管理委员会代表团成员在与俄罗斯总统举行会晤时，所有这一切故技重演。弗拉基米尔·普京讲了大量礼节性的话。笔者相信，这些话代表团成员们已经从世界其他国家领导人那里听过多遍了。例如，笔者认为，任何一个领导人都不能不说这样的话：

“我们始终坚持与贵国发展关系，这里指的首先是与伊拉克人民发展关系。”

任何一位独立观察员都能够从这些话中得出结论：美国人早晚会离开，伊拉克人民还要留下来。实际上，这两者都存在问题。弗拉基米尔·普京说，依靠伊拉克人民古老的文化和天才，任何问题都可以解决。这句话也可以被看作是外交辞令。只是在会谈结束后，人们才明白了总统指的是什么。

弗拉基米尔·普京回忆说，在伊拉克，“我们有许多朋友，既有普通百姓，也有专家学者，”弗拉基米尔·普京说，“俄罗斯公司准备积极在伊拉克开展活动。”

关于这种准备，代表团成员们听得够多的了。可是，正如所知，俄罗斯的建议没有得到美国人的理解，因为美国人有自己的打算。

与此同时，俄罗斯总统提出，俄罗斯对伊拉克经济的投资额可能会达到40亿美元。

应当说，这一具体数字使人精神紧张。在国家元首的开场讲话中，极少提及具体数字，更别说如此震撼的数字了。

阿里—哈基姆先生在对俄罗斯总统讲话做出反应时，一字不差地重复了他在过去的会晤中一再讲过的话。他说，与弗拉基米尔·普京的会晤是历史性的。他声称，他本人和代表团其他成员个人都有与俄罗斯发展关系的强烈愿望。

通常，这类会晤在会晤意义方面的意见交换就应当结束了。可是，阿里—哈基姆先生这时说，伊拉克临时管理委员会不仅愿意，而且将切实与俄罗斯发展关系，这一决定是独立自主做出的。

“对俄罗斯公司来说，从经济上参与伊拉克重建的机会出现了。”阿里—哈基姆先生说。

阿里—哈基姆先生的这一声明令许多记者，首先是西方新闻机构的记者们感到不知所措。要知道，这些新闻机构至今还在不断地转播着美国政治家们的声明，而这些声明的本质在于，俄罗斯公司不会以任何形式参与伊拉克重建的工作。并且，在最近，这种声明与日俱增。

这样一来，在此次会晤中，当着我们记者的面，出现了一种新的会晤意义，这是任何人不仅无法料到，而且也不想推测的。

接下来的事情就更有意思了。会晤结束后，俄罗斯动力部长伊戈尔·尤素福夫走到记者跟前说，“伊拉克方面建议就过去签署的俄罗斯—伊拉克合同和继续合作计划，恢复专家级谈判。”

“最近，我们的伊拉克同行，伊拉克临时管理委员会任命的能源与石油的部长们，”他补充说，“正通过外交渠道与我们协商谈判日期。我们也开始做这项工作。”

伊戈尔·尤素福夫说，俄罗斯总统所说的40亿美元投资，是俄罗斯卢克石油公司和俄罗斯海外石油公司准备用于开采伊拉克西库纳油田的资金。

外国记者们被这一系列轰动性的声明弄得晕头转向，路透社记者忍不住了，开门见山地问尤素福夫先生：

“这一决定是单独决定的，还是经过美国同意的?”

伊戈尔·尤素福夫显得有点自豪地说：

“您知道，这符合俄罗斯与伊拉克两国进行合作的精神，因此，我们将在俄伊两国专家中讨论这一问题。”

当然了，尤素福夫先生的话有点出格了，因为不论他多么不情愿，没有美国人同意，这件事是办不成的。不过，从一切迹象看，伊戈尔·尤素福夫毕竟是深深地受到了会谈结果的鼓舞，因而，他的这一点点失误是情有可原的。

不过，还存在着一个问题：到底是怎么一回事？因为一切在开始的时候，是那么的平和，那么的平淡无奇，可在结束时，却变得云谲波诡。为什么伊拉克代表团成员敢于无视美国对俄罗斯的愤怒而向俄罗斯示好呢?

尤素福夫先生相当含混地说，“在要求伊拉克支付债务方面，俄罗斯将按照国际公认的法则，采取文明的途径，以便减轻伊拉克的经济负担，而我们的合同将有助于伊拉克经济的恢复，这就是落实这些合同，让资金进入伊拉克经济的原因。”

这样一来，尤素福夫先生还是相当精细、可以说是不留痕迹地将伊拉克债务与俄罗斯的合同联系在一起。

会谈结束后，阿里—哈基姆先生在这个问题上的做法比较愚蠢。他声称，俄罗斯做出了相当慷慨的承诺，对这一承诺伊拉克代表团成员不能不做出回应。俄罗斯人承诺取消伊拉克欠俄罗斯债务的65%，交换条件是让俄罗斯公司重返伊拉克石油市场。

只是到了这个时候，一切都真相大白。坦率地讲，如果这一切当真，那么，俄罗斯准备向伊拉克经济投入的40亿美元，恰恰就是俄罗斯准备取消的那部分伊拉克欠债。这是俄罗斯为了使石油公司能够重返伊拉克而准备付出的代价。坦率地讲，这个代价不小。以它换取重返伊拉克，美国也会同意。

总统与巨商讨价还价

12月23日，莫斯科市巴斯曼法院延长了前尤科斯石油公司总裁米哈伊尔·霍多尔科夫斯基的关押期限，与此同时，俄罗斯总统弗拉基米尔·普京在在工商会办公室里会见了工商会最优秀的代表。总统告诉他们，他已经知道有这样一大批商人，他们能够依法生活，但却不想依法生活。不过，普京先生还是直截了当地说，俄罗斯没有，也不会打击巨商、重新审视私有化结果。没人反对总统说的话。

弗拉基米尔·普京到工商会来，是为了参加这里举行的一个初看上去主题相当敏感的会议。会议讨论的是俄罗斯商界对社会所承担的社会责任。

会议前，工商会成员们散发了致俄罗斯实业界呼吁书。从中可以确切地做出结论，不管其他方面的情况如何，俄罗斯商人们今天在社会责任感方面，比以往任何时候都好。“我们理解国家所做出的努力，理解国家为保证商业活动过程的纯洁性和法律的决定性地位而采取的措施，我们赞成继续进行和扩大商界与权力机关的对话……”呼吁书中说。而与此同时，在巴斯曼法院里，国家刚好为保证纯洁性和法律的决定性地位做出了努力。的确，毫无疑问的是，霍多尔科夫斯基将继续被关押。

俄罗斯工商会主席叶夫根尼·普里马科夫说，总统到工商会来参加一次普通的会议，对于工商会的全体人员来说，是一件大事。

其实，总统显然不喜欢把他来参加的会议称作是“普通会议”。

“在你们这里可不是普通会议，”总统反驳说，“毕竟是在新年到来前举行的会议。”

总统讲了他为俄罗斯商人们准备的新年礼物。第一件，将增值税从20%减少到18%。

“在这个问题上，我们遇到了许多地区领导人的反对，”总统没有丝毫虚情假意地说，“其中也包括当地的，也就是莫斯科的领导人!”

由于莫斯科只有一个地区领导人，十分清楚的是，弗拉基米尔·普京需要克服谁的阻力。

“我很清楚，税收不足是相当严重的，”总统点了点头说，“收入下降……我们给他们补贴。坦率地讲，所有这一切都是不容易的。一切都要精打细算。但是，我们还是要走这一步，因为这不是为彼得罗夫、伊万诺夫、西德罗夫做的，是为了国家的整个经济。"

总统说，其他一些有社会责任感的商人们一听到这个决定，急忙表示从2004年1月起，降低日用消费品的价格。要知道，谁也不需要不正当的利润。今天的俄罗斯商人，只对自己付出心血挣到的干净利润感兴趣。

其实，弗拉基米尔·普京已经多次明确地告诉商人们，他期待着商人们从1月份开始降价。这样的话，在3月前，也就是在总统选举前，俄罗斯国民将有足够的时间意识到，他们因为降价而得到的幸福实际上应当感谢谁。

总统呼吁商人们遵守经过审计单位审核的社会会计报表制度。这些话就像五一游行队伍中的口号一样，获得了工商会成员们的热烈赞同。笔者甚至回想起了在伊林卡大街工商会大门口挂着的横幅上写的口号"审计——10年"（顺便说一句，这是什么意思：是让所有的审计人员坐10年牢，还是什么别的更不确定的意思?）

弗拉基米尔·普京提醒说，商业社会不仅拥有经济资源，而且还拥有创造资源。总统还没有忘记提醒说，前不久，这一资源主要被浪费在为狭隘自私的利益进行游说上，被浪费在所谓的税收方案合理化改造，也就是逃税上了。

叶夫根尼·普里马科夫因为总统言辞激烈的开场白，看上去有点窘迫。他决定先慢慢解释一下为什么俄罗斯工业家与企业家联合会主席阿尔卡季·沃尔斯基坐在大厅里，而没有参加主席团。

"我们主席团已经有工业家与企业家联合会的成员了，"他向列宁格勒国际展览股份公司总经理、国际展览会博览会联合会总裁谢尔盖·阿列克谢耶夫感激地点了点头，"只是因为这个，我才没有邀请阿尔卡季·沃尔斯基到主席团来。"

不过，阿列克谢耶夫并不是俄罗斯工业家与企业家联合会的成员，因此，这一解释无论如何不能说是令人满意的。很有可能正是在做出这种解释后才出现了一些问题。这样一来，这是否是告诉所有的人，从现在起，也就是从总统谈到与商人进行对话的这一刻开始，弗拉基米尔·普京将把工商会，而不是把俄罗斯工业家与企业家联合会作为进行对话的伙伴呢?

不过，叶夫根尼·普里马科夫的解释令弗拉基米尔·普京感到十分满意。总统坐在那里，用拳头支着脑袋，认真地，倒是有点相当放松地听工商会主席发言。

叶夫根尼·普里马科夫发言时最想解释的是，一名普通的商人突然抛弃一切，成为社会重要人物有什么意义。

"不解决社会问题，国家的稳定就会成为泡影，"叶夫根尼·普里马科夫解释说，"没有稳定，我们就不能正常地工作。此外，贫穷会导致人们对市场经济模式本身产生负面态度。"这样一来，这就是人们的贫穷让叶夫根尼·普里马科夫感到不满意。

"我们的预算没有赤字，"普里马科夫先生继续说，"我们现在建立了稳定基金，目的是应付危机时刻。而需要应对的是，这一时刻何时降临。社会领域的危机时刻已经降临了！”

他还解释了发生这种情况的原因。

“年轻的改革家们说：国家对经济的参与越少越好。可是，俄罗斯人在上一次选举中表明了他们对这一观点的态度。”

的确，按照他的意思，还存在着另一个极端：拥护实行国家强力政权的人们，想使商业完全服从于国家。这样，像叶夫根尼·普里马科夫和弗拉基米尔·普京这样思维健康的人们，不得不在这两种极端意见之间寻求平衡。

叶夫根尼·普里马科夫认为，最近，社会中越来越多地流传着这样的说法：商人们提高社会责任感，以换取社会对他们在私有化过程中所获财产保护的担保。叶夫根尼·普里马科夫认为这种说法没有任何不好的地方。是的，这样提出问题的方式，可以被称作讨价还价。那又怎么样？正常的商人时刻准备讨价还价。这就是原因。

实际上，叶夫根尼·普里马科夫并不想讨价还价，他准备提高自己的社会责任感，以换取对财产保护的担保。只是应当商定，不要触动在私有化过程中获得的财产。

“只是应当排除那些涉及犯罪的、依据刑法典应当受到调查的私有化行为。”叶夫根尼·普里马科夫提出了建议。

可以认为，只要总统同意这一建议，日用消费品的价格从1月1日起必定会大幅度地下降。后来，叶夫根尼·普里马科夫把话题转向了最头痛的问题。寡头在我们生活中的出现与消失，未必能使具有社会责任感的人们无动于衷。

“大的经营者常常被称作寡头，”工商会主席叶夫根尼·普里马科夫说，“这是令人委屈的，不公平的。要知道寡头也是商人，他们是中饱私囊，能够向亲友和同志背后捅刀子的人；是草率地参与政治的人；是诲淫诲盗的人；是早就把爱国主义忘到了脑后的人……”

在笔者面前浮现出的米哈伊尔·霍多尔科夫斯基正是这样一个形象。笔者想，这正是叶夫根尼·普里马科夫竭尽其微薄之力努力描绘出的形象。

“不能将这样的人与大企业家混为一谈。”叶夫根尼·普里马科夫严厉地说。

在俄罗斯现实生活中，还有许多事情令叶夫根尼·普里马科夫感到不安。例如，他十分关心公司总经理与普通员工工资差距拉大的问题。

“应当借鉴日本经验，”他建议说，“在日本，总经理的工资与钳工或商店普通售货员相比，不能超过四倍。”

这样，话题至少又谈到了总经理对普通员工的社会责任问题，也就是说，已经谈到了人人对大家所承担的总体社会责任问题。还有什么呢？

“应当发展道德文明。不能允许青少年在商业演出的狂欢喧闹声的影响下，形成不正确的道德价值观。”叶夫根尼·普里马科夫结束了自己的发言。

“为了防止忘记，”弗拉基米尔·普京说，“我要对叶夫根尼·普里马科夫有趣的发言中的一些问题做出回答，否则，我可能会忘记……我明白，”总统提请人们注意第一个问题，“要说不需要等待危机时刻到来，大概会引起争论，因为危机的时刻已经降临了。我想说的是，最近几个月我国国内生产总值增长情况。”

于是，总统讲了增长情况。大厅里静悄悄的。真想不到情况会是这样，在普里马科夫先生内容丰富的发言中，总统注意到了惟一一个关键的问题。

“局势变得非常严重，”总统继续说，“预算的宏观经济指标使人感到乐观。居民收入的增长大大超过了劳动生产率的增长。这是不对的。这迟早会破坏经济的增长。最近一段时间，劳动生产率的增长从零提高到了8%。我们也需要居民的收入实现增长，因为居民收入的增长会扩大国内市场。”

原来，总统对国民收入增长的需要，跟叶夫根尼·普里马科夫对俄罗斯国民贫穷的不安，是出于相同的原因。

直到这个时候，弗拉基米尔·普京讲话的声音相当平静，有时候，他甚至使用了抱歉的语气。突然，他的语气变得强硬起来。

“我们禁止重新审查财产权。没有任何进行财产审查的计划。但是……”

通常，一切含义都在这个“但是”里面了。人们每次都不希望出现这个“但是”，但它每次总是会出现。

“但是，这里要说的是遵纪守法的人们。是的，现在一些人说，法律是复杂的，法律无法遵守。这是胡说！实际上完全可以遵守。我的基本教育学的是法律，如果我们冷静下来，所有的人都会看到：法律是完全能够遵守的！谁想遵守法律，谁就能够遵守法律！即使有5个，7个，10个人不遵守法律，这也不说明所有的人都不遵守法律。现在，谁遵守法律，谁就能睡个安稳觉。”

好在不是永远睡觉。

弗拉基米尔·普京突然停住了。在这个停顿中，大厅里的人们坐在那里都屏住了呼吸。每个人显然都在思考，自己会不会成为这5个，7个，10个本来能够遵守但却不想遵守法律的人中的一个呢？只是这样的话是不能说出来的，应当有组织结论。

“反正不会搞任何运动。”弗拉基米尔·普京就像自己与自己争辩似地，固执地反对说。

毫无疑问，总统的确是在与自己争论，他也没有可以争论的人。其他所有的人都同意他的观点。

总统还就通过额外税方法征收超级利润的的问题，发表了意见。国家杜马已经制定了这项法律草案。但是，没有被议员们通过，令人吃惊。对弗拉基米尔·普京来说，这里面毫无谜团。总统暗示说，一些商人用这些超级利润收买了议员，因而，他们别无选择。

“俄罗斯共产党完全反对这一草案，瞧吧，这就是对最贫穷阶层的保护，”普京先生懊丧地说，“亚博卢集团也反对。这似乎被写进了他们的什么学说里去了，在这个问题上存在着巨大的阴谋。统一俄罗斯有 10% 的议员采取了躲避的态度。就这样，这项法律草案被否决了！”

后来，弗拉基米尔·普京提醒商人们不要过多地承担社会责任。

“我曾经同一位经理谈过，不过我不说是哪一位。他在一个部门工作了一生，我不说是哪个部门了。他告诉我说，他掌握着一个足球俱乐部，还从事着什么什么工作……而我对他说：‘那谁来生产飞机呢？’一切都恰到好处。”

其实，在俄罗斯，充满激情地掌握着足球俱乐部，居然还想生产飞机的人并不多。如果想把这个人作为过多地承担了社会责任的例子的话，总统说的这个人是很容易找到的（比方说，不能排除总统指的是格尔曼·特卡琴科，他掌控着萨马拉“苏维埃之翼”足球俱乐部）。然而，假如一切问题都在于这些人的话，那么，这还算不了什么。

“问题在于我们的心态，”总统继续自己的评判，“俄罗斯联邦的立法活动反映了这一心态，这一点应当明白。例如，不能强迫人们从市属住宅里搬走。这在法律里有明文规定，也符合俄罗斯人的心态。可是，如果一个人在银行贷了款，那么，银行就应当知道，如果这个人不能偿还贷款的话，银行就可以强迫他搬出去。那样的话，银行的风险将小一些，利率也可以低一些。也就是说，应当修改法律。”

总统还是没有谈到修改宪法。

莫斯科工商会总裁列昂尼德·古罗夫对大众传媒在整顿社会责任中的作用表示关注。

“大众传媒是否总是坚持对社会负责任的立场呢？大概没有，”列昂尼德·古罗夫说话很有分量地推测说，“要知道，在进行爱国主义教育和国家制度教育方面，许多方面取决于大众传媒。”

“瞧，莫斯科工商会主席现在开始欺负大众传媒了，”弗拉基米尔·普京看上去很满意地说，“也许，不应当太放松了。应当明白的是，大众传媒也是市场的参与者。而对于它们来说，主要的是赚取利润。其余的一切，才是社会责任。如果它们因为什么原因不能够完成任务的话，就应当动用国家预算帮助它们。”

这些话总统以前从来也没有说过。问题在于，鲍里斯·约尔丹曾经被指控的重大罪过就是，独立电视台记者对将镜头对准杜布罗夫卡剧院，对这里发生的绑架人质事件进行现场直播时说：“看来，强攻就要开始了……”人们认为，这位记者这样说，正是为了使独立电视台在竞争中获胜，以此提高收视率。也就是说，他的目的还是为了获取利润。

现在，总统以明显赞许的态度阐述了获取利润的问题。这意味着什么呢？是概念发生变化了吗？还是他想在大厅里的这些厚颜无耻的商人面前，以这种方式维护大众传媒呢？真正的全部原因不得而知。人们只是想弄明白而已。

这时候，会议宣布休息片刻。商人们在走出大厅时显得精神振奋。他们没有因为与国家元首进行交流而感到压抑，但也没有感到特别轻松愉快。总而言之，具有社会责任感，从事着自己的事业的人，就应当这个样子。笔者走到其中的一位跟前。他叫亚历山大·科尔扎科夫，曾是鲍里斯·叶利钦的卫士，现在是工商会成员。

“您觉得讲话怎样？”

“讲得很好，很有益处！”

“可我还没说是谁的讲话呢。”

“啊，讲得都很好，都很有益处！总统讲得很好，马克西莫维奇讲得也很好。不过，我现在没时间谈这些。”

“为什么？”

“我要赶完一本书。”科尔扎科夫沉重地叹了一口气。

“什么书？”

“还是那本。”

“哪本？”

“描写沙皇鲍里斯的。”

“书名是什么？”

“还和原来一样。《鲍里斯·叶利钦，从黎明到黄昏》。只是补写了一集《生活在继续》。”

“又想起什么事儿了吗？”

“既有新想起的，也有重新思考的。”

“您认为，这本书现在还有意义吗？”

“当然有意义！”科尔扎科夫惊讶地看着我，“第一本书印数200万册。有哪位作家能有这样的印数？”

亚历山大·科尔扎科夫也没带警卫，向地铁方向走去。笔者认为像他这样的人，应当很好地保护起来，防止他与其他人接触。至少不能让他去工商会大楼与现任国家总统见面。要知道，他以后会写出印数达200万册的什么东西来。谁的书会有那么大的印数呢。

俄罗斯总统论功行赏

12月25日，俄罗斯总统弗拉基米尔·普京在克里姆林宫叶卡捷林娜大厅给将近50人颁发了勋章和奖章。所有的人表现得都很棒。

颁奖仪式开始前，弗拉基米尔·普京发表了简短讲话。他说，坐在大厅里的人毕生都在追求自己的目标，他们明确地知道这个目标是什么，今天都实现了。

如果考虑到总统说这些话的场合，那么，可以推测的是，弗拉基米尔·普京认为在叶卡捷林娜大厅里举行的这次颁奖仪式就是所谓的目标。不能排除的是，对于现场的一些人来说，他们的目标实际上也正是这个。不过，昨天年满 100 岁的军事首长斯捷潘·波波夫未必属于这样的人。斯捷潘·波波夫大概早就实现了自己的目标。笔者认为，这是因为他没有想到自己能活这么大岁数，因而，急急忙忙尽可能早地完成了自己的一切使命。例如，他当师长都已经是 60 多年前的事情了。

当弗拉基米尔·普京给斯捷潘·波波夫把荣誉勋章别到衣服前胸的翻领上的时候，斯捷潘·波波夫给总统朗读了自己专门为这一天创作的诗。他像军人那样大声地朗读，都不用走到麦克风前。诗的大意是：祝愿弗拉基米尔·普京长寿，“以使我们高兴，使敌人难受”。斯捷潘·波波夫用散文似的诗歌语言祝愿弗拉基米尔·普京活 100 岁。斯捷潘·波波夫知道自己说的是什么。

伊戈尔·扎多罗日内和伊戈尔·罗多博利斯基中校荣获了俄罗斯英雄奖章。

“现代人”剧院艺术指导加琳娜·沃尔切克在接受“对祖国有功”二级勋章时说，她为祖国建立的功勋是极小的。用她的话说，这枚奖章与其说是授予她的，不如说是授给她的“现代人”剧院的。但是，她迟早不得不承认这个不幸的现实：是她来领取了这枚奖章。

著名的儿童外科医师尤里·伊萨科夫领奖前非常激动。他一次次地摘下眼镜，然后再戴上，最后，还是把眼镜放进了口袋里。可是，不戴眼镜他什么也看不清楚。外科医师终于走到了总统跟前，领取了“对祖国有功”二级勋章。他问总统，是否可以让他说几句话。当他走近话筒的时候，已经激动得完全难以控制自己了。走到离话筒还有一段距离的时候，他只说了两句话，就调头往自己的位置走。可是，他已经完全不知道自己的位置在哪里了。专门为防止出现这种情况而站在附近的礼宾人员（他们负责帮助行走困难、视力不佳者）也没有明白这一问题的意义。结果，尤里·伊萨科夫走到坐在第一排的加琳娜·沃尔切克的跟前，就想坐下。她不解地看着他。只有演员安德烈·米亚赫科夫明白了发生的事情。他从邻座站起来，帮助这位儿童外科医师走回座位，只是到了这个时候，尤里·伊萨科夫才拿出眼镜，重新戴上。现在，他的感受大概更多了。他只是想做得更好一些。

演员列昂尼德·布罗涅沃伊的表现则相反，他似乎故意地向所有的人展示着自己在 85 岁高龄时的美好状态。他刚才几乎是连蹦带跳地跑到了总统跟前，然后，又跑到了麦克风前朗诵诗人亚历山大·特瓦尔多夫斯基的四行诗。这四行诗的开头说：“战友们，我不需要勋章……”结尾说，他只需要祖国。这是否应当这样理解：列昂尼德·布罗涅沃伊当着大家的面，在总统在场的情况下，拒绝接受国家奖章呢？不，不应当这么理解。列昂尼德·布罗涅沃伊还是把勋章带走了。

作为自己领导的一家剧院的艺术指导，弗拉基米尔·维诺库尔也讲了几句话。甚至可以说，他的讲话是相当长的。他在讲话时，以明显表示遗憾的表情承认，他是第一次来到大厅。他还讲了一个陈旧的说法：一个社会如果还能够微笑，那么，这个社会是健康的。弗拉基米尔·维诺库尔非常喜欢总统在与人民进行交谈时，经常露出的微笑。也就是说，弗拉基米尔·普京不笑就不能够与人民进行交流。

“舰长，舰长，请您笑一笑，要知道，微笑就是军舰的旗帜！”弗拉基米尔·维诺库尔相当甜蜜地微笑着给自己的舰长大唱赞歌。

歌手和电视节目主持人安德烈·马卡列维奇在荣获“对祖国有功”六级勋章后，什么也没有说，而是十分满意地，开心地微笑着回到了自己的座位上。他太在意前一位发言者关于微笑的说法了。回到座位上已经坐了一分多钟了，笑意还没有从他的脸上消失。

总统给女演员纳塔利娅·别洛赫沃斯季科娃、安装工弗拉基米尔·别列津、银行家弗拉基米尔·德米特里耶夫颁发了荣誉勋章。此次颁奖活动对最近俄罗斯生活中的各个领域进行了惊人的平衡！

马赫穆德·加列耶夫将军与这个大厅里的许多人不同，他认为不应当向后看，回顾昨天建立的功勋，而是应当向前看，向未来看，他强调说，弗拉基米尔·普京在总统职位上将要建立丰功伟绩。

“我们将在总统选举中支持您！”将军坦诚地提醒说。

音乐家米哈伊尔·塔尼奇的表现已经算不上独出心裁，他走到麦克风前，简短地说：

“弗拉基米尔·弗拉基米罗维奇，我祝愿您在即将举行的总统选举中获胜。坦率地讲，就这句话。我认为我已经投票了。”

也就是说，明年3月，投票站用不着等候米哈伊尔·塔尼奇投票。

斯韦特兰娜·霍尼诺娃荣获了友谊勋章，她获奖是因为她是一位多孩子的母亲，是卡尔梅克共和国采利纳地区行政机关的首席专家（总统在致开幕辞时，特别强调说她是忘我地为国家机关服务的典范）。她说，她为生在这个伟大的国家里感到幸福。

“我的孩子们也感到幸福！”她感慨地说。

这样说就有些乱套了。原来，斯韦特兰娜·霍尼诺娃出生在一个伟大的国家里，但她的孩子们却出生在另一个国家里。当斯韦特兰娜·霍尼诺娃为自己和自己孩子们的出生而感到荣耀时，她指的究竟是哪个国家呢？是苏联还是俄罗斯？

“在一个健康的国家里，”她最后说，“应当生活着健康的孩子、老人、母亲……简单地说，就是父母亲！”

弗拉基米尔·普京在仪式结束时说，在这样的时刻，不仅是他，就连整个国家都会感到自己更高，更好，更有才华……

……实际上，一切都好，笔者只好自己做出总结。

颁奖仪式结束时，所有的人都端起了香槟酒。总统亲切地与获奖者们交谈。安德烈·马卡列维奇在旁边站了一会儿。他目不转睛地看着总统，紧张地等待着总统走到他的跟前。可是，总统好像是跟所有的人交谈，甚至都开始道别了。而安德烈·马卡列维奇还紧紧靠椅子背站在那里。军人们缠住了总统，请求总统讲讲自己的事情。这时候，一些获奖者已经走出了大厅。安德烈·马卡列维奇没有走。他站在那里等着。可是，总统还是没到他这里来，他也没到总统跟前去。这位歌手显然永远记住了这次颁奖仪式。当然了，对于总统，没什么可说的。

弗拉基米尔·普京阐述俄罗斯与格鲁吉亚关系

同天晚上，俄罗斯总统弗拉基米尔·普京会见了格鲁吉亚代总统尼诺·布尔贾纳泽，与她讨论了一些重大问题。

在给优秀的俄罗斯人颁发了奖章后，弗拉基米尔·普京与尼诺·布尔贾纳泽举行了会晤。与格鲁吉亚代总统的会晤本应在颁奖仪式结束15分钟后举行，实际上晚了5分钟。根据笔者得到的消息，在这段时间里，俄罗斯总统还举行了两场会见活动，有关这两场会晤并没有通知新闻媒体。其实，笔者已经知道的，在其中的一次会晤中，俄罗斯总统详细地准备了与格鲁吉亚代总统的会谈内容。

显而易见的是，对于俄罗斯与格鲁吉亚之间的关系状况，弗拉基米尔·普京总是不断地掌握着新的情况。俄罗斯与格鲁吉亚的关系发展迅速，一会儿向这个方向发展，一会儿向另一个方向发展，根本不可能随时地跟踪事态的发展，因此，总统只好不断地更新这方面的情况。这一次，总统显然得到了建议：选择一种新的行为模式对待格鲁吉亚领导人。因为以前的模式不起作用了。一周半以前，用旧的模式在莫斯科接待了阿扎尔、南奥塞梯和阿布哈兹领导人，没有任何令人感到鼓舞的效果。好在克里姆林宫终于明白了这一点。

尼诺·布尔贾纳泽到莫斯科进行了极其短暂的访问。此前，消息灵通人士提供的消息说，俄罗斯总统是在盖达尔·阿利耶夫的葬礼上邀请格鲁吉亚代总统访问莫斯科的。而现在，笔者根据消息更灵通的其他人士提供的消息得知，邀请函在此前若干天就已经发出了。访问定在12月18~19日。

正巧在盖达尔·阿利耶夫的葬礼上，弗拉基米尔·普京通知尼诺·布尔贾纳泽说，这个日期对于俄罗斯总统来说不是最合适的（12月18日总统将向俄罗斯人民发表讲话），要求尼诺·布尔贾纳泽将行期推后。最主要的是，访问应当在格鲁吉亚总统选举前进行。就这样，此次访问成行了。

可是，还有更灵通的消息来源。这些消息证实了以前的信息，但又补充说，俄罗斯总统拒绝了格鲁吉亚代总统提出的一个访问日期。可是，最权威的消息来源却始终保持沉默。也就是说，一言不发。

不过，没关系，我们会自己弄明白的。尼诺·布尔贾纳泽给人留下了愉快的印象。她出色地履行着沉重的使命。甚至人们感到有点可惜的是，从一月份开始，人们将要与格鲁吉亚另一位领导人打交道了。因为毫无疑问的是，米哈伊尔·萨卡什维利将在选举中获胜，出任格鲁吉亚总统。也可能对这一点人们还有疑问，但它在格鲁吉亚国内是不存在的。正因为这一点，这种疑问即使在什么地方，在什么办公室里还存在的话，也是没有任何意义的，因为现在已经清楚的是，选举将举行，格鲁吉亚人民即将拥护一个人，正是为了他，格鲁吉亚人民才发动了革命。

弗拉基米尔·普京告诉尼诺·布尔贾纳泽说，很高兴见到她，她的来访是一个很好的标志。这指的是什么？对谁是一个很好的标志？对格鲁吉亚，还是对于俄罗斯？显然不是对美国人。或者对美国人也是好标志？会发生什么呢？的确，没有最可靠的消息来源，一切似乎都无法弄清。

“格鲁吉亚正经历着一个非常复杂的历史时刻，”弗拉基米尔·普京强调说，“下面将进行总统选举。许多问题我们需要讨论一下。”

实际上也的确有要谈的东西。关于格鲁吉亚总统候选人的问题双方显然没有谈。最有可能谈的是，两国关系下一步将如何发展。例如，签证制度方面。

尼诺·布尔贾纳泽在回应弗拉基米尔·普京的讲话时，真诚地感谢他抽时间与她会晤。

“并且是在两国关系处于如此复杂情况下举行会晤。”尼诺·布尔贾纳泽继续说。

初看上去，弗拉基米尔·普京与尼诺·布尔贾纳泽两人说的客套话之间没有什么差别。两人都讲到了复杂性。

可仔细分析一下，他们两人的讲话之间还是存在着极大的分歧。尼诺·布尔贾纳泽说的复杂是两国间的双边关系存在着复杂性，而弗拉基米尔·普京指的是格鲁吉亚自身的问题存在复杂性。也就是说，尼诺·布尔贾纳泽强调说，她的国家不存在任何特别的问题，而弗拉基米尔·普京则坚持说有问题。尼诺·布尔贾纳泽说真正的问题在于格鲁吉亚与俄罗斯的关系上，而弗拉基米尔·普京则根本不这么看。

而实际上，不论是在格鲁吉亚国内，还是在俄罗斯与格鲁吉亚的关系上方面，都存在着问题。也就是说，问题无处不在。

2004年

早在去年底，他就想开始反腐败行动。反腐败委员会第一次会议原计划在 12 月底举行，但后来决定推迟一段时间，因为在新年前报纸已经不出版了，而电视台也没有拿出新出现的一个国家公敌来刺激全国人民神经的任务。

↑接吻有点冒险

↓普列谢茨克成功发射导弹之前

↑弗拉基米尔·普京手里拿着《独立报》

↓访问墨西哥途中在巴黎机场接见俄罗斯网球界姑娘们

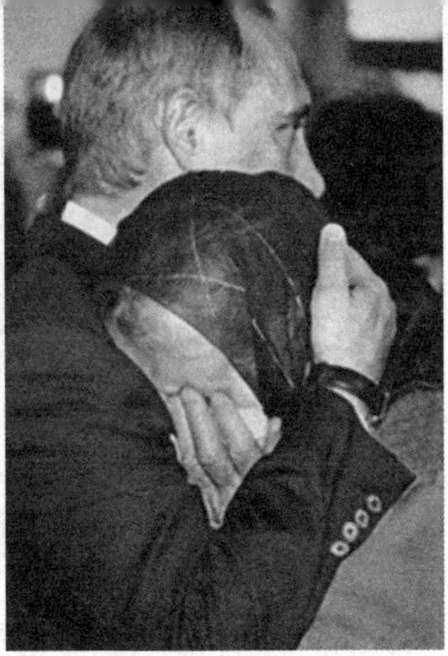

↑接见在车臣牺牲的内务部机构工作人员的遗孀

↑与俄罗斯首任总统鲍里斯·叶利钦及其夫人长时间交谈

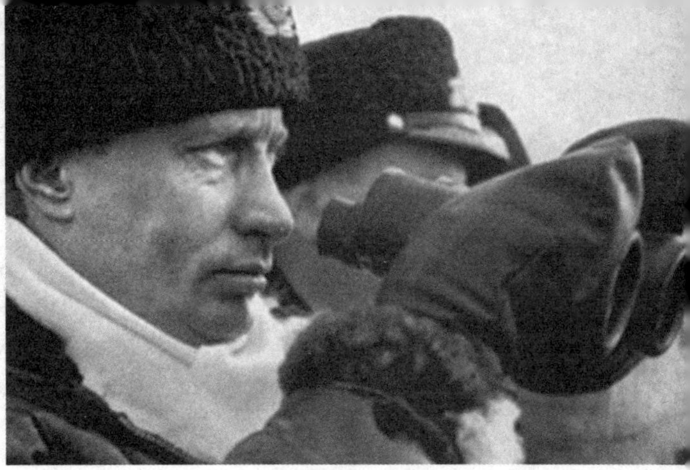

↑在巴伦支海的“阿尔汉格尔斯克”导弹核潜艇上

↓科尼下的小崽送给普通老百姓

←与前俄罗斯政府总理米哈伊尔·卡西亚诺夫(前)

↓告诉小布什怎样连选连任

↑为驯服海豚而高兴

↑会谈风雨无阻

↓会见英国摇滚乐队主唱保罗·迈卡特尼先生和他的妻子

↑国务委员会会议之后的普京

→米哈依尔·霍多尔科夫斯基已经坐牢，再也没有争论对象

↓在中国即兴的河上泛舟

圣诞节前夜，弗拉基米尔·普京为谁敲钟

1月3日，俄罗斯总统弗拉基米尔·普京在苏兹达利市迎接2004年。

这是俄罗斯总统第二次在最适合迎接圣诞节的地方，也就是在一座古老的俄罗斯省城，平静地迎接圣诞节（去年总统是在马格尼托戈尔斯克附近的一个地区中心阿加波夫卡迎接圣诞的）。

总统乘坐直升机飞到苏兹达利后，走进斯巴索—叶夫菲米修道院。这是一座苦难命运的纪念建筑群。从1905年开始到“十月革命”，这里设有一座修道院监狱。“十月革命”后，这座修道院又维持了5年。1923年，修道院的土地再次被最有效地加以利用：一开始作为关押政治犯的临时拘留所，后来，又变成了实行严厉制度的监狱，关押那些被法院判决有罪，但还没有决定是否枪毙的政治犯；后来，又变成了战俘营；最后，又变成了少年犯劳教营。从1967年开始，这座历史纪念地变成了一座博物馆自然保护区，保卫它的不再是带着警犬的士兵，而是联合国教科文组织。现在，这里设有若干个博物馆，首先就是俄罗斯修道院历史博物馆，没有设立监狱博物馆。在没有窗户但照明良好的房间里，一些专门修复圣像和茶炊用品的师傅们在工作着。在茶馆，总统停住了脚步。

“您看，多么漂亮的大茶炊！”弗拉基米尔—苏兹达利城堡园区经理阿利萨·阿克谢诺娃说，“这还不是我们展出的最奇特的。”

就在这时，阿利萨·阿克谢诺娃的背后，一个铜茶炊轰地一声倒在地上。原来，一名笨拙的摄影记者的脚把它碰倒了。对于这名记者来说，在这一时刻，除了给俄罗斯总统以苏兹达利茶炊作背景进行拍照外，没有任何事情比这更神圣的了。

不过，这一事件一点儿也没让总统生气。馆里的其他展品也没有令总统特别激动。

“请看，”阿利萨·阿克谢诺娃指着一尊修复好了的圣像说，“当我们渐渐变老了的时候，圣像却焕然一新！”

这个令人伤心的说法会让随便什么人都感到难过和垂头丧气，但却不能使俄罗斯总统这样。弗拉基米尔·普京的表情一点儿也没有变化。

在整整一个小时的时间里，弗拉基米尔·普京对博物馆的馆藏展品只有一次表现出了明显的兴趣。那就是当他站在一口不太大的钟跟前的时候。这口钟固定在木梁上，拉动一根绳子，木梁就会动起来。

“有趣之处在于，”阿利萨·阿克谢诺娃解释说，“不用抓着钟舌，而要抓住这根

绳子。”“那会怎样？”总统随口问道。

“什么怎样？”阿利萨·阿克谢诺娃感到奇怪，“钟就响了呗。”

总统猛地拉了一下绳子，钟没有响。于是，弗拉基米尔·普京又拉了一下绳子，这一次他用的力量大得多，仍然没有声音。

“怎么回事？”总统不解地问阿利萨·阿克谢诺娃。

“天哪，您把它弄坏了！”阿利萨·阿克谢诺娃惊恐地说。

总统看看钟里面，怎么也不相信钟没有声音。可是，总统检查了钟的里面它还是没有响起来。为了证实这一点，总统再次拉动绳子。可以看到，如果不是人们的劝阻，总统还会再拉两次。人们费了好大劲才劝总统离开了钟。这说明什么？说明总统习惯于将开始的事情做到底。

总统又饶有兴趣地在另一件展品前站了一会儿。这是伟大的叶卡捷林娜女皇的画像，是一位不著名的画家创作的（笔者推测，这位画家只是不好意思将自己的名字写到这件粗制滥造的作品上而已）。总统全神贯注地端详着画像上他的这位同行，眼睛里明显地露出了钦佩的神色。

“我们这里非常尊敬叶卡捷林娜，”十分敬业的阿利萨·阿克谢诺娃对总统说，“顺便说一句，前不久我刚刚看了一部美国人拍摄的描写叶卡捷林娜的电影。这部电影很好，我很喜欢。”

总统以同样钦佩的目光点了点头。

“噢，对了，您可能知道！扮演叶卡捷林娜的是那个叫……叫瓦涅萨·列德格赖芙的英国女演员！就是车臣指挥官在伦敦的监护人……就像是他的……”

阿利萨·阿克谢诺娃疑问地，目光有些忧郁地看着总统。总统当然能够提醒她，即使总统没有看过这部电影，也能够提醒她。可是，总统沉默着。而且，赞许的笑容一下子就从脸上消失了。而阿利萨·阿克谢诺娃可能意识到了自己的口误，一下子什么都想不起来了。

当特罗伊茨克女修道院的“希望”孤儿院的小姑娘在博物馆的一个大厅里开始唱起动人的歌曲的时候，笔者才有了欢乐的圣诞节心情。男修道院的修道士们给总统演奏了几首音乐作品。其中一些作品我们大家都熟悉，是“柳拜”网站歌曲集里歌唱战马的作品。

修道士们演奏完就走了，总统想与孤儿院的孩子们说说话。当小姑娘们感到不好意思的时候，弗拉基米尔一家报纸的一名中年记者忙活起了自己的事儿。他请总统在一张什么纸上签名。总统在签名时，这名记者抓紧时间讲述了自己的这家报纸的情况。这时候，小姑娘们完全平静下来。她们毕竟不是记者。她们唱歌很动人。

“还有一个问题，弗拉基米尔·弗拉基米罗维奇，”当地一名工作人员问，“让孩子们都散了吧？”

这人完全可以问点儿别的。例如，可以问问弗拉基米尔州是否会修优质的道路。而他的一个问题，当然了，主要的还是总统的答复，就能够在最短的时间里使这里的道路状况得到彻底的改善。可是，这个人没提道路。人活着不仅仅依靠面包。

“关于道路，已经有设想了。”

“也就是说有名单了?”

“有名单。”

“怎么没有一个涉及到苏兹达利?”

总统没来得及回答，他已经走了出去。

在城堡的公共饭堂里简单地吃了茶点后，总统来到兹纳缅教堂做祈祷。这是坐落在城郊的一座不大的教堂，没有任何特别之处。笔者认为，正因为这一点，总统一行要在这里待下来。

而且，这座教堂需要进行大规模的修缮。笔者觉得，就连圣堂也是匆匆忙忙地进行了整修，迎接总统到来，圣像下面的一些地方空荡荡的什么也没有。不过，为圣餐仪式服务的神父嗓音很棒，而且，他明显专心致志地从事着自己的工作，一点儿也看不出激动的样子。显而易见的是，这一切都让总统感到称心满意。来到教堂半个小时后，礼宾官走到总统跟前，小声地说，已经可以走了。总统点了点头，在这里又呆了一个小时。

弗拉基米尔·普京品尝到了可控民主的果实

1月9日，俄罗斯总统弗拉基米尔·普京飞抵哈萨克斯坦首都阿斯塔纳进行正式访问，与哈萨克斯坦总统努尔苏丹·纳扎尔巴耶夫举行了紧张的会谈。会谈的成果之一，就是将俄罗斯租用拜科努尔航天发射场的期限大幅度延长。

两国领导人的会谈是在哈萨克斯坦新首都总统府进行的。努尔苏丹·纳扎尔巴耶夫认为新首都对于哈萨克斯坦总统，也就是他本人来说，是他亲手缔造的一座纪念碑。他为新首都项目倾注了大量心血，目的就是让它有独到之处。

总统府简直就是努尔苏丹·纳扎尔巴耶夫的心头肉。他的意图是让您看到在别国总统府看不到的一切。例如，在安装有玻璃罩的礼品架子的第四层，保存着纳扎尔巴耶夫总统收到的最珍贵的礼品：比尔·克林顿赠送的领扣，没留下姓名的俄罗斯总统事务局长赠送的英国前首相温斯顿·丘吉尔的瓷制塑像，旅行家尤里·先科维奇赠送的从尼泊尔带回来的观赏石，俄罗斯前总理叶夫根尼·普里马科夫赠送的一把宝剑，网球明星鲍里斯·贝克尔赠送的网球。

在礼品架的第三层，保存着哈萨克斯坦共和国的各式国旗、国徽。记者进入总统府的时候，这些藏品都由仪仗连的士兵负责警卫。笔者问过一名仪仗连士兵，哈萨克斯坦国徽中间的那颗星代表什么。这名士兵看了一眼，用难以表述的痛苦的眼神看了看笔者。这个眼神可能意味深长。但最有可能的是，这个眼神意味着这名士兵不知道这颗星的代表意义，不过，即使他知道也不会说，因为站岗时不允许交谈。

于是，笔者向哈萨克斯坦总统礼宾处处长然谢伊特·图伊梅巴耶夫打听。没有料到他用与那位士兵一样的痛苦眼神看着笔者，一言不发。

“噢，这代表的是政权的继承性。”俄罗斯代表团的一名高级官员过来帮助礼宾处长。

“哪个政权?”笔者问。

“苏维埃政权。”高级官员回答。

“那当然，”然谢伊特·图伊梅巴耶夫轻舒了一口气说，“代表的就是继承性。”

“哪一面国旗更重要?”于是，笔者又接着问他，“是警卫守护的这面，还是总统府上空飘扬的那面?”

“所有国旗都重要。”处长小心翼翼地回答。

“是都重要，总有一面是最重要的吧?”笔者强调说。

“那么，这面最重要。”礼宾处长略一思索，回答说。

这样一来，在这么一刻钟的时间里，或多或少地弄清了哈萨克斯坦共和国的两件最神圣的标志——国旗与国徽的情况。

而哈萨克斯坦的第三个神圣标志就是努尔苏丹·纳扎尔巴耶夫。他与弗拉基米尔举行了紧张的会谈。会谈首先谈到延长拜科努尔航天发射场租赁期限。最近的租赁期限到2014年为止，因而，需要面向未来，看得更远一些。俄罗斯坚持将这座航天发射场的租赁期延长到2060年。哈萨克斯坦方面建议延长到2040年。双方讨价还价地讨论了很长时间。不过，似乎争论的是别的什么问题?因为显而易见的是，延长到2040年跟延长到2060年情况大致是一样的。从一切情况看，亲爱的读者，不论是笔者还是你，都难以活到那个美好的时代。假如这里谈的是将总统任期延长到这个时候的话，那么，会谈中出现的这种激动与激情完全可以理解。可是，租赁一座被遗弃在哈萨克斯坦草原上的航天发射场……归根结底，根据俄罗斯代表团一名成员的建议，双方商定将租赁期延长到2050年，皆大欢喜。

在这个租赁协议中，只字未提提高使用拜科努尔航天发射场的租金问题。现在的租金是每年1.15亿美元。曾有一种说法，哈萨克斯坦方面想提高一下租金。不过，这种说法只是说说而已。

另一个重要问题是对哈萨克斯坦防空系统进行现代化改造。在会谈结束后举行的记者招待会上，两国总统只字未提。不过，笔者已经知道，双方讨论了这一问题。问题在于，前一段时间，哈萨克斯坦开始就改造与俄罗斯军事基础设施紧密地联系在一起的防空系统，与英国、法国以及美国进行谈判。俄罗斯感到不安。而且，当俄罗斯警觉起来的时候，谈判似乎已经进行很久。不过，俄罗斯采取了强有力的外交行动，结果，几天前，就在俄罗斯总统访问哈萨克斯坦前，哈萨克斯坦终于邀请俄罗斯也参与防空系统现代化改造的竞标活动。的确，参与竞标的期限很紧张：要在今年第一季度结束前拿出投标建议书。尽管如此，俄罗斯方面的谈判代表还是认为这是一个巨大的成功。

俄罗斯谈判代表认为是一个巨大失败的是，纳扎尔巴耶夫先生做出了参与巴库—第比利斯—杰伊汉石油管道项目的决定。

“我们不理解这一项目的经济意义，”俄罗斯代表团一名高级官员在评论哈萨克斯坦总统的这个决定时，耸耸肩说，“例如，现在已经有了里海管道集团，其运力现在还没用到一半，连它也在亏损。巴库—第比利斯—杰伊汉石油管道最有可能也将面临这样的命运。所以，我们无论如何也不会参与这一项目。”

当然，很有可能的是，这一立场是进行一场不好的游戏中的一颗很不错的地雷。坦率地讲，谁也没有邀请俄罗斯参与这一项目。

然而，努尔苏丹·纳扎尔巴耶夫在记者招待会上兴高采烈地谈到了这条管道。

“我国石油业者认为，将哈萨克斯坦石油通过这条石油管道运输是完全可能的，”努尔苏丹·纳扎尔巴耶夫说着，认真地看了看弗拉基米尔·普京，“这项工程很快就要开工了。暂时，我们还将使用油轮通过里海运输石油。”

努尔苏丹·纳扎尔巴耶夫在记者招待会上的表现相当独立自主。例如，他相当尖锐地谈了与俄罗斯相比，他的国家目前的发展状况。

“事情是这样的，如果看看所有的独联体国家，就会发现，俄罗斯第一个开始了一切……我们落在后面，主要是在政治问题上落后了，因为我们认为首先应当处理经济问题。”

纳扎尔巴耶夫先生在这一时刻没有当着本国人民的面证明自己是正确的。但他却指责了另一个国家的领导人，指责人家没有确定应当从什么问题开始抓起。

“我敢说，”他继续说，“我们实行的是可控制的民主化。不错，过去和现在都存在着问题。然而，哈萨克斯坦人民实实在在在地感受到了这样做的成果。”

努尔苏丹·纳扎尔巴耶夫没有明确地说，这种感受究竟是什么，人们只能猜测。两国总统结束了记者招待会，从自己的座位上站了起来。突然，努尔苏丹·纳扎尔巴耶夫稍微犹豫了一下说：

“现在，我要与弗拉基米尔·弗拉基米罗维奇一起为在哈萨克斯坦举行的俄罗斯年剪彩。这是艰难而又有趣的一年。我决定给最优秀的俄罗斯国家公务员颁发哈萨克斯坦国家奖章‘多斯特克’二级勋章，以鼓励他们更好地做好这一年的工作。”

说着，努尔苏丹·纳扎尔巴耶夫马上给俄罗斯总统办公厅副主任谢尔盖·普里霍季科、俄罗斯政府副总理维克托·赫里斯坚科和俄罗斯文化部长米哈伊尔·什维德科伊进行了鼓励。对这些人来说，这一收获显然是一个巨大的意外惊喜。

“噢，还有我的份儿!”当文化部长什维德科伊听到给他发奖章的时候，迷惑不解地嘟哝了一句。后来，他小心翼翼地捧着装勋章的小盒子说：

“我根本就没有料到，完全……”

普里霍季科先生也摇了摇头，甚至无法用语言表达授予这枚勋章叫什么，只有赫里斯坚科先生当仁不让地接受了这枚勋章。这个人似乎时刻都在应付命运中的任何急剧变化。

弗拉基米尔·普京看清了鸟蛋

1月11日，星期六，在美妙的音乐声中俄罗斯国家元首弗拉基米尔·普京结束了对哈萨克斯坦首都阿斯塔纳的正式访问。

星期六的早晨，弗拉基米尔·普京愉快地开始了这一天的工作。他参观了与哈萨克斯坦新首都有关的名胜。新首都每天都在建设中，而这座城市的主要问题也在这里。每一栋房屋本身也许并不是那么糟，但由于在这个复杂的作品中，完全没有一个统一的构思，因而，每栋房屋的建设似乎就成了目的本身。

阿斯塔纳主要名胜的建设，纪念性建筑群“阿斯塔纳拜捷列克”的建设，也都绝对而无情地成了目的本身。“拜捷列克”在哈萨克语里的意思是生长在草原上的一棵白杨树。据传说，在这棵白杨的树顶上生活着神鸟“萨姆鲁克”。它整年都给普通哈萨克人的生活制造非常大的麻烦，它用自己的身体遮住阳光，左右开弓地发射火箭。到了年底，产下一个金蛋作为补偿。

一个这样的金蛋就落在“拜捷列克”建筑群的顶上。不过，只有从远处看，它才是金子的，如果从近处看，它是玻璃的。该建筑群是一个高大的树条状的圆柱状建筑物。不知什么时候，努尔苏丹·纳扎尔巴耶夫突然想到，圆柱状建筑物的周围应当刺入101根树条（哈萨克斯坦有101个民族），而圆柱的高度应当达到97米。这一数字当然也不是随便定的。原来，阿斯塔纳正是在1997年获得了首都功能。如果后代们由于无事可做而决定对建筑群的施工图纸进行仔细探索，并拿图纸与我们今天的生活进行对比的话，那么，这些数字的魅力大概会以一种新的、前所未有的力量向他们展现出来，而这种力量之巨大，就连我们这些努尔苏丹·纳扎尔巴耶夫的同时代人们也不怀疑。努尔苏丹·纳扎尔巴耶夫好钻研的大脑的灵感，温柔地覆盖住了这个建筑之谜。要知道，恰恰是他，哈萨克斯坦总统，亲自设计了这个寓意深长的建筑群。

也许，恰恰是因为这个原因，“拜捷列克”现在左右摇摆，简单地说，如果你坐在这棵光秃秃的白杨树顶的金蛋里，在多变的草原烈风的吹袭下，你真的会有这样的感觉。至少，金蛋屋顶的日光灯以令人非常不舒服的幅度波动着。

星期六早晨，哈萨克斯坦总统陪同俄罗斯总统参观的就是这个金蛋。金蛋的内部是一个观光大厅，里面有两件非常重要的东西。首先应当提的是一部天体仪，上面带有 17 个花瓣，象征着世界上存在着的 17 个宗教。每个花瓣上有这些宗教的著名人物的彩笔签名。代表东正教签名的是阿斯塔纳、阿拉木图和塞米巴拉金斯克的都主教。

天体仪的旁边是一部能够满足人的各种愿望的机器。一切都非常简单，简单得要命。甚至简单得有点奇怪，以至于俄罗斯著名雕塑家祖拉布·采列捷利和莫斯科市长尤里·卢日科夫都没有想到这个简单的东西。这是一个铜制的半球体，里面有一个手掌的模制件。当代忠于哈萨克斯坦现政权的哈萨克斯坦人推测，这是努尔苏丹·纳扎尔巴耶夫的手掌印。但也有别的说法。例如，哈萨克斯坦独立的当代历史学家们认为，这也可能是一位土耳其施工员的手掌印，他想以这种厚颜无耻但不吃亏的方式永久留念。

当您来到“金蛋”，将自己的手放到这个模制的手掌上时，就会有美妙的音乐响起来。好了，满足人的各种愿望的机器就工作起来了。在这一时刻，您应当许下自己的愿望。还应当努力使这一愿望不被表露出来。

两位总统的参观活动是从相当详细的阿斯塔纳市模型开始的。在这个模型上可以十分清楚地看到，努尔苏丹·纳扎尔巴耶夫是以怎样的激情建设自己的城市的。只有这样，只有违背常规，打破正常的思维，才能够创造出真正天才的作品来。笔者相信，假如把这整座城市交给祖拉布·采列捷利大胆实验的话，那么，他也会建成一座阿斯塔纳。

模型上的小旗表示的是一些什么设施。一直默默地听哈萨克斯坦总统介绍情况的俄罗斯总统突然问，这些小旗代表什么。这一问题让努尔苏丹·纳扎尔巴耶夫一下子措手不及。

“嗯，这是……”努尔苏丹·纳扎尔巴耶夫嘴里嘟哝着，“让人兴奋的事……”

弗拉基米尔·普京饶有兴趣地、甚至有点鼓励地看着哈萨克斯坦总统。似乎是，在经过昨天关于拜科努尔航天发射场问题和哈萨克斯坦防空系统现代化改造的紧张谈判后，弗拉基米尔·普京并没有认为，人类的任何事务他都不陌生。

这时，一名服务员端着一个放着香槟酒的盘子，带着最美好的愿望不知从什么地方走了过来。人们纷纷向这个托盘伸出手。哈萨克斯坦总统的私人摄影师比大家都快地第一个把手伸向了盘子。他的胳膊肘猛地撞到了托盘上，它一下子就飞了起来。不一会儿，15 个高脚杯几乎没剩下囫囵的了。杯子的碎片在地板和台阶上蹦着，而浓郁的法国香槟酒味只是在折磨着人们的想象。

两国总统走在破碎的玻璃渣子上，脚下发出玻璃碎片的声音（他们没有别的路可走），只是到了这个时候，人们才感受到了金蛋里的声响是那样悦耳。任何杜比数字环绕声系统都无法完全播放出这刺耳的、令人讨厌的复调音乐。给人的感觉是，两位总统皮鞋下纷纷破碎的高脚杯碎片直接刺入了你的耳朵。

走到满足人的心愿的机器旁，弗拉基米尔·普京根据努尔苏丹·纳扎尔巴耶夫的建议，将自己的一只手伸进了半球体内。过了不一会儿，不知是什么地方的什么东西咔嚓地响了一下，接着，不知从什么地方传来了音乐声。俄罗斯总统明显不解地摇了摇头。他不太明白，现在应当做什么。实际上人们也猜不出他的愿望是什么。

在这一时刻，可以看出哈萨克斯坦总统的面部表情。他一副幸福的样子。就像一位奄奄一息的无名艺术家突然清醒过来时的那种幸福感。他开心地笑了，这是他最开心的笑。

离开这台机器后，弗拉基米尔·普京想下去，可这时正巧下不去了。原来努尔苏丹·纳扎尔巴耶夫还不想离开自己的这些宝贝。他还站在这些宝贝的旁边，用眼神示意俄罗斯代表团成员过来试试这个精巧的工艺品。可是，大家都无耻地低下了头。

最有责任感的是文化部长米哈伊尔·什维德科伊。他走到机器跟前，顺从地把手伸进了机器里。可是，时间过去了一会儿，音乐却没有响起来。努尔苏丹·纳扎尔巴耶夫越来越疑惑越来越愤怒地看着自己的这项发明。他身边的人紧张起来，阿斯塔纳市长捷米尔罕·多斯穆罕别托夫尤其紧张。他跑到米哈伊尔·什维德科伊跟前，开始用双手忙乱地转动这个半球，希望这个机器能够运行，哪怕是弄出一点声音来也好。

“现在您瞧，这就是部长与总统的区别。”米哈伊尔·什维德科伊想给自己找个台阶摆脱窘境。

就在这时，市长的努力突然获得了成功。音乐响起来了，它响的是那样的突然，以至于不论是部长，还是市长，都猛地把手缩了回来。

结果，还是弄清楚了，部长与总统什么区别也没有。

弗拉基米尔·普京将腐败比作特惠

1月12日，俄罗斯总统弗拉基米尔·普京主持反腐败委员会会议，并任命俄罗斯总理米哈伊尔·卡西亚诺夫为委员会主席。

会议开始前，俄罗斯总统与国防部长谢尔盖·伊万诺夫单独在一起，长时间地讨论了什么。不能排除的是，他们讨论了前不久阿斯塔纳谈判的结果。结果是，俄罗斯不去对普列谢茨克航天发射场进行现代化改造，却继续花费大量资金使用拜科努尔航天发射场。

弗拉基米尔·普京相当晚地来到了反腐败委员会成员们的面前（坐在这里等待总统的有俄罗斯政府总理米哈伊尔·卡西亚诺夫，俄罗斯联邦委员会主席谢尔盖·米罗诺夫，国家杜马主席鲍里斯·格雷兹洛夫，宪法法院院长瓦列里·佐尔金，最高法院院长维亚切斯拉夫·列别杰夫以及最高仲裁法院院长韦尼阿明·雅科夫列夫），宣布开会。

选举前，俄罗斯总统非常重视反腐败斗争。早在去年底，他就想开始反腐败行动。反腐败委员会第一次会议原计划在12月底举行，但后来决定推迟一段时间，因为在新年前报纸已经不出版了，而电视台也没有拿出新出现的一个国家公敌来刺激全国人民神经的任务。

总统解释说，“腐败”的概念要比我们通常所想的内涵广泛得多。在普通俄罗斯人的意识中，一提到这一概念，首先就会联想到贿赂。然而，总统认为，这里首先说的是其他形式的滥用职权问题。

在解释自己所指的是什么的时候，总统无缘无故地提到了一件事，而这件事从本质上讲，还是一种形式的滥用职权，这里说的是“给所谓的亲友提供特惠”的问题。似乎是，此次反腐败斗争首先涉及到的是商人们，而不是国家官员们。

弗拉基米尔·普京说，到目前为止，当局已经多次大张旗鼓地向腐败宣战。而这一次，弗拉基米尔·普京似乎充满信心：腐败将最终被战胜，全体善良的人们将充满喜悦，人们深恶痛绝的滥用职权行为，在各种复杂的工作中将不会再兴风作浪。

俄罗斯总统说，他非常想战胜腐败。他认为，为此目的，首先应当修改法律。应当取消管辖权限划分不清的条款。此外，要进行大量的工作，分析地方政权机关的活动情况，还要对各地和国家机关进行严肃的整顿。

“提高国家官员的工资不要不好意思。”弗拉基米尔·普京说。

显而易见的是，要提高工资，就要依靠通过整顿制定出来的工资标准。这是合理的。

而主要的是，“为了与腐败作斗争，反腐败委员会应当掌握有关腐败的严重程度方面的信息。当然了，在这项大工程中，没有严格的社会监督也是不行的。”

总而言之，总统提出了不可缺少的、良好的建设性措施。正是这些措施帮助总统在选举前保持了极高的民意声望。也正是这些措施，无法战胜腐败。但可以充满信心地认为，所有的建议都将被热情地执行。

例如，可以回想一下，早在2002年4月的时候，弗拉基米尔·普京就曾宣布，各级仲裁法院中的腐败程度令他不安。他甚至建议，建立独立于仲裁法院本身的、专门受理上诉的仲裁法院。而且，在莫斯科和圣彼得堡，这类上诉仲裁法院已经建立起来了，只是目前还没开始运作而已。莫斯科各级仲裁法院现在感到为难的是，在莫斯科市的独立上诉法院里工作的，实际上是来自圣彼得堡的人。而使人抱有希望的法官反向流动（从莫斯科到圣彼得堡）的情况，却没有出现。

普京总统的馊主意

1月19日，在弗拉基米尔·普京的参与下，俄罗斯总统少年网站推介会在克里姆林宫举行。

昨天，弗拉基米尔·普京与总统少年网站“www.uznai－president.ru”的创办人们举行了面对面座谈，还通过国际互联网与第一批访问总统少年网站者见了面，他们是雅罗斯拉夫尔的一些天才少年。

弗拉基米尔·普京像跟老朋友一样，与网站的创办人进行了交谈。至少他们彼此想给对方，也给记者这样一个一见如故的感觉。总统似乎还想做出很激动的样子。

“大概，今天我们就能收到对我们工作的第一批反应了。”总统激动地对围坐在圆桌旁边的同志们说。

在这些同志中，有几位电脑专家，还有儿童作家和诗人格里戈里·奥斯特尔。在推介会刚开始不久，一名同志就说：

“我们从一开始就认为，本网站主页不是提‘馊主意’的地方。”

这位同志的话指的是什么显而易见。这是一位闷闷不乐的电脑天才，他敢于在会见总统这样特别的日子里穿颜色相当深的黑色衣服和相对浅色的衬衣。网页上列出的问题如下：

问题：“总统的权力从何而来？”

答案：“来自公民对自我的妥善控制。”

问题：“谁为总统开工资？”

答案：“你们的父母。”

问题：“12岁的小女孩能否当总统？”

答案：“能。”

问题：“为什么不能耽误总统选举？”

答案：“为了避免糊涂。”

网页上还有许多这样的问题和答案。

“我不明白这里说的是什么。”格里戈里·奥斯特尔着急地说。

“您的许多文本都进行了修改。”电脑天才急忙回答。

“我们想把您也当作网站的创办人，”另一名电脑天才满脸笑容地对总统说，“因为您也参加了我们的工作。”

“我希望我能做出有益的贡献。”总统更是满脸笑容地有点犹豫地回答说。

总统还有点不好意思地红了脸。

“是的，是有益的，”电脑天才想驱散总统的一切疑虑，“因为您给格里戈里修改过文本。”

奥斯特尔先生饶有兴趣地看了看他的同行。本来，他并没有指望他们会做出任何出人意料的事，但他还是看到了意外。

“我觉得我们的项目成功了，”第三位电脑天才接着说，“因为我们研究的是两个战略方向。第一个是爱国主义，第二个是最新的技术。我们将两者结合在一起。结果，我们的成就将是无与伦比的。”

笔者不禁想问，怎么会无与伦比呢？那“祖国”集团呢？

“我们最好去问问孩子们，他们喜欢什么。”总统提出建议。

“《克里姆林宫之谜》，《时代河流》！”雅罗斯拉夫尔的孩子们齐声说。

“雅罗斯拉夫尔有自己的红场和自己的克里姆林宫，”坐在总统右侧的电脑天才小声给总统解释说，“可他们还是来看《克里姆林宫之谜》。”

“在网站上为什么没有关于你的学生时代的内容？我们愿意看到您的学习成绩。”一名小女孩问。

“啊，他们已经找到了我的日记，并把它发表了。”总统皱了皱眉头说。

显然，已经发表的日记没什么可骄傲的。

“问题不在于我的成绩，”总统接着说，“重要的是要明白有关我国建设的原则，帮助你们在社会上站住脚……”

这时，笔者终于明白了设立这个网站的原因。格里戈里·奥斯特尔只好长时间地解释这个句子的意义，他在网站就负责做这种工作（比如说，诠释总统誓词等）。

“你们如何评价电脑动画制作？”一位电脑天才问孩子们，显然他负责动画制作。

“好。”一个雅罗斯拉夫尔小孩声音稚嫩地回答说。

其他孩子委婉地保持沉默。

“也就是说，还可以做得更好一些。”总统赞成善良的孩子的话，不客气地说。

“不过，以后可以成立一个网站理事会，”总统说，“成员可以吸收一些德高望重的人。”

格里戈里·奥斯特尔热烈支持总统这一想法。电脑天才们沉默了。显然，他们认为这样的理事会是有害无益的。

“你们对网站有什么建议吗?”弗拉基米尔·普京继续说,“还应当做些什么呢?”

“我们什么时候能够看到《时代河流》的续集?”一名少年着急地问,他小小的年纪,已经能够根据已经读到的情节,想象续集不可避免的情节了。

告别时,格里戈里·奥斯特尔显然从会见之初遭受的背信弃义的打击中清醒过来,他决定还击。等到总统走后,他对记者们说,他本人不喜欢网站上那些领着孩子们玩的动画人物(多布雷尼亚·尼基京,伊利亚·穆罗姆采夫和阿列努什卡·波波维奇),实际上总统有时候不得不调解创作人员间的矛盾。

“总统在哪些方面修正了你们的建议?”

“没有做任何思想方面的修正。我想说的一切,我都说了。”格里戈里·奥斯特尔辩解说。笔者毫不怀疑的是,在这一时刻,他心里在责骂自己同意参加这个充满激情的工作。

“也不是总统纠正了格里戈里,”他重新谈起涉及自身的话,“而是我们一起研究的……例如,我的想法是,应当像对待保姆那样对待政权机关。总统要求去掉这个想法。”

“出于什么考虑?”

“总统说,并非所有的孩子都懂得家里雇保姆。”

“还是有一个问题:动画人物存在问题吗?”笔者问儿童作家。

“显而易见,他们对格里戈里来说,太善良了,太俄罗斯人化了。”一名淡褐色头发的电脑天才胸有成竹地提醒说。

令人惊讶的是,所有这些同志在这一年半的时间里,彼此之间克制了沉重的感情,做成了正确的网站。似乎是,如果没有总统的干预,这实际上是不可能做到的。

推介会结束几分钟后,笔者在走廊里遇到了怒气冲冲的奥斯特尔先生。

“我把这些孩子叫做青年近卫军!”他愤怒地说,“真正的《青年近卫军》!主要的是,我不能理解他们是从哪儿来的。简单地说,他们得到谁的支持。”

他痛苦而疑惑地看着笔者。

“该不会是总统吧,啊?他更可能站在我一边。而这些……就像是在斯大林时代长大的。至今还在思念着斯大林。简直没法想象,在工作时我们那里……”

笔者安慰他说,现在,总的来说,这一切人们都理解。

弗拉基米尔·普京从火星谈到伊拉克

1月26日,美国国务卿科林·鲍威尔和俄罗斯总统弗拉基米尔·普京在克里姆林宫举行会谈。经过会谈，双方发现，美国与俄罗斯两国的国家利益至今还存在着差别。

美国国务卿科林·鲍威尔和俄罗斯外交部长伊戈尔·伊万诺夫一样，也是在参加了米哈伊尔·萨卡什维利热闹的总统就职典礼后，于前天夜里从第比利斯飞到莫斯科的。似乎格鲁吉亚的总统就职仪式对俄罗斯美国会谈双方代表产生了深刻的印象，昨天双方对就职仪式谈了许多。

俄罗斯总统也在关注着格鲁吉亚局势。

不管怎么说，俄罗斯总统弗拉基米尔·普京对格鲁吉亚局势的关注显然不亚于他对火星问题的关注。弗拉基米尔·普京现在开始关注火星的问题。正如所知，火星上的情况现在并不那么简单。人类刚刚在火星上找到了水，目前正在寻找生命。一个世界级领导人对此所表现出来的激情，不可能使另一个世界级领导人无动于衷。弗拉基米尔·普京声称，他以极大的兴趣研究了乔治·布什关于开发火星以及月球的雄心勃勃的计划，他已经相信，在这两项计划中，存在着两国共同研究的机会。

笔者觉得，这一简短的声明对于理解弗拉基米尔·普京与乔治·布什这两位总统之间的关系本质来说，具有决定性的意义。与火星有关的历史表明，对于他们两人来说，研究什么并不重要。可以随便想出一件初看上去最荒唐的事情进行研究，而最主要的是共同进行研究。这两位男子汉只能让人们羡慕。

越往后事情就越多。有一次，在就这些问题进行会谈时，俄罗斯总统曾对美国总统说：

“我们和您一样地认为，联合国重返伊拉克是必须的。”

这已经有些做作了。就连俄罗斯外交部长伊戈尔·伊万诺夫都忍不住笑了起来。

在此次会谈中，科林·鲍威尔说，他对所发生的事情感到十分满意。他说，他与同行伊万诺夫已经就格鲁吉亚和摩尔达维亚的问题进行了很好的讨论。

鲍威尔先生说这话的目的是什么呢？莫非他指望所有的人都注意双方毕竟举行了讨论？是的，这一点大家都注意到了。或者，他不指望对方对这句话作出答复？因为按照礼仪，在这种情况下，也就是在没有记者在场的情况下，各方领导人只进行一次发言，而这一打算落空了。普京先生当场急忙地说，美国与俄罗斯之间尽管存在着一些分歧，例如，在对维护国家利益的理解方面存在着分歧，但两国之间的关系是稳定的。

会谈持续了大约三个小时，新闻处的工作人员向记者们表示歉意说，原计划的伊戈尔·伊万诺夫与科林·鲍威尔的新闻发布会将推迟一定时间。当然了，不能排除的是，工作人员正是以这种方式告诉记者们，弗拉基米尔·普京与科林·鲍威尔需要谈的东西很多。

来到记者跟前后，俄罗斯外交部长与美国国务卿在一段时间里对广泛的问题表现出难得的一致。伊戈尔·伊万诺夫声称，去年秋天在戴维营达成的大部分协议正在执行或正处于执行过程中。

翻译认真地向鲍威尔先生翻译了这句话，鲍威尔点了点头表示赞同。而笔者从这一时刻起开始绞尽脑汁："正在执行"和"正处在执行过程中"这两句话究竟有什么区别。为什么伊戈尔·伊万诺夫如此果断，如此原则性地将这两个概念并列在一起？是什么力量在这种情况下使科林·鲍威尔满意地点头赞同呢？

这时，伊万诺夫先生谈起了格鲁吉亚问题。他说，在会谈中，俄美双方讨论了解决阿布哈兹冲突和俄罗斯驻格鲁吉亚军事基地的运作。值得注意的是，伊戈尔·伊万诺夫坚持说，双方讨论的是这些军事基地的"运作"，而不是"撤出"。但从某个时候开始，格鲁吉亚和希望接近格鲁吉亚的美国依据伊斯坦布尔协议，力争俄罗斯军人从格鲁吉亚撤出。

又过了一段时间，伊万诺夫说，他与鲍威尔先生一起参加了米哈伊尔·萨卡什维利的总统就职典礼，他还谈到了此次活动的结果。其实，成果少得可怜。最近，联合工作组将恢复工作，也将讨论这些基地的命运，以便找到能使双方都感到满意的解决方案。其中的一方，是显而易见的。伊戈尔·伊万诺夫所说的另一方指的是谁呢？是格鲁吉亚还是美国？

当伊戈尔·伊万诺夫阐述俄方立场的时候，科林·鲍威尔以极大的兴趣在打量着记者们，认真地观察着他们对俄罗斯外长讲话的反应。坐在笔者旁边的一名美国记者在笔记本上飞快地记录着，他对我国外交部长关于军事基地运作的说法无意识地刚刚皱了一下眉头，科林·鲍威尔马上就发现了这个动作变化，还向这位美国记者使了个眼色。他显然要使这位记者明白：别担心，一切都在我们的控制之中。其实，那位记者依然在奋笔疾书，并没有抬头。是科林·鲍威尔自己产生了错觉。这没什么可吹嘘的。

这时候，伊戈尔·伊万诺夫高调结束了自己的讲话。他提高嗓门说，"会谈前夕，新闻媒体预言说，双方此次会谈将起波澜。"

"现在，我要让这些预言的作者们失望了：会谈波澜不惊。讨论是在坦诚的气氛中进行的。"

很难说伊戈尔·伊万诺夫的这条消息会使什么人感到失望。不管怎么说，科林·鲍威尔本人并没有显示出失望的样子。他在讲话时，一开始也是说，他认为有必要"消除人们对此次会谈的消极看法"。

我们记者们已经聆听了伊戈尔·伊万诺夫半个多小时的激情讲话，他要我们相信美国与俄罗斯之间的关系一切都好，从来也没有这么好过。这倒使笔者对两国关系的实际状况产生了严重的不安。

科林·鲍威尔说，美国驻格鲁吉亚军事代表团的使命即将结束，在这一年的时间里，美国军人对格鲁吉亚人进行了打击国际恐怖主义的训练。代表团马上就要回到祖国了。科林·鲍威尔显然是要人们明白，他期待着俄罗斯军方做出客气的回应。

俄通社—塔斯社一名记者问，前不久，负责核查大规模杀伤性武器的美国专家小组撤出了伊拉克，这是否意味着美国认为在这个国家里找不到大规模杀伤性武器了。这一问题触到了科林·鲍威尔的痛处。

“在战争开始前，根据美国情报部门和其他国家情报部门的情报，我们认为萨达姆·侯赛因有研制这种武器的企图。”

美国国务卿说这话的时候，把头扭向了一名美国记者，指望后者赶紧提下一个问题，使自己摆脱这个最不痛快的问题。然而，这名美国记者出人意料地问，美国在伊拉克没能够找到大规模杀伤性武器后，会谈双方是否认为，人们对美国的信任降低了。本来伊万诺夫先生可以利用这个话题借题发挥，大做文章，但他大度地没有这样做，只是说，他认为查找大规模杀伤性武器的工作在美国专家撤出后，还应当继续进行。其实，如果仔细地分析一下，就会发现，这句话里包含着真正的冷嘲热讽的意思。

新闻发布会到此本来就应当结束了。但就在这时，又有一名记者举起了手。鲍威尔先生低声问伊万诺夫先生：

“这是贵国记者?”

伊万诺夫先生不明白地摇头否认。后来，又像是突然想起来了似的，笑着解释说，这是阿拉伯“半岛”电视台记者阿克拉姆·胡扎姆。

科林·鲍威尔没有分享伊戈尔·伊万诺夫的喜悦。不过，他允许记者提问题。胡扎姆先生用流利的俄语问，美国说不打算在格鲁吉亚建立美国军事基地，并且相反，打算撤离这个国家，这是否是最后的决定。

“我们没有在格鲁吉亚建立军事基地的计划，”科林·鲍威尔有些激动地对这位显然关心美国上述计划的阿拉伯记者说，“我们只是想与所有的国家保持正常的关系。我们本身不想在世界每个国家建立军事基地。”

从这个回答中依然可以看出，美国无法想象能够与一个拥有别国军事基地的国家保持正常的关系。

弗拉基米尔·普京答应了老战士的请求

1月27日，俄罗斯总统弗拉基米尔·普京在圣彼得堡召开国务委员会会议，讨论老战士和退休者的问题。

昨天上午，弗拉基米尔·普京的直升机降落在基洛夫斯克附近涅瓦河畔的一块空地上。在列宁格勒遭受围困期间，在这块大约3平方公里的土地上，牺牲了30万苏联士兵和民兵。这些日子里，这里正在进行彻底突破围困60周年纪念活动。苏联军民以奇迹般的顽强，守住了这一小块土地。德国人始终没能占领它。现在，人们认为，涅瓦小地是通往列宁格勒的要冲。人们甚至还说，1943年1月，苏联军队正是从这里突破了德军对列宁格勒的围困。

涅瓦小地以东数公里，是“列宁格勒突破围困”自然保护区博物馆。馆长薇拉·波兹尼亚科娃激动地解释说，在涅瓦小地从来就没有过任何突破。

“那里遭受的是失败。那里是‘绞肉机’。士兵们接到命令，要守住。士兵们守住了这里。这里应当建立士兵荣誉博物馆。我们现在所在的这个地方，才是突破围困的地方。”

弗拉基米尔·普京站在这里，回想起往事。他父亲就是在这里负伤的，父亲活过来后，又借助于医院里的定量口粮，救了自己的妻子一命。

薇拉·波兹尼亚科娃说，在涅瓦小地应当竖立一座纪念碑，这里不应当有盗窃死者呈上升趋势的“黑”普查员。她说，涅瓦小地会报复一切对它造成伤害的罪恶。

从参观涅瓦小地开始，各种选举也开始了。她充满信心地说，还没有任何人到过这个地方，没给这个地方做出任何事情，就能够在这些选举中获胜的。不过，笔者认为，她什么也没有暗示。

来到涅瓦小地几分钟后，在基洛夫斯克市政府大楼里，弗拉基米尔·普京与退休者和当年遭受过围困的人举行了见面活动。总统到来前，列宁格勒州州长瓦列里·谢尔久科夫与参加见面活动的人进行了简短的原则性交谈。

“主要是多一些信心和乐观主义。其实，乐观的理由是存在的。尽管存在着失业，但也存在着挣钱的机会。人们在挣钱，也在生更多的孩子，这正是我们所需要的！”弗拉基米尔·普京进来后，瓦列里·谢尔久科夫继续说，“弗拉基米尔·弗拉基米罗维奇，坐在您面前的这些人，把自己的一生都奉献了……”

他的声音颤抖了。坦率地讲，笔者感到惊讶。他们怎么可能把自己的一生都奉献了，而现在还坐在这里呢？实际上，瓦列里·谢尔久科夫指的是，他们把自己的一生奉献给了卫生保健和教育事业，感谢上帝，他们毕竟还没有奉献到最后。

瓦列里·谢尔久科夫向总统报告了国内发生的一些重大事件。

“弗拉基米尔·弗拉基米罗维奇，您听说过吗，我们进行了国家杜马选举。”

“听说过。”总统随口回答。

“我认为现在是研究退休者问题的最佳时机。”列宁格勒州州长结束了自己的讲话。

此后，谢尔久科夫先生提出了一个令人感兴趣的建议。他建议说，利用公民的积蓄，发展命运多舛的抵押贷款业务。最后的结果是，抵押贷款业务启动了，这些公民将有自己的住房。

总统长时间地给州长解释说，对公民的积蓄这类资金来说，抵押贷款是风险过大的投资。

退休人员列夫·帕夫洛夫斯基回想着说，前不久电视上播放了一个有意思的节目。

“您到过残疾人企业（他显然指总统参观过曼谷就业中心——作者注）。我们这里也有这样的企业，但数量越来越少了。我记得在一家这样的企业里，盲人们动作熟练地在处理土豆……”

其实，这件事情的最后是悲惨的。方方面面都向盲人收税。他们的企业关门了。于是，列夫·帕夫洛夫斯基建议重新免除残疾人的一切税款。普京先生保证说，他不会这样做，因为他这样做过一次，没有产生任何好效果。

伊丽莎白·沙兰多娃代表当年遭受围困的孩子发言说，他们什么也不抱怨。

“弗拉基米尔·弗拉基米罗维奇，我们与您一样，生活越来越轻松。谁也没有欺负我们，谁也没有污辱我们，说我们是围困时期的黄口小儿，”这位头发苍白的女士说，“只是被围困时期孩子的地位不够。我们非常需要这个地位！”

根纳季·罗扎诺夫建议最后再解决一个问题。

“不要再播放色情节目了，”他真诚地发出了恳求，“请以老战士的名义解决这个问题。强烈要求解决！”

此外，人们还请求普京先生在中小学里恢复军事课，在大学里恢复野营集训。请求总统将在后方劳动的人与在前方参战者一视同仁，恢复苏联的全部卫生保健体系。

“请把我们的卫生保健还给我们！就让它重新开始吧！我们不想去保险公司！”参加会晤的人们恳求总统。

总统费了好长时间回答这些请求。他回忆说，一些前线老战士在与他会晤时告诉他说，无论如何不能把后方的劳动者与前方的参战者一样看待：

“一些老战士对我说：怎么能这样呢，我们浴血奋战，有时候要冒着生命的危险，还要忍受贫穷。”

普京先生说，他认为，这一问题应当由议会来决定。

后来，弗拉基米尔·普京突然热烈地谈起了色情问题：

“的确，带有暴力和色情内容的节目多了些。可是，这无法禁止，也不能下命令……可以，当然可以……”总统思考了一下，纠正说，“如果那样，将是另一个国家，另一种生活了。”

普京先生令参加会晤者伤心的是，他说假如重新实行苏联的卫生保健体制的话，那么，在现在的条件下，这一体制将无法运作。不过，总统让与会者产生希望的是，他承诺在国务委员会主席团与各行政长官们会晤时讨论这个问题。

“你们说的这些一点儿也不过分，都是本质的东西。”总统安慰这些退休者说。

其实，这些人对此已经感到高兴了。

晚上，总统正如他答应退休者们的那样，召开了国务委员会会议，与行政长官们讨论了退休者们的问题。会议前，总统去了皮斯卡廖夫墓地，参加了伟大卫国战争老战士隆重纪念突破列宁格勒围困60周年纪念会。在会上讲话后，总统利用休息的机会，再次与老战士们会晤。会晤进行得热烈。一位老战士平静地说，他过去是总统教母的邻居。老战士们跟总统说的话题，跟基洛夫斯克的老战士们说的一样。令人感兴趣的是，总统还是没有向他们做出任何承诺。不过，总统明显地想做出什么承诺。

国务委员会主席团会议开始的时候，总统说，到目前为止，他从来没有做出过空头许诺，说过的，都做到了。

在与主席团成员（昨天在圣彼得堡组成了新一届成员）握手问候时，弗拉基米尔·普京在滨海边疆区行政长官谢尔盖·达尔金面前停住脚步，严厉地斥责了他一会儿。

“我们会解决的，弗拉基米尔·弗拉基米罗维奇，会解决的。”滨海边疆区行政长官惊慌失措地小声回答总统。

从一切迹象看，总统关心的是符拉迪沃斯托克市的供水问题（后来，达尔金先生在与笔者交谈时证实了这一点）。

总统刚刚离开，达尔金先生就长舒一口气，一屁股坐到了自己的座位上。好长一会儿就这样沮丧地坐着，回味着刚才发生的事情。终于，他回过神儿来，发现自己的所有同行们至今都还笔直地站在那里，因为总统还没有与大家握手。谢尔盖·达尔金猛地又站了起来，最后，他最后一个坐到了自己的合法位子上。

宣布会议开始后，总统想到，已经成功地制止了一个可耻的情况：国内好几个月没有发退休金了。而在四年的时间里，退休金按绝对值计划增加了两倍。

“我明白，任何人对按照绝对值计算都不感兴趣。”总统说。

不过，许多人依然不明白给老战士按照相对值计算退休金，究竟是怎么一回事儿。国务委员主席团会议的大部分时间是不对媒体开放的，而会议最后也不通过具体的决定。

其实，会议结束后，主席团的成员们至少谈到了总统的一项具体委托：将16000名荣获“保卫列宁格勒”奖章和没有得到任何优待的人，与参战者一视同仁。总的来说，从正常思维的角度看，这种状况能够存在到现在，岂非咄咄怪事。

弗拉基米尔·普京号召检察官多办实事

1月30日，俄罗斯总统弗拉基米尔·普京出席了俄罗斯总检察院部务扩大会议，并号召检察官们不要停留在已经取得的成就上。

会议原定于中午开始。在预定时间之前一个小时，总检察院礼堂门口就已经聚集了一大群检察官。要想进入礼堂，必须经过安全检查门。这使与会者们的抱怨声不断。

“显然是不相信我们。如果连我们都不相信，那还相信谁?”一名穿着蓝色制服，戴着上校肩章的上了年纪的检察官低声说，“这里没有外人嘛。”

同事们安慰他，解释说这是规矩。上校则坚持说应当有例外。

这样一来，进礼堂的速度很慢，到12点才座无虚席。检察官们非常克制地互相交谈着。坐在笔者前面的两个人在交流工作的艰难：

“在达吉斯坦工作很不容易，”一人说，“出了点事，他们忙来忙去，逮捕了500人，第二天早晨又给放了，这个案子也就放下了，因为又有新案子出来了。”

“的确可怕，”邻座支持他说，“要不，我们也会感到可怕。”

“难道我们不感到可怕吗?”

“经常感到可怕。”邻座很快就同意了。

这时，笔者认出了其中的一名谈话者。此人在叶卡捷琳堡处埋过沙皇遗骸案件，事情的确如他们所说的。大厅里实际上没有外人。

坐在旁边的独立电视台记者问他，这到底是谁的遗骸。笔者想，这位检察官会感到委屈了。因为在当时，他向全国明确地说这是沙皇的遗骸。可是，令笔者吃惊的是，检察官沉思了。

“叶卡捷琳堡是一座奇怪的城市，”他终于说话了，“以前那里的人都认为那是沙皇的遗骸。而现在，谁也不这么想。为什么?”

“您本人怎么看?”笔者也忍不住问。

“您知道……如果我是索洛维约夫·弗拉基米尔·尼古拉耶维奇，如果人们问我，我是不是我的话，您想，我该如何回答?”

“不知道。”笔者坦诚地说。

“如果不是我，而是一个什么弃儿，那又会怎么样?”检察官继续说。

“您究竟想说什么?”应当承认，笔者有些恐惧地问，已经想尽快结束这个话题了。

“我想说的是，这最有可能是我。”检察官说完，还以审视的目光看着我们。他想确信我们正确地理解了他的意思。

“我的同事所说的这一切都是对的。”突然，索洛维约夫的另一名同事加入了这场有点冒险的谈话，“只有一个地方不对。”

“哪个地方?”

“假如当时，也就是1917年没有进行克隆的话，那么，这是对的，”邻座讨好地说，“怎么，不现实吗？大量繁殖，也是正常的。”

邻座耸了耸肩，转过脸去了。

已经12点多了，总统迟到了。

“在我们所里，墙上挂着所有总检察长的画像。”坐在前面的另一个人对我们说。

总检察院礼堂的墙上也挂着一些检察官们的画像，只不过他们都是革命前的检察官。后来，时代的联系一下子被中断了。墙上没有任何一名苏联总检察长的画像。

“怎么，斯库拉托夫的画像也挂着?”

“挂着。”这个人骄傲地回答。

后来才知道，说话的这个人在加强法律与秩序研究所工作。

“只是不想挂维辛斯基的像，”又一名检察官解释说，“漏掉任何人都不合适。那样的话，大家都不走运。”

“我觉得都应当挂。”科研所的那位工作人员突然果断地说。

终于，主席台上去人了。俄罗斯国家杜马主席鲍里斯·格雷兹洛夫，总统办公厅主任德米特里·梅德韦杰夫，总统办公厅副主任德米特里·科扎克和维克托·伊万诺夫，宪法法院院长瓦列里·佐尔金，最高法院院长维亚切斯拉夫·列别杰夫，联邦安全局局长尼古拉·帕特鲁舍夫，内务部代理部长拉希德·努尔加利耶夫，司法部长尤里·柴卡，国防部长谢尔盖·伊万诺夫等人到主席台就座。

有人走到主席台的发言席。我们坐在最后一排。旁边一名近视眼的检察官眯起眼看了看，惊喜地说：

“普京!”

“不，这是我们的总务主任，”近视眼的同行纠正说，“他跑到主席台上干什么?看来，总检察院的总务主任上主席台是要发表重要声明了。”

“俄罗斯联邦总统弗拉基米尔·弗拉基米罗维奇·普京到!”总务主任扯着嗓子，庄重地喊着。气氛一下子紧张起来。

大厅里响起了掌声，驱散了刚才的紧张气氛。总统在掌声中走进大厅。总检察长弗拉基米尔·乌斯季诺夫开始宣读主席团成员的姓名与职务。走到谢尔盖·绍伊古跟前时，乌斯季诺夫长时间地读着他的职务、所在部的名称，然后接着说：

“还兼任……党……噢，这个……选举嘛，已经结束了。”

笔者敢发誓，乌斯季诺夫先生面前的清单上，绝对只字没提绍伊古先生是统一俄罗斯党领导人。因为同样的清单也发给了所有的记者。清单上只写着绍伊古先生是一名普通的部长。总检察长想以这种方式开个玩笑。他今天心情颇佳。数分钟前，他今天第一次开玩笑，建议那些欣赏他的匀称身材的摄影记者们，要节约胶卷，留给总统。摄影记者们甚至还喊着回答他说，他们手里是数码相机，于是，他忧郁地苦笑了一下说：明白，孩子们，跟你们开玩笑呢。

就是在这样友好的气氛中，总统开始做报告。

弗拉基米尔·普京读着报告，几乎没有脱离放在他面前的稿子。显然，极其重要的是一句话也不能说错。

总统强调说，在坚持国家公诉的同时，检察官们保护着千千万万人的利益。这似乎是一个绝对不得罪人的思想，也没有什么把柄可抓。可是，恰恰是这个思路使总统声称，去年就是因为这个原因增加了检察机关的人数。

“在把人关押好几个月进行侦查后，再在法院提起公诉的情况是不允许的。”总统继续说。

这是什么意思？难道总统指的是，既然逮捕了一个人，就要把他关进监狱里去？或者，说的还是平庸的公诉工作？或者，说的是腐败？也就是向被捕者提出指控并毫不妥协地与他们讨价还价，一旦双方都采取建设性的立场，那么，在经过法院后，被捕者就会被释放。

“违法必究还没有成为准则，”总统强调说，“而且，有三分之一的犯罪，包括严重犯罪和特别严重犯罪，还没有破案。”

明显地可以看到，坐在我们前面的检察官们由于紧张而变得不自然起来，他们似乎不是很喜欢总统说的话。大概，他们想听总统表扬，可是总统没有说。

“在反腐败方面，我们需要进行系统的、专业化的工作，而不是轰轰烈烈地宣扬一两个案件。”普京先生说。

坦率地讲，总统的讲话在这样一个高调中结束了。然而，对于总统的讲话，坐在大厅里的人各有各的理解。一方面讲，可以这样解释总统的讲话：不要围着尤科斯石油公司前总裁米哈伊尔·霍多尔科夫斯基的案件打转转儿，而应当平静地，不抱任何幻想地工作。但也有一些人从总统的讲话中体会到了完全不同的意思：先生们，难道还不到处理其他同类案子的时候吗？

总统做完报告后，记者们被要求离场。走出礼堂大门时，笔者听到乌斯季诺夫先生说：

“遗憾的是，记者们离开了我们……”

总检察长还在继续开玩笑。

最后要说的是，在总检察院公关中心的墙壁上挂着尤科斯石油公司前总裁的画像。画像被人画上格子。公关中心的工作人员主动解释说，昨天在总检察院大门口有人举行集会，要求把画像转交给总检察院的工作人员。这件礼品被感激地收下，并挂在了最显眼的地方。

楚瓦什向总统表现自己

2月5日，弗拉基米尔·普京飞抵楚瓦什共和国。在这里，总统了解了当地的农村问题，以及共和国的革命总统尼古拉·费奥多罗夫提出的解决方法。

楚瓦什共和国最遥远的一个区的人们在等待弗拉基米尔·普京的到来。在10年的时间里，区中心舍穆尔沙与楚瓦什各个地区一样，发生了翻天覆地的变化。10年前，当费奥多罗夫总统刚刚开始接手楚瓦什共和国的时候，这里的一切黯淡无光，糟糕透了。后来，舍穆尔沙开始变得好起来：一开始是一年一个样子，后来是一天一个样子，而现在，一时一个样子。

区中心准备用大规模放焰火的形式迎接弗拉基米尔·普京。有一种意见认为，这样做有些过于做作，对此，楚瓦什共和国总统尼古拉·费奥多罗夫回答说，恰恰相反，如果总统看不到焰火，那才是咄咄怪事。

“要知道，我们舍穆尔沙有焰火产业，”尼古拉·费奥多罗夫告诉总统礼宾官员说，“难道总统没听说过这个产业？”尼古拉·费奥多罗夫激动起来。

没有，总统还真的没听说过这一点。除了焰火外，首先请总统视察的是区图书馆。楚瓦什总统在每个区中心都建立了这样的图书馆。馆里除了有书报杂志外，还有卫星通信、电视、录像机，还可以免费上网。

一些岁数不小的读者坐在阅览桌前。每人的前面摆着《妇女幸福》杂志。每个人看到的页次都不一样。一位老太太在专心致志地看《沉默之金》，另一位女士在读《无罪本身》。一位老爷爷在电视上看电影《年轻的俄罗斯》。第二集都演完了，可总统还是没有来。接着看第三集：彼得一世对大臣们发脾气，拿凳子砸他们。就在这时，弗拉基米尔·普京走了进来。他在这些退休者面前足足站了一分钟。费奥多罗夫总统说，这些人不离开这个座位，直接就能到法国卢浮宫去旅游。尼古拉·费奥多罗夫当着我们的面似乎在兜售旅游线路。应当承认，这一点他做得相当出色。

总统走到坐在电脑前的人们跟前。一个老太太和她的孙子引起了总统的注意。这一老一小正在悄声地说着什么，总统蹲到他们旁边。

“您在找什么？”总统问。

孩子开始语无伦次地解释说，奶奶看过医生，可是，医生无法帮助奶奶。

“为什么?”总统问。

“她的病严重。”孩子的眼睛里充满了泪水。

这时，老太太抓住了主动：

“让我来说吧。我对严寒过敏。这是一种罕见的病。医生在做出诊断前，考虑了很长时间。他们的顾虑很大，可还是这一结论。又没有这种药！在我们这里，谁也没有听说过这种病。”

“不过，感谢上帝，医生倒是见多识广。这不，尼基塔想了一个主意：‘奶奶，咱们图书馆可以上网!’这不，我们就到这里来了。是的，的确有这种病！也有治这种病的药……”

“真是奇迹！奇迹！我的病会治好的!”幸福的老太太肯定地说。

走出阅览室的时候，总统又遇到了一些退休者。他们已经放下了杂志，站在那里等总统。有人向弗拉基米尔·普京抱怨说自己身体不好，总统同情地点了点头。

“不要生病！要读书!”尼古拉·费奥多罗夫向《妇女幸福》杂志点了点头说，接着，哈哈大笑起来。

与退休者们说了一会儿话后，弗拉基米尔·普京向那些在舍穆尔沙区政府大楼前等待了两个小时的人们表示问候（“你们认识他是谁吗?!”尼古拉·费奥多罗夫用手指着总统，自豪地问）。

几分钟后，弗拉基米尔·普京已经在召开一个会议，讨论有关农村发展的迫切问题。宣布开会后，总统提醒大家，谁都知道“我们在经济方面略有进步”。

“我总是谨慎地讲：略有进步。”总统解释说。

人们已经明白了，总统这样说是出于谦虚，实际上进步很大。

总统说完后，费奥多罗夫先生接过了话题。他的讲话给人留下了深刻的印象。他没有丝毫虚情假意地说，楚瓦什共和国的发展非常迅速。尼古拉·费奥多罗夫发明了许多惊人的东西，促进了共和国的发展。例如，他设想出了一个“社会-文化教育综合体系”。也就是说，学校在晚上被当作休闲中心加以利用。

“我们也修建了新的学校。效果怎么样呢？试验了不停顿工作的方法——楚瓦什人民建设法。节约物资70%！在儿童死亡率方面，我们不仅在伏尔加河沿岸联邦区是最低的，而且接近欧洲的标准!”楚瓦什共和国总统大加赞叹地说。

此后，在接下来5~7分钟的时间里，尼古拉·费奥多罗夫又举出了一些令人信服的例子，证明楚瓦什共和国在他的领导下正在突飞猛进地发展。

“最后，我得出的结论是，幸福在政治中，而不是在金钱里，”楚瓦什总统突然说，“我们不停地干啊，干啊，终于明白了这一点。”

他沉默了一会儿。笔者想，自己已经弄不清幸福到底在哪里了。尼古拉·费奥多罗夫在这时候还是沉默着。

“不对，政治家的幸福不在于金钱。而在于对金钱的巧妙管理!”尼古拉·费奥多罗夫终于正式结束了发言。

如果他能到此为止，不再说什么就好了。

然而，费奥多罗夫先生还一点儿没谈楚瓦什共和国的新的国库制度。

“这一制度，是俄罗斯最好的制度!”尼古拉·费奥多罗夫急急地说，“还有，楚瓦什把去年称作是母亲年。出生率增长了10%。我们把今年称作是少儿年。仅在1月份，楚瓦什就出生了两对三胞胎!”

这无疑是一座里程碑，在这方面，任何人任何时候也无法超过楚瓦什共和国。因为一般来说，在这种情况下，三胞胎毕竟不算少了。

“此外，去年年底，我们在欧洲杯竞走比赛中取得了胜利!”费奥多罗夫先生已经说得上气不接下气了，“我们的切博克萨雷战胜了挪威的卑尔根市。欧洲锦标赛将在我们这里举行！总而言之，我相信，21世纪将是楚瓦什的世纪!”

在抵押贷款方面，楚瓦什共和国也走在全球前面。公民们积极地利用联邦补贴和当地补贴。

“在我们共和国里，人们有多生孩子的权利，为此享受额外的优惠!”尼古拉·费奥多罗夫说。

“在我们国家里，每个公民都有多生孩子的权利，”弗拉基米尔·普京话说得很有分量，“请告诉我们，在楚瓦什，抵押贷款的利率是多少?”

弗拉基米尔·普京看了看俄罗斯第一副财长谢尔盖·维亚扎洛夫。

“15%。”谢尔盖·维亚扎洛夫回答说。

“通货膨胀率是多少?”

“12%。”

“利率为什么这么高?”

“这就是风险，弗拉基米尔·弗拉基米罗维奇!”

“什么风险?”

“每个人都要承担风险……”维亚扎洛夫先生有些迟疑地、缺乏信心地回答。

“就连中央银行的利率现在都是14%，更别说我们这里谈的是社会项目了。”

“我同意，我们将研究这个问题。”

“好吧。你们研究一下。”普京先生结束了讲话。

柳德米拉·尼古拉耶娃博士说，在楚瓦什，一个家庭医生要负责一个孩子从生到死的整个一生。对于这样长寿的医生来说，他的工资多少并不重要。

“这就是加拿大—楚瓦什项目!”费奥多罗夫先生说，“你们知道，我们医生的办公室是什么样子？全是欧式装修！博士代替了外科医师！我们对所有的人都进行培训!”

会议在这个最高调中结束了。笔者走到财政部副部长维亚扎洛夫先生跟前问，抵押贷款的利率是否会降低。

“看起来，大概，您倒是个有文化的人！”他疑惑地看了看笔者，“我们将通过一项法律，强迫不如期偿还贷款的公民搬出住房，这样的话，利率就会下降。”

“可暂时利率本身不会下降，也许，您能把利率给降下来？毕竟这是一个社会项目。而总统也让您研究一下。”

“有什么可研究的？”维亚扎洛夫先生沮丧地问，“议员们将在春季通过强行迁出住房的法律。”

一个小时后，关于俄罗斯不同教派间问题会议在切博克萨雷举行。总统在讲话时说，前不久他注意到，俄罗斯民族共同体的数量增加了。

“但这并不意味着民族共同体已经多了。只是人们不愿意说出自己属于哪个教派，”总统说，“而过去，我们只有一个历史的同一性——苏联人民！这个基础并没有失去！”

现在，这些基础已经没有了。出现了别的基础。楚瓦什共和国总统尼古拉·费奥多罗夫重新挺身而出。他用自己的胸膛堵住了宗教关系中出现的缺口。现在，楚瓦什共和国文化部长奥莉加·杰尼索娃指出：“把俄语作为教派间进行交流的语言来学习的历史性向往，在楚瓦什是令人完全满意的。楚瓦什全体公民越来越愿意认同自己的民族。”

笔者已经认为，楚瓦什从今而后，不会存在任何问题。

“我们拥有三百多个宗教机构。其中，两百多个东正教机构，还有许多伊斯兰教机构，也包括新教机构。”奥莉加·杰尼索娃结束了自己的发言。

只是到了这个地方，笔者才明白，这里还是存在着一个问题。这个问题首先在于杰尼索娃女士本身。

都主教瓦尔纳瓦在自己的报告中指出，在俄罗斯总统弗拉基米尔·普京和至仁至爱的上帝的领导下，俄罗斯正充满信心地在进步的道路上前进。

“然而，集权主义集团的黑暗势力时常动摇着人们还不坚固的心灵，大众传媒有时候还在这方面推波助澜。”他拖长声调谴责说。

“谢谢您提供的情况。”普京先生表示感谢。

穆夫提阿利比尔·哈兹拉特谈到了黑暗势力日益增长的精神扩张。他没有说黑暗势力的名字，但笔者越来越清楚地知道，在楚瓦什实际上存在着教派间的问题。

“也存在着积极现象。在新年庆祝会上，您没有端起香槟酒杯。这意味着您在宣扬健康的生活方式！对于我们来说，这是非常重要的。这一点我们都注意到了！”穆夫提说。

楚瓦什共和国俄罗斯文化中心主席安东尼娜·切帕克西娅也毫不留情地批判了电视台：

“电视播放的电影把我们往歧路上引！”

而从巴黎来到切博克萨雷的神甫、法国人瓦西里对这一切都很喜欢。他甚至还看楚瓦什语的电影。

“楚瓦什人告诉我：‘老兄，您看什么呢，反正一点儿也看不懂。’可我想看明白！我还要看！”

会议结束后，俄罗斯总统走到记者跟前，再一次说，不打算修改宪法以延长自己的总统任期。总统是因为听到了什么消息才重复说这件事的。众所周知，昨天，伊万诺沃州杜马向全体善良的人们发出了这样的呼吁。不过，总统承认，他非常理解那些建议修改宪法的人们的心情。他们考虑的是稳定。而楚瓦什共和国总统尼古拉·费奥多罗夫的经验表明，为了实现所需要的稳定与繁荣，至少需要10年的时间。这样，俄罗斯的稳定只能推迟了。不管怎么说，在这两者中，笔者本人还是希望选择时间短一些的任期。

莫斯科与巴库：总统建立友谊

2月6日，俄罗斯总统弗拉基米尔·普京会见了阿塞拜疆新任总统伊利哈姆·阿利耶夫，将安德烈·佩尔沃兹万内依圣徒勋章交他保存。这枚勋章本应在几个月前授给新任总统之父、已故前总统盖达尔·阿利耶夫。会见再次表明，俄罗斯不会与恐怖分子谈判，而要将其消灭。

伊利哈姆·阿利耶夫是前天晚上飞抵莫斯科的，比弗拉基米尔·普京从切博克萨雷回来早一些。弗拉基米尔·普京在那儿与楚瓦什共和国总统尼古拉·费奥多罗夫进行了愉快的接触。晚间，俄罗斯与阿塞拜疆总统在新奥加廖沃官邸会见的时间虽然不长，但有关人士反应却非常亲切。通讯社报道中提到一束黄玫瑰——那是弗拉基米尔·普京作为短暂分离的象征送给阿塞拜疆总统夫人的。莫非他不知道伊利哈姆·阿利耶夫及其夫人梅赫里班·阿利耶娃在他处作客已经整整三天？早晨，两位总统及其随员在大克里姆林宫先后举行了小范围和大范围会谈，之后总统们出来会见记者。通常在这种情况下，坐在头排观众席上的不是记者，而是两国高级官员，这次也不例外。有谁能够想到，围绕这些座位，一度还引发了一场并非儿戏之争？

椅子后背上贴着标牌。俄罗斯安全委员会主席弗拉基米尔·鲁沙伊洛首先走出谈判间入座。俄罗斯外长伊戈尔·伊万诺夫仔细观看了标牌之后也入座，两人中间空了一个位置。俄塔社社长维塔利·伊格纳坚科坐在他左边，俄罗斯经济发展和贸易部副部长德米特里·苏霍帕罗夫坐在政府要员的末尾。

之所以让这些人坐在第一排，是由于每人都将在俄罗斯与阿塞拜疆的有关协议上签字。

与此同时，第一排有一个位置空着。从各种迹象判断，它是留给俄罗斯联邦安全局局长尼古拉·帕特鲁舍夫的，他应该签署相互保护信息协议。显而易见，这位联邦安全局长正在处理地铁爆炸事件，没有赶来参加活动（最后协议由伊戈尔·伊万诺夫代签）。

俄罗斯文化部长米哈依尔·什维德科依早就注意到这个空位。他走到外交部长伊万诺夫跟前，请后者坐到空位上。

“我坐在您的座位上。”他坚定地对伊万诺夫说。

老实说，人们没有马上想到什维德科依先生为什么要提出这个奇怪的想法，他本人也可以坐在那个空位上。

“安排我在哪儿，我就坐在哪儿。”伊戈尔·伊万诺夫考虑片刻之后坚定地回答说。

米哈依尔·什维德科依困惑地看着他，目光中除了惊讶之外没有任何别的意思。

“我的标牌在这儿，”伊戈尔·伊万诺夫带感情地说，“在这个椅子上，因此我就坐在这儿。”

什维德科依更加惊讶地看着外长，似乎不大明白他为什么在这个小事上斤斤计较。

“那当然，当然，别着急。”文化部长甚至是安慰地向伊万诺夫先生挥挥手。

米哈依尔·什维德科依就此离开了。

“不就是一个空位吗，坐下不就得了！”外交部长耸耸肩。

米哈依尔·什维德科依从过道就听见这句话，喃喃地说：

“我才不坐在强力部门官员中间呢，名声不好！”

对话期间，鲁沙伊洛先生甚至没有回头，伊万诺夫先生不停地摇头，显然感到生气。他对将自己归入强力部门官员之列明显不满。

一分钟过去了。从各种迹象判断，伊戈尔·伊万诺夫在紧张地思考着什么。看来他的精神已经放松，最终迅速坐到空位上。维塔利·伊格纳坚科和德米特里·苏霍帕罗夫也跟着换了座位，这样大家坐的紧凑了。坐在远处的米哈依尔·什维德科依仔细观察着座次的变化。

几分钟之后弗拉基米尔·普京与伊利哈姆·阿利耶夫来了。协议签字仪式持续了半小时。此时伊戈尔·伊万诺夫再次起立，坐到两位总统旁边的桌子上签署文件。正如笔者所见，他不安地回到自己的座位上，当然那个位置谁也没有坐。

协议签署之后两位总统发表了声明。弗拉基米尔·普京解释为什么向伊利哈姆·阿利耶夫授予安德烈·佩尔沃兹万内依圣徒勋章。几个月前，俄罗斯总统打算亲自向盖达尔·阿利耶夫授勋，特地安排了巴库之行，先是在访问马来西亚途中，后是几个月之后从泰国返回途中。但是，盖达尔·阿利耶夫一直在美国克利夫兰市治病，关于他马上回国的消息依然是传说。

伊利哈姆·阿利耶夫长时间心平气和地致答词。他的讲话令普通人感到奇怪。

过了一会儿，一股舒服的温暖传遍全身，后来就想睡觉，此时怀着对明天的信心入睡非常重要。伊利哈姆·阿利耶夫似乎继承了自己父亲的优秀品质和智慧。

阿塞拜疆总统指出，他的国家与俄罗斯的关系已经很好，而且将更好。

“过去存在的问题业已解决，”他说，“例如，里海地位问题，再也没有其他任何分歧。”

然而，某些人士仍然说，俄方坚持更加充分利用巴库—新罗西斯克石油管道，伊利哈姆·阿利耶夫似乎立即保证：一定会这样。至少参加大范围会谈的俄罗斯卢克石油公司总裁瓦吉特·阿列克佩罗夫从房间（他坐在第五排）出来时看上去非常满意，不断微笑。

总统们很快转向回答问题，问题只有两个。关于俄罗斯在解决纳戈尔诺—卡拉巴赫问题上的作用占的时间并不多。普京先生说，他在这方面将加大工作力度，但不会强加于人。

然后，《劳动报》记者奥莉加·索洛莫诺娃问，两位总统怎么看待莫斯科地铁发生的恐怖行动，当然大家一开始就等待着这个问题。

“我们清楚地知道它是多么坏，”阿塞拜疆总统说，“与恐怖主义作斗争不容易。敌人看不见，只能猜测在哪儿。但是应该同它进行斗争并且取得胜利。全部问题就在于此。”

弗拉基米尔·普京向死亡和受害者的家庭表示慰问，说这对全国都是一个考验。

“我们并非首次遇到在俄罗斯领土上的同步犯罪和呼吁与马斯哈多夫及其土匪进行谈判，”他补充说，“这些犯罪间接证实，恐怖分子之间相互联系。但我们不要任何间接证据，我们一定要知道，马斯哈多夫及其土匪与这些犯罪有关。”

他表示相信，正在发生的事件是向俄罗斯现任总统施加压力，但没有展开讲。由此可以看出它是多么可恶。

然而，俄罗斯总统明确无误地谈到与马斯哈多夫先生谈判的事：

“俄罗斯不与恐怖分子谈判，它要消灭他们。”

当然，这句话可望在俄罗斯报刊上不是一次，甚至是成百上千次广泛引用。只要恐怖分子没有被消灭，它将永远使用下去。

弗拉基米尔·普京感受高技术基金市场

2月9日，俄罗斯总统弗拉基米尔·普京在总统科学和高技术委员会召集俄罗斯科学精英开会，突然提高了他们的科研补助金。

弗拉基米尔·普京准时出现在米克鲁赫—马克拉雅大街上的生物有机化学研究所。如果不是他，我们这些记者就不可能发现俄罗斯科学日已经来临。

当然，此时此刻可以写：与会者并非是节日的心情，因为现在不是俄罗斯科学最好的时代。但是，笔者并没有写不健康的情绪，实际情况也不是那样。老实说，笔者也想过，在没有听到真诚的金兹堡院士讲话之前，我们的科学并非一切都好。

弗拉基米尔·普京首先讲话。他谈到必须采用最新科技成果，知识产权保护和人才向众所周知的方向流失等问题。笔者 5～10 年前已经听过了。

随后国立莫斯科大学校长维克托·萨多夫尼奇依谈到重大课题选择和国家采购的必要性。此时笔者想到时代已经在倒退，15 年前人们就这样议论过。谈话进行了 10～15 分钟之后，笔者为俄罗斯科学的担忧之情已经完全平息，取而代之的是恐惧。后来，弗拉基米尔·普京请诺贝尔奖金获得者维塔利·金兹堡发言，笔者此时才明白，我们的科学在前进。

这位院士说，俄罗斯社会各界对授予他诺贝尔奖金反应强烈，令他始料不及。他解释说，这种热情与对授奖本身机制不了解有关。

“国人认为，我们国家受欺侮，受压制，受帝国主义包围，我对西方也不抱幻想，那儿什么人都有。但首先是我们有过失，本身有缺点。例如李森科主义（李系苏联农学家、生物学家创始人，攻击孟格尔理论，长期控制苏联生物界——译者注）。”维塔利·金兹堡信心十足地说。

“要是这样，不给我们授奖是正确的，但诺贝尔奖不是李森科授予的，只要维塔利·金兹堡当之无愧，那就授给他。”

“我给总统准备了许多资料，也许他反正不会读，里面有我的诺贝尔奖讲义，自传……”

不知为何，笔者此时确实为这位光荣的动人的院士感到惋惜。他绝对相信，全国都在为这个问题苦恼：瑞典为什么给谁颁发诺贝尔物理奖？他渴望总统有一天打开送给他的资料，读读维塔利·金兹堡的自传。然而，他对此没有信心。

维塔利·金兹堡转移了话题：

“我一位同事，跟我一样获奖并且早就移民美国的阿布里科索夫说，俄罗斯所有优秀的物理学家已经出国。阿布里科索夫现在还这样讲，完全是胡说八道！”

笔者知道，为什么移民美国的阿布里科索夫现在还在说所有俄罗斯优秀的物理学家已经出国了，也知道为什么金兹堡坚持并非所有人都走了。

“老实说，到底谁走了？是几名通讯院士。他们不是孩子。顺便说一句，阿布里科索夫已经 75 岁了！”金兹堡先生显然高兴地说，“我们理论物理研究室全都在！从这个意义上讲人才都在。”

从另一个意义上讲却没有人才。维塔利·金兹堡说，最近司机开车将他送到电视中心，比较详细考察了化学高校的一名研究生。这位研究生现在的工资是 100 美元，司机是500美元，他在物质上满足了，但心理满足还差之甚远。

随后维塔利·金兹堡承认，在座的任何人没有出生之前，他已经上学了，从此俄语一直写得不好，女秘书经常纠正他的错误。原因是他读的七年制学校，现在的学制长一些，但各有利弊。

“学校开设神学课，名叫《东正教文化》，我不是一介武夫，但我是无神论者。不能给孩子们教这些。”

直截了当地说，维塔利·金兹堡讲话的神气就像一介武夫，换句话说，他非常激动。

金兹堡先生讲话之后委员会委员完全变了样子。来自新西伯利亚的根纳季·库利巴诺夫说，假间谍事件打击了青年科研人员搞科研的兴趣。他在讲话结束时说，如果国家支持科学院引进活动，那么将不为外国培养青年科学家投入大量资金。

青年科学家马克西姆·切尔诺杜布不知从何处冒了出来。他说自己已经30岁，“仅仅是出于爱国主义”才留在国内工作。

“我甚至不想培养将为日本东芝公司工作的大学生。”他承认。

马克西姆说，他是俄罗斯总统科研津贴享受者，每月补贴2000卢布。

“说句忘恩负义的话，我在日本大学工作几小时就可以挣这么多。”这位爱国主义者含混不清地望着总统。

他也不向总统掩盖这个事实：与此同时，中国政府已经向自己在美国工作的科学家提出，只要他们回国，收入将同在国外一样多。

“这个事实让我可怕，”马克西姆承认说，“我们技术对手的做法非常正确。”

另一位诺贝尔奖获得者若列斯·阿尔费罗夫积极支持青年科学家。发言之前他装作在桌子上打盹，看来以此向大家暗示，只要他不吭声，会上就不会发生任何重要的事。

“科学必不可少。”阿尔费罗夫先生看看与会人员，腼腆地说。

从他的讲话判断，必不可少的并不是所有的，而是他所从事的科学：

“半导体电子是我们最重要的科学之一，并非因为这个我才得了诺贝尔奖金。”

若列斯·阿尔费罗夫当然少不了讲自己的诺贝尔奖。

“您表扬我将自己大部分奖金捐献给支持科学和教育基金会。当时我专门赶到维捷布斯克的斯拉夫市场，向您汇报这笔资金是否可以不纳税，您还记得吗？”若列斯·阿尔费罗夫期待地望着总统。

普京先生像一个有教养的人那样点点头。

“您还做了批示。但迄今他们仍然从每个卢布中拿走52戈比。我多次与自己的老熟人阿列克谢·库德林（俄罗斯政府副总理兼财政部长——笔者注）谈过。他的结论是：‘在这样的基金会里，腐败现象比比皆是！’让我们按照特别名单给基金会免税！他说，‘我的官员正在对此进行登记！’”短暂的有效的停顿之后，若列斯·阿尔费罗夫继续说，“我向您，弗拉基米尔·弗拉基米罗维奇准备了自己的基金会名单。我认为，这个名单应该包括所有诺贝尔奖获得者。”

应该给若列斯·阿尔费罗夫应有的评价。他慷慨地与自己的同事金兹堡平分了这个市场。看来他清楚地知道，剩下的那一部分奖金也足够他花了。

“如果您已经准备好建议，那就拿来，让我们像在维捷布斯克那样讨论。”普京先生并没有让阿尔费罗夫先生失望。

他对其他建议也做出反应，特别是一个活生生的问题——神学课。

“在我国，国家与宗教分离，宗教与国家分离。我们知道自己的生活从科学共产主义开始，那是国家意识形态。现在是什么？顺便说一句，它并不是一个无聊的问题。”

总统沉默不语。笔者已经想到，他不知道我们现在的国家意识形态。

“我们应该推行全人类价值观。”停顿之后总统说。

看来为了不使另一个诺贝尔奖获得者生气，他没有把话讲完，只说这些价值观作为忏悔体现在自古以来就有的规矩之中。他只说，建议公开讨论这个问题。

“我同意，2000卢布的总统科研特殊津贴太少，简直是对它的名字的玷污，”普京先生继续说，看来他很快就要讲主要内容了：“在国防领域工作的科学家，从现在起总统科研津贴每月将不少于20000~30000卢布。”

考虑到我国迄今在国防领域工作的科学家占国家科学家的一半（根据签署保密协议的科学家计算），这个想法花钱不少。是什么促使总统做出这个承诺？是年轻科学家马克西姆·切尔诺杜布关于英明的中国领导人胡锦涛的讲话给弗拉基米尔·普京留下了深刻印象，他想最大限度地仿效胡锦涛？

米哈依尔·萨卡什维利与弗拉基米尔·普京相互试探

2月11日，俄罗斯总统弗拉基米尔·普京与格鲁吉亚总统米哈依尔·萨卡什维利举行首次会见，两位总统对此感到满意。

格鲁吉亚总统面带茫然的笑容，不安的目光出现在克里姆林宫代表厅门口。应该说，他经常使用这种笑容和目光。笔者认为，二者结合在一起，可以使他对任何突然事件做出相关反应。这样的表情这一次也合适。格鲁吉亚总统想立即进去，礼宾官员挡住了去路：

“请留步！”

他茫然笑着，不安地望着他们。

“没关系，没关系，”礼宾官员感到不好意思，“看在上帝的分上，请原谅。我们需要让您与俄罗斯总统弗拉基米尔·普京同时出现。”

最终他被轻轻推了一下：

“您请!”

笔者立即发现了他脸上那种笑容和目光。这是做给谁的？与礼宾官员已经发生了一丝不快。

弗拉基米尔·普京与平时在这种情况下一样，没有使用现成的讲话稿。他愿意即席讲话。

“我就不讲联系我们两国人民的历史根源了……”他说。

为什么不讲？这些根源不仅存在，还将我们联系在一起。

“我只想强调，我们对格鲁吉亚人民怀着特殊的感情。”

很快就明白，这些感情与俄罗斯认为格鲁吉亚是自己最重要的地区贸易伙伴有关。

“我希望，格鲁吉亚也意识到这一点，”普京先生补充说，“它与俄罗斯的贸易占了自己国民生产总值的16%，而且在稳步增长。应该说，我们几乎在所有问题上迎合格鲁吉亚。因古里水电站发生事故时，我们限制了向自己电力供应十分紧张的南部的供电，将电送到格鲁吉亚。”

格鲁吉亚总统感激地点点头。

“我们注意到您在莫斯科国际关系学院的声明，”俄罗斯总统继续说，“这是非常积极的信号。”

众所周知，萨卡什维利先生在莫斯科国际关系学院对俄罗斯及其总统说了许多好话。他是客人，不那样讲那才令人奇怪!

“格鲁吉亚人对我此行抱有很大希望，关注着一言一行。我们的期待也很多。我想说，早晨我们在教堂默默祷告，祝愿今天会谈成功。”

这一切挺新鲜。在克里姆林宫代表厅举行的正式谈判，谁也没有这样说出自己的隐私。格鲁吉亚人这样袒露心声，令人感动。

“我希望困难成为过去。我们的情绪非常非常积极。我要直截了当地说，我来这儿，就是想与您建立友谊。”

为了防备万一，萨卡什维利先生的脸上又出现了那些笑容和目光。令笔者感到意外的是弗拉基米尔·普京也以同样的笑容和目光回报。笔者此时才明白，这两个人算是互相理解了。

有人认为格鲁吉亚人直率，他们所有的想法全都用特写镜头表现在脸上。如果格鲁吉亚人将什么隐瞒起来，只需几句无恶意的启发，就会将自己的心思讲出来。

为了试探这个方法是否有效，笔者观察了格鲁吉亚总统及其最亲密的助理马里卡·韦鲁拉什维利几秒钟。姑娘当萨卡什维利先生新闻秘书5年，同笔者交谈10分钟之后说，她非常想见俄罗斯总统。可惜在克里姆林宫一号楼门口因证件遇到麻烦，没有赶上。

“我非常想看见他，”她伤心地说，“非常喜欢他！”

笔者考虑了一会儿。莫非她真的喜欢弗拉基米尔·普京？难道胜过喜欢米哈依尔·萨卡什维利？于是决定提出那些无恶意的启发性问题，将真相搞清楚。

笔者问，格鲁吉亚总统是否经常乘坐民航班机，她回答说，他当然朝这方面努力。

“来莫斯科之前他已经以总统的身份去过达沃斯和斯特拉斯堡，无论去哪儿都坐民航班机，而且是经济舱？”

马里卡一时无语，显然在回忆，而且回忆起来了！

“有时也乘专机。您不理解，我们有重要原因。我们找不到合适的航班。从第比利斯到斯特拉斯堡没有顺路航班，到莫斯科每天有两个，因此我们就搭乘民航上你们这儿来了。”

“这不方便！”

“是的，”她轻松地同意了，“老实说，我说服米沙乘专机，可他坐下一计算……得花84000拉里（格鲁吉亚货币，约合40000美元——作者注），84000拉里，他说，不行，我们不能这样。”

“怎么，你们真的拿不出来？”

马里卡嫣然一笑。那毕竟不是她的上司的家庭采购。她那笑容是委婉暗示，我开了一个不成功的玩笑。

“我们米沙就是这样的人，”她叹口气，“非常节约。他做事彻底。您大概已经注意到我们国家正在发生的事？”

“什么事？”

“全都抓起来。把他们全部抓起来了。”

“全部什么？”

“全部小偷。”

“为什么？”

“是呀，”她变得严肃起来，“他们盗窃国库，就是这么回事。”

“这么说，谢瓦尔德纳泽也得抓起来。大概所有线索都得往上查。”

“不会抓他，他已经70开外。我们只抓65岁以下的。”

“噢！”笔者情不自禁地高兴了，“这就是说，只要熬到65岁，到格鲁吉亚就可以逍遥法外。”

“干嘛要熬！”她也高兴起来，“您现在就可以来，我们的春天已经来临。”

“没有借口怎么去。”笔者含混不清地说。

尽管笔者也在考虑，应该找什么借口。

“我们的议会选举即将举行，世界舆论都在关注。天气也马上暖和了！”

重大竞选举措

2月12日，俄罗斯总统候选人弗拉基米尔·普京会见了自己的选举委托人，给他们留下了好印象。

从各种迹象判断，昨天发生的事属于大规模竞选活动之一。日前，有600多名记者从全国各地赶来，报道这次有400名委托人参加的会见。会议采取了严格的保安，甚至是保密措施，然而，也有人知道2月12日将发生什么事。此前对代表自己报刊报道此次会见的记者说，一周之内将会见一名俄罗斯总统候选人。到底将会见哪一位，没有告诉任何一名记者，也没有说会遇到什么事。笔者能够想象，像记者这样心里藏不住话的人，保持沉默是多么不容易。他们乘火车或者飞机来到莫斯科会见弗拉基米尔·普京（他们当然知道候选人是谁），现在却得保持沉默。然而，谁也没有要求他们不许走漏风声。他们心里什么都明白，嘴上就是不说。

他们下榻在俄罗斯饭店，默默不语，失去了朋友和同事。晚餐和早餐一直沉默，晚餐时损失最大。早晨并非所有人都按时起床参加活动。不能指责这些小伙子和姑娘，他们做了力所能及的事，一直沉默着。

公正地说，他们起床早。9时30分应该在位于祖博夫花园的俄罗斯新闻中心门口占好位置。他们已经通过了金属探测环形天线（检查用了三个半小时），然后分乘30辆大轿车，在警察的护送下前往沃罗比约夫山上的莫斯科大学主楼。也许有人昨天有幸目睹了这一情景：二月寒冷的阳光灿烂的白天，交通管制的花园环路，警笛长鸣，车队川流不息，汽车前灯全部打开。笔者最后一次这样是去少先队夏令营，不过昨天的汽车上没有彩旗，但每辆汽车里都坐着联邦安全局的工作人员。

车队到达沃罗比约夫山后（它的先头停在莫斯科大学高地上，尾部刚刚离开韦尔纳茨基大街），笔者目睹了怎样无可挑剔地安排已经到达的人员下车。莫斯科大学主楼的入口处站着数十名便衣，控制着整个过程，专心致志看着民警是否正确地指挥入口处的交通。从各种迹象判断，这是他们惟一的任务。

进入更衣间之后笔者又发现15名工作人员，他们全都站在我们经过的一楼楼梯上。笔者感到不自在。

进入礼堂就不能出来。笔者来到休息室，如同礼堂一样，它在这几个小时内已被租赁。一楼小卖部几乎无人。一位上了年纪的女人没有信心地微笑着，看着价目表。

“价格比我们州便宜。”她含混不清地告诉笔者，“夹红鱼子酱的面包在这儿14卢布，小蛋糕3.85卢布。”

“您是记者吗?”笔者问她。

“不是，您说到哪儿去了，”她羞怯地说，“我算什么记者，我……天哪，也许我不该说话。”

她突然脸红了。

“您大概是总统委托人?”笔者猜到了。

她不好意思地点点头。一股同情之心涌上笔者心头。

“请放心，”笔者对她说，“我谁也不告诉，什么也不问您。”

“谢谢您。”她感激地点点头。

这一切看上去令人奇怪。笔者以为，弗拉基米尔·普京的委托人至少会骄傲地对待自己的称号，可眼前这位女人——显然是诚实的、正派的人，被怀疑是委托人后脸红了。

笔者履行了诺言，什么也没有问那个可怜的女人。由于其他委托人陆续走进小卖部，笔者开始问他们。令人惊讶的是他们也低下头，尽量避而不答，或者是头也不回地从小卖部跑出去。只有一位说，他们刚刚被大轿车接到沃罗比约夫山。似乎他跟笔者一样不喜欢这样。

礼堂被分成相等的两部分。前几排，大概有三分之一，划给委托人。他们与记者中间有纠察隔着。不知什么时候有人下令放行，他们就蜂拥而入。他们与我们一样，通过过道时两边都有便衣。企图往右或者往左越过一步，理论上都是不允许的。

“先生，您的位置在前面。”迅速而生硬地给他们解释说。

委托人赶紧千恩万谢地回到过道。他们之中有许多熟悉的面孔：儿科医生列昂尼德·罗沙利、演员米哈依尔·博亚尔斯基和亚历山大·巴卢耶夫、达吉斯坦人民的女儿、女诗人和政论家法祖·阿利耶娃。人群里还有大学校长、教员、医生以及人们所不知道的其他人。两届奥运体操冠军斯韦特兰娜·霍尔金娜也来了。独立电视公司记者弗拉基米尔·康德拉季耶夫拼命将话筒塞到她面前，问她怎么成为弗拉基米尔·普京的委托人，她摆摆手，一言不发地跑过去。

“做得对，斯韦特兰娜，坚持下去。”笔者对她说。

下午一时，总统候选人准时登上主席台，半小时的讲话激动人心。他说，四年前，他就任时国家是什么样子：“苏联国家机构解体的腐蚀过程蔓延到俄罗斯……几乎三分之一的居民生活在贫困线以下……罢工此起彼伏……大多数大银行破产……国家没有尊严地听任金融投机商和国际基金会摆布……统一的商品和服务市场崩溃……分离主义情绪演变成恐怖主义……恐怖分子厚颜无耻地进入达吉斯坦……”

总统候选人就这样勾画了一幅完全彻底的启示录画面。如他所言，由于这样的趋势，任何国家，除了俄罗斯之外很可能停止存在。在他就任不到四年的时间里，已经没有任何噩梦的痕迹。应该增长的都增长了，有的甚至增长了一倍。某些消极现象，如果说没有完全消失，那也处在消失的边缘。有时甚至人们觉得不可能变得这样好，不是这样，已经变好了。

总统以美国竞选运动优良传统结束了自己的讲话。他充满激情地说，自由和人权是崇高的价值观（笔者立即想到那些汽车、楼梯和小卖部）。

“我们能辜负人民吗?”

大厅里的人们不大整齐地喧哗起来。

总统自己喊了一句：

“是的，我们不能辜负人民！一定不辜负！”

半年前，阿诺德·施瓦辛格就是以这几句漂亮的话赢得了加利福尼亚选举。

随后，总统用了20分钟回答委托人的问题。他说，在过去的几千年人实际上没有变化。我们的主要财产是我们的民族性格。俄罗斯的渔业，如同人本身一样，远远没有达到尽善尽美的程度……笔者对总统候选人回答弗拉基米尔—苏兹达利城堡园区博物馆馆长阿利萨·阿克谢诺娃的问题感兴趣。他们在苏兹达利的圣诞节上见过面。她毫不犹豫地问他：

“弗拉基米尔·弗拉基米罗维奇，如您方便，那就对文化及其存在的问题说几句。”

笔者心想，怎么能回答这样的问题。

“文化就像空气一样，”弗拉基米尔·普京刚一听完问题就点点头，“我们国家制度的所有大楼都建立在它的基础上。”

馆长已经坐下，还是高兴了几分钟。

自然有人提到延长总统任期。同前不久在切博克萨雷的回答相比，弗拉基米尔·普京此次略有变化：

“我知道您为何这样问，您想稳定，但它可能导致停顿……当然可以延长，五年也没有关系……一任七年也不长……一个人忘我地工作七年，都快要疯了，您明白吗?”

笔者认为，当天最好的问题是斯韦特兰娜·霍尔金娜提的。她问总统，他认为应该做什么才能使俄罗斯奥运代表队在雅典举行的奥运会全面检阅中位居榜首。

“敢于胜利，”普京先生温和地回答她，“因为您会这样。我祝您成功。”候选人在结束与委托人会见时说，“它将是我们共同的成功。”

他首次宣布，他不怀疑自己在3月14日会赢得选举。

会见结束之后委托人从记者队伍面前走过。他们无计可施，有些已经打算在那儿与我们谈话。

北方钢铁公司总裁阿列克谢·莫尔达绍夫说，候选人将有一场斗争。

“为什么要进行这场斗争，就连总统也需要我们。谁的机会更多？时间将会表明。我喜欢普京的价值观……他不仅有自己的价值观，还有意志，您明白吗？还得忠于理想，继续前进。请原谅，我快要误机了。”

“您怎么看，您的候选人拒绝电视辩论？”笔者问国立农业科学院院长亚历山大·勃利诺赫瓦托夫，“我认为，国家大体上已经走上正轨了。”

“您知道，总统向自己没有机会的对手提供了提口号的权利。再次让人相信在三四年内做什么，这是愚蠢的。”

“毕竟……”

“如果是毕竟，那我就要说，作为一个人，我感到委屈和遗憾，”亚历山大·勃利诺赫瓦托夫突然承认，“在那儿跟谁讲话？还有，我们不是西方，它的一切都很文明。我们有侮辱人的能力。他值得冒险吗？”

总统主持了一次没有野心的演习

2月18日，俄罗斯总统弗拉基米尔·普京在普列谢茨克航天发射场观看了“闪电—M”运载火箭的成功发射。无论他还是笔者，都没有观察到在巴伦支海不成功的火箭发射。

弗拉基米尔是在“闪电—M”火箭发射前半小时来到克留克文诺—布鲁斯尼奇内依沼泽地边疆区的。三条林间小路在这儿汇成一点。不知怎么搞的，点上什么也没有，一片荒芜。在距这个点500米的地方，国家总统发现了“闪电—M”火箭。它已经放在那儿，准备好自己平生首次也是最后一次飞行。日前他从巴伦支海航行回来，在米尔内走出飞机，在零下30℃的严寒中没有戴帽子。到机场迎接总统是克里姆林宫记者联盟的记者们最不喜欢的工作之一。总统一般是默默不语、漫不经心地与在机场见到的人握手之后就离开。一个自尊的人目睹这个场面没有任何实际意义。例如，晚上笔者就不打算去机场。众所周知，在后来的整整一天，从潜艇上发射洲际火箭（正如笔者昨天报道，PCM—54火箭未能从“新莫斯科夫斯克”号潜艇上发射）出了怪事。问题出现了。笔者本想问或者至少是望着总统的眼神，搞明白到底有事无事，如果有，究竟是怎么回事？

然而，笔者并没有看见总统，老实说，谁也没有看到。他很快走下飞机舷梯，默默同迎接他的将军们打招呼。同机飞来的将军们从尾舷梯迅速走下后同他握手。

一分钟之后总统离开了。已经很清楚，他不想或者没有准备评论早晨的事件。或者是选了另外一个策略：根本没有发生任何事件。军方在米尔内召开的会议证实，最后一个猜测是正确的。总统多次微笑，高度评价昨天的成果。后来我们获悉，从潜艇上发射火箭从一开始就是假的。

昨天早晨从发射“闪电—M”运载火箭开始。从发射场到米尔内行程约一小时，记者们分乘三辆豪华大巴。后来知道它们是航天部队为了这个日子特地发给发射场的，记者们坐在车里等待发射。外面是零下30℃，里面暖和一些。然而，一辆运送记者到航天发射场参加招待会的汽车的空调机坏了，在一个半小时的行程中将他们冷得要命。

乘这辆汽车的一位南方血统的弱女子，《消息》栏目记者马加丽塔·西蒙尼扬对笔者的讲述加深了这个难堪的印象。她说，司机两天前就知道车里的空调坏了，而航天部队新闻中心的工作人员想的是记者们如何感受这次旅行，而不是修理空调。

发射前几分钟，弗拉基米尔·普京从各个方向看了加了油、冒热气的运载火箭，对所见表示满意，最后戴上鸭舌帽，从专门构筑的有暖气观察所里观看发射开始。发射前一分钟，他走到外面呼吸新鲜空气。

火箭的发射令人钦佩。脚下的大地在颤抖。5秒，10秒……火箭进入预定方向，直接从我们上空飞过。此时值班员报告说，侧向发动机分离。剩下的就是等待发动机掉到我们头上。谁也没有办法，这样的结局多丢人！

火箭又从身边经过！生活也在继续！总统从电视上看另一枚火箭PC—18从拜科努尔发射。接着又发射了一枚“白杨”洲际火箭。火箭像黄蜂一样从我们身边飞过。

下午总统在航天发射场安装试验车间举行了记者招待会。大厅里为代表团成员准备了几个座位。国防部长谢尔盖·伊万诺夫面带笑容，跟我们坐在一起。

“看来您的心情挺好，谢尔盖·鲍里索维奇。”

“心情好，你们知道为什么？”国防部长再次笑着回答说。

“您不为昨天发射火箭的事伤心？”

“不，不伤心。”

“为什么？”

“因为没有发生任何事。”谢尔盖·伊万诺夫笑得更加开心了。

“从潜艇上发射过吗？”

“根本没有！我们是从‘彼得大帝’号，而不是从潜艇上发射的，而且发射很成功。大家上岸之后才发射……”

看来国防部长结束时想说，他们也是那时才知道这些情况的。此时一位上校跑过来，拼命呼喊国防部长。部长走出去，大概有15分钟不在，总统也不在。记者招待会开始的时间推迟了。正如记者招待会结束之后人们所关切的那样，莫非在巴伦支海，从同一潜艇总队另一艘潜艇发射的同一种洲际火箭出了事故？

在记者招待会上我们对此毫不怀疑。总统对演习结果表示满意。他说，俄罗斯既没有帝国主义，也没有霸权主义野心。他还说，今天，就是刚才，几乎就在我们眼前的试验已经成功结束。现在，在并不遥远的将来，战略火箭军部队将出现“超音速、高精度、能根据高度和航向纵深机动、打击洲际纵深目标的崭新技术装备系统。”

“除了俄罗斯之外，世界上任何国家也没有这样的系统！”他结束时说，“俄罗斯将在长期的历史未来，可靠地保卫自己的安全……俄罗斯仍然是世界上最大核国家之一。不管别人喜欢不喜欢，这一点都得考虑。”

立即有人提出了美国对这种新式武器做何反应。总统提醒说，美国自己退出了1972 年反导条约，完全不是针对俄罗斯。

“我们改进自己的武器装备也不是针对美国。”总统补充说。

在这种形势下，提出下一个问题也是符合逻辑的：如果一切顺利，我们的野心是否会扩大到研制自己的反导系统？笔者提了这个问题。

总统回答说，做出这样的决定为时过早。

“我们也没有多余的钱。”

总统说，他已经将我们成功试验的意外高兴通报了自己的同行美国总统乔治·布什——“在允许的范围内……”总统迟疑片刻之后说。

剩下的就是查明到底是什么试验。航天部队的军官们断然拒绝回答这个挑衅性问题。与此同时，他们却在兴高采烈地讨论该在哪儿庆祝自己伟大的胜利，其中包括对潜艇兵的胜利。

“明天，第一副总长尤里·巴卢耶夫斯基将军可能会告诉诸位什么。”他们不好意思地走开了。

笔者查明，总统声明谈的是能够在超低空飞行的多弹头分离成功试验。由于这种进攻性武器的存在，任何反导系统将失去意义。同平时一样，全部问题在我们的潜艇部队，他们迟早都会解决这些问题。

总统拉近了远东与巴黎和柏林的距离

2 月 26 日，俄罗斯总统弗拉基米尔·普京与前总理米哈依尔·卡西亚诺夫辞别，让大部分政府部长成为代理部长之后开始了自己的远东和西伯利亚之行。昨天他为哈巴罗夫斯克—赤塔公路直达运输剪彩，笔者也大开眼界。

记者们乘坐的大轿车停在哈巴罗夫斯克大桥出口。哈巴罗夫斯克—赤塔历史性公路的剪彩仪式将在那儿举行。这座漂亮的大桥长3800米，在人们的心中播下了对未来的信心。仅仅为了这一点，从莫斯科乘8小时的飞机来这儿都值得。

笔者问我们汽车的司机，他在这座新桥上开车害怕不害怕。

“一点也不。”这位勇敢的人说。

“早就不怕？”

“已经两年了。”

“这就是说，桥已经不新了？”

“为什么？”司机为桥感到委屈，“桥当然是新的，我说只有两年。”

往下越说越糊涂。说得轻一点，不仅是桥，而且整个赤塔—哈巴罗夫斯克公路已经不是第一天使用。不错，司机直到最后一刻还在为它辩护，像狮子那样红了眼睛。

“早就在路上走了。”

“走了一辈子！”

“新在哪儿？”

“铺设了新地段。”

“在哪儿？”

“听说在赤塔地区。”

“我们不是在哈巴罗夫斯克地区吗？”

“当然！”他生气了，“难道不知道自己是从哪儿来的吗？”

“已经有人开车经过这些新地段吗？”

“当然！去年秋季小伙子们就去过了。”

“这就是说，至少半年前就通车了？”

“那又怎么样？”司机突然问，“您以为能把我问住？”

“可能吧。”

“随您怎么想，我无所谓。”

他感到委屈，但没有必要。笔者只想知道俄罗斯总统一小时后有什么活动。为什么他跟我们一样，飞了8小时才从莫斯科来到这里？难道不是为了在折磨人的竞选马拉松中拉选票？

从当时情况看，他确实是为了这个目的。笔者与哈巴罗夫斯克官方代表谈话之后才相信，总统是想宣布赤塔—哈巴罗夫斯克公路直达运输开通。

笔者问，直达运输与正式运输有何区别，得到的答复是正式运输将在2008年之前开通。尽管这条公路的许多地段已经铺好，但还没有铺沥青，因此只能是临时通车。也就是说，尽管有些困难，但路上可以行车。正如大轿车司机所言，他们已经走了半年了。然而，令人惊讶的是当天的直达通车的不仅是在赤塔—哈巴罗夫斯克 2000 多公里长的区间，还包括巴黎—柏林—莫斯科—符拉迪沃斯托克 12000 公里长的全程。从莫斯科来到哈巴罗夫斯克的俄罗斯公路局的工作人员一再坚持这一点。俄罗斯代理运输部长谢尔盖·弗兰克向笔者证实，这条路从巴黎到符拉迪沃斯托克。

“无论是我们还是法国人，谁也没有选择。我们现在只有一条路，已经通车了。”

“临时通车，对吗?”

“是临时，”代理部长说，“我们将继续工作。”

“您是否知道，我已经是第七次代理运输部长?”

“正常吗?”

“甚至挺好。”

站在桥上的沥青开放式股份公司建设工程师维克托·维格拉年科介绍了建设者们遇到的事。在距哈巴罗夫斯克 350 公里的地方发现了恐龙墓地。

“我们只挖掘了一个，将遗骸收集起来运到比利时，因为比利时人从来没有见过恐龙。”

“哈巴罗夫斯克人见过?”

“第一，我们可以等等，不着急，第二，我已经说过，我们这儿有一大片墓地。”

“为什么那么多?”

“它们从各地来到这儿送死。”维克托·维格拉年科的同事自告奋勇地说，“这是它们的墓地。它们生病了。”

笔者点点头，但维克托·维格拉年科打断了自己的同事：

“他们健康得像野猪！是泥石流将它们卷到一起，就有了墓地。不过这是 500 万年前的事。”

他似乎回忆起那个光辉的时代，充满幻想地笑了。

几分钟之后俄罗斯总统的车队上了桥。弗拉基米尔·普京走出汽车，向赤塔—哈巴罗夫斯克公路示意图走去。在那儿，人们向他介绍了直达运输的优势，出示了国家验收委员会的报告，文件厚厚的。接着将弗拉基米尔·普京领到彩带跟前，他将剪断它。彩带是白蓝红色，俄罗斯国旗的颜色。剪断有些亵渎圣明，总统也没有这样做。他将站在旁边的工人叫到自己跟前，将剪刀交给其中的一位。

“这样好。”站在身边的俄罗斯政府代副总理弗拉基米尔·雅科夫列夫感动地说。

这位男子完成了任务。弗拉基米尔·普京向建设者祝贺这个伟大的日子，并请州长维克托·伊沙耶夫讲话。

伊沙耶夫先生显然受到正在发生的事情的鼓舞，简短的讲话尽管忙乱但是真诚。

“直达运输开通，”他说，“远东很快将变成近东。”

笔者不禁为之一惊，本人并不希望远东有这样的命运。什么都可以讲，就是不能讲这个。

想想赤塔—哈巴罗夫斯克公路将直接经过比罗比詹；想想建设者将犹太自治州称为“犹太女人”……最好别想这些。

此时在桥上，当天最激动人心的事情发生了。很多翻斗汽车行驶在已经封闭了一小时、不许靠近的大桥上。事件的组织者似乎努力说服我们和他们自己：最近两年，在桥梁改造过程中没有任何人走过。翻斗车司机驾驶室上的标语迎风飘扬：“新路！新生活！新俄罗斯！”车上人高呼口号，从笔者身边经过，奔向金光灿烂的远方，撞击着记者的心灵。新桥有了，新路有了，新的俄罗斯在哪儿？

弗拉基米尔·普京让愿者入内

2月27日，俄罗斯总统弗拉基米尔·普京来到俄罗斯著名作家维克托·阿斯塔菲耶夫在奥夫相卡村的墓地，对西伯利亚技术大学学生发表了讲话。

笔者想强调，奥夫相卡村村民诚实、善良、正派，然而并非到处都能这样形容。如果写“莫斯科人诚实……”谁相信，连笔者自己也觉得可笑。但是，奥夫相卡村村民确实诚实、善良、正派，人人都是。例如，今年已经85岁的玛丽亚·阿布拉莫夫娜·福金娜。

“这里叫福金的很多，”她说，“姓阿布拉莫夫娜的就剩我一个。有人问‘你是犹太人吗’我说‘当然不是’。我父亲叫阿夫拉姆·伊万内奇，您知道吗，是伊万内奇，俄罗斯人，不过朋友们叫他阿布拉莎。他有许多朋友。”

俄罗斯电视频道记者安德烈·康德拉绍夫用雪橇给玛丽亚·阿布拉莫夫娜运了一桶40公升的水。打一桶水她要走半公里，一桶40公升的水对她不容易。当安德烈·康德拉绍夫将桶放到外屋，正在脱上衣时她走到他跟前，弯腰拉着他的手亲吻。他对此毫无办法，只能请她原谅。他也这样做了。

至于弗拉基米尔·普京来到奥夫相卡村，应该成为他自己，而不是村民生活中的重大事件。大学生在村里等着弗拉基米尔·普京。他们客气地满意地坐着，每一位都是系主任精心挑选的。

大学生想向总统要钱，提高助学金和建宿舍，至少是列入总统助学金名单或者什么扶植基金。

一位女大学生诚实地说，她想结婚……

“我是否可以结婚？……”她伤心地问。

“这么漂亮的姑娘，可以。”

笔者认为，姑娘信不过总统，她没有那么大的自信心。

公正地说，一位大学生主张到建筑队挣钱。

“我本人就在建筑队干过，”总统想起来，“我最初的钱就是在那儿挣的。在科米伐木，活儿虽然重，但一个月挣了740卢布。”

大学生们哈哈大笑。对他们而言，这似乎不是钱。他们要求提高助学金！

“现在说这些令人可笑……”

笔者认为，弗拉基米尔·普京可能感到委屈，他们笑话他伐过木。

“不过，我把那些钱没有用在正经地方。”

总统没有解释怎么不是地方，尽管知道他与自己的同志痛饮了一场。

“不错，我为自己买了一件大衣。我一直将它保留在身边，现在还挂在衣柜里。”

这倒是个新闻，原来俄罗斯总统30年前买的一件大衣至今还挂在衣柜里！笔者认为，谁也没有见过它。也许他采蘑菇或者冬季钓鱼时穿过，天知道。

一位大学生站起来说：

“弗拉基米尔·弗拉基米罗维奇！我想到联邦安全局工作。”

他沉默下来，等待总统的反应。

“好样的。”总统赞许地说。

“但我害羞！”小伙子高兴了，“目前没有任何经验。我想得到经验，开始想帮助警察。”

“这很好！您的专业是什么？控制系统？真的，这很重要！机关需要各个专业的人才！生活就是这样……特别需要愿意为自己祖国献身的人。”

如果这个对话在国家电视频道播出五次（笔者认为必定会这样），那么普京的这个口号就会传遍全国，人们就不会虚度光阴。

一位年轻人说自己叫萨沙，普京先生说自己叫瓦洛佳。他想讨好听众，听众也想讨好他，想让总统喜欢自己的问题。此时一位姑娘提了一个尖锐的令人不快的问题：

“大韩民国的人源源不断进入克拉斯诺亚斯克，能否将其限制或者完全停止？”

“您说韩国人来了？”

“是的！”

她希望弗拉基米尔·普京能够制止野心勃勃的韩国人，但他解释说，所有欧洲国家打算采取一个有趣的方法——提高生育率解决自己的问题。

“谁也没有成功！”总统以复仇的满足说。

最好的出路是移民。

“有的国家用良好的行政措施解决了问题，如加拿大。它在每个大使馆设有移民处，对需要的人才下指标。我们也应该这样。”

最后总统与林业技术系四年级大学生奥莉加对话。她批评了政府打算实行森林私有化。

“甚至连彼得大帝都关心森林保护。”她红着脸神气十足地说。

“别提彼得大帝，”弗拉基米尔·普京对她说，“您怎么看待这个思想?”

“不能这样，您知道吗?”奥莉加解释说，“遗憾的是国人不善于管理森林，聪明人不多。”

“但是不包括大厅里的听众。”总统悄悄告诉她。

“为什么?”奥莉加惊讶了。

由于众所周知的原因，大厅沸腾了，开始喧哗。

“您认为这儿谁是魔鬼?!”弗拉基米尔·普京透过吵闹声说，“您也别特别在意!我很快就要做出抉择!”

奥莉加并不介意，她似乎全明白了。

“请坐下，姑娘这样伤心地看着我……”

他指的是奥莉加，她坐在远处。

“大家关心森林。我同意你们的关注。”

总统想让姑娘高兴。也许他想，自己无意中伤害了她，并且怀疑她认为国家现任总统和下届总统候选人是魔鬼。

问及他如何评价俄罗斯前任总统的政策，弗拉基米尔·普京说，是鲍里斯·尼古拉耶维奇·叶利钦建议他当总统。

“我对此感到意外。第一次谈话时我拒绝了，觉得担子重。后来同意了，投入了，现在干得很起劲。”

弗拉基米尔·普京还说了自己为什么再次成为总统候选人的原因：他感兴趣。

谈话结束时，他向报道此次活动的外国媒体赠送了一个礼品，谈了关于如何看待美国的伊拉克政策。弗拉基米尔·普京没有讲任何新东西，只说国际关系面临被破坏的威胁，但又补充说自己已经意识到了。尽管这是件小事，但来到克拉斯诺亚尔斯克的CNN电视明星吉尔·多格尔蒂却感到高兴。也许这个问题弥补了她在克拉斯诺亚尔等待弗拉基米尔·普京三天的缺憾。

跟她一样，BBC、NHK和法国第二电视台等西方主要电视公司与世界主要报刊的记者们在这儿感到寂寞，是俄罗斯总统新闻局建议外国报道此行，他们感激地同意了。后来知道，希腊—罗马自由式摔跤冠军赛此时正在克拉斯诺亚尔举行，市内的宾馆已经没有空房。西方记者跟我们同住在一个宾馆，当然不太满意。

这几天他们在干什么?怎么打发日子?他们都去了奥夫相卡村。应该看看他们怎样争夺玛丽亚·阿布拉莫夫娜的独家采访权。她站着，伸直了自己整个女性身材，根据他们的要求高唱歌曲，内容是她如何与自己的心上人在俄罗斯叶尼塞河河岸藏起来，避开外人的眼睛。

提出新总理

3月1日，国家主要“奖项”之一——总理人选揭晓。

总统早晨会见议会多数党领导人之前，克里姆林宫的骚动达到了顶点。可以说，在未宣布名单之前，弗拉基米尔·普京身边任何人都不知道新总理的姓名。这非同一般。此前政治一般还可以预测，记者们根据自己的关系，大概能对克里姆林宫一号楼发生的事做出估计。

昨天并非如此，只知道总统在早晨将提出新总理人选。这个仪式成为几小时前结束的美国奥斯卡电影颁奖仪式的某种继续。“最佳总理”提名奖严格保密，最终谁将胜出呢?

是“指环王?王者归来”（亚历山大·沃洛申），还是“冷山”（谢尔盖·伊万诺夫)?是“神秘之河”（德米特里·科扎克）还是“怪兽”（维克托·卡赞采夫)?在这一天，什么都有可能。被突如其来的信息饥饿折磨得精疲力竭的记者，准备接受任何难以置信的事实，无论说什么都没有用处。

会见“统一俄罗斯”议会党团领导人，委婉地称为会见议会多数派代表，应该在克里姆林宫代表厅举行。弗拉基米尔·普京通常在那儿会见中级外国代表团（高级代表团在大克里姆林宫厅）。

平日空旷的克里姆林宫走廊今日门庭若市。人们急着做什么，做完什么，或者是将身子贴在墙上给人让路，人人都显得匆忙，神色紧张。柳博芙·斯利斯卡低着头走过来，以其全部神态让人相信:“不，不是我”。两位谈得正投机的代理部长向走廊的远处走去，激动得舞动双脚。不，也不是他们，未来的总理应该是另一种步伐。

一位身着高级西服者从走廊走过，自信、镇静、亲切地看着我们。他是谁?为什么我们不认识?为什么他的目光那么自信?莫非是他?他是联邦警卫局的新工作人员?

已经是11时35分，颁奖典礼推迟了。与此同时，政府成员已经在同一层排队等待。规定的时间是11时30分。代表厅的大门最终打开了。

议会多数党的代表们站着，文明地排成队，笔者觉得几乎是按大小个子，准备受到总统接见。不等记者进去，弗拉基米尔·普京已经从大厅另一方向的门口走出。他向大家问候，在国家杜马副主席奥列格·莫罗佐夫面前停留了片刻，确切地说，是莫罗佐夫拉住总统的手，看来是有要事报告，否则为什么敢于冒这个风险?

总统请大家坐下。他提醒说，星期三已经同这些人见过面了。

“在以后的五天还可以做工作，对五天的考虑进行总结……”

看来，总统不想当着记者的面做总结。

“我们继续协商……”他亲切地说。

坐在桌子旁边一位打算发言，但弗拉基米尔·普京制止住他，更加亲切地指着我们说：

“请各位退席……”

我们出去，协商继续进行。

总统办公厅的人不时从代表大厅进出。一位高级官员从半开着的门口走出，难以掩饰自己平静和自信的微笑。已经很清楚，他什么都知道。笔者从他的笑容中略知一二：如果他是这副表情，那么新总理将不是强力部门的官员。

然而，协商的时间并不长，我们再次被请入大厅。

弗拉基米尔·普京说，问题并不简单。他想向国家提出一位专业化、在国家不同岗位有丰富经验、作风正派的总理。实际上该到哪儿去寻找?

这样的人选，他身边的人没有，莫斯科，甚至全俄罗斯也没有，原来在布鲁塞尔。

“我非常高兴地通知各位，他就是弗拉德科夫·米哈依尔·叶菲莫维奇。”总统不慌不忙地说。

此时无论谁也什么也不明白。大家相互询问，他们是否听对了。这个弗拉德科夫是否与先前被精简的税收警察局长同姓?

笔者此时望着议会多数党领导人。他们坐着，就像是策划了一场已经得逞的阴谋，但装作若无其事。

只有国家杜马副主席格奥尔吉·博斯一人坦率地笑着，得意洋洋地欣赏着产生的效果。他看着记者，就像是他刚刚宣布了一个愉快的决定。

阴谋家再次退居幕后，几分钟后以获胜的革命者的姿态从我们身边走过。笔者听到有人问：“瓦列里·尼古拉耶维奇，这一切是怎么搞的，到底是谁在布鲁塞尔将他找到了?”统一俄罗斯党总委员会主席博戈莫洛夫先生明确地耸耸肩：

“莫非您没有注意，我刚刚去了一趟布鲁塞尔!”

他俨然想以给弗拉基米尔·普京挑选总理，甚至是接班人的人载入史册。

这时，国家杜马主席鲍里斯·格雷兹洛夫、副主席亚历山大·茹科夫已经走到我们面前。两人都承认，早就了解米哈依尔·弗拉德科夫。

“他是一位坦诚的公道人!”鲍里斯·格雷兹洛夫说。

可以考虑，弗拉德科夫先生至少可以担任民族之魂的职务。

格雷兹洛夫补充说，米哈依尔·弗拉德科夫在打击腐败方面做了很多工作，他还是一位经济学家，通过了论文答辩。这已经扯得远了。

“统一俄罗斯的意见是赞成。”鲍里斯·格雷兹洛夫最后说。

是的，不赞成才令人奇怪。

亚历山大·茹科夫补充说，他20年前就认识米哈依尔·弗拉德科夫。这位总理候选人有许多优点。总之，此人还是一位经验丰富、水平高的律师，为人正派。

两位议会多数党领导人行色匆匆。从他们发表声明的房间出来之后经过不同走廊离去。笔者赶上鲍里斯·格雷兹洛夫：

“告诉我，您满意吗?”为了以防万一，笔者问他。

会不会突然不满意?

“满意!”鲍里斯·格雷兹洛夫突然以挑战的神气回答说，甚至是不知羞耻地笑着。

“他当税务警察局长，那个部门被撤销了。您那时正好是内务部长，经常批评他的工作。我认为，是否有点不对劲?”

“不，一切都正确，”鲍里斯·格雷兹洛夫说，“他没有任何罪过，问题完全在职能重叠。内务部提起追究的案件比税收警察局多，解散它是正确的。况且将他任命到布鲁塞尔，级别相当于部长……因此……”

他没有再讲下去，似乎是想让笔者明白评价这个职务以及发生的事件都是严肃的。

“与欧盟成员国关系搞得怎么样?”

“不错。”鲍里斯·格雷兹洛夫证实说。

“我听说，瓦列里·博戈莫洛夫甚至去了一趟布鲁塞尔。”

“您从哪儿知道的?”鲍里斯·格雷兹洛夫惊讶了，“您知道吗，这是幕后活动。”

“政治上的幕后活动?”

“正是!”看来他对谈话顺利结束高兴。

此时，我们已经拐了两次弯，应该告别了。

“请告诉，”最后笔者问，“协商是必不可少的吗?”

“非常必要。”国家杜马主席立即证实。

“这就是说，弗拉基米尔·普京并不完全相信新总理人选?”

“别往这方面想!”格雷兹洛夫先生马上反应过来，“不该这样想!”

他再次友好地点点头（暗示经过多次战斗，他已经变得宽容了），向克里姆林宫走廊走去。

几分钟之后，在总统每逢星期一主持政府会议的大厅里，再次提到代总理名字。政府成员当然知道了。米哈依尔·弗拉德科夫的名字甚至在电视新闻中出现了。

总统介绍了他的简历（“……在布鲁塞尔出差期间表现良好”），并说他今天将致函国家杜马，提名总理人选（看来星期五将得到批准）。接下来建议从事行政改革的人员“在最短时间里结束工作”。它意味着在旧政府从事行政改革的人员，将在最短的时间里在新政府结束这个工作。也就是说，鲍里斯·阿廖申及其从事行政改革的其他委员将稳定进入新政府。应该说，旧政府所有成员实际上加入了这个委员会。

弗拉基米尔·普京让代理部长们发言。他们开始汇报自己部门当前的工作。笔者认为，弗拉基米尔·普京想保持经济方针的稳定性，不受目前事态的影响。副总理阿列克谢·库德林简要汇报了税收改革正在前进。经济发展部长格尔曼·格列夫称矿产使用的相关法律草案正在进行最后协商，农业部长阿列克谢·戈尔杰耶夫介绍了自己刚刚结束的梁赞州之行。

代总理的讲话精彩。半小时前发生的事态引起的过分激动迅速平息了。笔者甚至已经感觉到自己早就认识他——米哈依尔·弗拉德科夫。他聪明、诚恳、正派、公道，最主要的是他是一位经验丰富的领导者，短期内在国家的各级岗位上工作过。他到税务警察部门担任领导职务，部门因没有必要存在而被解散，那不是他的过失。如果他加把劲，那也是他的功劳。

国防部长谢尔盖·伊万诺夫接着汇报了前不久举行的首长司令部战略演习。他积极评价这些结果，指出了陆军在不习惯的地理条件下行动的作用，提到已经发现的缺点。大家知道，他指的是从潜艇上发射两枚导弹。

“关于缺点：成立一个调查委员会，在最短时间里查明原因，制定实际克服的措施，让我个人相信缺点已经克服。”总统非常尖锐地说。

“委员会正在工作，弗拉基米尔·弗拉基米罗维奇！”谢尔盖·伊万诺夫说。

显然，为了让记者成为在各方面堪称紧张对话的见证人，将我们留在了会议室。事实上，未必有必要再次显示经济方针的稳定性和继承性，大家都习惯了。

俄罗斯总统接见了16位妇女

3月8日，俄罗斯总统弗拉基米尔·普京在新奥加廖沃官邸接见了国内16位妇女。从各种迹象判断，她们是迄今最优秀的妇女。瓦列京娜·扎依金娜是多子女母亲，马加丽塔·米罗耶多娃在沃洛佳·杜比宁儿童创作之家工作，柳博芙·杰尔古诺娃是车里雅宾斯克电极厂开放性股份公司配料工，叶列娜·尼基金娜是民警大尉、分局长，贾娜·图通江是来自沃洛戈达的画家。她们个个简直是无可挑剔。

总统发表了妇女们需要的但又是她们一生讨厌的讲话。他说："今天在每个家庭里都能听到最真诚的祝福"，"希望这些话，连同男人的关怀和爱戴不仅局限在这一天。"他的讲话也传达了一个新意：

"中层领导干部，也就是妇女们应该工作的地方，妇女占了一多半。"

总统明显注意到，高级领导干部并不特别需要妇女。

获奖的妇女表现谦虚。她们是真正的女性，谁也不愿意引人注目。加琳娜·基谢廖娃是俄罗斯联邦消费者协会中央联盟理事会主席。她得到荣誉奖章之后，请求弗拉基米尔·普京允许她讲几句感激的话。

"这枚奖章有我的姓名。"这位漂亮的淡黄色头发妇女说。

笔者此时警觉起来。很少有人注意给加琳娜·基谢廖娃授什么奖章。老实说，笔者还以为国家出现了新奖章，然而并没有任何非同寻常的事。她首先从总统手中接过奖章，上面有她的名字，倒也符合逻辑。但不是这样，加琳娜·基谢廖娃胸前挂的是闪闪发光的荣誉奖章。她说自己在消费合作社已经工作30多年了。

"有句谚语说得好：合作社有女人的面孔。"她说。

笔者感到羞耻，不记得这句谚语，但没有马上认错，装作早就知道，并且跟自己的朋友交换了一下眼色，向他点点头，问他是否记得，他不置可否。

"我想对这个谚语补充一句：合作社有女人的肩膀。"加琳娜·基谢廖娃说。

笔者真的害怕了。消费合作社不仅有妇女的肩膀，还有其他的东西，看来加琳娜·基谢廖娃要继续讲下去了。

"农村商店和面包房的重担，压在配得上皮衣和金项链的女售货员肩膀上……"

笔者刚轻松地喘了一口气，加琳娜·基谢廖娃又讲下去：

"在今天这个日子里，我可以说，消费合作社还有妇女的手……"

请相信，笔者甚至想咳嗽一下，阻止她继续讲话，但没有得逞。

"……和妇女的身心！"

如果不算在这个领域工作的30%的男性，那么在消费合作社再也没有他们的什么了。这天没有提到他们，提到了弗拉基米尔·普京。

"您，弗拉基米尔·弗拉基米罗维奇，将一个难忘的节日送给我们！"加琳娜·基谢廖娃说。

笔者认为，加琳娜·基谢廖娃是第一次过这个节日，但又错了。

她指的是更加重要的事：

"得到国家头号男人，最重要的男人的祝贺特别隆重。"

她认为谁是头号男人！最好让他丈夫听听这个真诚的女人的自白吧。

"我们渴望，本周周末将成为您的、我们的和我们国家的节日（3月14日是总统选举的日子——作者注），这不仅仅是愿望，我们一定这样做，因为妇女是多数，众所周知，妇女什么都能干，剩下的才是男人。"

加琳娜·基谢廖娃再也不能多讲了，但她似乎想起什么。大体上笔者理解她。许多集团现在积极斗争，为的是让弗拉基米尔·普京在选举前绝对明白，他在即将举行的选举中获胜靠了谁。从各种迹象判断，加琳娜·基谢廖娃显然想介入这场争论。毫无疑问，她代表了人数最多的集团，她的声明非常严肃。

弗拉基米尔·普京表彰了16位妇女。女医生玛丽亚祝愿他健康。莫斯科克里姆林宫国家自然保护区总经理叶列娜·加加林娜（尤里·加加林的女儿）以加加林式谦虚的微笑对他笑着。

"马上就完，你们还担心……"礼宾工作人员在仪式结束之后也向她们微笑着。

事情并没有完。就在人们觉得要与女士们告别之际，总统突然请她们用茶。她们进入隔壁房间之后，那儿的不大的椭圆形桌子上已经摆上茶杯，获奖人名牌和水果盘。大量香蕉引人注目。

笔者个人对柳博芙·杰尔古诺娃讲话感兴趣，她是天文台台长。这样的女人，您见过很多吗？不知怎么搞的，总统首先同她打招呼。她痛苦地告诉他，天文课从中学的主课中消失了。

"对此不能袖手旁观！"她祈祷着，"一个青年人离开学校，怎么能没有关于星球基础的概念?!"

笔者有点不自在，突然意识到自己就是这样的人。随便怎么都行，就是不想当这样的人。

"只有列宁格勒州保留了这个课程。"

"为什么？"弗拉基米尔·普京不解地问。

"那儿的天文学家不同意。"

这么厉害的天文学家当即引起了笔者的尊敬，也许她们是训练有素的健美运动冠军赛的参加者。

民警大尉叶列娜·尼基京娜回答总统的问题：什么是她的主要活动，她耸耸脆弱的肩膀（现场表演）回答说：

"打击恐怖主义！"

加琳娜·基谢廖娃加入了谈话：

"这样的香蕉，"她向水果盘点点头，"现在在农村的任何商店都能找到。"可以看出，农村商店需要消费合作社。

"消费合作社还担负着其他许多功能。"

加琳娜·基谢廖娃开始耐心地列举它们，幸好此时请记者退席。

国家欢迎自己的新部长

最近一切都发生得突然。实际上，克里姆林宫原定于3月9日下午3时发表的重要新闻，已经在上午揭晓。然而，看来到最后一刻才决定让记者成为这一过程的完全见证人，最终做出了惟一正确的决定。我们来到会场——俄罗斯总统每逢星期一会见政府成员的场所。

长桌子旁平日座无虚席，今天却有一半座位空着。所有今天接到通知参加会议的人员，紧挨总统的空椅子就座。会议室有谁没有谁？笔者首先看到的是坐在总统椅子远处的俄罗斯紧急状态部代理部长谢尔盖·绍依古。他既不看同事，也不看记者，似乎在思考着什么。

代理副总理维克托·赫里斯坚科恰恰相反，用奇怪的兴奋的目光看着记者。这有点不像他，给人的印象是他最终放松了。最主要的是笔者并没有发现与会人员一筹莫展，实际上他们为什么要这样？坐在会议室的人没有理由伤心，伤心的是呆在家里的。

与此同时，笔者用贪婪的目光寻找熟悉的面孔，并且找到了其中的一些。代理文化部长米哈依尔·什维德科依，代理劳动部长亚历山大·波奇诺克，代理外长伊戈尔·伊万诺夫，代理能源部长伊戈尔·优素福夫没有来。然而，笔者却误以为优素福夫先生在场！在如此忙乱的形势下，当一个人一眼想看到所有东西时容易出错。

笔者真的错了。他不是伊戈尔·优素福夫，而是谢尔盖·拉夫罗夫，俄罗斯驻联合国常任代表，他们两人长得太像了！伊戈尔·优素福夫像谢尔盖·拉夫罗夫，伊戈尔·伊万诺夫像米哈依尔·什维德科依，米哈依尔·什维德科依像米哈依尔·弗拉德科夫……有时他们自己也搞混了。

“您是否知道，特鲁特涅夫将干什么？”总统办公厅一位工作人员站在门口问另一位。

这位原彼尔姆州长确实在新班子里，坐在中间位置上。

“让大家说吧。”他小心翼翼地告诉同事。

“您是否知道一点？”他忌妒地问同事。

“我认为，除了国防部长之外，谁当什么都可以。”他耸耸肩。

“您瞧，科扎克也在这儿。这就是说，他离开总统办公厅了。”

“还有一位……列维京也在坐。”

“这是谁？”

“我不知道。那是一位画家!”

“您将他与列维坦搞混了。”

“没有，一位画家也叫列维京!”

“看来也是名人，但我不知道。”

在这样的形势下有人还讲艺术，令人惊讶。

然而，有一点不容怀疑，会议室的人消息灵通。当总统办公厅主任德米特里·梅德韦杰夫、政府主席米哈依尔·弗拉德科夫和俄罗斯总统弗拉基米尔·普京走进来之后这一点表现得更明显。

总统提醒大家，为什么让米哈依尔·卡西亚诺夫及其政府辞职。他说，为了给国家提出一个新总理和新内阁。已经习惯于许多事情的笔者，对总统如此绝对自我陶醉的提法感到惊讶。

总统提醒说，原先要求“最高执行权力机构的改组应该高质量地进行，而且要尽快结束，对管理过程不造成任何损失”。

不过他没有说，是否将这一思想付诸实施。至少最终出现了一个“精干的政府，只设一名副总理，部长的数量减少了一半。政府成员原先加上总理是30名，现在减少到17名”。

总统提请注意，新的部独立性更强。

“敬爱的各位同事，我想强调一点，我们所做的这一切，并不是为了让你们觉得自己了不起而骄傲。”

笔者情不自禁地想问，那是为了什么。

然而，答案已经出来了。其所以这样，是为了“大大提高今天在座的各位对主管工作的责任心”。他们谁也不笑了，但笔者认为，谁也没有觉得自己了不起而骄傲自满，他们脸上出现了某种从前没有的，可以依稀辨认，但难以捕捉的神色。它到底是什么?

突然笔者明白了，那就是意识到对自己主管工作的责任!

总统向新政府成员讲了几句好话。他们现在跟全国一样不必担心。3月14日，上届政府在依法交出自己的权力之后他们将就任新职。

弗拉基米尔·普京讲话结束时要求与会人员加快速度，从米哈依尔·弗拉德科夫开始。总统请他讲话。总理介绍了自己的部长，解释了任命理由。记者们马上获悉，不仅专业化，而且人的素质意义重大（顺便说一句，什么素质?），最后一点是采取这样或者那样行动的魄力。

米哈依尔·弗拉德科夫说，亚历山大·茹科夫将是惟一的一位副总理：

“全国都了解茹科夫，他有许多优点：稳重、果断……”

关于格尔曼·格列夫的个人品质只字未提。由于政府改组他的权力扩大就说明问题。正如米哈依尔·弗拉德科夫所言，将一个权力很大的部交给了他。不知米哈依尔·祖拉博夫是否幸运，米哈依尔·弗拉德科夫称他的部（卫生和社会发展部合并之后的部）权力不大，但责任提高了。

“谢尔盖·伊万诺夫大家都知道，”米哈依尔·弗拉德科夫干巴巴地笑着，“他将出任国防部长。德米特里·科扎克将出任政府机关领导人，级别相当于联邦部长……感谢总统办公厅，将他派到政府工作……”

“主要是，”总统突然插话说，“他是政府新机构的作者之一。”

总统显然想强调，他并不认为德米特里·科扎克的新职务与老职务相比是降职(原先他是总统办公厅第一副主任。)

总理继续点名。阿列克谢·戈尔杰耶夫，阿列克谢·库德林，谢尔盖·拉夫罗夫(伊戈尔·伊万诺夫推荐的……)，拉希德·努尔加利耶夫……笔者觉得有些枯燥乏味，别讲了！

但告诫自己不能这样，新政府的任命正值高潮，有许多不知道的内情……并非所有问题都得到了答案……但毕竟枯燥乏味，莫非就是这样？难道它就是在我们眼前正在发生的事件的主要目的？难道全国期盼的就是这种枯燥乏味的政策？难道米哈依尔·弗拉德科夫从布鲁塞尔回来，就是为了它？

看来笔者错了。似乎米哈依尔·弗拉德科夫本人也感到枯燥乏味，他开始讲别的。正好赶上介绍尤里·特鲁特涅夫。

“建议他担任自然资源部长。他知道地球上的所有事情——直接和间接意义上的。”总理再次笑着说。

被建议出任部长的人悄悄地相对而笑。他们想暗示，已经喜欢新总理这个不大的玩笑。

“建议安德烈·福尔先科担任教育和科学部长……他知道与现实的经济成分有关的一切。

维克托·赫里斯坚科出任工业和能源部长……任务显而易见：将主要精力集中在现实经济成分上……”

还有人应该全神贯注地关注现实经济成分，也有人已经注意并在提高它。米哈依尔·弗拉德科夫在自己的讲话中多次提到现实经济成分。显然，这方面存在的问题令他不安。他对它的关注胜过对其他所有经济成分加在一起的关注。

最终谈到伊戈尔·列维坦。这位前北方钢铁运输公司的工作人员与迄今仍然为现代人争议的一位艺术家同姓，他将出任运输部长。正如米哈依尔·弗拉德科夫所言，他不会太困难，因为他在部队服过役，做过生意，是现成的部长。

亚历山大·索科洛夫被任命为文化和大众传媒部长，此前他担任莫斯科音乐学院院长。总理称他为好管家并强调这一素质对他的新任职务大有裨益……总理讲得简单明了，笔者多少理解了。

所有部长都得做到这一点

3月10日，俄罗斯总统弗拉基米尔·普京在其新奥加廖沃官邸接见了俄罗斯政府主席米哈依尔·弗拉德科夫。

一切按照弗拉基米尔·普京的习惯开始。新总理乘一辆旧普尔曼汽车来到（尽管有消息说将给他换一辆新车）。等候接见用了一个多小时，总统此时没有接见任何人。

接见开始之后，弗拉基米尔·普京问米哈依尔·弗拉德科夫，日前他们分别之后，总理是否召集新政府人员开会。看来总统的消息非常灵通，什么也瞒不过他那明察秋毫的眼睛。

“确实开过会，”米哈依尔·弗拉德科夫承认，“我们昨天开会，拿到了您的指示，讨论了最近的行动。明天我们召集新政府成员开会，分析您指示的要点。”

米哈依尔·弗拉德科夫就这样承认，他至今还没有研究昨天总统关于“联邦执行权力机构的系统和机构”的指示，这令人意外。这句话清楚不过地显示了米哈依尔·弗拉德科夫参与准备内阁改组的程度。

“您规定的时间很短，”总理继续说，“我们应该划分职能，任命领导干部……考虑到这个工作不简单，各部发生重大人事变动，我们现在的全部精力都集中在这一点。为了不造成任何损失，带领大家积极行动，正确地解释指示非常重要。”

由此可见，米哈依尔·弗拉德科夫将在最短的时间里对总统指示做出正确解释，然后付诸实施。指示的精神尚需研究，而且时间紧迫。老实说，够忙乎一阵子。

“与部长们的首次接触可以看出，他们愿意执行指示，”总理乐观地汇报说，“我认为这最重要。”

似乎米哈依尔·弗拉德科夫比任何人都明白这一点。他自己的任命也是出于同一考虑。

“我希望将您，弗拉基米尔·弗拉基米罗维奇昨天给予的动力保留下来，让大家觉得自己应该怎样做。”

他再次轻松地承认，目前尚无这种感觉，表示过了一段时间将会有，弗拉基米尔·普京理解：“米哈依尔·叶莫莫维奇，主要官员已经任命，您可以着手工作了。我的出发点是谁的工作都不能中断。”

不，时不我待。理解的执行，不理解的也得执行，在执行的过程中加深理解。所有人都得做到这一点。

总统与奥运选手话家常

3月10日，国之骄子、俄罗斯现任总统和下届总统候选人弗拉基米尔·普京在新奥加廖沃官邸接见了俄罗斯体育骄子——奥运健儿。

记者们乘坐的汽车与运动员乘坐的汽车同时到达新奥加廖沃官邸。运动员比记者少得多，他们的汽车也少得多，窗帘拉着。俄罗斯下届总统候选人弗拉基米尔·普京的委托人斯韦特兰娜·霍尔金娜在总统官邸大门口一看见记者的汽车，立即将自己座位旁边的窗帘拉上，以防万一。也许她担心记者提前给她照相，也许强调自己的隐私权。身为总统候选人的委托人，在选举前三天还有什么隐私可言？游泳运动员、四届奥运冠军亚历山大·波波夫并不因为自己受到弗拉基米尔·普京信任而难堪，笑得坦荡自然，讨人喜欢。

运动员等了很长时间。弗拉基米尔·普京首先接见了政府总理米哈依尔·弗拉德科夫。总统与总理的会见也被推迟了，而且谈了很长时间。后来，当运动员们被安排在放着小蛋糕的桌子旁边又等了好长时间。此时他们等待总统与他们从前的、未来的上司、被精简的国家体委主任，几乎快要出任体育运动和旅游总局局长的维亚切斯拉夫·费季索夫谈话。只有斯韦特兰娜·霍尔金娜似乎为了强调自己的特殊身份，将坐的椅子压得嘎吱作响，嘿嘿发笑。

当电台一位著名记者从一个门口走出时，她笑得更加放肆，几乎整个身子都要倒在地上，一句话都讲不出来，不时用手指着在自己的同事中找不到座位的记者。体操运动员阿林娜·卡巴耶娃跟着笑起来。斯韦特兰娜·霍尔金娜几次逗阿林娜·卡巴耶娃，最终她被迫文雅地发笑，不明白为什么这样。笔者认为，因为斯韦特兰娜·霍尔金娜与自己的男偶像见面之前过分紧张。

然而，男偶像看见自己的女偶像之后本可以激动一番，但没有表现出任何激动。弗拉基米尔·普京说，离雅典奥运会开幕只剩下五个月，为了创造优异成绩，运动员们可以再加一把油。显然他想以这种方式断绝运动员的任何退路，比赛失败之后为自己找借口。

总统高兴地列举了俄罗斯运动员在最近的比赛中取得的成绩。在已经结束的欧洲拳击冠军赛中，俄罗斯运动员获得了11枚金牌中的9枚。俄罗斯代表队在世界室内田径赛中成绩喜人，获得的奖牌超过美国。在莫斯科举行的世界艺术体操上获得大奖。

俄罗斯奥委会主席列昂尼德·佳加乔夫对弗拉基米尔·普京说，由于得到俄罗斯总统及其特别委托的州长们的大力支持，俄罗斯的体育事业最近几个月得到长足的进步。这位国家奥委会主席在即将举行的雅典夏季奥运会上，已经对俄罗斯可能面临的不利形势为自己找后路了：

“谋事在人，成事在天，”他对弗拉基米尔·普京说，“我们准备为俄罗斯得到团体总分第一而拼搏……让您本人，弗拉基米尔·弗拉基米罗维奇和全国人民满意。”

列昂尼德·佳加乔夫还说，无论在本届雅典奥运会还是四年之后在北京举行的下届奥运会，俄罗斯都渴望取得好成绩。总统不喜欢这个说法：

“最好在希腊，”他说，“希望能够得到舒服的条件。在中国得不到。”

看来他指的是由于我们与希腊有着相似的宗教，那儿的人可能为我们加油。

“我刚从雅典回国！”佳加乔夫先生回忆说，“看了那儿的体育设施，看了我们代表团成员休息的内燃机船，为我们补充医疗站找到了地方……北京方面我已经事先打过招呼：应该想想未来……”

列昂尼德·佳加乔夫先生讲完后请两届奥运冠军奥莉加·布鲁斯特尼科娃讲话，并向总统说，她已经准备了。

“准备得不好。”她腼腆地说。

她确实准备了。她谈到前不久国内一些著名运动员已经领到补贴，强调说这对他们非常重要。

“多少？”总统感兴趣。

“确切地我也说不清。”她害羞起来，“好像是3000……”

从坐在桌子上的其他几个人点头判断，那是3000美元。如果连奥莉加·布鲁斯特尼科娃都说不清具体的数目，那么可以推断它对他们并不十分重要。

“说是3000，实际上没有全部到位……”列昂尼德·佳加乔夫部分证实了这个消息。

“会全部到位的。”普京先生摇着头说。

“一定到位。”佳加乔夫先生也摇摇头说。

奥莉加·布鲁斯特尼科娃痛苦地说，国内儿童教练待遇低，越来越少。看来她对这一形势深为担忧。

“我们找到了为教练员增加收入的办法，”俄罗斯艺术体操代表队总教练伊琳娜·维纳说，“为什么？因为我们连续三年与天然气工业公司合作！”

她没有补充说，她不仅与天然气工业公司合作，还与它共同生活。大家知道，她丈夫阿利舍尔·乌斯曼诺夫是天然气工业投资控股公司总经理。

“您不知道别人的难处！”总统说她。

“我们是不知道别人的难处，”伊琳娜·维纳同意了，“我们在莫斯科举办国际艺术体操大赛。3000个座位的大厅座无虚席，街上还有1500名拉拉队想进来。”国际奥委会委员看到后非常惊讶：俄罗斯的艺术体操不可战胜！

从伊琳娜·维纳的讲话可以看出，其所以能够发生如此重大的事件，完全归功于俄罗斯天然气工业公司对艺术体操的巨大支持。

“但是，”弗拉基米尔·普京说，“我们这样的大公司毕竟不多，其他公司倒不少。”

他指的是什么？是不是并非所有教练的丈夫都在由国家控制的天然气垄断行业大公司工作？“应该多做工作，多渠道融资。”总统结束了自己的想法。

得寻找新的资金来源。说不定这个人的祖父在这个公司工作，那个人的儿子在别的公司工作。

“斯韦特兰娜·霍尔金娜想给您提一个问题。”列昂尼德·佳加乔夫说。

“有时间我就提。”斯韦特兰娜·霍尔金娜打断他。

她作为弗拉基米尔·普京的委托人，未必喜欢一位普通的国家奥委会主席给她下达指示，什么时候可以跟自己的候选人讲话。

“您真神秘……”弗拉基米尔·普京对她说。

“我现在也可以讲!”斯韦特兰娜·霍尔金娜继续神秘地说。

老实说，笔者希望她讲什么都行。自从发生了电台记者事件之后，笔者对她现在大哭一场也不会感到惊讶。然而，她讲的令许多人意外。她建议对取得最高成就的运动员实行保险，否则，辛辛苦苦挣的几个钱最后都花在看病上。

“这不困难!”弗拉基米尔·普京甚至为此容易办到而高兴，“何况是一个非常敏感的话题。”

“对运动员和教练员都实行保险。”斯韦特兰娜·霍尔金娜提醒说。

看来这个女人不总是沉默。

“为的是不让塔梅尔兰·特缅诺夫来莫斯科治病。”维亚切斯拉夫·费季索夫插话说，显然不想打断别人的话。

他指在座的著名柔道运动员塔梅尔兰·特缅诺夫。这位大力士佯装不想动，含混不清地笑着。

“塔梅尔兰在莫斯科治病，甚至是我亲自组织的。”弗拉基米尔·普京说。

费季索夫先生看来指的就是这件事。最终轮到他发言了。为什么？首先是为了以“体育俄罗斯”组织的名义向总统致敬。

“它是在您——弗拉基米尔·弗拉基米罗维奇的同意下成立的。”他小心翼翼地提醒总统。弗拉基米尔·普京再次点头表示同意。费季索夫先生本来想继续讲下去，但被人打断了。列昂尼德·佳加乔夫和运动员想起某件私事向总统汇报。原来集训期间，阿林娜·卡巴耶娃和阿列克谢·涅莫夫的房间里出现了新床。

“阿林娜有一间半卧室。”伊琳娜·维纳说。

阿林娜·卡巴耶娃愧疚地点点头。

维亚切斯拉夫·费季索夫本想继续讲下去，但态度不够坚决，再次被人打断。

话题扯到了在国外工作的运动员。

“许多人都出国了。”不知谁不满地说。

“我知道，有些人也回国了。”总统说，并看了费季索夫先生一眼。

桌子旁边响起了不自然、友好的大笑声。

“我当时在出差，”前冰球运动员说，“请允许我把话讲完……”

但没有让他讲完。斯韦特兰娜·霍尔金娜说，每个训练基地都应该有自己的医疗中心，“可以进行透视。”

“斯韦特兰娜，”维亚切斯拉夫·费季索夫不满地说，“已经进行了招投标，两三个月之后一切都会有的。”

他仍然想继续讲下去。这时伊琳娜·维纳说了几句天然气工业公司在人的生活中的好处的话……意思是其他公司的好心人不多。

“我们一遇机会就大骂大企业，可是它们已经给体育投了大笔资金，”弗拉基米尔·普京突然为企业家辩护，“并且打算继续投资。他们只是问问：那些钱都花在哪儿了？”

很好，总统最终相信国内工商界人士，谢天谢地，他不怕阴谋诡计。

“我马上就要讲完了。”维亚切斯拉夫·费季索夫先生小心翼翼地说。

大家似乎已经忘记了他在这个混乱之中的存在。

“我想将我们优异成绩载入新的史册。”费季索夫请求说。

“我觉得，您个人就可以解决这个问题，”总统回答说，“通过自己的渠道，正确的渠道，我当然支持。我认为他们会听我的。”

最后一句话讲得非常漂亮。难道不是为了他正在从事的最新革命性变革才这样讲？

“由于机构改革，还将保留您的机构这些权利吗？”伊琳娜·维纳紧张不安地问。

“它们将不会受到侵犯。”

“弗拉基米尔·弗拉基米罗维奇，请您给米哈依尔·弗拉德科夫下令成立一个反倾销委员会。没有它，我们就会受到各方打击。”

弗拉基米尔·普京忍不住了。

“我们就这个问题跟维亚切斯拉夫·费季索夫讨论半年了。就是说，我向您保证，问题一定解决。”

“我还没有讲完呢，”费季索夫讨好大家，“您弗拉基米尔·弗拉基米罗维奇是运动员，我们也是运动员。您正在冲向终点，关于结果您有什么感觉？”

“我……”总统候选人说。

“我们一定胜利！”伊琳娜·维纳脱口而出。

“人们在运动时一贯教我尊敬对手，”弗拉基米尔·普京结束了自己的讲话，“这是我的出发点。”

“讲得好！”伊琳娜·维纳热烈支持说。

总统指示农民向谁要说法

3月11日，俄罗斯总统弗拉基米尔·普京接见了农工综合体首批垦荒者和先进工作者代表。笔者仔细听他们讲述，迅速了解了远离克里姆林宫和新奥加廖沃官邸可怕的现实。

昨天引起总统巨大关注的是一个发生了惊人的，事先头脑中没有形成的世界的事情，占优势的不是俄罗斯总统候选人的支持率，而是幼畜成活率。他们没有参加选举，原因是牲畜生了100头幼仔，如果活下来89头，就会谢天谢地，感到幸福。

由于农工综合体首批垦荒者和先进工作者以及开垦生熟荒地50周年纪念，俄罗斯总统弗拉基米尔·普京昨天长时间陷入这个至少是奇怪的世界。严格地说，昨天他的16位客人中只有一位是老垦荒队员，其余是先进工作者。

50年的光阴对垦荒画上了句号。昨天弗拉基米尔·普京说，垦荒决定有根据，按照良心的召唤参加垦荒的人完成了自己的任务，现在可以最终喘口气了。

“用现在的话讲，”弗拉基米尔·普京说，“这是最宏大的国家计划。”

现在可以对它的参加者论功行赏。总统说，他已经签发命令，恢复1913年的农业劳动奖章。农业部长阿列克谢·戈尔杰耶夫承认，全国早就等待着，并说明为什么需要它。

“现在将由总统授给人们了。”

部长介绍在座的人。

“这位是维克托·什捷波。用现在的话讲，是一位著名的经理。”

看来他仓促决定在今天这个场合使用现代语言，尽管维克托·什捷波先生在伏尔加格勒州卡拉乔夫斯基区因农民合作社社长而出名。

“这位是瓦列京·卡尔波维奇·麦夏茨。当过部长，也……”

“很多人都记得瓦列京·卡尔波维奇！”弗拉基米尔·普京以奇怪的微笑打断了他。

只是不大明白，这对瓦列京·卡尔波维奇是好是坏。

阿列克谢·戈尔杰耶夫请新西伯利亚州奥尔登斯基区伊尔缅良种厂非开放性股份公司经理尤里·布加科夫讲话。他自豪地说，他在自己的田野上每公顷可以收获70公担谷物。

“您会问，为什么我没有收那么多？因为有问题！”尤里·布加科夫解释说，“例如化肥不够，全部出口到中国去了。”

“出口多少?”弗拉基米尔·普京问。

“90%。”阿列克谢·戈尔杰耶夫勇敢地回答说。

尤里·布加科夫汇报了产奶量，每年挤9500公升牛奶的挤奶员，月收入2.1万卢布的机械员……他几次请弗拉基米尔·普京到自己的企业参观（全部成绩讲不完，您应该亲自去看看，看在上帝的分上，到我们西伯利亚视察吧……），但总是说不到点子上。最后还是说到了：

“谢谢，您为我们保留了阿列克谢·戈尔杰耶夫这位好部长。”

阿列克谢·戈尔杰耶夫含混不清地笑了，看来笑得早了。也许尤里·布加科夫感到害怕，把人夸得过分了。

“当然，他也不年轻……我们当然注意到……新政府新部长……能找到共同语言。”

阿列克谢·戈尔杰耶夫已经不笑了。尤里·布加科夫讲话结束时拿着茶杯，后来激动得手一直发抖，怎么也把它放不到桌子上。

“我有意问化肥的事，”弗拉基米尔·普京说，“我觉得最好应该将它卖在这儿，而不是出口到中国。”

与会者对这个独特的想法反应强烈，有的还大声鼓掌。如果笔者没有错，它毕竟不是竞选大会，为什么把手掌拍得那么响?

总统与阿尔泰州乡村学校女教师斯韦特兰娜·斯维里多娃的对话内容丰富。她认为，教育孩子的主要方法是劳动和运动。

“结果我们那个偏远地区有140名孩子来莫斯科上学，”她说，“而且没有任何关系。”

“跟农业部长坐在一起还说没有关系，”弗拉基米尔·普京尽管发现了但装作没有发现，斯韦特兰娜·斯维里多娃还跟总统坐在一起。

“没有任何关系!”她看看阿列克谢·戈尔杰耶夫说。

应该说，总统怀着巨大的兴趣听斯韦特兰娜·斯维里多娃汇报。总统办公厅副主任弗拉季斯拉夫·苏尔科夫听得更认真，他半闭上嘴，几乎在捕捉她的每一句话。从他的举动可以感觉出他与乡村女教师接触不多。

当斯韦特兰娜·斯维里多娃谈到学校农副业生产用地之后弗拉季斯拉夫·苏尔科夫非常惊讶，似乎在当今世界上再也没有比学校土地的收成更重要的事情了。他不时地摇着头，对斯韦特兰娜·斯维里多娃的每句话做出表示。

“请您做出决定，将学校生产的粮食作为国家储备粮收购。”弗拉基米尔·普京突然对阿列克谢·戈尔杰耶夫说。

“我明白。”部长立即点点头。

“而且不能少给钱。”总统最后叮咛说，并且强调自己讲话的分量。

弗拉基米尔·普京与塔季扬娜·格鲁兹杰娃、《农村青年报》编辑谈到永恒的话题——农村社会建设计划。这家报纸发行量700份（有多少青年应有多少份报纸）。令弗拉基米尔·普京感到不快的是塔季扬娜并没有读过这个计划。她怎么能向区长问执行情况呢，而这正是弗拉基米尔·普京对农村报纸的要求。

"您不用力摇晃这棵行政大树，计划就不会付诸实施。"他不安地说。

然而，塔季扬娜·格鲁兹杰娃低头看自己的练习本，看与总统谈话要点，宣读有趣的思想。在他们区的村子里，平均一户有两辆汽车 。

"莫斯科有些家庭，平均一户有9辆汽车，你们可别骄傲。"总统告诫她。

"然而，我们有的家庭还没有一辆汽车。"塔季扬娜·格鲁兹杰娃忍不住说。

"这样看问题好，"总统鼓励她，"很好。"

此外，弗拉基米尔·普京想深入了解纳扎罗夫斯科耶封闭式股份公司总经理瓦列里·伊萨耶夫的问题。他从瑞士进口了一套磨坊设备，但被海关查封。按照合同，他还购买了零备件，预付了25%的定金……然而，事情办得不顺利。

"莫非有人从中作梗?"总统没有把握地问磨坊主。

笔者觉得，自从米哈依尔·霍多尔科夫斯基被捕之后，总统可能又要与总检察长对话了。

"什么?"磨坊主惊慌地问。

"有人从中作梗!"总统更加有把握地重复了一句。

磨坊主满脸通红，但没有用。看来弗拉基米尔·普京指的是海关。

弗拉基米尔·普京认认真真地将祖拉博夫部长的前程混淆了

3月12日，俄罗斯总统弗拉基米尔·普京接见了卫生和社会发展部部长米哈依尔·祖拉博夫，当着媒体的面将他的前程搞得若明若暗。

弗拉基米尔·普京本周一直没有住在克里姆林宫，而住在自己郊外的新奥加廖沃官邸，将正式的工作环境不知不觉地换成了家庭工作环境。记者们等待着总统与国内优秀人物的代表一起玩台球，或者坐在宽大的现代化皮沙发上，在宽敞的电影厅看投影电视，就着面包干品茶。茶水用特殊的方法泡制，紫砂壶上印满了花纹。

据说是总统亲自倡议，为在新奥加廖沃官邸采访的记者创造舒适的生活条件(看来他已经清楚地意识到他们长时间等他)。他一度曾经想牺牲自己的电影厅。前不久电影厅先是出现了大型等离子电视，后来又出现了台球桌。

有一段时间，记者们研究控制台。电影放映机、移动电影屏幕，等离子电视、光线，室内的窗帘还有其他许多东西完全由它控制，现在都知道了。

目的已经达到，现在谁也不急于从电影厅走出去。总统迟到反倒成为礼物。再也找不到这样的好事。最终应邀进入会见的房间令人惊讶，甚至有些生气。

总统在等待会见国家优秀人物时干什么，无从得知。只知道他在选举之前放松了。他似乎不喜欢克里姆林宫，就连动物也敏锐地觉察到主人的心情。总统计划在书房接见米哈依尔·祖拉博夫，但他的爱犬科尼却懒洋洋地躺在书房门口，用同情的目光送记者进书房。

可以理解，在这样的条件下总统也有难处，每次接见都得控制自己，昨天也不例外。弗拉基米尔·普京问米哈依尔·祖拉博夫，他的部准备怎样提高退休金。部长说准备得很精心，平均提高121卢布。

“多少?”

看来他想让这个数字牢牢进入自己的脑海。

“121卢布。”祖拉博夫先生回答说。

“年龄大的呢?”

“平均135卢布。年龄大的退休人员是主体。”(共有3800万退休人员，其中高龄者2930万——作者注)

由于退休人员没有理由不参加总统选举，投弗拉基米尔·普京的票，总统与部长转入另外的话题。总统说，他想听听米哈依尔·祖拉博夫对国家卫生问题未来的想法，此前他提了一条意见。

“您此前领导退休基金会，总体干得不错。”总统说。

但觉得言犹未尽。

“我是认认真真地讲这句话的。”他补充说，仔细看着米哈依尔·祖拉博夫。

结果，这一并无恶意的话反倒令人费解，谁也不知道怎样解释。要么是弗拉基米尔·普京认认真真地说米哈依尔·祖拉博夫干得不错，实际上干得非常出色，要么是说他干得还可以，实际上干得并不好。

如果分析米哈依尔·祖拉博夫在退休基金会主席上的活动，人们一时难以明白，评价相互矛盾。一方面，退休改革在进行，另一方面，只要想想应他的请求，多次推迟授予公民“幸福信”，通知其退休金积累情况，就可以说明许多。

总统这句话以及米哈依尔·祖拉博夫先生的命运之谜尚未揭晓。至于他已经出任部长并得到新权力，也可以做出多种解释，也许是因为他在原来的岗位上表现出色，出任新职当之无愧。如果他干得不好，考虑到他与总统关系不错，也可以给他一次改正的机会。

一个人惟一的一次揭示就可以混淆另一个人在全国的形象。

弗拉基米尔·普京骗不了聪明的票箱

3月14日，俄罗斯现任总统、下届总统候选人弗拉基米尔·普京参加了总统选举投票。早晨，当他出现在科学院选区时，记者的积极性比选民高几倍。此前投票厅里只有一个人，表情忧郁，准备投票，弗拉基米尔·普京及其夫人出现之后选民增加了两倍。弗拉基米尔·普京长时间向地区选举委员会主任巴拉赫宁先生打听与总统选举同时进行的市级选举有关情况。此外，人们还向总统表演了用电子统计信息的“聪明的票箱”。弗拉基米尔·普京先是放了两张叠着的选票，机器“不明白”，总统将它展开，再次试图放进去，机器仍然拒绝服从选民表达自己的意愿。一次只能放进去一张，不用着急。

弗拉基米尔·普京似乎带着某种放松离开了选区，做了自己习以为常的事情，回答国内外记者的问题。他说，自己昨晚睡得很好；往下打算去看拳击运动员训练，他们刚刚赢得欧洲拳击赛冠军，他们邀请他；即将到来的晚上，他将与昨夜一样能睡个好觉。外国记者多次问，他怎么看待自己的竞争者。弗拉基米尔·普京开始不打算回答，后来说了真话：感谢他们来到这块地毯上。

没有他们，他就第二次当不了总统。

“他们上哪儿去了？”

3月15日，星期日夜间，弗拉基米尔·普京的选举司令部并不像一窝蜂。晚上11时后，竞选司令部工作人员获悉为之奋斗三个月的候选人获胜已经成为定局之后，内心有一股劳累之后的平静，或许是空虚感觉。

一些善良的自信的人在司令部走廊不慌不忙地走着。站在楼梯上，可以看到总统办公厅前主任亚历山大·沃洛申和现任主任德米特里·梅德韦杰夫。前者身穿牛仔裤、高领毛衣和皮夹克，后者身穿西服。如果一切相反，那才让人奇怪。

半夜时分，俄罗斯政府总理米哈依尔·弗拉德科夫来到司令部大楼。他神采奕奕，没有任何喘气地上到四楼。德米特里·科扎克的司令部设在那儿。他亲切地问候总理，马上又亲切地告别。记者们已经在五楼等待他。此时，当天选举形势已经完全明朗。

德米特里·科扎克与记者们谈了很长时间。他无一例外地回答他们的任何问题，直到他们提不出来问题为止。

科扎克先生说，这一天是对俄罗斯总统前四年工作的最好评价。他承认，现行的征集支持总统候选人签名的机制太庞大，在俄罗斯选举制度中可能不会保留。主要是他让大家相信，我们的国家将变得跟大家希望的一样，即民主和繁荣昌盛。

“最近，各位将看到实施这个声明的具体步骤。”他承诺说。

有记者问，他来到政府任职之后谁将出任空缺的总统办公厅第一副主任职务。

德米特里·科扎克回答说：

“很多人可以胜任。”

当问到这个职务是否会长期空缺时他回答说，如果长期空缺，那么他的工作就不称职。一个西方记者援引美国总统国家安全事务助理赖斯的话，指责俄罗斯总统选举不够民主时，科扎克先生说她的全部指责建立在弗拉基米尔·普京没有参加电视辩论上。

“这是弗拉基米尔·普京的策略选择，法律也允许，他不想参加电视辩论……我们没有感觉到美国的民主受到威胁，但我们对美国公民在反恐借口下丧失了许多合法权利感到关注。”

德米特里·科扎克最后说，候选人本人将很快与大家见面。事实上，几分钟之后他就来到选举司令部，但是到五楼会见记者是一小时之后的事。中央频道对弗拉基米尔·普京会见记者直播了一个多小时。会见结束之后记者们紧紧围在总统身边。从各种迹象判断，这个活人圈事先并没有安排。与此同时，弗拉基米尔·普京与德米特里·科扎克和一小时之前一样，并不急于上那儿去，又回答了半小时问题。

谈话几乎全部涉及新政府，并不完全是由于记者们首先对它感兴趣。笔者认为总统可能更关心，为什么？

总统说，他喜欢米哈依尔·弗拉德科夫的诚实和正派。记者听到这句话之后发出了不信任的讥笑。

“你们笑什么？”总统问，“这个品质事关重大，非同小可。有人装得文质彬彬，笑容可掬，但内心肮脏。这样的人官场中不少。米哈依尔·弗拉德科夫不是这样的人。”

总统说，政府出现新人很重要。

“特鲁特涅夫从地方来，列维京从工商界来。”

给人的印象是随便从哪儿抓一个人来，都可以当俄罗斯联邦政府成员。

“给政府补充新鲜血液。”总统补充说。一位记者问，弗拉基米尔·普京是否对政府的工作抓得太紧，总统说，政府确实行动起来了：“我认为，如果在选举前不改组它，那么就得拖到9月。如果我们在5月改组政府，整个5月都得考虑机构的事，接下来是议会的夏季假期，9月才开会……我们急于进行的税收改革，经济发展的其他领域等将被迫中断……”

至于全国是否能够跟上政府的步伐，总统耸耸肩：

“你们的感觉一切很紧张，事实上很多劲儿还没有用上。”

弗拉基米尔·普京再次主动提到政府改组，他对此十分感兴趣。

“在此之前，我们有一切……但到底有什么？一个由具体人员组成的俄罗斯联邦政府？我清楚地记得这一切是怎么造成的。例如，伊万·伊万内奇是个好人，怎么能在政府里没有职位？为了照顾他，划分了部委，让他能够担任领导。某某是一位杰出的干部，千万不能丢失。大家知道，这就形成机构臃肿，人浮于事，因此得想别的办法。”

“什么办法？”

“办法是让机构本身成为腐败道路上的障碍。我们是否可以考虑这样建立政府：一部分部委制定标准法律规范，另一部分负责管理财产、不动产，第三部分实行监督……这样以来，违反就难了……如果我们加强司法制度，搞其他方面的改革……”

此时弗拉基米尔·普京谈到媒体的问题，说到记者们的心坎上。

“应该支持你们，解除你们的后顾之忧，得到满意的工资，遇到雇主可以对他说：‘想在这儿对我发号施令？走开……’，快走，我就要到别的报刊去了，那儿将高兴地录用我。我对自己的工资感到满意，报刊本身能生存下去，从自己的直接活动中赚取利润，而不是依靠他人……”

毫无疑问，总统关于与雇主打交道的建议挺有意思。与此同时，他并不坚持他当天晚上说的全都正确，允许一位记者批评他。

“难道我批评不得？我认为大家都在做。这是一个全国性运动，批评弗拉基米尔·普京。那又怎么样？我今天看过拳击运动员，他们是惟一不批评我的人。我早就准备被批评，大家走着瞧。”

弗拉基米尔·普京再次谈到政府，似乎想证明一切做得正确。此时站在总统身边的德米特里·科扎克讲了几句话，值得注意。自从他被任命为政府机关领导之后，并非一切都顺利。

“应该精简机构，从根本上改变政府职能。德米特里·尼古拉耶维奇已经证实，他已经制定了一个详细计划……因此我们坚决将他派去……他不想担任党派职务，还是去了。大家都说，机关从前是影子机构，重叠机构……你们知道，我们在某些方面，例如军事技术合作方面，协商一件事得18个月。这样怎么能签署合同。我特别希望这一切成为过去。”

最后弗拉基米尔·普京与记者们轻松转入其他人事话题。他听取了对他的指责，说什么几乎所有政府成员都保留了职务。

接下来他反驳说：

“怎么是全部呢？就从著名的自然资源部长一事谈起……列辛还没有任命，他正在与政府主席协商。什维德科依……他也当过部长，现在当了总局长，这是不同的事情。你们知道，现在政府决定将由部长做出，而不是总局长，那完全是另一个级别。至于邮电部长，我得说几句。此外，我也不羞于说，无论我还是政府主席，都请求邮电部长列昂尼德·雷曼和交通部长谢尔盖·弗兰克留任。尽管列维京意志坚强，专业知识丰富，是一个完整的男人，给大家印象深刻，但毕竟没有在这个岗位上工作过。请大家原谅，在这儿我不能草率从事。这是全国一个重要的基础领域。不错，他是一个好公路运输工作者，好铁路工作者，但他不懂关系。如果将这样的人才弃之不用，让别人去干，我觉得不严肃。列昂尼德·雷曼找过我，也找过政府主席。他说：“我求你们放我走。你们不必为我安排工作。我打算做生意，我知道自己应该在哪儿工作。”我们请他留下，如果他非坚持不可，他早就离开了。在这个问题上，来不得任何忙乱。也不是随便一个人就能担负起这个领域的工作，那儿需要专家，我不能顷刻间将一切化为乌有。”

我们与新总统度过的漫长的夜晚至此结束。他跟德米特里·科扎克一起返回克里姆林宫，然后与竞选司令部首长一起返回红场5号，在一楼的酒吧里，已经上好了菜的桌子和竞选司令部疲惫不堪的工作人员正在等待他。

米哈依尔·祖拉博夫将替格尔曼·格列夫和阿列克谢·库德林承担责任

3月19日，俄罗斯总统弗拉基米尔·普京在财政和经济发展部部务委员会会议上，听取了这两个部的部长格尔曼·格列夫和阿列克谢·库德林就行政、税收、退休制度和其他领域改革的汇报，发表了重要讲话。笔者没有料到，导致俄罗斯现实性悲剧的许多重大问题，竟然会如此轻松地得到解决。

由于扩大会议十分重要，不仅邀请了两个部的工作人员，还邀请了俄罗斯新政府的许多部长以及初看上去关系不大的人员，如莫斯科市长尤里·卢日科夫。会议开始之前，莫斯科市长卢日科夫风尘仆仆地从遥远的阿扎尔回来。为了弥补总统到来之前的空白，他可以说是尽了全力。

他的位置在第二排。当他看见坐在第一排的人之后立即走到前排与他们握手拥抱。一个人经历了巨大风险，从高危险地区回来，在街上见到老熟人之后经常这样。他的皮箱还在手里……他直接将它轻轻地放在人行道上，应该这样！他遇到的形势很严峻，某些人视他为敌人。经历了艰难险阻之后他又见到了自己的老熟人！他同他们拥抱，接吻，握手，其他事以后再说……

尤里·卢日科夫亲切地与审计院主席谢尔盖·斯捷帕申、政府第一副总理亚历山大·茹科夫、工商会主席叶夫根尼·普里马科夫、科学和工业部部长安德烈·福尔先科等人问候。

他与他们长时间接吻，他们看见他，脸上也放射出光芒。从阳台上很难听清他们对他讲什么，但嘴唇似乎在颤抖："尤里·米哈依洛维奇，您终于活着回来了……"简而言之，很难将目光从这个场面移开。

后来，由于尤里·卢日科夫出现而引起的激动平静下来之后，还等了总统20分钟。当他在格尔曼·格列夫、阿列克谢·库德林的陪同下出现在主席台前一分钟时，政府主席米哈依尔·弗拉德科夫已经出现了。

"下面，请俄罗斯联邦总统弗拉基米尔·弗拉基米罗维奇·普京讲话！"他宣布。

苏联著名播音员尤里·列维坦就是用这个音调宣布德国开始轰炸苏联的和平村庄，红军攻克明斯克的。

然而，值得激动的东西不多。国内生产总值增加了7.2%。根据总统的说法，它对世界生产总值的贡献微乎其微，但毕竟不是坏事。主要的是形势已经改观，从某些时刻起已经变得可靠。尽管我们已经取得了许多成就，但不应该骄傲自满，应该做的工作更多。

总统说，应该将税收改革进行到底，将统一的社会税降低5%，应该奇迹般地巩固国家的税收基地。

"初看上去，降低统一的社会税不可能导致这个结果。"总统说。

但有一点是清楚的：谁也不用怀疑，如果有必要，那就会得到这个结果。

此外，政府应该在4月向总统提交关于改变自然地租的建议。这方面的改革应该与限制各分支权力机构的权力改革同步进行（应该以缺席会议的白宫办公厅主任德米特里·科扎克的名义表示感谢，此时他显然正在召开一个更重要的会议）。

"国家必须有经济上的突破！"弗拉基米尔·普京结束了自己的讲话。

"政府明白自己的任务！"米哈依尔·弗拉德科夫高兴地表示同意，"我们将在今天的部务委员会会议上讨论，在实际工作中落实！我们将实际工作寄托在一个人身上，让他组织这个突破！这就是我们的心情。"

米哈依尔·弗拉德科夫到底将希望寄托在谁身上，看来没有一个人怀疑。

总理讲话之后格尔曼·格列夫讲话。他的报告有许多新内容，但好消息不多。不错，格尔曼·格列夫预测每年的国民生产总值将增加5%以上。但这个数字后面有前提：对原料出口的依赖加大。"它建立在石油价格居高不下的基础上"。格列夫先生认为，在不久的将来，每桶石油价格可能从目前的27~29美元下降到23~24美元。

到时我们将和国内20.4%的居民一样，生活在贫困线以下，饱尝各种苦难。不过格列夫先生又说，如果一切进展顺利，这个指标可能降到10%～12%，为此得修改140多个联邦法律。

尽管格尔曼·格列夫讲得非常激动，但在他几分钟的讲话期间，大厅里有几个人还是睡着了。笔者认为，他们可能是格列夫先生的部下，为起草报告干了一个通宵。

“我们总是说，国民生产总值必须保持在年增长率7%，而不是5%，”弗拉基米尔·普京显然生气地告诉格尔曼·格列夫，“我知道，为什么他要降低这个指标，我自己有时也这样……”

“但是，应该提出一个宏大的计划！您说，石油价格可能下跌……完全可能！应该注意到这一点。但现在我们的乌拉尔的石油还在每桶30美元上！”

格尔曼·格列夫站在主席台上，外表镇定，很难猜测此人内心在想什么，谁也不知道。

“您谈到全球化的方方面面，”弗拉基米尔·普京继续说，“但是应该知道，全球化本身不会产生任何效果。强大的世界经济表现得非常自私，财富也不会自然而然向我们倾斜。您提出了将贫困人口由20.4%降低到10%～12%的任务，这很好。我想问一句：哪一年将实现这个计划？”

大厅异常寂静，笔者认为，大概由于它，正在睡觉的人醒了。

“亚历山大·德米特里耶维奇，我看见您坐在那儿发笑，”总统朝向副总理茹科夫，“您在杜马工作的时候向政府要求现实的数字，现在却发笑。”

此时格尔曼·格列夫一直考虑怎么答复。他大概高兴总统在观察副总理脸上的表情而暂时没有理会他，使他有了喘息的时间。

“期限多长？”

“最好是三四年。”格列夫先生小心翼翼地说。（大厅响起了笑声）。

“真是一位好领导！”弗拉基米尔·普京激动地脱口而出，“最好是……我知道，您已经准备了这个问题！甚至报告了……别不好意思，您就直截了当地说：三年内将完成这个任务！我们为格尔曼·格列夫鼓掌！大家一起鼓掌！”

总统带头鼓掌，大厅毫无保留地支持他，格尔曼·格列夫徐徐点头致意。

阿列克谢·库德林接着讲话，主要是将统一的社会税降低5%，预算将因此而少收入100亿美元。这个数目可以用增加自然资源开采税和提高石油出口税弥补。还应该将居民不动产税从按照财产登记价格的1%提高到市场价格的0.1%。采取上述措施之后对预算收入影响甚微，但政府觉得妥当。

此外，阿列克谢·库德林先生谈到已经开始的退休改革。他提出了一些有趣的事实。其中之一是：如果男性不是60岁而是65岁退休，那么他的退休金可以增加到65%～70%。这样男人就得坚持五年而且在这期间不能死亡。此外，库德林先生还提出，国家应该向自愿缴纳2%退休基金的劳动者，增加2%的退休金。

库德林先生在回答总统的问题：他个人怎么看待自然差别地租时说，他喜欢这个思想，但还得等一两年，总统对这个回答显然感到满意。听完财政部部长讲话之后，总统似乎突然注意到第一排的米哈依尔·祖拉博夫，请他上主席台对这个40分钟的发言表示自己的意见。

应该说，当卫生和社会发展部部长走向主席台时，格尔曼·格列夫不知为什么报复性地笑着。

“我承认，经济发展和财政部非常坦率地讨论复杂的问题！我们今天听到了改革的代价：4400亿卢布！这个钱总得有人出，但不是让老百姓而是让国家出。”

似乎米哈依尔·祖拉博夫是大厅里惟一听到这个数字的人。也许他从前在什么地方听过，并非没有根据地认为今天一定会有人提到它。但是，注意到这一点也不错。

米哈依尔·祖拉博夫说，他怀着巨大的兴趣观察了格尔曼·格列夫与阿列克谢·库德林的争论。此外他还知道，如何弥补国家失去的钱。

“如果说阿列克谢·库德林与格尔曼·格列夫讲得如此坦率，那么我也就不掩盖某些秘密。能否增加秘密形式的所得税？这种可能性存在着。我并不掩饰，讨论的正是这个问题。另一种观点胜利了。”

“我想问问，”弗拉基米尔·普京插话说，“政府不打算改变所得税吗?”

“不，不打算。应该保持现有水平，希望永远这样。”

“格尔曼·格列夫也是这个意见吗?”弗拉基米尔·普京反问了一句。

“是的，”格列夫先生证实，“但不是永远。”

“我对您如此夸奖经济发展和财政部感到害臊，”总统对米哈依尔·祖拉博夫说，“您也参加了这场争论。坦率地说，我想制止这场争论，不想让它超过界线。”

大家突然也坦率起来。笔者感到惊讶：米哈依尔·祖拉博夫带着何等坦率的嘲笑听总统讲话。

“我认为。您不仅是一位观察员。您将为这一切承担个人责任!”总统十分坦率地说，“无论经济部门怎样计划，您得承担由此产生的消极后果的责任!”

“您最后几句话，”米哈依尔·祖拉博夫说，“已经在很大程度上解释了格尔曼·格列夫为何微笑，我走向主席台时他已经这样做了。”

妙极了!

克里姆林宫消肿者

3月25日，俄罗斯总统弗拉基米尔·普京在索契的博恰罗夫小溪官邸签署了关于改组克里姆林宫办公厅的命令。为了搞清正在发生的事件的详情，笔者在长达40分钟的时间里一直向这个消息的第一来源——总统办公厅主任德米特里·梅德韦杰夫打听。

昨天早晨，克里姆林宫记者联盟的记者们一直在达戈梅斯疗养院的海边等待天气好转，开始时得到一个戏剧性的消息。原定于在罗西疗养院举行总统接见南方联邦区州长和地区问题会议将改为总统在博恰罗夫小溪官邸举行某种会晤。打算搞清详情的努力受挫。也许连总统新闻局的工作人员和总统自己也不知道与谁会见。在博恰罗夫小溪官邸寒冷的三月的阳光（阴凉地方是23℃）下苦等3小时之后任何一个猜测也没有得到证实。

下午5时半我们被请到总统办公室，几分钟之后弗拉基米尔·普京出现了，几秒钟之后总统办公厅主任德米特里·梅德韦杰夫也进来了。一位记者在疗养院的酒吧里还美餐了一顿。

“据我所知，您已经准备好了。”弗拉基米尔·普京对德米特里·梅德韦杰夫说。

他已经绝对准备好了，证据是他手里拿着几个不同颜色的文件夹。正是在这些夹子里，决定着一个名叫俄罗斯总统办公厅的志同道合者集体的命运。德米特里·梅德韦杰夫只讲了几句。局级机构精简，总统办公厅的机构将与政府新机构对口。如上所说，政府也变得精干了。

从这些话可以看出，我们参加这个方案的机会已经丧失。最后当笔者走出办公室时看见德米特里·梅德韦杰夫从文件夹里拿出一张纸，上面写着“俄罗斯联邦总统命令”。总统开始仔细阅读。

所有这一切，至少像政府改组的形势，甚至可以说，初看上去可能完全相反。德米特里·梅德韦杰夫知道自己干什么。

与此同时，罗西疗养院的州长会议的准备已经就绪。由于时间紧迫，四个双边会见改成了两个。

总统办公厅副主任亚历山大·阿布拉莫夫站在罗西疗养院门口。他以难以掩饰的兴趣问，弗拉基米尔·普京与德米特里·梅德韦杰夫刚才都相互讲了什么。就职务而言，除了总统新闻秘书亚历山大·格罗莫夫之外，阿布拉莫夫先生是参加这个会议的改组后的总统办公厅的高级官员。当记者问他领导的那个局命运如何时，他看来非常诚恳地耸耸肩。

“可能你们现在知道的比我多，我只能猜测。”

看来他能猜测的不多。例如，他估计俄罗斯现代史上发生过类似的事件，鲍里斯·叶利钦曾经改组过自己的办公厅，结果出现了大量助理，一个个都野心勃勃，最后导致与办公厅相关局长一场混战。阿布拉莫夫先生相信，这次改组决不会出现那样的局面。

当笔者来到俄罗斯总统应该接见印古什总统穆拉特·贾济科夫的一楼时，看见了总统办公厅主任德米特里·梅德韦杰夫。他站在走廊里，无所事事的样子，手里拿着放有命令的文件夹，看来总统已经签署了命令。这时亚历山大·阿布拉莫夫走过来，文质彬彬但又是非常坚决地将文件夹要过来。德米特里·梅德韦杰夫兴趣盎然地看着他，但没有立即将文件夹给他。亚历山大·阿布拉莫夫走过去读起来。

此时穆拉特·贾济科夫已经告诉总统，交给他的印古什共和国由于耕地少采取了集体经营形式，去年玉米和土豆产量打破了历史记录。总统非常认真地听取贾济科夫先生的汇报。

笔者从总统办公室出来之后再次在走廊里看见德米特里·梅德韦杰夫。他显然不想躲避记者，想跟大家聊聊，但没有挥手。

笔者问，他的第一副职是否决定了？

“我没有第一副职。”他痛苦地说。

“总共几个？”

“两个副职。”他又叹口气。

“其他人呢？”

“什么其他人？”

“从前您的副职？”

“现在是助理。”

“谁的？”

“不是我的，”德米特里·梅德韦杰似乎灰心地说，“总统的。”

“谁是你的副职？”

“谁是幸运儿？”德米特里·梅德韦杰夫反问了一句，“苏尔科夫和谢钦。”

“副职领导的那些局怎么办？”

“内政局与地区局合并。”梅德韦杰夫先生愉快地看着前总统办公厅副主任阿布拉莫夫，他正在利用这个间隙看文件。

“局长也将成为助理？”

令笔者惊讶的是梅德韦杰夫先生考虑了片刻，“也许不当助理。我走了？”他疑问地看着我们。

“前新闻出版部部长列辛是否将在总统办公厅工作？”笔者最后问他。

这位前新闻出版部部长是米哈依尔·卡西亚诺夫政府里惟一拒绝在米哈依尔·弗拉德科夫政府领导总局的人。

德米特里·梅德韦杰夫摇摇头，看来他先想回答“不”。

“我们会为他安排合适的工作。”他说。

这句话怎么理解都行。与米哈依尔·列辛有关的一切还得观察。不过后来笔者获悉，他将被任命为俄罗斯总统顾问。这无疑值得重视，如果不是提升，起码也不是降职，此外还可以理解为总统助理数量有限。

德米特里·梅德韦杰夫最终不得不停止这场谈话，亚历山大·阿布拉莫夫此时已经将命令读完。

“命令都写了什么?”笔者问他，“您将出任总统助理?”

“是的。”阿布拉莫夫先生满意地说，“还将兼任国务委员会秘书。”

“亚历山大·谢尔盖耶维奇，”重新走来的德米特里·梅德韦杰夫伸出自己的手，“您得将命令还给我。”

“天哪，我还想把它给记者呢!”阿布拉莫夫先生看来是开玩笑。

“其余的助理是谁?”有人问他。

“我对别人的位置不感兴趣。”他耸耸肩。

当然，这些人很快将举世闻名，所有副主任都变成了助理。他们的队伍里还增加了一个拉丽莎·布雷切娃，此前担任办公厅国家法律总局局长。

新闻局五分钟的忙乱之后，德米特里·梅德韦杰夫再次出现在走廊。他现在不急于离开，可以向他打听世界观方面的问题。

“为什么让所有副主任都当助理?”笔者问，“这就叫改革?”

“这样好!”德米特里·梅德韦杰夫兴奋地说，“您瞧，我尽管不经常出国，但有时也去。以总统办公厅副主任的身份去美国，对那儿的官员不起任何作用，他们只认助理。他们的白宫办公厅主任卡特就是总统助理。我们现在跟他们一样了。”

不知是谁感兴趣，苏尔科夫与谢钦先生怎样分工?

“我们得明确一下。”德米特里·梅德韦杰夫没有兴趣地回答说。

“是否每位还负责从前主管的工作?”笔者问。

“当然，”总统办公厅主任信心十足地回答说，“如果谢钦先生突然负责内政，阿布拉莫夫先生负责安排总统日程，那才令人奇怪。”

“德米特里·科扎克不当办公厅第一副主任，您的负担够重的吧?”

“很重!”办公厅主任赶忙说，“非常重。科扎克领导总统竞选司令部时，仅签字就够我受。现在苏尔科夫和谢钦围绕签字问题将展开一场斗争。我替科扎克遗憾。”德米特里·梅德韦杰夫重复了一句。

他明显想谈这个话题。

“是因为他将做力所不及的事，或者是因为总统办公厅失去他遗憾?”

“是这样，”梅德韦杰夫先生老实承认，“替科扎克遗憾。他……”梅德韦杰夫先生用力捏紧拳头。

“他强硬?”

“不，”他摇摇头，“他顽强。”

梅德韦杰夫先生说，总统办公厅的工作人员已经超编，他们应该签新的劳动合同。

“什么意思?办公厅将大大精简还是精简不大?”

“根据需要精简，”办公厅主任说，“我们人太多。应该纯洁自己的队伍。我忘记说了，全权代表已经重新任命。”

“也该清理他们了？”

“不，顾问还没有任命，局长……我们工作也不是一年了……我们能干好。”

“我们走吧，萨沙，去分配工作！”德米特里·梅德韦杰夫向亚历山大·阿布拉莫夫挥挥手。

“走吧！”后者同意了。

每个人都可以讥笑记者，当然，如果他是总统办公厅主任或者总统助理。

高加索政治作坊

3月26日，参加高加索公众论坛的人员聚集在罗西疗养院门口。知情的观众知道，去年秋天，白俄罗斯总统为了等待与俄罗斯总统会见，在这儿苦等了三天。今天参加会议的车臣总统顾问格里戈里·波格列布诺依首领的个子和形象引人注目。他告诉大家，车臣总统艾哈迈德·卡德罗夫的祖先是哥萨克。

“这就是说，他是哥萨克，而不是车臣人？”人们问这位首领。

“当然是哥萨克！”他高兴地回答说。

斯塔夫罗波尔边疆区首领帕威尔·费多托夫此时走到格里戈里·波格列布诺依跟前，两人拥抱。

车臣总统顾问瞬间脸色苍白。

“你，帕威尔，是怎么到这儿来的？”

斯塔夫罗波尔边疆区首领不解其意：

“我来开会呀！”

“你怎么把匕首带来了？他们将我的没收了。我接受安检时它叫个不停。”

费多托夫首领腰上确实带着匕首，装在套子里。他已经准备好参加总统接见。

俄罗斯总统顾问拉马赞·阿布杜拉季波夫走过来。两个月前他被任命到这个职务，最近重申总统办公厅的改组不会涉及到他。总统的顾问们目前已经任命，所说权力已空前扩大，尚不知道拉马赞·阿布杜拉季波夫是否有那么大的权力。

“您跟卡德罗夫总统共事怎么样？同他的关系是否不特别好？选举前您对他提出了许多意见，值得重视。”

“我们在一起，”阿布杜拉季波夫先生叹口气，“应该工作，国家公务员嘛……”

他似乎想说，“尽管关系不大好”，但作为一个公务员，应该忍耐。

艾哈迈德·卡德罗夫走到波格列布诺依跟前，应摄影师要求他们再次紧紧拥抱。

“您是哥萨克吗?”笔者问他。

“是!”他高兴地同意了，“为什么?”

“首领刚才谈到这个。”

“你的祖先艾哈迈德-哈吉是哥萨克。”波格列布诺依首领赶紧说。

“是，”卡德罗夫先生阴郁地证实说，“是哥萨克。难道您看不出来?”

疗养院入口的路上，总统新任南方联邦区全权代表弗拉基米尔·雅科夫列夫出现了，带着自己著名的有时是羞怯的微笑。昨天晚上，雅科夫列夫先生同10天前一样，被重新任命为南方联邦区全权代表。对此笔者向他祝贺。

“谢谢!”雅科夫列夫先生衷心地说。

“对新职有何感觉?”

“很好!”他证实了我的猜测，“您不知道，高加索生活非常有意思。昨天我们开完会一起观看了一场演出。漂亮极了！那舞蹈……我从来没有看见过！如果我们的生活能像舞台上的舞蹈那样漂亮，让人赏心悦目，该有多好!”

“但它毕竟不像舞台……”

“不像?”他生气地说，“大概是这样，但是，至少应该向这个方向努力。”

几分钟之后大家被叫到厅里开会。

弗拉基米尔·普京在开幕词里主要讲，今后谁也不能说高加索投资环境不好，不能投资。

看来资金将源源不断流入。

“我想提醒大家，伊玛目沙米利说过，”弗拉基米尔·普京非常善意地说，“应该保持对俄罗斯国家的忠诚，同它的各族人民和睦相处。”

笔者也想写，现在大家也想保留这份诚心，和平相处，但什么在阻挠着。

印古什总统穆拉特·贾济科夫大声朗读自己的报告：

“总统刚才讲的是我们大家的行动纲领……分离主义分子已经退居历史次要地位……

亲爱的人们，让我们大家祝贺俄罗斯总统对人民的新信任，相信国家的事业蒸蒸日上!”

多么有趣，他想到这一点。

穆拉特·贾济科夫要求媒体的代表改变俄罗斯公民的概念：高加索是一个多事地区。

“为此你们需要多写一些它的优秀儿女：卡依森·库利耶夫，罗扎·伊西姆巴耶娃，拉苏尔·加姆扎托夫等。”他向媒体代表呼吁。

大主教费奥番开始发言。他那狭窄的专业知识要求以宗教为基础，通过和平方法解决问题。他从采邑制度年代的谈判得出结论，这一地区的冲突几乎完全是由姑娘引起的。

“应该消除冲突的原因，”他开出了自己的药方，“渴望已久的和平就会来临。”

大主教费奥番在其讲话结尾时对弗拉基米尔·普京说：

“我对您，弗拉基米尔·普京说，我们将做应该做的一切。不，不是这样，我们将逐步做到应该做的一切。”

他讲完后回到自己座位上。伊斯马伊德·哈吉·别尔季耶夫穆夫提接着讲话。他对高加索的重建提出许多和解和建设性建议，但在讲话结束时突然脱口而出：

“正在建设的清真寺是斯塔夫罗波尔边疆区穆斯林与东正教的试金石，这不好……”

“清真寺不可能不好。”弗拉基米尔·普京简要纠正他。

穆夫提内心不同意，耸耸肩。

“总而言之，”他结束了自己的讲话，“应该记住，不能用武器统一我们！”

这句话犹如晴天霹雳，穆夫提事实上站到刚刚退居历史次要地位的分离主义分子一边。笔者注意到，艾哈迈德·卡德罗夫迅速向主席团递过一张条子。弗拉基米尔·普京看完后点点头。

卡尔梅克人道主义研究所所长尼娜·奥奇罗娃讲了一件可怕的事：

“电视一播放图瓦，不知为什么总是掏出心脏的野山羊……”

弗拉基米尔·普京突然请艾哈迈德·卡德罗夫讲话（看来那张条子起了作用）。

“我们将来有没有和平？”艾哈迈德·卡德罗夫生气地问，“可以得到。我早就提出，杜马应该通过一个法律，取缔瓦哈比主义。”

大厅里响起了自信的掌声。

“现在，我们不能由于瓦哈比主义拘留他们，”艾哈迈德·卡德罗夫继续说，“他们当然会说，我们是根据党派思想取缔他们。没关系，这不可怕。”

这就是说，如果有了法律他什么都不怕。根据这个法律，似乎车臣没有无罪者。

“我知道穆夫提的处境。如果有必要，我们可以改善他们的生活，但以后再也不帮助。我知道，我们是宗教与国家分离。但具体人不能分离。简而言之，应该给他们发工资。我在车臣已经这样做了。”

为什么要如此假仁假义？不发工资，需要时他们就会拿起枪。在卡德罗夫先生那儿，穆夫提也实行合同。到处都应该这样。

此外，卡德罗夫先生不满意，俄罗斯有60多个享有全权的穆夫提。

“应该只有一个，就像阿列克西二世！”

坐在头排的三位穆夫提不满地互相看看，他们完全不喜欢比较。

最后卡德罗夫先生突然对第一频道提出批评，原因是它播放了关于俄罗斯特种兵在车臣的电视连续片。

“这些特种兵消灭低能车臣人！两个空降兵各消灭了200～300个车臣人。他们像美国人那样拍电影，不能那样，特别是第一频道。”

最后弗拉基米尔·普京请伏尔加格勒州老战士委员会主席尤里·涅克索夫讲话，发言者似乎感到遗憾。

“尊敬的弗拉基米尔·弗拉基米罗维奇！人民选举了您，人民……”

他停顿了一下：

“人民支持您！”

这个停顿非常有效果。

尤里·涅克索夫只求总统一件事：

“救救我们的心灵吧，弗拉基米尔·弗拉基米罗维奇！”

弗拉基米尔·普京对媒体发表“内部”讲话

3月28日，星期六下午，俄罗斯总统弗拉基米尔·普京在其索契博恰罗夫小溪官邸，以“内部讲话”的形式接见了记者。笔者满意地指出，这是类似的活动首次没有伴随“禁止发表”的禁令，可以直接使用。

直截了当地说，尽管国家元首接见记者是常事，但星期六的事件却非同寻常。平日总是静悄悄站在克里姆林宫叶卡捷琳娜大厅红色隔离线后面一个专门地方，手拿笔记本，仔细品味着一国元首每一句话的记者们，此刻尽管没有成为“新闻人物”，但却舒服地坐在他们椅子上。平时的会见对“媒体保密”。有人认为，之所以这样，是为了让记者们更好地理解红色天鹅绒线后面发生的事，不写他们一知半解、后来感到羞愧的文章。

尽管会见情况同平时一样，直到最后一刻还在保密，但昨天的事情首次与往常不同。记者们在索契工作已经将近一星期，期间发生了许多有趣的事。例如，举行了高加索各民族公共论坛，改组总统办公厅，更不必说国家总统接见黑海舰队司令马索林海军上将。周末，克里姆林宫记者联盟的记者们紧张的劳动之后在黑海岸边的达戈梅斯疗养院还没有休息，就让飞回莫斯科，说那儿有要事。

尽管达戈梅斯疗养院是总统事务局的企业，实质上也是保密设施，但总统新闻局从来没有强行记者留下，也没有限制他们的行动自由。与平日相比，完全符合克里姆林宫的新风格。

下午，弗拉基米尔·普京接见黑海舰队司令马索林海军上将之后，请我们在博恰罗夫小溪官邸等几分钟。与此同时，当地几名记者也加入了克里姆林宫记者联盟的行列。在过去的几天，他们也得到聆听总统讲话的权利。

本来可以写（实际上也不会犯错误），总统接见记者迟到了几分钟。因为谁也不知道接见何时开始，就不能这样写了。

开始弗拉基米尔·普京问，我们在这儿休息得怎么样，回答是休息得好，工作没有搞好，之后他皱起眉头，建议大家工作。作为工作，他讲了一个发人深省的故事——他怎样认识一个命运多舛的有趣之人米哈依尔·叶菲莫维奇·弗拉德科夫。最后终于将这个问题讲清楚，他们早就相互了解。

外地一位普通副市长（指普京在圣彼得堡任职——译者注）与未来的国家总理首次见面发生在遥远的 1995 年。那是米哈依尔·弗拉德科夫到圣彼得堡探望自己在苏沃罗夫军校上学的小儿子。此事一直让弗拉基米尔·普京内心深处感动。

“当许多所谓的精英们急于发国难财，能捞多少就捞多少，而且将捞到的藏在树墩下时，”弗拉基米尔·普京告诉记者，“他并没有为自己的孩子安排一个安乐窝（他当时也不是一个普通老百姓，而是俄罗斯对外经济关系部副部长——笔者注），还将儿子送到另一个城市的苏沃罗夫军校。我不掩饰，它给我留下了深刻印象。”

米哈依尔·弗拉德科夫第二次给他留下深刻印象是 2002 年，那时他已经是税务监督警察局局长。由于命运的巧合，弗拉基米尔·普京此时也来到莫斯科工作，将家搬来了。有一天他们又见面了，讨论将税务警察的职能移交给内务部的可能性。

弗拉基米尔·普京问，米哈依尔·弗拉德科夫对此是怎么考虑的，后来又说：

“米哈依尔·叶菲莫维奇！现在您得忘记，您是领导，告诉我，如果从国家利益考虑，您是否认为可以将您的职能交给内务部？您得说老实话。”

幸好弗拉基米尔·普京让米哈依尔·弗拉德科夫讲老实话。后者回答说，不会有任何损失。他又说：“我后边有一帮人。我希望无论做出任何决定，不要让他们受损失。”弗拉基米尔·普京援引米哈依尔·弗拉德科夫的话说。

弗拉基米尔·普京与米哈依尔·弗拉德科夫的关系并没有至此结束。相反，下一次会见时一个问另一个，想在哪儿工作。

“我说，有不同的方案：或者在莫斯科，或者到国外。我不知道莫斯科有什么位置，但国外可以准确地说：有一个非常有趣的合适的位置，驻欧盟代表。”“我觉得回答也非常正确，”弗拉基米尔·普京继续说，“他说，‘我不知道您可以在这儿找到什么，但我不想出国。’”

“弗拉德科夫先生留下了？”笔者此时情不自禁地说，已经沉浸在克里姆林宫日常生活的革命浪漫主义气氛中。

“他走了，”国家总统说，“他必须走马上任。”

为什么一切开始得好，接下来有如此戏剧性的发展？

“他必须走，”总统在不长的沉默之后说，“第三次谈话是我请他，并且说，我全明白，我需要您在那儿……欧盟要扩大……我们要同它接触。我请他接受这个建议。他说：好吧，我同意。”

一年半之后，当所有这些已经成为往事，米哈依尔·弗拉德科夫有可能不当俄罗斯政府总理吗？答案是明显的。生活本身已经悄悄告诉感兴趣的人士，他们对这个任命已经不用猜测了。

“卡西亚诺夫政府辞职之后最终做出了任命他的决定，”弗拉基米尔·普京并不急于结束自己英雄史诗般的讲述，“当然这些他不知道。我以讨论我们与欧盟的关系，即将与欧盟领导人会晤为借口将他召回莫斯科。他对此感到意外，但同意了。”

这个幸福的、真正的好莱坞式的结尾让笔者感到极大的满足。笔者与大家一样，知道此事的结局，但不知道内幕。笔者觉得，无论是按什么样的讲述逻辑，既可以将最优秀的代表带到遥远的西伯利亚大森林，也可以带到炎热的中亚沙漠。此时完全依靠讲故事者的技巧，如同平时一样，它已经达到了高潮。结尾大团圆，一切多好。

当晚我们还听到许多趣事。弗拉基米尔·普京介绍了怎么改组总统办公厅，尤里·卢日科夫怎样制止了阿扎尔内战。不能不直接引用弗拉基米尔·普京的原话：

“尤里·卢日科夫在那个时间来到自己应该来的地方，事实本身就成为遏制一切的因素。你们也知道，在尤里·卢日科夫所到之处，怎么能开始军事行动？他在国内有名气。他不仅到了那儿，而且立即同我，同所有人联系上了。他立即公开宣布自己就位。我很难想象，此后有人会在那儿开始战争。”

此时已经或多或少明白，格鲁吉亚人与阿扎尔人怎样避免了一场流血的战争，平时不大生气的尤里·卢日科夫返回莫斯科，继续多年以前并非由他开创的事业——建设美好的莫斯科。弗拉基米尔·普京还谈到其他话题，最后建议为媒体代表的健康干杯，这倒挺合适。

还得说一句：接见结束之后并没有让记者离开房间。

文化部长向总统表现自己的水平

4月1日，俄罗斯总统弗拉基米尔·普京接见了俄罗斯文化和大众传媒部部长亚历山大·索科洛夫，笔者满意地观察了新部长如何向见多识广的总统显示自己的素质和共事能力。

昨天，亚历山大·索科洛夫谈了自己对国内最杰出的创作集体发放补贴制度的观点。作为答复，弗拉基米尔·普京希望亚历山大·索科洛夫谨慎地利用在这方面已经存在的机制。

“我认为，”他提出一个不成熟的想法，“应该考虑话剧院和民间创作集体。”

亚历山大·索科洛夫赞许地点点头，并且补充说补贴制度是“国家一个重要步骤，有重大激励效果”。从各种迹象判断，部长无需犹豫就知道对当代问题的所有答案，回答也是滴水不漏。不过，如果使用原来的机制，那就得遗憾地放弃现在的想法——除了补贴之外无论采用哪种激励手段都可以。迄今一般认为，补贴效果有限。人们得到之后考虑怎样尽快将其花光，并如何得到下一笔。从这个意义上说，他们一刻也不安宁。文化部部长忧虑地指出，如果从现在开始不考虑新的补贴，那么今天的做法将毫无意义。

总统与部长一致同意，已经积累了许多问题，需要迅速解决。其中之一是“如何与各地共同行动，对待现在由国家保护的古迹和文物。”亚历山大·索科洛夫此时表现了对生活深刻的理解，说自己熟悉这个问题。“它是首要问题之一，”他指出，“从直接或者间接意义上讲，都是搜集这些国宝的时候了。”看来他的前任将它们扔了。

怎么搜集？文化部部长认为，必须建立一套制度，不能让任何古迹没有主人。

“州长们对这个问题的态度我清楚，应该支持他们。”部长强调说。

这就是说，其他人虽然现在不大清楚，也不应该清楚，只要亚历山大·索科洛夫清楚就行。笔者知道，对文化发展的一些现实问题大可不必痛心，重要的是现实生活让人觉得有意义。

大家知道，他的部门对接到的任何问题由内行专家详细解答。从各种迹象判断，文化部部长努力给总统留下这个印象。

应该特别指出，亚历山大·索科洛夫部长有一个组织自己部门工作的计划。

“提出这个问题很自然，”他告诉总统，“保留骨干，为他们提供创作机会，吸收新人。”

亚历山大·索科洛夫没有说一句不正确的话。看来是在与一位正确使用自己掌握的语言的人打交道。有机会，他还会说伏尔加河流入里海。

然而，总统接见时他奇怪地承认，他比政府的其他同事更简单，与其他人相比，他是新人。

“我没有惰性，”部长并没有虚伪的谦虚，低调自我评价说，“我感到压力大。”

此话意味着什么，是哪位前任让新任部长感到那么大的压力？

目前的印象是新部长不仅是对想得到补贴的创作集体，还是对焦急地等待了几个月正在全国开展的行政改革初步成果的弗拉基米尔·普京而言，都是一个难得的人才。现在笔者才清楚，弗拉基米尔·普京在博恰罗夫小溪官邸回答笔者提出的问题：为什么让亚历山大·索科洛夫出任文化大和大众传媒部部长时引用了一句成语：

“人才难得！”

弗拉基米尔·普京让德国总理伉俪小别

4月2日，俄罗斯总统弗拉基米尔·普京在新奥加廖沃官邸会见了德国总理格哈特·施罗德。讨论的中心问题是一体化：德国总统建议两国人民统一，俄罗斯总统拒绝加入欧盟。

弗拉基米尔·普京并没有到官邸台阶上迎接格哈特·施罗德，笔者觉得这样不大符合人之常情，毕竟客人从远方飞来，尽管不是五月，但在台阶上迎接的效果终究好一些。施罗德先生对这个细节不能不注意。如果他没有注意，那么他的夫人一定会注意。如果没有他的夫人，还有礼宾司，他们可能早就协商好了。施罗德先生忍耐着，等待俄罗斯总统回访时采取对等行动。过了一会儿，俄罗斯总统宣布将于今年9月访问德国。人们可以瞧瞧，德国到时怎么欢迎他！

普京先生与施罗德总理夫人接吻，普京先生的夫人与施罗德总理接吻。这个复杂的组合让所有当事人感到荣耀。此后不知为何笑了一阵，讨论了一会儿，一次也没有使用俄语，弗拉基米尔·普京最后邀请德国同行进自己办公室。施罗德先生夫人显示了自己对丈夫奇迹般的忠诚，向他跑去，但被普京先生挡住了。他用宽大的姿势挡住她的去路，指指通向二楼的楼梯。施罗德先生的夫人期待地望着丈夫。

她遗憾地点点头，困惑地望着柳德米拉·普京娜，后者也向她点头，多里斯·施罗德上了楼。看得出，她没有料到丈夫会如此“背信弃义”。

几分钟之后弗拉基米尔·普京在办公室已经感谢同行拜访他。

“日程紧……”普京先生摇摇头。

这是一句客套话，但说得是时候。据笔者从克里姆林宫一位高级官员处获悉，此前已经讨论好施罗德先生在莫斯科参加一些重大活动。例如，昨天白天他应该与弗拉基米尔·普京一起，参加莫斯科—柏林展览开幕式，但他没有参加。昨天德国联邦议院举行记名投票，施罗德先生不能请假。结果在最后一刻，弗拉基米尔·普京请俄罗斯新任文化部部长亚历山大·索科洛夫代替他主持开幕式，部长成功地执行了总统首批委托之一。

开始会谈时，弗拉基米尔·普京将格哈特·施罗德称为“伟大的欧洲人”（随着北约的扩大，他接见“伟大的欧洲人”会更多）。

“我给您准备了一些问题。”弗拉基米尔·普京指一叠厚15厘米的文件。

“您别吓唬我。”施罗德先生有些害怕。

德国总理祝贺俄罗斯总统重新当选。

“能够得到71.2%支持票的领导人不多。”他说。

看来他深有体会。

“我们两国应该统一起来，”施罗德先生突然说，“不仅为我们，也为整个欧洲的福祉。”

简直是晴天霹雳！实际上他是否注意到差别有多大！但话已经说出口，现在只剩下猜测两国人民是否做好了准备。它将是一个什么样的联盟国家，谁将领导它，将采用什么货币作为支付手段等。简而言之，后面还有许多问题。遗憾的是除了笔者之外，谁也没有注意到。

针对施罗德先生的话，弗拉基米尔·普京说，他建议严肃讨论欧盟扩大、阿富汗、近东和伊朗问题。

“伊拉克问题。”他随后立即纠正说。

跟老朋友讲话，怎么能谈那么大的差别！有的是见面的机会。

在随后半小时的记者招待会上，施罗德和普京先生都回答了笔者的问题。

笔者问：

“联邦德国总理先生，您已经来过莫斯科十多次，您喜欢或者不喜欢我们城市的什么。您喜欢德国新首都柏林的什么？”笔者给普京先生提的问题是：您是否考虑过我国的迁都问题？我们大家甚至不知道该往哪儿迁？

德国总理先生非常活跃。他说，柏林是一个美好的城市。

“简直无法想象！”他赞叹不已。

他似乎觉得在这么多人面前夸奖自己城市有些不大礼貌，因此请笔者参观德国首都，同时给自己的新闻秘书做了个手势，请笔者留下手机号码。

“我希望您写一篇关于我们首都的好文章。”他说。

对此笔者信心不足。

关于俄罗斯首都，施罗德先生说，他不是建筑评论家，喜欢鸟瞰它。

普京先生回答说，安德烈·科列斯尼科夫记者统计得好，联邦德国总理到莫斯科来了多少次。

“但我在德国度过的时间毕竟比施罗德先生在俄罗斯度过的时间多。”普京先生严肃地说。

往下令人奇怪。普京先生说，俄罗斯过去和现在都没有加入欧盟的目标。老实说，笔者不明白此时为什么要提到欧盟，但后来很快就解开了这个疑团。普京先生说，如果有朝一日此事发生，布鲁塞尔将成为共同的首都。他对此感到高兴。

他就这样避开了对自己城市的打击。

征服宇宙

4月4日，星期六，俄罗斯总统弗拉基米尔·普京在莫斯科州克拉斯诺兹缅斯克市的俄罗斯航天设备试验和控制总试验中心会见了法国总统雅克·希拉克，在保密气氛中讨论了保密问题。

无情的岁月将克拉斯诺兹缅斯克的市容市貌变得破败不堪。笔者想指出，几分钟之前从法国总统眼前掠过的城市外景，就像是一个技术废墟，这还是往好处说。不过也有人反对，说它并不是废墟，只是城市的生活和生产面貌有些过时，这一切都是为了转移视线。在这些装饰后面，一切应有尽有。如果一个国家再也没有什么值得自豪的，那么还可以为自己的克拉斯诺兹缅斯克自豪。

航天设备试验和控制总试验中心的室内装修就像是国际展览馆，甚至可以拿大奖。中心的装修一年前结束。说得重一点，简直是严格意义上的高技术。

“瞧您，这算什么高技术！”航天部队副司令伊万·霍缅科带着几分恐惧对笔者说，“不过是正常投资，我们尽力而为。”

既然能将法国总统带来，那就说明一切并不差。弗拉基米尔·普京在中心等了很长时间。他一度还走进他几分钟之后与法国总统会谈的房间，检查一切是否准备就绪。看来普京先生也有些激动。

中心建议我们观察目标在宇宙运动情况，为此创造了非常舒适的条件。笔者不怀疑，中学中高年级学生对它非常感兴趣。如果笔者没有错的话，记者中间也有这样的人，不过数量不多。大量闪烁的小灯令人赏心悦目，提醒人们今天晚上还来得及到泰坦尼克俱乐部跳迪斯科。

然而，人们主要看的不是小灯，而是天花板下面。在那儿，以高票重新当选俄罗斯总统的弗拉基米尔·普京将与在地方选举中得票率低的法国总统雅克·希拉克举行会谈。

航天部队司令弗拉基米尔·波波夫金将军简要汇报了情况，看来一切不那么简单，总之最好不去想它。波波夫金先生详细介绍了我们与法国人在宇宙和地面上的合作：俄罗斯准备向法国提供发射服务，给予季节性优惠，在法属圭亚那建立综合发射系统，共同研制卫星……

笔者作为我们不大自信的祖国的爱国主义者，脑海中只闪现过一个问题：为什么法国人不同美国人一起做这些事？为什么他们宁愿选择莫斯科郊区的克拉斯诺兹缅斯克市，而不选择偏僻的得克萨斯州的休斯敦？这一切意味着什么？正如后来所显示的那样，它并不是一个无聊的问题。

从司令报告的第二部分开始，让我们离开了，包括副司令在内的几乎所有军方人士也都离开了。只剩下司令波波夫金、两国国防部长和总统。军方断然拒绝猜测报告的第二部分。

“您特别想知道？”副司令伊万·霍缅科同情地对笔者说，“要是将您留在大厅里，以后就别想出国了！”

“这些规定还管用？”笔者恐惧地问。

“希望是这样。”霍缅科先生简单回答说。

“报告到底关于什么？”笔者再次央求道，“您大概介绍一下。”

“别猜了，”副司令最后腼腆地说，“讨论的是极其重要的问题。这对谁也不是秘密，美国在世界的霸权主义野心该结束了。”

“他们讨论的是这个？”

“正是。”

“这就是说，法国人站在我们一边？”笔者轻松地问。

“站在我们一边，”伊万·霍缅科安慰笔者，“他们能上哪儿去？”

“可否认为，他们在讨论建立欧洲反导系统？”笔者没有任何遮掩地问。

“我没有对您这样说！您怎么那样直率……”

伊万·霍缅科看着我，已经没有先前的好感。

“您是否知道，还将讨论法国人购买新式导弹？”

“什么导弹？”伊万·霍缅科疑惑地问。

“就是俄罗斯总统在普列谢茨克讲的。一种新式超级武器，世界上任何导弹防御系统对它都无能为力。性能无限，可以迅速改变方向和高度……这您知道。”

“这些，完全有可能……”伊万·霍缅科证实说，“关于这些，您最好向装备副司令奥列格·格罗莫夫去打听。”

装备副司令就在身边。

“正在讨论？”笔者问他。

“你们这些记者真是怪人，其中一个特别喜欢寻根问底。总统离开普列谢茨克之后我们留下了。我们坐在摆着节日招待的桌子旁边，看着电视上您的同行的分析报道。他对新式武器全都明白。他说，任何反导系统想防御我们的新式导弹，就像是用雨伞防蚊子。他说到点子上了……了解得真深……您最好同这个小伙子聊聊，我也想跟他聊……”他充满幻想地说。

“我就在这儿！”俄罗斯电视频道记者奥列格·康德拉绍夫脱口而出。

“是您？”副司令认出来了，“竟然这样巧！我们当时就为您的健康干杯。我们坐在桌子旁边……”

“等等，”笔者努力回忆着，“新导弹怎么样？法国人打算买多少？”

笔者迄今认为，这样的导弹不能买卖。

“也许他们不买，”副司令小心翼翼地看着笔者，“我们先用它们装备自己的军队，得八九年时间。”

“有计划吗?”

“正在准备。”

“这些导弹的试验仍然一如既往地进行下去?”

“年轻人，”奥列格·格罗莫夫腼腆地看着笔者，“如果我们决定让总统看什么，这就是说不是做了一年的准备。我们已经进行了多次试验……我们一切正常，年轻人。”

笔者立刻想起前不久从潜艇上发射导弹，其中最成功的一次是导弹本身毁灭。众所周知，所有这些发射由俄罗斯航天部队通过卫星实行控制。但奥列格·格罗莫夫对此只字未提。为什么要刺痛没有愈合的伤口（心脏)?

弗拉基米尔·普京与雅克·希拉克最终结束了谈判的秘密部分，出来会见记者。希拉克先生看上去非常疲劳，脸都有些消瘦，也许是因为长途跋涉。普京先生是从自己的官邸来，显得精神多了。

元首们介绍了会谈情况。在这样的情况下经常选择外交辞令：阿富汗、近东和伊拉克。对每个问题都可以有三四种意味深长的解释，并非人人都能记住。这次也不例外。

这样的仪式结束后转入正题。法国记者问自己的总统，他与俄罗斯总统是否谈到车臣战争。希拉克回答说谈过。弗拉基米尔·普京平素对车臣问题反应积极，但这次却藐视这个问题。

“总统先生，您今天在俄罗斯，”记者问希拉克先生，“下星期一您将会见英国女王，您正在准备纪念盟军在诺曼底登陆60周年仪式，这一切符合您对法国人的承诺吗？您说过要更多地介入内政，何况是在地方选举之后。”

笔者知道，为什么法国总统事实上在自己的国家没有举行招待会，最多也只局限于向新闻界发表声明。他不喜欢这些人。

雅克·希拉克回答得含混不清，甚至漫不经心。他谈到苏联在消灭法西斯中的作用，似乎为自己邀请弗拉基米尔·普京参加纪念盟军诺曼底登陆60周年辩护。

“大家知道，”他说，“历史的转折点发生在斯大林格勒。”

这一切让人听得舒服，但与问题的实质没有任何关系。此时弗拉基米尔·普京突然代替同行插话。他坚决提到法国与俄罗斯的贸易额增加（去年增加了28%以上）。

“增加后面是生产力发展，就业扩大，前景看好，”弗拉基米尔·普京解释说，“欧洲未来的能源结构怎样构成，对我们事关重大。我想，普通法国老百姓对俄罗斯与法国在能源领域内的协作，对欧洲汽油价格的不断上涨的影响不会不关心。”

然而，为同行讲话的俄罗斯总统接下来也不得不替自己辩护，这就是他的高明之处。

BBC记者问希拉克先生，他是否对俄罗斯新式武器感到害怕？这当然是一个主要问题，法国总统可以做出肯定或者否定的答复，内容不外乎笔者与俄罗斯航天部队副司令半小时前谈过的那些。最终应该清楚，法国到底站在哪一边？

“当戴高乐将军提出研制核武器时，我们并不指望发动进攻，而是相反，想加入核遏制行列。一切依赖精神！俄罗斯已经走上改革之路，这就是说，它将根据戴高乐的精神行动！”

谈到我们导弹，希拉克先生认为它也是这种遏制。有人会问，到底遏制谁？当然是美国人，一切就是这样证实的。

“我们正在研制最新式武器系统事实本身……”普京先生补充说，“我们向自己的法国伙伴介绍未来可能研制的武器事实本身，说明俄罗斯在安全问题上的公开和透明。我同法国总统会谈的保密部分谈的就是这些。”

看来波波夫金将军和副司令似乎是对的，法国人跟我们，而不是跟他们在一起！

还得说一句：第二天，克里姆林宫一位高级官员罕见地向笔者证实：先在克拉斯诺兹缅斯克，后在新奥加廖沃官邸举行的秘密谈判（已经在深夜结束）中，法国人对俄罗斯新式导弹表现了巨大的兴趣。

最主要的是根据戴高乐将军的精神行动。将军从苏联拜科努耳航天发射场回来之后说：“宁为赤色分子，不为行尸走肉。”他就这样带领法国退出北约。

天哪，为了核遏制，什么招儿没有使出来呀！

弗拉基米尔·普京从道义上支持联合国

4月5日，俄罗斯总统弗拉基米尔·普京在莫斯科会见了联合国秘书长科菲·安南，对处于深刻的政治和精神危机的这个国际组织给予了道义上的支持。

莫斯科早就在等待安南，他也经常出现在俄罗斯首都，满意地参观它的名胜。毫无疑问，主要是两颗明珠：莫斯科克里姆林宫和俄罗斯总统弗拉基米尔·普京。

这次也如此。很难说，安南对克里姆林宫留下什么印象，但对弗拉基米尔·普京印象良好。

第一、俄罗斯明确支持成立从事联合国改革的一个高级专家小组。从各种迹象判断，仅此一点就值得高兴。即将改革的这个组织，在不断变化的世界中将有机会生存下去。俄罗斯总统暗示，他支持的不是别的，正是这个想法。

弗拉基米尔·普京还告诉科菲·安南许多东西。笔者相信他在世界其他地方，例如华盛顿，就听不到这些。俄罗斯总统说，联合国成功地解决了当代许多复杂问题。

“我倒想看看，”弗拉基米尔·普京说，“如果没有联合国，国际关系将怎样发展。”

笔者想大声疾呼，不妨看看过去和现在发生的事情吧。例如，伊拉克战争的过去和现在，都是没有经过联合国出现的。改革之后的联合国能否达到这样的标准：必要时能够制止任何国家发生战争。这就是全部问题的所在。

在与安南会谈时，弗拉基米尔·普京提出又一个有趣的想法：

“您知道，”他说，“我们对联合国的态度，对它改革的态度，以及俄罗斯常驻联合国代表谢尔盖·拉夫罗夫在改组后的俄罗斯政府出任外长，都可以证明我们对发展与联合国关系的立场。”

这一点可以称为准确无误。令人欣喜地看到，我国的“老总们”在制定内外政策方面没有犯任何错误。问题不在于参加这次会晤的我方代表团名单中，排名第一位的是前外长，现任安全委员会秘书伊戈尔·伊万诺夫（前国家安全委员会秘书弗拉基米尔·鲁沙依洛顶多只能排在名单的最后，甚至他的名字根本不会出现）。即使拉夫罗夫先生不担任外长，也可以再次显示弗拉基米尔·普京对发展与联合国关系的态度。会见安南是一个重要理由，显示他如何重视这一关系，因此笔者前面才说没有犯任何错误。

“去年出现的紧张形势，现在已经消失，”科菲·安南先生说，“原因是世界许多国家已经联合起来一起解决问题。我希望今后这个趋势能够保持下去。只有联合起来，才能解决国际社会面临的复杂问题。”

此后他还希望，“再也不要去年出现的国际关系紧张。”

似乎安南先生应该多看电视，多听广播。从各种迹象判断，他工作繁忙，对马德里爆炸案，伊拉克起义熟视无睹。

弗拉基米尔·普京在北约节日上并非外人

4月8日，俄罗斯总统弗拉基米尔·普京会见了北约新任秘书长夏候亚伯，对秘书长邀请参加北约土耳其峰会的答复令人惊讶。在这次峰会上，北约将庆祝吸收新的新成员国。

北约秘书长夏候亚伯在接受莫斯科回声电台采访之后立即来到克里姆林宫。秘书长的新闻参谋罗伯特·普什乔尔在等待自己的首长进入克里姆林宫代表厅时说，电台听众的问题给他留下了深刻印象。

“他们问，秘书长是什么样的荷兰人：蜻蜓点水式的还是急驰式的，”普什乔尔先生说，“这是在玩弄文字游戏，您明白吗？”

明白什么？XOP 英语的意思是“跳跃”，至于急驰式的荷兰人，众所周知。

夏候亚伯有些窘迫，他不大相信，笔者知道回声电台听众偶然知道的那些。

普什乔尔先生是波兰人，操一口流利的俄语。为了以防万一，笔者问他在俄罗斯住了几年。

“四年，”他回答说，“不过已经很早，几乎是 40 年前。”

普什乔尔先生看上去也就 40 岁，也许他来莫斯科时还不大懂事，在我们的城市里学了一切好东西，使他后来在北约官运亨通。

“你的上司多少岁？”

“54 岁左右。”他迅速回答说。

半岛电视台分社社长阿克拉姆·胡扎姆走过来。他毫不迟疑地问，普什乔尔先生是否接收他加入北约。波兰人甚至没有发笑。

“非常有趣，”他同情地点点头，“您不知道，前不久也发生过类似的事件。在基辅一个人朝我走来，问乌克兰何时加入北约，我说不知道。他又说：‘那好吧，不应该吸收整个乌克兰，请接收我一个人吧。’”

“您怎么对他回答的？”

“我问他有没有国旗，他就离开了。”

一位记者问新闻参谋，他是否认为，北约东扩使其与俄罗斯关系复杂。

“不是！”普什乔尔先生满脸是笑，“哪会呢！”

“认真考虑一下？”

“1999 年北约开始东扩，结果发生了什么事？什么也没有。我们一贯从善意出发。例如，我们可以帮助保护波罗的海沿岸国家操俄语居民的利益。”

“你们？”

“是的。我们已经做到了这一点。我们不能影响法律。但我们可以帮助解释，政府应该……”波兰人有些语塞，在寻找合适的字眼，“有弹性。对，就是有弹性。”

“新秘书长喝什么酒？”阿克拉姆·胡扎姆忍不住又问，“我们应该知道他的所有习惯。”

“他喜欢跑步，”波兰人耐心地回答说，“每天跑五公里。我也喝酒。”

“伏特加？”

“对，不过是波兰的。”

“不喜欢俄罗斯的?”

“喜欢。”

“夏候亚伯读什么书?”老实说，笔者喜欢提到这个人的名字。

“法国、荷兰文学作品。他是一个全面发展的人。”

“不喜欢俄罗斯文学?”阿克拉姆·胡扎姆想让他明确。

“您从哪儿来?”普什乔尔先生问半岛电视台分社长。

“从本·拉登那儿来。”阿克拉姆·胡扎姆诚实地回答说。

在克里姆林宫代表厅里的回答不可能不给这位北约高级官员留下印象。为了防备万一，波兰人将身子背朝阿拉伯人。

“您是间谍吗?”胡扎姆先生继续问。

波兰人仔细端详着他。

“跟您一样。”他最终回答说。

笔者决定加入这场令人不安的对话。

“告诉我，为什么北约飞机最近在我们边境飞行?北约是否迅速利用了自己的东扩?”

“我们飞行过，”普什乔尔先生证实说，“但没有任何特殊的意思，只是一种显示。”

“显示实力?”阿克拉姆·胡扎姆问。

“不是，显示飞机，”波兰人不怀好意地说，“非常有意思的飞机。”

笔者想到，同时在同一边境举行的独联体国家防空演习中，我们也显示了有意思的导弹。

此时弗拉基米尔·普京与夏候亚伯走进代表厅。笔者觉得，普什乔尔先生算是长长松了一口气。

弗拉基米尔·普京说，北约东扩防止不了马德里恐怖事件，不能帮助解决阿富汗问题。这话讲得有水平！尽管大家都愿意，但很难发现这些事件之间的直接联系。弗拉基米尔·普京在这方面表现的决心值得尊敬。他与北约秘书长的会谈将不会轻松，可能进入死胡同。

夏候亚伯说，他首先想加入祝贺弗拉基米尔·普京在选举中获胜的大合唱，他多次向俄罗斯总统送去微笑。笔者甚至贸然说，他想讨好普京。弗拉基米尔·普京不等译员翻译就向夏候亚伯点头致意。看来已经知道他要讲什么。

或者与此相反，俄罗斯总统即使没有译员，一切全能听明白。何况夏候亚伯的母语也不是英语，容易听懂。倒是那些母语是英语的人，讲话经常吃词尾，让人听不清。

“我想立即说，”北约秘书长宣称，“我深知俄罗斯人对北约东扩的心理。普通人也会问，这将造成什么后果?戒心很重。”

夏侯亚伯认为，完全没有必要这样。

“我们没有任何不可告人的用心。例如，关于欧洲常规武装力量和武器条约的监督，我们认为可以更新。但这些问题很复杂，一天的谈判解决不了。”

北约秘书长建议弗拉基米尔·普京今年6月底参加北约在土耳其举行的首脑会议。众所周知，峰会在等待着我们，我们却不着急。我们清楚地知道，将在那儿庆祝北约东扩。

然而，那是首次正式发出的邀请。弗拉基米尔·普京对此长时间给予回答。他想起谢尔盖·拉夫罗夫外长去了布鲁塞尔，参加欧盟吸收新的成员国仪式，强调说此举并非偶然。他说，从一开始就清楚，这不是一个普通的活动。拉夫罗夫先生还是坐飞机去了。弗拉基米尔·普京第三次强调，俄罗斯是自觉地这样做。

普通人接受邀请，只需说一句“行”。

弗拉基米尔·普京吸取世界经济天才的思想精华

4月11日深夜，俄罗斯总统弗拉基米尔·普京在新奥加廖沃官邸会见了在莫斯科刚刚闭幕的“新世纪自由纲领：自由观点”论坛的代表。接到普京请帖的一般是让自己的国家摆脱危机状态的全球经济大才。

总统顾问安德烈·伊拉里奥诺夫用了半小时向总统介绍贵宾。首先得到如此殊荣的是美国洛杉矶加利福尼亚大学教授阿诺德·海伯格。

“我知道，伊拉里奥诺夫先生正在剥削您。他说，您已经是12次来莫斯科了，而且仅仅是个开始。”总统说。

安德烈·伊拉里奥诺夫似乎对自己的总统在外国教授面前表现的无拘无束感到窘迫。

“海伯格教授不是容易剥削的，”他紧张地耸耸肩，“教授的学生已经当了部长、总理或者总统。世界上任何一位教授都没有他那样的成就。”

教授似乎喜欢对自己评论，而且希望继续讲下去。他更喜欢两分钟之前摆在自己面前的烤面包片。笔者不能不注意，放在他面前的那碟子烤面包片，几乎已经吃光了。

“这位是鲁特·理查森女士，”安德烈·伊拉里奥诺夫继续介绍说，“她在担任新西兰财政部长期间，使国家的经济迅速增长。此外，她还有效地遏制了通货膨胀！她辞职之后，新西兰月平均通货膨胀率0.5%。”

不错，安德烈·伊拉里奥诺夫没有说她上台时的通货膨胀率。

坐在鲁特·理查森女士左侧是智利退休改革的创始者霍斯·皮尼耶。

“他不仅亲手创立了退休改革，”安德烈·伊拉里奥诺夫指出，“尽管他已经离职，但他的机器仍在运转，给他的国家的公民带来好收入。皮尼耶先生的高明之处在于每周都在广播电视讲解自己改革的意义。”

据安德烈·伊拉里奥诺夫先生介绍，居民事先不大相信将退休金存入私人基金会，现在95%以上的居民选择了这一方法。他们感觉良好，存款的利息高于物价上涨的10%。

下一位介绍的客人格里戈里·马尔钦科是哈萨克斯坦政府第一副总理。安德烈·伊拉里奥诺夫认为，哈萨克斯坦是后苏联空间最强大的国家。

“马尔钦科先生是自己理想的高尚传播者，”安德烈·伊拉里奥诺夫说，“有些国家由于迅猛发展成了经济虎，有的国家成了经济龙。哈萨克斯坦由于年经济增长达到11%，近四年成为经济雪豹。”

安德烈·伊拉里奥诺夫事实上无可指责地胜任了自己国际经济论坛主席的角色。他的评价满足了讲述对象的自尊心，坐在桌子旁边的其他人也在等待轮到介绍自己。

还没有轮到介绍马尔塔·拉尔（爱沙尼亚前总理，自己国家史无前例的经济自由化纲要作者），卡顿研究所所长、美国人爱德华·克莱因。对后者应该特别讲几句，他的事迹引人入胜。

据安德烈·伊拉里奥诺夫介绍，10年前爱德华·克莱因已经来过莫斯科，向叶夫根尼·普里马科夫赠送了英国自由主义经济学家冯·海耶克的半身雕像。伊拉里奥诺夫先生并没有说为什么对外情报局局长需要他，冯·海耶克是何许人也。但是，内行人士知道他是哲学家。

内行人士知道的这件大事已经过去，值得历史学家重视的世界重大事件没有发生。安德烈·伊拉里奥诺夫称，冯·海耶克的半身雕像已经在莫斯科丢失。10年之后，尽管采取了许多措施，仍然没有找到并将其送到克里姆林宫，取悦弗拉基米尔·普京（主要是取悦爱德华·克莱因）。

美国人丹尼尔·叶尔金系剑桥能源联合会主席，两本世界畅销书作者：《阿特拉斯伸展双肩》和《开采》，讲的是世界石油史和石油怎样统治世界。

安德烈·伊拉里奥诺夫介绍的最后一位是国内企业家卡哈·本杜基泽。据顾问介绍，这位企业家的成就之处在于他在一个深夜来到安德烈·伊拉里奥诺夫家中，请他讲解美国统计学中两个复杂的数值。伊拉里奥诺夫先生讲了这些数值的全称，甚至连翻译也不能讲得那样头头是道。

弗拉基米尔·普京听完顾问介绍之后打算讲点什么，但一时难以出口。

“请原谅!”安德烈·伊拉里奥诺夫非常坚决地打断总统，自己继续讲下去，但已经没有实质性内容。

弗拉基米尔·普京最终拿住话筒，建议客人讲自己感兴趣的内容，他将非常高兴地听他们对莫斯科的印象，如果他们来不及看什么，他将高兴地给他们讲述。

“因为我已经是十足的莫斯科人。”

总统首次毫不犹豫地这样承认。当然，如果去新奥加廖沃官邸谈我们美人城莫斯科的真假名胜，那才令人奇怪，也许因此谁也不想谈这个。

霍斯·皮尼耶回忆了他 2000 年 4 月首次来莫斯科的情况：

“那是危机时期。我当时写道，应该用乐观主义看待莫斯科，为此受到大肆批评，特别在美国。人们问我，改革年代，俄罗斯失去了什么……”

从各种迹象判断，皮尼耶先生迄今仍然感到自豪，他没有向他们泄漏我们的秘密，但这不是他主要自豪的主要原因。

“我们在智利决定，一个真正的爱国者，应该在今后 20～25 年内，努力让经济年平均增长达到 7%～9%。20 年的时间里，我们国家发生了天翻地覆的变化。”

他就在我们面前，对真正的爱国者下了准确的定义。大概在我们俄罗斯，符合这样高标准的人不多。

霍斯·皮尼耶将简明易懂的退休改革视为改革的主要成就。

“应该让所有工人明白，”他说，“这对他们有好处。你们可能在向正确的方向运动，但犹豫不决，慢慢吞吞，不慌不忙……你们任何一家电视台也没有解释你们改革的意义。我认为，你们的改革分四级，混乱不清，首先是为官员……最主要的是让老百姓知道，从统一的社会税中向他的个人账号拨款，就这么多。百分之百简单果断的步伐，不仅能够使俄罗斯变成伟大的文化超级大国。”霍斯·皮尼耶非常委屈地结束了自己的发言，后来又补充说，第二天，他要接触大剧院艺术。他说，这应该感谢安德烈·伊拉里奥诺夫。

弗拉基米尔·普京此时一直摘要记录着这位智利人的话。皮尼耶先生讲完之后总统问他，智利男人和女人在什么年龄退休。

“男人 65 岁，女人 60 岁。”

“什么时候开始实行这个制度？”总统问。

他显然想将智利人带入一个重要问题，但智利人不知道，事实上他已经走进深渊的边缘。

“60 年前。”智利人回忆说。

“如果他们在不同时代退休，如何保障男人与女人享有平等的经济权利？”总统最后问。

这个问题让人难堪。笔者作为一个外行，不大明白它与经济平等权利有何关系，也从未想过将它搞个水落石出。

“这个问题不简单。”皮尼耶先生面带茫然的笑容说。

“那就让别人说。”俄罗斯总统与他相反，带着自信的笑容挥挥手。

“我来讲!”鲁特·里查森大声喊道，并指着自己。

此时智利人已经反应过来，不让别人讲话。

“我们也没有追求完全平等权利的目标，主要是让男人和女人将钱存起来！女人心细，守纪律，寿命长。这是长处，短处是挣得少一些。”

普京先生不等从智利语翻译成英语，摇头表示不同意。

“男人和女人是不同的机体，”智利人坚持说，“工作和生理上都是。这是上帝的安排。”

这一次，弗拉基米尔·普京坚决挥手表示不同意：

“您最好别讲这个。”他叹口气。

给人的印象是弗拉基米尔·普京从开始提问题，就希望从智利的退休改革中吸取有益的经验，但听到最后一个观点后表示失望。

俄罗斯总统也提到男人和女人。他认为，男人比女人的寿命长一些，但不多。

“男人英年早逝的也有，”他解释说，“这是真的。早逝不好。男女寿命大致相当。”

他还谈到寿命问题。最终安德烈·伊拉里奥诺夫将总统的注意力集中到另一个人身上——格里戈里·马尔钦科。这位哈萨克人向总统讲了一些趣事。他似乎偶然想起了美国总统约翰·肯尼迪。他将获得过诺贝尔奖金的美国人邀请到自己白宫办公室，说这儿从来没有如此众多的智慧、天才和才华。当然不算另外一位美国公民本杰明·富兰克林在这儿单独用午餐（笔者掌握的资料，富兰克林先生在白宫兴建两年前逝世）。

“世界上最杰出的公民，”他继续说，“来到莫斯科参加经济论坛，其中最光辉的人物聚集在这个大厅里……”

由于众所周知的原因，格里戈里·马尔钦科没有将自己列入在这个名单。他甚至道出其中的原因，没有任何理由说哈萨克斯坦的改革已经大规模地展开。

弗拉基米尔·普京向这位哈萨克斯坦天才提了许多问题，主要涉及退休改革，普京先生此刻显然非常关心他。马尔钦科先生高兴地做了解答，强调退休改革是其他所有改革的中心。弗拉基米尔·普京不时点点头。笔者还想听其他人发言，后来知道弗拉基米尔·普京不想当着记者的面与代表们谈话。谈话又进行了三个半小时。看得出，总统对他们非常感兴趣。

离开总统之后他们向我们介绍了自己的印象。鲁特·理查森最激动。她说，她向总统保证，改革不能推迟，否则俄罗斯会发生可怕的事。她告诉弗拉基米尔·普京，他只需要六星期，就可以将自己力所能及的措施实行完毕。在新西兰，她也用了六周将所有事情办妥。

鲁特·理查森用特殊的感情谈到 0.5% 的年物价上涨率。她认为，无论如何不能超过这个指标，她在新西兰最后甚至达到了 0.2%（有趣的是就在几小时前，俄罗斯中央银行行长谢尔盖·伊格纳季耶夫来到新奥加廖沃官邸。总统跟他讨论了如何在2004年，将物价上涨指数控制在10%以内)。

奇怪的是鲁特·理查森与其他参加会见的人对总统说，似乎俄罗斯的改革还没有起步，推迟等于死亡。他也没有争论，他想从这些人口中听到最最重要的内容。他听到了吗？也许我们从他致俄罗斯联邦委员会的国情咨文中将知道这些内容（从两位高级官员的口误中笔者知道，总统之所以对会见感兴趣，是因为正在准备这个文件)。如果他认为不重要，我们将从咨文中知道别的。

最后笔者问参加会见的人，总统是否建议他们以拿薪水的顾问的身份，长期为俄罗斯及其总统工作。他们全都否定地摇摇头（笔者觉得，卡哈·本杜泽特别遗憾)。

看来没有留下期望的印象。让一些天才影响别人的观点多么困难，实际上不可能。

复活节上的弗拉基米尔·普京

4月11日星期六深夜，俄罗斯总统弗拉基米尔·普京、政府主席米哈依尔·弗拉德科夫，总统办公厅主任德米特里·梅德韦杰夫、总统驻中央联邦区全权代表格奥尔吉·波尔塔夫钦科和莫斯科市长尤里·卢日科夫，在耶稣救世主教堂参加了东正教复活节祈祷。

当天晚上，只允许持请帖的人进入教堂。请帖有几种。最重要人物由大牧首阿列克西二世发出请帖。普通教民如果接到这样的请帖，可以将它当作家庭重要文物保存一辈子。当然他们没有把握，幸福的命运在星期六夜晚会降临到他们头上。

活动开始前，教堂门口已经聚集了几百名没有接到请帖的教民。也就是说，他们在生活中还有追求。尽管他们无法进入教堂，但每人以自己的能力感受了心地纯洁的十字灾难，看到通往教堂的道路上布满了旋转栅门。

接到请帖者也留下了自己对复活节前最后一次蒙难机会。教堂戒备森严，客人们早就通过了安全检查。星期六，受到大牧首邀请的人被迫在专门设备里检查了自己的物品，他们自己也比平日严格地接受了检查。

首先来到教堂的贵宾是总统驻中央联邦区全权代表格奥尔吉·波尔塔夫钦科先生。他带着自己的妻子和儿子，晚上十点半来到，与大牧首在右侧的唱诗班席位长谈。人们并没有立即认出大牧首，因为他穿着黑长袍工作服。后来请波尔塔夫钦科的儿子从唱诗班席位下来，波尔塔夫钦科先生与妻子留下。

应该说，唱诗班席位是留给最重要贵宾的。次一些重要的客人，如雕塑家祖拉布·采列捷利，文化部长亚历山大·索科洛夫，总检察长（并非检察官）弗拉基米尔·乌斯季诺夫、最高法院（并非最后法院）院长维亚切斯拉夫·列别杰夫站得低一些，在那儿还发现了头戴红色贝雷帽的梵蒂冈大使安东尼奥·迈尼尼大主教。他没有去自己的教堂参加隆重的礼拜（众所周知，今年两大复活节祈祷正好在同一天），而出现在耶稣救世主大教堂，令人惊讶。他付出了巨大努力，希望出现在唱诗班席位上，遭到拒绝之后并没有绝望。几小时后大牧首向他赠送了复活节彩蛋。

23时30分，政府主席米哈依尔·弗拉德科夫、总统办公厅主任德米特里·梅德韦杰夫和莫斯科市长尤里·卢日科夫在唱诗班席位上占据了自己的合法地位。仪式应该开始，但总统和火把还没有来。弗拉基米尔·普京乘汽车从新奥加寥沃来到，火把由专机从耶路撒冷运来。去年是卢日科夫市长跟格奥尔吉·波尔塔夫钦科一起飞往耶路撒冷采取火把，今年决定由国家杜马第一副主席柳博芙·斯利斯卡飞往耶路撒冷采集，在教堂迎接。班机晚点，只好对仪式进行首次修改。复活节红蜡烛一般由火把点燃，教堂主教举着蜡烛进行宗教游行。这一次，也是最近几年首次决定不等火把，似乎谁也不对柳博芙·斯利斯卡抱有特殊的期望。

23时45分，打出神幡，神甫们走出教堂。笔者站在大牧首身边，清楚地看到他在没有带领游行队伍之前，怎样富有表情地看着唱诗班席位，非常明显地向站在那儿的人点头。他邀请他们跟他一起走。令人惊讶的是他们一动不动地站在那儿。从前是非宗教界人士与宗教界人士一起参加宗教游行。笔者注意到，站在唱诗班席位上的米哈依尔·弗拉德科夫与尤里·卢日科夫谈话投机。就在我们面前，多少世纪形成的宗教仪式得到革命性修改。老实说，作为这些重大事件的见证人，感到舒服和荣幸。

神甫们高呼“耶稣复活!”回到教堂，僧侣们也高兴地对此表示同意，高呼“真的复活!”教堂神职人员决定将自己收拾一下，从内衣口袋里拿出梳子梳头。他们瑟缩了一会儿，高兴地交换印象：大街上多冷，差点将他们冻坏。

往下一切按照计划进行。俄罗斯总统弗拉基米尔·普京已经站在教堂。他与其他参加礼拜的人一样，没有带夫人。这使他可以直接从供台（妇女不允许去）向唱诗班席位走去。大牧首的目光投向那里，向国家领导人表示祝贺。他首先利用得到的机会，祝贺弗拉基米尔·普京阁下重新当选俄罗斯总统。

这时，亚历山大·德米特罗夫斯基主教已经将装有神赐火把的集装箱搬到读经台，大牧首用火把点燃了两把复活节蜡烛，首先发给唱诗班席位上的人。

领导人按照不同的方式接受大牧首祈祷。弗拉基米尔·普京三次同大牧首接吻，德米特里·梅德韦杰夫衷心地握了大牧首的手，尤里·卢日科夫和格奥尔吉·波尔塔夫钦科根据贴在至圣手上的赞美诗接受祈祷。

在复活节祈祷上，弗拉基米尔·普京与米哈依尔·弗拉德科夫热烈交谈着。莫斯科市长不时想加入谈话，但成效不大。两位国家高级领导人，参加复活节祈祷没有安排好国事，令人奇怪。笔者后来打听出，他们在讨论库兹巴斯煤矿事故。弗拉基米尔·普京请求大牧首为死难者和井下的人祈祷。大牧首立即告诉了主教。

国家元首离开教堂之后神甫们换上红色衣服，复活节祈祷仍在继续，教堂的荣誉教民不断减少。

伊斯拉姆·卡里莫夫讨好弗拉基米尔·普京

4月15日，俄罗斯总统弗拉基米尔·普京在其新奥加寥沃官邸会见了乌兹别克斯坦总统伊斯拉姆·卡里莫夫。

弗拉基米尔·普京在官邸休息室迎接伊斯拉姆·卡里莫夫。外面下起了小雨。阳光灿烂的乌兹别克斯坦的优秀代表进入正门，看见俄罗斯总统之后，简单而紧张地问他：

"一切正常吗?"

似乎是他在撒马尔罕的什么地方接待弗拉基米尔·普京，按照好客的传统强烈感到什么。

"正常。"俄罗斯总统轻轻一笑。

两位领导人就这样进行了首次接触。从中可以得出结论，谈判将是紧张激烈的。笔者担心，在这样的基础上可能得不出任何结论。

几分钟之后两位领导人走上二楼。弗拉基米尔·普京首先讲话：他告诉伊斯拉姆·卡里莫夫，一年半的时间里，两国贸易额增长了25%。

"我对这个新鲜数字兴趣很大。"普京先生诚恳地承认。

有趣的是弗拉基米尔·普京在与其他领导人谈话时经常提到25%这个数字。他虽然异乎寻常，但也可以做出正常的解释。不分析一年半，分析一年的，也符合逻辑，不过数字将少一些。笔者认为，如果在一年半的时间里达不到25%，那就会列举最近二三年的。

弗拉基米尔·普京告诉伊斯拉姆·卡里莫夫，想与他讨论阿富汗形势，因为后者对那儿"感觉敏锐"。

笔者觉得，乌兹别克斯坦总统并不像俄罗斯总统想象的那样"感觉敏锐"，否则他就不会向莫斯科索要阿富汗与乌兹别克斯坦边境地区的卫星照片。俄方拒绝了他的要求，乌方冻结了俄方使用在其迈达纳克山建立的卫星测控站。

乌兹别克斯坦代表团成员告诉笔者，卡里莫夫先生昨天访问之前通报说，普京先生想商谈恢复测控站的工作。

此外，笔者从另外的渠道获得的消息称，由于众所周知的原因，俄罗斯总统对乌兹别克斯坦拖欠俄罗斯天然气债务，以及将俄罗斯的天然气经过乌兹别克斯坦领土输送到土库曼斯坦提炼感兴趣。

伊斯拉姆·卡里莫夫长时间动情地作了答复，使用了传统的东方雄辩方法。仅普京先生重新当选俄罗斯总统的好处，他就独白了四分钟。

然而，一时让人觉得，乌兹别克斯坦总统不想回避两国关系中的尖锐问题。他说：

“不知为什么，俄罗斯报刊认为……”

他停顿片刻，笔者知道其中的缘由。早晨出版的俄罗斯报纸注意到乌兹别克斯坦总统的访问，评价不大友好，说他有意拖欠天然气债务。笔者知道，卡里莫夫先生现在应该报复了。

“俄罗斯报刊认为，今日的访问是我们去年在撒马尔罕会晤的继续。我支持这个观点!”乌兹别克斯坦总统说。

由此可见，乌兹别克斯坦总统赢了俄罗斯报刊，而且是在它的故土。

卡里莫夫先生特别提到国际形势。他认为，前不久在他的国家，西班牙和亚洲其他国家发生的恐怖行动如出一辙。他对形势做了特别分析，认为恐怖主义分子显示了迅速重新部署的能力，而反恐怖主义联盟的力量却跟不上。

他建议对恐怖主义迅速采取相应措施。乌兹别克斯坦总统这句话是否可以认为是对本·拉登先生昨天“和平倡议”的答复？笔者不排除。

然后，伊斯拉姆·卡里莫夫认为有必要对弗拉基米尔·普京的讲话进行更正：

“您说，我们两国最近一年半的贸易额增加了25%，我想说是27%。”

到底是哪个？有趣的是乌兹别克斯坦总统也对最近一年半进行了分析。他请弗拉基米尔·普京放心，从现在起贸易差额将有利于俄罗斯。

“我记得，您两年前也很关心此事，”他向俄罗斯总统说，“那时形势对你们不利。”

给人的印象是卡里莫夫总统为了讨好弗拉基米尔·普京，亲自将贸易差额改变成不利于自己。

党的聚会

上周星期五，俄罗斯总统弗拉基米尔·普京应德国总理施罗德的邀请，飞到遥远的汉诺威为他祝寿。

500多位客人参加了生日聚会，除了弗拉基米尔·普京和夫人之外，几乎没有外国人。德国记者猜测为什么会这样。似乎迄今为止，他们没有料到弗拉基米尔·普京与格哈特·施罗德的关系如此亲密。他们认为，如果俄罗斯总统弗拉基米尔·普京来了，那么英国首相托尼·布莱尔也应该来。当他们知道英国首相在美国，不能来参加后长长松了一口气。从这个观点出发，怎么也无法解释法国总统雅克·希拉克为什么没有来，听说他无所事事，呆在自己的巴黎。

对某些人而言，不大愉快的真相是俄罗斯总统前不久才收到格哈特·施罗德的请帖。此事发生在两位领导人电话交谈时，而不像某些好搬弄是非的人所言，是弗拉基米尔·普京主动要求的。

俄罗斯总统最后一个来到当地话剧院参加祝寿活动。此前人已到齐，他们是德国总统约翰内斯·劳，社会民主党主席弗兰茨·明特费林（从一定意义上可以说晚会是党的活动，由党出资）。大家都带着夫人，有些还打扮得花枝招展，明特费林夫人尤为醒目。其他客人有前作家贡德尔·格拉斯（早就不写什么了），前足球运动员贝肯鲍尔（早就不踢球了）。

德国内政部长希里先生在弗拉基米尔·普京之前来到。此人负责国家安全，其车队由10辆大众汽车组成，车上装着深色玻璃，部长被围在中间。他与其他来到话剧院的客人不同，一直给观众签名留念。

其他客人虽然不像他那样车水马龙，前呼后拥，但也给人留下了深刻印象。例如施罗德先生从前工作过的律师事务所的一位律师，开着最最豪华的罗尔斯·罗依斯汽车前来。从汽车判断，这家律师事务所的事业很红火。观众自然会说，施罗德先生离开它从政，损失大多了（经济方面）。然而，也不排除前来参加生日活动的那位律师企图最大限度利用这一效应，要求他的客户付出高额定金，才买来这辆汽车。

下萨克森前苏联移民不少，不少人是专门为了迎接弗拉基米尔·普京才来的。这些希望亲眼看到弗拉基米尔·普京的人，表现非常克制，只有两人决定接近俄罗斯记者，一位身穿白条红色运动服，另一位身穿红色白条运动服，问普京总统何时乘什么车来。

直到最后一刻还不知道弗拉基米尔·普京乘什么车。俄罗斯总统的车队来到话剧院门前才清楚（不是用汽车，而是由许多身穿保护色工作服，头戴棒球帽的年轻人将他围在中间）。如果笔者没有错的话，这是俄罗斯总统首次没有乘坐国产高级轿车而乘坐当地制造的汽车。当然，此举是对寿星的友好表示，但却让俄罗斯总统警卫局工作人员头痛。这个问题一直争论到最后一刻。鉴于两位领导人之间的特殊关系，此事在俄罗斯总统抵达前几小时才定下来。

两位身穿运动服的观众许下诺言，弗拉基米尔·普京下车以后一定得向他讲上几句，但只说了一句，而且是异口同声：

“弗拉基米尔·弗拉基米罗维奇！”

此时他们似乎口干舌燥，而弗拉基米尔·普京和夫人已经为大量摄影师摆好了姿势（尽管弗拉基米尔·普京此时并不咳嗽，但格哈特·施罗德仍然在他背上意味深长地拍了几下）。那两位观众什么也没有说。

其他移民沉默着，被活生生的俄罗斯总统惊呆了，只有一位妇女在他身后喊道：

“您做的完全正确！”

她是指礼仪还是别的什么，谁也不知道。

此时记者表现不错。俄罗斯电视频道记者安德烈·鲁缅采夫问弗拉基米尔·普京，他给同行带来什么礼物。

现在可以说，这个问题意义重大。问题是格哈特·施罗德请求不要给他带贵重礼品，打算在晚会上为需要资助的德国儿童举行拍卖活动。

然而，礼品还是有。例如联邦议院绿党主席卡特林·格灵·埃克尔向施罗德先生赠送了用绿果心泥制作的四只青蛙，彼杰尔·马菲给德国总理带来了一篮子家庭制作的香肠、奶酪和家酿酒。非常热爱苏联的前德意志民主共和国 PUHDYS 说唱团向德国总理赠送了一盒香烟，希望他在休闲时消遣。所有这一切都是象征性的，不必抱特别希望。

当问到弗拉基米尔·普京向施罗德赠送什么时，他将手放在嘴上，说他的礼品暂时保密。过了一段时间，三个俄罗斯人抬着一口大箱子从记者身边走过，人们以为秘密就在里面，事实并非如此，抬箱子是为了转移视线。真正的礼品更大，对德国总理留下了深刻印象。弗拉基米尔·普京向他赠送了有俄罗斯民间乐队伴奏的哥萨克合唱和其他文艺节目，德国艺术家也做了精彩演出。目击者称，德国总理在欣赏节目时热泪盈眶，俄罗斯总统与往常一样，不动声色。

演出结束之后开始用晚餐。无论客人们是否喜欢，大家都吃了德国总理喜爱的小灌肠、吐司面包和新鲜啤酒。

话剧院的活动不许记者参加，进行了四个多小时。普京先生与夫人一直坐到最后，半夜来到机场，返回俄罗斯。

努尔苏丹·纳扎尔巴耶夫向弗拉基米尔·普京带来出乎预料的问候

4 月 20 日，俄罗斯总统弗拉基米尔·普京会见了哈萨克斯坦总统努尔苏丹·纳扎尔巴耶夫。后者向他转达了一位世界领导人的问候。

在克里姆林宫代表厅的会见严格依照礼宾进行。规定两位领导人应该同时进入代表厅，停留在大厅中央，尽可能紧紧握手。这个规定不能改变，但可以违反。

几乎每天在代表厅会见客人的弗拉基米尔·普京，已经完全掌握了准时迈出第一步的技巧，但他的同行却不容易。此外，笔者有时感觉到，俄方的谈判者要迈出这一步，还得下特别的赌注。笔者目睹了格鲁吉亚总统米哈依尔·萨卡什维利为迈出这一步怎样做准备。精力充沛的他一个劲儿在门口踱步，半分钟一次企图冲进去，礼宾司工作人员温和地，带着几分担心地劝他不要过分。他们想起前不久发生的第比利斯事件。当时米哈依尔·萨卡什维利手里拿着一束玫瑰，不许从大门进入议会大厦，众所周知，他只好跳窗而入。

也许就在这几分钟，当他在闭着的大门外着急时，同他比较容易谈从格鲁吉亚领土上撤出俄罗斯军事基地的必要性。

独立的土库曼斯坦总统萨帕尔穆拉特·尼亚佐夫来到代表厅甚至没有停下脚步，也没有注意到礼宾官员贸然用手在他背上拍了几下。此时萨帕尔穆拉特·尼亚佐夫才意识到他跟自己的部长们是进别人的办公室。他茫然一笑，因为不知道往下怎么办，只好站住，随后向站在身边的自己的部长们频频点头。在国内，依照严格的礼仪规定，他甚至没有发现部长们亲吻自己的手。

15秒之后，老天似乎怜悯萨帕尔穆拉特·尼亚佐夫，另一方向的门打开，弗拉基米尔·普京出现了。可以有把握地认为，走进代表厅大门的是一个萨帕尔穆拉特·尼亚佐夫，与弗拉基米尔·普京会谈的是另一个萨帕尔穆拉特·尼亚佐夫。他如果不是在精神上被打垮，至少是提不起精神。

老实说，当哈萨克斯坦总统努尔苏丹·纳扎尔巴耶夫靠近大门时，似乎有某种不寻常的东西在等待他，但他本人没有感觉出来。同其他人一样，在门口他也差点被挡住。他已经看见弗拉基米尔·普京了。哈萨克斯坦总统站在门后就高举起手，拼命向俄罗斯总统挥手。

纳扎尔巴耶夫先生也紧张。看来他明白，从他现在站的地方向弗拉基米尔·普京挥手没有任何实际意义，因为后者甚至没有看他，看的是自己礼宾官员，他们将悄悄告诉他何时开始迈步。纳扎尔巴耶夫先生非常想强调自己与普京先生的特殊关系，他想让后者明白，礼节是礼节，谁对他也没有办法。实际上，他努尔苏丹·纳扎尔巴耶夫非常想见到弗拉基米尔·普京！

结果怎么样？几个瞬间之后努尔苏丹·纳扎尔巴耶夫才相信这是多此一举，起码是违反了礼仪。细心的记者们发现，哈萨克斯坦总统早就想巴结弗拉基米尔·普京，准备在某个微妙问题上妥协：是让俄罗斯还是西方，改造哈萨克斯坦强大的防空系统。

从这个意义上讲，努尔苏丹·纳扎尔巴耶夫没有走进代表厅之前，精神已经崩溃了。

也许因为如此，他在几分钟之后对俄罗斯总统的讲话，一小时之后大洋两边都听到了。

弗拉基米尔·普京谈到两国贸易增长的速度和反恐问题。如果他谈到别的问题，那才令人奇怪。俄罗斯总统几乎是原原本本地重复了一周前对乌兹别克斯坦总统伊斯拉姆·卡里莫夫的讲话。众所周知，努尔苏丹·纳扎尔巴耶夫与后者的关系不大好(卡里莫夫先生认为，纳扎尔巴耶夫同行包庇前不久在乌兹别克斯坦制造恐怖事件的国际恐怖分子)。在这些关系中，不能指责普京先生。

作为答复，努尔苏丹·纳扎尔巴耶夫告诉同行一个有趣的新闻。他刚刚从德国回来，在那儿会见了德国总理格哈特·施罗德。努尔苏丹·纳扎尔巴耶夫向弗拉基米尔·普京转告了格哈特·施罗德亲切的问候。

难道努尔苏丹·纳扎尔巴耶夫不知道，弗拉基米尔·普京本人不仅刚刚辞别了德国总理，而且参加了他的生日活动？或者是哈萨克斯坦总统想故意强调，格哈特·施罗德生日过了一天之后感到寂寞，无法掩盖自己离开弗拉基米尔·普京一天也活不成，每天一遇到机会就准备向他问候？

从这个意义上讲，已经发生的事件可以当作国际政治中一个史无前例的新闻。其他领导人应该对此高度关注，做出有深远意义的结论。

说得生硬一点，努尔苏丹·纳扎尔巴耶夫破坏了国际舆论对弗拉基米尔·普京在汉诺威参加施罗德生日的好印象。

一个主角的戏剧

4月21日，俄罗斯总统弗拉基米尔·普京与意大利总理西尔维奥·贝卢斯科尼一起宣布MERLONI公司的一个企业投产，为此举行了记者招待会，并回答了笔者挑衅性的问题。

弗拉基米尔·普京与西尔维奥·贝卢斯科尼飞到利佩茨克之后首先参观了意大利生产冰箱的STINOL工厂。这个意大利技术的奇迹在利佩茨克生产已经不是头一年。意大利人在俄罗斯大地上从事冒险生意，给人留下了这样的印象，似乎无论多么困难，也要在俄罗斯并非最雄心勃勃的州府再建一个工厂，生产洗衣机。

弗拉基米尔·普京与西尔维奥·贝卢斯科尼首先参观了冰箱生产线。给人的印象是他们对工人怎么利用聪明的机器，当面制造出复杂的家电特别感兴趣。普京与贝卢斯科尼先生经常停下脚步与工人交谈。意大利总理特别积极，他显然有某个目标。他似乎想明白什么并猜出俄罗斯—意大利心灵的可怕之谜。他没有走到工厂人数众多的男女工人之前这个目标一直没有实现。当他接近了一位女工，漫不经心地转过身来，小声对弗拉基米尔·普京说他想亲吻一位在生产中表现最优秀的女工。

事实上他已经选中了目标。他走到一位面容与自己热爱的撒丁岛相像的俄罗斯妇女面前，以其全部的身躯做了一个漂亮的动作。只有流氓在黑暗的过道里，企图对急于回家的姑娘不轨时才那样。这位女工理解得完全正确，本能地躲避了（如果她稍微动动脑子，也许不必那样着急）。然而，贝卢斯科尼先生却若无其事，跑了两步追上女士，开始不知羞耻地吻她的脸。女士先是反抗，后来停止，还悄然接受了意大利总理的拥抱。意大利总理让她摆脱了冷漠，唤起了她的感情，让她振作起来并赞许地微笑着。

西尔维奥·贝卢斯科尼随后对参观工厂已经索然无味，他对生产线不感兴趣，似乎会面之后还没有冷静下来，现在才明白发生了什么事。人们将这叫"中暑"。

贝卢斯科尼与普京先生从冰箱厂来到洗衣机厂，那儿已经有许多记者在等待。俄罗斯总统与意大利总理在红线前面站住，应该用两把剪刀剪断它。剪刀放在银托盘里，由一位名叫奥克萨娜的姑娘端着。贝卢斯科尼先生应该接吻的是此人。他明显操之过急了（或者是渴求真正的俄罗斯异国情调?）。MERIONI公司从莫斯科多家模特公司数十位姑娘中挑选她来参加仪式。奥克萨娜的衣服上，原本只有的几个纽扣也没有扣上，因此感到有些冷，而站在她身边的几个人却感到有些热。

奥克萨娜出色地完成了自己的任务。她拿出剪刀，两位领导人剪断了彩带，剩下的就是开动生产线了。两位领导人面前是一个有两个大绿色按钮的控制台。大家在电视节目"百里挑一"里见过它。看来弗拉基米尔·普京与西尔维奥·贝卢斯科尼也想玩。他们迅速走到控制台旁边，努力想超过对方，看谁先按下按钮。先是没有动静，接着生产线启动，INDECIT成品洗衣机下线了。

普京先生与贝卢斯科尼先生离开生产线，意大利总理已经再也不看任何女工（他有多么坚强的毅力——政治毅力!），只在开着门的洗衣机前停过一次。西尔维奥·贝卢斯科尼几次关上又打开门，向同行显示开关门声多么漂亮。也许意大利航海家就是带着这种自豪，向海岛上的土著居民炫耀玻璃项链。

西尔维奥·贝卢斯科尼在记者招待会上说，会见弗拉基米尔·普京对他是巨大的荣耀。

"我一般认为自己是条好汉，"他介绍自己的观感，"我准备过很多会见，见过许多素质高、见识广的人。我承认，会见弗拉基米尔·普京不容易。他记忆力惊人，清楚地记得我们几年前谈过的话，将我们的工作变成了……"似乎他想赶紧道破真相，但及时醒悟过来，"共同度过的美好时光。"

西尔维奥·贝卢斯科尼想诚实地转入当天实际的日程，但似乎不可能。他说，自己担任欧盟轮值主席时将俄罗斯看成欧盟完全的成员国。他认为。欧盟只有跟俄罗斯一起才能成为大欧洲。众所周知，他个人已经不是一年坚持这个观点，俄罗斯人也很支持。

贝卢斯科尼先生越说越激动：

“我跟弗拉基米尔·普京排队比赛，看谁首先能同这个企业最漂亮的女郎接吻。他赢了，我输了。”

笔者感到震惊。贝卢斯科尼先生讲这个谎言目的何在？希望弗拉基米尔·普京将它当作笑话？希望洗衣机厂里没有记者？也许都不是。

至少有一点是清楚的：已经发生的事仍然让他难以平静。他明白，自己的举动有些过火，但企图以其人之道还治其人之身。笔者要说，他没有得逞。

“我想给弗拉基米尔·普京留点时间。”意大利总理最后说，“听他的讲话非常重要。他应该向我解释，为了在选举中得到71%的选票，我在意大利应该做什么。”

意大利记者问自己的总理在伊拉克的意大利人质的命运，贝卢斯科尼先生不喜欢这个问题，说他在这儿只回答有关电冰箱和洗衣机的问题。记者们立即换了问题，贝卢斯科尼没有集中精力回答。有人提了一个关于联合国关于伊拉克问题新决议的可能性。

“我讲得对吗？”意大利总理似乎问俄罗斯总统，“我建议坚持这种说法。”

弗拉基米尔·普京勉强点点头。这些人不等对方把话讲完就知道意思，笔者似乎也有同感。

西尔维奥·贝卢斯科尼回答下一个问题时评论了意大利工人的民族特点。

“他们有一个特别的传染性病毒——喜欢工作。他们无论到那儿，总是努力工作！”

对不稳定的俄罗斯经济而言，这当然是一个危险的病毒，不过俄罗斯人对它有免疫力。

弗拉基米尔·普京对向俄罗斯投资的问题回答得很投入，希望它能增加投资。

“结束时我想说一句，意大利总理是创造良好投资环境的大专家。我们知道他对俄罗斯的态度和他因此受到欧盟批评。但是，他的政敌没有因为这个立场而增减，但俄罗斯的朋友增加了。”俄罗斯总统说。

然而，弗拉基米尔·普京没有发现意大利总理已经悄悄走到他身后。女工事件之后，人们已经觉得贝卢斯科尼什么事都可以干出来。他又出了惊人之举：掏出自己雪白的手帕，站在后面，尽力甚至是轻轻地擦拭弗拉基米尔·普京衣服上想象中的灰尘，接着擦去自己面颊上想象中的激动的眼泪。

普京先生最终注意到这些令人生疑的举动。如果他愿意，也可以附和一下，要是在过去，也会这样做，但今天没有，似乎俄罗斯总统讨厌开这样的玩笑。

但意大利人才开始开玩笑。意大利记者问。俄罗斯某个金融集团是否打算收购某个意大利足球队。俄罗斯总统本来可以利用这个机会开玩笑，但没有。看来这个题目对他太严肃。

“不，他们什么也没有对我说。我不干这个。我知道，总理先生喜欢足球。我亲眼见过他在撒丁岛怎样看足球赛，他是真正的球迷。”

弗拉基米尔·普京回答问题时，西尔维奥·贝卢斯科尼尽管不知道他在讲什么，但迅速点点头。翻译完毕他更加活跃。

“我对谁也没有讲过这个问题。如果俄罗斯有人愿意资助，我们将非常非常高兴！”他说。

最后不能不谈到伊拉克。普京先生说，他过去和现在一直怀着巨大的兴趣，关注西方对俄罗斯在车臣的行动提出的批评。

“我向大家保证，我们一直对它进行分析，做出建设性反应……”他说。

先是不大明白，他为什么突然谈这个，后来清楚了。

“现在世界头号恐怖分子是本·拉登，”弗拉基米尔·普京说，“他现在向欧洲提出了谈判的建议，被拒绝了，为什么？如果欧洲也向我们提出类似的呼吁，我们能同意吗？”

记者招待会刚刚结束，意大利记者就包围了自己的总理。弗拉基米尔·普京呆在一边，假装仔细阅读送给他早间国内外大事简报。看来他感觉到没有人注意他，笔者觉得自己应该帮助，于是走到他身边，问他家使用什么洗衣机。

“不知道！”总统真的感到惊讶。

“会不会是意大利的？”笔者悄悄提醒他，“ARICTOH 或者 INDESIT？”

“我真的记不得……”总统真诚地耸耸肩，“好像使用什么……没有，我们在洗衣店洗衣！当然是公司开的洗衣店。”

就这么多。主要问题笔者已经搞清了。总统参加洗衣机厂开工典礼，与己无关。

弗拉基米尔·普京已经在回答问题：在与欧盟的关系中，什么对他更重要：货物过境运输协议还保护操俄语的居民？

“当然是保护操俄语的居民！”他立刻回答说。

他谈到前不久联合国人权委员会的决议，以 36 票对 12 票谴责排他主义。

“不能将纳粹党卫军英雄化，”他补充说，“我们参加联合国人权委员会，带的就是这个计划；我们没有点那个国家的名，但大家都清楚，那是指拉脱维亚。大家能想象，欧盟投票反对？此时不能退却，我们没有退却。决议通过了。”

弗拉基米尔·普京难以掩饰自己的气愤。与先前跟西尔维奥·贝卢斯科尼一起站在主席台的那个人相比，简直就是另一个人。

“不能混淆黑白，”他继续说，“那就让他们跟本·拉登坐在一起谈判吧！他们想混淆，但不想坐到谈判桌上，却向我们提什么建议。”

“您真的以为，欧洲应该与本·拉登开始谈判？”笔者问。

“没有!”弗拉基米尔·普京喊道，“那他们为什么建议我们同本·拉登的徒弟谈判呢?”

笔者明白，俄罗斯总统仍然对欧洲所谓的建设性批评感到不满。现在他提到本·拉登提议的与欧洲谈判的最后通牒，完全是为了教育对方。利佩茨克的记者招待会结束之后，弗拉基米尔·普京与西尔维奥·贝卢斯科尼观看了歼击机飞行表演(似乎是提醒，意大利人生产优质洗衣机，我们生产不错的歼击机)。弗拉基米尔·普京将同行送上飞机之后来到记者跟前。笔者问了一直闷在心头的问题：

“您怎么想，为什么贝卢斯科尼先生告诉大家，是您吻了那位姑娘？这是谎言。”

“贝卢斯科尼先生是玩笑大王，”普京先生回答说，“他非常喜欢开玩笑。这只是一个玩笑。他是意大利人，性子急。我不反对，”他耸耸肩，“那就让他开玩笑吧!”

此后谁还能说，我们国家没有言论自由?

弗拉基米尔·普京停止与列昂尼德·库奇马毫无意义的谈话

4月23日，俄罗斯总统弗拉基米尔·普京与乌克兰总统列昂尼德·库奇马与两国的议员们一起工作，并在黑海沿岸休息。

早晨，弗拉基米尔·普京与列昂尼德·库奇马交换了关于国界、合作利用亚速海和刻赤海峡条约的批准证书。此外，弗拉基米尔·普京与列昂尼德·库奇马还相互恭维。他们在利瓦吉亚宫交换文件后来到阿鲁什塔海洋疗养院，俄罗斯和乌克兰两国议员在那儿举行记者招待会。

招待会由俄罗斯国家杜马主席鲍里斯·格雷兹洛夫主持。最近几天俄罗斯议员一直集中精力，保护乌克兰操俄语的居民的利益（已经剥夺了他们用俄语看电视听广播的权利)。鲍里斯·格雷兹洛夫的开幕词非常乐观。他说，停止使用俄语广播的决定没有与立法和执行权力机关协商。大概出于礼貌，没有讲是哪个国家。

乌克兰总统办公厅主任弗拉基米尔·列文说（用俄语），有人对我们两国“正在发生的过程发动心理进攻”。

“我们背离了礼节和美好。应该确定主要概念的定义：什么叫战略伙伴？为此应该确定哪些是我们两国的利益，看看怎样使它们接近?”

笔者认为，列文先生在唱高调。他不仅唱得很出色，而且继续讲：

“最终，在当代世界上，到底什么是主权？让我们分析一下……”

给人的印象是继续这个话题不符合他的利益。弗拉基米尔·普京开始讲话：

“在俄罗斯有些地方，即使乌克兰人不多，我们也发展乌克兰语。”

他说，乌克兰的俄语问题是该国内政，建议停止就此征集签名。可以感受到，俄罗斯总统此刻出卖了大量想用俄语看电视和听广播的人，实际并非如此。笔者认为，深知自己同行的普京先生想让后者亲自整顿自己国家的秩序，甚至点了他的名。他似乎说，俄罗斯操乌克兰语居民的权利完全正常，往下就看您的了。

有人会说，这个心理手段非常幼稚。看来弗拉基米尔·普京相信，正是他们才能对列昂尼德·库奇马产生作用。

俄罗斯总统最后说，他想清理俄罗斯与乌克兰关系中的所有障碍。为此批准了条约，交换了证书，办了世界上看不见的许多秘密事情，但没有提到清理这些障碍的伟大目的。

“我还没有与弗拉基米尔·弗拉基米罗维奇散步。”列昂尼德·库奇马告诉参加记者招待会的人员。

此话当真。根据原定计划，记者招待会之后两位领导人将在海洋疗养院散步。

“我们工作的时间太长了。”列昂尼德·库奇马继续说。

人们都想听听，这两天他们在克里木干什么，列昂尼德·库奇马也没有讲。

然而，他以难以掩饰的高兴，一字不差地引用了同行的话：

“弗拉基米尔·弗拉基米罗维奇说：已经有了独立的乌克兰，让我们停止这个毫无意义的谈话。”

列昂尼德·库奇马就这样百分之百地使用了俄罗斯总统的那些心理手段，轻而易举地割裂了它的真正意思，将其用于自己的民族主义主义利益，很难用语言谴责这是什么，最好别用。普京先生从一开始就指望同行表现高尚，但实在令人生疑。要是弗拉基米尔·普京处在库奇马的位置上，不知道会发生什么事。

列昂尼德·库奇马转入与欧盟的关系。他认为：“无论是俄罗斯还是乌克兰接近欧盟，都是冲着欧洲的价值观和它的生活水平。”

“在不远的将来，我们还不能成为欧盟真正的成员国，”乌克兰总统继续说，“谁要是对此抱有希望，他就是一个大理想主义者，上帝保佑欧盟最后十个国家。往下可能轮到保加利亚和罗马尼亚。我们不能等候上帝恩赐！”他真诚地呼吁。

列昂尼德·库奇马非常想看到自己的国家是欧盟成员，看来不行，因此10分钟之前听了弗拉基米尔·普京的意见，不必绝望。俄罗斯总统告诉他、列文先生和其他人，什么是乌克兰和它在当今世界的主权：

“我们并不想让石油代表俄罗斯，让乌克兰仅仅出口谁也不需要的甜菜。”

健康思维的人，听完这些就会恍然大悟。

阿列克谢·米勒和罗曼·阿布拉莫维奇语惊四座

4月28日，俄罗斯总统弗拉基米尔·普京在萨列哈尔德主持召开了国务委员会主席团会议，讨论了国家的北方领土政策。笔者对俄罗斯天然气工业公司首脑阿列克谢·米勒和楚可奇州长罗曼·阿布拉莫维奇的声明感到震惊。总统似乎认为，发表如此声明的人，想为自己得到好处。

开幕词中的主要信息是在俄罗斯北方严酷的自然条件下，“生活、劳动和成家立业的人口有1100万。”弗拉基米尔·普京请筹委会组长弗拉季斯拉夫·什特罗夫讲话。在他没有担任雅库特共和国总统之前这个小组已经出现了，其职务是从前任手中接过来的。看来，他也可能将它交给自己的继任者。从昨天的讨论可以看出，一个人，一个小组，乃至俄罗斯总统或者国务委员会主席团也无法在最近几年解决北方问题。有一点很清楚，参加的人员越多，解决问题的希望越渺茫（作者怀疑，还是由这些官员讨论南方问题，结果也不会比昨天强多少）。主报告人什特罗夫先生看来知道，他的报告已经发给主席团成员人手一份，照本宣科是浪费时间。

因此他读得很快，笔者个人在报告最初几分钟很难清楚他的意思，干脆也就不想了解精神实质。雅库特总统最后中断了快速读报告，转入下一个最重要的问题：

“管理体制，”他说，“不可能简单。过去大经济学家都讲过，它与被管理对象一样复杂。”

也许雅库特总统觉得自己没有绝对把握，决定用一个有说服力的例子表达自己的思想。他说，大约7000万年之前恐龙是怎样灭种的。

“它们头脑小，无法领导自己身躯。”

州长讲得突然、有趣，目的是批评关于解散北方领土问题委员会的决议。

不知总统是否读过什特罗夫先生的报告，至少他对这些思想一时难以做出反应，实际上他又能说什么。显然，俄罗斯经济发展和贸易部长格尔曼·格列夫读过。他认为，雅库特总统将事实夸大了。

“中央，”联邦部长说，“做的比什特罗夫先生列举的多得多。四个联邦纲要……

关于北方运输问题完全忘记了。”

与此同时，格列夫先生立即向雅库特总统发起反攻。他说，中央拨出的资金，地方乱花。

“转移价格构成，关税，在离岸金融公司洗钱……应该结束这些勾当了。”他生气地说。

由于众所周知的原因，笔者有意看了总统一眼，对他的反应感到惊讶。讲到关税和在离岸公司洗钱时普京先生打了一个大哈欠。

“应该显示自己的动产、财产。”格列夫先生已经不那么自信了。

原来，什特罗夫先生在其报告中涉及了修改“矿产法”和令人激动的话题——统一的矿藏开采税。众所周知，这个税收法不利于开采业。

“另一方面，”格列夫先生说，“所有石油公司都是按照这个标准纳税。”

部长还说，已经与有关人士协商好新的有差别的税收表。

笔者注意到，楚科奇州长罗曼·阿布拉莫维奇怀着巨大的兴趣听部长讲话，给人的印象是没有同他一个人协商。

国务委员会主席成员、克拉斯诺亚尔斯克边疆区区长亚历山大·特卡乔夫，当格列夫先生正在讲这些有趣的事情和差别标准表时，却在自己的笔记本上专心画花结。从远处可以看出，此人对石油不感兴趣。

格列夫先生讲完矿产开采税之后突然转入一个更加宏伟的计划——国内主要机场网。

“它们可以让欧亚大动脉经过俄罗斯。此事可望在三四年内解决，得花10亿美元。这样一个大工程，花这些钱不算多。”他耸耸肩。

这话说到州长们心坎里，他们对此反应强烈，开始窃窃私语。

格列夫先生还说，“胜利30年（建造期间两次更名）”原子破冰船最终建成。有了它，可以解决关键的北方海洋运输问题。

格列夫先生指出，解决北方问题，应该让地区有更多的自主权。

“我们将北方运输问题下放，州长们完成任务出色。”

笔者看到，只有一位州长对这些话不屑一顾。格列夫先生讲到这儿时州长直盯他的眼睛讥笑，但格列夫先生已经面朝总统等待他的精神支持。

同往常一样，州长们等待着总统的物质支持，但这一次谁也没有得到什么。总统请卫生和社会发展部长米哈依尔·祖拉博夫讲话。祖拉博夫部长热情之高，令笔者惊讶。

“您别这样笑我！”他对什特罗夫先生说。当他讲到新的地区系数如何发挥作用，已经向北方退休人员增加了补贴之后发现后者在嘲笑。“我现在就可以给您讲清楚，您也可以想想！难道将所有这一切全忘记了！我们在莫斯科是怎样协商的，大家都同意。可是一离开，讲的完全是别的；2004年又来了，提了新意见……我们迎合了您，您也同意了。说莫斯科人不想解决问题，这不公正。弗拉基米尔·弗拉基米罗维奇，请原谅我……”

普京先生点点头（以莫斯科人的身份原谅了？），富有表情地看了什特罗夫先生一眼，后者也宽厚地看了祖拉博夫先生一眼。可以看出，此人与心高气傲的莫斯科人不同，并不感到委屈，他深知自己和地区的价值。

“新的地区系数，”他平静地说，“是一年前实行的。现在地方没有什么权了。从前我们自己可以解决问题。”

似乎这是高潮。祖拉博夫先生停顿片刻养精蓄锐，总统感兴趣地看着他。

“什特罗夫已经让我难堪了，”他紧张地说，“问题是我对此一无所知，何况政府也没有采取任何措施。”

米哈依尔·祖拉博夫指责雅库特总统将大家引入歧途，什特罗夫先生懊丧地双手一摊。他对此丝毫不能反驳，祖拉博夫突然获胜。

亚马尔—涅涅茨自治区行政长官尤里·涅洛夫在什特罗夫先生之后讲话。他虽然言辞激烈，但却非常忠于中央，最后委婉地说，俄罗斯几乎所有天然气在亚马尔开采，但百分之百的税收进入联邦预算，他觉得不公正。尽管这样，他仍然说，北方过去、现在和未来，永远是俄罗斯的支柱。

此前一刻，格列夫先生已经端起水杯，但立即将它放下。弗拉基米尔·普京几秒钟之前还想忍住笑声，但忍不住。

“您把格列夫先生气得快要扔杯子了!”

此时才清楚，几秒钟之前总统已经想好了这个笑话，他就笑这个。

然而，总统对涅洛夫先生关于亚马尔天然气和税收上缴联邦预算的建议已经反应过来，他实话实说：

“您说自己没有得到好处，但你们整个城市的外观完全相反，说明你们有钱。”

很可能这是恭维。

伊尔库茨克州长鲍里斯·戈沃林建议立即将小型机场所有权交给地方。

“立即交!”他激动地说，“必须赶快，全部意义就在赶快!”

州长的讲话给人留下这样的印象，似乎将一件不大的东西交给他，而且让大家明白，昨天早，明天晚，语气相当坚决。

秋明州长谢尔盖·索比亚宁没有为自己要什么。谈到北方共同问题时说，他已经是第三代北方人，用强制手法，让整个村子或者地区的人迁移到北方已经过时。他认为，创建北方是为了开采这儿的矿藏，而不是为了生产缝纫机。

普京先生完全不同意州长这个建议。他列举了从各方面看都是北方国家的挪威的例子。无论如何，它有一个生产高科技电话的诺基亚公司，亚马尔应该向它学习。

总统接着请俄罗斯天然气工业公司总经理米勒先生讲话，此人并非经常最后发言。阿列克谢·米勒先生说：“北方过去、现在和将来永远是俄罗斯开采业的主要前哨基地，应该刻不容缓地勘探新的矿藏。”

米勒先生接着转入更重要的内容。他说，任何人别指望通过竞争开采新的大矿，由谁开采的决议只能由政府做出。

可以信心十足地说，这是一个轰动性的声明。看来米勒先生已经为此做好准备并且选择了自以为最合适的时机。没有过失的北方问题会议……题目就是国家发展北方领土政策……不经过任何竞争，政府决定由谁开采，难道这就是国家政策？

“此事涉及到国家能源安全。”

俄罗斯总统立即对米勒先生的意图做出反应，声称应该严肃对待各种安全。

“最近人们总是喜欢谈安全：生态安全，能源安全。”总统皱起眉头。

这就是说，总统不大喜欢米勒先生的想法。

无论多么令人感到奇怪，这次会议的最后一位发言者是楚科奇州长罗曼·阿布拉莫维奇。此前他从未在这样的会上如此发言，起码是在公开部分。看来他决定不能沉默。

他简短的讲话含混不清。他说，北方少数民族无论在什么环境下，生活好还是不好，都不会离开自己的故土。

“应该注意到，北方土著少数民族工作的领域不能以经济观点为基础，应该认真对待这一点。”阿布拉莫维奇先生窘迫地结束了自己的发言。

“您想说，这些民族需要国家扶持。”普京先生以突然同情的心理要阿布拉莫维奇先生证实。

“是！”楚科奇州长证实。

“谢谢！”总统点点头。

似乎这些人不等对方把话讲完就知道意思了。

圆锥形帐篷里的智慧

昨天，俄罗斯总统弗拉基米尔·普京在萨列哈尔德度过。

自古以来，为北方少数民族筹集资金令仁人志士不安，它也是雅库特总统维亚切斯拉夫·什特罗夫考虑的问题之一。他在北方地区代表萨列哈尔德会议上，反复谈到这个问题。人数不多的少数民族在这个迅速变化的世界上怎样生存下去？怎么能让他们不从地球上消失？

“大家说应该怎么办？”这位雄辩家激动地问，“像萨哈族这样人数不少也不多的民族？”

对什特罗夫先生而言，只有一点清楚：应该做工作。即使不让他留在现在工作的地方，即他领导下的雅库特，也应该做工作。

“办法看来也有，”他昨天在会上说，“萨哈人出现在当代蒙古和中国领土上，也许那儿是他们的归宿。”

出自对人数很少和人数不少的民族的自我感觉，什特罗夫先生对时区也有兴趣。雅库特总统特别仔细地谈到它。与莫斯科差别越大，民族自我感觉越差。

普京先生也以同样的仔细回答他：

“什么叫时区和民族健康？一个人从东方来到西方，或者从西方来到东方，都会面临这个问题。”

总统就这样承认时区和民族的健康有着牢不可破的联系，并打算讨论它，这是主要问题，其他问题似乎不重要，也不必着急：

“如果人不是从西方到东方或者从东方到西方，”他强调说，“那就不存在任何问题。”

所有有文化、有建设性情绪的人都清楚，北方少数民族及其某些代表只向南方移动（至少是相反方向），那就不存在任何问题，也用不了那么多时间！

亚马尔—涅涅茨自治区国家杜马主席谢尔盖·哈留奇专门谈到养鹿问题。代表们在莫斯科打算解决，但对它缺乏任何概念。

“什么叫养鹿？”谢尔盖·哈留奇问，“这是一个民族的精神状态！不能这样犯罪性地对待它。”

“让我们通过莫斯科立法委员会，制定养鹿法。”弗拉基米尔·普京建议说。

他似乎在讥笑谢尔盖·哈留奇，因为后者刚才清清楚楚地说，莫斯科的代表对养鹿没有任何概念。

“曾经将这个法律呈交莫斯科批准，然而，那儿告诉我们，不应该为此立法。”谢尔盖·哈留奇抱歉地低声说。

“为什么？”总统惊讶了。

“这样以来，还得制定养蜂法，养羊法。”哈留奇先生不高兴地解释说，显然在重复莫斯科立法工作者过去对他讲的。

“当然有这个问题，”总统轻松表态了，“莫斯科市长卢日科夫就会立即提出养蜂法，他喜欢干这个。”

“那好吧！”谢尔盖·哈留奇不满地同意了。

总统立即决定让莫斯科立法者亲自发言。日程上排的是国家杜马北方和远东问题委员会主任瓦列京娜·彼夫年科。

“我们在这儿开会，是一个历史性事件，”她说，“从来没有在这个级别上讨论过这个问题。”

“总该有个开端。”总统一点不谦虚地说。

“我要从关于养鹿的笑话言归正传，”她一本正经地说，“刚才大家议论过的那个法律文本，叶利钦否决得对。它没有经过仔细推敲，现在有另一个文本，写得不错。由土生土长的楚科奇人起草……”

“是罗曼·阿布拉莫维奇吧？”总统估计。

“不是。”瓦列京娜·彼夫年科生气地说。

她非常不喜欢总统拿正事开玩笑。

“是本地人阿尔图尔·奇林加罗夫，例如……”她说。

弗拉基米尔·普京脸红了。

此外，彼夫年科女士还介绍了自己来萨列哈尔德之前的一次谈话：

“瓦列京娜，”有一个人对我说，“去萨列哈尔德，你不害怕？星期一政府将开会，准备取消北方的优惠。”

瓦列京娜不害怕。弗拉基米尔·普京支持她。

“不必害怕，我们还是谈谈养鹿法。如果有必要……也可以制定其他方面的法律。”总统忍不住说（为卢日科夫开了绿灯），“但是不要搞到由于粗制滥造而使法律否决。我知道政府和杜马准备决议的水平，法律和事实逻辑经常有问题。”

俄罗斯科学院乌拉尔分院自然适应生理研究所所长阿纳托利·特卡乔夫没有谈北方少数民族的法律方面，而是医疗方面的问题。

“格陵兰的爱斯基摩人可以活到82岁，我们就不行，原因是由于各种压力造成内分泌不正常……至于北方少数民族由于身患各种疾病而损害生殖系统，我就不讲了……”

哈巴罗夫斯克边疆区北方土著少数民族联合会主席加琳娜·沃尔科娃认为，如果说在会议一开始，人们常说的在冻土带养鹿是北方少数民族的精神标志，那么，北方海里的鱼类“不仅是食品，首先是民族文化！”

弗拉基米尔·普京认为，卡累利阿老战士委员会委员、伟大卫国战争的参加者尼古拉·阿普希金的发言内容丰富，因此需要详细介绍。尼古拉·阿普希金说，“当俄罗斯开始恢复自己信仰中的异国资本主义时”，他的心都快碎了。

此时笔者也感到忐忑不安。只有我们的总统听到这个消息后镇定自如。

“是的，我们内心无法接受。但后来意识到只能逐步适应，”老战士说，“经过痛苦和磨难，我们在其中占据了应有的位置。”

此时本该喘口气。然而，让尼古拉·阿普希金登上主席台讲话的主要考虑还在后头：

“前不久我们长长松了一口气。一位深知并重视老战士需求的温和政治家来到我们中间。”老战士说。

大家都看着弗拉基米尔·普京，他仍然无动于衷，而且不是故意。

“此人就是我们卡累利阿共和国总统谢尔盖·卡塔南多夫！”尼古拉·阿普希金结束了自己的想法，“在政治制度变化的可怕时期，卡累利阿政治形势稳定……在最近的选举中我们投了您、弗拉基米尔·弗拉基米罗维奇的票。它意味着我们将自己的命运与您联系在一起。如果老战士真心诚意接受了这个制度，那么他们将坚持到底！”老战士说，“也就是说将成为它的爱国主义者。”

笔者此时心头一紧。谁需要一个老战士成为资本主义制度的爱国主义者？

现在，作为爱国主义者的尼古拉·阿普希金，却在为别的事忧虑，首先是腐败。

“晚上您看看卡拉乌洛夫的节目，就会睡不着觉。我们希望您、弗拉基米尔·弗拉基米罗维奇消灭腐败！”

普京先生点点头。

“谢谢！”尼古拉·阿普希金俯下身子。

此外他建议保留老战士的优惠，不实行货币补贴。俄罗斯政府已经准备了补贴计划。

“杀过人和消灭过敌人的人已经不多了，”老战士说，“5至7年后战争的参加者都会死光，优惠也随着他们逝世而消亡。当然，如果政府想恶化老战士的处境，那就用补贴代替优惠吧。我想说的都说了，谢谢！”老战士结束了自己的讲话。

然而总统不同意尼古拉·阿普希金的观点。他认为，充分利用优惠的老战士只占10%，而且许多优惠没有必要。拿了现金补贴，还可以外出休假。

普京先生在会议结束时说，他不认为这次会议是历史性会议，建议改称工作会议。如果认为就任何重大问题举行的会议是历史性的，那就越搞越糟。

“看看我们辽阔国土上的任何一个地区，哪个没有问题！”普京先生带着奇怪的劲头说，“乌里扬诺夫斯克在干什么！普斯科夫的就业有问题！符拉迪沃斯托克水供应有问题……很少有人知道新罗西斯克也存在这个问题，因为水管破裂了，从未发生过这种事！”

总之，总统达到了预期的效果。北方地区人数很少或者人数较多的民族的问题，未来将被在新罗西斯克建设供水管道而变得黯然失色。

总统当之无愧地接过了国家

2004年5月7日，在大克里姆林宫举行了俄罗斯联邦总统弗拉基米尔·普京就职典礼。笔者没有在隔离来宾与总统的天鹅绒线旁边找到位置，因此没有见到总统，但见到了看电视的俄罗斯人没有看到的许多事。

就职典礼开始前几小时，一切准备妥当。有人认为不是，那就听笔者介绍。

第一电视频道在首都的红场一直不停地工作着。从瓦西里·布拉热内大教堂到大克里姆林宫之间，巨大的吊车伸出缆绳，几天前极其复杂的技术设备在圆球形或者滑轮上动个不停。克里姆林宫高级官员（那儿也没有外人）从窗外望着这些地方非同寻常的电车噪声，出自本能的担心，说这些设备可能由于某些工作需要而飞进他们的窗户。然而，任何可怕的事情也没有发生。无论谁和什么也没有飞进任何人的窗户，人们在测试新的国产电视设备。

组织者们长时间在大教堂广场上操练骑兵阅兵式。克里姆林宫团找不到足够的马匹，剩下的由莫斯科电影制片厂骑兵团补充。笔者获悉，开始驯马遇到麻烦：音乐一起马就倒地，但没有失去知觉。经过调查，原来是这些马先前参加拍摄某个历史影片。驯马员费了九牛二虎之力，才让马听到进行曲之后倒在地上。谢天谢地，这个问题总算解决。当时有谁能想到，过后不久又要求马一直站着。因此在大教堂广场排练的最初时刻，马匹一听到俄罗斯国歌就应声倒地，直到最后一刻，也没有把握它们在看见弗拉基米尔·普京时能否直挺挺地站着。然而，也没有过分紧张。就职典礼前一天，给马上足草料，让它们平静。

总统乐队问题也没有立即解决，它需要扩编。莫斯科电影制片厂的乐队也不够，最后决定由国防部乐队的优秀人员补充。当笔者走到大教堂广场问其中一位队员，他同其他人合练得怎么样，他毫不在意地说：

“什么怎么样，非常成功!”

中央选举委员会的工作干得也很漂亮。以亚历山大·维什尼亚科夫为首的工作人员还在就职典礼的前一天，在新奥加廖沃官邸一定程度保密的环境中向弗拉基米尔·普京颁发了总统证书。

仪式开始前一小时，大克里姆林宫门口已经排起有300人的队伍。贵宾不是根据天气，而是根据请帖上的建议（男人穿深色西服，女人穿普通长裙）着装。他们担心赶不上仪式，因此提前赶到，但在安检处却排起长队。

与此同时，某些人仍然在做非常重要的事，解决刻不容缓的问题。例如，尼基塔·米哈尔科夫导演拥抱卡尔梅克总统基尔萨·伊留姆日诺夫，长时间在他耳边窃窃私语，后者非常勉强地点点头。导演立即高兴地大声说：

“先生，这就是说你同意了，很好?!”

半分钟之后导演又与克拉斯诺亚尔斯克边疆区区长亚历山大·特卡乔夫拥抱，在他耳边窃窃私语，看来还没有尽兴。

此刻，甚至连外行人也可以发现许多趣事，排队的人不大关心队在前进。可能有人知道，从克里姆林宫沿岸方向还有一个进入大克里姆林宫的门。那儿几乎没有人排队，空空如也，而这儿却非常拥挤。前苏共中央政治局委员亚历山大·雅科夫列夫拄着一根拐杖，不慌不忙向这个门口走来。他不必担心会遇上昔日的上司米哈依尔·戈尔巴乔夫。后者到秘鲁讲学去了，不参加仪式。

俄罗斯首任总统鲍里斯·叶利钦也没有参加仪式，他患了支气管炎。这话是总统顾问弗拉基米尔·舍甫琴科说的。平时跟在叶利钦身后的妻子奈娜·叶利钦娜也没有来。要是来，他们有许多理由。

来宾们在正门楼梯上高兴地相互问候。笔者观察到前俄罗斯总统办公厅主任亚历山大·沃洛申的熟人最多。

前农业部长，现国家杜马议员根纳季·库利克首先走到沃洛申先生跟前，赶紧同他拥抱。到处都有人向他伸手（在他辞职的当天，也有人向他伸手吗?）他也力所能及地伸出自己的手。突然，右边传来一个下命令的声音：

“亚历山大·斯塔利耶维奇！亲爱的!”

此声音只属于一个人——总参谋长阿纳托利·克瓦什宁。他们拥抱了，克瓦什宁将军还发自内心地拍了沃洛申先生的背。长时间离开克里姆林宫之后再次出现在那儿，对前总统办公厅主任是一个不简单的考验。

一楼的来宾分坐在三个大厅里。仪式本身在安德烈大厅举行，里面坐的是最重要的客人，如总检察长弗拉基米尔·乌斯季诺夫，政府成员、总统办公厅高级官员和其他官方人士。

亚历山大大厅的人员比较简单：记者、演员和寡头。简要介绍一下后者。除了五月节之前消失的俄罗斯国际公司首脑弗拉基米尔·波塔宁之外全都来了。谁也没有在亚历山大大厅看见他。如果他没有出现在格奥尔吉大厅，即与国家杜马代表团坐在一起，那就可以有许多想象。一个人失踪了，应该上哪儿去找?

仪式开始前半小时，用红绒线隔开的供俄罗斯总统经过的走廊两边已经没有一个空位。站在绒线边的人知道自己干什么。第一，弗拉基米尔·普京从他们身旁走过时可以机械地招手致意。第二，个人生活中的这件事可能被电视摄像机拍下。第三，同行也可能记录下来。总之，呆在这个地方有意义。

他们就这样坚持着。他们身后几米高的地方安装了20多台等离子显示器，从中可以看到在亚历山大和格奥尔吉大厅举行的就职典礼。仪式进行期间，俄罗斯联邦国旗、国徽从走廊带过，俄罗斯联邦总统也两次从中穿过（往返）。有把握地说，来到这两个大厅的人，在这个美好的仪式中扮演了群众场面，至今仍然感慨万千。

数百人中间有几十个人转过身子，面朝显示器而不是红线，其中有电影导演安德烈·兹维亚金采夫。笔者偶然跟他站在一起，突然明白自己是多么幸运。此时已经开始转播俄罗斯总统的车队从克里姆林宫沿岸街向大教堂广场行驶，拍摄这一事件的摄像机可以说不计其数。

“您是否认为自己拍摄得最好?”笔者低声问他。

“未必，”他怀疑地说，“难以预料。”

老实说，笔者不明白他的意思。正因为如此，安德烈·兹维亚金采夫的形象在笔者心目中突然高大起来，后来又胆战心惊地问他：

“他们从直升机上拍摄?”

“是。”

还是不大明白。

“这是?”

“长聚焦镜头，几乎从地面拍摄。”

安德烈·兹维亚金采夫看到笔者眼里又涌现出一个痛苦的问题。他目不离开显示器，出于怜悯低声说，利用长聚焦镜头，可以在远距离看到重大片断。

“美国所有电影都是这样拍的。”他耸耸肩。

“我们现在看的就是美国电影?”我明白了，“就是！这是汽车轮子，直接在镜头底下……我在哪儿见过？影片《教父》里?”

“每个人都有自己的方法，”他叹了一口气，“事实上拍得不错。我觉得，我们从未这样拍摄过这些场面。”

弗拉基米尔·普京下了汽车，从楼梯走上一楼。笔者认为，他走得跟4年前完全一样：不时挥挥一只手，另一只手贴在胸前，几乎不看向他鼓掌的人。从这个意义上说他不偏向任何人。

总统发表了长短合适的讲话。从中可以看出，我们国家4年来经过了漫长的道路，但需要走的路更长，最终等待我们的是幸福。总统说，只有自由的人们在自己的国家里才能感到成功。他只字未提自己在竞选演说中讲的，这个国家应该有竞争力。难道不应该？我们有这样的民族思想的时间并不长。遗憾，实在令人遗憾！

弗拉基米尔·普京结束讲话之后再次经过由人组成的走廊，检阅阅兵式（被邀请的马匹和乐队队员没有让组织者难堪)。站在隔离线以外的来宾10分钟没有离开自己的位置。他们等什么？总统会回来看他们？或者是他们正在感受已经发生的事？

“您仍然坚持一切拍得漂亮?”笔者再次问安德烈·兹维亚金采夫，他目不转睛地从电视上看骑兵阅兵式。

“是的，全都拍得非常漂亮。”他肯定。

至于演奏水平，他只字未提。

图书在版编目（CIP）数据

零距离普京：克里姆林宫特派记者看总统/（俄）科列斯尼科夫著；徐庆国等译．—昆明：云南人民出版社，2006.4

ISBN 7-222-04621-6

Ⅰ．零…　Ⅱ．①科…　②徐…　Ⅲ．普京（Putin F. F. 1952～）-生平事迹　Ⅳ．K835.127

中国版本图书馆 CIP 数据核字（2005）第 156248 号

出 品 人：夏代忠
策　　划：段兴民　张洪波
任务团队：悦文图书中心（www. ywbook. net）
责任编辑：段兴民　刘存沛　黄　源　张晓岚
封面设计：张力山
责任印制：刘伟能

书　名	零距离普京——克里姆林宫特派记者看总统
作　者	[俄] 安德烈·科列斯尼科夫　著 徐庆国　崔寿智　等译 高增训　叶　军　校
出　版	云南出版集团公司 云南人民出版社
发　行	云南人民出版社
社　址	昆明市环城西路 609 号
邮　编	650034
网　址	ynrm. peoplespace. net
E-mail	rmszbs@ public. km. yn. cn
开　本	787×1092　1/16
印　张	37.5
字　数	600 千
版　次	2006 年 4 月第 1 版第 1 次印刷
印　数	1—8000 册
排　版	云南国防印刷厂
印　刷	山东新华印刷厂德州厂
书　号	ISBN 7-222-04621-6
定　价	58.00 元

尊敬的读者：若你购买的我社图书存在印装质量问题，请与我社发行部联系调换。
发行部电话：（0871）4194864　4191604　4107628（邮购）